中国科学院知识创新工程重要方向项目（KZCX2-YW-322）
国家自然科学基金重点项目（40635026）
共同资助

产业发展和规划的理论与实践

张文忠 等　著

科学出版社
北京

图书在版编目(CIP)数据

产业发展和规划的理论与实践/张文忠等著．—北京：科学出版社，2009
ISBN 978-7-03-023679-1

Ⅰ．产… Ⅱ．张… Ⅲ．工业经济－经济发展－经济规划－研究－中国
Ⅳ．F424

中国版本图书馆CIP数据核字（2008）第194515号

责任编辑：侯俊琳 宋 旭 牛 玲 苏雪莲 / 责任校对：钟 洋
责任印制：赵 博 / 封面设计：无极书装

科学出版社出版
北京东黄城根北街16号
邮政编码：100717
http://www.sciencep.com

北京凌奇印刷有限责任公司印刷

科学出版社发行 各地新华书店经销

*

2009年1月第 一 版 开本：889×1194 1/16
2025年7月第九次印刷 印张：31 1/2
字数：820 000

定价：258.00元

（如有印装质量问题，我社负责调换）

序

改革开放30年来，我国的工业化和城市化进程发展迅猛，经济总量大幅度提升，社会经济等各项事业取得了辉煌的成就。但多数地区的高速经济增长，主要还是依靠钢铁、水泥等建筑材料，以炼油和合成材料为主的石油化工，以及电力、有色金属等基础工业的量的扩张实现的。由于这种主要依靠外延式扩大再生产来获得经济增长的发展模式，我国的资源和能源供应日趋紧张，并为此付出了沉痛的环境代价。

如何转变经济增长方式，根据各地的资源环境承载能力和基础设施支撑条件等，引导我国产业发展和规划走向健康、有序之路；如何构建一个疏密有致、集约化、高效率、节约型的产业发展空间；如何协调资源环境与产业发展的关系等问题，应该是经济地理工作者研究和回答的问题。我国的经济地理学在“以任务带学科”方针的指导下，完成了国家生产力布局、地域开发、区域发展与规划等一系列重要任务，很好地回答了在不同时期我国发展中面临的问题，并在实践中，带动了学科理论和研究方法的发展。

我国有关工业发展和布局的研究始于20世纪50年代末。当时，地理学家受国家委托进行了华北地区工业布局的调查和研究，提出了系统性的研究报告。该报告从资源、交通和国防安全等角度出发，论证了工业发展的规模和地点布局。70～80年代，工业布局研究一般是在区域规划的框架内进行的。研究内容除资源、交通、厂址用地外，已经涉及区域的水土资源、城市发展乃至数量经济分析。进入80年代，我国工业地理逐步从资源评价和重点企业布局扩展到工业布局原则、相关条件和影响因素的系统分析及宏观发展战略等研究。经济地理工作者对工业布局的技术经济论证、集中与分散、地区工业系统、工业地域组合、工业区位选择及地区工业结构等诸多关键问题的研究投入了极大的精力。同时，经济地理工作者对技术进步、交通建设、能源供应、水源供应、环境保护与工业布局，以及轻纺、钢铁、煤炭、石油化工以及海洋化工等工业部门的布局因素与特点进行了不同程度的研究，提高了工业布局的综合研究程度和布局要素与特点的系统评价水平。其间，中国科学院地理研究所出版了《中国工业地理》、《中国工业布局的理论与实践》、《中国工业分布图集》等系列著作。这些科研专著从广阔的时空变化角度，对影响我国工业布局的资源、交通、地理位置、社会历史因素及工业宏观布局方针、工业地域综合体与工业基地等进行了系统研究，并提出了一系列规律性结论，如生产力空间发育的“点－轴”扩散原理、我国未来工业空间发展的“T”字形结构系统等。这些研究成果得到了政府部门和学术界的重视。

在新时期，实现我国产业结构的优化和升级，构筑面向全球化的人口产业集聚区等问题，为经济地理学者提出了许多新的研究课题。研究产业发展的新因素和区域发展的新机制，对于我国不同区域的产业优化升级、具体选址、空间联系以及提高区域和产业的竞争力将起到重要作用。另外，随着市场经济的深化与人民生活水平的提高，第三产业的地位已越来越突出，市场营销、消费者行为、物流业发展等正成为地理学研究的热点；企业是市场经济的主要角色，因而一直是欧美经济地理学的重要研究对象，形成企业地理学分支，主要研究企业区位和企业战略。目前的重要议题包括企业集群、企业的时空管理、企业的空间形态、跨国公司的空间组织等。类似地理问题的研究将为我国的产业结构优化与升级作出重要贡献。

张文忠同志撰写的《产业发展和规划的理论实践》可以说是秉承了中国科学院地理研究所“以任务带学科”的传统。该书的主体内容是对大量的研究和实践工作的总结。理论部分比较全面地总结了产业发展和布局的基础理论及前沿问题，实践部分则以作者主持和参与的各区域产业发展和规划研究为基础。

全书包括六大部分。第一部分是总论。主要探讨了在市场经济条件下，产业发展和产业规划的目标、思路和重点，并分析了我国未来产业空间发展的趋势、各地区产业空间集聚形态和发展方向。第二部分是理论基础。重点归纳和总结了产业发展和布局的各种传统和最新理论，并介绍了产业发展和规划的常用分析工具。第三部分是重点行业发展与布局。围绕关系国计民生的基础和重点产业，研究了钢铁、石油化工、制造业和房地产业等行业的发展和布局等问题。第四部分是大区域产业发展与规划。主要从全国产业发展的总体态势和产业的全球化背景等视角，对京津冀地区、珠三角地区、山东半岛和东北地区的产业发展环境和条件进行了综合评价和判断。并在此基础上，对这些地区的产业发展定位、发展重点和空间引导方向等进行了深入的研究。第五部分是地区产业发展与规划。该书以吉林省的长吉平地区、西部的银川市和东部的烟台市为案例，研究了地区产业发展和规划的方法、目标、重点内容等。第六部分是产业发展与规划的政策。主要从行业和区域视角，对我国钢铁、石化产业发展政策以及重点区域产业发展的相关政策进行了分析和研究。

该书的特色是具有较强的实践性、应用性和理论性，是近年来很少看到的系统地且全面地研究产业发展和规划的著作。深信该书的出版将对区域经济学、地理学和相关专业的发展带来一定的影响。该书不仅为相关专业的学生和专业人员提供了一本很好的参考教材，也对指导国家和各地区的产业发展和规划具有重要的理论和实践参考价值。

陆大道

中国地理学会理事长

中国科学院院士

2008 年 10 月 20 日

前　言

经过改革开放30年的发展，我国各产业部门都得到了快速的发展，中国由30年前的生活用品、生产资料匮缺和高度配给一跃成为世界生产和出口大国，被国外誉为“世界工厂”。2007年我国粗钢产量居世界第一，占世界总产量的36.4%；汽车产量占世界的12%；手机产量占世界的50.7%；纺织纤维加工量占世界的41%，纺织品服装的出口量占世界的27%以上；化纤产量占世界的近50%；纱产量占世界的45%以上；船舶完工量占世界造船总量的近20%，制鞋产量突破100亿双，占世界年产量的68%。众多骄人的数据显示我国已经成为世界主要工业产品的生产大国。

快速的工业化发展，提高了我国的经济实力和国际地位，促进了全国各地区经济的繁荣，极大地改变了我国各地区的经济结构，但同时也影响了资源供需平衡和生态环境状况。我们应该清醒地认识到所谓“世界工厂”的成就给我国的资源和环境带来的巨大压力。

在未来20年，工业化仍然是我国经济发展的主旋律。如果说在过去30年我国的工业化道路在一定程度上是以牺牲资源、生态和环境为代价，是以资源、劳动力高投入为主的外延式发展模式，那么未来20年我国将会选择资源节约、环境友好、科技先导、效率至上、充分就业的新型工业化发展道路。

在这一大背景下，要不要做产业规划？如果需要做产业规划，那么它的作用和重点是什么？诸如此类问题一直是学术界争论的焦点。事实上，改革开放30年的经验告诉我们，过分强调市场的作用，而政府在关系国计民生的重要基础工业发展上缺乏宏观引导和控制，将会产生一些行业投资过热、低水平重复建设、地区产业结构趋同等问题。

产业发展和规划的理论基础是什么？产业结构演变、产业分工、产业区位和产业空间结构等理论长期以来是指导产业发展和规划的重要理论基础，现在仍然在区域经济学和经济地理学中占有重要的地位。近年来，随着我国新兴产业的迅速萌芽和壮大，如现代服务业在城市经济中地位的大幅度提升，跨国企业投资区位选择对地区经济发展的影响作用不断加强，关于服务业区位和跨国公司区位理论的研究成为学术界的热点之一。20世纪80年代以来，国际地理学界出现的“新区域主义”重视制度和文化因素以及技术创新、学习、产业集群、全球产业转移等因素对区域发展的重要作用。其中，以产业集群理论、新产业区理论等为核心的产业空间理论是近年来经济地理学的重要理论，对研究产业发展和空间集聚等具有重要意义，也是国内外经济地理学和区域经济学研究的前沿理论。另外，信息和通信技术、知识和技术创新、环境管制等新因素对产业布局的影响也在不断增强。因此，关于新因素对产业布局、产业集聚和产业空间组织形成过程和作用机制已成为一个重要的研究方向。

我国处于工业化快速发展和经济增长方式转型时期，各地区的资源、环境承载能力差异较大，产业发展基础、产业集疏形态、产业空间组织方式和产业空间联系内容等不同，需要从不同的空间尺度出发，研究不同类型区域产业发展的因素、格局、模式和空间结构的演化过程和规律，以便于把握我国产业集聚的特征和趋势。

本书是在中国科学院方向性项目“我国主体功能区划的理论基础与方案研制”资助下完成的，在此衷心地感谢资源环境科学与技术局的资助。

本书以作者主持和参与的大量实践研究工作为基础。其中，理论部分力求全面介绍关于产业发展和布局的基础理论和最新理论的发展前沿，实践部分则以作者参与的大区域和地区产业发展与规划研究为基础。全书分为六大部分。第一篇是总论。首先，探讨了在市场经济条件下，是否需要做产业发展和产业规划工作。作者认为，在市场经济条件下，仍然需要做产业规划工作，但产业规划的目标、思路和重点等不同于计划经济时期，对于关系国计民生的行业以及外部效应比较大的产业，产业规划要在行业发展规模和空间布局上加强引导和调控。其次，这部分也研究了未来中国产业空间的发展态势。作者认为，产业集聚仍然是我国未来产业空间发展的重要趋势，但各地区会表现出不同的空间集聚形态，特别是产业集聚的内容会发生根本性的变化。沿海地区将成为现代制造业和服务业集聚的主要载体，同时也是引领我国产业创新和结构调整的核心区域；中西部地区也将会出现若干跨区域的产业集聚区，这些集聚区一定程度会促进我国产业的均衡发展。

第二篇是理论基础。重点归纳和总结了产业发展和布局的各种传统和最新理论。关于产业结构演变和产业分工的理论主要从确定产业发展方向、主导产业和优势产业等角度加以归纳和分析；产业区位论则主要从各产业活动空间的一般规律和法则来介绍，分析在成本最小化、利润最大化、效用最大化等目标导向下，各产业活动的空间选择和空间配置的规律和模式；产业集群作为一种重要的产业空间组织形式，对培植和增强各地区的产业竞争力起到了重要的作用，本书重点介绍了产业集聚形成的理论基础和对区域产业发展的作用；关于产业空间结构理论介绍了点-轴理论、增长极等经典理论，并对各理论的特色和在我国区域经济发展中发挥的作用进行了评述；最后介绍了产业发展和规划常用的分析工具，如产业竞争力评价、区域产业结构分析、主导产业选择与确定、产业集群辨识、产业布局模型等定性和定量分析方法与模型。

第三篇是重点行业发展与布局。主要研究了钢铁、石油化工、制造业和房地产业等行业的发展和布局等问题。我国正处于重化工业快速发展阶段，钢铁和石化工业对国民经济和下游产业的影响作用突出；我国钢铁和石化工业的发展和布局受到国际铁矿石和原油市场价格的波动以及跨国公司在华投资的影响，调整钢铁和石化工业生产规模、提高产品的档次、推动产业向沿海布局是未来钢铁和石化工业发展的重要趋势。本书主要研究了我国钢铁和石化产业发展历程、空间布局特征、形成机制和未来发展趋势等。制造业是我国国民经济发展的基础，是国家科技水平和综合实力的重要标志，决定着我国在经济全球化格局中的国际分工地位，是国家国际竞争力的重要体现。本书重点分析了我国制造业空间集聚的时空特征和趋势。房地产业已成为我国现阶段的一个重要支柱产业，也是普通民众最为关注、与民生直接相关联的产业。本书主要从我国房地产业及住房制度改革等角度研究了我国房地产业的发展特征和趋势。

第四篇是大区域产业发展与规划。大区域的产业发展对我国经济发展格局、产业发展趋势影响较大，因此大区域的产业发展和规划需要从全国产业发展的总体态势和我国产业发展的国际化背景等视角，进行综合评价和判断，确定产业发展定位、发展重点和空间引导方向等。本书重点介绍了京津冀地区、珠三角地区、山东半岛和东北地区的产业发展和规划。京津冀地区和珠三角地区是我国产业融入国际产业分工、参与国际产业竞争的主力军，在我国经济发展总体格局中占有重要的地位。同时，它们也是国家创新体系和现代服务业的中心、先进制造业和高技术产业的引领区。山东半岛是我国北方经济发展最活跃和最具发展潜力的区域，也是我国北方重要的以机械、电子信息、医药化工和食品等产业为主体的现代制造业基地之一。东北地区是我国的老工业基地，在全国具有举足轻重的影响力。未来，其产业发展要以整合和创新为主线，优化产业结构、组织结构和空间结构，建设具有竞争力的新型产业基地，形成具有全国意义的精品原材料生产基地和具有国际竞争力的先进装备制造业基地；同时，要积极扶持和发展高新技术产业和现代服务业，推动农业产业化和农业基础设施的建设，巩固东北地区的农业基础地位，强化国家重要商品粮基地的作用。

第五篇是地区产业发展与规划。地区产业发展和规划要突出区域特色，从国家或大区域的视角，明确产业发展定位、发展方向和空间布局。本书主要研究了东北的长吉平地区、西部的银川市和东部的烟台市的产业发展和规划。长吉平地区在东北老工业基地中，具有较好的产业发展基础，产业结构特征在东北地区也具有一定的代表性。未来要在做强汽车、石化、农产品三大产业的基础上，积极发展医药、电子信息、旅游等优势产业，并培育现代物流、新材料、文化创意等具有发展潜力的产业，为东北老工业基地产业结构的调整提供示范和带动作用。银川市位于河套平原，是我国西部地区的重要城市。工业基础较好，农业发展水平较高，在能源、农产品加工、医药、旅游等产业发展上优势明显，因此，银川市的产业发展对我国西部地区具有示范作用。烟台是山东半岛近年来产业发展较快的城市，在山东省仅次于青岛。烟台市已经形成了机械制造、电子信息、黄金和食品加工制造等四大支柱产业体系，成为山东半岛承接日本、韩国及欧美产业转移的核心地区和引领山东省经济持续发展的主要增长极。

第六篇是产业发展与规划的政策。产业政策是一个国家的中央或地方政府为了经济社会的全局利益和产业的长远发展而主动干预产业活动的各种政策的总和。产业政策通常包括产业组织政策、产业结构政策、产业布局政策、产业技术政策和产业保护政策等。本书主要从行业和区域视角，对我国钢铁、石化产业发展政策以及重点区域产业发展的相关政策进行了分析和研究。

本书的核心内容是由作者参加的各类区域规划、产业规划等实践工作基础上的总结构成。其中，理论部分是作者承担的中国科学院院方向性项目“我国主体功能区划的理论基础与方案研制”中的“产业集疏过程与空间集聚机制研究”基础上完成的；“京津冀产业发展和空间引导”一章是在作者承担的国家发展和改革委员会委托的“京津冀都市圈区域综合规划研究”产业专题基础上进行修改完成的；“珠江三角洲产业升级和产业空间调整”一章是在作者承担的广东省国土资源厅委托的“广东省国土规划”的产业专题基础上修改完成的；“东北地区产业振兴与空间发展”一章是作者承担的国务院振兴东北地区等老工业基地办公室委托的“东北地区振兴规划综合研究”的产业专题基础上修改完成；“山东半岛制造业基地发展与规划”一章是在作者撰写的《山东半岛制造业基地发展战略研究》一书基础上修改完成；“长吉平产业发展与规划”一章是在作者承担的吉林省发展和改革委员会委托的“长吉平经济带概念设计与规划研究”基础上完成的；“银川市产业发展与规划”一章是在作者承担的世界银行技术合作项目“银川市现代化区域中心城市发展战略研究”的产业专题基础上修改完成；“烟台市制造业发展与规划”一章是在作者承担的烟台市规划局委托的“烟台城市发展战略研究”基础上完成的。其他章节也大多与研究课题紧密结合，并在长期的调研、数据和基础理论积累的基础上完成的。

本书的章节安排、内容框架设计和最终统稿等工作由张文忠负责，具体各章的撰写分工如下：前言、第一章、第二章，张文忠；第三章，田山川；第四章，张文忠；第五章，余建辉；第六章，张文忠；第七章，武文杰；第八章，谌丽；第九章，董科国、张文忠；第十章，李业锦、张华；第十一章，田山川；第十二章，董科国、张文忠；第十三章张华、张文忠；第十四章，武文杰；第十五章，张文忠；第十六章，张文忠、李业锦、张晓平；第十七章，张文忠、张平宇；第十八章，李业锦、张文忠；第十九章董科国、余建辉、张文忠；第二十章，张文忠；第二十一章，李业锦；第二十二章、第二十三章，田山川、谌丽。余建辉和谌丽负责部分章节的绘图和校订等工作。

本书的完成离不开中国科学院地理科学与资源研究所城市与区域研究中心所有同事多年来的持续支持。上述所提及的许多研究课题如果没有他们的关照和支持是难以实现和完成的。在完成“东北地区振兴规划综合研究”的产业专题中，还得到了中国科学院东北地理与农业生态所、东北师范大学城市环境学院等院校的同仁大力帮助；在完成“长吉平产业发展与规划”的研究中，得到了北京大学政府管理学院和中国科学院东北地理与农业生态所的帮助。由于需要感谢的专家、学者和政府工作人员太多，在此不一一列出，但感谢之情时时刻刻铭记在作者心中。本书能够顺利出版得到了科学出版社科学人文分社侯俊琳社长、宋旭和牛玲等编辑的大力协助。

尽管本书的酝酿、研究和撰写时间较长，也力图想把作者近年来的研究成果与读者共享，但由于水平有限，书中难免存在问题和不足。希望各位专家、学界同仁和读者提出宝贵意见和建议，以便进一步修改和完善。

中国科学院地理科学与资源研究所
张文忠
2008 年 6 月

目　　录

第四篇　大区域产业发展与规划

第五篇 地区产业发展与规划

第六篇 产业发展与规划的政策

第一篇 总 论

在市场经济条件下，产业发展和空间配置应该主要由市场来决定，但市场也存在失灵的情况，尤其是对公共产品、外部效应比较大的产业作用相对有限。另外，企业垄断导致的产业发展和配置的不合理化等问题，完全依靠市场也是无法解决的。因此，在市场经济条件下，仍然需要进行合理的产业规划。但产业规划的目标、思路和重点等不同于计划经济，对于日常生活消费产品和绝大多数工业产品的生产应该完全由市场来决定，但对于关系国计民生的行业，国家应该在宏观上加以调控，在空间上要合理布局。另外，外部效应比较大的产业，如污染严重的行业，政府也要在发展规模和空间布局上加强调控。

发挥市场经济对我国产业发展和布局作用的同时，也要重视规划对产业发展和布局的引导和调控作用，促进我国产业集聚带、产业集聚区、产业集聚点等不同层次区域经济载体的形成和发展，带动我国经济持续快速发展。

第一章　产业发展与规划引论

在市场经济条件下，产业发展是否需要规划？如果需要的话，产业规划的基本理念、内容和重点是什么？产业规划与相关规划有何关系？本章试图回答这一系列问题。

第一节　产业发展与规划的基本概念和类型

产业发展既包括不同产业量和质的变化，也包括不同产业间的比例变化和空间组合关系的变化。产业发展中既存在自然发展过程的结果，同时也存在人为规划的痕迹，合理的产业规划可以促进产业加速发展，反之将会抑制产业发展。

一、产业发展与产业规划的基本概念

人们无法预知未来，但可以运用理性的分析和经验判断来预见和预想未来。规划不仅仅是分析和判断，一个成功的规划应包含为实现这种预期的行动内容，以及使规划变为行动的人和组织框架。产业发展和规划既是一种自然的发展过程，也是体现各种组织、集团的利益和期望的有组织的行动结果。

（一）产业发展

产业发展不同于产业增长，产业发展不仅是指产业整体或不同产业量的增长，也包含了产业运行质量的提升。换言之，产业发展是指产业量的增长和产业结构的升级。古典国际经济学认为产业发展主要取决于一个国家或地区生产要素，如劳动力、资本和自然资源禀赋的相对优势，劳动力、资金和自然资源禀赋方面具有优势的国家或地区具有更大的发展潜力。发展经济学家认为，产业发展是经济发展的自然结果，工业化是带动一个国家或地区经济发展的主要原因，并会带来经济结构的根本转变，在这个过程中，适应和促进工业化的政府政策对产业发展至关重要。现代经济学认为，与自然资源相比，人力资本更能决定一国或地区的产业发展。传统生产要素（如劳动力和机械设备）对经济实际增长的作用在降低，相反，技术创新和新的科学知识的应用对经济发展的推动力越来越明显。总之，产业发展有其自身的发展规律和内在的成长机制。

（二）产业规划

产业规划对一个国家或地区经济发展影响意义深远，科学合理、符合国情和当地实情的产业规划会促进优势产业和相关产业发展，进而扩大就业，增加税收，带动国民经济和地区经济的发展。产业规划是对一个国家或地区未来产业发展的预见和预想，是建立在对一个国家或地区产业发展现状、产业发展的要素禀赋、国际和国内产业发展态势和市场潜力等理性分析和经验判断基础上的。

产业规划包括产业部门规划，如工业、农业、服务业等规划，也包括产业空间规划，如一个地区的各产业部门空间部署和安排，另外，也包括特定产业地区的综合规划。

成功的产业规划不仅要反映规划者和实施者的理念，也要最大限度地体现不同利益群体的意愿。其中，不同层级的政府决策和行为也是影响和左右产业规划的重要因素，而企业家是产业规划具体落实的行动者，产业规划应充分考虑企业家行为决策，使产业的宏观决策与企业的微观行为有机结合；另外，产业规划目标之一是在为公众提供就业的同时，要避免因未来某些产业的发展而影响居民的生

活环境。正如琳达-道尔顿等所言，规划不仅必须解决不同背景、价值、期望及需求之间的矛盾，还要解决不同利益集团之间的冲突（国际城市管理协会，美国规划协会，2006）。

（三）产业空间规划

产业活动必定要落实到具体的地域空间，并形成不同的分布形态、空间联系和组合方式。产业在地域空间上形成和发展的过程，更多的是按照产业发展的自身规律，寻求能够带来最大利益的空间进行布局。但是不论是计划经济国家还是市场经济国家，对产业的空间发展都不会完全放任、自由发展。尤其是对关系到国计民生的基础性产业，国家必须从全局的角度，进行宏观指导和调控。另外，为了产业的健康和快速发展，促进产业空间有序发展，对产业进行空间引导和调控，也有利于地区优势产业的发展，以及新的潜力型产业的形成，同时也能有效限制一些对地区环境影响大或工艺和技术水平相对落后产业的发展。

产业空间规划是对一个国家或一个地区内各产业的空间部署和调控，包括对各产业部分的空间安排、调整和控制以及各产业部门的空间组合。科学合理的产业空间规划需要从一个国家的国民经济发展的全局出发，根据国际产业发展态势，以及国民经济和社会发展的中长期规划要求，结合国家或地区的具体情况编制产业布局方案。产业空间规划要遵循产业在空间上发展的自身规律，要从宏观视角把握各产业活动的区位特征、产业的空间转移规律、产业集聚与扩散的机制等，从微观角度要了解企业区位决策过程、企业的空间组织和空间扩张等。另外，也要分析产业发展中的一系列经济和技术指标、资源利用、生态和环境保护等问题。

产业空间规划分为三个区域层次的规划，即大区域的产业规划、地区产业规划和城市内部产业规划。一是大尺度的区域产业空间规划。一般是跨地区或跨行政区单元的区域，对全国产业发展和其他社会经济影响作用比较大的区域的产业规划，其重点是要确立具有国际竞争力和国家意义的核心产业，明确区域内部产业发展、产业分工和合作方向，并调控产业发展空间，引导产业空间的有序发展，目标是提升整个区域的产业发展水平和国际竞争力，促进产业空间的协调发展，这类产业规划包括长江三角洲地区产业规划、珠江三角洲地区产业规划等。二是中观尺度的地区产业空间规划。一般是具有省际或区际意义的各类地区产业规划，其重点是发展和壮大地区的优势产业，培植和形成具有地区特色的产业集群，引导产业在空间上合理布局，限制与地区其他功能相冲突的产业等，如各地区的产业规划等。三是微观尺度的产业空间规划，如城市内部的产业规划和特定产业类型区的空间规划。微观尺度的产业空间规划更多的是从产业用地的角度对产业发展进行规划，对产业用地的性质和规模、开发时序和空间管治等进行规划。但事实上，在确定产业用地性质、规模等内容时，必须要明确规划区域的产业发展现状和未来发展态势。因此，微观尺度的产业空间规划，同样面临类似于大区域产业规划的基本研究内容。

二、产业发展与规划的类型

产业发展和规划按照规划性质、目标、内容和空间层次等可分为不同的规划类型和规划体系。

（一）行业规划

行业规划是对各个行业进行的全国性或地方性规划，包括农业规划、工业规划、服务业规划等。农业规划进一步细分为粮棉油等农产品规划、牧业、渔业和林业规划等；工业规划可分为能源工业、冶金工业、装备制造业等行业规划；服务业规划包括商贸流通业和物流规划、金融规划、旅游业规划等。

行业规划主要从行业部门的发展现状和问题出发，根据行业总体发展趋势，确定行业的发展目标、发展重点和空间布局等问题。因此，在行业规划中，需要了解和关注各地区和其他行业的发展需求和具体情况，协调不同行业之间、行业与地区之间的关系。

（二）产业区（带、轴）规划

产业区（带、轴）规划与行业规划差异最大，主要是从区域角度出发，部署和调控不同区域尺度的产业发展和空间组合。产业区规划包括综合性产业区规划、专业性产业区规划和政策性产业区规划。产业区规划的目标是促进产业区内部产业的持续和协调发展，形成合理的产业结构和空间结构。

1. 综合性产业区（带、轴）规划

综合性产业区（带）是不同产业依托一个或若干特大城市（或大城市）或主要交通干线，在一定区域内形成的面（或带）状产业空间分布形态。综合性产业区（带）是在区位条件、自然资源、历史基础及交通、劳动力、技术、资金、国内外市场等多种自然和社会经济要素的影响下形成的。在不同发展水平下，产业区（带）的产业发展水平、主导产业、产业内外联系、产业分工、产业空间转移趋势等特征明显不同。产业区（带）的形成和发展对国家或大区域的社会经济可持续发展发挥着重要的作用。

综合性产业区（带）按照发展水平、影响力和区域范围等可分为不同等级类型。具有国际意义的产业区（带），如长江三角洲产业集聚区发展水平位居全国之首，产业结构已经出现服务业化，先进制造业和高新技术产业成为产业区发展的基本导向，大部分产业具有全国意义，部分产业也具有较强的国际竞争力，其产业影响范围已经超越长江三角洲地区，是引领我国产业融入国际产业分工和合作，形成具有世界水平的制造业中心的核心产业区。全国意义的产业区（带），如辽中南产业集聚区的影响和作用范围已经超过辽宁省和东北地区，是我国重要的装备制造业和基础原材料产业基地，这两大行业对全国甚至世界也具有重要的影响。区际意义的产业区（带），如关中产业集聚区不仅影响着陕西省产业的发展水平和产业的空间联系和分工，也对西北地区其他省区具有一定的影响和辐射作用。地方意义的产业区（带），如黔中产业集聚区的影响和作用范围主要集中在贵州省，当然有些行业也具有区际意义，但就整个产业集聚区而言，其对外联系和影响力相对较小，以省区内为主。不同等级类型的产业区在不同层次的区域空间所发挥的作用不同，因此，其规划目标、重点和内容等也有所不同，但一个最基本原则不变，就是最大限度地发挥产业区的作用，促进区域的可持续发展。

2. 专业性产业区（带、基地）规划

专业性产业区是在全国或地区专业化程度较高的产业部门基础上形成的某类产业部门集聚区，包括矿产资源型产业区、农林产业区、能源区、资源加工型产业区、工业区、旅游区、商贸区等，并可在此基础上进一步细分为商品粮区、经济作物区、牧区、渔区、林区、煤矿区、油气田区、原材料工业区、冶金工业区、高技术产业区、风景旅游区、度假旅游区、金融区等。

专业性产业区的规划要突出产业区的特色，围绕核心产业可实时适当拓展区域内的产业门类，逐渐形成以专业为核心，多种行业相互依存、相互发展的格局。但对相对细化的专业区而言，仍然要重点突出其专业化的特色。对全国或大区域经济发展影响较大的专业性产业区主要是大型商品粮基地、大型能源基地、大型原材料基地等关系到国计民生的重要产业基地。

3. 政策性产业区规划

由各级政府划定的、实施特殊政策的产业区，一般多与行政区管辖相一致或分属行政区管辖并设有相应管理机构的产业区。按其不同的政策目标，又大致被分为以下几种类型：一是为了利用外资，引进技术和扩大出口，国家有重点、有步骤地选择某些地区实行对外开放的特殊政策而建立的保税区或自由经济贸易区。二是为了加速某些地区的经济发展，由政府划出一片土地，集中开发建设，为投资者提供优惠政策和较好的投资环境，吸引投资者开发土地、发展产业或开发当地优势资源的产业区，如经济技术开发区、高新技术产业园区等。三是某些已开发的地区因存在结构性矛盾而面临经济增长缓慢、就业安排困难、人才外流、技术滞后、环境恶化等各种问题，政府对其采取相应的整治政策，

以求振兴经济，改善环境，如资源枯竭型区域的产业振兴等。

这类产业区的发展和规划要最大限度地落实和体现政策优势，但由于三种产业类型面临的问题、发展和调整的内容不同，因此，其规划目标和内容相差较大。

第二节　产业发展与规划的目标和原则

产业规划不是综合性规划，属于专业性规划。但由于产业规划存在行业性规划和区域性产业规划，两者又各具有全国层次的和地方层次的规划，因此，不同层次和不同类型的产业规划所发挥的作用和地位也不同，其目标导向也应有所差别。

一、产业发展和规划的目标

产业规划的目标就是根据产业发展的基础条件、现状水平、发展潜力、产业和区域政策导向等，科学预测产业未来发展情景，为一个行业或一个地区不同产业的可持续发展所设定的一个未来发展方向和远景。产业规划目标包括以下内容：①合理设定产业未来发展的规模和增长速度；②提出产业结构未来调整的比例关系；③设计和构造未来产业空间发展格局；④提出产业发展可能对资源、环境和生态产业的影响程度和相应的指标，如能耗指标、资源利用水平等；⑤提出各产业在不同空间层次所处的地位和发挥的作用等。

二、产业发展和规划的原则

一个国家或地区未来要发展的产业应具有良好的成长性和扩张性，对市场的变化反应迅速，对技术的发展方向把握较好，代表着国家或地区产业结构发展的方向。

（一）市场导向原则

市场是衡量一个产业是否具有发展前景和竞争力的重要指标，因此，要培育和发展的产业，应该按照市场规律加以实现，通过市场竞争来决定产业的进入与退出，要避免区域内部产业自成体系、自我服务的封闭式产业循环方式。

（二）区域优势原则

要培育和发展的产业应具有明显区域绝对或比较优势，在区域劳动地域分工中处于领先地位，具有较高专业化程度和产业集聚性，能够代表本地区产业的发展方向。因此，要集中力量发展地区具有比较优势的产业，构筑具有竞争力的产业结构体系，形成分工协作、差异化竞争的格局。尽量避免地区间产业雷同、恶性竞争，充分发挥区域优势，大力发展特色优势产业，这是加快地区经济和产业发展的重要途径。

（三）产业成长性原则

要培育和发展的产业应具有良好的发展潜力、较好的增长能力和相对广阔的市场发展空间，并有可能成为引领行业未来发展方向的产业。所选择的产业应内部关联程度大，联系紧密，易于形成产业链，具有较强的影响力，并对地区其他产业带动作用较大。目前即使不属于行业或地区的龙头或核心，但经过培育和发展完全可能成为未来行业或地区产业发展的重点。

（四）自主创新原则

要发挥科技进步的支撑作用，推动产业结构升级，提升产业竞争力，减少资源消耗，改善环境。着重提高产业自主创新能力，加快建设创新载体，确立企业在创新中的主体地位，促进创新人才的集聚。

（五）生态和环境保护原则

以资源节约、环境友好为基本出发点，积极推行清洁生产和绿色制造，把节能降耗减排工作作为产业发展的重要指标，保护土地、水资源和我们的生存环境。以产业链延伸为手段推动发展循环经济，建设生态型工业园区。根据生态和环境保护的要求，制定产业准入门槛和限制性产业名录，倡导生态化、绿色化、资源减量化等产业发展理念，走新型工业化发展的道路。

第三节　产业规划的理念和核心

产业发展和规划要在坚持以人为本、体现人文关怀的同时，加强产业发展与生态建设和环境保护之间的关系；在突出地区产业特色的同时，力求大胆创新，积极营造和发展具有地区优势的核心产业，提升地区产业的竞争力和对外影响力。

一、市场经济条件下的产业规划

产业规划不应凌驾于市场之上，但也不应该完全由市场来决定。大部分行业的发展和布局应该尊重市场的选择，规划更多的是发挥引导作用。但对于一些关系国计民生的基础产业，政府规划应该发挥更多的作用。另外，政府要加强产业空间的管治，提高产业用地的效率。

（一）市场竞争和产业规划不可偏废

许多学者认为，在市场经济条件下，产业发展应该完全由市场来决定，要尊重市场对产业的选择。的确，市场是最有效和最有活力的经济运行机制和资源配置手段，它可以提高资源配置的效率，使企业能够对供求的变化及时作出灵活有效的反应，具有减少资源的浪费、促进优势产业的发展等优点。但市场也有其局限性，这些局限性仅靠市场自身是难以克服的，摒弃产业规划的引导、完全依赖市场作用的产业发展，其缺陷会大于优势。

在市场经济中，个体的理性选择在个别产业、个别市场中可以有效地调节供求关系，但个体的理性选择的综合效果却可能导致集体性的非理性行为。比如，在某一阶段，市场提供了生产汽车利润相对较高，作为理性的投资者如果都集中投资汽车行业，必然会造成整个行业重复建设和生产过剩的问题。另外，如果完全依赖市场竞争，企业为了谋求最大的利润，可能把资金投向周期短、收效快、风险小的产业，导致产业结构不合理。尤其是在信息不对称的情况下，投机的冲动使信息垄断者不一定按照竞争规则行事，使社会资源无法实现最优配置。

不过，过分强调政府对产业规划的作用，忽视市场信号对产业配置的作用，也会事与愿违，造成要发展的产业难以形成规模、不应发展的产业却迅速成长的后果。我们最不想看到的结果是由于规划的刚性约束，影响了产业的发展活力和合理竞争，造成了地区间产业的重复建设和过度竞争。

因此，为了促进产业的健康和有序发展，需要将市场和规划有机结合起来，通过产业规划和产业政策弥补市场无法解决的问题。

（二）市场经济条件下产业规划的核心

对于日常生活消费产品和绝大多数工业产品的生产应该完全由市场机制来调节，但对于关系国计民生的行业，如石油化工、钢铁等基础性行业，国家应该在宏观上加以调控，在空间上合理布局。

1. 基础产业

基础产业是指支撑一国或一个地区经济运行的基础部门，它决定和反映着国民经济活动的发展水平，也影响着其他产业部门发展。基础产业包括能源、电力、交通、运输、基础原材料等产业。

基础产业发展和布局的特征包括：

（1）投资规模大，建设周期长，属于典型的资本密集型产业，建设周期通常在3年以上。因此，一旦决策形成事实，短期内难以改变。

（2）许多行业属于大型装置性工业，对生产规模、技术水平等要求较高。例如，炼油工业目前一般要在1000万吨以上、乙烯要在100万吨以上才能获得规模效益。另外，相对高端的基础产业的技术含量密集，对劳动者的素质、技术熟练程度要求也较高。

（3）产业用地大而多，耗水和耗电量大。例如，2004年我国大中型钢铁企业吨钢耗新水11.15立方米、吨钢综合能耗为761千克标煤。一般形成的是一个大型工业园区或工业基地。

（4）原料和产品运输物流量大。例如，钢铁生产每增产1吨钢，就需要增加5～6吨的外部运输量，因此，基础产业的发展需要铁路、港口等运输体系的配合和高效的运输。故而基础产业一般都布局在交通条件相对便利的港口或消费市场地。

（5）对相关产业配套要求高。基础产业的发展不仅受上游和下游产业发展的影响，也需要相关产业的配套，如乙烯行业的发展需要若干的基础化学工业的配套。

（6）对环境压力较大，“三废”排放量高，因此，对环境污染处理能力和相应的设施投入要求较高。

基础产业的这些特性决定了这类产业的发展和空间布局不能完全由市场机制来左右。在充分考虑市场对产业需求和空间配置作用的前提下，国家一定要在发展总量、区域布局和进出口等方面加以调控，引导基础产业的有序和健康发展。

2. 外部效应比较大的产业

外部效应是指单个的生产决策或消费决策直接地影响了他人的生产或消费，其过程或作用不能通过市场机制削弱或消除，需要市场机制之外的力量予以校正和弥补。外部效应意味着有些市场主体可以无偿地取得外部经济性，而某些人或团体可能蒙受外部不经济性造成的损失却得不到补偿。前者是指某些人或某些团体在不付出任何成本的情况下从别人或社会获得好处（收益）的行为，如一些公共基础设施的建设对企业带来的外部经济效益；后者如工厂排放污染物会对附近居民或者其他企业造成损失，对自然资源的掠夺性开采和对生态环境的破坏等造成国家或地方整体利益的损失。

对于外部效应比较大的产业，只有通过国家税收、补贴政策或政策管制，如特定的排污标准及征收污染费等规定，使外部效应内在化，才能最大限度地减轻经济发展和市场化过程的外在效应，保护自然资源和生态环境。

因此，对于一些公共基础性行业和设施的发展和建设需要发挥政府规划的作用，使基础设施建设和布局能够产生最大化的社会效益。对于带来负外部效应大的企业，要加强政府的管治，使企业的此种影响降到最低。

二、市场经济条件下产业规划理念的转变

完善市场经济体系，进行宏观调控不可或缺的手段，是政府立足宏观角度，为了防止或纠正市场失灵所进行的各种规划。产业规划也是政府为了避免在完全市场经济作用下可能出现的各种产业发展问题的手段。但在新的发展背景和环境条件下，产业规划的基本理念已经在发生变化。

（一）由注重产业量的扩大到重视质的提升的转变

随着科学发展观的落实，各地经济和社会发展目标和政绩考核指标正在由简单考虑经济总量和发展速度，转变为经济和社会指标的全面发展以及又好又快的发展。产业增加值、投资规模、外资企业和新建企业数等量化指标曾经是衡量地区经济和产业发展的核心指标。现在除考核这些指标外，对产业发展和布局质量等指标考核逐渐增强，如产业的节能减排、产业运行效率、产业布局对环境和生态

的压力等。因此，在产业发展和规划中，需要充分考虑产业发展和布局可能对资源、环境、生态的影响以及产业发展的质量问题。

（二）由注重具体产业项目到重视整个产业发展的转变

在计划经济时代，从项目立项、审批到建设是各级政府的重点工作，尤其是一些大项目的建设牵动着政府经济工作的导向。随着市场经济体制的导入，政府的工作重点逐渐从管理项目转变为宏观引导行业发展，具体项目发展和布局更多的是由市场来决定。因此，具体项目的发展和布局一般不会再出现在产业发展和规划中，产业发展和规划主要是侧重整个行业的发展。

（三）由注重产业布局到重视产业用地的高效利用

土地资源已成为各地经济发展的制约因素。长期以来，土地开发随着企业家的开发意图在改变，产业空间布局对土地的利用效率考虑不足，单位面积的投入和产出相对较低。低密度、花园式工厂等圈地式产业开发模式造成土地资源浪费严重。因此，开发并合理利用有限的土地资源，提高土地资源的利用效率应是产业发展和规划的基本理念。

（四）由政府主导规划向政府主导和公众参与相结合转变

在政府管理和决策民主化进程不断加快的今天，各类规划工作已经由政府主导开始向积极吸纳民众、企业和非政府组织的意见和建议转变。产业发展和规划的内容需要充分了解不同利益群体的需求，不能只从企业的角度考虑，特别是外部效应比较大的行业发展和布局更需要站在不同利益集团的角度进行审时度势、科学决策。

第四节 产业发展与规划的内容

产业规划内容与一个国家或地区所处的经济发展阶段、经济发展水平以及面临的发展问题等有密切的关系。产业发展和规划内容体现创新、特色和区域一体化等理念。立足行业和区域，但又要跳出行业和区域自身的限制，从长远来设计和确立产业发展蓝图，构建创新型的产业体系。产业规划一般包括以下内容：产业发展现状和特征的分析、产业发展目标和发展定位、产业发展重点方向、产业空间引导和产业发展政策等。

一、产业发展现状和特征

一个国家或地区的产业发展可分为不同的阶段，产业发展在各个阶段所面临的问题、发展的驱动因素、产业政策、空间布局特征及其区域经济影响作用明显不同。因此，产业发展和规划的前提条件是要立足不同行业的总体发展态势，从更广阔的区域背景条件出发，搞清楚产业发展现状、问题和特征。

（一）产业发展水平的判断

产业发展水平需要从行业和区域两个视角进行分析和判断。首先要从不同行业的国际和国内发展趋势和特征出发，分析该行业在国际或国内同行业中的发展地位和优势，判断和分析该行业的总体发展水平。其次要在区域内部和区域之间分析各行业的比较优势和发展水平。有时从行业角度来看，某行业并不代表本行业发展趋势和最高水平，但从区域角度来看，却具有明显的比较优势；相反，有些行业在区域发展中地位不一定突出，但它也许代表着行业的发展趋势。因此，对产业发展水平的判断，应该从行业自身和区域视角两个方面加以分析和判断。

（二）产业发展存在的问题分析

准确分析和把握一个行业或一个地区不同行业在发展中存在的各种问题，是制定产业发展和规划的基础。产业发展存在的问题需要跳出区域或行业自身的束缚，从更广阔的区域和行业视角来分析产业整体、不同产业之间、产业内部等在发展水平、产业关联、资源利用、区域优势发挥、生态和环境保护、产业用地等方面存在的问题或不足。

（三）产业发展和空间布局的基本格局及其特点分析

从不同产业层次和空间视角，分析各产业在量和质上的特征和比例关系、地区特色和优势产业发展状况、中小企业集群和产业链的发展状况，研究产业在空间上集疏规律和趋势，产业园区、产业基地和产业集聚带等的分布特征。

（四）产业发展和布局变化趋势的预测

随着我国对外开放程度的深化，经济全球化和区域化对产业发展的影响显著增强，产业间的竞争层次和深度也发生了变化。因此，科学预测产业发展趋势和空间变化态势，对产业发展和规划具有重要的意义。产业发展和空间变化预测包括产业规模和结构的变化趋势、产业关联的变化趋势、产业空间集疏的变化、产业发展重点空间的判断等。

二、产业发展定位和目标

产业发展定位和目标是产业规划的核心，产业发展方向、重点和空间引导等要围绕产业定位和目标展开。

（一）产业发展定位

产业定位是指准确确定各产业在全国、省、地区中所占据的地位、发挥的作用、承担的功能等。产业发展定位要立足于长远，从不同空间尺度，科学分析各产业在全国或大区域等不同空间尺度中发挥的作用和所处的地位。产业定位要体现以下几个方面：一是要有层次性，由大而小层层定位，如在国家层面和区域层面各产业可能发挥的作用和所处的地位等；二是要以市场为导向，不拘泥于行业和区域自身的发展现状，从未来产业发展潜力和对周边区域发展可能带来的机遇进行定位；三是要体现未来性，要着眼于未来，从长远的发展前景和趋势看各产业可能发挥或承担的作用和功能。

（二）产业发展目标

产业发展目标是从国内外宏观发展背景、区内优势和劣势等条件出发，分析、判断和预测未来产业总体和各产业发展的前景。产业发展目标分为定性表述和量化目标的预测，量化目标包括产业总量、产业增长目标、产业结构目标、产业运行质量目标和产业空间调整目标等。按照时间尺度，产业发展目标又可分为近期、中期和远期发展目标。

三、产业发展方向和发展重点规划

在产业发展和规划之中，要确定产业发展方向，明确产业发展的重点。对于各产业规划而言，需要确定未来各产业内部行业的发展重点，如服务业包括各种行业，是发展现代服务业还是传统服务业，而现代服务业又包括各种领域，应该根据行业发展现状、目标和未来发展潜力等确立未来产业的发展方向和重点。对于区域产业规划来说，要根据区域产业特征、优势、市场需求等因素，确立区域发展的主导产业或未来发展的重点产业，并设计相应发展和规划的方向和内容。目前，在区域产业规划中，主导产业同构现象比较普遍，区域特色反映不明显。这一问题不完全是规划所致，与市场的导向也有直接的关系。

四、产业空间规划

产业空间规划是产业发展在空间上的具体落实。产业空间规划要根据全国和各地区产业布局现状，结合产业发展和布局的理论，发挥各产业的特点和优势，按照市场经济规律与政府宏观调控相结合的方式，以最大限度地利用空间资源、促进各产业的协调和持续发展为目标，在空间上合理配置和引导产业发展。

（一）产业发展的空间引导

产业或企业的区位选择主要依靠市场来调节，能够最大限度地利用各种资源和生产要素，并可以获得最大利益的空间是产业或企业最佳的投资空间。规划要引导产业在获得最大利益的基础上，尽量避免产业发展和布局造成地区土地、水、矿产等资源的浪费，减少产业发展对生态和环境的压力，形成产业空间配置相对平衡，促进地区经济发展和增加就业水平的良好发展态势。

要根据不同地区的发展条件、发展背景和区域的功能定位，通过产业政策建立行业准入机制，引导不同类型的产业在相应的区域发展和布局。比如，在大区域中，主要发挥生态服务功能的区域，其产业引导方向就要限制污染类、对资源消耗大的重化工产业的发展，重点是鼓励发展一些生态和环境友好的产业，如旅游业等。

对于一些关系国计民生的基础行业不能简单地考虑行业自身的发展条件和发展目标，还需要从区域协调、产业基础和相关产业的配套等角度考虑，引导产业既要考虑市场因素，也要考虑区域间的合理布局。例如，现在大量依靠国外原油发展的石化工业，从原油进口和市场消费来看，大规模在广东等东南沿海布局最为合理，但考虑到原有的石化基地和大区域的平衡等问题，石化工业不宜在广东过分集中。

对于日常消费类行业主要依靠市场来决定其投资区位，产业空间引导主要是通过用地、税收、环境保护等政策工具进行调控。

（二）产业发展点（轴、带）的规划

产业在空间上的发展不会均衡展开，在一些区位条件优越的城市（或地点）、交通干线两侧等会形成不同规模、等级的产业集聚点和集聚轴（带），这些产业集聚点（轴、带）是不同层次区域经济发展的重要依托和支撑，也是各类产业发展的核心区。因此，按照市场经济规律，最大限度利用不同层次区域的各种资源优势，促进不同类型、规模的产业集聚点（轴、带）的形成和发展是产业空间规划的重要研究内容。

（三）产业空间的管治

产业在空间上的发展要充分考虑到生态与环境约束和人居环境发展的要求。针对重要的生态和环境保护区、居住区、文物保护区、风景名胜区等区域或轴线应制定严格的产业发展和布局的限制政策，形成不同层次的产业管制区。根据产业管制区类型特征，按照强制性、指导性、引导性等政策手段进行分类指导，目标是促进产业发展与生态建设和环境保护相协调。

五、产业发展和规划的支撑条件建设

产业发展和规划的实施需要交通运输、供电和供水系统、环保设施等条件的支撑。因此，围绕重点产业集聚点和集聚轴（带），要按照市场规则和适度超前的原则，建设和完善产业发展必须的基础设施和投资环境，形成跨区域共建和共享机制，促进产业可持续发展。

（一）交通设施建设

加强产业集聚点（区、轴）内部及与外部的交通联系，构建包括高速公路、高速铁路、干线公路、国家和地方铁路、城市轻轨等在内的高效、快捷综合交通运输体系，进一步完善产业发展和规划落实的交通环境条件。

（二）电源点和电网建设

产业发展对供电系统的要求比较高，供电能力、价格和稳定性等对不同产业的发展具有一定程度的影响，尤其是对高耗能产业的发展制约程度更大。因此，电源点和电网的建设对产业发展和规划的落实具有重要的支撑作用。

（三）供水系统建设

完善供水设施，提高管网供水普及率，确保产业发展用水是落实产业规划的基本保障。因此，根据不同行业的规模，建立相应的供水系统和污水处理系统，提高产业用水的循环利用率，是建设产业循环经济的重要内容。

六、产业发展的政策措施

政策保障措施是实现产业发展和规划目标，形成主导产业和落实产业空间规划的重要保障，涉及法律、经济、行政、社会等方面的措施和手段。

（一）法律和法规手段

通过立法程序，产业发展和规划具有一定法定效力，即通过立法形式来实施产业发展和规划，应把产业发展和规划纳入到国民经济和社会发展规划体系中，建立产业准入制度。根据行业类型、规模和产业空间特点等，形成“鼓励、限制、禁止”相结合的产业准入机制。尤其是加大对“限制和禁止产业”的管制力度，促进产业结构的优化和调整。

（二）经济手段

运用一系列经济手段，组织、调节和影响产业活动，促进产业发展和规划的实施，包括运用政府投入、设立基金、财政补贴、税收优惠、奖励与罚款等经济杠杆、价值工具、经济责任制等方式，促进优势产业的发展及规划目标和规划重点的落实。

（三）行政手段

采取行政手段和方式来促进产业发展和规划的实施，依靠各级行政管理部门可实施的政策工具，如政策规定、指导意见、管理办法、任务分解等方式，促进产业发展和产业规划的实施。

（四）公众参与

公众参与是监督产业发展可能带来的负外部经济效益的重要手段，也是落实产业规划的重要方式。在产业规划编制阶段，就应该广泛征求公众意见，通过媒体等大众传播手段广泛向公众宣传，使公众熟悉规划意图，明确规划可能对自己带来的正向和负向的影响。

第五节　产业规划与相关规划的关系

从规划体系来看，产业规划属于专项规划，因此它应该以综合规划的基本要求、发展目标等为依据，具体细化、落实综合规划中关于产业规划的内容。

一、产业规划与国民经济社会发展规划

国民经济社会发展规划是制定国家战略意图，明确政府工作重点，引导市场主体行为，是未来五年经济社会发展的宏伟蓝图和行动纲领，是政府履行经济调节、市场监管、社会管理和公共服务职责的重要依据。因此，国民经济社会发展规划是一个指导各类综合和专项规划的统领性、战略性和全局性的综合规划。它对所有的总体规划、行业规划、空间规划等都具有直接或间接的指导性。产业规划是国民经济社会发展规划的一部分，是国民经济社会发展规划在产业发展和空间布局上的具体落实。

二、产业规划与区域规划

区域规划是一国为了通过促进区域经济发展，控制不合理开发，保护生态环境和国土整治，提高区域的综合福利水准和可持续发展，而对国内某一地区或特定地区实施区别于其他地区的政策和规划。区域规划包括区域发展、产业发展、土地利用、城镇体系等多方面的内容。产业规划是区域规划内容的重要组成部分，产业规划要服从区域规划的基本原则和内容等。

三、产业规划与城市规划

不同时代和不同地区，对城市的发展水平和建设要求不同，因此城市规划的研究重点不尽一致，并随时代的发展而转变。城市规划是指对城市的空间和实体发展进行的预先考虑。它的对象偏重于城市物质形态部分，涉及城市中的产业布局、建筑物布局、道路及运输设施设置、城市工程安排等内容。城市规划涉及的产业发展和规划内容主要是对产业规划内容在城市中的具体落实，两者应该相互影响、相互作用。城市规划不应该只是简单地从用地角度对产业布局进行指导，而需要把产业作为城市发展的主要支撑力，来考虑产业发展和空间配置，要明确产业的发展和限制区域。

四、产业规划与主体功能区规划

主体功能区规划是根据资源环境承载能力、现有开发密度和发展潜力，统筹考虑未来我国人口分布、经济布局、国土利用和城镇化格局，将国土空间划分为优化开发、重点开发、限制开发和禁止开发四类主体功能区，按照主体功能定位调整完善区域政策和绩效评价，规范空间开发秩序，形成合理的空间开发结构。产业规划要按照主体功能区的类型进行相应的产业发展和布局。

对于优化开发区域的产业发展和规划重点要限制大量消耗资源和大量排放污染的产业集聚，重点发展高新技术产业、现代服务业等产业，提升区域产业结构，积极参与国际产业分工，增强产业国际竞争力，使其成为领导我国产业发展的核心区。对于重点开发区域的产业发展和规划重点是要加快工业化进程，积极发展先进制造业，鼓励发展各具特色的产业集聚，使其逐步成为支撑全国产业发展和集聚的重要载体。对限制开发区域的产业发展和规划要在坚持保护优先、适度开发、点状发展原则的基础上，严格限制污染严重、资源消耗量大的产业发展，适当发展一些与区域资源环境承载力相适应的特色产业、生态和环境友好型产业。对禁止开发区域的产业发展和规划的要求是除适当进行旅游发展外，严格禁止各类型产业的发展。

参 考 文 献

国际城市管理协会，美国规划协会. 2006. 地方政府规划实践. 张永刚等译. 北京：中国建筑工业出版社. 13

第二章 中国产业发展的空间态势和格局

改革开放30年来，急剧的工业化发展，强烈地改变了全国及各地区的经济结构、产业空间布局和资源供需平衡，并对全国和地区生态与环境结构产生了巨大的影响。在未来20年间，工业化仍然会是我国经济发展的主旋律，但在新的发展观指导下，工业化的路径选择将会有实质性改变。产业集聚仍然是产业空间发展的重要趋势，但各地区会表现出不同的空间集聚形态，特别是产业集聚的内容会发生根本性的变化。沿海地区现代制造业和服务业将逐渐成为发展的主体，同时，也将成为引领我国产业创新和结构调整的核心区域；中西部地区将会出现若干跨区域的产业集聚区，以促进我国产业的均衡发展。

第一节 产业发展的空间态势

在大规模的工业化和城市化过程中，人口、产业和其他社会资源的空间集聚与扩散，将会带来我国经济和社会空间格局的重组。产业集聚带、产业集聚区、产业集聚点等是我国不同层次的区域经济增长的载体和重要的产业空间表现形式，是带动我国经济持续快速发展的主要动力源。未来我国产业发展仍然会依赖于已经形成的各种产业集聚带（区、点），且我国产业向已有产业带（区、点）的集聚态势还会持续相当长的时间。与此同时，一些新的产业集聚带（区、点）也会不断出现，成为支撑我国产业发展的新增长点。

一、产业集聚带（区、点）是支撑我国产业发展的核心

产业集聚带（区、点）是支撑我国产业发展的重要空间形式。现有的不同规模或等级的产业集聚带（区、点）是我国产业发展和不同区域层次经济发展的核心。

（一）产业集聚带是支撑我国经济发展的基本骨架

城市和交通干线的连接点和线是产业集聚的最佳区位。产业集聚带是指各类产业沿主要水陆交通干线的结点（城镇、开发区、港口等）集聚，形成依托水陆交通干线呈带状分布的产业集聚形态。产业集聚带包含若干产业集聚区和产业集聚点，产业集聚区（点）之间通过相对完善的交通网络、信息网络等相联系，各产业区（点）间存在着一定的产业分工与合作。目前，我国正在形成的具有国家意义的产业集聚带主要有东部沿海产业集聚带、长江沿线产业集聚带、京广沿线产业集聚带和陇海兰新沿线产业集聚带。

沿海产业集聚带包括我国产业最密集、技术水平最高、对外联系最强的各类产业集聚区（点），也是我国产业融入国际产业分工与竞争的核心地带。该产业集聚带高度集中了我国的金融、贸易、物流和航运等现代服务业，也是我国的电子信息、通信设备、航空航天、生物技术、新材料等研发和加工制造的核心地带，同时也是我国乃至世界重要的汽车、船舶、钢铁、石油化工、纺织服装、轻工等传统工业的集聚带。长江沿线产业集聚带和陇海兰新沿线产业集聚带则是沟通我国东、中、西三大地带产业联系和经济发展的重要产业带，也是沿江和沿线各种产业发展的核心区，对区际和省内的发展具有重要的支撑作用。京广沿线产业集聚带则是促进中部崛起的核心地带，也是中部各省与珠三角以及京津唐地区联系的重要纽带。

（二）产业集聚区是支撑大区域经济发展的基础

产业集聚区是依托一个或若干特大城市（或大城市）形成的具有国家意义或大区域意义的产业密集地区。产业集聚区一般是国家或区域性的制造业、能源和原材料加工基地，金融保险和物流中心，交通和信息枢纽，人才和技术中心，也是国家或区域性的经济核心区，是最具活力和竞争力的地区。产业集聚区的扩大和发展对国家或大区域的可持续发展发挥着越来越重要的作用，可以说，产业集聚区的形成和发展是支撑区域经济发展的主体。

在东部地区不同层次的产业集聚区已经初步形成，特别是珠三角、长三角和京津唐三大产业引领区的功能和水平的提升和完善，对东部地区乃至全国经济的发展发挥着重要的带动和示范作用。辽中南、山东半岛、海峡西岸等产业集聚区同样对大区域的经济发展起到了拉动作用。中部地区也正在形成和出现具有全国意义的产业集聚区，如中原产业集聚区、武汉大都市产业集聚区等对中部地区的崛起和大区域的发展起到了重要的作用。在西部地区也出现了一些具有跨区域或具有区际影响的产业集聚区，如成渝产业集聚区、关中产业集聚区已经成为我国西部大开发战略的支撑核心。另外，东北地区的长吉平、哈大齐，西部的呼包鄂、天山北麓、滇中、黔中等产业集聚区的形成和发展对大区域和省区内部的发展开发起到了关键的作用。

（三）产业集聚点是支撑地区经济发展的关键

产业集聚点是指产业依托各类中小城镇或交通结点，形成的不同规模和类型的产业集聚点。产业集聚点是中小尺度区域发展的关键支撑点，对增强地区活力、提升地区竞争力具有重要的意义。产业集聚点在产业发展类型上，地区特色或专业化程度相对较高。

全国范围存在着大量不同规模、不同类型的产业集聚点，这也是新的产业发展的重要增长点，它们是所在区域的经济、社会发展的关键支撑点。

二、集聚仍然是未来中国产业空间发展主导趋势

产业集聚是我国现阶段工业布局的主要特点，产业集聚具有自我增强的作用机制，这种集聚的趋势仍会延续相当长的时间。经济活动的空间扩散以及集聚不经济的出现在一定程度上可能减缓这种趋势。

（一）产业进一步向沿海地区集聚

现阶段，我国的产业仍然会进一步向东部沿海地区集中，生产空间过密和过疏并存是未来我国产业发展的基本格局。

东部沿海地区不仅具有良好的自然本底，水、热、土资源条件匹配适宜，更重要的是其具有产业发展的优越区位条件和发展基础。因此，改革开放30年来，这些地区产业发展水平最高，不仅是外资企业高度集中的地区，也是我国民营企业最集中的地区。未来20年内，沿海地区，如长江三角洲地区、珠江三角洲地区、京津冀地区、海峡西岸地区、辽中南地区及山东半岛地区等，仍然是我国产业集聚的核心地区，其所承载的经济总量还会持续增加。但在未来发展中，这些地区需要转变经济增长方式，进一步优化产业结构，形成能够参与国际产业分工的现代化、国际化产业体系。

（二）中西部的优区位点有益于产业的集聚

随着东部地区生产成本的提升，以及中西部地区产业发展环境的改善，中西部地区的一些优区位点、线将会成为我国未来产业集聚的重点之一，如大江大河沿岸、主要交通干线两侧、中心城市及周边地区、资源富集地区等有利于产业的进一步集聚。

中部地区的长江沿岸，陇海、京广、京九、京哈等河流、铁路和公路等交通沿线将会是产业集聚

程度最强地区。西部地区以大区、省区和地区三级中心城市以及周边地区为核心，包括主要交通干线周边的中小城市也将会是未来20年产业的主要集聚地区，也是支撑西部经济发展的主体。

（三）一些产业的空间集聚趋势更加明显

总体而言，我国正处于工业化中期。根据国外的经验，这一阶段是各类产业规模进一步扩张期，尤其是以钢铁、石化为代表的基础原材料工业的规模将会不断扩大。另外，随着国民收入的提高，日用消费类产业也会有质的提升。

我国基础原材料工业的消费市场大都集中在沿海几个发达地区，加之这些工业的原料市场对外依赖程度逐渐加大，沿海地区成为这类工业发展的最佳区位，如2006年我国铁矿石进口量高达3.25亿吨，对外依赖度达到57%。沿海地区利用其港口优势发展钢铁工业，在成本和市场销售等方面明显优于内陆地区。因此，我国钢铁工业还会进一步向沿海地区集中，环渤海地区、长江三角洲地区，甚至珠江三角洲地区将会成为钢铁工业的进一步集聚地。石化工业也具有类似的特征，2006年我国石油进口量高达1.45亿吨，进口比重达到42%，已成为世界第三大石油进口国。在国外石化工业转移、原油来源和石化产品消费市场等因素影响下，我国石化工业将会在长江三角洲、京津冀、辽中南和珠江三角洲等地区集聚。

日用消费类工业产品的市场主要集中在国外，加之这类产业在沿海地区的发展基础较好，从总体上来看，这类产业还会在沿海地区集聚，但将会逐渐从大城市向中小城市集聚。随着沿海地区劳动和土地成本的提高，以及产业结构提升等因素的影响，这类产业也会不断向内陆地区集聚。

（四）许多地区产业集聚潜力较大

我国的主要产业集聚区与国外类似地区相比较潜力仍然很大，如我国发展水平最高的产业集聚区长江三角洲地区，2003年土地产出率仅为0.21亿元/千米^2，而日本大阪产业密集区1985年就达到了46.94亿元/千米^2。长江三角洲地区目前的土地产出率不及日本大阪20世纪80年代的土地产出率，尚有很大潜力可挖，而其他地区的土地利用潜力就更大。

三、新的产业集聚点不断形成

我国工业化和城市化发展仍处于加速发展阶段，加之地区间的资源分布、开发条件和发展水平等方面的差距，新的产业集聚点增加较快，但主要集中在区位和资源等条件优越的地区。总的来看，近年来，新出现的产业集聚点主要集中在以下地区。

（一）经济发达地区形成专业化产业集聚点

在经济发达地区，以小城镇为核心，形成了各种专业化产业城镇，它们成为整个地区产业链中不可或缺的一部分，对提升地区产业竞争力具有重要的意义。例如，在珠江三角洲地区出现了服装、电器、家具、玩具等专业性极强的城镇，这些城镇是支撑珠江三角洲制造业发展的核心，也是解决当地就业和吸纳外来人口就业的重要支撑点。

（二）大城市周围形成城市依托型产业集聚点

在特大城市或大城市的周边地区，由于受到中心城市的直接辐射，经济社会发展水平普遍较高。如广州、杭州、武汉、西安、沈阳、哈尔滨等特大城市或大城市周边地区的城镇，在产业发展上直接受到中心城市的影响，形成与中心城市产业相关联的产业体系。如在长春市周边形成的以汽车配件为主导的产业城镇，在广州市周边形成的服装和家具城镇，这些产业集聚点高度依赖于中心城市的产业发展。

（三）开发条件较好的资源富集地区形成资源型产业集聚点

资源型产业集聚点主要集中分布在资源富集的中西部地区，如黔中、晋陕蒙等地区。它们主要依托丰富的资源优势，形成若干资源开发或加工型的产业集聚点。

（四）主要水陆交通沿线地区形成特色产业集聚点

在水陆交通干线的沿线、区位条件比较好的交通结点，有利于产业的集聚。例如，京广沿线、京沪沿线、长江两岸等地区，在优越的区位条件基础上，形成了一些具有地方特色的产业集聚点。

四、产业发展和集聚造成对环境、土地和水资源的压力加大

大部分产业集聚带（区、点）在保持长期的高速和超高速经济增长过程中，其代价是大规模占用土地资源、大量地使用矿产资源、大量地消耗水资源。产业发展已经超出地区的资源支撑能力，依赖国外进口资源成为我国基础原材料工业发展的基本趋势。与此同时，产业的发展和集聚，也带来了地区生态和环境的破坏，水污染、大气质量恶化、绿色自然空间减少等问题几乎成为所有产业集聚区所面临的共性问题。

（一）区域环境污染日趋严重

伴随着工业化进程的加速推进，水污染、大气污染、土壤破坏等问题日益严重，区域内环境污染加剧。二氧化硫（SO_2）等大气污染排放量不断增加，对京津冀、长江三角洲和珠江三角洲地区环境质量和生态造成了严重影响。珠江三角洲、长江三角洲等地区地表水系，绝大部分已被污染成为四、五类水质。另外，由于工业化和城市化的快速发展，造成地下水过量开采，非洁净能源过量使用，以及机动车辆的大量增加，城市大气环境污染及城市交通拥挤状况日益严重。虽然近几年一些大城市内部环境有所改善，但就整个地区而言，其生态和环境总体质量仍在恶化。

长江三角洲地区产业过分集中，能源消耗对环境的影响越来越严重。能源利用与环境保护之间的矛盾日益尖锐。国家要求上海市2010年SO_2排放量不超过30万吨，但2004年上海市SO_2排放量就达47.2万吨；2004年江苏省SO_2排放量为150万吨，高于“十五”末100万吨的控制指标；浙江省2004年SO_2排放量为70多万吨，也高于“十五”末54万吨的控制指标。在能源消费不断增加的情况下，大幅削减SO_2等污染物排放量的压力非常巨大。

京津唐产业集聚区大耗水、大耗能和污染性较重的重化工业所占比重较高，城市人口又过于密集，机动车辆增长迅速，城市交通经常受阻，对城市和区域的环境质量产生了较大的负面影响。虽然近年来政府加强了对重点污染企业所排放污水和废气的综合治理，同时也取得了明显的成效，但从京津唐地区的整体环境来看，防止生态环境恶化和提高生活环境质量，仍然是一项长期而艰巨的任务。除加大环保的资金投入外，还必须重视对产业结构和空间结构的逐步调整和优化。

（二）土地资源流失严重

我国有限的耕地资源受到来自大规模工业化和城市化的威胁，尤其是开发区的圈地运动以惊人的速度和规模蚕食着大量的耕地资源。

我国的主要产业集聚带（区、点）都是在农业条件非常好的地区，农业曾经是地区发展的优势产业。但是在快速工业化时期，我国一度对乡镇企业布局失去调控，鼓励“离土不离乡，进厂不进城”，乡镇企业分布过于分散。20世纪90年代以来，开发区的发展和布局盲目失控，各级政府竞相征用和出让土地，建设各类开发区，导致许多产业集聚区大量耕地流失，耕地质量下降，农业持续发展已经受到威胁。在一定的技术经济条件下，工业化和城镇化发展对耕地转化为非农业用地的需求增加。1998～2004年长三角地区的GDP增长了14 370.6亿元，年均增长15%；同期，耕地面积共减少

3625.24千公顷，年均减少1.6%，相当于每增长1亿元GDP，耕地要减少250公顷，经济发展与耕地保护之间存在着尖锐的矛盾。

我国主要产业集聚带（区、点）大都具有人多地少、土地承载量大、土地资源十分宝贵的特征。但是由于各个城市竞相建设开发区，征用了大量土地，造成土地资源流失过多，而农业用地显著减少。但同时，这些开发区的土地利用效率也很低，优质土地资源浪费现象也很普遍。据统计，2004年全国省级以上900多个开发区，国家批准规划建设用地近3000万亩①，开发的仅占13.5%，约有2600万亩土地被闲置。省级以下开发区造成的耕地浪费更为严重。

珠江三角洲地区人均耕地面积仅为全国平均水平的29%，是环渤海地区的35%，低于联合国粮农组织0.8亩的警戒线，历来是我国人多地少、人地矛盾比较突出的地区。改革开放以来，珠江三角洲地区利用毗邻港澳、华侨众多的优势，大力发展以外向型经济和"三来一补"产业为主导的乡镇企业，强有力地带动了农村工业化和城镇化步伐，一跃成为全国工业化和城市化水平较高的地区。在20世纪80年代初期，由于缺少合理的规划，导致建设用地的盲目扩张，非农用地迅速增加，加剧了原本紧张的人地矛盾；到90年代中期，乡镇企业遍地开花，布点过于分散，侵占了大量农田；随着人民富裕程度的不断提高，城镇居住用地和农村住宅占地迅速地、随意地扩张，进一步加剧耕地资源急速下降的趋势。

（三）产业发展对矿产资源的需求加大

产业的高速增长，对钢铁、水泥等建筑材料、石油化工、电力、有色金属等基本能源原材料的消耗量不断增长，以致我国的资源和能源供应非常紧张，大量依赖国外的进口资源。例如，2003年我国石油消耗量超过日本成为仅次于美国的第二大石油消费国；2006年我国石油消费量高达3.3亿吨，其中进口量高达1.45亿吨，进口比重达到43.9%，成为世界第三大石油进口国。长江三角洲地区原油对外依存度更高，如2004年长江三角洲地区进口原油4307万吨，其中上海进口量为1676万吨，江苏进口967万吨，浙江进口1664万吨，进口量占全部调入原油的80%。我国自1981年开始进口铁矿石，此后逐年增加，2001年铁矿石进口量突破1亿吨，2003年我国成为世界最大的铁矿石进口国，2006年进口量高达3.25亿吨，占铁矿石消费量的57%。

（四）产业发展与水资源矛盾没有从根本上解决

淡水资源不足问题突出，如京津唐地区水资源总量约160亿立方米，人均水资源占有量只有400立方米，还不到全国平均占有量的1/5，其中，天津多年人均水资源占有量不足200立方米。水资源补给来源的年际变化大，水源不稳定，外来水量近几年也呈下降趋势。随着近年来经济的迅速发展和城市人口的急剧增长，区内工农业生产和城市生活的实际用水量早已超过平水年的实际可供水量。对地下水资源的过量开采，已在大城市周围的一些地区，形成了面积较大的漏斗区，严重地段已经造成地基的下沉。华北地区已形成较大地下水漏斗20处，总面积为7万多平方千米，成为世界上最大的区域性漏斗。

第二节　四大产业集聚带发展导向

"两纵两横"四大产业集聚带是指东部沿海产业集聚带、京广沿线产业集聚带、长江沿线产业集聚带和陇海兰新沿线产业集聚带（图2-1）。这四大产业集聚带是构成我国产业发展空间的基本骨架，承载着我国产业的精华，也是支撑我国经济发展的基础。

① 1亩≈666.67平方米（全书同）。

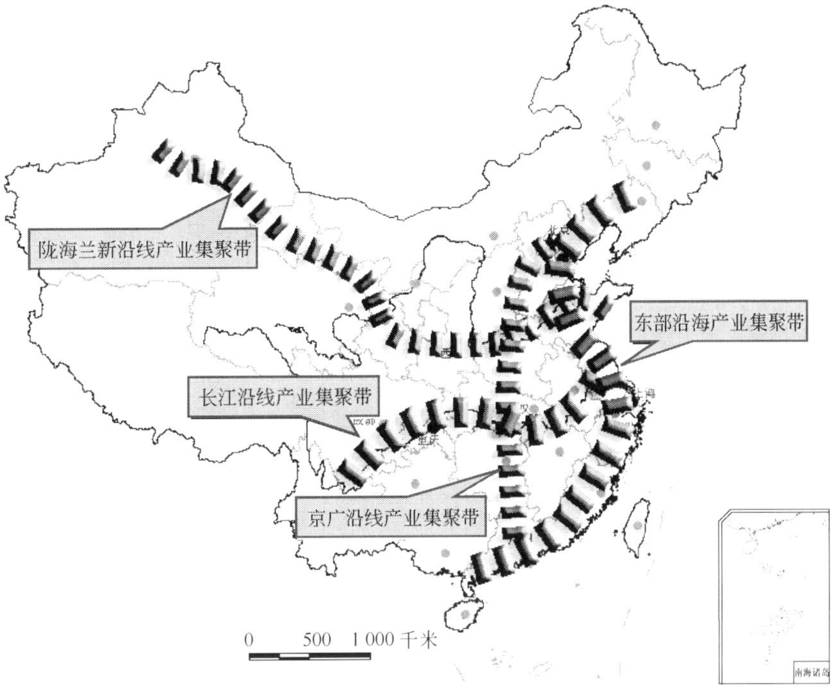

图 2-1　我国“两纵两横”四大产业集聚带

一、东部沿海产业集聚带发展导向

沿海产业集聚带是我国产业发展和创新的前沿，也是我国产业参与国际竞争的核心地带。沿海产业集聚带位于我国最发达的东部沿海，呈南北纵向分布，南北长约 1.8 万千米，东西宽约 100 千米。该地带内部分布着我国产业最发达的珠江三角洲产业集聚区、海峡西岸产业集聚区、长江三角洲产业集聚区、胶东半岛产业集聚区、京津唐产业集聚区和辽东半岛产业集聚区等六大具有国际或全国意义的产业集聚区（图 2-2）。

（一）产业带的发展定位

沿海产业集聚带是我国经济发展的核心和脊梁，是我国经济对外开放的前沿地带，是带动我国改革开放 30 年来经济和社会快速发展的动力；同时，也将是引领我国未来 20 年产业升级和创新、参与国际产业竞争、有机融入国际产业分工和形成世界制造业中心的引擎。

（二）产业带发展特征

沿海产业集聚带目前已成为我国经济实力最雄厚、产业集聚程度最高的一级产业发展带。从目前的发展现状来看，沿海产业集聚带具有以下特征：

产业的集聚趋势仍将会持续。沿海产业集聚带由于区位、港口、人才和科技等优势决定了其产业综合发展条件在全国位居领先地位，因此，产业集聚仍然是沿海产业带发展的重要特征。从国际产业带的发展趋势来看，我国沿海产业带的集聚过程还没有完成，未来在一些港口条件优越的大城市周边地区将会出现一些新的产业增长点，如辽宁的鲅鱼圈、葫芦岛和大连的周边地区、河北的曹妃甸、天津的滨海新区、山东的烟台和青岛的周边、苏北、杭州湾、广东省的东西两翼将会成为沿海产业集聚带新一轮产业发展的增长点。

对外开放程度和产业承接能力最强。沿海产业集聚带是我国对外开发的前沿地带，是吸引国外直接投资最多和外资企业最集中的地带，也是我国产业接轨国际、产业分工与合作的核心地带。沿海地

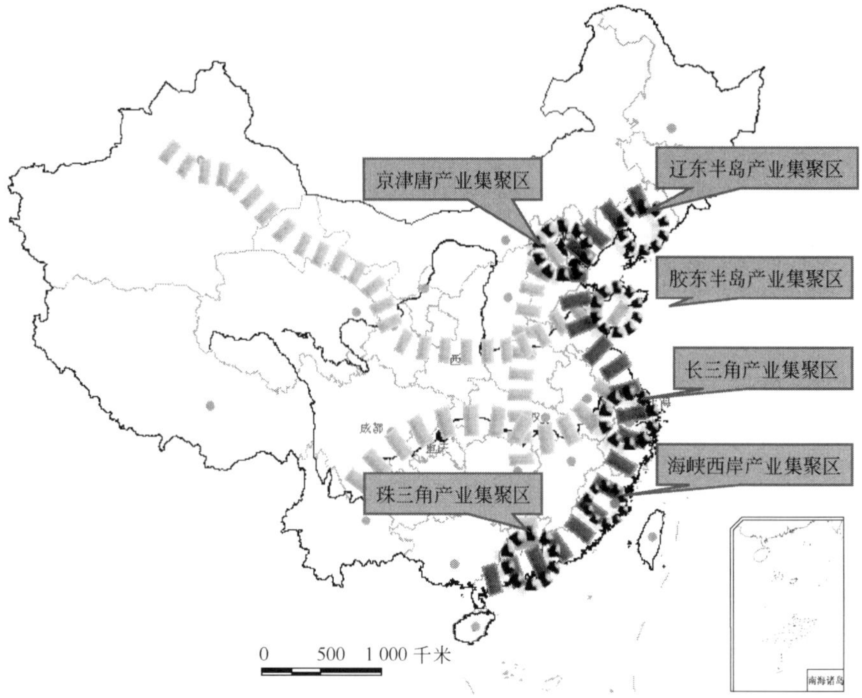

图 2-2 沿海产业聚集带

区良好的区位和基础条件等，成为外资的最佳投资区位。随着大量外资企业的进入，沿海地区的产业集聚水平不断提高，从南到北将会形成各具特色的产业集聚区。

产业创新能力最强。随着产业集聚能力的提升，沿海产业集聚带的科技投入产业创新不断增强，不同的产业技术创新中心和创新体制不断形成。技术和创新成为推动我国产业由劳动密集型产业向资本和技术密集型产业转移的原动力。随着创新型国家体制的建立，科技创新能力将会成为沿海产业集聚带发展的主题。

产业的带动和辐射能力最强。沿海产业集聚带在全国各行业都具有领先和带动作用，在传统工业的更新改造、先进制造业和现代服务业的发展等方面均对全国具有带动和引领作用。另外，其对区域的带动作用也很明显。

（三）产业带的未来发展导向

沿海产业集聚带具有产业持续发展的区位优势、产业进一步集聚的行业配套能力、产业发展的基础设施支撑条件，以及推动产业提升和创新的科技和人才资源优势，因此，沿海产业集聚带在未来新一轮经济发展中，具有带动全国产业率先发展和再上一个新台阶的条件。沿海产业集聚带的未来产业发展导向是积极发展现代服务业和先进制造业，提升产业结构。

提升产业结构，保持沿海产业集聚带的持续竞争力。沿海产业集聚带未来需要转变经济增长方式，提高经济增长的质量、效益和可持续发展能力，重点发展汽车、船舶、电子信息、通信设备、航空航天、机电一体化等制造业，建设世界水平的先进加工制造业集聚带。

建设不同级别的金融、航运、贸易等现代服务业中心，提升产业带对外和对内的辐射和带动作用。顺应国际产业分工、国际贸易全球化、世界经济一体化和经济区域集团化的趋势和产业空间重构的特征，在沿海产业集聚带培育和发展若干以现代服务业、高新技术产业和先进制造业为主的中心城市，使其成为国际产业大循环的依托、区域经济集团的支撑点、各类经济圈的核心、经济组织和金融活动中心，进一步壮大沿海产业集聚带现代服务业、新兴产业的发展。

发挥科研、人才和产业基础优势，建立国际水平的高新技术研发和生产中心。加大科技投入，重视科技进步，增强沿海产业集聚带的自主创新能力，发挥产业集聚带对全国经济发展的引领和带动作用。

二、京广沿线产业集聚带

京广沿线产业集聚带是指沿京广铁路沿线和京珠高速公路沿线呈南北纵向分布的产业集聚带（图2-3）。在南北长达2300多千米、东西宽约50千米的京广沿线产业集聚带上，集中分布着京津唐产业集聚区、中原产业集聚区、武汉产业集聚区、长株潭产业集聚区、珠江三角洲产业集聚区等五大产业集聚区。京广沿线产业集聚带人口和城市分布密度高于全国平均水平，产业集聚带内部形成了比较发达的公路、铁路、航空和管道等综合运输体系，交通运输体系对京广沿线产业带内部产业的集聚和扩散起到了重要的支撑作用。

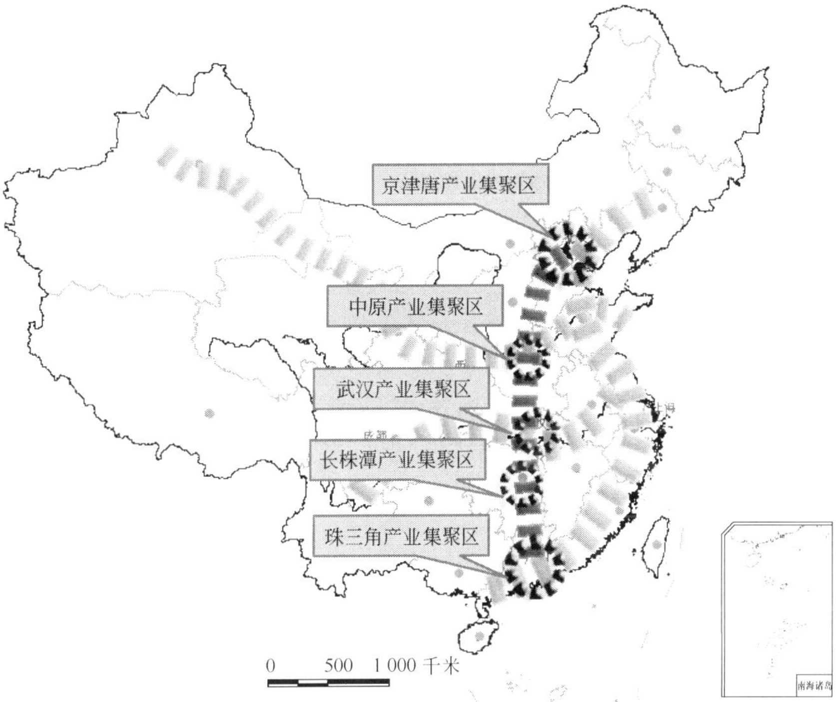

图2-3　京广沿线产业聚集带

（一）产业带的发展定位

京广沿线产业集聚带是仅次于沿海产业集聚带的一条重要纵向产业集聚带，是沟通我国南北、东西产业分工与合作的重要纽带，是我国重要的农业、基础原材料、装备制造业和高新技术产业的密集地带，也是支撑我国中部崛起和沟通南北经济发展的重要产业集聚地带。

（二）产业带发展特征

京广沿线产业集聚带是北京、河北、河南、湖北、湖南和广东6省市经济发展的核心区和优势产业集聚重要轴线。

是我国重要的产业集聚和创新带。北京、郑州、武汉、广州等城市交通区位条件优越，是沟通南北和东西的交汇点，对外开放程度较高，是全国和大区域的科技创新的中心，对省区内外具有直接的辐射和影响力。同时，这一地带的中小城市也是承载产业带沿线各省的重要结点。

是中部地区崛起的核心。河南、湖北和湖南在中部6省中占有重要的位置，而这3个省的人口和产业密集区主要位于京广沿线产业带，产业带的纵向和横向衍生对中部其他省区也具有一定程度的辐射和带动作用，因此，产业带的发展对中部崛起意义深远。

是全国重要原材料和装备制造业基地。河北和湖北的钢铁、河南和湖南的有色冶金等是我国重要的原材料生产基地，北京、郑州、武汉和广州的交通运输设备、各种机械设备等在全国地位突出。

是全国重要的农业生产基地。湖南、湖北和河南是具有全国意义的农产品主产区和重要的农副水产品加工基地。

（三）产业带的未来发展导向

积极发展京广沿线的中心城市，促进生产要素向产业带的集中，加快经济结构调整，优先发展高新技术产业和装备制造业，促进京广沿线优势产业带的发展，构筑新的产业发展空间。

走新型工业化道路，建设我国重要的先进制造业基地。大力发展高新技术产业，用高技术和先进适用技术改造和提升传统产业。促进资源主导型产业向技术、资金和劳动密集型产业协调发展转变，由生产中间产品为主向生产终端产品和消费型产品为主转变。

完善中小城市的投资环境，积极承接国内外先进地区的产业辐射，建设全国重要的农产品加工、汽车制造和原材料工业基地。

充分发挥水土资源和区位优势，建成全国主要的高产、稳产商品粮油渔优质基地。

三、长江沿线产业集聚带

长江沿线产业集聚带是指沿长江方向，自宜宾至上海约1700千米呈东西分布的产业集聚带（图2-4）。在长江沿线产业集聚带上自东向西分布着长三角产业集聚区、武汉产业集聚区、成渝产业集聚区等三大产业集聚区，并分布着上海、南京、武汉、重庆等4个特大城市、20多个大中城市、若干个小城市、随着长江航运及沿岸资源的开发，产业集聚程度和城市化水平将进一步提升，长江沿岸产业集聚带在全国的地位也会不断提高。

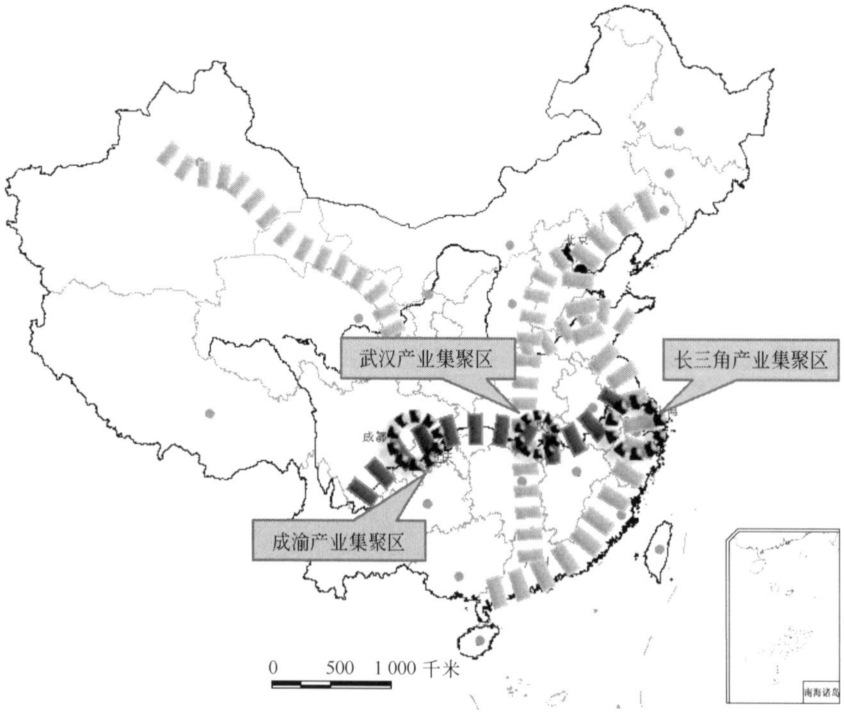

图2-4 长江沿线产业集聚带

（一）产业带的发展定位

长江沿线产业集聚带具有通江达海和连接东、中、西三大经济地带的区位条件，其农业发达、工业基础雄厚、技术水平较高，这些有利条件为长江沿岸产业集聚带的快速发展奠定了基础。长江沿线产业集聚带是我国未来电子信息、生物制药、汽车、摩托车、精密机械、电力、石油化工和冶金为主的制造业和能源原材料生产基地，也是我国重要的商品粮、特色农产品生产和加工基地。

（二）产业带发展特征

长江沿线产业集聚带沿长江黄金水道，横贯我国东、中、西三大地带，具有便利的交通和区位条件、丰富的资源禀赋优势、相对坚实的产业发展基础，因此，现在和未来该产业带在全国都具有举足轻重的地位。

产业发展基础比较雄厚。该产业带拥有全国最发达的农业生产基地（江汉平原、洞庭湖平原、鄱阳湖平原、太湖平原、里下河地区和四川盆地等农业生产基地）。同时，该产业带是能源和原材料工业密集的产业集聚区，能源基地包括上中游水电、四川盆地天然气、沿海大陆架油田等，原材料基地包括皖、赣、鄂、渝、川的有色金属和钢铁资源等开发潜力地区，也是我国产业开发由沿海向内地转移的重要地带。

沿江产业布局的格局已经形成。长江上、中、下游已初步形成具有一定的产业分工、区域经济联系不断加强的发展态势。产业集聚带在制造业、重化工业和高新技术产业上位居全国重要地位。以上海、南京、武汉和重庆为核心，形成了我国最大的沿江汽车制造、钢铁生产、电子信息产业集聚带。汽车工业以上海、南京、芜湖、武汉和重庆等 5 个大型汽车生产基地为核心；钢铁工业以宝钢、上钢、马钢、武钢、攀钢 5 个全国特大型企业及若干全国重点企业和地方骨干企业为龙头；石油化工以金山石化、扬子石化、镇海石化和岳阳石化等大型企业为主导。

第三产业快速发展。上海、南京、武汉、重庆、宜昌、芜湖、九江、岳阳、涪陵等沿江城市已成为第三产业发展的重要载体，也是沿江省市的商品流通业、邮电通信业、金融保险业和其他社会化服务业的集聚点。尤其是上海、南京、武汉和重庆也是全国第三产业最发达的城市，对促进全国现代服务业的发展起到了不可或缺的作用。

（三）产业带的未来发展导向

充分发挥长江三角洲的门户作用和辐射带动作用，构筑以上海为龙头的产业梯度升级体系，增强长江产业集聚带对全国产业的支撑和带动作用；进一步强化成渝产业集聚区对西部产业发展的带动作用，形成产业带的另一个增长极；壮大以武汉为中心的长江中游产业集聚区，支撑沿江经济带的整体发展。

充分发挥长江黄金水道的优势，促进沿江省市的产业和要素向长江两岸聚集。利用水路联运、江海联运等有利条件，引导冶金、石化、电力、汽车、建材等耗水、高载能、大运量的优势产业向沿江布局，形成生态型临港工业区；依托区域性中心城市核心服务功能，大力发展先进制造业、高新技术产业，促进沿江产业集聚带的产业升级和国际竞争力。鼓励产业的转移和承接，形成梯度转移和承接园区，构筑相对完善的产业链体系。

推动沿江城市的合作和分工，形成产业带上下游联动的发展态势。通过加快沿江地区公路、跨江大桥、城际铁路、水运、航空等交通建设，逐步整合和提升沿江产业，形成以长江及重要交通干线为主轴、以先进制造业为主导、原材料工业为基础的产业密集带。

重视农业基础建设，巩固商品粮油基地对全国粮食安全的作用，积极开发和保护国家战略性的高产稳产的商品粮油基地。

四、陇海兰新沿线产业集聚带

陇海兰新沿线产业带东起连云港，经徐州、开封、郑州、洛阳、西安、宝鸡到兰州，沿兰新线，经河西走廊、乌鲁木齐一直到阿拉山口，是欧亚大陆桥的核心地段之一（图2-5）。在产业集聚带上分布着苏北产业集聚区、中原产业集聚区、关中产业集聚区和天山北麓产业集聚区等国家和省级产业区。

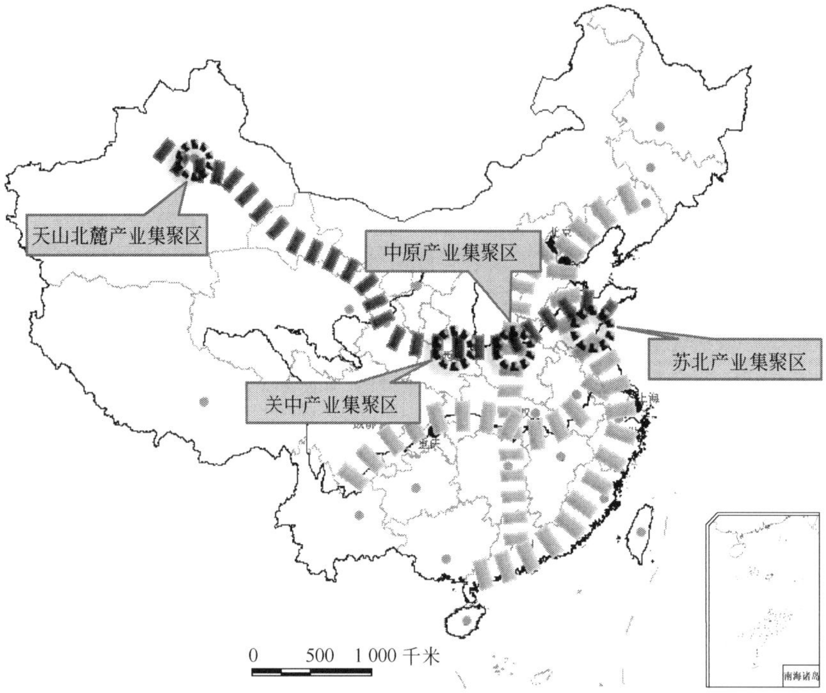

图2-5 陇海兰新沿线产业集聚带

（一）产业带的发展定位

陇海兰新沿线产业集聚带是沟通东、中、西经济和社会发展的重要产业集聚带，是我国重要的能源、原材料和现代制造业集聚带，也是我国经济由东部转向内陆的重要支撑带。积极推进和发展陇海兰新沿线产业集聚带，有利于东部、中部和西部三大地带经济合作，加速地区间生产要素和产业的扩散和集聚，对解决地区间经济差异具有重要的作用。

（二）产业带发展特征

陇海兰新产业集聚带大部分地段资源丰富，经济基础较好，城镇相对密集，但产业集聚带内部差异较大，尚处于初级发展阶段。

产业集聚带内部的经济发展水平极不平衡。由东而西基本呈递减的态势，但在中西部地区也有一些区位条件和发展基础较好的、重要的经济中心和增长极。从产业发展水平来看，该产业带包括我国上、中、下游各种档次的产业群，可以说是我国产业发展水平的缩影。

全国重要能源、原材料工业集聚带。该产业集聚带煤炭资源、水电资源和油气资源相对丰富，已经形成以徐州、淮北、兖州、滕州、平顶山、焦作、新密煤炭为主体的能源区，黄河上游水电开发区，新疆油气田开发区等，是我国最重要的能源产业密集地带。该产业集聚带也是我国重要的原材料集聚带，其中有色冶金、石油化工等产业在全国地位比较突出。

全国重要的制造业基地。徐州、西安、宝鸡、郑州、洛阳、兰州、乌鲁木齐等地区在工程机械、电子信息、电力机械、航空航天、汽车制造、机床工具等产业中占有全国重要地位，如徐州的重工集团，河南的许继集团、天鹰集团、中信重工、中国一拖集团有限公司、洛阳轴承集团有限公司等重大装备制造企业，陕西的电力设备、机床等在全国的装备制造业中占有重要的位置。

全国重要的农业基地。中原、关中、河西走廊、天山北麓等都是我国大宗粮食、优质棉油和优势畜产品等的生产和加工基地，也是粮食加工、肉类制品、速冻食品、系列奶制品、功能特色食品等的加工基地。

（三）产业带的未来发展导向

点-轴模式推进产业带的发展。产业集聚带要以陇海—兰新铁路和同方向的高速公路、主要交通干线为轴线，以沿线的省会城市和地级城市为结点，呈串珠状展开。要充分发挥省会城市如郑州、兰州、西安及若干地级城市的带动和辐射作用，由“点”而“线”，由“线”到“面”，全面推动产业集聚带的形成和发展。

壮大能源和原材料基地。产业集聚带要充分发挥连接东亚和中亚的区位优势，以及农牧业、能源、矿产资源丰富和军工企业的优势，以亚欧大陆桥为纽带，加快水利、交通建设和资源开发，形成全国重要的棉花和畜产品基地、石油化工基地、能源基地、有色金属基地和新材料基地。

发展现代制造业。发挥郑汴洛工业走廊、关中产业走廊、兰州—白银产业走廊、乌鲁木齐—昌吉—米泉—阜康工业走廊的优势，形成以现代制造、高新技术、轻纺、食品、医药和精细化工等为核心的若干产业密集区，提升产业带发展水平。

积极发展现代服务业。依托郑州、西安、兰州和乌鲁木齐等大城市，积极发展金融保险、物流、生产者服务业和旅游业，形成不同层次的区域性金融中心和商贸物流中心。

第三节　三大产业引领区发展导向

“三大产业引领区”包括珠三角产业集聚区、长三角产业集聚区和京津唐产业集聚区（图2-6）。

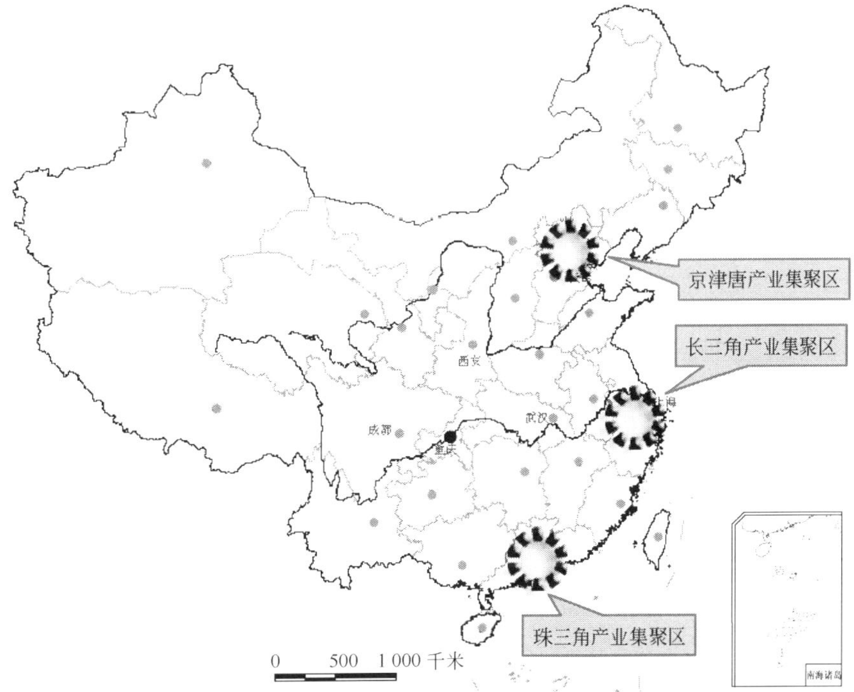

图2-6　三大产业引领区

三大产业引领区是我国产业融入国际产业分工、参与国际产业竞争的主力军，在我国经济发展总体格局中具有很强的地位和影响力。三大产业引领区占全国国土面积的6%，却创造了我国近40%的GDP。未来三大产业引领区要以提升参与经济全球化的能力为发展的基本导向，将三大产业引领区建设成为国家创新体系和现代服务业的中心、先进制造业和高技术产业的引领区（表2-1）。

表2-1　三大产业引领区

	定位	发展导向	支撑体系	面临的问题
长三角	我国面向东亚和全球的金融、贸易、航运中心，具有国际意义的先进制造业基地	扩大国际交流的深度和广度，建设国际门户地区；促进高级城市职能的集聚；强化以上海为中心的长江三角洲区域的协调发展	建设上海集装箱枢纽港；构筑以上海为中心的两小时快速交通圈；严格保护耕地；控制近海水域、太湖、江河干支流水污染	土地资源短缺，近海水域、主要河流和湖泊污染严重
珠三角	东南沿海地区最大的经济核心区和国际化程度最高的门户地区；全球最重要的加工制造业基地	提升国际金融、贸易、航运中心等功能；适度发展石化、钢铁、电力等基础原材料工业；推进粤港澳紧密的经贸合作关系；创造与自然和谐的人居环境	建设京广客运专线；完善港口体系；控制水防污，减少城市和工业污水排放量	工业和生活污染严重，生态环境趋于恶化，建设用地短缺
京津唐	我国北方最大和发展程度最高的经济核心区；全国乃至世界高新技术研发和产业化基地	提升中关村的科技研发和创新中心地位；搞好天津滨海新区和河北省曹妃甸工业区的建设；适当控制钢铁、建材、石化等产业的发展规模；改善城市人居环境	重点建设天津集装箱干线港和曹妃甸专用港；加强城际快速交通通道建设；限制大耗水产业发展，优化配置水资源；保护北部生态环境	交通拥挤、人口压力、水资源短缺、区域合作程度低

一、长江三角洲产业引领区

长江三角洲产业引领区地处我国沿海、沿江两大经济发达地带的接合部位，以上海为中心，以沪宁杭为主体，包括上海市，江苏省的南京、苏州、无锡、常州、扬州、镇江、南通、泰州，浙江省的杭州、宁波、湖州、嘉兴、绍兴、舟山、台州等16个城市。该地区以占全国1%的土地和6%的人口，创造了占全国总量20%以上的GDP，已成为我国最具发展活力和发展潜力的地区之一。

（一）产业区的发展定位

长江三角洲产业引领区是我国高端服务业、高新技术产业和先进制造业集聚的核心区，是引领我国产业升级和技术创新的龙头，也是我国产业直接融入国际产业链分工与合作、参与国际产业竞争的主力。未来产业发展的目标是形成我国面向东亚和全球的金融、贸易、航运中心，全国高新技术产业的研发和生产中心，具有国际意义的汽车、船舶、电子信息、航空航天等先进制造业基地。

（二）产业区特征

长江三角洲产业引领区是全国经济最发达的地区之一，以上海、南京、杭州等城市为中心，已经成为全国经济发展水平和城市化水平最高、专业化分工和协作最强的产业集聚区。长江三角洲占全国国内生产总值的20%，年进出口总额占全国的30%。世界500强企业，已有400多家在这里落户，合同利用外资总值已超过1500亿美元。许多工业产品位居全国前列，其中，化学纤维占全国的60%以上，集成电路占全国的一半多，钢铁、汽车、纱和布占全国产量的1/5（表2-2）。

表 2-2　2003 年长江三角洲主要工业品产量及占全国比例

主要工业品	长三角	占全国比例/%
化学纤维/万吨	750.22	63.52
纱/万吨	206.14	20.96
布/亿米	87.03	23.23
发电量/亿千瓦时	2 547.32	13.3
钢/万吨	3 694.32	16.6
成品钢材/万吨	4 959.52	20.56
水泥/万吨	10 904.08	12.65
汽车/万辆	87.72	19.74
集成电路/万块	766 241	51.66

资料来源：根据《中国统计年鉴 2004》及长三角各省市 2004 年统计年鉴计算得出。

全国最强的产业集聚区。长江三角洲地区制造业轻重适宜，门类齐全，已经形成以钢铁、汽车、船舶、石化、电子、医药等行业为主导的具有较强竞争力的产业集群，纺织服装、食品加工、机械加工等传统加工配套业发达，工业总产值约占全国 1/3。与京津唐比较，长江三角洲地区制造业配套齐全、工艺较为精细，而与珠三角相比，长三角又具有良好的重工业基础，体系相对完整。

全国最强的高新技术产业集聚区。长三角地区微电子、光纤通信、生物工程、海洋工程、新材料等高新技术产业在全国地位突出，已初步形成上海张江、漕河泾，浙江杭州、宁波，江苏南京、苏锡常等高新技术产业集聚区，对全国产业结构升级和产业竞争力提升起到了重要的作用。

产业的外向度较高。长三角地区凭借其得天独厚的区位优势、人才优势和政策优势，对外资的吸引力较强，外资企业和外向型经济已成为推动地区经济发展和产业结构优化升级的重要力量。长三角已成为跨国公司在我国最为密集地区，是我国吸引外资的主要载体。

依托主要交通干线形成了三大巨型产业走廊。包括以沪宁、沪杭、杭甬铁路和高速公路沿线众多中心城市为支撑的高新技术产业走廊，沿长江下游及河口两岸地区集中分布的装备制造业和重化工业产业走廊，以及环杭州湾两岸地区临港重化工业及加工制造产业走廊。三大产业走廊对带动长江三角洲经济的发展起到了决定性作用。

（三）产业区发展导向

积极吸引全球发展要素集聚，在完善传统产业基础上，大力发展现代服务业和先进制造业，把自主创新作为新一轮长三角经济发展和产业升级的动力。通过建设创新型区域，带动东部沿海地区和中西部地区产业升级和梯度转移。

建设全国创新中心。发挥人才和强大的教育科研能力及完备的研发支撑体系，促进技术创新、品牌创新、产业组织创新、服务和市场创新，培育自主创新能力，强化从“中国制造”转而为“中国创造”的战略意识，使长三角从一个国际性的生产基地成为具有重要国际地位的集研发设计、生产加工、国际营销和强大商务服务为一体的世界制造业中心之一。

形成现代服务业中心。长江三角洲地区在金融、信息、物流、商贸等现代服务业领域处于全国领先地位。充分利用服务业国际转移的新机遇，大力发展金融、信息、物流等现代服务业，形成以上海为中心，覆盖长三角，服务中西部的服务体系，以上海、南京和杭州为中心的国际金融和贸易中心、航运物流中心、旅游休闲度假中心和其他新兴服务业集聚区。通过完善现代服务功能，促进产业链的延伸，增强产业的国际竞争力。

发展装备制造业和基础原材料工业。以汽车、船舶、机床、大型机械和成套设备等为重点，积极发展机电一体化装备，形成先进技术装备制造产业链。利用机械加工和装备产业优势，提高设计开发水平和创新能力，积极发展大型机械和整机装备。在降低能耗的基础上，适度发展钢铁、石油化工等基础原材料工业。围绕重化工业、钢铁、汽车、装备业，形成跨地区的关联配套产业集群网络，深化长三角的产业分工水平。

促进区域一体化。继续强化上海的中心地位及其与苏锡常、杭嘉湖、宁镇扬三大城市群的协调发展，统筹和共享区域重大基础设施，推进区域经济一体化进程。通过空间整合和优势重组，有效引导人口、产业适度集中，促进中小城镇合理发展。

积极治理水污染，改善水环境质量。严格控制污染源，缓解湖泊富营养化趋势。在地表水质改善基础上，限制地下水的开采量。

二、珠三角产业引领区

珠江三角产业引领区位于珠江下游，毗邻港澳，地理位置相当优越，包括26个城市，总面积为4.16万平方千米。从表2-3中可以看到珠三角与其他两大都市圈在人口、土地以及经济发展等方面的差异。

表2-3　2002年国内三大都市圈的比较

项　目		长三角	珠三角	京津冀
面积/平方千米		99 679	41 698	41 585
总人口/万人		7 534	2 262	3 133
GDP	年总值/亿元	19 141.6	9 536.2	6 254.6
	占全国比重/%	18.7	9.3	6.1
人均土地面积/（公顷/人）		0.13	0.16	0.18
单位面积的土地产出/（万元/公顷）		13.04	14.69	9 029
出口总值	年总值/亿元	924.5	1 126.2	245.9
	占全国比重/%	28.4	34.6	7.6

（一）发展定位

发挥地缘优势，促进粤港澳区域经济一体化，提高珠三角的产业竞争力、科技创新能力和对外门户功能，将珠江三角洲地区建成引领我国发展的强大引擎、泛珠区域创新体系的枢纽、现代服务业的中心和先进制造业基地，以及全球各种生产要素流动的集散中心之一。

（二）现状特征

“世界工厂”的地位不断强化。珠三角利用靠近港澳的区位优势以及劳动力和市场优势，成为吸纳外资和港澳投资的最佳区位。产业结构逐步由全球的家电、纺织、服装、制鞋、皮具、玩具、工艺礼品、陶瓷、家具家饰、小五金等诸多劳动密集型产业的生产基地，转变为电子通信、汽车、新材料、生物医药、石油化工等技术和资本密集型产业的生产基地。珠三角的电子及通信设备制造业产值占全国的比重超过三成，是我国乃至亚洲地区最大的信息产品制造业基地之一。另外，新型陶瓷、电子元器件产量占全国的一半，合成纤维、塑料占全国的三成，生物工程药物上市批准数和产值占全国五成，智能化、节能环保型家电占全国产量的六成，电子医疗器械产量占全国近七成，纺织业居全国第二，彩电产量占全国1/2，家用电冰箱产量占全国1/3，家用洗衣机产量占全国1/7。

产业结构逐步优化和升级。珠江三角洲地区在优先发展高新技术产业的同时，稳定发展了优势传统产业，拓展了新材料与新能源、节能与环保、海洋工程技术等新兴产业，大大促进了高附加值产业的发展。电子信息产业、装备制造业、家用电器、石油化工、纺织服装、食品工业、建材工业、造纸工业、生物医药等产业已成为珠三角产业发展龙头，产业结构进一步得到优化。2005年全省轻重工业增加值比例为43.68∶56.32，与2000年的47.57∶52.43相比，重工业比重明显增大。2005年石化、钢铁、汽车等重型工业加快发展，潜力产业得到优化发展升级。

高新技术产业地位突出。以东莞等市为中心的计算机制造基地，以深圳等为中心的通信设备制造基地，以深圳、惠州、中山等为中心的家用视听设备制造基地等成为珠三角产业发展的新增长点。尤其是广州、深圳、珠海等地的高新技术产业开发区与经济技术开发区已成为高新技术产业发展的主要载体，电子信息产品年产值多年居全国首位，是全球最大的硬件生产基地。

重要的亚热带农产品生产基地。珠三角地处亚热带，气候温暖，雨量充沛，是全国光、热、水资源最为丰富的地区，有着养殖水产、畜禽和种植水果的明显优势，是全国亚热带特色农产品、花卉、无公害蔬菜、优质水产品等的生产基地。

全国重要的现代服务业中心。珠三角在金融、贸易、物流、国际航运、会展、咨询、旅游、文化和体育等现代服务业中居于全国领先地位，是华南地区最大的知识密集型服务业集聚区，其中广州的国际会展业、金融保险、贸易、旅游休闲业、产品设计和开发、新闻媒体产业等现代服务业对华南和全国具有引领作用；深圳在国际航运、现代物流、金融证券、创意产业等现代服务业上领先于其他地区。

（三）未来发展导向

大力发展现代服务业。强化该区作为我国东南沿海地区最大的经济重心和国际化程度最高的门户都市的功能，提升产业层次，改造和转移传统优势产业，承接新一轮国际制造业转移，深化全球最重要的国际性制造业加工基地功能与现代服务业功能。

通过提升广州市和深圳市的现代服务业发展，大力发展生产者服务业，打造世界先进制造业基地和金融、贸易、咨询以及旅游中心等现代服务业的综合中心。

优先发展高新技术产业。推动高新技术产业建设，鼓励企业技术创新，优先发展电子信息产业，大力发展生物和医药产业，积极发展新材料，促进制造业产业结构高级化。把珠三角地区建成以电子信息、新材料、生物技术、光电一体化等为核心的高新技术产业研发和加工基地。

适度发展现代重化工业。原材料工业发展将是珠三角工业化的阶段性目标选择，发挥区位和深水港的有利条件，积极利用国际资源，在珠三角东西两翼地区，适度发展石油化工、钢铁、电力等基础原材料工业。

促进传统优势产业的升级。积极引导汽车、纺织服装、消费类电子、食品饮料、建材、造纸等产业的升级，延伸产业链、培育产业集群，构筑交通运输机械制造业产业链、纺织和服装制造业集群、消费类电子产业集群、农产品加工产业链。

完善产业配套能力。将本土企业纳入跨国公司主导的全球生产体系，成为其产业链的一个有机组成部分。通过与跨国公司的配套互动，逐步上升到附加值较高的产业环节。在引进外资时，必须考虑本土企业的技术水平和配套能力，选择性地引进外资，延长出口加工品的本土企业的生产链条。

三、京津唐产业引领区

京津唐产业引领区包括北京和天津两个直辖市及河北省的唐山、秦皇岛和廊坊三个地级市的行政范围，总面积为5.53万平方千米，该区已发展成为居全国第三位的产业密集地区。

（一）发展定位

京津唐地区是我国北方最大和发展程度最高的产业核心区，也是我国参与国际经济交流和合作的重要门户。未来将会作为我国区域经济增长的第三极，引领着我国乃至世界技术创新和高新技术产业发展的潮流，成为我国电子信息、通信设备、生物技术、新材料、机电一体化等高新技术产业的最大集聚区。

（二）现状特征

京津唐地区是我国北方最发达的产业集聚区。京津唐产业引领区的现代服务业和科技创新、空港和海港物流等行业在全国居重要地位；另外，在电子信息、汽车制造、钢铁、化工、医药等行业也具有明显优势，并形成了一批具有区域和国际竞争力的龙头企业。

北京是现代服务业和高新技术产业集聚中心。北京以金融保险、商贸物流、邮电通信、会展、旅游和中介服务为代表的现代服务业已成为全国的龙头行业；同时，北京的电子、汽车、装备制造、医药等行业在国内也具有较强的竞争力；电子计算机、光机电一体化、航天、新型材料、新能源、生物工程等高新技术产业发展潜力巨大。

天津是高新技术产业化基地和现代制造业中心。天津已形成以电子信息、汽车、生物技术与现代医药、冶金、石油化工和新能源及环保为主的现代制造业体系，且以港口物流为核心的金融、旅游、会展、房地产等现代服务业发展态势良好。

唐山是重化工业生产基地。唐山已经形成钢铁、煤炭、建材、化工、旅游、农副产品加工等优势产业，尤其是以钢铁、建材和煤炭等为核心的重化工产业优势比较明显，位居全国前列。

（三）未来发展导向

积极发展现代服务业和高新技术产业，推动重化工业由规模增长型向效率增长型转变，提升制造业的水平，形成引领我国北方产业升级和发展的动力源。

建设科技创造和研发中心。充分发挥北京和天津拥有的科技创新资源优势和区位优势，重点发展研究开发、教育、文化产业、信息服务、金融、管理服务（企业总部）等科技创新行业和现代服务业，将京津唐建设成为全国的知识型、科技创新型区域，引领我国从产业价值链低端向中高端提升。突出中关村园区的地位，打造高新技术产业带的国家创新中心；重点扶持和发展北京亦庄、河北廊坊和天津经济技术开发区；整合产业带内部的各种产业园区，形成高新技术产业链。

大力发展现代服务业。抓住服务业国际转移的新机遇，大力发展金融、信息、物流等现代服务业，提高城市综合服务功能，促进服务业的结构升级。将现代服务业作为产业链条中的重要一环，提高制造业、农业与现代服务业的融合度，提高服务水平和效率，形成以京津为中心的我国北方的服务支撑体系。

控制基础原材料产业的扩张。适当控制钢铁、建材、石油化工等传统产业的规模扩张，重点向环保型、节能型和高端产品发展。在产业空间发展方向上，要发挥天津港和唐山港的优势，以天津滨海新区和曹妃甸工业区建设为核心，推进产业向滨海地带集聚。

重点发展先进制造业。通过区域资源和产业整合，延伸产业链，培育具有区域特色的产业集群，不断推进电子信息、医药制造、汽车及装备制造等先进制造业发展，实现区域产业结构向精深加工和高级化、合理化方向转变。

重视水资源和环境保护。该区域人均水资源量不足500立方米，是我国严重的缺水地区，因此要严格限制大耗水产业发展，优化配置水资源，减少农业灌溉用水量，积极实施南水北调工程，减少地下水超采，恢复地下水环境，从根本上解决水资源短缺的问题。积极利用海水资源，同时重视近海水域生态环境的综合治理。

第四节　三大产业先导区发展导向

三大产业先导区包括山东半岛产业集聚区、辽中南产业集聚区和成渝产业集聚区（图2-7）。这三个集聚区是带动我国产业发展的动力，在全国的地位和作用仅次于三大产业引领区。三大产业先导区具有不同的定位和发展导向，发展过程中的支撑体系和面临的问题也各不相同（表2-4）。

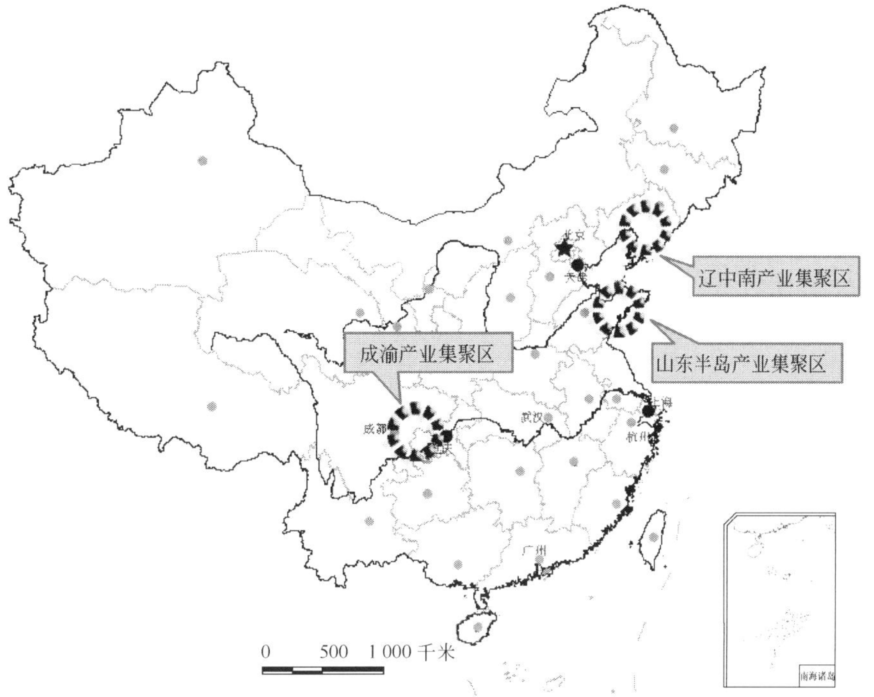

图 2-7　三大产业先导区

表 2-4　三大产业先导区

	定位	发展导向	支撑体系	面临的问题
山东半岛	我国北方经济发展最活跃和最具潜力的区域，也是我国北方重要的现代制造业基地之一	推动人口和产业进一步向沿海地区集聚；重点发展机械、电子信息、医药化工和食品等产业；积极参与日韩产业协作	完善区域内部快速交通体系，促进港口间的分工与合作，积极利用海水资源	水资源短缺，区域间竞争加剧
辽中南	东北地区重要的门户，我国最重要的原材料和装备制造业基地	发展汽车、船舶、石油精细化工、精品钢材以及高新技术产业；提升沈阳、大连门户城市的功能；完善中小城市的发展	优化港口布局，重点建设大连港；加大城市与区域环境综合治理力度；实施从鸭绿江向辽中南地区调水工程	大气和水污染严重，产业层次低
成渝	西南地区最大的商贸、科教、金融、交通中心和制造业集聚地区	强化成渝两大城市的分工与合作；重点培育成渝交通综合运输通道和长江沿线上中小城市的发展	重点搞好三峡库区上游生态建设和环境的综合治理；发挥长江水运优势，加快沿江运输通道建设	生态环境问题，交通通达性差

一、山东半岛产业先导区

山东半岛是我国大陆海岸线离韩国、日本最近的地方，北与辽东半岛隔海相望，西临京津唐地区，南接长江三角洲，是我国环黄渤海地区的核心区。3000 千米黄金海岸线连接黄海、渤海，占全国海岸线的 1/6。山东半岛包括青岛、济南、烟台、威海、淄博、潍坊、东营和日照 8 大城市，面积为 7.3 万平方千米，人口达到了 3890 万人。

（一）发展定位

山东半岛产业先导区是构成环黄渤海跨国经济联系与合作的前沿，是承接日韩等国际产业转移和参与国际产业竞争的核心区，是我国北方产业发展最活跃和最具有潜力的区域，是我国北方重要的现代制造业基地之一。

（二）发展现状特征

山东半岛产业先导区是我国北方经济区发展最快的区域之一，特别是在现代制造业、农产品深加工等行业具有一定国际竞争力。

产业比较优势和特色明显。该区已经形成家电、化工橡胶、纺织服装、食品等一批优势产业，创出了大量国内或国际知名的企业和品牌，如海尔、海信、青啤、澳柯玛、南山集团、三角集团等一大批在国内外有影响的企业；拥有较强的技术开发能力、人才资源和产业基地配套能力，具有产业进一步集聚和发展的潜力。

制造业发展基础良好。山东半岛在船舶、汽车、石化、新材料、电子信息、医药、农产品加工等行业优势地位不断凸显出来，已经形成较大规模、代表同行业发展水平的现代制造业。例如，青岛在电子信息、家电、石化橡胶、食品饮料、车辆船舶、纺织服装行业，烟台在汽车、船舶制造、食品化工、黄金、电子信息、生物制药行业，威海在船舶、食品加工、机械、纺织、医药行业，淄博在建材、新材料陶瓷、医药、石油化工行业，济南在电子信息、交通设备、家用电器、机械设备、冶金、建材行业，都具有全国意义的竞争力。

承接日韩等国际产业转移的重要基地。山东半岛由于接近日韩两国，在地缘和产业发展基础上，存在着诸多合作便利条件和互补优势。这一有利条件，是山东半岛吸纳日本松下、三菱，韩国三星、现代等跨国公司和一批中小型日韩企业投资的重要因素。

以青岛、烟台和威海为核心的胶东制造业基地是我国北方经济最活跃的地区之一。青海、烟台、威海三市2006年就占全省国内生产总值的51.3%，占全部工业增加值的93%，直接利用外资额的72.4%，外贸进出口总额的65.2%和64.9%，其对山东省的辐射能力和带动作用不断地显现出来，是促进山东省经济和社会全面发展的主要动力源。

（三）未来发展导向

积极承接日韩和欧美产业转移。以胶东半岛为核心，充分发挥潍坊、东营、济南、日照、淄博等城市较为完好的基础设施和产业配套能力，加大引进国外资金、技术、品牌和管理的力度。积极承接日韩和欧美产业转移，形成以山东半岛城市群整体为基础的区域合作和产业协调机制。进一步增强山东半岛经济的外向度，加快与世界经济的对接和融合，打造我国北方最具有影响力的制造业基地。

促进区域内产业分工与合作。建立产业区内部整合与协调机制，通过统筹规划、资源整合等途径，实现产业基础设施共享，产业互补和分工，促进人口、资金、物资、技术和信息合理有序地流动与集聚，重点促进交通运输设备制造业、电子信息和家电产业、纺织服装产业、化工医药和食品饮料产业等行业的发展，增强半岛制造业基地的整体竞争力和辐射力。

重点发展青海、烟台、威海胶东半岛。青海、烟台、威海是山东经济最活跃和最发达的地区，产业基础优良，具有发展制造业基地的各种优越条件，同时也拥有承接日本、韩国及欧美产业转移的良好基础。要突出结构调整这一主线，依靠科技进步，培育壮大制造业产业群，促进制造业的升级换代，重点发展船舶、电子信息、医药化工和食品产业，积极参与国际产业分工，壮大山东半岛制造业整体国际竞争能力。在明确中心城市的地位与职能的基础上，推动人口和产业进一步向沿海地区集聚，对内构建合理的产业链分工，对外积极参与日韩产业协作。

以制造业发展带动港口物流和其他服务业的发展。突出青岛现代物流中心的地位，促进青岛港与烟台港、日照港、龙口港、威海港等港口的分工与合作，立足山东省，不断扩大港口的腹地范围。通过制造业的发展，带动生产性服务业，特别是现代物流业和金融业的发展。

重视水资源和环境治理。山东半岛为北方缺水地区之一，水环境污染也比较严重。应加快产业结构调整，减少城市和工业用水量和污水排放量。重视沿海人口和产业集聚与周边海域生态环境保护的关系。

二、辽中南产业先导区

辽中南产业先导区北起辽宁省中部，南至辽东半岛南端，海岸线长2000多千米，包括沈阳、大连两个副省级市和铁岭、鞍山、辽阳、抚顺、本溪、营口6个地级市等，面积为77 170平方千米，占辽宁省总面积的52.8%。

（一）发展定位

辽中南产业先导区是我国东北地区重要的门户和东北亚经济圈的重要组成部分。随着东北老工业基地振兴战略的实施，辽中南产业先导区将会成为带动东北地区产业发展的先导区域，形成具有国际先进水平的现代化综合性装备制造业基地和精品原材料工业基地，成为带动东北地区经济持续发展的现代服务业集聚区和科技创新区。

（二）产业现状特征

辽中南地区由于得天独厚的矿产资源条件、特定历史背景、独特的地理环境条件形成了相对完善和发达的工业结构体系，但总体特征是属于资源加工型重化工业聚集区。

产业发展路径受政策影响较大。辽中南地区的产业雏形源于20世纪30年代中期，基础建立在中华人民共和国成立后“一五”时期国家156项重点建设项目的布局，之后其产业发展一直位居全国前列。20世纪80年代后期，由于体制性、机制性和结构性矛盾日益严重，导致该地区产业发展地位相对衰弱。近年来，随着东北老工业基地振兴政策的落实，这一地区的产业再次出现了发展的生机。

工业结构相对完整。辽中南地区的产业是以资源加工型的重化工业为基础，发达的机械装备工业又为原材料工业服务，形成了比较完整的重化工综合产业体系和产业链条。辽中南地区产业部门与辽宁和东北老工业基地的重要产业部门之间配套化、产业关联性很强，产业构成具有极强的整体性特征。

重化工业地位突出。辽中南地区工业结构是以重化工业为主体，其轻重工业结构是20.5∶79.5。重化工业主要由装备工业和原材料工业构成，其两大产业在辽宁、东北和全国具有较强的比较优势。

产业集聚性明显。产业主要集中分布在沈大铁路、高速公路等交通干线两侧，以及以沈阳和大连为中心的周边地区。

（三）未来发展导向

加快体制改革，大力推进市场化进程，提高产业发展的持续竞争力。促进产业结构调整，积极发展金融贸易等生产性服务业、旅游业，提升大连、沈阳两城市的带动作用。

发挥产业先导作用。不断增强自身的发展功能，促进生产要素配置的集聚，形成产业发展的聚集地和扩散中心、技术创新中心和信息流转中心，带动东北老工业基地产业的振兴。

加快体制改革和产业结构调整。重视第三产业的发展，优化城市产业结构，鼓励民营投资和民营企业发展。依托区域科教发达和人力资源的比较优势，围绕电子信息、生物工程与制药、新材料和环保技术等领域，大力推进高新技术产业的发展。

建设两大基地。以建设和发展具有国际先进水平的交通运输设备制造业、基础机械、通用设备与成套装备制造业和军工装备制造业等为主体，构建全国最大的现代化多门类综合性装备制造业基地；以建设和发展具有国际先进水平的大型石化产品生产基地、精品钢材基地和新型建材基地为主体，构建全国最重要的现代化原材料工业基地。

充分发挥大连的龙头地位。要最大限度地利用大连港的条件，以及适宜于工业发展的大量滨海滩涂资源，发挥现有的产业基础，加大对外开放力度，将大连建设成为辽中南乃至整个东北地区的先进制造业、现代服务业、高新技术产业化基地。提升大连在整个区域中的龙头地位，赋予大连更多的职能，使区域产业能够直接接轨东北亚乃至国际产业价值链分工，促使辽中南以及东北地区加快融入世界经济网络体系中。

重视水污染和水资源利用问题。该区域人均水资源量不足500立方米，是仅次于海河流域的严重缺水地区，且其河流水质已受到严重污染。要加快产业结构调整和节水技术改造，减少城市和工业的用水量和污水排放量。在产业布局上，宜发展耗水少、污染小的产业，大耗水产业应向沿海集中，减少淡水使用量。要着眼于未来，积极规划和实施从鸭绿江向辽中南地区调水的工程。

三、成渝产业先导区

成渝产业先导区以重庆和成都两个特大城市为中心，包括四川省的德阳、绵阳、乐山、广汉、新都、双流、简阳、资阳、内江、宜宾、泸州等城市，以及重庆市的江津、永川、江川、长寿、涪陵等城市。成渝产业先导区地处四川盆地腹地及长江沿岸，自然条件优越，交通联系便捷，人口和产业高度聚集，经济相对发达，对西部大开发发挥着巨大的支撑和带动作用。

（一）产业发展定位

成渝产业先导区是长江产业密集带的重要组成部分，是我国重要的以能源工业、装备工业特别是重型装备制造业、食品工业等为主的产业集聚区，是西南地区最大的以电子信息产业为主导的高新技术产业、科技创新的基地和特色农业及深加工基地，也是西南地区最大的商贸、金融和其他现代服务业中心。

（二）产业现状特征

产业发展基础良好。成渝产业先导区是我国“三线”建设时期建设的核心区域，在重庆、成都、绵阳、涪陵、乐山等地布局了一大批军工企业和科研机构，形成了电子信息、冶金化工、汽车摩托车、输变电设备、工程机械、航空航天、铁路交通设备、数控机床、仪器仪表、彩色电视和通信设备、食品饮料和国防军工等优势产业，特别是国防科技工业和成套机械装备制造业，是成渝产业集聚区的特色，为产业的进一步发展奠定了基础。

我国西南地区重要的产业基地。成渝产业先导区是我国重要的重型机械制造、电站设备制造、军用飞机设计制造的生产基地，如德阳的第二重型机械厂、全国三大发电设备制造基地之一的东方电机厂、东方汽轮机厂、重庆的水轮机厂、重庆铸锻厂等均为行业的知名企业。在电子信息科研和设备制造方面上，以成都、绵阳等为核心，已经形成全国重要电子信息生产基地，以重庆的长安、嘉陵、建设、江陵为主的汽车和摩托车制造业也位居全国前列。

能源地位突出。这一区域拥有丰富的水电、天然气等能源，是我国的能源基地。大江大河众多，水量充沛，水资源丰富，可开发水能资源达1.03亿千瓦，占全国的27.24%；天然气资源富集，盆地累计探明储量7590亿立方米，居全国第一位。因此，这一区域在水能资源开发、天然气资源开发、天然气化工等领域处于全国领先地位。

全国重要农副产品基地。这一区域处于中亚热带湿润季风区，具有丰富的水资源和良好的农业生产条件，劳动力成本和土地资源成本较低，生产要素组合条件完美，历来是我国粮食、生猪、柑橘、蔬菜、中药材等重要生产基地。

（三）产业发展导向

未来产业发展是壮大机械特别是重型装备制造业、化工、电子信息、医药和食品等制造业，积极构筑面向西部地区的金融、贸易、旅游和物流中心，以及电子信息产业为主导的高新技术产业。

围绕成、渝两个门户城市以及水能资源的大规模开发，建设具有全国意义的能源原材料工业基地、装备制造业基地、高新技术产品研发和制造基地、国防工业基地、生物制药基地。

充分发挥重庆市和成都市作为西南地区重要的交通和信息网络中心的作用，积极发展物流和商贸产业，将其建设成为辐射西南、西北五省的重要商贸中心。

依托核心城市的优势科技资源和产业基础优势，重点扶持和发展电子信息、生物与现代医药、新材料、光机电、环保技术等高技术产业，提升现有产业竞争能力。

充分发挥旅游资源优势，打造西部旅游服务中心地。成渝产业集聚区旅游资源丰富，以世界自然遗产、自然保护区、风景名胜区、森林公园和地质公园为载体的生态旅游，以世界文化遗产、历史文化名城、重点文物保护单位、博物馆、纪念馆为主的巴蜀文化旅游，已成为成渝产业集聚区的一大特色，对国内外旅游者具有极强的吸引力。

水资源供给充沛，为城市和工业发展提供了充足的水源保证。该区域地处三峡水库上游，应积极推行清洁生产，减少用水量和污水排放量，严格控制水污染源，改善水环境质量。

第五节　十大重点产业集聚区发展导向

“十大重点产业集聚区”（图2-8）是未来我国产业进一步集聚的重点区域，是我国产业发展的支柱，其在组织大区域经济、支撑全国整体实力进一步抬升中，发挥着重要作用。改革开放以来，这些区域在其所处的大区或省内，都是经济最具活力、人口和产业经济持续快速增长的地区，大多已形成优势产业群。

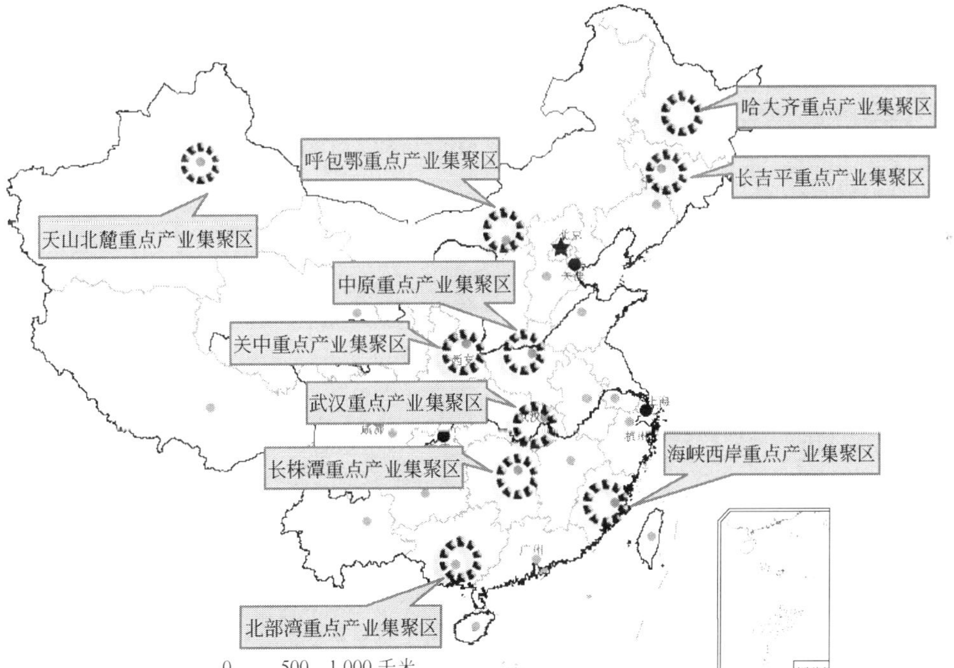

图2-8　十大重点产业集聚区（带）

“十大重点产业集聚区”都具有良好的自然资源禀赋、优越的区位条件、雄厚的产业基础、巨大的发展潜力和广阔的发展前景。从国外经验和我国的实际情况来看，“十大重点产业集聚区”的工业化和城镇化水平仍然有巨大的发展空间和潜力。在未来20年内，这些地区仍然是我国产业进一步集聚的核心区域（表2-5）。

表 2-5　十大重点产业集聚区的发展导向

项目	定位	发展导向	支撑体系	面临的问题
海峡西岸	海峡两岸经济交流的重要组成部分和国际性轻工产品加工基地	加强与台湾地区的交流与合作；提升福州、厦门、温州、汕头、漳州和泉州等城市的综合辐射功能；引导中小企业向产业园区集聚；适度发展精细化工和石油化工等产业	完善区域内部港口、铁路和高速公路体系，建设沿海大通道；加强丘陵山区生态恢复，保护近海水域环境和生物资源	区域内交通联系需要完善，建设用地紧张，山地生态和近海海域水环境面临的压力大
北部湾	西南地区最具发展潜力的地区，西南地区面向东南亚开放的重要门户	重点发展临港型产业、滨海旅游和商贸港口；提升与东南亚地区合作的层次，建设面向东南亚开放的门户区	完善三个港口分工与合作；保护沿海水域的生态和环境质量	区域整体发展水平低
长株潭	我国中部地区经济发展的核心区之一，湖南省经济最发达的地区和产业密集区	发展高新技术产业和第三产业；适当控制高载能产业的集中；推动区域内资源、产业、重大基础设施和生态环境建设的空间整合	加快长株潭三市之间的快速交通通道的建设；重视以湘江整治为重点的区域生态环境建设	工业和生活污染严重，区域中心不突出
武汉	我国长江中游最大的综合交通枢纽、人口产业集聚区	促进产业集聚区内部资源整合和共享；重点发展高新技术、机械制造、冶金及新材料、农产品加工等产业群	加强沿江交通通道和产业集聚区内部的交通网络建设；重视环境和生态建设	河流和湖泊污染严重，区域间合作水平低
中原	我国中原地区的经济核心，全国重要的陆路交通、通信枢纽和现代物流中心	强化城市间的分工与合作，突出郑州地位，发挥洛阳、焦作、开封、许昌等各自优势；积极发展能源、原材料和机械工业	构建郑州全国陆路交通主枢纽；完善东西和南北的交通联系；改善生态环境，解决水资源短缺的问题	水资源短缺，工业和生活污染趋于严重
长吉平	东北老工业基地振兴的核心之一，我国重要的汽车、轨道车辆制造及配件产业集聚区	完善长春和吉林两市的城市职能；进一步促进汽车、石油化工和农产品加工业的发展；积极发展中小城市	改造哈大铁路；建设长春向西和吉林向东的高速公路；保护第二松花江水源和周边生态环境	中小城市发展迟缓，河流污染压力大
哈大齐	东北老工业基地振兴的核心之一，我国专用装备制造业基地、石油化工基地和农产品加工基地	促进三大中心城市对周边中小城市的辐射与带动作用，培植新的经济增长点；强化特色和优势产业的地位；重视与俄罗斯开放和合作	加快滨洲线改造，建设沟通三大城市的联系快速通道；防止水环境污染，保护湿地	保护湿地生态和环境问题不容忽视
关中	西部地区经济发展的核心区，西部地区最大的科技创新和高新技术产业发展的中心	进一步强化西安在国家层面的地位和作用；重点发展电子信息、航空航天、生物医药、机械制造、旅游等产业	加快对外交通联系的建设；积极建设引水工程，解决城市的供水紧张问题	水资源制约严重，区域国际化尚需进一步提升
呼包鄂	我国西部经济最活跃的地区之一，全国重要能源基地和向俄罗斯和蒙古国等北部开放的前沿阵地	发展能源、冶金、盐碱化工、稀土、乳业、羊绒等优势产业；强化三个城市间的分工与合作；重视与蒙古国和俄罗斯的经济合作	促进区域对外交通体系的建设；重视生态环境的保护；控制重化工业引发的环境污染问题	重化工业污染严重，沙尘暴等生态问题不容忽视
天山北麓	西陇海兰新经济带核心区之一，我国向中亚、西亚市场开放和发展的前沿产业基地和重要的旅游网络结点	发展石油与天然气化工、农产品加工、旅游等产业；提升乌鲁木齐对中小城市的服务功能；促进民族团结和社会稳定发展；加强与中亚和西亚的经济交流	规划和建设北疆铁路复线；保护绿洲水源地的生态和环境	生态脆弱，水成为发展的关键制约因素

一、海峡西岸重点产业集聚区

海峡西岸重点产业集聚区以闽东南地区为主体，北起浙江温州，南到广东汕头的台湾海峡西部地区，位于长江三角洲和珠江三角洲之间，以福州和厦门为核心，是福建省经济发展水平最高和城市最集中的地区，也是浙南和粤东重要的人口和产业密集区。

海峡西岸重点产业集聚区市场经济发育程度最高，民营经济发展最为活跃。这一地区继续发挥沿海区位、台胞和侨乡的综合优势，发展以电子电器、生活用品、服装鞋革、汽摩配件、特色农产品等产业集群为重点的国际性轻工产品加工基地和区域性的船舶修造业基地；适度发展精细化工和石油化工等基础原材料工业；大力发展海洋资源的深度加工和综合利用；引导中小企业向产业园区集聚，着力提升以福州、厦门、温州、汕头为核心的城市综合辐射功能；通过产业集聚和空间整合，优化投资环境，构建沿海大通道，提升以福州、厦漳泉、潮汕揭和浙南为核心的产业集聚区的国际竞争力；控制重污染产业发展，加强丘陵山区生态恢复，积极保护近海水域环境和生物资源。

海峡西岸重点产业集聚区水资源丰富，但污染问题严重，需要减少用水量和污水排放量，尽快建设城市污水处理厂，控制水污染，改善水环境质量，保护沿海水环境质量，以保护沿海的水产养殖和旅游产业的发展。

二、北部湾重点产业集聚区

北部湾重点产业集聚区包括南宁、北海、钦州、防城港等城市。它地处东南沿海经济圈、西南经济圈以及大东盟经济圈的结合部，具有沿海、沿边、沿江三位一体的特殊区位优势，是我国西南地区对外开放、走向东南亚、进入世界的重要门户，也是整个西南地区最便捷的出海口。

在产业发展方向上，沿海地段的北海、钦州、防城港要发挥区位优势，发展临港型重化工产业，以及滨海旅游、现代物流、信息咨询服务、商贸物流等服务业，构筑新型产业结构体系。其中，北海重点发展国际商贸、滨海旅游、高新技术和海洋产业四大产业；钦州发展以重化工业为主的临海港口工业；防城港发展港口运输、中转贸易、边境贸易等产业。

这一地区水资源和生态环境良好，需要重视产业大规模发展可能带来的生态环境问题。

三、长株潭重点产业集聚区

长株潭重点产业集聚区由长沙、株洲、湘潭 3 个中心城市与其周围 50 多个小城镇组成。

长株潭重点产业集聚区是我国中部地区经济发展的核心区之一，也是湖南省经济最发达的地区和产业密集区。在充分发挥三大城市各自比较优势的基础上，要重点推进资源、产业、重大基础设施和生态环境建设的空间整合，增强集聚能力和优势融合、互补效应，实现区域经济一体化；强化高新技术产业、现代科教、商贸、旅游和信息等第三产业，提升交通设备制造业、机电、冶金、精细化工、建材、纺织等产业，适当控制高载能产业过度集中；促进区域内中小城市的发展，重视以湘江整治为重点的区域生态环境建设。

这一地区水资源充沛，但湘江个别河段的水污染问题需要关注。应尽快建设城市污水处理厂，控制水污染，改善水环境质量。

四、武汉重点产业集聚区

武汉重点产业集聚区以武汉为中心，包括鄂州、黄石、黄冈、孝感、咸宁、仙桃、天门和潜江。该产业集聚区具有承东启西、贯通南北、辐射周边的功能，对我国中部地区的崛起具有重要作用。

该产业集聚区产业配套能力强，以钢铁、汽车、机械、高新技术产业为支柱，制造业结构调整成效较为显著，科技研发能力强。要重视产业集聚区内部资源整合和共享，促进产业融合和企业重组，形成武汉辐射周边、周边支持武汉的格局。加快发展高新技术、机械制造、冶金及新材料、农产品加工等产业群，重点发展高技术、深加工、高附加值的先进制造业和现代服务业，积极推动轻纺、食品、建材、化工等传统产业向周边城市转移或延伸，将武汉建成全国重要的先进制造业基地、发达的交通枢纽和现代服务业中心。

加大沿江及两湖洪涝综合治理力度，逐步恢复和合理利用沿江湖泊湿地资源，积极开发和保护国家战略性的稳高产的商品粮油基地。需要重视水质污染的问题，积极推行清洁生产，减少和防治水污染。加快沿江城市污水处理厂的建设，控制水污染。

五、中原重点产业集聚区

中原重点产业集聚区以郑州为中心，包括洛阳、开封、新乡、许昌和漯河等城市，产业主要集中在以陇海铁路、京广铁路为主的两大产业轴线上，是全国重要的交通枢纽，具有承东启西、连南贯北的区位优势。

中原重点产业集聚区是我国中原地区的经济核心，也是全国重要的陆路交通、通信枢纽和现代物流中心。在积极促进资源型产业向技术、资金和劳动密集型产业转化的基础上，这一地区应全面提升其产业竞争力，使其成为我国中原地区最大的能源、原材料和机械制造业基地。强化城市间的分工与合作，郑州突出区位优势，促进现代物流为核心的第三产业的发展，洛阳、开封、许昌等城市在发展各自优势产业基础上，要加大生态环境和人居环境的建设和改造力度，促进人口和产业集聚。

该区域也属于缺水地区，但小浪底水库可作为该区域的可靠供水水源。需要重视水环境污染严重的问题，除减少城市和工业的用水量和污水排放量外，同时要尽快建设城市污水处理回用系统，供城市河湖、绿地用水和工业冷却用水。

六、长吉平重点产业集聚区

长吉平重点产业集聚区是我国东北老工业基地振兴的核心之一，是吉林省经济发展的重点区域，未来将成为我国最大的汽车、轨道车辆制造及配件产业集聚区。该区域在整车发展基础上，以一汽集团为龙头，整合现有零部件企业资源，重点培育吉林、四平、白城、辽源等中小城市的汽车配套能力，形成汽车配件产业集群，带动中小城市的发展。以吉化为核心，优化结构，积极发展精细化工、高性能合成材料和特种材料，使该区域成为我国重要的综合性石油化工产业基地。加大农产品精加工、畜禽乳产品的产业化能力，建设我国重要的生态型绿色农产品加工基地。

第二松花江流域水资源丰富，为吉林和长春人口和产业集聚提供了保障。但上游支流污染严重，应尽快建设污水处理厂控制污染，以减轻第二松花江流域水环境的污染程度。四平和辽源市位于东辽河流域，水资源和水质污染存在一定的问题，大规模的耗水产业应适当控制，同时要考虑利用引松工程措施，彻底解决水源问题。

七、哈大齐重点产业集聚区

哈大齐重点产业集聚区是我国东北老工业基地振兴的核心之一，是黑龙江人口和产业进一步集聚的区域。在充分发挥地区资源优势和产业的基础上，要通过体制改革和机制创新，优化区域投资环境，提升传统和新兴产业的国际竞争力，使其成为我国最重要的以电站成套设备、重型机械装备、重型数控机床为特色的装备制造业基地和石油化工基地；依托丰富的农产品资源和生态优势，打造北方最大的绿色和特色农副产品加工基地；积极发挥中小城市的产业配套和承接能力，重点培育阿城、双城、呼兰、肇东、安达等中小城市，形成人口和产业发展的新增长点，协调城乡全面发展。

该区域水资源丰沛，有利于人口和产业集聚，但需要重视工业和城市污水处理，防止水环境污染，协调产业、城市用水与湿地生态保护的关系，保护扎龙湿地生态环境。

八、关中重点产业集聚区

关中重点产业集聚区包括西安和咸阳，以及周边的中小城镇。从城市建设与布局来看，西安和咸阳已经基本连成一片，实现西安—咸阳经济一体化，建设西安—咸阳产业轴的条件已经成熟。

关中重点产业集聚区是我国西部地区经济发展的核心区域，也将会成为西部地区最大的科技创新和高新技术产业发展的中心。该产业集聚区工业体系较完备，农业生产条件较好，有较强的技术开发能力，旅游资源和科技优势明显，人口素质相对较高。今后发展重点是电子信息、航空航天、生物医药、机械制造、旅游等产业，并进一步强化西安在国家层面的地位和作用，在更大范围和更高层次上参与国际合作与竞争，提高关中地区经济发展的外向度，使其成为西部地区重要的门户城市。

九、呼包鄂重点产业集聚区

呼和浩特—包头—鄂尔多斯重点产业集聚区经济社会发展基础较为雄厚，自然资源丰富，城市与人口分布集中，三大城市相距较近，是内蒙古经济发展的“金三角”地带，未来经济发展最具潜力，是我国西部经济发展最活跃的地区之一，也是我国重要能源基地和向俄罗斯和蒙古国等北部开放的前沿阵地。在保护生态和环境的基础上，要充分利用该区域富集的能源和矿产资源优势，大力发展能源、冶金、盐碱化工、稀土、乳业、羊绒等具有一定规模和明显比较优势的产业，将呼包鄂建设成为我国“西电东送”的重要能源基地和“西气东输”的后备资源基地，以及全国最大的绿色畜牧产品加工基地。

未来20年，需要进一步完善基础设施和生态环境建设，尤其要防止大规模的重化工业建设可能引发的环境和生态问题，同时要重视水资源的高效利用。

十、天山北麓重点产业集聚区

天山北麓重点产业集聚区是西陇海兰新经济带核心区之一，也是新疆经济社会发展的核心区域。该区域未来将成为我国向中亚、西亚市场开放和发展的前沿产业基地和全球旅游网络上的一个重要结点。在保护绿洲生态环境的基础上，要重点发展石油与天然气化工、农产品加工、机电制造、黑色冶金、纺织等支柱产业，培育高新技术产业，积极发展商贸业、金融保险业、信息咨询业等现代服务业，构建面向中亚、西亚的物流和国际旅游中心。未来该区域应尽快规划和建设北疆铁路复线，将铁路向西延伸至中亚，促进我国与中亚和西亚的经济交流与合作。

天山北麓位于干旱内陆区，冰雪融水为天山北麓的绿洲和城市发展提供了重要的水源保证。通过节水和水权有偿转让，可减少农业用水量，转供工业和城市发展需水。远期可考虑引额尔齐斯河水补充天山北麓需水，同时要保证河流下游湖泊的生态用水。

第六节　其他产业集聚区发展导向

除上述具有区际意义的重点产业集聚区外，还有许多产业集聚区尽管地位相对较低，但对省区经济发展具有重要的支撑作用（图2-9）。例如，安徽的皖江产业集聚区、江西的环鄱阳湖产业集聚区、云南的滇中产业集聚区、贵州的黔中产业集聚区、山西的晋中产业集聚区、甘肃的兰州—白银产业集聚区、青海的河湟谷地产业集聚区、西藏的“一江两河”中游产业集聚区等是各省经济发展的重点地区，也是我国产业发展的重要支撑点（表2-6）。

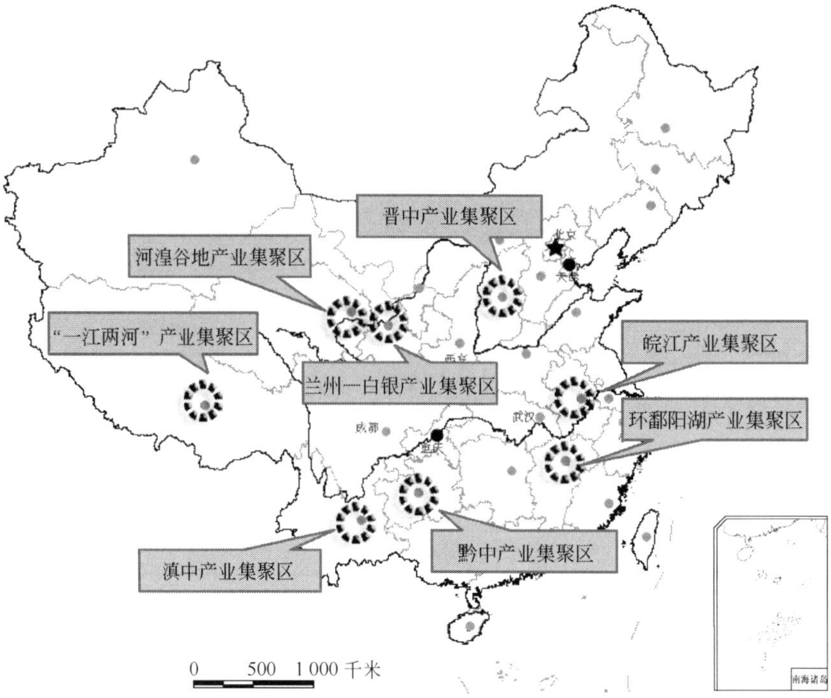

图 2-9　其他产业集聚区

表 2-6　其他产业集聚区的发展导向

项目	定位	发展导向	支撑体系	面临的问题
皖江	是安徽省融入长江三角洲、参与国际国内产业分工、承接产业梯度转移的核心区域，也是安徽最重要的增长极	适度发展重化工业，充分利用劳动力的成本优势，主动承接长三角劳动密集型产业的转移	完善长江黄金水道和其他交通网络建设	产业发展与环境污染的问题
环鄱阳湖	全国生态友好型产业示范基地、江西省经济最发达地区和产业主要集聚区	大力发展生态农业、绿色农产品加工业、生态旅游业和现代制造业	完善环湖地区生态和环境建设	生态建设和经济发展的关系
滇中	西南地区的经济、旅游、会展、商贸、文化和科教中心	巩固和提升烟草产业、旅游、会展产业的地位，培育和扶持现代医药、花卉产业	加强与周边地区的交通建设，解决滇池污染问题	发展空间的限制
黔中	西部最大的能源输出基地、原材料加工工业基地和特色旅游业基地	完善能源、原材料加工工业，积极发展绿色农业、中药产业和旅游业	完善黔中交通网络，改造黔桂铁路，重视生态环境	第三产业发展滞后，发展与环境之间的矛盾
晋中	全国重要的能源、原材料基地，山西省产业最集中的地区	在大力改造提升传统产业的同时，发展高新技术产业、旅游业、专业物流业、金融保险等现代服务业	有效治理环境污染，解决水资源短缺的问题	产业转型压力大，环境问题严重，水资源短缺
兰州—白银	全国重要的有色金属和稀土冶炼与深加工基地，西部最大的综合性石油化工基地、生物制药与中药现代化加工基地	巩固石油化工、冶金、有色金属新材料等传统产业，积极发展高新技术产业、商贸、物流、信息和旅游业	控制重化工业对环境的进一步污染问题	重化工业污染，发展空间的制约
河湟谷地	青海省经济发展的核心区域，黄河上游特色产业集聚区	重点发展特色轻工业、原材料工业、旅游业和商贸物流产业	建设生态屏障	生态脆弱，经济发展水平低

续表

项目	定位	发展导向	支撑体系	面临的问题
“一江两河”	西藏经济发展的核心区，特色民族产业集聚区	发展高原生态旅游、民族风情旅游业、藏药、民族工艺产品、农副产品加工业和商贸流通业	保护生态和环境	生态脆弱

一、皖江产业集聚区

皖江产业集聚区包括马鞍山、铜陵、芜湖、安庆、滁州、巢湖、宣城、池州等8个城市。该地区产业基础良好，长江黄金水道将各个地区有机地连在一起，又接近我国最发达的长三角地区。该地区是安徽省融入长江三角洲、参与国际国内产业分工、承接产业梯度转移的核心区域，也是安徽最重要的增长极。这一区域未来产业发展的重点是充分利用临江的优势，适度发展重化工业，充分利用劳动力的成本优势，主动承接长三角劳动密集型产业的转移，形成冶金、汽车、建材、电子信息、造纸、纺织服装等优势产业。

二、环鄱阳湖产业集聚区

环鄱阳湖产业集聚区是全国生态产业示范区、江西省经济最发达地区，也是江西省产业主要集聚区。该产业集聚区围绕我国最大的淡水湖泊鄱阳湖呈环带状分布，区域内水资源、农业资源、旅游资源和矿产资源丰富，具有发展成为中部地区绿色农产品、生态工业、生态旅游业和现代制造业生产基地的有利条件。未来要围绕昌九工业走廊和若干工业园区重点发展家电和汽车制造业、电子信息产业、中医药制造业、食品工业、旅游业和物流产业；同时要发挥环湖区的自然条件和资源优势，大力发展生态农业、绿色农产品加工业和生态旅游业，将环鄱阳湖产业集聚区建设成为全国最重要的生态友好型产业示范基地，支撑中部崛起的重要产业集聚区。

三、滇中产业集聚区

滇中产业集聚区以昆明市为核心，包括玉溪、曲靖、楚雄等城市。滇中产业集聚区在未来要成为西南地区的经济、旅游会展、商贸、文化和科教中心。产业发展方向为：巩固和提高烟草产业地位，将生产基地与科研紧密结合，提高“两烟”的质量；通过旅游、会展产业的发展，提升滇中产业集聚区在西南地区的地位；人力发展生物资源开发创新，培育和扶持以天然药物加工为主的现代医药、花卉产业，构建滇中产业集聚区新的支柱产业；积极发展地方特色的高新技术产业和新兴第三产业。

四、黔中产业集聚区

黔中产业集聚区以贵阳市为核心，包括遵义、安顺、都匀、凯里等城市。该地区是西南地区水电、矿产和旅游资源富集区之一。其未来发展重点是要巩固和提升水电和火电相结合的能源工业的地位，形成我国西部最大的能源输出基地；壮大原材料加工工业，依托铝和铝加工、磷和磷化工业的优势，形成西南地区最大的原材料加工工业基地；发挥名烟和名酒的优势，进一步提高食品饮料工业的地位；利用军工基地和地方的技术和人才优势，大力发展电子和生物制药等高新技术产业；依托黔中地区的自然风光和民族文化特色，提升旅游业在全国的地位，将旅游业建设成为黔中产业集聚区新的支柱产业。

五、晋中产业集聚区

晋中产业集聚区位于山西省中部，以太原为中心，包括忻州、晋中等城市，是全国重要的能源、原材料基地，是山西省人口、产业最集中的地区。在大力改造提升传统产业的同时，应发展以焦化为主的煤化工产业，以特殊钢、镁合金和铝合金为主的冶金产业，以重矿机械和仓储设施为主的装备制造业，以优势建材及新型装饰材料为主的新兴建材业。充分发挥人才、技术、科研、信息等方面的优势，加快发展高新技术产业，扶持具有一定优势的电子信息、现代医药等产业快速发展。积极发展旅游业、专业物流业、金融保险等现代服务业，将太原市建设成为区域旅游中心集散地和全国乃至世界的煤焦市场交易中心。

六、兰州—白银产业集聚区

兰州—白银产业集聚区以兰州为中心，包括白银市及周边中小城市。该产业集聚区是甘肃省人口、产业最密集的地区，也是全省经济、文化的核心区。这一区域是全国重要的有色金属和稀土冶炼与深加工基地，是西部最大的综合性石油化工基地、生物制药与中药现代化加工基地。未来在大力发展以石油化工、冶金、有色金属新材料、精细化工、机电、轻纺等传统产业基础上，要依托大学科研机构的优势，形成西部重要的科技创新中心和高新技术产业产业化基地；同时要利用交通和区位条件，建设西北商贸、物流、信息和旅游服务中心。

七、河湟谷地产业集聚区

河湟谷地产业集聚区是以西宁市为中心的青海省的河湟谷地地区。该地区是青海省人口、产业集聚的核心区域，是我国内地对青藏高原乃至南疆地区联系的中枢地区。其未来发展重点是轻纺毛纺轻工业、原材料工业、旅游业和商贸物流产业，在区域上要加强与兰州市的经济技术协作与联系，使其成为黄河上游特色产业集聚区。

八、“一江两河”中游产业集聚区

“一江两河”中游产业集聚区是以拉萨市为中心的“一江两河”中游地区。这一地区自然条件相对较好，地势平坦，人口集中，开发历史悠久，经济社会相对发达，是西藏自治区人口最密集、产业发展基础最好的区域，也是西藏自治区政治、经济、文化、交通的核心地区。今后要在保护好生态环境的基础上，以拉萨市为中心，重点发展具有民族特色的产业，包括高原生态旅游业、民族风情旅游业、藏药、民族工艺产品、农副产品加工业和商贸流通业。

参 考 文 献

江苏省统计局 . 2004. 江苏统计年鉴 2004. 北京：中国统计出版社
上海市统计局 . 2004. 上海统计年鉴 2004. 北京：中国统计出版社
浙江省统计局 . 2004. 浙江统计年鉴 2004. 北京：中国统计出版社
《中国统计年鉴》编辑部 . 2004. 中国统计年鉴 2004. 北京：中国统计出版社

第二篇 理论基础

产业结构演变理论、产业分工理论、产业区位理论、产业集群理论和产业空间结构理论等是产业发展和规划的重要理论基础。产业结构演变理论和产业分工理论对明确产业发展方向、确定主导产业和优势产业具有重要的理论支撑作用。产业区位论认为，产业活动的空间行为是有规律的，是按照一定的法则来进行的。比如，工业区位选择的动机一般是追求利润最大化，住宅区位选择的动机主要是追求效用最大化，而服务设施区位选择通常是追求社会福利最佳化等。可以说，产业区位论是产业活动的空间选择及空间配置的理论基础。产业集群作为一种重要的产业空间经济组织形式，已经成为世界范围内不同地区培植和增强产业竞争力的有效途径，对产业和区域经济发展起到了重要的作用。产业空间结构理论尤其是点-轴理论、增长极等经典理论长期以来是产业发展和空间布局的主要理论，对分析和预测产业在空间上集聚或扩散的规律、不同产业的空间组合方式、产业空间关联特征具有重要指导意义。

第三章　产业发展和布局的因素分析

第一节　自然因素对产业活动的基础性作用

自然因素包括自然条件和自然资源两个方面。自然条件是指人类赖以生存并对人类的生产活动起巨大影响作用的自然环境，如大气圈、水圈、生物圈等。自然条件既包含未经人类改造和利用的原始自然环境，也包含被人类活动改造后的自然环境，如防护林、水库等。自然条件的各个要素如地质、地貌、气候、水源、土壤、生物等相互联系、相互作用而形成的自然综合体对产业的发展和布局具有很大的影响。自然资源是指自然条件中能够被人类利用的部分，如土地资源、水资源、矿产资源等。

一、自然因素对农业发展和布局的基础性作用

自然因素对不同产业的发展和布局的影响力度并不相同。总的来说，由于农业生产活动直接作用于自然环境，因而自然因素对农业具有主导性和决定性的作用。自然条件如地质、地貌、气候、降水、日照以及自然资源如土地、生物等因素对农业的发展和布局具有基础性作用。

首先，地貌特征、土壤条件和气候等自然条件对农业的发展具有重要的影响，决定了农业特别是种植业的作物类型和种植特点。例如，我国的水稻种植区主要分布在地势平坦、土壤肥沃、气候湿润、光照充足的亚热带和温带地区，而小麦主产区则分布在纬度较高的温带地区。

其次，自然资源决定了各地区的农业发展模式。由于自然资源的禀赋差异，各地区可供利用的自然资源并不相同，因而各地区倾向于充分发挥自身的资源优势，形成不同的农业发展模式。例如，东北地区拥有大量的森林，因而林业在农业中的比重较高；内蒙古包头以东地区分布有大面积的草原，促进了畜牧业的发展；而濒临渤海、黄海等海域的地区则充分利用海洋资源，大力发展海洋渔业和水产养殖业。

总的来说，自然因素决定了不同地区农业发展和布局的差异。在人类的发展史上，农业社会占据了很大的一部分。在此期间，自然条件和自然资源决定了人类农业生产的发展模式和布局特点，进而决定了人类活动的集聚，促进了聚居点的形成和发展，并对第二产业、第三产业的发展和布局产生了一定的影响。

二、自然因素对第二产业内各部门的影响力度不同

（一）对采掘业和原材料工业的重要影响

我国将采掘业划为第二产业，但是，采掘业直接作用于自然环境，因此自然因素特别是资源赋存状况直接影响到采掘业的发展和布局。例如，大庆油田的发现，就直接促进了当地石油采掘业的发展；新疆的克拉玛依市也是在石油采掘业不断发展的基础上兴建起来的。

自然资源的赋存状况首先会直接影响采掘业，进而影响原材料工业的发展和布局。在技术落后、交通不便的年代，原材料工业往往在资源富集的区位布局，从而形成原材料采掘 - 加工的产业链。例如，我国在中华人民共和国成立后兴建的钢铁工业点都主要布局在煤矿或铁矿附近。

不过，由于生产技术的进步，自然资源对原材料工业的影响也在不断变化。例如，在工业革命以

前，钢铁工业的生产技术十分落后，平均每炼10吨生铁所用的木炭就要消耗2公顷森林，再加上交通运输仍以马车和水运为主，因此钢铁工业都布局在森林附近；之后，钢铁工业以煤炭为燃料，煤炭的运输量很大，因此钢铁工业开始向煤炭产地附近布局；而随着冶炼技术的发展，铁矿石在原材料运输中的比重超过了煤，因此，许多钢铁工业开始“移煤就铁”，即靠近铁矿石产地布局（王缉慈，1994）。

随着交通运输条件的进步，以及市场、政策、关联产业等因素对原材料工业的拉动作用不断加大，自然资源的分布情况对原材料工业的影响力度在逐渐变小。仍以我国的钢铁工业为例，自宝山钢铁公司成为我国第一个布局于沿海地区的钢铁工业点以来，越来越多的钢铁企业都不再选择靠近国内的铁矿石产地布局，而是选择沿海具有优良海运条件的地区。这反映出，钢铁工业的发展和布局逐渐受到自然资源、市场、交通运输等多方面的综合性影响（图3-1至图3-4）。

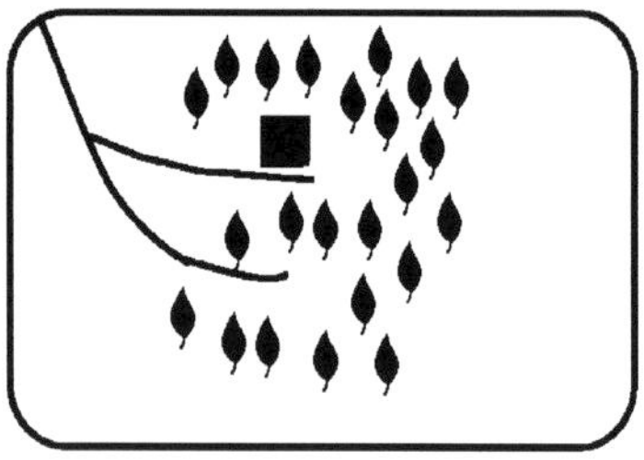

图3-1　钢铁工业靠近森林、河流布局模式

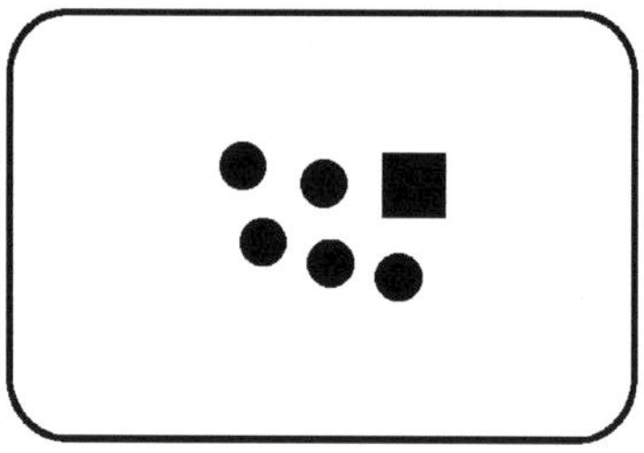

图3-2　钢铁工业靠近煤矿布局模式

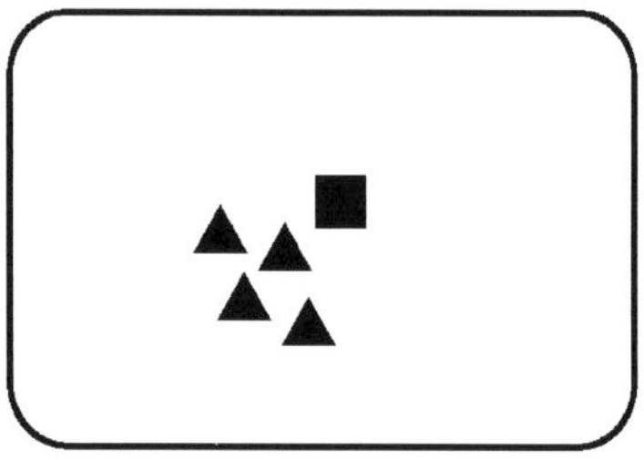

图3-3　钢铁工业“移煤就铁”布局模式

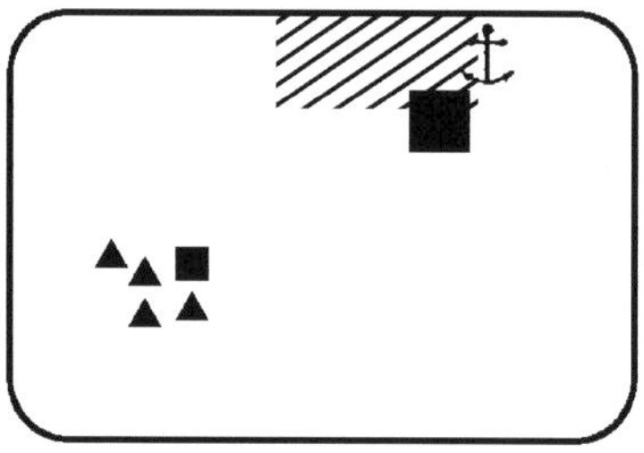

图3-4　钢铁工业靠近市场和港口布局模式

（二）自然因素通过影响农业进而间接影响轻工业

大多数轻工业以农产品为主要的原材料，因此，自然因素对轻工业的影响是间接的，即通过影响农业生产活动进而影响轻工业的发展和布局。

一般情况下，由于农产品难保存、易腐烂，因而食品工业通常在农业生产地附近布局；而另一些轻工业如纺织、日化等部门受自然因素的影响较小，则倾向于靠近市场布局。

与原材料工业相似，技术的进步和交通运输条件的改善都对轻工业的发展和布局产生了极大的影响，导致自然因素对轻工业的限制不断减小。轻工业的选址更多地考虑交通通达性、市场以及其关联产业等因素，因而轻工业往往选择在高速公路附近的工业园布局。这样既可以保证原材料和产品的快捷运输，又能够与其他关联产业形成配套，充分发挥产业的集聚效应。

（三）自然因素对重化工业及高新技术产业的影响

重化工业主要以工业产品为生产对象，对其进行再加工和精细制造，因而自然因素对重化工业发展和布局的影响作用是间接的，其影响力度较之于农业、轻工业要小。

不过，自然因素在某些方面仍然对重化工业的发展具有约束性的作用。由于许多重化工业的发展和扩张都会产生负的外部效应，对自然环境造成污染和破坏，因此，环境容量会对重化工业的发展和布局起到一定的制约作用。例如，我国东部沿海的许多地区具有良好的自然环境，对污染的稀释能力较强，因而适合进行高强度的集约开发，大力发展重化工业；而在西部的生态环境脆弱地区，环境容量很小，且生态环境的自我恢复能力很弱，不适合大规模发展重化工业。

此外，水资源、土地资源以及能源等矿产资源对重化工业也具有一定的影响。这些自然资源的承载力度在很大程度上决定了重化工业的发展规模及其空间布局。例如，虽然长三角地区的环境容量较好，社会经济条件对重化工业的拉动作用也很大，但其能源、水和土地等自然资源的紧缺对重化工业以及其他产业的发展造成的束缚越来越大，这将可能制约重化工业在这些地区的持续扩张。

由于产业结构的调整和升级，一个国家的产业发展路径会经历轻工业主导、重化工业主导、高新技术产业主导等阶段。在工业化后期，高新技术产业在工业中的比重逐渐加大，促使工业再次呈现出轻型化的特点。

自然因素对高新技术产业的影响主要在于环境质量。芯片制造、电子元件、高新材料等产业对水质、空气质量、气候等自然条件以及生态环境有很高的要求。因此，在考虑高新技术产业的空间布局时，除去社会经济发展条件是很重要的影响因素外，自然因素也会对其布局起到一定的限制作用。

三、小结

自然条件和自然资源作为客观的环境因素，在农业社会和工业化前期对产业的发展和布局具有决定性的作用。农业、采掘业和以农产品为加工对象的轻工业都会根据自然条件以及资源的赋存状况选择区位和发展模式，进而影响原材料工业和某些制造业。

随着产业结构的升级，农业和轻工业的比重不断下降，且由于技术、交通等经济社会条件的进步，自然因素对于产业发展和布局的影响力度逐渐弱化。在同样的自然条件和资源状况下，农业可以借助技术进步而实现发展模式和空间布局的微调，而某些工业则可能摆脱自然因素的束缚，在更广的地域空间进行布局，并实现生产规模的提升。此外，虽然自然因素对重化工业及高新技术产业的影响很小，但由于这些产业的某些特性，自然因素仍会对其发展规模和空间布局起到一定的作用。

第二节　经济社会发展等因素的影响作用

自然条件和自然资源会对农业的发展和布局产生基础性的影响和制约作用。随着经济社会的发展和进步，农业在三次产业中的比重不断降低，工业和第三产业的主导地位不断加强，因而自然因素对产业的影响力度在逐渐减小，而劳动力、市场、基础设施等经济社会因素对产业发展和布局的影响力度不断增强。

一、劳动力因素的影响作用

（一）劳动力数量是产业发展的基础

劳动力是保障产业活动持续发展的一个重要因素，因而劳动力在不同地域空间的数量对产业的发展和布局会产生显著的影响。特别是在工业化前期，制造业主要是劳动密集型的产业，因而其主要在劳动力富集的地区布局。例如，我国东部沿海属于人口稠密的地区，加上政策、交通、市场等其他的影响因素，吸纳了大量来自内陆的劳动力，从而极大地促进了当地制造业的发展。而西北部地区的劳动力稀少而分散，这在一定程度上限制了当地制造业的发展。

（二）劳动力质量对产业发展的影响力度不断加强

随着产业结构的调整和升级，劳动力的数量逐渐成为影响产业发展和布局的一般性因素，而劳动力的质量则成为更重要的影响因素。劳动力的质量既表现为劳动力对生产工艺和技术的把握，也表现为劳动力自身的知识技能和创新能力，从这一角度看，劳动力不仅仅是一个参与产业活动的生产要素，还是对产业的优化升级有重要影响的人力资本。

随着工业化进入中后期阶段，现代制造业和高新技术产业得到迅速发展。这类产业以深加工化、高技术化为特点，对劳动力的数量要求较低，而对高素质的劳动力的需求较高。因此，集聚大量高质量劳动力的区域就成为最适合现代制造业和高新技术产业发展和布局的区域。例如，我国的珠三角一直以发展外向型的劳动密集型加工业为主导，对一般劳动力形成了巨大的需求。随着产业结构的升级，现代制造业对高素质劳动力的需求迅速上升，结果就出现了一般性劳动力找不到工作，而大量企业又无法雇用到高质量劳动力的局面。

另外，虽然服务业对一般劳动力具有巨大的吸纳能力，但这往往限于餐饮、商业等生活性服务业。金融、物流、会展、咨询等生产性服务业对劳动力的质量也有很高的要求。一般的，都市圈或城市群赋存有大量的高素质劳动力，因此这些地区往往发展成为现代制造业和生产性服务业发展和布局的区域。

（三）劳动力成本在产业发展的不同阶段有不同的影响力度

韦伯在构筑其工业区位论的研究框架时，即把劳动力成本作为影响工业布局的重要因素之一。韦伯指出，工业区位的选择首先会考虑使运输费用最小化，若某些产业的劳动费指数较高（如纺织业），则靠近劳动力集聚地带来的成本降低会高于运费的增加，那么，工业区位会向劳动力成本低的区域转移（Weber，1997）。

对于劳动密集型产业而言，劳动力成本在总的生产成本中所占的比重较高，因而劳动力成本是影响这类产业布局的重要因素。这可以解释发达国家的劳动密集型产业向我国沿海转移，进而转向中西部地区布局的产业转移模式。

对于现代制造业和生产性服务业而言，虽然其劳动力成本较高，但劳动力成本占总成本的比重较小，并且这些产业的单位劳动力的产出也较高，因而成本的影响作用较小，而劳动力的质量对这类产业的布局具有重要的影响作用。

二、市场因素的影响作用

（一）市场需求与市场范围对产业发展和布局的影响

这里的市场可以等同于需求，其内涵既可以指需求量，也可以指需求在地域空间上的分布范围。市场的需求规模会对产业活动的发展设定一个门槛值，即某一产业在某一区域的需求规模必须要达到一个最小值，否则该产业就无法实现经济收益；同时，市场需求还会直接影响产业活动的持续发展和扩张，在达到门槛值以后，市场需求的进一步增加有助于该产业实现规模经济，促进该产业的持续发展。此外，市场利润也会对产业的布局形成一定的影响。能获得最大市场需求的地区往往不是市场利润最高的地区。廖什在论述其市场区位理论时即指出，产业活动的最佳区位应当是能获得最大利润的地点（Losch，1995）。而能够获得最大市场需求和最大市场利润的区位往往并不重合，因而决定了不同企业的区位选择。

市场的地域范围大小会对产业活动的类型和发展规模形成直接的影响。克里斯塔勒的中心地理论考察了商品的属性及其销售范围。他指出，最高等级的中心地（表现为城市中心）具有最高的中心性，其市场的地域范围最大，包括其下几个等级的中心地的市场范围。因此，在高级中心地布局的商品销售业通常是名牌服装、珠宝等行业，而在低级中心地布局的通常是食品、小百货等行业（Christaller，1998）。

（二）市场结构和市场秩序对产业发展的影响

市场结构、市场竞争以及市场体制和秩序等因素都会对产业发展和布局产生一定的影响。一方面，市场结构和竞争会对某产业的大、中、小企业的配置产生影响。例如，对于零售业等高度竞争的产业，大、中、小企业的数量都很多，不同规模的企业按照其职能和市场范围展开竞争；而对于钢铁、石化等高度垄断性产业，几家超大型的集团就占据了该产业绝大部分的比重，其发展策略是通过兼并做大做强，而中小企业则只能选择专业化的生产策略，并寻求与大型集团的合作。另一方面，市场机制和秩序对产业的影响作用也很大。现代经济和产业的发展要求市场机制自由、健全，并要求较少的政府干预和完善的法制管理体制。例如，一个政府过度干预、市场无序竞争的环境就很难促进产业的持续法制，而一个有较好竞争秩序，并重视法制管理的市场则可能极大地促进高新技术产业的发展，并吸引各种产业的集聚。

三、基础设施的影响作用

（一）一般性基础设施对产业发展起支撑作用

一般性基础设施包括供水、供电以及交通运输设施等。这些基础设施是区域产业发展的基础性条件，对产业的发展起基础性的支撑作用。水、电成本虽然在工业生产中的比重很小，但却是一个重要的制约因素。例如，长江三角洲经济区虽然拥有各种优良的发展条件，但由于土地资源和电力的紧缺，某些产业的持续发展和生产规模的扩张都受到了很大程度的制约，导致这些产业开始向用地、用水、供电有充分保障的区位转移。

交通运输设施也会对产业布局产生一定的影响，引导产业向综合交通运输条件优越的地区集聚。随着交通运输条件的升级，产业布局在地域空间的选择范围更大。另外，产业发展对运输快捷性、高效性的要求促使众多产业都选择沿交通干线布局，由此形成了交通产业经济带。此外，主要交通运输方式的演变也会对产业布局产生很大的影响。例如，苏北的运河沿线曾经是各种产业高度发展和集聚的区域，但由于公路和铁路运输的迅速发展，运河运输的主导地位被取代，导致该区域的产业逐渐衰退和转移。

（二）高级基础设施日益成为促进产业集聚的重要因素

高级基础设施包括现代化的高速交通以及网络和通信设施等。随着科学技术的发展，交通运输条件日益高速化。高速公路、城际铁路、现代化的空港和海港等高级交通设施不仅对产业的发展具有很大的推动作用，其本身也成为一个吸引产业布局的重要因素，促进各种产业沿高速公路的出入口或临港布局。事实上，国内大多数工业园区和物流园区都选择在高速公路沿线出入口或港口附近布局。

此外，随着科学技术、信息等因素对产业活动的影响力度不断加强，网络和通信设施等高级基础设施也成为一个影响产业发展和布局的重要因素。

拥有这些高级基础设施的区域逐渐成为物流、人流、资本流、技术流与信息流共同集聚的区位，对产业发展产生了巨大的推动力，并对各种产业形成极强的吸引力，引导产业在这类优区位集聚。

四、集聚效应的正外部性影响

集聚是指某一产业或多个产业的众多企业在一定的地域空间范围内聚集。产业的集聚是产业发展过程中的普遍规律。韦伯在其工业区位论中即指出，促成工业点从运费指向布局或劳动费指向布局再次转移的即是集聚指向。关联产业的集聚会增强某一区位的产业配套能力，提高生产要素的配置效率和资源的利用率；同时，集聚可以促进企业间的协作、分工，从而带来生产成本的下降。此外，集聚还可以形成基础设施共享、劳动力培训、技术合作、信息传递等一系列正外部性，从而对产业的发展形成极大的带动作用。

（一）基础设施共享

产业的集聚有助于共享基础设施，从而减少生产成本。目前，工业集聚的一个主要形式即工业园。各种产业集聚于同一个园区，有助于原料和产品运输的统一调度，有助于供水、供电、污水处理等设施的共建共享，有助于各种资源的循环利用，从而形成巨大的正外部性，降低企业的生产成本，提高经济效益。

（二）劳动力培训

产业的集聚可以对劳动力的流向起引导作用，从而吸引劳动力的集聚，保证稳定的劳动力供应。同时，各企业可以共同对劳动力进行培训，提高其知识素质和专业技能。此外，劳动力在不同企业间的流动还可以起到技术扩散和信息传播的作用，从而促进各企业的创新，推动产业整体实力的提高。

（三）企业间的合作

同一产业的企业相互集聚可以有效地促进企业间在技术、信息等方面的合作。目前，众多企业都追求双赢式的竞争合作，因而都积极地展开技术合作和信息共享。同时，不同产业的企业或是位于同一条产业链的上下游，或是在横向上具有一定的产业关联，这些企业间也都在技术、信息、劳动力等层面进行广泛的合作。企业间的合作有利于获取和利用各种生产要素，可以有效降低企业的生产成本，提高企业的经济效益，进而提高集聚产业的整体实力。

五、小结

劳动力、市场、基础设施等经济社会发展因素并非单独地对产业发展和布局产生影响。事实上，在我国的发达地区，如长三角、珠三角等经济区，这些生产要素往往大量集聚，促进该地区形成比较优势。因此，上文论述的集聚效应还可以看做是这些经济社会发展因素的集聚。正是因为这些生产要素的集聚，提升了这些地区对产业发展的支撑力和产业布局的吸引力。

各种生产要素以及大量产业的集聚会形成巨大的正外部效应，这种通过集聚而成的溢出效应可以节约企业的经济成本、时间成本，加快各企业科技研发和创新的步伐，提高企业的经济效益，增强产业的整体实力，从而形成“马太效应”，使具有比较优势地区的竞争力持续提高。

第三节　新因素对产业发展和布局的影响

随着我国经济社会的不断发展以及全球化进程的不断深化，自然资源、一般劳动力等传统因素对产业发展和布局的影响力度在不断降低，而全球化、资本、技术、信息等新因素的影响力度不断加强，对产业的发展和布局开始起决定性作用。此外，在高新技术产业和现代服务业逐渐成为主导产业的背景下，环境质量等自然因素也重新成为影响产业发展和布局的因素。

一、经济全球化对产业发展和布局的作用

自实行改革开放政策起，我国的产业发展就开始逐渐融入经济全球化进程中，对全球范围的生产要素和市场的依赖性不断加大。由于我国已经形成以出口拉动为主要带动力的外向型经济发展模式，制造业的发展受到经济全球化的各要素如资本、技术、信息等的影响很大，因此其空间布局通常会选择这些要素大量集聚的区位，从而确保产业充分地融入全球化进程中。

由于经济全球化进程不断深化，资本、人才、技术、产品、信息等生产要素的流动性不断加剧。这种有形流和无形流的流动和集聚塑造了对于经济发展至关重要的“门户城市”，即各种“流”的集聚地。在全球化趋势下，由“门户城市”及其腹地组成的、具有有机联系的大都市经济区成为全球经

济竞争的基本单元，对产业发展具有极强的推动力，诱导各种产业的高度集聚。

经过近30年的发展，我国的“T”字形国土开发轴带已经相对成熟。在这两条轴线上，形成了上海、北京等具有国际竞争力的“门户城市”，进而形成了长三角、京津冀、珠三角等经济区。这些地区是我国融入全球化最重要的地区，对于全球性的资本、技术和信息等生产要素具有极强的集聚作用，且这些地区内的资本市场较为完善，科技研发与创新能力较强，经济发展的自我支撑力较好。可以预见，在今后的发展过程中，这些地区将进一步利用经济全球化，引导资本、技术、信息等要素的集聚，进而促进产业特别是高新技术产业和生产性服务业的集聚和优化发展。

二、制度与法规对产业发展的间接影响

一个地区的自然因素、劳动力、市场、科学技术等要素是影响产业发展和布局的基础条件，但是，有效地整合这些要素并最大限度地发挥其对产业发展的促进作用还取决于相应的制度与法规，包括经济体制、法律法规等。

制度与法规并不直接影响产业发展和布局，而是通过影响其他生产要素的配置对产业发展和布局产生间接的影响作用。因此，制度与法规更类似于一个地区的“软实力”，其完善与规范程度越深，对劳动力、资本、市场等生产要素的有效配置能力越强，从而可以高效地利用生产资源，促进产业的优化发展。同时，对制度进行创新，对法规进行完善，有助于弥补某一地区在自然资源、劳动力等方面的不足，并极大地提高该地区对产业的吸引力。例如，我国在改革开放初期设立了经济特区和保税区，利用制度改革极大地推动了这些地区的经济发展；近年来，伴随着经济社会持续优化发展的需要，我国又在多个地区设立了综合配套改革试验区，进一步探索制度创新对经济社会发展的促进作用。

三、社会文化对产业发展和布局的导向性

社会文化通常是指某个地区经历一定时间所形成的独特习俗和传统，它不仅体现在该地区的建筑、服饰等有形的物质上，还体现在该地区群众的思想和行为等方面。社会文化对产业发展和布局并不起决定性的作用，但在人们不断追求个性化的背景下，不同的文化会对创新产生一定的影响，进而影响产业的发展途径。例如，纽约是美国流行文化的主要发生地，因而其成为传媒业、广告业、影视戏剧业等产业的集聚地区，体现出社会文化对于产业特别是现代服务业的集聚和促进作用。

我国幅员辽阔，不同地区有着不同的文化习俗和传统，因而群众的民风和行为也出现了区域性的分异，从而对本地区的产业发展途径形成了独特的导向作用。例如，温州等浙南地区具有重商主义的历史和传统，这种社会文化就促进了当地群众在全国范围内进行商业贸易活动，极大地推动了本地商贸业的发展。

此外，本地居民在社会文化上具有相似性，这有助于加强相互间的协作和交流，从而构成一个复杂的本地社会关系网。这种社会根植性会吸引具有相同文化背景的资本、人才的集聚，进而对本地产业的发展产生巨大的推动作用。与此同时，产业在区位选择时也会考虑文化相似性这一因素，而倾向于在同一个地区布局。

四、自然因素重要性的重现

在工业化后期和后工业化时期，高新技术产业和现代服务业成为主导产业，其发展和布局不仅受到高级劳动力、技术、信息等因素的影响，自然因素的重要性也开始重现，并在一定程度上决定了这类产业的布局。

随着工业化和城市化进程的不断深化，产业的可持续优化发展逐渐成为关注的焦点。因此，产业发展和布局不仅要考虑经济社会发展因素，还要重视其对自然环境可能产生的影响。在环境容量较大的地区，产业有可能持续发展和进一步集聚；而在环境容量较小、生态脆弱的地区，产业结构则需调整，某些产业则可能向区外转移。

五、小结

在经济全球化背景下，商品、劳动力、资本、技术、信息等有形和无形的要素流在全球范围内快速流动。因此，能够集聚这些生产要素并具备经济社会发展优势的地区就成为产业的主要集聚地。与此同时，在全球化进程不断深化的背景下，各地区的产业发展途径有趋同的走势，而制度、法规、社会文化等因素具有一定的地方性和差异性，从而引导产业的发展模式和空间布局出现区域性的分异，且不同地区的自然因素差异也会对个别产业的发展和布局产生重要的影响。

总体来说，新因素对产业发展和布局的作用在不断加强。但是，劳动力、市场和基础设施等经济社会发展因素对产业的影响并没有减弱。如果说经济社会发展因素是产业发展的“硬环境”，那么新因素则是“软环境”，两者相互影响、相互强化，对产业发展和布局起主导性的决定作用。

第四节　特定因素对产业发展和布局的影响

产业发展和布局并不一定只受到自然因素、经济社会发展条件等客观因素的影响，特定时期的政策、产业发展历史以及企业家的主观偏好都可能对产业发展和布局形成一定的影响，甚至成为某一时期的主导性因素。

一、政策因素在特定时期具有重要影响

政策对产业发展和布局的影响主要通过直接的指令性政策或间接的诱导性政策发挥作用。政策因素对产业发展和布局的影响在我国体现得很明显。20 世纪六七十年代，我国沿用苏联的产业发展模式，重点发展重工业，同时在备战政策的导向下，我国将大量工业布局在内陆地区。这样的产业政策极大地干扰了市场、技术、产业发展基础等因素对于产业的决定性作用，成为当时决定产业发展和布局的主导因素。在改革开放初期，政策向沿海地区倾斜，对经济特区的扶植力度很大，这也是促进产业在这些地区发展和布局的一个重要因素。

现在，我国致力于建设具有社会主义特色的市场经济，政策对产业活动的直接干预已在逐渐减弱。不过，西部大开发、中部崛起等一系列区域发展政策仍会对区域间的产业分工和转移产生一定的诱导作用，而《钢铁产业发展政策》等一系列产业政策的出台，则体现出政府对某些具有战略意义的产业进行宏观调控和引导的意愿。

二、产业发展历史与路径依赖效应

（一）产业发展和布局具有历史继承性

一个地区的产业发展历史和已有的发展基础对产业的发展途径具有一定的影响，新产业或者已有产业的升级往往仍然会选择在这些具有一定发展历史的产业区内进行布局，即产业的发展和布局具有一定的历史继承性。德国的鲁尔工业区，美国的底特律、芝加哥地区都是具有悠久历史的老工业区，其产业的发展和演化经历了原材料工业、装备制造业等发展阶段；在我国，中华人民共和国成立后形成了沈阳、上海、武汉、重庆等老工业区，经过几十年的发展和建设，这些老工业区都具备了很强的产业配套能力以及完善的基础设施，因而对新兴产业具有很强的吸引力。从国内外产业的发展途径看，不同发展阶段的产业在相同的区位形成叠加，并相互促进、相互提高。

（二）路径依赖效应引导产业在同一区位布局

路径依赖（path dependence）效应是关于产业区位选择的时间序列问题，即新的产业在选择区位时总是倾向于在已有的产业区位布局。某一产业的区位选择依赖于相关产业的布局。

路径依赖不仅可以解释产业的布局模式，还可以说明企业的区位选择。在某一区位的原有企业是否赢利，对新企业选择该区位具有重要的影响作用。同时，原有企业的战略选择和发展途径对新企业也会产生一定的影响。

在路径依赖效应的影响下，产业的布局有不断向同一个区位集聚的趋势。例如，在长三角经济区，轻工业、原材料工业、装备制造业、电子通信等产业高度集聚，并促进了金融、物流等生产性服务业的发展，诱导其向该经济区集聚。这些产业相互关联，形成了巨大的溢出效应和吸引力，促使新兴产业沿着这条发展路径继续在该地区布局。

三、企业家决策的影响

从宏观和中观尺度看，产业作为一个整体，其发展和布局主要受到来自不同区域的自然、经济和社会因素的影响。而从微观尺度上看，产业是所有企业的集合，因而分析企业的发展和布局，也会对产业发展和布局的影响因素具有一定的借鉴意义。

影响企业发展和布局的一个重要因素是企业家。作为决策者，企业家的决策对企业的发展战略和区位选择具有很强的影响作用。当然，企业家在进行决策时会考虑各种经济社会因素，但是，企业家自身的偏好和决策能力也会对企业的发展和布局产生重要的影响。

（一）企业家的“满意人”假定

传统的经济区位论如韦伯的工业区位论和克里斯塔勒的中心地理论均假设从事产业活动的主体——人完全掌握了一切信息，并能理性地作出分析和判断，从而选择最优的区位。这种“经济人”假定在现实中往往难以实现，作为产业发展和布局的决策者，企业家往往扮演“满意人”的角色，即通过掌握的信息，并结合自身的能力和偏好，选择让自己最满意的产业区位。

（二）企业家的偏好干扰其他影响因素

作为决策者，企业家对产业布局的确定具有最终的决定作用。在“满意人”假定下，企业家并不一定完全理性地对已掌握的信息进行分析，而会结合自身的主观偏好，对决策进行适当的微调。这就促使产业布局会在最佳区位点上形成一定的偏移。

此外，企业家的偏好还会对企业的发展途径产生一定的影响。一般情况下，企业的扩张策略是在水平方向上进行生产规模的扩大或是沿垂直方向往上下游产业进行延伸。而某些企业家可能由于自身的偏好，选择跨行业的发展策略，促使企业的发展途径受到一定的人为干预。

（三）普雷德的行为矩阵对企业区位的解释

普雷德认为，企业家在选择产业布局的区位时，要结合其所能获得的信息，并根据自身的判断和分析能力作出最终的区位决策。因此，合理的决策取决于两个因素，即信息的占有量和企业家自身利用信息的能力。这就构成了普雷德的行为矩阵的核心思想（Pred，1967）。

行为矩阵由信息的占有量和利用信息的能力构成。在矩阵中企业家占有的信息量越多，利用和处理信息的能力越强，则该企业家作出的区位决策越靠近最优区位。

四、小结

特定因素对产业的发展模式和空间布局的影响作用并不居于主导地位。目前，政策因素对产业的直接干预力度已经越来越小，它往往是通过影响市场、劳动力、制度等要素对产业的发展和布局进行间接性的引导；与此同时，随着新因素的影响力度不断加强，产业的发展模式和空间布局可以脱离原来的发展路径，而在某些地区实现跨越式的发展。除此之外，在信息化社会，企业家拥有更多的获得信息的机会，区位选择的主要影响因素还是市场、资本、劳动力等客观条件，企业家的主观偏好对企业的区位选择的影响有限。

第五节　各种因素在产业发展的不同阶段所起的作用

随着经济社会的发展，产业结构也在不断地升级和演化。一个国家或地区的产业发展会经历农业化、工业化以及后工业化等阶段，相应的三次产业结构也会不断地调整和升级。在不同的产业发展阶段有不同的主导产业，因而各种因素对产业发展和布局的影响力度也会不同（表3-1）。

表3-1　各种因素在各阶段对产业发展和布局的影响

影响因素 \ 产业发展不同阶段及特征		农业化阶段	工业化初期	工业化中期	工业化后期	后工业化
		农业主导	轻工业主导	重工业主导	高新技术产业主导	服务业主导
自然因素	自然条件	+ + + +	+ + +	+ +	+ + +	+ + +
	自然资源	+ + + +	+ + +	+ + +	+ +	+ +
经济社会因素	劳动力数量	+ + +	+ + +	+ +	+ +	+ +
	劳动力质量	+ +	+ +	+ + +	+ + +	+ + +
	市场因素	+ +	+ + +	+ + +	+ + +	+ + +
	基础设施条件	+ +	+ +	+ + +	+ + +	+ + +
	集聚效应	+ +	+ +	+ + + +	+ + + +	+ + + +
新因素	经济全球化	+ +	+ +	+ + +	+ + + +	+ + + +
	资本因素	+ +	+ +	+ + +	+ + +	+ + +
	科学技术	+ +	+ +	+ + +	+ + + +	+ + +
	信息因素	+ + +	+ + +	+ + +	+ + +	+ + +
	制度因素	+ +	+ +	+ + +	+ + +	+ + +
	社会文化	+ +	+ +	+ +	+ + +	+ + +
特定因素	政策	+ +	+ +	+ +	+ +	+ +
	历史与路径依赖	+ +	+ +	+ + +	+ + +	+ + +
	企业家偏好	+ +	+ +	+ + +	+ + +	+ + +
产业布局特征		分散	趋于集聚	高度集聚	集聚与分散并存	趋于集聚

注：+ + + +表示决定因素，+ + +表示重要，+ +表示一般。

一、自然因素在农业社会和工业化初期具有主导作用

在农业化社会亦即工业化前期，农业是主导产业。由于农业直接作用于自然环境，其发展和布局直接受到自然条件和自然资源的支配作用。在这个时期，自然因素对产业的发展和布局具有主导作用。同时，劳动力、交通运输条件也会对农业的发展和布局产生一定的影响。

随着产业发展进入工业化初期，农业在三次产业中的比重开始减少，轻工业开始发展。在这一阶段，自然因素的影响作用开始弱化，但由于食品加工、纺织等产业以农产品为主要原料，这些产业也会受到自然因素的间接影响，自然因素对产业的主导作用依然存在。此外，由于轻工业属于劳动密集型产业，且其对交通运输条件、市场需求等经济社会条件有较高的要求，轻工业还会受到劳动力、交通、市场等因素的影响。

二、经济社会因素在工业化中期的影响作用加强

随着产业发展进入工业化中期，农业和轻工业在产业结构中的比重进一步下降，重工业和精深加工业的比重开始上升，成为三次产业中的主导产业。按照生产要素的密集性程度，工业化中期的产业以资本密集型和技术密集型为主。因此，在这个阶段，影响产业发展和布局的主要因素是市场需求、交通运输、资本、技术、关联产业等经济社会因素。此外，掌握现代技术和专业技能的高素质劳动力也是一个影响产业活动的重要因素。

三、在工业化后期和后工业化时期各因素的影响

在工业化后期，产业结构再次出现轻型化，即高新技术产业的比重不断上升，并逐渐取代重工业的主导地位。高新技术产业属于技术密集型的产业，受劳动力质量、科学技术、制度等因素的影响极大，因而往往布局于都市圈或城市群地区，以充分利用其集聚效应和知识溢出效应。

此外，一些高新技术产业对环境质量有很高的需求，所以自然因素反倒成为影响其布局的一个主导因素。由于都市圈或城市群的产业高度集聚带来了环境污染等负外部效应，经常会出现一些高新技术产业远离大都市圈，而选择在中小城市或城郊布局的现象。

在工业化后期，服务业成为三次产业中比重最大的产业。服务业的发展伴随着工业化进程的完成以及城市化的成熟，对市场、信息等因素具有很高的要求，因而服务业通常在城市中心布局。餐饮、商贸等生活性服务业通常按照其服务范围在城市内部分散布局，而金融、保险、咨询等生产性服务业则通常在城市中心布局，并表现出集聚的趋势。

参考文献

王缉慈. 1994. 现代工业地理学. 北京：中国科学技术出版社. 129，130

Christaller W. 1998. 德国南部中心地原理. 常正文，王兴中等译. 北京：商务印书馆

Losch A. 1995. 经济空间秩序. 王守礼译. 北京：商务印书馆

Pred A. 1967. Behavior and location：foundations for a geographic and dynamic location theory. Lund：C. W. K. Gleerup

Weber A. 1997. 工业区位论. 李刚剑等译. 北京：商务印书馆

第四章　产业结构演变理论

产业结构的状况能够反映一个国家或地区的经济发展水平，不同的产业结构代表着不同的经济发展水平。一个国家或地区产业结构随着技术进步、供给和需求结构的变化，以及产业政策的调整等而逐渐发生变化。一般的，在工业化初期，劳动密集型产业居于主导地位，随着工业化进程的推进，重化工部门开始快速发展，资本在生产要素中所占比重越来越大，资本密集型产业成为主导产业；当进入工业化中后期，技术密集型产业发展迅速，产业结构向以技术密集产业为主的高级化阶段转变。

产业结构分析是产业规划的重点和难点。一般在产业规划中，要首先分析该区域的产业结构现状、产业发展的历程和优势产业等，在此基础上，确定主导产业和设计未来产业发展的路径等。产业结构演变的相关理论是分析、判断和设计区域产业体系的重要理论基础。

第一节　产业分类与产业结构

产业结构是指一个国家或地区各产业间的比例关系，但由于对产业类型的划分标准不同，表述产业结构的方式也不同。因此，在分析产业结构之前，有必要了解产业的分类方法。

一、产业分类

在产业经济学中，通常使用的产业分类方法主要有两分法、三次产业分类法、生产要素集约度分类法和国际标准产业分类法等。

（一）两分法

两分法就是按生产活动的性质及其产品属性对产业进行分类。按生产活动性质，产业部门可分为物质资料生产部门和非物质资料生产部门两大领域。前者是指从事物质资料生产并创造物质产品的部门，包括农业、工业、建筑业、运输邮电业、商业等部门；后者是指不从事物质资料生产而只提供非物质性服务的部门，包括科学、文化、教育、卫生、金融、保险、咨询等部门。

（二）三次产业分类法

三次产业分类法是根据社会生产活动的历史发展过程对产业结构进行划分。产品直接取自自然界的部门称为第一产业，对初级产品进行再加工的部门称为第二产业，为生产和消费提供各种服务的部门称为第三产业。三次产业分类方法是国际上较为通用的产业结构分类方法。

1. 第一产业

第一产业是指与人类初级生产阶段相对应的农业和畜牧业，包括种植业、林业、水产业、畜牧业、捕猎业等直接利用自然资源进行生产活动的部门。

2. 第二产业

第二产业是指与工业的大规模发展阶段相对应，以对原材料进行加工并提供物质资料的制造业为主，包括采掘业，制造业，电力、煤气、水的生产和供应业以及建筑业等。

3. 第三产业

第三产业是指以非物质产品为主要特征的服务业，是指除第一、第二产业以外的其他各行业。

三次产业结构的划分为研究、比较各国和世界产业结构的变化提供了可供借鉴的统一标准。但随着科学技术的迅速进步及人类经济活动日益多元化和复杂化，传统的三次产业分类已越来越不适应经济内容的现有范畴。

4. 我国使用的三次产业分类

第一产业是广义的农业，包括种植业、林业、牧业、渔业；第二产业是工业（包括采矿业，制造业，电力、燃气和水的生产和供应业）和建筑业；第三产业包括流通部门（含交通运输业、邮电通信业、商业、饮食业、物资供销和仓储业）、为生产和生活服务的部门（含金融、保险业，地质普查业，房地产业，公用事业，居民服务业，咨询服务业和综合技术服务业，农、林、牧、渔、水利服务业和水利工程，公路、内河航道养护业等）、为提高科学文化水平和居民素质服务的部门（含教育、文化、广播电视、科学研究、卫生、体育和社会福利事业等）、为社会公共需要服务的部门（含国家机关、政党机关、社会团体以及军队和警察等）。

（三）生产要素集约度分类法

这种产业分类方法是按照各产业所投入的、占主要地位的资源的不同为标准来划分。根据劳动力、资本和技术三种生产要素在各产业中的相对密集度，产业可划分为劳动密集型、资本密集型和技术密集型产业。

1. 劳动密集型产业

劳动密集型产业是指在生产活动过程中，投入大量的劳动力，而对技术和设备的依赖程度相对较低的产业。其衡量的标准是在生产成本中工资与设备折旧和研究开发支出相比所占比重较大。一般来说，劳动密集型产业主要是指农业、林业及纺织、服装、玩具、皮革、家具等制造业。随着技术进步和新工艺设备的应用，发达国家的一些劳动密集型产业的技术、资本密集度也在提高，并逐步从劳动密集型产业中分化出去。

2. 资本密集型产业

资本密集型产业是指在单位产品成本中，资本成本与劳动成本相比所占比重较大，每个劳动者所占用的固定资本和流动资本金额较高的产业。资本密集型产业一般是指钢铁业、石油化工业、电子与通信设备制造业、运输设备制造业、重型机械工业、电力工业等。资本密集型工业主要集中在基础工业和重化工业，这类产业是国民经济的重要基础。

3. 技术密集型产业

技术密集型产业是指在生产活动过程中，对技术和智力要素的依赖大大超过对其他生产要素依赖的产业。技术密集型产业一般是指高新技术产业，包括微电子与信息产品制造业、航空航天工业、原子能工业、生物技术和现代制药工业、新材料工业等。技术密集型产业已经成为带动国家经济增长的主导产业，也是反映一个国家或地区产业竞争力和经济发展水平的产业。

（四）其他分类法

1. 霍夫曼产业分类法

德国经济学家霍夫曼在1931年出版的《工业化阶段和类型》一书中，把工业分为三类，即消费资料工业、资本资料工业和其他工业。消费资料工业包括食品、纺织、皮革、家具制造等；资本资料工业包括冶金、机械、化工、金属制品等；其他工业包括橡胶、木材、造纸、印刷等。

2. 轻、重、化工业分类法

工业结构的三分法中，把工业分为轻工业、重工业和化学工业，但通常把重工业和化学工业合在一起，称为重化工业，因此，轻、重工业的比例关系也是反映产业结构的重要指标。

二、产业结构内涵

产业结构是指各产业之间按照一定经济技术联系构成的比例关系。它包括三个方面的内容：①产业发展水平，即各产业在国民经济中所占份额，通常用产值或就业人口两类指标表示；②产业结构组成，即社会经济资源在产业或地区间的配置状态；③产业间的技术经济联系，即在生产过程中各产业间存在的相互制约与相互依存关系。

在经济发展过程中，随着产业分工的细化，新出现的产业部门越来越多。不同产业部门，受到各种因素的影响和制约，会在增长速度、就业人数、在经济总量中的比重、对经济增长的推动作用等方面表现出很大的差异。因此，不同区域在不同的经济发展阶段和发展过程中，其产业部门的组成是不同的。换言之，产业结构是一个动态的、相对的概念。但是，一个区域的产业结构的变化，一般不是一个突变的过程，而是经历一定时期的逐渐演变。因此，产业结构表征的是不同区域单元在一定时期内各产业部门的构成及相互间的联系，以及在国民经济中所发挥的作用。

第二节　产业结构演变理论

产业结构与经济发展之间存在什么关系，在不同的经济发展阶段，产业结构的演变是否存在一定规律，各产业在国民经济中的地位变化反映出何种经济意义，是什么因素导致产业结构演变的，等等，诸如此类问题一直是经济学家所追求和探究的科学问题。在17世纪，英国古典政治经济学家威廉·配第就开始研究经济发展水平、经济发展阶段与产业结构的关系。之后，德国经济学家霍夫曼，日本经济学家赤松要，美国经济学家库兹涅茨、钱纳里等学者从不同视角分析了产业结构的演变规律。

一、配第-克拉克定律

威廉·配第第一次发现了世界各国的国民收入水平差异与不同发展阶段之间的对应关系（方甲，1997）。他注意到，在大部分人口从事制造业和商业的荷兰，其人均国民收入要比欧洲大陆其他国家高得多，英国各产业内部的收入水平同样存在着类似的收入差异现象，如当时船员的收入要比农民的收入高出4倍。他据此认为，产业间的这种收入差距，将推动劳动力从低收入的产业向高收入的产业转移。配第关于经济发展基本趋势的重大发现，为后来英国经济学家柯林·克拉克发现产业结构的演变规律奠定了基础。

柯林·克拉克受配第有关思想的启发，依据费希尔提出的三次产业的划分方法，对人均国民收入与产业结构变动之间的关系进行了开创性研究（苏东水，2000），并研究了劳动力在三次产业之间的转换规律。他通过对主要发达国家劳动力转移的实证研究得出结论：随着经济的发展和人均国民收入水平的提高，劳动力首先由第一产业向第二产业转移，进而再向第三产业转移；从劳动力在三次产业之间的分布状况看，第一产业劳动力的比重逐渐下降，第二产业和第三产业劳动力的比重则呈现出增加的趋势，这就是配第-克拉克定律。

二、霍夫曼工业化进程的经验法则

德国经济学家霍夫曼开创了研究产业内部行业结构变动规律的先河。他通过对英国产业革命以来

50 年间（1880 ~ 1929）20 多个国家的工业化进程所作的实证分析，阐述了工业部门间结构变动的一般规律，提出了工业阶段理论，这一理论被称为“工业化经验法则”。霍夫曼认为，工业化过程中各工业部门动态过程并不相同，因而形成了工业部门之间特定的结构类型，以及与之相应的工业化发展阶段。霍夫曼通过观察 20 多个国家 8 类产品的消费品工业和资本品工业的比重变化情况，从中发现了各国工业化进程中资本品工业净产值在整个工业净产值中所占份额稳定上升的共同趋势，并呈现出大体相同的阶段性特征。霍夫曼将样本国家工业化进程中所体现出的共同趋势和阶段性特征进一步概括，把工业化过程划分为四个阶段（表 4-1）。

第一阶段：消费品工业占主导地位，霍夫曼系数为 5（±1）；

第二阶段：资本品工业快于消费品工业的增长，消费品工业降到工业总产值的 50% 左右或以下，霍夫曼系数为 2.5（±1）；

第三阶段：资本品工业继续快速增长，并已达到和消费品工业相平衡状态，霍夫曼系数为 1（±0.5）；

第四阶段：资本品工业占主导地位，这一阶段被认为实现了工业化，霍夫曼系数在 1 以下。

表 4-1　霍夫曼的工业化阶段

工业化的不同阶段	霍夫曼系数
工业化的第一阶段	4 ~ 6
工业化的第二阶段	1.5 ~ 3.5
工业化的第三阶段	0.5 ~ 1.5
工业化的第四阶段	1 以下

注：霍夫曼系数 = 消费资料工业的净产值/资本资料工业的净产值。

三、库兹涅茨对产业结构变化规律的总结

库兹涅茨在他的著作《各国的经济增长》一书中，从国民收入和劳动力两个方面，对伴随经济发展而出现的产业结构演变规律作了分析研究。他认为：

随着国民经济的发展，区域内第一产业实现的国民收入在整个国民收入中的比重，与第一产业劳动力在全部劳动力中的比重一样，处于不断下降之中。

在工业化阶段，第二产业创造国民收入的比重及占用劳动力的比重都会提高，其中前者上升的速度会快于后者。在工业化后期，特别是后工业化时期，第二产业的国民收入比重和劳动力比重会不同程度地下降。

第三产业创造国民收入的比重及占用劳动力的比重会持续地处于上升状态，其中在工业化中、前期阶段，其劳动力比重的上升速度会快于国民收入比重的上升速度（表 4-2）。

表 4-2　生产部门在国内生产（1958 生产年基准点价值）中的份额　　单位：%

人均 GDP/美元	主要部门			I 部门			S 部门			
	A	I	S	制造业	建筑业	运输通信及公用事业	商业	银行保险及房地产	住房	政府及其他服务
70	48.4	20.6	31.0	9.3	4.1	6.1	12.7	1.0	3.7	13.5
150	36.8	26.3	36.9	13.6	4.2	6.9	13.8	1.9	5.7	15.6
300	26.4	33.0	40.6	18.2	5.0	7.8	14.6	2.9	5.9	17.2
500	18.7	40.9	40.4	23.4	6.1	9.4	13.6	3.3	5.5	18.1
1000	11.7	48.4	39.9	29.6	6.6	10.4	13.4	3.6	5.4	18.5

资料来源：西蒙·库兹涅茨．各国的经济增长．北京：商务印书馆，1985.126

依据人均 GDP 基准，库兹涅茨考察了总产值变动和劳动力结构变动的规律，揭示了产业结构变动的总方向。

GDP 结构变化规律：①人均 GDP 较低的国家，其非农业部门份额上升迅速，但其内部结构转换较平缓；②人均 GDP 较高的国家，其非农业部门之间和细分部门之间的结构转换都相当显著。

劳动力结构变化规律：①随着人均 GDP 的提高，农业部门劳动力份额下降明显，工业和服务业部

门劳动力份额不断上升；②高收入国家工业和服务业的劳动力比重增长更快速；③劳动力结构和产值结构变动方向基本一致（表4-3）。

表4-3　1958年人均国内生产总值基准水平计算的劳动力生产部门份额　　单位：%

人均GDP/美元	主要部门			I部门			S部门			
	A	I	S	矿业和采掘业	制造业	建筑业	电、煤气、水	运输、仓储和通信	商业	服务业
70	80.5	9.6	9.9	1.2	5.5	1.3	0.2	1.4	4.5	5.4
150	63.3	17.0	19.7	1.0	9.3	3.2	0.5	3.0	7.6	12.1
300	46.1	26.8	27.1	1.0	15.5	5.4	0.8	4.1	10.3	16.8
500	31.4	36.0	32.6	1.1	21.4	7.1	1.0	5.4	12.5	20.1
1000	17.0	45.6	37.4	1.1	27.9	8.4	1.2	7.0	15.5	21.9

资料来源：西蒙·库兹涅茨．各国的经济增长．北京：商务印书馆，1985.226

四、钱纳里标准结构模式

钱纳里等为了进一步研究产业结构变动的一般趋势，并使之具有一般性的比照意义，将研究领域扩展到第二次世界大战后以工业化为目标的发展中国家，特别是新兴工业化国家。通过各种形式的比较研究，他们在对结构转变和影响结构转变的多种因素进行了全面深入分析的基础上，总结出经济发展和结构变动的“标准模式”，描述性地反映了人均GNP从100～1000美元发展区间产业结构的变化过程（表4-4）。由于这一模式是根据世界大多数国家1950～1970年经济结构变化的经验统计材料得出的，因此，可以称其为经济结构转变的多国模式，对于揭示人均GNP与结构变动之间的关系及产业结构变动的一般趋势具有更大的价值（钱纳里，赛尔奎因，1988）。

表4-4　产业结构变化的标准模式

人均GNP/（1964年美元）	占GDP份额/%			占就业总人口份额/%		
	农业	工业	服务业	农业	工业	服务业
低于　100	52.2	12.5	35.3	71.2	7.8	21.0
100	45.2	14.9	39.9	65.8	9.1	25.1
200	32.7	21.5	45.7	55.7	16.4	27.9
300	26.6	25.1	48.2	48.9	20.6	30.4
400	22.8	27.6	49.6	43.8	23.5	32.7
500	20.2	29.4	50.4	39.5	25.8	34.7
800	15.6	33.1	51.4	30.0	30.3	39.6
1000	13.8	34.7	51.5	25.2	32.5	42.3
高于　1000	12.7	37.9	49.5	15.9	36.8	47.3

资料来源：钱纳里，赛尔奎因（1988）。

钱纳里等运用投入产出分析方法、一般均衡分析方法和计量经济模型，通过多种形式的比较研究考察了以工业化为主线的第二次世界大战以后发展中国家的发展经历，构造出具有一般意义的“标准结构”。

他们认为：一个经济增长普遍模式的存在可能仅由于产业体系有着某种在世界范围内趋同的要素；要获取经济的全面发展，需要全要素相关关系的总体协调，需要全面的结构转换；影响结构转换的因素包括收入水平、资源禀赋、人口规模、发展目标、政府政策及国际环境等；产业结构调整、就业结构转换以及城市化进程处于经济增长的核心地位（表4-5）。

表 4-5 经济发展过程中的标准结构

项目	人均 GDP/（1964 年，美元）					总变化		
	7	1	3	1000	1500	5/1	4/2	7/6/%
产业结构调整								
初级产业	0.522	0.452	0.266	0.138	0.127	0.24	0.31	79.69
工业	0.125	0.149	0.251	0.347	0.379	3.03	2.33	76.86
公用事业	0.053	0.061	0.079	0.102	0.109	2.06	1.67	81.17
服务业	0.300	0.338	0.403	0.413	0.386	1.29	1.22	94.72
就业结构转变								
初级产业	0.712	0.658	0.489	0.252	0.159	0.22	0.38	58.31
工业	0.078	0.091	0.206	0.325	0.368	4.72	3.57	75.67
服务业	0.210	0.251	0.304	0.423	0.473	2.25	1.69	74.90
城市化进程	0.128	0.220	0.439	0.634	0.658	5.14	2.88	56.07

资料来源：钱纳里等（1989）。

钱纳里等认为，就国民生产总值的部门结构而言，初级产业生产份额的下降由制造业及社会基础设施份额的上升所弥补，其中制造业弥补的份额占主要部分，而以不变价计算的服务业的份额几乎不变，因此，附加值结构的部门转移主要发生在制造业与农业之间。从就业结构的变化情况看，在就业结构转变的大部分时期，农业劳动力转移都存在着滞后现象，工业部门就业的增加远远低于农业就业的减少，因此，劳动力转移主要发生在农业和服务业之间（钱纳里等，1989）。

他们又进一步提出任何国家和地区的经济发展都会规律性地经过六个阶段，且不同阶段产业特征不同。

第一阶段为传统社会：产业结构以农业为主，绝大部分人口从事农业，没有或极少有现代工业，生产力水平很低。

第二阶段为工业化初期阶段：产业结构是由以落后农业为主的传统结构，逐步向以现代工业为主的工业化结构转变，工业中则以食品、烟草、采掘、建材等初级产品的生产为主。

第三阶段为工业化中期阶段：制造业内部由轻型工业的迅速增长，转向重型工业的迅速增长，非农业劳动力开始占主体，第三产业开始迅速发展。这就是所谓的重化工业阶段。

第四阶段为工业化后期阶段：在第一、第二产业协调发展的同时，第三产业开始由平衡增长转入持续的高速增长，成为区域经济增长的主要力量。其中，第二、第三、第四阶段合称为工业化阶段，是一个地区由传统社会向现代社会过渡的阶段，其中工业化中期阶段是关键。

第五阶段为后工业化社会：制造业内部结构由资本密集型产业为主导向以技术密集型产业为主导转换，同时生活方式现代化，高档耐用消费品在广大群众中推广普及。技术密集型产业的迅速发展是这一时期的主要特征。

第六阶段为现代化社会：第三产业开始分化，智能密集型和知识密集型产业开始从服务业中分离出来，并占主导地位，人们消费的欲望呈现出多样性和多变性的特征。

五、赤松要的雁行模式

“雁行模式”理论最初由赤松要在第二次世界大战前提出。他通过对日本棉纺工业发展史的系统研究，揭示了日本棉纺织业从“国外进口—国内加工生产—向国外出口”的生成与演变过程，并将这一动态过程形象地称为“雁行形态”。这是“雁行模式”理论的雏形或基本型（图 4-1）。

第二次世界大战以后，赤松要以及小岛清等学者进一步拓展了“雁行模式”理论，将原来特定产业生命周期的三个阶段扩展到五个阶段，即引进、进口替代（国内生产）、出口增长、成熟和返进口。

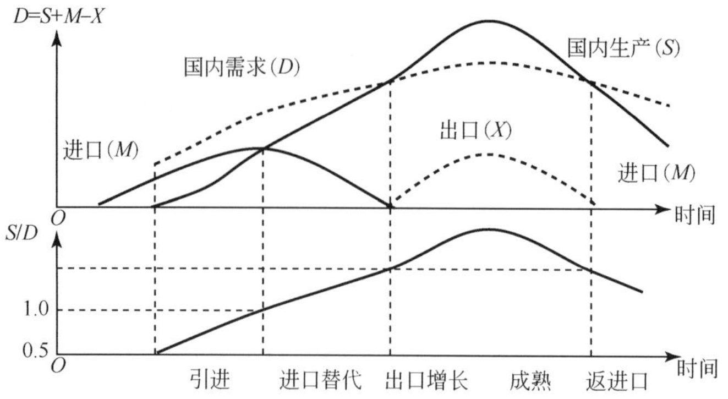

图 4-1 结构演变雁行模式基本型

在引进阶段，国内生产规模小，远不能满足国内需求，进口是平衡国内需求的主要手段；到了进口替代阶段，国内生产规模迅速扩大，进口开始下降；随着国内生产规模的进一步扩大，产品出现了剩余，产业发展的生命周期就进入了出口增长阶段；到了成熟阶段，由于生产成本的不断攀升，生产规模开始减小，国际市场份额也不断下降；当国内生产规模不能满足市场需求时，国外低价同类产业进入国内市场，国内生产加速下滑，这时产业发展生命周期进入了返进口阶段。

随着研究的不断深入，赤松要发现，“进口—生产—出口”的产业成长模式同样发生在其他行业。具体地说，这一过程从棉纺织业开始，然后转向纺织机械、机械器具，即由消费资料转向生产资料，或由轻工业转向重工业，呈现出明显的时序特征。这是“雁行模式”理论的第一种变化型（变型Ⅰ，图 4-2），已被用来解释后起国家产业结构内在变化的路径和特征，即不同产业兴衰演化的过程。

20 世纪 60 年代以后，日本国内相关产业由于工资上升导致竞争力下降，开始向以工业化为目标的亚洲“四小龙”转移。针对这一现象，赤松要及小岛清等学者进一步拓展了“雁行模式”理论，用以解释相关产业比较优势国际转移的路径和形成机制（变型Ⅱ，图 4-3）。这种比较优势的国际转移过程在亚洲“四小龙”和东盟国家体现得最为典型。

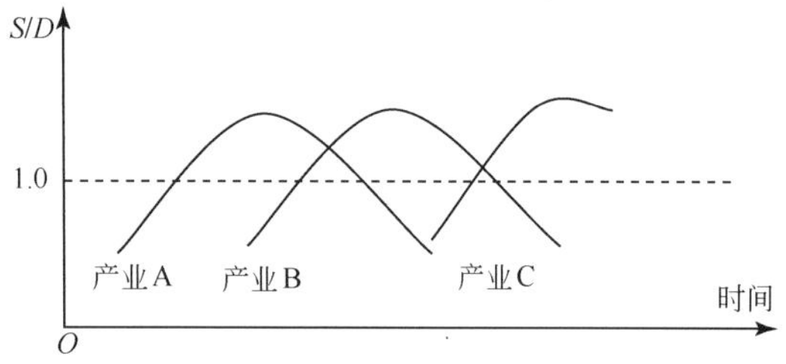

图 4-2 结构演变雁行模式变型Ⅰ

（后起国的产业发展）

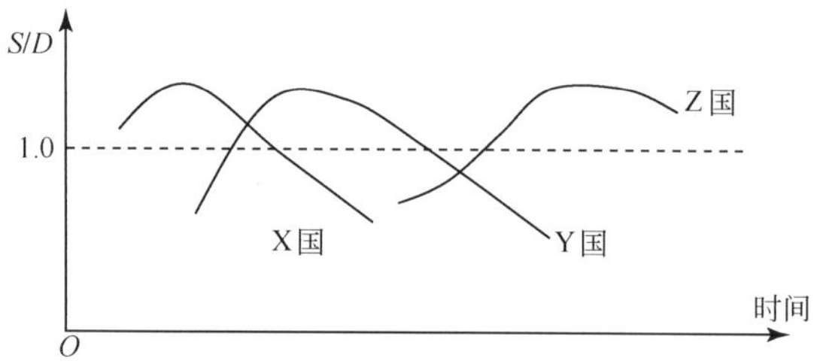

图 4-3 结构演变雁行模式变型Ⅱ

（产业 A 的国际转移）

第三节 产业结构演变的影响因素

产业结构的变化是区域经济发展动态过程的有机组成部分，它是经济长期动态变化的结果，产业结构是一国资源禀赋与现实经济实力之间的联结机制和转换器，产业结构的组合状况和变化趋势直接反映了国家或地区经济运行状况的方式和潜能，并直接与该国家或地区的经济竞争力和创新力密切相关。产业结构的形成及其变化，受着很多因素的影响和制约。其中，科学技术的进步、社会最终需求的变化、供给状况以及国际贸易的发展等因素对产业结构演变的影响较大。

一、科技进步对产业结构演变的影响

（一）科技进步促使众多新兴产业部门形成

随着人类社会经济的发展，科技进步逐渐成为产业结构演变的关键性影响因素。科技水平的高低决定了一个国家或地区经济发展的基本特征、产业结构的组织方式与内容，也直接决定了该国家或地区产业竞争力的高低。因而，提升科技水平是增强产业竞争力的关键（张文忠等，2001）。

科技进步是产业结构变动的引爆剂，在科技进步的作用下，新技术、新产品、新工艺、新材料、新能源的发明和利用，进一步扩大了社会分工的广度和深度。一批新的生产门类和生产部门不断地形成和发展，如第一次产业革命期间，蒸汽机和纺纱机的发明，带动了纺织、冶金、采掘、机械、交通运输等产业的形成和革命性变革；第二次产业革命期间，能源革命引发了电机电器产业、通信产业、汽车产业、飞机产业、精细化工产业的形成，产业结构因而发生巨变；以微电子技术、原子能技术、光学技术、新材料技术为基础的第三次产业革命导致了电子计算机工业、核能及核工业、航天工业迅速崛起，产业结构被赋予了新的内容。

（二）科技进步加速了产业结构调整演进的速度

发达国家经济发展史表明，产业技术的更新和发展对产业结构升级具有巨大的作用。技术发明和创新的周期越长，产业结构升级越慢；周期越短，产业结构升级速度就越快。在生产力发展水平较低时，产业结构升级速度较缓慢；而在生产力较发达时，其升级速度则加快。英国完成由劳动密集型产业为主导到资本密集型产业为主导，进而进入技术密集型为主导的产业结构升级过程，大约经历了100年的历史，而第二次世界大战后，日本完成上述同样的产业升级过程只用了30年。其中最重要的是日本采取了技术跟进和跨越的发展战略，升级过程靠的不是大量的技术发明，而是技术的引进、消化、吸收和再创新，结果大大加速了日本的产业结构升级过程。

在科学技术革命的作用下，产业结构变化和改造的速度明显加快，“科学—技术—生产”的周期日益缩短，科学技术转化为生产力的速度明显加快，产品更新速度也加快，全社会劳动力就业结构，尤其是体力劳动者和脑力劳动者的比例发生明显变化。科技进步的这种作用，使得经济发展阶段与产业结构的对应关系不是绝对的，处于经济弱势和产业结构弱势的后发国家能够利用先进技术实现经济发展和产业结构的超越。例如，18世纪中叶，英国产业革命的成功，使其取代了荷兰成为世界经济和科学技术的强国，20世纪的日本和韩国通过学习先进技术缩短了其产业结构现代化的进程。

（三）科技进步改变了产业分工的格局

世界经济发展史表明，科技水平较高的国家一般在国际市场中也拥有较高的竞争实力；同时，随着科技的发展，产业部门合作得以在更广的范围内开展。在那些高技术发源地的国家中，主要发展高附加值的新兴产业，一部分产业尤其是劳动密集型产业向发展中国家转移；科技水平高的国家一般在区域性劳动分工中起着主导和协调的作用。20世纪初期，美国福特汽车生产技术的发明，使美国汽车工业迅速超越欧洲的英国、法国、德国等国的生产规模。此后70多年间，美国成为世界上最大的汽车生产国和消费国，并成为世界汽车生产技术、设备的最大输出国，一直占据着世界汽车劳动地域分工的霸主地位。20世纪70年代以来受世界能源危机的直接影响，日本的小型、节能型汽车生产技术日益成熟，日本迅速取代了美国在汽车生产、销售领域的霸主地位，成为世界上最大的汽车生产国和对外出口国，美国在世界各国的渗透势力被明显削弱。

二、供给因素对产业结构变动的影响

从广义上来说，供给因素从自然条件和资源禀赋、提供劳动力的人口、技术进步、市场竞争、社会经济发展水平等方面影响产业结构的形成和演变。

一般而言，那些资源丰富的国家，其产业结构在一定程度上具有资源开发型的特性；而资源匮乏的国家不可能形成资源开发型的产业，最多只能形成资源加工型的产业结构。劳动力丰富且价格低廉、资金又缺乏的国家多发展劳动密集型产业，劳动力不足而资金又比较充裕的国家多发展资本密集型产业。另外，资源稀缺，可带来价格上涨，造成企业生产成本上升，供需平衡被打破，迫使产业结构调整；而技术进步，可降低在生产过程中有关资源的消耗水平并能提高其替代程度，使生产的相对成本下降，从而促进特定产业的快速发展；技术进步还可缩短新产品开发周期，形成新产业；市场竞争可促进优胜劣汰机制的形成，有利于产业的更替。

随着经济的发展，人均国民收入水平提高，劳动力首先由第一产业向第二产业转移；人均国民收入水平进一步提高时，劳动力便向第三产业转移；劳动力在第一产业的分布将减少，而在第二、第三产业中的分布将增加。人均收入水平越高的国家和地区，农业劳动力所占比重相对较小，而第二、第三产业劳动力所占比重相对较大；反之，人均收入水平越低的国家和地区，农业劳动力所占比重相对较大，而第二、第三产业劳动力所占比重则相对较小。

三、社会需求结构的变化对产业结构演变的作用

需求结构的变化是产业结构变化与技术进步之间的一个中间环节，需求结构对产业结构具有直接而基本的影响，社会需求结构的变化受到科技进步的直接影响。科技进步对需求结构的影响是通过其促使劳动生产率提高、产品生产成本下降、促使资源消耗强度下降和消费品升级换代等方式来实现的。

产业结构升级需要需求支撑，随着一国经济发展和收入水平的提高，其需求层次也随之提高。需求结构从解决温饱为主向耐用消费品需求，进而再向现代服务需求的升级，拉动了产业结构的不断优化升级。统计研究表明，当前可支配收入水平是决定一国消费的核心因素。收入的提高将会极大刺激消费需求的增加和消费结构的变化，进而带动产业结构的改变和升级。但是新兴消费品的需求在短期内快速增长和超前发展，可能导致产业结构与需求结构的断裂、供求的脱节，也可能使行业在未达到规模效益之前就提前萎缩等。

发达国家经济发展过程表明，在从低收入向中等收入水平过渡的阶段，其产业结构升级加快，投资与消费需求都会大幅度提高，拉动重化工业的快速发展。中国目前正处于这样的阶段，但由于我国城市化落后于工业化进程，第三产业比重过低，影响了需求结构的升级。近20年来，中国快速的城市化进程，促进了城镇基础设施建设、通信与信息化的发展，城市化对基础设施建设的需求大大地带动了中国重化工业的发展，城镇化为重化工业发展提供了重要的支撑作用。

四、国际贸易对产业结构变动的影响

资源、商品、劳务的出口，对国内相关产业的发展起推动作用，国内紧缺资源、劳务的进口，则可以弥补本国生产该类商品的产业不足。同时，进口某些新产品、新技术还可以开拓本国市场，有利于本国产业结构高度化。

对外投资会导致本国产业的对外转移，外国投资则促使国外产业的对内转移，如我国东部沿海地区产业结构的变化与外资投入行业重点的变化有着直接的关系。

第四节　主导产业的选择

在产业规划中，调整和优化产业结构、合理选择主导产业等内容是产业规划的重点之一。因此，在产业结构演变的理论指导下，如何能够根据当地的具体情况，设计和确定主导产业，提出地区产业结构升级的方向，对区域经济发展具有重要的意义。

区域产业结构的优化，关键在于正确选择主导产业及其发展政策。而主导产业的发展对产业结构

演化发挥着积极的作用。

一、主导产业内涵

主导产业是发展速度快、在产业结构系统中起引导带动作用，对国民经济增长贡献大的产业。主导产业与支柱产业不同，支柱产业强调的是在国民经济中的比重，而主导产业的本质是在产业结构中起引导和带动作用，并且决定了一个区域产业结构未来发展的方向和模式，决定着整个区域经济体系的形成与演化。正确地评价区域结构，明确主导产业及其与辅助产业、一般产业的关系，对于推动区域经济健康发展具有重要的意义。

二、主导产业选择的基准确定理论及其产业特征

关于主导产业选择基准的确定，国内外从理论到实践上都作了许多探索，其中代表性的有：罗斯托标准、筱原基准、赫希曼标准、动态比较优势基准等。总体来看，这些基准主要是从产业结构演化规律、主导产业的特点以及本地区瓶颈因素等角度来考虑的，而且这些基准在不同的社会经济历史条件下都有不同的侧重。

美国经济学家罗斯托认为，主导产业能够进行有效的创新，并利用创新，从而有效地利用新的资源，具有较高的增长率并能带动国民经济中其他部门的发展。他进一步指出，主导产业在国民经济中起着决定性作用，在经济增长的任何阶段，主导产业的迅速扩张都是经济向前跃进的决定因素。

日本产业经济学家筱原主要从收入弹性和生产率上升率两个方面界定主导产业。他认为，主导产业应该是收入弹性比较大的产业，因为这类产业随着社会收入水平的提高，产品的需求量大、增长速度快，对相关产业的带动也大。另外，这个产业要保持相对较高的增长率，只有这样该产业创造的国民收入才会不断增加。这一指标主要体现的是技术进步率，也就是说，技术进步率高的产业部门才有可能成为主导产业。

赫希曼则认为，产业关联度高的产业是主导产业选择的基准，理由是产业关联度高的产业对其前向、后向产业的发展具有较大推动作用。也有人认为，主导产业应该是能够最大限度地发挥本国（或本地区）比较优势，如劳动优势、技术优势、资本优势等的产业。

综上所述，主导产业应该具有以下一些特征：①主导产业是在劳动地域分工基础上形成的专门化生产部门，在区际贸易和区外市场竞争中发挥着主要作用，具有较高的商品率和较强的市场竞争能力；②主导产业能够体现国家（或地区）的比较优势，具有较高的生产增长率和规模效益，是区域经济发展中最具优势的产业部门；③主导产业在产业链中处于关键环节，对其他部门具有很强的直接或间接影响，能带动其他产业的兴起和发展；④主导产业是比较新兴的、具有动态性质和先进技术含量高的产业。总之，主导产业具有市场成长性、技术成熟性、规模性和产业关联性等特征。

三、主导产业的选择基准

主导产业的特征和作用可以通过选择基准具体体现。根据区域主导产业的特征和功能，一个产业必须同时具备较大的产业规模、较明显的比较优势、较高的产业关联效应以及较强的区际竞争能力，才能标识区域主导产业的形成，具体可从以下几个方面衡量。

（一）产业规模

作为区域的主导产业，其产业规模必须足够大。这里的产业规模具有三层含义：一是产业的绝对规模；二是产业在区域内的相对规模；三是在全国或更高层次区域中，占同类产业的相对规模（可以区位商表示）。只有这三个层次意义上的规模同时都大，才有可能成为主导产业。

（二）经济效益

经济效益是衡量产业对资源合理使用的程度，即投入产出的效率。一个产业具有较高的经济效益

才能有力地推动区域经济的发展，因此，具有较高的经济效益，尤其是具有持续上升的经济效益，是一个产业成为区域主导产业的重要条件。

经济效益高的产业，一般技术含量也高，技术进步速度快，在相对国民收入上占有越来越大的优势，从而诱导资源向该产业移动。具有较高经济效益的产业将在产业结构中占有更大的比重，选择了经济效益高的产业为主导产业，实际上就是选择了技术进步最快、能带动产业整体技术水平提高的产业。

（三）发展速度

快速发展的产业能够反映该产业在区域中的增长活力，也能够吸引更多的资金、技术以及就业等进入，形成供给和需求都比较旺盛的局面，这也是主导产业选择的基础之一。

（四）市场需求

地区主导产业的评价应充分体现市场需求情况，将那些市场需求弹性高的产业作为主导产业优先发展，只有这样才能发挥区域优势，建立起具有较强竞争力的产业结构，引导和带动区域经济的发展。

需求是推动产业发展最直接也是最大的原动力，其结构变化则是产业结构变化和发展的动力。需求收入弹性大的产业，其产品的增加由于能够带来更大的收入，从而能创造更大的需求。这类产业能够获得更大的发展，不仅其发展机遇好，而且其发展效益也好，发展速度会更快，在国民经济增长中所占份额也会更大。这种具有较强增长潜力的产业就能成为主导产业。

（五）技术进步

主导产业高于其他产业的经济增长速度必须借助于产业的高效率来实现，因而其技术应具有领先地位和较强的创新能力。选择技术进步速度快、技术水平高、技术要素最密集的产业作为主导产业，可以保证一个区域的产业结构不断保持技术领先，同时保证在区际分工中不断占据优势地位。

（六）比较优势

若某一区域拥有区外缺乏或者更优的资源条件及它们的组合，则该区域在从事某种产品的生产时能有效地降低生产成本，在进行区际贸易时能获得比较利益。因此，各区域要充分利用自己的比较优势，促进区域产业分工，提高生产率和经济实力，带动和促进其他相关行业的进步与发展。

（七）产业关联

一个产业只有与其他产业具有广泛、密切的技术经济联系，才有可能通过集聚经济与乘数效应的作用带动区域内相关产业的发展，进而带动整个区域的经济发展。主导产业通过与区内其他产业之间的联系，产生对其上游产业的前向影响，产生对下游产业的后向影响，以及对平行产业、辅助和服务部门乃至整个经济、社会的旁侧影响，从而引起相关产业的扩张。主导产业与其他产业的关联度越大，则其相对应的投入产出矩阵越大，其产生外部经济的能力就越强，从而能带动整个产业体系和区域经济的发展。因此，产业关联效应是选择区域主导产业的一个重要基准，即选择那些产业延伸链较长、带动效应大的产业作为主导产业。有些产业虽然比较优势大，或者产业规模大，但如果它与区域其他产业部门联系很少，也不能成为区域主导产业。

参考文献

方甲．1997. 产业结构问题研究．北京：中国人民大学出版社．27

钱纳里，赛尔奎因．1988. 发展的型式：1950～1970. 北京：经济科学出版社．32

钱纳里等．1989. 工业化和经济增长的比较研究．上海：上海人民出版社．73～90

苏东水．2000. 产业经济学．北京：高等教育出版社．237

张文忠等．2001. 中国产业竞争力再造．北京：科学出版社．46

第五章　产业分工理论

分工理论是经济学研究的重要组成部分，自亚当·斯密确立分工理论在经济学中的地位后，李嘉图、赫克歇尔、俄林、马克思主义学派都对这一问题进行过系统的研究，分工理论的研究走过了古典主义、新古典主义的历程。到新兴古典经济学时期，杨格、杨小凯等又对亚当·斯密的思想进行再认识，从更为现实的角度理解分工，从专业化经济与分工合作可靠性之间的两难冲突进行分析，使分工理论在经过一段时间的沉寂以后，又重新回到经济学研究的中心位置。产业分工理论是产业发展和规划的重要理论基础，对确立一个国家或地区的主导和优势产业具有重要的指导作用。

第一节　产业分工的内涵和性质

一、产业分工的内涵

分工是生产力发展到一定阶段的必然产物，其表现为各种社会劳动的独立化、专业化。马克思认为，分工“既包括部门间、企业间和企业内部的分工，也包括把一定的生产部门固定在国家一定区域的地域分工”（马克思，1975）。

产业分工作为一种产业生产活动的必然行为方式，是指将原有一个经济活动的不同操作过程分解为多个过程，并由多个主体分别去操作实施。这里的原有经济活动，可以是对资源的加工过程，可以是农业生产，也可以是对一个产品的生产工艺过程。在分工的过程中，每个单独的行为主体都逐渐地将自己的活动简单化，只针对特殊的一个生产过程进行重复的工作，使得其对这一过程的生产越来越专业，这一过程称为专业化。专业化和分工是紧密相连的，两者相互促进。

国际分工从不同角度来看，有不同的分法（图5-1）。

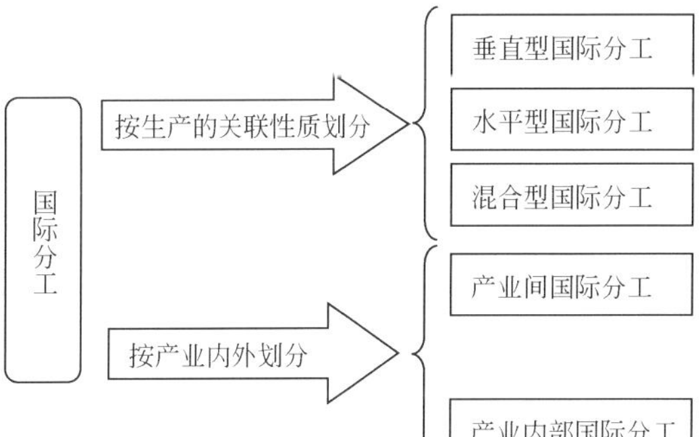

图5-1　国际分工的划分

按生产的关联性质来分，即按国家或地区的自然资源和原材料供应、生产技术水平和工业发展情况的差异来分类，国际分工可以划分为三种不同的类型：①垂直型国际分工，即经济技术发展水平相差悬殊的国家（如发达国家与发展中国家）之间的国际分工。其又可分为两种：一种是指部分国家供给初级原料，而另一部分国家供给制成品的分工形态，如发展中国家生产初级产品，发达国家生产工业制成品，这是不同国家在不同产业间的垂直分工；另一种是指同一产业内技术密集程度较高的产品与技术密集程度较低的产品之间的国际分工，或同一产品的生产过程中技术密集程度较高的工序与技术密集程度较低的工序之间的国际分工，这是相同产业内部因技术差距所引致的国际分工，如中国公司为美国波音公司制造部分飞机零件。迄今为止，发达国家从发展中国家进口原料而向其出口工业制成品的情况依然很多，垂直型的国际分工仍是发达国家与发展中国家之间的一种重要的分工形式。②水平型国际分工，即经济发展水平相同或接近的国家（如发达国家以及一部分新兴工业化国家）之间在工业制成品生产上的国际分工。当代发达国家的相互贸易主要是建立在水平型国际分工的基础上的。③混合型国际分工，这是把“垂直型”和“水平型”结合起来的国际分工方式。德国是“混合型国际分工”的典型代表，它对第三世界是“垂直型”的，向发展中国家进口原料，出口工业品。而对发达国家则是“水平型”的，在进口中，主要是机器设备和零配件，这种分工形式主要集中在西欧发达的资本主义国家。

按分工是在产业之间还是产业内部进行来分，国际分工又可分为两种不同的类型：①产业间国际分工。它主要是指不同产业部门之间生产的国际专业化。第二次世界大战以前，国际分工基本上是产业间国际分工，表现在亚、非、拉国家专门生产矿物原料、农业原料及某些食品，而欧美国家专门进行工业制成品的生产。②产业内部国际分工。它主要是指相同生产部门内部各分部门之间的生产专业化。第二次世界大战期间发生的第三次科学技术革命对当代国际分工产生了深刻的影响，使国际分工的形式和趋向发生了很大的变化，其影响突出地表现在使国际分工的形式从过去的部门间专业化向部门内专业化方向迅速发展。

二、产业分工的性质

分工不仅是一个单纯的经济现象，而且是一定社会经济制度在生产领域中的集中反应。分工的深化促进了生产制度的创新，推动了交易制度的完善与规范，由此带来收益递增，构成长期经济增长的源泉（陈秀山，张可云，2003）。产业分工，从个体的角度来看是进行各种生产的专业化、独立化；从群体的角度来看是在追求趋优生产和个体最大利益的过程中生产力的合理分配；从区域的角度来看是人们为获得各种区域利益而出现的不以人的意志为转移的生产力合理布局过程。

产业分工的发展伴随着区域的生产专业化，各个产业在分工过程中进行的区域选择必须具备三个有效条件：第一，专业化的某一产品生产量，必须超过当地对该产品的需求量。只有在生产量超出内在需求量的情况下，才有可能进行产品对外输出，从而产生区域间的产品交换。第二，产业分工提高了劳动效率，节约了劳动量，而产品的区际交换增加了交换过程中的劳动量和交易成本，进行产业分工所节约的劳动量必须大于进行区际交换增加的劳动量。也就是说，专业化产品的生产成本与运往消费地的运输成本之和，必须小于在消费地进行同类产品的生产成本，以体现出经济价值。第三，生产地和消费地之间的产品价格有价差的存在。如果在运费相对稳定的条件下，单位产品的价差越大，对区域分工的实现和发展越有利。只有满足了这三个条件，区域间的产业分工才具有经济价值，分工才会存在。其关系用公式表示为

$$C_1 + \sum T < C_2$$

式中，C_1 为产品在生产地的生产成本；C_2 为在消费地的生产成本；$\sum T$ 为产品从生产地运往消费地的所有运输成本之和。

总体来说，分工具有经济性和外部性两个性质特征。

（一）经济性

产业分工的经济性是指分工所带来的利益，这是建立在对分工进行经济分析的基础上的。分析分工经济，首先要用生产函数来定义专业化经济（该函数由杨小凯设计），而专业化经济只有在个人的产出范围内生化的模型中才能够被精确定义。

假定某人生产两种产品 x 和 y，他投入 i 商品的劳动份额为 l，l 即表示专业化水平，那么其生产函数可以表示为

$$x^p \equiv x + x^s = l_x^a$$

$$y^p \equiv y + y^s = l_y^a$$

式中，$l_x^a + l_y^a = 1$。两种产品的产量分别为 x^p 和 y^p，x^s 和 y^s 为销售量，x 和 y 为自给量。从公式中可以

推导出，函数所显示的边际劳动生产率与它在此项活动中的专业化水平共同增加。如果 $a>1$，此生产函数表示专业化经济；如果 $a=1$，表示专业化报酬不变；如果 $a<1$，则表示出现专业化报酬递减现象，即专业化不经济。分工经济与专业化经济不可等同，分工经济以专业化经济为基础，因此，无论专业化经济与否，分工经济都会存在。这里分析的是内生比价优势条件下的分工经济。

当两个人的外生比较优势相同时，两个人具有相同的生产函数和时间约束，则我们可以得到两个函数式：

$$x_1^p=l_{1x}^a；\ y_1^p=l_{1y}^a；\ 1_{1x}+1_{1y}=1$$

$$x_2^p=l_{2x}^a；\ y_2^p=l_{2y}^a；\ 1_{2x}+1_{2y}=1$$

由上述两式可以看出，当个人在选择完全专业化的情况下，$x_i^p=1$ 或 $y_i^p=1$；而在自给自足的情况下，两人同时都生产 x 和 y 两种商品，$x_i^p<1$，$y_i^p<1$。如果分工存在，则至少一个人的专业化水平增加，其总产出就比自给自足的情况大。因为在有分工时，分工是双方都具有一定程度的比较优势，从而产生经济性。这种由于抉择选择了不同专业化方向而造成的事后生产率差别，被称为内生比较优势（魏后凯，2006）。

分工是一种生产组织形式，它是在生产结构发生变动的情况下，使得参与分工的多方都可能具有对其他方的比较优势，从而产生分工经济。这是通过对不同专业化方向的选择而产生事后生产率差异得以实现的。

具体来说，分工经济表现在四个方面（陈秀山，张可云，2003）：第一，分工可直接提高劳动生产率。由于分工，劳动力专门从事某种操作，它会在边干边学中不断提高劳动的熟练程度和对生产资料的利用效率。同时分工节约了劳动转换时间，节省了不分工时重复的学习成本。第二，分工将复杂的劳动转换成为简单的甚至机械式劳动，使劳动者的工作相应地变得简单，无形中降低了劳动和管理的复杂度，提高了劳动和管理效率。第三，分工引起了生产工具的变革，直接促进了迂回生产方式的发展。迂回生产方式，即人们的生产活动将资源投入到生产资料的生产上而不是直接投入到消费资料的生产上。这一方式反而使得消费资料的生产具有比原来更高的劳动生产率。第四，分工一方面带来了经济效果，另一方面也有不经济的产生。分工使得人们局限于少数工作，丧失了全面发展的机会。马克思也认为，分工产生了劳动的异化，虽然分工存在一定的不经济，但是其经济性是主要的。

（二）外部性

任何事物都具有外部性。外部性是指一个实体在环境中形成的对于外部环境所造成的影响。这种影响不受实体本身控制，可以是正面的，也可以是负面的。产业分工中的外部性更多地表现在区域之间。

第一，区域间的产业分工使得各类产业产生更为合理的空间结构。这种建立在比较优势基础上的区域产业分工，使得区域间的相互依赖日益深化，区域间的交流规模不断扩大，形成高效有序的社会经济网络系统（陈秀山，张可云，2003）。这一系统的协作生产过程不是各个子产业系统的简单相加，而是通过系统间的耦合，取得“1+1>2”的效果，使得区域经济系统的功能更为完备，生产能力更为强大。

第二，在分工中具有相对优势的区域，可以在其经济活动中发挥“乘数效应”，带动周围区域相关产业的发展。这种带动效应遵循“距离衰减规律”，随着与中心区域距离的增大而效应递减。在相对优势地区，其优势产业的“乘数效应”使得周边地区的产业总体水平提高，而周边产业的发展对其区域内部产业发展也产生一定的促进作用，产生良性循环。

第三，区域间的产业分工使得生产要素流动频繁，在一定程度上促进了区域间技术创新的传播。生产要素在空间的流动具有增殖效应，技术创新的扩散导致技术创新接受地的产业水平提高，进而使当地获得更大的经济效益；反之，技术创新接受地对于技术的再创新又有利于原技术发散地改进自身生产水平。这种分工作用下的区域间生产要素交流，是促进生产力发展的原因之一。

第四，由于分工的产生是基于各个分工地自身利益最大化的，各分工地的行为决策也往往基于自身利益而不考虑社会整体利益。一般来说，个体利益和整体利益间总是存在着一定的矛盾，因而区域产业分工所产生的分工个体在自我行为决策中总会选择自身利益最大化的行为，进而和整体社会利益相冲突，导致区域和社会整体效率的降低。

第二节　主要产业分工理论

自亚当·斯密以来，各时期的经济学家们通过绝对优势理论引发的分工思考，各自发展出关注不同分工因素的分工理论。初期的理论多将消费者和劳动者两者合二为一进行分析，讨论在两者为一个整体基础上的分工结果，采用这种方法进行分析的理论，我们称之为古典分工理论。后来随着将消费者和劳动者进行了有效区分，有学者通过利用消费者效用最大化的数学规划求解需求函数，利用生产者最大化利润函数求解供给函数，将两者在价格-产出平面相交而产生的局部均衡点作为结论分析点，发展出“新古典分工理论”。马克思主义的经济学家们，从“分工-阶级”的视角，在社会主义国家发展出与社会主义建设相适应的劳动地域分工理论，这一理论有着和西方经济学理论所不同的独特之处。

一、古典理论——基于生产比较优势的分工理论

（一）斯密绝对优势理论

绝对优势理论是英国经济学家、古典经济学派的主要奠基人之一、国际分工和国际贸易理论的创始者亚当·斯密提出的。斯密在其代表性著作——《国民财富的性质和原因的研究》中，分析了国际分工的绝对成本状况，提出了依照绝对成本进行分工的学说。该理论认为分工可以提高劳动生产率，其原因是分工不但能提高劳动的熟练程度，还能使每个人专门从事某项作业，节省与生产没有直接关系的时间，同时有利于发明创造和改进生产工具（廉勇等，2006）。

该理论认为，自由贸易会引起国际分工，国际分工的基础是有利的自然禀赋，或后天的有利生产条件（张二震，2003）。它们都可以使一国在生产上和对外贸易方面处于比其他国家绝对有利的地位，这一优势被称为绝对比较优势（absolute advantage）。如果各国都按照各自的有利生产条件进行分工和交换，将会使各国的资源、劳动力和资本得到最有效的利用，会大大提高劳动生产率和增加物质财富（图5-2）。

图5-2　绝对比较优势理论框架

该关系用公式表示为

当 A 国在商品 X 上的生产率较 B 国更高，则称 A 国在商品 X 上具有绝对比较优势

如果以 a_X 表示 A 国在 X 商品上的生产率，而 b_X 表示 B 国在 X 商品上的生产率，那么 A 国较 B 国在商品 X 上具有比较优势的充分必要条件为

$$a_X > b_X$$

绝对优势还可以商品的单位生产成本来表示，这里采用两个地区——吉林和广东进行比较。

假设吉林和广东两个地区的两种商品是小麦（单位：斤）和计算器（单位：个），它们具有量度相同的劳动单位（小时·人）。表 5-1 表示一单位劳动能够生产的小麦和计算器。

表 5-1　绝对优势理论下两地区的商品生产比较

商　　品	吉　林	广　东
小麦/（斤/小时·人）	6	1
计算器/（个/小时·人）	4	5

由表 5-1 可以看出，吉林在小麦的生产上具有绝对优势，而广东在计算器的生产上具有绝对优势。

如果两地区确定小麦和计算器的价格是 1:1，那么吉林可用 6 单位小麦交换 6 单位计算器，而吉林内部贸易中 6 单位小麦仅可交换 4 单位计算器；同时，广东可用 6 单位计算器交换 6 单位小麦，而在其内部贸易中 6 单位计算器仅可交换 1.2 单位小麦。可见，吉林和广东之间的两地贸易，能够使两个地区均获得利益。

斯密的理论观点表明，各国获得的对外贸易利益取决于各国生产商品的绝对成本优势；一个国家出口的应是本国生产效率高的商品，进口的应是别国生产效率高的商品；交易的结果是使贸易双方都获益。

（二）大卫·李嘉图相对优势理论

大卫·李嘉图是英国产业革命时期的经济学家，他继承和发展了斯密经济理论中的精华，提出了相对优势理论。

相对优势理论的要点可以表述为（图 5-3）：在两国间，劳动生产率的差距并不是在任何商品上都相等，也并不是在任何商品上都具有绝对优势，有些只具有一定的相对优势。对于处于相对优势的国家，应集中力量生产优势较大的商品，处于相对劣势的国家，应集中力量生产劣势较小的商品，然后通过国际贸易，互相交换，彼此都节省了劳动，都得到了益处。比较优势理论的核心内容是“两利取重，两害取轻”。

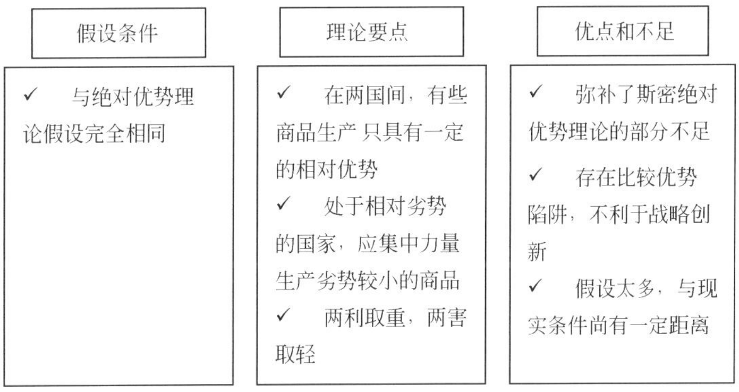

图 5-3　相对比较优势理论框架

还以上文的例子来说明。如表 5-2 所示，假设吉林和广东两个地区的两种商品是小麦（单位：斤）和计算器（单位：个），它们具有相同的量度劳动单位（小时·人）。表 5-2 表示一单位劳动能够生产的小麦和计算器。

表 5-2　相对优势理论下两地区的商品生产比较

商　　品	吉　林	广　东
小麦/（斤/小时・人）	6	1
计算器/（个/小时・人）	4	2

由表 5-2 可以看出，吉林在小麦和计算器的生产上都具有绝对优势，而广东两种商品的生产都不具有绝对优势。

但是只要有相对优势，从事产业分工和贸易仍然是有利可图的。如果两地区确定小麦和计算器的价格是 1:1，那么吉林可用 6 单位小麦交换 6 单位计算器，而吉林内部贸易中 6 单位小麦仅可交换 4 单位计算器；同时，广东可用 6 单位计算器交换 6 单位小麦，而在其内部贸易中 6 单位计算器仅可交换 3 单位小麦。可见，吉林和广东之间的两地贸易，仍然能够使两个地区均获得利益。

相对优势理论一直以来都是国际分工的基本准则，但是其也存在不足（洪银兴，1997）。相对优势理论在一定程度上妨碍了国家的战略创新，存在相对优势陷阱。所谓相对优势陷阱是指陷入或者陶醉于自己自然资源的、成本的或者既有能力的比较优势而不能自拔。而事实上，以劳动力成本或天然资源为优势的产业，通常都是进入门槛不高的产业，因而会吸引更多的进入者和更多产能的投入。当越来越多的企业、地区、国家被这类产业所吸引时，人们很快就会发现，自身除了优势不断消失之外，还因为过多资产的投入而被套牢，其竞争优势也日渐削弱乃至消失。

二、新古典理论——基于生产要素比较的分工理论

20 世纪 30 年代，瑞典经济学家伯尔蒂尔・俄林出版了《地区间贸易和国际贸易》一书，提出了生产要素禀赋理论，以在相互依赖的生产结构中的多种生产要素理论代替李嘉图的单一生产要素理论。俄林的生产要素禀赋理论被称为新古典贸易理论，被视为现代国际贸易论的基石。新古典理论区别于古典理论的地方在于新古典理论采用了两分法（张杭辉，2003），即利用消费者效用最大化的数学规划求解需求函数，然后利用生产者利润最大化函数，求解供给函数，最后两者在价格-产出平面相交，产生局部均衡点而得出结论，而前文的比较成本理论把“生产者-消费者”合二为一，故没必要单独讨论需求问题。由于俄林在其著作中采用了赫克歇尔 1919 年用瑞典文发表的一篇重要论文的主要论点，因此生产要素禀赋理论也被称为赫克歇尔-俄林模型，简称 H-O 模型（张二震，2003）。

生产要素禀赋论，是指用各国生产要素丰裕程度的差异解释国际分工的原因和结构的理论。该理论认为（图 5-4），现实生产中投入的生产要素不只是一种劳动力，而是多种，投入两种生产要素则是生产过程中的基本条件。当国际贸易使参加贸易的国家在商品的市场价格、生产商品的生产要素的价格相等的情况下，以及在生产要素价格均等的前提下，两国生产同一产品的技术水平相等（或生产同一产品的技术密集度相同）的情况下，两国生产同一产品的价格差别来自于产品的成本差别，这种成本差别来自于生产过程中所使用的多种生产要素的价格差别，而这种生产要素的价格差别则取决于各国各种生产要素的相对丰裕程度，即相对禀赋差异，由此产生的价格差异导致了国际贸易和国际分工。在这一分工过程主导下，最终各国的产业结构表现为，每个国家专门生产密集使用本国具有相对禀赋优势的生产要素的商品。生产要素禀赋论假定，生产要素在各部门转移时，增加生产的某种产品的机会成本保持不变。

新古典的 H-O 要素禀赋理论，从要素禀赋结构差异以及由这种差异所导致的要素相对价格在国际间的差异方面来寻找国际贸易发生的原因和分工依据，克服了李嘉图模型中关于一种生产要素投入假定的局限。当然，新古典的 H-O 定理仍然建立在一系列的假定条件之上，与现实情况尚有一定距离。

利用 H-O 要素禀赋理论进行区域间的对比时，对比对象不同往往会得出不同的结果。例如，美国无论在资本存量，还是在劳动力绝对数量上，都远远高于瑞士和墨西哥这两个国家。但与瑞士相比，美国的人均资本存量低于对方，因此相对于瑞士而言，美国属于劳动力丰富的国家。如果拿美国与墨西哥相比，则美国的人均资本存量高于墨西哥的人均资本存量水平，因此美国与墨西哥相比，属于资本丰富的国家。

假设条件	理论要点	优点和不足
✓ 国际贸易使参加贸易的国家其商品的市场价格、生产商品的生产要素价格相等 ✓ 生产要素价格均等 ✓ 两国生产同一产品的技术水平相等	✓ 两国生产同一产品的价格差别来自于成本差别 ✓ 生产要素的价格差别取决于各国各生产要素的相对禀赋差异 ✓ 最终各国的产业结构表现为每个国家专门生产使用本国具有相对禀赋优势的生产要素的商品	✓ 理论克服了斯密和李嘉图贸易理论中的某些局限性 ✓ 理论假定各国生产要素的质量和素质没有差别，与实际不符 ✓ 现实中生产要素的丰裕程度不是固定不变的

图 5-4　H-O 理论框架

第二次世界大战以后，美国经济学家列昂惕夫验证过俄林的理论。根据列昂惕夫的计算，1947 年美国出口产品的劳动密集度大于进口商品。这一结果同俄林的理论相反（即认为美国应出口资本密集型产品，进口劳动密集型产品），这也就被称为“列昂惕夫之谜”。

但后来根据列昂惕夫本人的解释：美国工人的劳动效率比其他国家高大约 3 倍。如果将劳动量乘以 3 计算，美国是劳动力相对丰富（而不是通常所说的资本丰富）的国家。既然是劳动力丰富，其产品就属于劳动密集型而不是通常所说的资本密集型。其出口产品的资本/劳动力比率较大（产品也就是劳动密集型）则是同劳动力状况（是劳动密集而不是资本密集）相吻合的，谜也就消失了。

三、马克思主义的劳动地域分工理论

在斯密和李嘉图之后，马克思主义的经济学家，在研究社会一般分工的基础上，赋予地域分工科学的内涵，全面动态地分析了地域分工的因素，包括地域自然条件、自然资源差异、地理位置、产品销售市场与生产地的距离、技术状况以及由上述因素产生的时间和区域差异、历史发展特点（陈才，1991）及历史上已形成的生产力发展水平差异、民族特点和种族关系等，从此得出结论，区域比较优势以及由此产生的地域分工，是多种因素综合作用的结果。

（一）马克思主义的劳动地域分工思想

马克思本人对分工的思想主要包括：①强调分工的极端重要性。他说：“一个民族的生产力发展水平，最明显地表现于该民族分工的发展程度。任何新的生产力，只要它不仅仅是现有生产力的扩大（如开垦新的土地），都会引起分工的进一步发展。”②指出分工不同于简单的协作，分工针对的是不同生产活动的劳动者之间的工作或职能划分及其专门化，而协作则是指“较多工人在同一时间、同一劳动场所，为了生产同种商品，在同一个资本家的指挥下工作”。分工所强调的是工作的专门化，而协作所强调的是工作的群体协同效应（马克思称之为“协作的特有生产力”）。分工能够产生一种集体形式的生产力，从而提高生产效率。③揭示了社会分工与工场手工业内部分工的联系和区别。马克思认为：“社会分工是以生产资料分散在许多互不依赖的商品生产者中间为前提，而工场手工业分工则是以生产资料积累在一个资本家手中为前提。”前者是第二类分工，后者为第一类分工，对于二者的联系，社会分工是以工场手工业内部分工为前提的。同时工场手工业内部分工也会对社会分工产生反作用，扩大社会分工（苗长青，2008）。

马克思主义地域分工学说的代表人物，苏联经济地理学家巴朗斯基在吸收前人的学说后，提出了较为系统的地域分工理论。巴朗斯基将地理分工分为两种：①某一地域由于客观原因完全不能生产某一商品而由另一区域输入的绝对地域分工。②某一地域虽然能生产这一商品，但是成本较高，因此还是由另外地域输入的相对地域分工。这一划分囊括了斯密和李嘉图两者的理论结果。他提出，决定地域分工的因素是两地商品的绝对价格差，进一步可以推导为劳动生产率或生产成本的绝对差异。因此，每个国家或地区都应生产并出口成本绝对低廉的商品，进口在本国生产成本绝对高昂的商品（张秀生，卫鹏鹏等，2005）。

地域分工理论的基本要点是：①每个区域或国家，生产要素禀赋各不相同，这种差异是地域分工形成与发展的基础；②地域分工是生产力发展到一定阶段的产物，生产力的发展，使得各地区生产要素供给不同，它决定了生产要素价格差异，是地域分工和区际交换最直接的原因；③地域分工、交换最重要结果是各地都能更有效地使用各种生产要素；④地域分工是社会分工的空间形式。各地区由于发展生产的有利条件不同，各自形成特有的专业化生产部门，因此生产地域分工表现为地区生产专业化。

另外，巴朗斯基还对运输和关税在地理分工中的作用作了精辟分析，认为交通运输技术的改善引起了运费的下降，扩大了地域分工的广度和深度，而因地域分工获得的利益又使更多的资本和劳动力投入交通事业。关税是干涉地域分工的超经济因素，地域分工的发展意味着劳动生产率的提高，而关税则成为这种提高的阻力，但一味地反对关税，对落后国家不利（张秀生，卫鹏鹏等，2005）。

（二）劳动地域分工理论与产业集聚区

产业地域分工的前提是社会分工，其含义是指由于社会分工本着寻求最低成本和最高效益的原则，一些地区专门生产某些产品，其他一些地区专门生产另一些产品，各地区通过商品交换互通有无。地域分工的结果将直接导致地区生产专业化。产业地域综合体就是在这些单元上逐渐组织和完善起来的，并构成更高层次、更大尺度范围内的地域分异。

产业地域分工形成的是以最佳经济效益为目的的生产专门化地区，它受到自然、资源、劳动力、市场等诸多因素的限制，所以其空间尺度一般不会太大，在形成初期内部产业结构单一。从这方面讲都不能形成综合产业集聚区，地区之间也只靠交换产品而发生联系，这些联系是脆弱无序的，就其能量而言，远远不能使各专业化地区形成有机的组合。这个有机的组合是在生产和产品交换发展到一定程度，并出现了经济中心后才真正得以实现的。产业集聚中心是在周围地域的经济有一定基础上形成的，成为周围地域农、林、牧、矿产品的集散、加工和流通中心，并被赋予产业管理职能。产业集聚中心一经形成，就以高于周围地域的功能向前发展，它常常利用优越的区位优势，以交通、通信网络为基础，产生市场吸引、人流吸引、货流吸引机制，有效地吸引和影响周围地区，形成以其为中心的一定地域范围，并凭借自己的经济职能和组织管理机制将区域内各专业化地区统筹组织成一个综合的有机整体——产业集聚区，进而运用自己不断成熟的协调机制，对产业集聚区的内部结构和功能进行完善和健全，促成其合理发展。这一过程绝不单单是经济和自然过程，还要被强烈地印上社会的烙印。在这个组织过程中所追求的是经济效益、社会效益、环境效益的统一。

第三节　新兴古典分工理论及新近理论进展

第二次世界大战以来，随着全球政治经济的交流日益频繁，尤其是东亚等地区新兴国家出现新的国际分工发展模式，以往的分工理论已经不能很好地解释当前世界复杂的分工现象，于是当代的经济学家们通过对新的现象的研究，提出了能够解释区域分工现象、指导未来分工发展方向的理论，其中具有代表性的有：以东亚新兴国家分工协作模式为基础的雁行形态理论；以国际政治协作为起点的协作分工理论继承和发扬了古典经济学理论的新兴古典经济学分工理论。

一、雁行形态理论

雁行形态理论是由日本经济学家赤松要博士提出的，据赤松要的门生、日本经济学家小岛清研究，该理论是赤松要于1935年在他所撰写的论文——《我国羊毛工业品的贸易趋势》中首次提出的（车维汉，2004）。

赤松要在对明治初年以后日本产业发展实证研究的基础上，得出了如下结论，即日本某一产业的发展“通常依次经过进口、生产和出口等各个时期”。如果将这一过程定式化，那么可以得出雁行形态的最初结果（图5-5原型），即在落后国家工业发展的过程中，工业品呈现出进口→国内生产（进口替代）→出口三个环节继起的图形。这一形态可以扩展到描述国内消费品进口、生产和出口到资本品进口、生产和出口，或从低附加价值制品进口、生产和出口到高附加价值制品进口、生产和出口依次继起的图形（图5-5引申型A）。还可以引申成为某一种产品的进口→生产→出口形式依次在国与国之间逐个传导的图像（为更加直观，这里将进口、生产、出口三条曲线，简化为生产一条曲线，图5-5引申型B）。小岛清依次称上述三种雁行形态为“生产的效率化”、“生产的多样化、高度化”和“生产的国际传导”（小岛清，2000）。

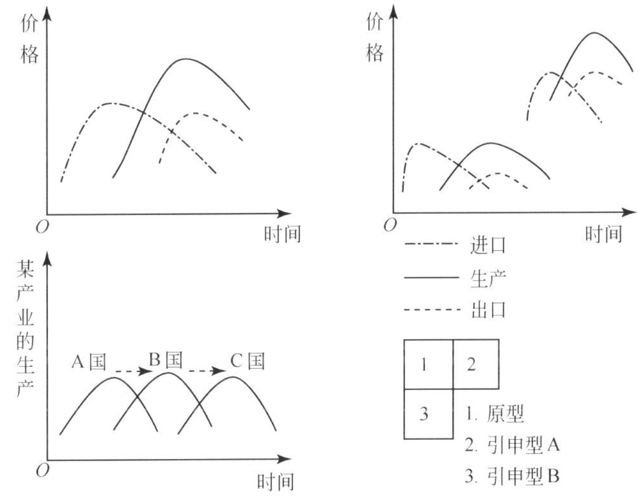

图5-5　雁行形态三种类型

雁行形态理论所主张的是一种建立在动态比较优势原则基础上的追赶型经济发展模式。所谓“动态比较优势原则”，强调的是从生产要素开发的角度进行国际比较。它谋求一国产业结构的高级化和以此为基础的生产力的跳跃性发展。从雁行形态理论中的“进口—进口替代—出口”的具体内容看，后发国首先实行“进口替代”，然后不失时机地向“出口导向”转换。同时，雁行形态理论主张在投资国与被投资国之间实施动态的产业转移，即指投资国将本国按生产成本的排序已处于比较劣势的边际产业依次进行转移。另外，雁行形态理论主张的国际分工主要是垂直分工。雁行形态通过FDI实施动态的产业梯次传递，其前提条件是投资国的生产函数先进于被投资国，如果两国生产函数相同，对外投资和贸易就可能变成替代关系。若干个不同生产函数的国家，依次建立起投资国与被投资国的关系，就会形成生产函数递减的产业梯次传递链。如果以“雁阵”比喻这种传递，那么最上层的国家可称为“雁头”，居中的国家可称为“雁身”，居后的国家可称为“雁尾”。

二、协议分工理论

协议分工理论是由小岛清提出的，但只在其一篇论文中提及，并没有书面的系统理论陈述。小岛清认为，以往的国际经济学所讲的多是在成本递增下通过竞争原理达成国际分工和平衡，而对成本递减或成本不变的情况却没有论及。而成本递减的情况是一种普遍现象，在当前全球经济一体化的大趋势下，经济一体化的目的就是要通过大市场化来实现规模经济，这实际上也就是成本长期递减的问题。协议分工理论认为，即使两国不存在比较优势差异的极端情形，还可以实现规模经济和协定分工。所谓协定分工，是指两国在生产同类产品的生产效率相近的情形下，通过相互达成协定分别专门生产其中的一种产品，实现规模经济，形成国际分工。所谓生产率对比接近是指要素的生产率对比接近。从直观的意义上看，如果两国的生产率对比接近，就很难实现国际分工；如果通过达成协定，两国可以实现专业化分工，实现规模经济。

实现协议分工必须具备三个条件：①必须是两个（或多数）国家的资本、劳动禀赋比率没有多大差别，工业化水平和经济发展阶段大致相等，协议性分工的对象商品在哪个国家都能进行生产。②作为协议分工对象的商品，必须是能够获得规模经济的商品。③不论对哪个国家而言，生产协议性分工的商品利益都应该没有很大差别。也就是说，各国自己实行专业化的产业和让给对方的产业之间没有优劣之分，否则不容易达成协议。

上述三个条件表明，经济一体化或共同市场必须在同等发展阶段的国家之间建立，而不能在工业国与初级产品生产国即发展阶段不同的国家之间建立。同时也表明，在发达的工业国家之间，可以进行协议性分工的商品范畴较广，因而利益也较大。另外，生活水平和文化等互相类似、互相接近的地区，容易达成协议，并且容易保证相互需求的均等增长。

三、新兴古典经济学家杨格、杨小凯对分工的理解

新兴古典经济学的倡导者对于分工理论有着深入的研究，其中代表人物有美国经济学家杨格和澳大利亚华人经济学家杨小凯。

对于分工问题，杨格从三个方面进行了解释：①分工和专业化是递增报酬实现的机制。分工和专业化程度一直伴随着经济增长的全过程，企业规模扩大只是递增报酬在某种条件下实现的物质技术条件，并不是其本质原因。在分工格局既定时，如果我们把目光局限到单个企业时，可能会认为企业规模是实现递增报酬的关键。②市场大小决定分工，而且分工也决定市场大小。杨格认为市场的大小取决于由分工决定的购买力，即消化大量产出的能力。所以，市场与分工之间的作用是相互的，二者之间的正反作用才是经济增长的不竭动力。③分工是一个网络效应。企业规模的大小不能被孤立地看待，单个企业规模的大小还要取决于该行业内其他企业规模的大小，某一行业的规模也同时取决于其他相关行业的规模（苗长青，2008）。

杨小凯继承并发展了斯密和杨格的分工思想，将消费者-生产者、专业化经济和交易费用结合起来，并用专业化经济与分工所需的合作可靠性之间的两难冲突重新解释了许多微观、宏观经济现象。在新兴古典学派的分析框架中，杨小凯将比较优势划分为内生比较优势和外生比较优势。运用这种观点，亚当·斯密的绝对优势是内生的比较优势，它可能存在于没有李嘉图外生比较优势的相同个人之间。而李嘉图的比较优势是一种基于技术差距的外生比较优势，被称为外生技术比较优势。同样，赫克歇尔-俄林的要素禀赋学说也是外生比较优势，它是一种基于要素禀赋的比较优势，被称为外生禀赋比较优势（王世军，2006）。

杨小凯认为分工是一种制度性与经济组织结构性安排，牵涉个人与个人、组织与组织的关系及协调。个人最重要的生产决策就是选择个人的专业化水平，即做不做某项工作的选择问题，因而随着分工的演进，将会产生技术进步、生产率提高、个人及组织间依存度上升以及经济组织的结构性转变等现象。在实证方面，他在《专业化与经济组织——一种新兴古典微观经济学框架》一书中提出了使用商品化程度或贸易依存度来量化分工，并对中国农村的分工进行了实证分析。

第四节　产业分工理论评述

自斯密、李嘉图提出各自的比较优势理论以来，各方学者就对其有不同的见解和争论（苗长青，

2008)。传统观念认为，比较成本理论揭示了国际贸易领域客观存在的经济运行的一般原则和规律。如果说绝对成本说在人类认识史上第一次论证了贸易互利性原理，那么比较成本说就进一步将贸易分工互利性原理一般化、普遍化了。也就是说，李嘉图的基于比较成本的分工原理比斯密的基于绝对成本的分工原理更具有一般性（张二震，2003）。Krugman（1979）认为，斯密提出绝对优势理论，在绝对优势理论的基础上李嘉图提出相对优势说。但也有学者认为斯密不仅是绝对优势理论的首创者，而且是影响更为深远的比较优势理论的最早构思者。这些学者认为斯密在《国富论》中通过分析富裕国家和贫穷国家在制造业和传统农业方面各自拥有的绝对优势和相对优势，就已经提出了以相对优势为基础的国际分工与贸易的构想（Robert，Feenstra，2004)。新兴古典学派（杨小凯，张永生，2001）则认为李嘉图的相对优势是基于外生性的劳动技术的区别而构成的优势，属于外生比较优势；而斯密的绝对优势学说则基于劳动分工本身所形成的生产率优势，属于内生比较优势；认为李嘉图的相对优势学说并不具有一般性，而斯密的绝对优势理论更具有普遍性。纪昀（2003）认为，从静态看，李嘉图的相对优势理论是对斯密的绝对优势理论的一个发展，但是斯密意义的绝对优势理论是基于分工和专业化的绝对优势理论，因而是一种动态的内生比较优势理论。因此，如果允许比较优势在模型中内生，并且随着分工的发展而不断演进，那么斯密基于分工和专业化的绝对优势概念比李嘉图的比较优势概念更为宽泛和重要。从这个意义上说，内生比较优势理论相对于外生比较优势理论来说更为重要。表5-3说明了各个分工理论之间的异同。

表 5-3　各个分工理论对比

理　论	提出时间	主要分工依据	所依据优势类别
绝对优势理论	16 世纪中期	绝对成本优势	内生优势
相对优势理论	16 世纪晚期	相对成本优势	外生优势
H-O 模型	20 世纪早期	资源禀赋优势	外生优势
马克思主义地域分工理论	19 世纪中期	多种因素	内、外生优势
雁行形态理论	20 世纪 30 年代	动态生产成本	内、外生优势
协议分工理论	20 世纪中后期	所签订协议	外生优势
新兴古典经济学观点	20 世纪 90 年代	专业化经济与分工所需的合作可靠性之间的两难冲突	内生优势

赫克歇尔－俄林的生产要素禀赋理论比李嘉图学说考虑的因素更多，此理论认为现实生产中投入的生产要素不只是一种，即劳动力，而是多种。由多种生产要素的价格差别，推出所生产产品的成本差别，从而构成成本优势。从内外生比较优势来说，H-O 模型所分析的是由于各国资源禀赋差异的价格导致的生产成本优势，属于外生的资源比较优势（纪昀，2003)，与斯密的理论着眼点有着根本的差别，但与李嘉图学说一致。由于赫克歇尔－俄林的要素禀赋理论在实证检验中存在较大的争议（王世军，2006)，杨小凯和张永生（2000）通过一些反例证明以赫克歇尔-俄林为代表的要素禀赋学说已经被证伪从而被推翻，而新兴古典学派的内生比较优势或内生分工理论则具有广泛的现实解释性。但有学者（梁琦，张二震，2002）则不同意上述观点，认为杨小凯文中所谓的“反例”并不能被称为反例。

马克思主义的地域分工学说考虑的因素较多，该学说比较系统地考虑了影响地域分工的各种因素，其中既有属于内生因素的分工协作程度，也有属于外生因素的区位条件、资源禀赋差异等，分析较为全面，在很多方面具有重要的独创点，但也与西方的分工理论有不少重合之处。有学者认为（侯风云，2005)，在对分工问题的理解上，马克思高于斯密之处在于，他不仅更详尽地从分工推动劳动生产力的发展方面进行分析，而且更加注重了分工所造成的人与人之间关系的变化。突出表现在，马克思对分工收益的分析从两个方面进行：一是分工引起的生产力的提高；二是分工引起的生产关系的变迁。马克思对社会分工与技术分工（工场手工业内部分工）界限的清晰划分，发展了斯密定理（杨永华，2007），理清了劳动分工与简单协作的关系，其将分工与生产组织结合起来加以认识，对于企业组织领域的研究具有极其重要的启发意义（缪匡华，2005）。但也有学者认为，作为“集地域分工理论大成者”的巴朗斯基的理论沿袭了斯密的绝对比较利益原则，其理论要点与西方分工理论有不少相似之处，但理论不够深刻，很难解释当代国际分工的现象（张秀生等，2005）。从巴朗斯基的地域分工学说，可以推导出动态比较优势，从而弥补了传统比较优势原理的一个重要的缺陷，即它的静态假设有时很难解释不断变化的环境中的问题。

雁行形态理论可以较好地解释东亚地区以日本为首的新兴国家之间进行产业分工的现象和动力机制，但显然其只是一种过渡模式（车维汉，2004）。该理论要求雁阵中的各国在同一时间内要处在不同的经济发展水平上，各国间产业结构越是存在差距，雁行梯次链条的稳定性也就越强。这显然不是各个国家发展追求的目标。对后发国而言，雁行形态是一种追赶模式，而不是创新模式。雁阵中梯次结构和 FDI 资本的专用性，决定了后发国在新产品和新技术的引进过程中对先进国家具有依赖性。对后发国而言，雁行形态所主张的是一种“高受益 + 高风险”的发展模式（张帆，2003）。

协议分工理论很好地解释了在两国不存在比较优势差异的极端情形下，进行分工的可能性，与克鲁格曼提出的新贸易理论有一定的相似之处。此理论所依据的协议，属于政策性因素，而由此产生的规模经济则是经济发展内部因素，但其实是由于外生的政策引发的。因而按照新兴古典经济学的分法，协议分工理论更多的是强调外生的政策性协议因素，由政策协议导致规模经济，故属于外生性的优势理论。由于协议分工只是形成规模经济的一种可能过程，并不是分工经济形成的主导因素，此理论并不能很准确地解释分工现象。

以杨格、杨小凯等为代表的新兴古典经济学派，重新定位了绝对优势和比较优势原理的相互关系，认为二者不只是比较方法的差别及由此导致的适用范围大小的不同，而是具有本质上的区别。他们首次提出将贸易分工理论的发展分为内生优势和外生优势两条线路，其源头一是起源于斯密，二是起源于李嘉图（李俊江，侯雷，2006），后来的诸多分工理论均可用这两条线路进行区分。另外，他们提出由专业化经济与分工所需的合作可靠性之间的两难冲突来驱动分工的进行，对于之前的理论而言，更为符合实际情况。

参考文献

车维汉 . 2004. “雁行形态”理论研究评述 . 世界经济与政治论坛，（3）：88 ~ 92
陈才 . 1991. 区域经济地理学原理 . 北京：中国科学技术出版社 . 59 ~ 65
陈秀山，张可云 . 2003. 区域经济理论 . 北京：商务印书馆 . 268，271，272
侯风云 . 2005. 马克思分工理论及在经济分析史中的地位考察 . 福建论坛（人文社会科学版），（2）：12 ~ 17
洪银兴 . 1997. 从比较优势到竞争优势 . 经济研究，（6）：20 ~ 26
纪昀 . 2003. 论复合比较优势 . 世界经济研究，（6）：60 ~ 64
李俊江，侯雷 . 2006. 新兴古典贸易理论述评 . 汉江论坛，（9）：30 ~ 33
廉勇，李宝山，金永真 . 2006. 分工协作理论及其发展趋势 . 青海社会科学，（2）：26 ~ 29
梁琦，张二震 . 2002. 比较利益理论再探讨——与杨小凯、张永生先生商榷 . 经济学，2（1）：239 ~ 250
马克思 . 1975. 资本论（第一卷）. 北京：人民出版社 . 392
苗长青 . 2008. 分工理论综述 . 全国商情（经济理论研究），（1）：121，122
缪匡华 . 2005. 马克思对分工理论的贡献及其对企业组织研究的意义 . 科学社会主义，（4）：27 ~ 31
王世军 . 2006. 比较优势理论的学术渊源和评述 . 杭州电子科技大学学报（社会科学版），2（3）：99 ~ 106
魏后凯 . 2006. 现代区域经济学 . 北京：经济管理出版社 . 479
小岛清 . 2000. 雁行型经济发展论——赤松原型 . 世界经济评论，（3）：20 ~ 29
杨小凯，张永生 . 2000. 新兴古典经济学和超边际分析 . 北京：中国人民大学出版社
杨小凯，张永生 . 2001. 新贸易理论、利益理论及其经验的新成果：文献综述 . 经济学，1（1）：19 ~ 44

杨永华．2007．马克思、列宁的分工理论与斯密定理．当代经济研究，(2)：8~12
张二震．2003．国际贸易分工理论演变与发展评述．南京大学学报（哲学·人文科学·社会科学），40（1)：65~73
张帆．2003．论后雁行模式时期的东亚区域经济一体化．国际贸易问题，(8)：13~19
张杭辉．2004．分工理论的经济学含义补充．社会科学，(11)：23~26
张秀生，卫鹏鹏等．2005．区域经济理论．武汉：武汉大学出版社．255~257
Krugman P. 1979. Increasing return，monopolistic competition and international trade . Journal of International Economics，(9)：469 ~479
Robert C，Feenstra. 2004. Advanced international trade：theory and evidence. Princeton：Princeton University Press

第六章　产业区位论

产业区位论是研究各产业活动的空间选择及空间配置的理论。按照产业活动的内容不同，其又可分为农业区位理论、工业区位理论、商业区位理论、服务业区位论和住宅区位论等。各种产业的区位选择是在一定的行为驱动下形成的，如有的是追求经济利益最大化，有的是追求社会效益最佳，而有的是寻求自我满足等行为的合理性。总之，产业活动的空间行为是有规律的，是按照一定的法则来进行的，如工业区位选择的动机一般是追求利润最大化，住宅区位选择的动机主要是追求效用最大化，而服务设施区位通常是追求福利最佳化等。

第一节　农业区位论

杜能（J. H. von Thünen，1783 ~ 1850）于1826年发表了《孤立国》（《孤立国同农业和国民经济的关系》的简称），从而奠定了农业区位理论的基础，标志着区位论的产生，因此杜能也被后人推崇为区位论的鼻祖。

一、杜能农业区位的产生背景和理论前提

杜能的《孤立国》不仅作为农学和经济学的经典著作广为人知，而且是古典经济区位理论发展的基石。为了理解杜能的研究目的和意义，在此有必要回顾一下当时的德国社会和经济情况。

（一）理论产生背景

杜能《孤立国》一书的时代是德国农业企业化发展的时期。在工业上，德国由于导入了机械工业生产而早已进入近代资本主义社会，但是，其在农业上并没有像工业生产方面那样的技术性革命，仅仅在改变传统的农法上进行了尝试，不过追求合理的新农法已成为时代的需求。杜能就是在这种背景下，探索如何能够带来最大收益的农业经营方式的空间组织原理的。

但杜能《孤立国》研究的直接意图或目的，是由于当时德国农学家泰尔（A. D. Thaer）提倡在农业相对落后的德国也应普及轮作式农法，以改变通过休闲来恢复地力的停滞的三圃式农法。杜能为了证明轮作式并非对所有地区都有利的观点，从地域角度对农业生产的空间组织原理进行了研究。

（二）理论前提条件

杜能对于其假想的“孤立国”，给定了以下六个假定条件：

第一，在肥沃的平原中央只有一个城市；

第二，不存在可用于航运的河流与运河，马车是唯一的交通工具；

第三，土质条件一样，任何地点都可以耕作；

第四，距城市50英里[①]之外是荒野，与其他地区隔绝；

第五，人工产品供应只来源于中央城市，而城市的食物供给则来源于周围平原；

---

① 1英里＝1.609 334千米（全书同）。

第六，矿山和食盐矿都在城市附近。

在上述前提条件下，杜能重点分析了下列两个问题：第一，农业将以怎样的经营状态在空间上发展；第二，合理的农业生产经营与距离城市的远近存在何种关系。换言之，为了从土地获得最大的纯收益（地租），农场的经营随着距城市距离的增加将如何变化。

杜能对上述问题的研究采用了抽象和演绎的方法，他排除了其他要素，如土质条件、土地肥力、河流等的干扰，只探讨一个要素即距城市（或市场）的距离不同，农业生产方式的配置是如何变化的。

二、农业生产方式的空间配置原理

如图 6-1 所示，农业生产方式的空间配置为，一般在城市附近种植相对于农产品价格而言运费高且笨重、体积大的作物，或者是易于腐烂需在新鲜时消费的产品，而随着距城市距离的增加，这些地区则生产相对于价格而言运费小的作物。最终在城市的周围，将形成以某一种农作物为主呈环状分布的同心圆结构，即所谓的“杜能环”。“杜能环”是指以城市为中心，由里向外依次为自由式农业、林业、轮作式农业、谷草式农业、三圃式农业、畜牧业等农业圈层结构。

第一圈层——自由式农业圈层。这是指距离城市最近的农业地带，主要生产或种植易腐、难运的产品，如蔬菜、鲜奶等。由于运输工具为马车，速度慢，且又缺乏冷藏技术，因此需要保鲜的蔬菜、水果以及易腐产品（如鲜奶等）等就在距城市最近处生产，形成自由式农业圈。圈层的大小取决于城市人口的规模。

第二圈层——林业圈层。供给城市用的薪材、建筑用材、木炭等，由于这些产品重量和体积均较大，且价格又低于第一圈层的作物，因此，在接近城市的第二圈层种植。

第三圈层——轮作式农业圈层。没有休闲地，在所有耕地上种植农作物，以谷物（麦类）和饲料作物（马铃薯、豌豆等）的轮作为主要特色。杜能提出每一块地的六区轮作，第一区为马铃薯，第二区为大麦，第三区为苜蓿，第四区为黑麦，第五区为豌豆，第六区为黑麦，其中耕地的 50% 种植谷物。

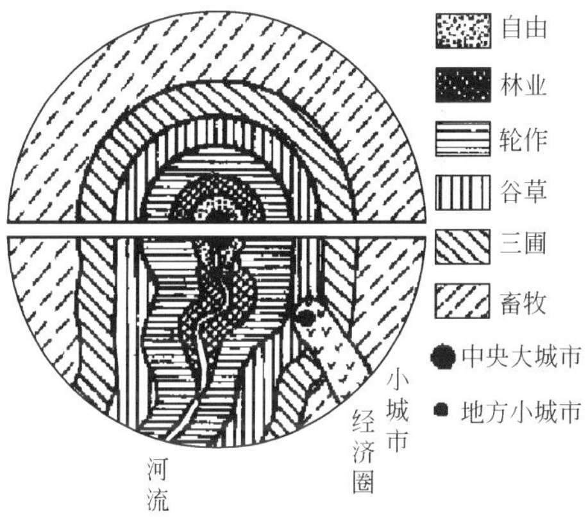

图 6-1　“杜能环”模式图（约翰·冯·杜能，吴衡康译，1986）

第四圈层——谷草式农业圈层。为谷物（麦类）、牧草、休耕轮作圈层。在此，杜能提出地块的七区轮作。同第三圈不同的是总有一区为休闲地，七区轮作第一区是黑麦，第二区是大麦，第三区是燕麦，第四区、五区、六区为牧草，而第七区为休闲地，全部耕地的 43% 为谷物种植区。

第五圈层——三圃式农业圈层。这是指距城市最远的谷作农业圈层，也是最粗放的谷作农业圈层。三圃式农业将农户附近的块地分为三区，第一区是黑麦，第二区是大麦，第三区是休闲，三区之间进行轮作，即为三圃式轮作制度。远离农户的地块则作为永久牧场，全部耕地仅有 24% 为谷物种植区。

第六圈层——畜牧业圈层。畜牧业圈层是“杜能环”的外圈，生产谷麦作物仅用于自给，而生产牧草用于养畜，以畜产品如黄油、奶酪等供应城市。畜牧业圈层之外的地租为零，为无人利用的荒地（约翰·冯·杜能，1986）。

上述杜能农业生产方式的同心圆结构成立的理论依据可归纳为以下几点：

第一，把农产品运送到城市的费用随着离城市的距离的变化而变化；

第二，农产品的产地价格（市场价格 − 运费 = 产地价格）存在着地域差异；

第三，各种农业生产方式获得的地租（产地价格 − 生产费）因离城市的距离而变化；

第四，获得最高地租的农业生产方式将随着距城市的距离不同而不同，即合理的农业生产空间组织结构，是以城市为中心的，呈同心圆结构（图 6-1）。

"杜能环"形成的一个重要的因子是农产品的运费，土地的纯收益即地租主要取决于农产品由农场运输到城市的运费。

三、杜能农业区位的模式化

农业经营的空间结构在按照自然条件进行调整时，经营者的动机是获得利润，即纯收入。而这一问题必将涉及诸如投入要素的价格和产品的价格，以及生产过程中其他费用等对区位选择的作用。杜能理论认为，决定土地利用的主要因素是地租，能够支付最高地租的区位地价也最高，该理论排斥了其他土地利用方式。美国学者达恩（Dunn，1954）将生产单一作物的地租用距离函数表示为

$$R = E(p-a) - Efk \tag{6-1}$$

式中，R 为每单位面积土地的地租；k 为距离；E 为每单位面积的产量；p 为每单位农产品的市场价格；a 为每单位农产品的生产费；f 为农产品每单位重量、距离的运费。

在式（6-1）中，R 是因变量，k 是自变量，其他是常数或参数。在这一前提条件下，地租和距离两变量间的关系可用一次函数来表示。这种函数关系用图表示的话，其斜率为 $-Ef$，截距为 $E(p-a)$，地租消失的距离为 $k=(p-a)/f$（图6-2）。

决定农业生产区位的因子是经济收益最大化，即利润最大化。对于农业而言，利润最大化也可以说是地租最大化。地租最大化是以固定的市场价格为前提，也就是说，倾斜的收入曲线（在这种情况下是指边际地租线）是在一定的市场价格基础上划出来的，是空间抵抗的结果。当只有一种产品时，倾斜的地租线也可看做是边际地租线，横轴可以认为是边际费用线。经济纯收益最大的解是边际地租和边际费用相同时，即 $k=(p-a)/f$ 处（Dunn，1954）。

当有两种作物的情况下，最大利润的变化和作物的生产区位决策也具有类似性。首先研究一下作物Ⅰ的利润最大化问题（图6-3）。作物Ⅰ的边际地租可用 AB 表示，而作物J在相同的地区以 CD 边际地租进行生产。在接近市场的附近，作物Ⅰ在各地区每单位面积的地租增加额比作物J的地租增加额大，因此，作物Ⅰ在市场附近生产。在同一地区作物J的地租产出的可能性就表示土地的替代利用性，这种替代利用性对于作物Ⅰ而言，可看做是一种机会费用。这样 CD 对于作物Ⅰ而言，就成为一种新的制约条件，对于作物Ⅰ来说，在空间上边际地租、边界费用都成为距离的函数，这两者相等点（E 点）就是利润最大点，该点也成为作物Ⅰ生产扩展的边界。对于作物J，市场发展到 CD 与 AB 相等处，AB 在此就成为了作物J的边际费用，E 点是作物J的内侧生产界线，其外侧生产界线与单一作物的均衡情况相同。因此，作物J在远离市场的区位生产较为有利。

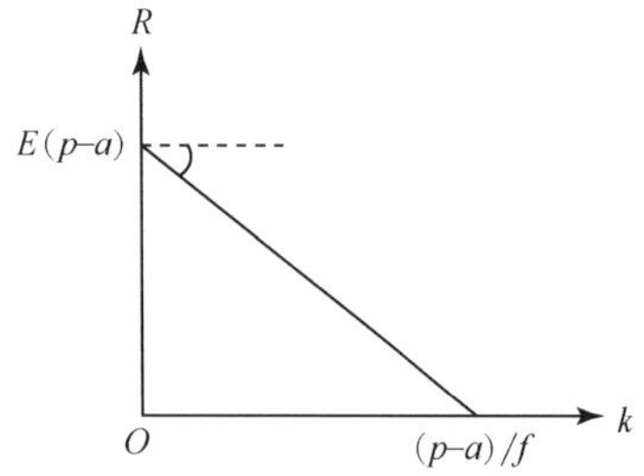

图6-2 地租函数（Dunn，1954）

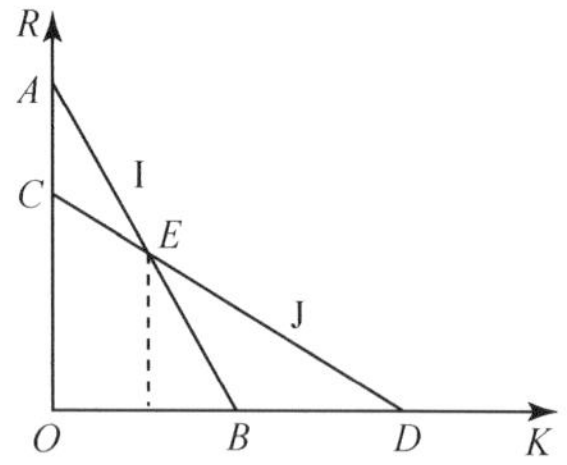

图6-3 两种作物的区位选择（Dunn，1954）

当存在两种以上作物的区位竞争时，上面的分析思路仍然成立。每种作物的最大利润和生产区位取决于边际地租与边际费用的均衡（Dunn，1954）。

四、杜能农业区位理论的评述

（一）杜能农业区位理论的意义

杜能理论的核心是在均质的大平原上，以单一的市场和单一的运输手段为条件，研究农业生产的

空间组织与产地距市场间距离的关系。在杜能的理论中，决定不同地区农业生产方式的因子是地租。但在一定的空间内，地租的大小与运费有关，而运费又与距离成比例。换言之，离农产品市场的距离不同，地租也不相同。离市场最近的区位因运费最小，所以也是农业生产的最佳区位。随着离市场距离的增加，地租也将减少，区位的比较优势也会不断降低。因此，对于同一种作物来说，在离市场近的区位要进行集约化经营，而在离市场远的区位应进行粗放经营；对于不同作物来说，在离市场近的区位要种植能带来高额地租的作物，而在离市场远的区位要种植获得地租相对低的作物。

杜能的理论对后来的区位论研究具有下列意义：一是理论思考方法的创新，即提出了抽象的孤立法；二是杜能首次将空间摩擦对人类经济活动的影响加以理论化和体系化，这一理论体系和研究方法被推广到了其他的研究领域，即他的研究不仅停留于农业的土地利用上，对城市土地利用的研究也具有重要指导意义。

杜能的农业区位理论对农业地理学的发展同样具有重要的意义。该理论揭示了即使在同样的自然条件下，也会出现农业的空间分异，而这种空间分异源于生产区位与消费区位之间的距离，各种农业生产方式在空间上呈现出同心圆结构；不存在对于所有地区而言具有绝对优越的农业生产方式，但存在地区的相对有利性；距市场越近，单位面积收益越高的农业生产方式的布局是合理的，从地区农业的总体看，这种农业生产布局获得的收益也最大。总而言之，杜能农业区位理论的重要贡献在于对农业地域空间分异现象进行的理论性、系统性的总结（张文忠，2000）。

（二）杜能农业区位理论的局限性

杜能的农业区位理论建立在自然条件的非现实性基础上，因此受到许多学者的批评。另外，“杜能环”是以商品性农业生产为前提，农场的目的是追求最大的地租，在现实中，农业生产不完全是商品性生产，自给性生产同样是一种重要的生产方式。自给性农业生产一般不一定以利润最大化为目标，也可能以产量为目标。另外，自给性农业生产也可能不强调单一品种专业化生产，而强调多品种非多样化生产，自给性农业经营的存在是导致“杜能环”模式与现实农业空间生产产生偏离的最大原因之一。

技术发展与交通手段的发达使得在杜能理论中起决定性作用的距离因素的制约变小。在杜能理论中，主要的陆上交通工具是马车，而现代交通运输手段的发展，带来农产品运输费用的缩减。加之，冷冻技术、保鲜技术等的发展，生产地到市场的时间距离缩短等，使得某些农产品的供求范围伸展到数百或上千公里的空间尺度，因此，在现实中找到杜能所勾画的完整的圈层结构是比较困难的。

在杜能的“孤立国”中，只是考虑了农业的土地利用，而没有考虑到城市周围地区的土地利用。现代城市周围，不仅有农业土地利用，同时也混杂着商业、住宅、工厂等不同的土地利用。在工业化、城市化迅速发展的城市地区，通常可以看到，投机者、开发商以及农民对土地的无秩序开发。在城市近郊的农民，由于农地可以随时转化为住宅等城市用地，因此其对农地的资本和劳动投入很少，放弃耕种或者临时性耕作成为一种现象；而远离城市的农民，农地难以转换为城市用地，因此对农地的投入较多，而从事相对集约度高、农业利用价值大的经营，因此，可能会出现农业生产方式呈“逆杜能环”的现实。

第二节　工业区位理论

韦伯是德国经济学家，他于1909年著《工业区位论》一书，此书标志着工业区位理论的建立。韦伯的工业区位理论是最小费用学派的代表。韦伯从费用角度来分析企业经营者的区位决定，他认为，经营者一般在所有费用支出总额最小的空间进行布局，也就是说，费用最低点即为企业最佳区位点（韦伯，1997）。

一、韦伯的最小费用区位理论

韦伯提出工业区位理论的时代，是德国在工业革命之后，近代工业有了较快发展，从而导致大规模人口的空间移动，尤其是产业与人口向大城市集中的现象极为显著。在这种背景下，韦伯从经济区位的角度，探索工业生产活动的区位原理，试图说明与解释人口的地域间大规模移动以及城市的人口与产业的集聚。

（一）概念定义与理论前提

区位因子（locational factors）是韦伯工业区位理论中的一个重要概念，是指经济活动在某特定地点进行时所得到的利益。区位因子分为一般因子和特殊因子。一般因子是与所有工业有关的因子，如运费、劳动力、地租等；而特殊因子则是只与特定工业有关的因子，如空气的湿度等。在区位因子中，使工业企业向特定地点布局的区位因子，被称为地区性因子。例如，工业受运费的影响，而向某一特定地点集中，那么运费是区位因子中的地区性因子。地区性因子是形成工业区位基本格局的基础。由集聚利益（相关工业集聚以及相关设施的有效利用）而向某一地点集聚，或由于集聚而导致地价上升而向其他地点分散，则被称为集聚与分散因子。集聚与分散因子将会导致由地区因子所决定的工业区位基本格局发生偏移。

韦伯工业区位理论是建立在以下三个基本的假定条件基础上的：

第一，已知原料供给地的地理分布；

第二，已知产品的消费地与生产规模；

第三，劳动力存在于多数的已知地点，且不能移动；各地点的劳动费水平是固定的，在这种劳动费水平下可以得到的劳动力是无限的。

在上述三种假定条件下，韦伯分三个阶段来逐步构筑其工业区位理论：

第一阶段：不考虑运费以外的其他一般地区性区位因子，即假定除运费外，其他费用不存在地区差异，并在此基础上，构建基本的工业区位框架。

第二阶段：把第二区位因子劳动费作为考察对象，研究由第一阶段运费形成的最佳区位的变形，即研究运费和劳动费同时作用下所形成的最小费用区位。

第三阶段：分析了集聚（分散）因子对最小费用区位形成的作用。集聚（分散）因子使生产的一部分集中于某地点（或者其他地点）而产生利益，该因子也是引起区位第二次变形的因子。

这种阶段性的理论构建思维是韦伯区位论的一大特色。在第一阶段韦伯仅提出运费指向，其原因是更好地寻找区位空间配置的规律性，而左右这种规律性的主要因子则是克服空间距离所需要的费用，即运费。

（二）运输费用指向论

在给定原料产地和消费地的基础上，如何确定仅考虑运费的工厂区位，即运费最小的区位是运费指向论所要解决的问题。运费主要取决于重量和运距，而其他因素，如运输方式、货物的性质等都可以换算为重量和距离。

1. 原料指数和区位重量

按原料的空间分布状况可将其分为遍在原料和局地原料。遍在原料即为任何地方都存在的原料，如普通砂石等，而那些只有在特定场所才存在的原料，如铁矿石、煤炭、石油等则为局地原料。局地原料由于生产时的重量转换状况，又可分为纯原料和损重原料。

运费指向论主要是用原料指数（material index）判断工业区位指向。原料指数为产品重量与局地原料重量之比，即

$$M_i = \frac{W_m}{W_p} \tag{6-2}$$

式中，M_i 为原料指数；W_m 为局地原料重量；W_p 为产品重量。

原料指数大小决定理论上工厂的区位。从式（6-2）中可知原料指数是生产一个单位产品时，需要多少重量的局地原料。而在整个工业生产与分配过程中，需要运送的总重量为最终产品和局地原料重量之和，每单位产品需要运送的总重量为区位重量（locational weight，L_W）。

$$L_W = \frac{W_m + W_p}{W_P} = M_i + 1 \tag{6-3}$$

2. 最小运费原理

在生产工艺不可分割、消费地和局地原料地只有一个的前提下，最小运费原理认为：

（1）只使用普遍原料时，在产品消费地布局比在原料地布局运费节约大，属于消费地指向性区位；

（2）只使用损重原料时，属于原料地指向性区位；

（3）仅使用局地原料，且用纯原料时，在原料地和消费地或者两者之间的任何一点其运费都相同，属于自由指向性区位。

上述原理，可以用原料指数（M_i）以及区位重量（L_W）来表示，得出一般的区位法则，即：

当 $M_i > 1$，$L_W > 2$ 时，属于原料地指向性区位，如水泥工业等；

当 $M_i < 1$，$L_W < 2$ 时，属于消费地指向性区位，如啤酒工业、面包工业等；

当 $M_i = 1$，$L_W = 2$ 时，属于自由指向性区位，如精密仪器工业等。

在生产过程中，原料地为两个，与消费地不在一起时，其区位图形为一个三角形，即区位三角形（图 6-4）。韦伯对于区位的推算，采用了力学方法，即“范力农构架”（Varignnon frame）（图 6-5）。假定市场（C）需要产品 1 吨，需原料产地 1（M_1）供应 3 吨原料，原料产地 2（M_2）供应 2 吨原料的区位三角形（图 6-5）中，工厂区位（P）应该选择在哪里。根据韦伯工业区位理论的运费指向论，工厂区位应该在运费最小地点。韦伯假定运费只和距离和重量有关，那么运费最小地点应是 M_1、M_2 和 C 的重力中心（图 6-5）。

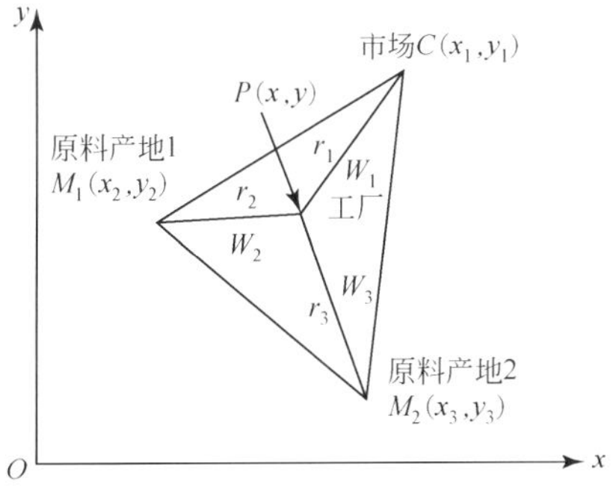

图 6-4　区位三角形模式图(韦伯,1997)

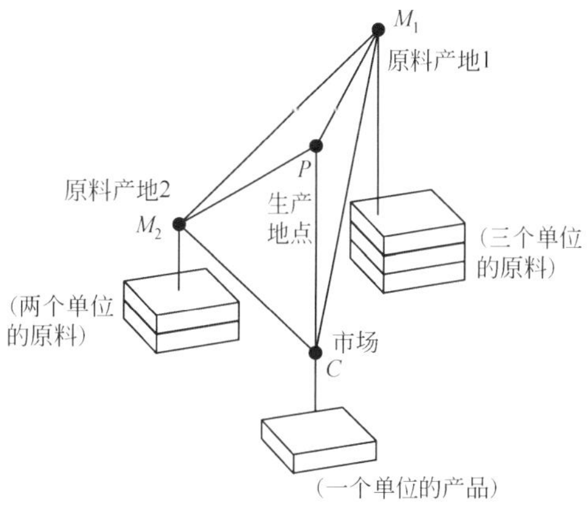

图 6-5　范力农构架（韦伯，1997）

“范力农构架”可用以下数式来表示，即对于原料地和消费地构成的区位三角形，求解运费最小点即求解区位三角形 P 点的坐标。图 6-4 中，M_1、M_2、C 为区位三角形的三个顶点，坐标已知，假设 P 点为运费最小点，其坐标为（x，y），P 与三个顶点间的距离分别为 r_1、r_2、r_3，原料和产品的重量分别为 a_1、a_2、a_3。那么在运费与距离、重量成比例的情况下，总运送费可由式（6-4）表示：

$$k = \sum_{i=1}^{n} a_i r_i = \sum_{i=1}^{n} a_i \sqrt{(x - x_i)^2 + (y - y_i)^2} \tag{6-4}$$

求式（6-4）的最小值需满足以下方程组（韦伯，1997）：

$$\frac{\partial k}{\partial x} = \sum_{i=1}^{n} \frac{a_i}{r_i}(x - x_i) = 0$$

$$\frac{\partial k}{\partial y} = \sum_{i=1}^{n} \frac{a_i}{r_i}(y - y_i) = 0 \tag{6-5}$$

通过式（6-5）可以求得最小费用区位点 P 的具体位置。

（三）劳动费指向论

运费随着空间距离的变化，表现出一定的空间规律性，而劳动费则不具有这种特性，它是属于地区差异性因子，是导致运费形成的区位格局发生变形的因子。

在此所说的劳动费不是指工资的绝对额，而是指每单位重量产品的工资部分。它不仅反映了工资水平，同时也体现了劳动能力的差距，劳动费主要反映在地区间的差异性上。

韦伯劳动费指向论的思路是：工业区位由运费指向转为劳动费指向仅限于节约的劳动费大于增加的运费，即在低廉劳动费地点布局带来的劳动费用节约额比由向最小运费点移动产生的运费增加额大时，那么，劳动费指向就占主导地位。

韦伯为了判断工业受劳动费用指向的影响程度，提出了“劳动费指数”的概念，即每单位重量产品的平均劳动费。如果劳动费用指数大，那么从最小运费区位移向廉价劳动费区位的可能性就大；否则，这种可能性就小。但韦伯也认为劳动费指数只是判断劳动费指向的可能性的大小，而不是决定因素。因为尽管某种产品的劳动费指数高，但如果该产品生产所需要的区位重量非常大的话，它也不会偏离运费最小区位。因此，他又提出了“劳动系数”的概念，即每单位区位重量的劳动费，用它来表示劳动费的吸引力：

劳动系数 = 劳动费/区位重量

劳动系数大，表示远离运费最小区位的可能性大；劳动系数小，则表示运费最小区位的指向强。进一步也可以说劳动系数越高，工业也就会更加向少数劳动力廉价地集中。

劳动费指向受到现实中各种各样条件的影响，韦伯把这些条件称为环境条件。在环境条件中，人口密度和运费率对劳动费指向的作用较大。

人口密度低的地区劳动力的密度也较低，人口密度高的地区劳动力的密度也高。劳动指向与人口密度相关，人口密度低的地区劳动费差距小，人口密度高的地区劳动费差距大。因此，人口稀疏的地区工业区位倾向于运费指向，人口稠密的地区则倾向于劳动费指向。

工业区位从运费最小地点转向廉价劳动力地点，取决于运费增加程度。当运费率低时，即使远离运费最小地点，增加的运费也不至于很多，从而增加的运费比节约的劳动费少的可能性就大，因此，可使工业区位集中在这个特定的劳动供给地。

（四）集聚指向论

集聚因子就是一定量的生产集中在特定空间所产生的“利益”，使生产或销售成本降低。与此相反，分散因子则是集聚的反作用力，是随着消除这种集中而带来的生产成本降低。

集聚因子的作用分为两种形态：一是由经营规模的扩大而产生的生产集聚。大规模经营相对于明显分散的小规模经营可以说是一种集聚，这种集聚一般是由“大规模经营的利益”或“大规模生产的利益”所产生。二是由多种企业在空间上集中产生的集聚。这种集聚利益是通过企业间的协作、分工和基础设施的共同利用所带来的。

集聚又可分为纯粹集聚和偶然集聚两种类型。纯粹集聚是集聚因子必然归属的结果，即由技术性和经济性的集聚利益产生的集聚，也称为技术性集聚。偶然集聚是纯粹集聚之外的集聚，如运费指向和劳动费指向的结果带来的工业集中。

分散因子的作用是集聚结果所产生的，可以说是集聚的反作用，这种反作用的方式和强度与集聚的大小有关。其作用主要是消除由于集聚带来的地价上升造成的一般间接费、原料保管费和劳动费的上升。

韦伯进一步研究了集聚利益对运费指向或劳动费指向区位的影响。他认为，当集聚节约额比运费（或劳动费）指向带来的生产费用节约额大时，便产生集聚。

为了判断集聚的可能性，韦伯提出了加工系数的概念：加工系数＝单位区位重量的加工价值。该系数高的工业，集聚的可能性也大；反之，集聚的可能性就小。

（五）韦伯区位论的评述

如同农业区位论鼻祖杜能一样，韦伯是第一个系统地建立了工业区位理论体系的经济学家。他的区位理论是经济区位论的重要基石之一，不仅是理论研究的经典著作，同时对现实工业布局也具有非常重要的指导价值。

如上述分析，韦伯区位论具有以下特色：一是韦伯首次将抽象和演绎的方法运用于工业区位研究中，建立了完善的工业区位理论体系，这为他之后的区位论学者提供了研究工业区位的方法论和理论基础。二是韦伯区位论的最大特点或贡献之一是最小费用区位原则，即费用最小点就是最佳区位点。他之后的许多学者的理论仍然脱离不开这一经典法则的左右，仅是在他的理论基础上修补而已。三是韦伯的理论不仅仅限于工业布局，对其他产业布局也具有指导意义。特别是他的指向理论已超越原有理论及工业区位的意义，而发展成为经济区位布局的一般理论。

尽管韦伯工业区位理论意义重大，但其仍然具有局限性，不能期待用它解释所有的工业区位现象。

韦伯工业区位论中的运费是重量和距离的函数，并且成比例地增加，而现实中的运费制度则是区段增加并且是远距离递减；运费往往因原料、产品的不同，运费率也是不相同的，而不是韦伯工业区位论的统一运价体系；运费也因运输方式不同而不同，即使是运输同样的物品，运价体系也不同。

韦伯假定的完全竞争条件也是非现实的。从工厂购买的产品，随着远离工厂、运费增加，其销售价格会上升，而需求减少；需求减少，企业收入必将受到影响，对企业家而言，不仅应关注最小成本的节约，更多的是追求最大利润。

就工厂经营而言，有生计性的经营和企业性的经营。生计性经营一般为小规模作坊式经营，而企业性经营则是相对大规模的工厂式经营而言。生计性经营往往不太考虑生产成本的场所差异，也一般不会意识到最小成本，也不会受最小费用指向所左右。而企业性经营与其说关注成本最小，不如说更重视利润的最大化。

技术和交通运输的发展，带来了原料使用量和劳动费以及运费大幅度的削减，本来属于原料地和劳动供给地指向的区位类型现在已变为消费地指向区位类型，特别是一些尖端技术工业布局受地域束缚极小，工业区位的选择范围很广。在这种条件下，工业区位出现了新的指向型，如临空型、临海型和高智能型等区位类型，这些类型的工业区位不能直接地套用韦伯的理论（张文忠，2000）。

二、廖什的利润最大化区位理论

以韦伯为代表的最小费用区位论，在假定需求给定，且对企业区位选择不产生影响即不考虑需求因子作用的条件下，认为单一企业区位的选择动机是追求费用最小。以廖什（A. Lösch）为代表的利润最大化区位理论却从需求出发，认为最佳区位不是费用最小点也不是收入最大点，而是收入和费用差的最大点，即利润最大化点（廖什，1995）。韦伯假定需求和价格已给定，即把收入看做是一定的，但事实上，收入需求随着产品价格的变化和市场圈的大小不同而变化，同时也与选择的生产区位有关。如果各生产区位的生产价格不同，那么，各生产区位所占有的市场空间大小也不同，即总需求不同，总需求的差异将带来收入的不同，最终将导致最佳区位的空间变动。总之，价格、需求和区位之间有密切的关系。

在廖什之前，虽然帕兰德、胡佛等（Hoover，1948）的区位理论也都重视市场地域的研究，但帕兰德和胡佛是假定区位已知，研究在完全竞争条件下市场空间的大小和分割情况，而不是研究需求对区位选择的影响。区位的相互依存学派尽管研究市场地域的垄断对区位选择的作用，但初期的研究者，也把需求假定为无限的且是非弹性的，这就是说价格的变化对需求不产生影响。后期的研究者虽然对这一条件作了修改，但其与前期的学者一样，忽视了对费用的研究。因此，正如廖什所说的那样："如同追求费用最低点一样，认为销售最大点是最佳区位的想法同样是错误的，只有利润最大的地点才是最佳区位点。"

廖什在《经济空间秩序》一书中讲到，杜能和韦伯的区位论是将现实中的许多条件抽象之后建立的非常单纯的区位模型，是以完全竞争为前提，研究个别经济区位的部分均衡区位论。在部分均衡论中给定和假定的条件包括需求、原料和市场的区位。在这之前的研究，已解决了基于部分均衡论上的区位问题，下一个要研究的问题是以一般均衡论为基础的区位理论。从经济学角度探求区位的一般的相互关系，寻找对区位有利因素的同时，也必须考察其反作用。可见，廖什在传统区位论的基础上，研究视角是从不完全竞争角度研究一般均衡区位理论，这就是廖什与他之前的区位论学者在研究视角上的区别所在。

廖什的区位论不是说明在现实世界中经济活动的区位，而是试图研究在已知的简单化的条件下，怎样的区位模型能够满足规定均衡状态的条件。他的基本哲学是在混沌的经济世界背后，存在着秩序、规律和原因。关于理论与现实的关系，廖什在《经济空间秩序》一书中，曾这样讲过："必须要区别现实的区位问题和合理的区位问题，两者不一定一致……如果认为存在的东西一定合理，否则就不存在，那么，这个结论是很危险的。经济学者的真正义务不是说明我们的悲惨现实，而是去改造它。最佳的区位问题比现实的区位决定远远有价值。"

廖什受经济学家拉瓦斯均衡经济理论的影响，试图把均衡思想引入空间经济分析中，而建立所谓的区位一般均衡模型。

廖什认为区位的均衡取决于两个基本因素，即：对于个别经济而言，是追求利润最大化；而就经济整体来说，是独立经济单位数最大化。他认为后者是来自外部竞争的作用，前者是内部经营努力的结果。也就是说，个别经济单位如企业生产者会将自己的生产区位选择在能够得到最大利润的地点，而消费者将自己的消费空间选择在价格最便宜的区位点。但就整个经济而言，通常存在着许多的竞争者，当新的竞争者加入市场时，各经济单位所占有的空间会缩小到自己的利益消失点，这样，经济整体内部存在两个力的作用，一个是对空间的获取，另一个是其他经济单位对空间的再夺取，各方的动机都是追求利润的最大化。廖什认为区位是由这两个力的均衡地点所决定的，区位间这种相互依存性带来的均衡，可通过区位一般方程式体系来表示。另外，他提出了对于独立生产者、消费者或农业和工业都适应的均衡的一般条件，并以工业为例建立了一组方程式。

廖什的第一个条件是，对于个别单位的区位必须尽可能是有利的。企业在整个空间和自己的市场圈内部选择能够得到最大利润的区位，农业生产者以同样的目的决定自己土地购买的场所及在农场内建筑物的位置，消费者以同样的原理选择居住地。从这一条件不难看出，实际上，廖什将农业区位问题同样看做一个点，即在最大利润的目的驱使下，选择最佳的土地或农场内建筑物的最佳位置，这与杜能的区位理论不同。第二个条件是，独立经济单位数尽可能最大，即区位数应尽可能达到将整个空间全体利用。第三个条件是，所有的经济活动都不能得到超额利润。后两个条件只有在自由竞争市场条件下才能成立，如果在垄断经济市场下很显然不能成立。第四个条件是，购买圈、生产圈和销售圈尽可能的小。第五个条件是，在经济圈边界上的地区同时属于相邻的两个区位，因此是没有差别的。对应于各个条件廖什都建立了相应的方程式，从数学角度进行了精确的论证。廖什是第一个从整个区位相互关系的抽象角度来研究完全一般均衡的学者，其思路是非常出色并值得借鉴的。其实廖什本人也谈到："在我们的推论中具有重要意义的不是存在着未知数和同等数量的方程式，也不是说明像经济学的其他分支一样，区位相互间在某种条件下均衡也有可能成立的事实，重要的是想明确在这种条件下的内容。"

廖什的最大利润区位论的空间均衡形成过程是这样的：只有一个农场主时，当他生产的啤酒超出了自己的需要，其剩余部分将用来销售，其销售市场空间是一个圆。但是，当其他农场主也加入啤酒生产的话，由于竞争的存在，销售空间会缩小，最终整个空间将会由圆变成六边形。六边形既具有最接近圆的优点，也具有比三角形和正方形等其他多边形运送距离最短的特点，因此，需求可达到最大化。这一点克里斯泰勒在其名著《德国南部中心地原理》一书中曾论述过，他认为，六边形每单位面积的需求最大，且由中心到市场地域内的所有地点的距离总和最小（Christaller，1933）。

按照廖什的理论区位空间达到均衡时，最佳的空间模型是正六边形，但在现实中，区位空间模型呈六边形的情况很少。即使表现出六边形的空间模型也以商业和城市区位为主，而工业区位一般不具有这一特征。这并非是说廖什的理论存在问题，而是工业与商业、城市和农业在本身性质上存在着差异。工业区位不像商业和城市区位那样其销售和服务空间以本身依托的地域为主，而是超越地域，其销售范围相对较广。另外，其依托地域也不同于商业或城市，而是存在着区位之间的相互竞争，工业的竞争一般是超地域的竞争，在其依托的地域由于各自生产的内容未必相同，因而各区位之间不一定就是一种竞争关系，也可能是一种互补关系。这就是说工业区位不存在像商业或城市区位那样区位主体之间有一定的类似性和职能等级的差异性。但就整个地域来看，工业区位的竞争较强，其区位的空间模型也类似于商业或城市区位。

最大利润区位论与费用最小区位论相比较，市场不是韦伯学派的"点"状市场，而是蜂窝状的正六边形"面"状市场。廖什的区位论在垄断竞争情况下，首先着眼于确定均衡价格和销售量，即平均生产费用曲线和需求曲线的交点，再通过此来确定市场地域均衡面积和形状。也就是说，在给定的经济空间内随着生产区位数量的极大化，使各区位得到利润最大化，由这一条件出发来规定市场范围和形状。廖什研究的前提不是建立在完全竞争的市场条件下，而是以不完全竞争和垄断竞争为前提来寻找利润最大化的区位点。总之，以廖什为首的利润最大化区位论是比较完善和系统的区位理论。当然，正如许多学者批判的那样这一理论也存在许多问题，如区位理论建立条件的非现实性，即假定原料、人口分布和交通条件相同，以及嗜好、技术知识水平相同等。

廖什的区位论存在的缺陷主要是他对空间的费用差考虑不足，尽管他认为最佳区位点由收入和费用两因子所决定，但他主要考虑的是需求因子，他认为在均衡状态下，能够存在的区位是指占有一定销售地域的区位，费用因子是通过制约市场地域大小的运费或有效需求最大时的集聚利益来反映的（张文忠，2000）。

三、史密斯的收益性空间界限分析

在工业区位论研究中，韦伯引入了空间费用曲线，廖什导入了空间收入曲线，如果把这两条曲线相结合，就能够画出收入的空间界限，通过收入的空间边界分析就可找到"最佳区位"、"接近最佳区位"或者"次最佳区位"。这一理论由劳斯顿首先提出，后由史密斯进一步发展成系统化的区位理论（Smith，1971）。

史密斯区位理论的基本原理是："能够得到最大利润的区位是总收入超过总费用的最大地点。"他的这一原理是通过空间费用曲线和空间收入曲线来反映的。

对于选择区位的企业生产者来说，费用和收入空间的相互作用是非常重要的，因此，有必要研究费用和收入空间的相互作用对区位的影响。在空间的任意一点每生产一单位产品的费用由曲线 AC（平均费用）或 TC（总费用）来表示（图 6-6）。该曲线也称空间费用曲线（space cost curve），费用极小点用 A' 表示。在空间的任意一点每一单位产品的收入由曲线 P（价格）或总收入（TR）来表示，该曲线就称为空间收入曲线（space revenue curve），收入最大点用 B' 表示。M_a 和 M_b 表示平均费用和价格正好相等的区位，M_a、M_b 以内地区收入大于费用，是有赢利的区域，M_a 和 M_b 就表示利润的可能性边界；反之，M_a、M_b 之外的地区则收入低于费用，为亏损区域。在 M_a 和 M_b 之间，P 和 AC 间的垂直距离表示生产各单位的平均利润，若把上述的平均费用和价格用总费用和总收入表示的话，总收入（TR）和总费用（TC）间的垂直距离表示总利润。在 A 点的生产费用最低，B 点的收入最大，M_a 和 M_b 之间表示能够获得利润，但在区位 A，空间收入和空间费用曲线的垂直距离比区位 B 大，即 $A''-A'$ 之间的距离大于 $B''-B'$ 之间的距离，因此 A 是最佳区位（图 6-6）（Smith，1971）。

总之，总收入和总费用的空间变化能够形成利润极大的最佳区位，与此同时，也可形成空间界限，即超过此界限就不可能得到利润。但是，在空间界限内不是追求利润的最大化，而是企业可自由布局。这一点非常重要，为区位论研究向最佳满意行为区位论发展提供了依据，即使摆脱传统假设的经济合理性成为可能。

史密斯认为，空间的费用和收入也能够反映出工业区位模型的形态，费用曲线或收入曲线的倾斜程度越大（即费用或收入的空间变化大），工业越集中；反之，则表现为分散的倾向。

因企业家的经营手段不同会造成区位模型变化（图 6-7）。假如企业家的经营能力和水平高，总费用就会降低，否则总费用就上升。如图 6-7 所示，AC 曲线表示所有企业的平均空间费用曲线，而 ACS 曲线表示经营手段和能力高的企业的空间费用曲线，ACT 曲线是经营手段和能力差的企业。可见，经营手段和能力高的企业获得利润的空间范围要比其他同行企业的范围大，因此，优秀企业家不仅在最佳区位能够获得较大的利润，而且区位空间选择范围也相对较大。

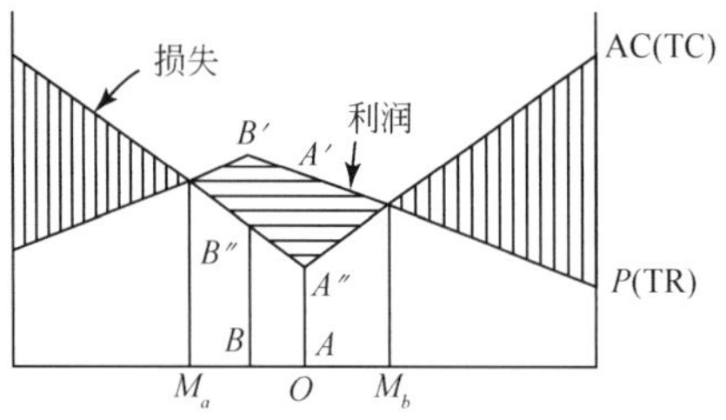

图 6-6 收益性空间界限的区位模型（Smith，1971）

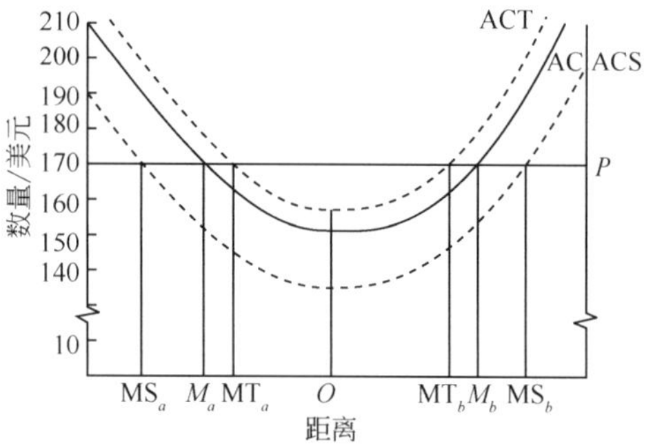

图 6-7 企业家能力与收益性空间界限区位模型的变化（Smith，1971）

政府的区位补贴或高额税收等区位政策也会造成区位变化（图 6-8）。通常，国家为了开发落后地区或为了某种政治需要，对在某些指定地区布局的企业给予各种优惠条件以吸引企业的投资；同时也有相反的情况，即为了限制在某地区进一步发展工业，而制定一些区位投资限制政策，来减少工业的集聚。结果出现本来亏损的区位却能够赢利，而应该赢利的区位却亏损的现象。如图 6-8 中的 EF 本应该是亏损区位，却也能得到利润，而 GH 本来利润最高，但如果在此布局必然出现亏损。

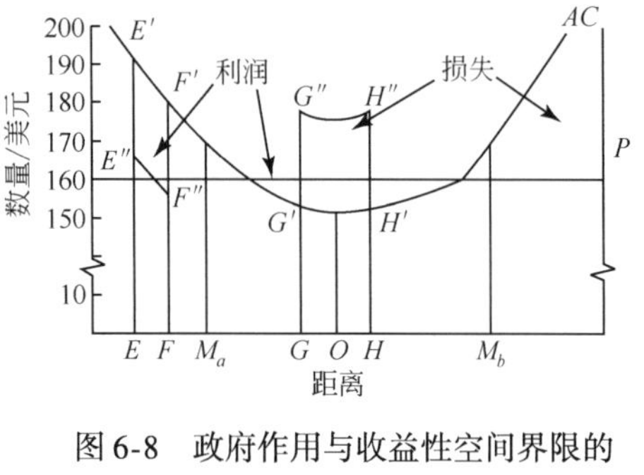

图 6-8 政府作用与收益性空间界限的区位模型的变化（Smith，1971）

史密斯的收益性空间边界理论也认为，尽管能够得到最大利润的区位是总收入超过总费用金额最大的地点。但对于很多企业家来说，最大利润区位也许没有他喜欢的娱乐设施和交际场所，如高尔夫球场或夜总会等，在这种情况下，企业家有可能选择接近最佳区位且又能够满足自己行为的空间。因此，企业家在决定工厂区位时，还受到一些非经济因素的作用，如工厂创建者的出生地，是否具有可利用的空地，对工业开发的援助，企业家的模仿或群居性以及当地政府或国家的财政援助等的影响。

四、普雷特的行为区位论

传统经济区位理论都假定从事经济活动行为的主体——人，是完全掌握了所有环境的一切信息，并且具有能够以稳定的选择水平正确地选择所有事物的能力的人，即所谓 的“经济人”。

在现实中，无论是经济活动的经营者还是经济活动的参与者的行为都并非是以实现利润最大化或费用最小化的目标而行动的人，而往往是在某种满足的目标下行动，是“满意人”。经济活动的经营者与其说是追求最佳区位，不如说更多的是按“最小努力原理”，寻找某一满意的区位。事实上，由于人类不可能完全掌握自己周围环境的知识和信息，同时人类的自身知识也是有限的，因此，表现在现实中的各种区位并不是传统区位理论上的最佳区位（Bale，1983）。

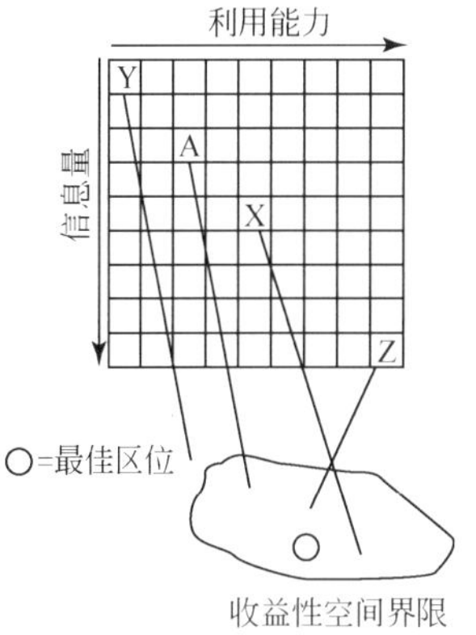

图 6-9　行为矩阵与收益性空间界限（Bale，1983）

在区位选择中，决策者所作出的选择一般不是在确定性状态下的经济人的决策，往往是在非确定性状态下的满意人的决策。行为地理学的先驱威尔普特认为，现实世界的决策者不是区位论假定的“经济人”，而是接近于“满意人”（Wolpet，1965）。在区位论中，经济人的概念假设实际上存在着逻辑矛盾。比如，把回避竞争者的“经济人”的行为原理应用于不完全竞争条件下的区位行为，作为整体的区位模型就不会是最佳。换言之，行为者相互间的决策和同一行为者的连续决策具有关联时，最终得到最佳区位模型的可能性很小。因此，行为目标不是最佳化，而是最大满足化，“满意人”的概念比“经济人”的概念更现实。

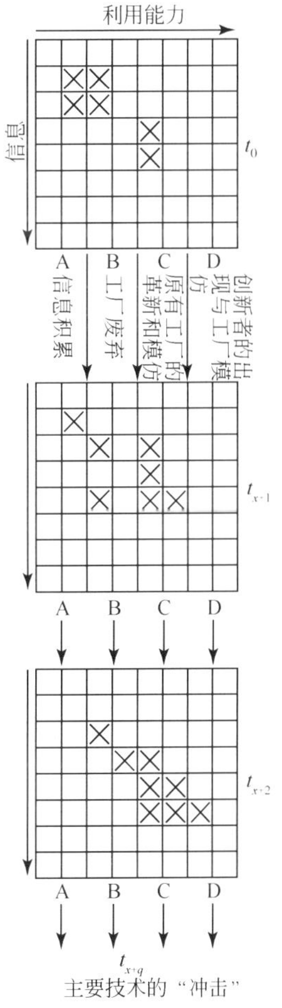

图 6-10　行为矩阵随时间变化示意图（Bale，1983）

经济活动区位是从事经济活动的行为主体——人类的决策结果。区位决策是决策者在占有或多或少的信息量基础上，在自身对信息的判断与加工后的决定。那么，进行怎样的区位决策，区位决策是否合理或合理性如何，取决于在决策时点的信息占有量以及决策者的信息利用能力，这是普雷德（A. Pred）行为区位理论的重要思想（Pred，1967）。

普雷德运用行为矩阵来研究区位论，他重视不完全信息和非最佳化行为对区位选择的作用。行为矩阵由信息水平轴和信息利用能力轴构成，而各个决策者均位于这一行为矩阵之上（图 6-9）。信息水平轴表示在某种区位决定时，各个决策者拥有信息的质与量；信息利用能力轴表示决策者的运用信息的各种能力。在行为矩阵中决策者的位置，越是接近于右下方的各行为者采取的行为，越与最佳化行为相近。在图 6-9 中，位于行为矩阵的左上角的决策者 Y，全部不具有或几乎不具有有关区位的信息，并且决策者全部没有信息的利用能力，那么，Y 所选择的区位不可能是最佳区位，落在收益性空间界限之外。相反，位于行为矩阵的右下角的决策者 Z，具有全部的有关区位的信息，并且决策者有最高的信息利用能力，即决策行为绝对合理，那么，Z 所选择的区位一定是最佳区位。Y、Z 是两个极端，现实中往往大多数决策者更多地处于图中 A、X 或其他中间位置，因不具有完全的信息以及信息利用能力，决策者即使是以最佳区位作为目标，但也仅能达到其区位在收益性空间界限内或在收益性空间界限外。X 是我们能够看到的一般的决策者，他选择的区位能够落在收益性空间边界内，但因为他没有充分的信息量和处理能力，选择在最佳地点可能性也很小。而位于行为矩阵左上部的决策者 A，因仅掌握有限的信息，并且信息利用能力较差，一般而言，他选择的区位会落在收益性空间边界外，但却落在了收益性空间界限内，这也许是偶然因素或幸运的结果。

随着时间的推移，各决策者在行为矩阵中的位置从左上向右下移动。作为区位决策主体的人随着时间的变化不仅能够增加更多的知识经验，而且模仿他人的能力也会提高。新建工厂的企业家会模仿其他成功的区位决策者，同时，随着对最佳区位的知识和信息收集的增多，他也会从初期的错误区位决策中反省和进行修正。随着时间的推移行为矩阵的变化由图6-10中A、B、C、D表示的内容来反映，从时间t_0到时间t_{x+2}决策者在行为矩阵上的位置逐渐向右下方移动，结果使行为矩阵在空间上的投影，即工业区位或工业地域趋于更合理。另外，在新的运输方式、新开发的技术或新获得的知识和技术的作用下，曾经是满意的区位或最佳的区位也发生了变化。在这种条件下如果是负向冲击，也有可能使决策者在行为矩阵的位置发生逆转，当然，如果是正向作用如知识增加和利用能力的提高将重新使决策者在行为矩阵中的位置向右下移动。

第三节　市场的空间竞争

一、霍特林模式

霍特林（Hotelling，1929）的市场空间竞争模式假定企业的生产费一定，市场不是韦伯工业区位所讲的点状市场，而是在区域中分布的市场（但在理论研究中，假定为线状市场）。企业的最终价格因区位不同而不同，各个企业都尽力以低于竞争企业的价格向消费者销售，而最终价格与克服企业与消费者间的距离所支付的运费大小有关。各个企业在选择区位时，都想尽量占有更大的市场空间，这样市场空间的位置和大小受到消费者的行为和其他企业的区位决策行为的影响。某企业如果能够以低于其他竞争者的价格在某市场空间销售产品，那么，该市场就会被该企业所垄断。

霍特林的市场空间竞争模式主要是研究在不完全竞争条件下，均衡状态的形成过程，探讨在线状市场条件下，存在两个竞争企业时，区位与市场空间的关系。

霍特林假定相互竞争的两个冰淇淋销售者向沿海岸均等分布的消费者供给相同的产品，各消费者每单位时间内购买一个冰淇淋。在这种情况下，他得出的结论是，两个销售者将在海岸的中央相对布局，分别占有市场的一半（Greenhut，1956）。

上述结论产生的前提条件是：①消费者在空间上均等地分布；②市场对于产品需求是无限的而且是非弹性的；③生产费在所有的区位都均等；④产品的运费率在所有的区位都相等；⑤生产者按照工厂生产价格销售，从工厂到消费者的运费由消费者支付。在这种条件下，如果只有一个企业*A*时，其在任何区位布局都能占有所有市场。第二个企业*B*的区位选择同样是自由的，但他考虑到与*A*的竞争关系，在市场中央尽量靠近*A*的地点布局是最有利的。这样企业*A*和*B*分别向市场的左半侧和右半侧供给［图6-11（a）］。如果*B*在其他的地点布局［图6-11（b）］，正如两条最终价格线表示的那样，*B*在市场的右侧比在市场的中央布局最终价格要低。但需求是无限的而且是非弹性的，买方不论在怎样的价格下，都会购买，因此，像这样的区位选择对*B*来说没有任何利益。而且，离开*A*的区位选择，意味着*A*将会通过竞争占有*A*和*B*之间的部分市场。总之，尽量接近*A*且在市场中央布局是*B*占有一半市场的唯一区位，这样各企业能垄断占有属于自己的市场。

但是，当考虑需求是弹性的，即价格对销售量有影响时，在最终价格最高的市场末端，降低最终价格非常重要。在这种情况下，两个企业将在直线市场的1/4处布局［图6-12（a）］。原因在于这样可使运费最小，从而达到消费量最大的目的，各企业都能得到一半市场。这种区位选择的运费节约（阴影部分）与在中央布局的运费节约（斜线部分）相比较要大得多，并且比其他可能的区位选择也要有利［图6-12（b）］（Hotelling，1929）。

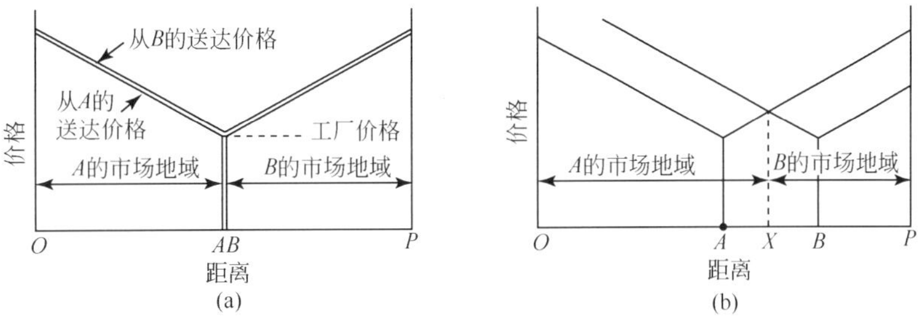

图 6-11　无限非弹性需求条件下的直线市场的竞争（Greenhut，1956）

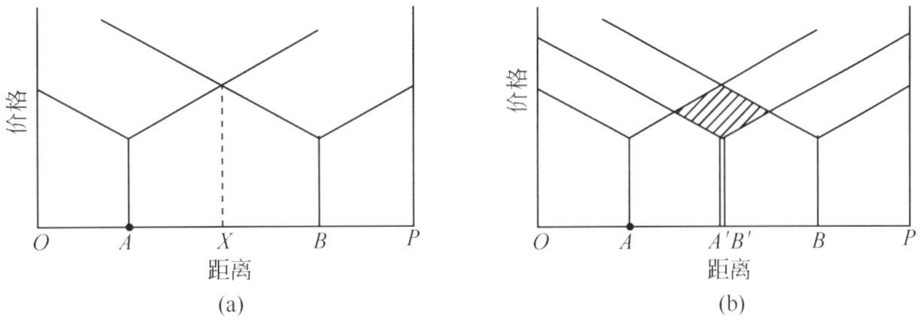

图 6-12　弹性需求条件下的直线市场的竞争（Greenhut，1956）

二、帕兰德的区位理论

继韦伯之后，瑞典经济学家帕兰德（T. Palander）是区位论的重要贡献者之一。帕兰德在 1935 年完成其学位论文——《区位理论研究》，他试图把不完全竞争的概念引入区位论研究中，以价格为变量研究区位空间的均衡（Palander et al.，1935）。

帕兰德在构建市场空间竞争理论时，首先将以下两个基本问题进行了区别：一是在假定原料的价格和分布地以及市场的位置已知的条件下，生产在哪里进行的问题，该问题也是韦伯努力要解决的问题；二是在生产地、竞争条件、工厂费用和运费率已知的情况下，价格如何影响生产者的产品销售空间范围的问题。

关于市场空间大小如何决定的问题，帕兰德是通过自己设计的直线市场这一简单模型来说明的，他研究了在这一直线市场上只有两个生产同样产品的企业其市场空间界线如何划定的问题。

假定在相距 L 的两点 A 和 B 围绕市场空间展开竞争，消费者购买产品所要支付的费用是产地价格再加上从产地到消费地的运费。每吨公里的运费即运费率分别为 f_A 和 f_B。对于消费者来说，尽量是在购买费和运费最小的地点购买；对于各生产者而言，通常首先是在自己的周边销售商品。两空间的界线应该在从任何一方生产者购买商品其价格都相同的地点。

某地的价格如果等于生产地价格加上到消费地的运费，那么该地方价格（运费与距离呈比例时）将随着离生产地的距离而增加，且在所有的方向都会同样增加。用几何学来说，地方价格的高低呈漏斗状，漏斗的下端部就是生产地。在所有的竞争地，其价格都呈漏斗状。在这些漏斗相交的地点，价格相等，而与购买地无关。这样等竞争线可看做是两个漏斗相交部在平面上的投影线（图 6-13）。

图 6-14 表示两个竞争地的价格漏斗相交得到的五种类型。第一种情况表示两竞争地的价格和单位距离的运费相同，因此市场空间的界线在 A 和 B 中间［图 6-14（a）］：

$$x = l/2 \tag{6-6}$$

第二种情况表示运费率相同，但区位 B 的生产价格高于区位 A，因此在两个竞争地间 A 将占有更大的市场空间，当 B 的价格太高时，其产品有可能会被从市场中驱逐出去［图 6-14（b）］。市场空间界线在距生产价格相对低的区位 A 为

$$x = \frac{fl + P_B + P_A}{2f} \tag{6-7}$$

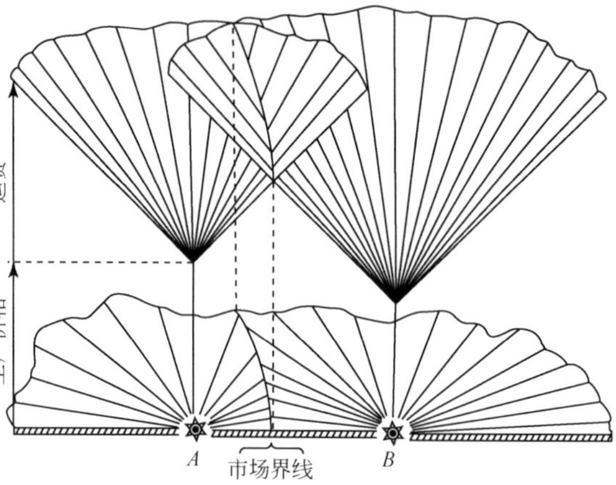

图6-13　帕兰德的市场空间分割（Palander，1935）

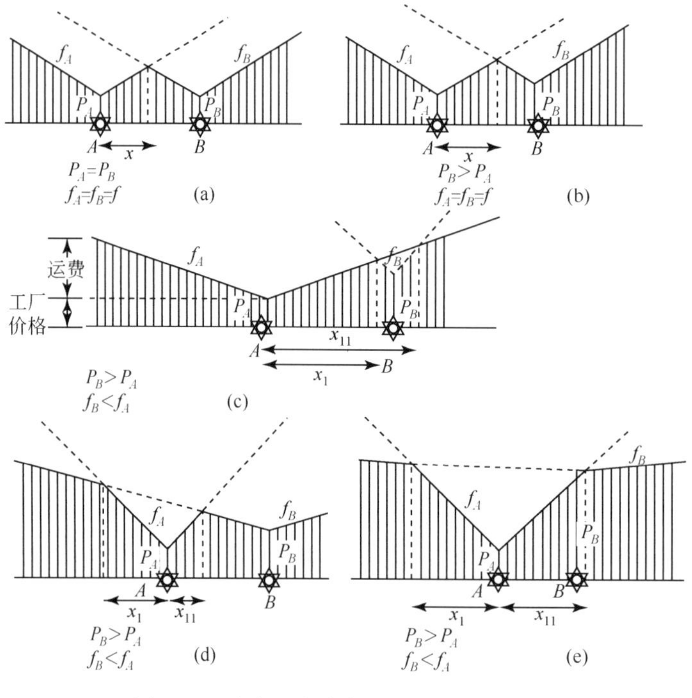

图6-14　市场空间竞争（Palander，1935）

第三种情况表示区位 B 的生产价格和单位距离的运费都比 A 高，但仍可占有较小的市场空间［图6-14（c）］：

$$x_{11} - x_1 = \frac{f_B l - P_B + P_A}{f_B - f_A} - \frac{f_B l + P_B - P_A}{f_B + f_A} = \frac{2f_B(f_B l - P_B + P_A)}{f_A^2 - f_B^2} \tag{6-8}$$

第四种情况是区位 A 比 B 生产价格低，但运费率比 B 高，这时尽管 A 占有一定的市场空间，但在其左侧的市场空间也被区位 A 所占有了［图6-14（d）］（Palander，1935）：

$$x_{11} - x_1 = \frac{f_B l + P_B - P_A}{f_B + f_A} - \frac{f_B l + P_B - P_A}{f_B - f_A} = \frac{2f_A(f_B l + P_B - P_A)}{f_A^2 - f_B^2} \tag{6-9}$$

最后一种情况与第四种相似，是区位 B 的生产价格太高，以至于在其周围的市场都被 A 所占有，但由于其运费率极低，能占有右侧一定距离外的市场空间［图6-14（e）］：

$$x_{11} - x_1 = \frac{P_B - P_A - f_B l}{f_A - f_B} - \frac{P_B - P_A + f_B l}{f_B - f_A} = \frac{2(P_B - P_A)}{f_A - f_B} \tag{6-10}$$

生产者占有的市场空间大小将对其获得的利润产生影响。在每单位产品的生产费和利润给定时，如果销售量与市场空间的大小有关的话，那么总利润将是生产地与其产品的销售市场间的距离的函数。任意一生产者的销售空间或利润将会受到其竞争者的区位行为决策或其他行为的影响。

第四节　服务业区位

随着一个国家或一个城市的经济发展，服务业在整个经济活动中所占的比重将不断提高。服务业快速发展的趋势将会导致城市内产业结构和产业区位空间结构的变化，同时也给我们提出了一个新的研究领域和课题。

一、服务业的类型与区位特征

服务业一般不直接进行物质生产，主要是从事信息和管理或服务职能的经济活动。广义的服务业是指不直接进行物质生产的所有经济活动，实际就是第三产业；狭义的服务业是指为个人或企业提供各类服务的行业。根据其性质不同，服务业一般可被分为四种类型。

第一种类型是以个人和家庭为对象，提供日常服务活动的服务业。这类服务业具有零售业的特征，由各种店铺组成，如理发和美容院、洗衣店、照相馆和修理店等。因此，其区位布局也类似于零售业，即尽量接近消费者。

第二种类型服务业是以企业（或事务所）为对象，提供企业（包括行政机关、医院和教育部门等）活动中产生的服务性需求的经济活动。这类服务业代表性的行业有广告业、设计业、信息服务业、复印和复印机的维修业、计算机软件开发和销售业等。与第一类服务业不同，这类服务业的对象是企业或机关等，因此，在区位布局时，接近消费者的区位因子对这类服务业并不重要。而各种事务所集中的都心区则一般是这类服务业的最佳区位选择地，在一定程度上也可以说它们的区位布局类似于批发业。

与企业相关联的服务业以信息服务业、广告业、设计业和研究开发业等为主，主要是从外部来支援企业的服务活动。这类服务业的区位特点是高度集中在各大城市中，其原因是大城市信息灵通，经济、技术和文化交流广泛，在大城市能够掌握最新的情报和信息，同时也可把握最新的和一流的设计动态。从需求来看，像这种特殊的和高层次的服务也只有布局在大城市才有更大的市场。

从世界各国服务业的区位特征来看，像情报和信息、广告业以及设计业等典型的城市型服务产业，一般都高度集中在各大城市中，并且，其在城市内部也以都心区为主要区位集聚点。其原因除与其他行业一样，追求都心区的所有优点外，还在于它们的区位用地少，只需租用一个办公室就可运转。因此，这类服务业受空间制约相对较小；相反，信息的来源、交流的便利性以及同行业间的竞争和合作性对其显得非常重要。但是，与制造业部门关系较密的服务业，如机器维修业等在大城市布局相对较少，这类服务业通常与制造业的布局相一致。就一个城市而言，像机械器材租赁业、机器维修业等服务业也不同于前者，它们在都心区的集中程度很低。主要原因是它们不仅为都心区布局的企业或行政机构提供服务，而且要为在都心区周边和郊区布局的企业服务。另外，它们的区位用地也比前者要大，高额的地价也在一定程度上限制了它们的求心性发展。

第三种类型是具有事务所性质职能的服务业。这类服务业主要是从事以信息的收集、加工和发送为主的业务职能，如企业的管理和营业部门以及银行、保险公司和房地产等部门。其服务的对象主要以与社会、经济和政治有关的企业和机关等为主，也包括部分个人和家庭。这类服务业的区位特点与第二类服务业具有相似性，也主要在都心区布局。

在这类服务业中相当的内容是属于事物性活动，即所谓的事务办公职能。这类服务业从职能上可被分为以下三大类型：一是发挥着管理性职能的事务和办公机构，如国家和地方的行政机关或各企业的管理总部等，这类职能具有高度的决策性和权威性，因此，情报和信息收集以及发送极为频繁。这一类型的服务业主要布局在市中心，具有极强的求心性，追求交通、信息的便捷性是其区位选择的主要因子。二是次级行政机关或企业的分社和支店，从职能来看，行政机关主要是从事具体事务的处理和汇报，而企业则以营业活动为主，但一般不进行实物的交易活动，这类服务业多布局于次级中心区。三是从外部支援企业活动的职能，如金融、保险、房地产等，这类服务业也具有很强的求心性。

第四种类型是公共服务设施，如学校、图书馆、医院和消防局等。这类服务业受行政制约较大，但公平性和效率性应该是此类服务业区位布局的主要因素。

公共服务设施包括医院、学校、公共交通设施、邮局、图书馆、清洁公司、供电局、自来水公司、警察局和消防局等机构。对于每个公民而言，其从出生到死亡的整个人生旅程中几乎每天都离不开公共服务设施，可以说公共服务设施与现代生活密不可分。因此，合理地、高效地、公平地布局公共服务设施不仅能够为公民提供一个舒适的社会环境，同时也能够反映出社会的公平性和效率性。

公共服务设施的区位选择不仅要追求移动费最小这一效率性，同时也应该考虑所有的公民都能够均等地享受公共服务的权利这一公平性，如消防局布局在对任何一个地区来说都尽量近的地点是最佳的区位选择。但是，公共服务设施的区位选择也不能够忽视效率性，特别是对于经济发展水平低的国家和地区而言，因为其没有充足的资金修建更多的设施，因此，必须考虑如何能够更有效地利用有限的设施建设。

上述的分类并非是绝对的，有些服务业具有多重性质，特别是近年来新产生的一些服务业其表现形态不固定。也正因为这样，目前对服务业的定义和分类仍不统一，存在诸多说法。

二、服务业区位选择的因素分析

作为营利性服务企业的经营者，其区位选择一般分为以下三个层次：一是服务企业所在城市的选择；二是在城市内的一个区域或一个类型区位的选择；三是具体地点的确定。

服务业在不同空间层次的布局，所面临的问题和要解决的关键问题也不同，因此，影响区位选择的因素也有所不同。

一个服务企业选择在某一个城市布局，作为经营者至少要应该考虑以下几个因素：①该城市能够接受该企业服务的规模范围；②服务区的人口数量和消费偏好；③该城市总体消费能力和消费量的分配；④不同服务行业的总体消费潜力；⑤其他竞争者的数量、规模和质量；⑥竞争的程度等。

根据上述因子分析，企业经营者可以进行合理的企业定位，确定要布局企业的规模、服务档次、服务种类、客户群等。

在确定了具体的城市，进一步选择城市内部某一个区域或类型区位时，企业经营者要分析以下几个因素：①服务区和具体服务设施对顾客的吸引力；②竞争企业的量与质；③到达该服务设施的路线状况；④该区域的居民特性和风俗习惯；⑤该区域的扩展方向；⑥该区域的基本概况等。

上述因素分析对确定服务企业在一个城市某个区域布局具有重要的作用，是具有针对性的区位选择分析。

准确确定具体地点是服务企业在空间上的落实，是区位决策的最终阶段，在选择具体地点时要考虑以下几个因素：①经过该地点的交通状况和交通发展潜力；②相邻企业的基本情况；③停车场的充足性；④在该地点布局的综合费用等。

对于大多数服务企业而言，“最佳”区位是在市场潜力较高的地方。交通流量和人口密度等条件对服务业区位选择具有重要的意义，一般消费性服务业倾向于在交叉路口和其他交通便利的地点集聚，在服务区内，小企业依赖大企业创造的交通条件，大企业则依靠已有的交通流吸引顾客。可达性对于生产型服务业也同样重要，因为在交易中也存在距离衰减规律，接近市场仍然是一个很重要的区位因素。

上述考虑的是影响服务业区位选择的一般因素或分析方法，由于服务业的类型多样，分类尚不统一，因此，对于特定服务业区位选择的影响因素也就存在明显的差异。

三、服务业区位选择的理论

（一）中心地理论

服务活动的最佳区位模型是在中心地理论的基础上建立起来的，中心地理论最初由德国地理学家W. 克里斯泰勒（Christaller，1933）在20世纪30年代创立，并且经济学家A. 廖什进一步拓展了该理论。

中心地理论认为，每个企业都需要一个市场门槛来维持它的生存，根据服务或产品的等级，企业有不同的门槛和范围。产品的等级由四个特点来决定：价格、购买率、门槛和范围。高级产品或服务价格比较高，因而其购买率或接受服务的比率也较低。因此，这些产品或服务的供应商要求较高的人口门槛。高级产品或服务的市场范围也很大，它们的高售价或高服务费用意味着单位运费较低，因此人们愿意经过长途旅行来购买高级产品或享受高级服务。低级产品或服务正好相反，低廉的价格、较高的购买率和低市场门槛可以维持低级商品销售商的生存。

总之，与低级产品或服务相比，高级产品或服务要求规模更大的消费或服务市场，受距离衰减规律的限制也较低。低级产品购买率较高、市场范围小，这样的产品在许多地区都销售，销售商之间的距离很近。高级产品销售率低，并不是很多地区都销售这样的产品，销售商之间的距离相对较远。

在中心地理论中，中心地等级取决于商品和服务的等级。一个低级中心地只能供给有限的低级产品，而一个高级中心地，可以供给各种商品和服务。高级中心地实际上存在两个供给市场，一个是相对较小的毗邻市场的低级商品货源地，另一个是较大的但仍然是毗邻市场的高级商品货源地。任何一个高级中心地除了提供高级商品外，还提供下一级中心地所提供的一切商品。这就意味着低级中心地的消费者有时不得不到高级中心地购物，但高级中心地的消费者没有理由到低级中心地购物。

高级中心地人口必须比低级中心地人口多，因为它所提供的商品和服务要求更高的门槛人口。一个高级中心地的高门槛人口意味着它包括了低级商品和服务所要求的较小的门槛人口。从另一个角度来看，低级中心地之所以是低级的仅仅是因为它们的人口不足以维持供给高级产品的市场。

图6-15说明了一个沿线状布局的中心地体系。A-L的每一个地区都是一个自给自足的低级中心地，其周围的地区刚好包含了它的门槛要求。每一个中心地的需求门槛范围决定了它的地方市场，在这种垄断竞争体系下，中心地之间没有空白区。中心地A的低级市场直接与B的低级市场接界，中心地B的市场与中心地C的接界，以此类推。图中12个中心地只有6个是高级中心地（B、D、F、H、J、L）。它们之间的间隔具有一定的规律性，每两个高级中心地间隔一个低级中心地。它们在这条线上的相对位置，使其各自有两个可以销售它们的高级产品的低级市场（假设这条线向左向右都无限延伸下去）。例如，中心地D的高级产品一方面销售给自己的一个低级市场，另一方面销售给中心地C和E的各一半低级市场（1+1/2+1/2=2个市场），这样中心地D就拥有两个低级市场。

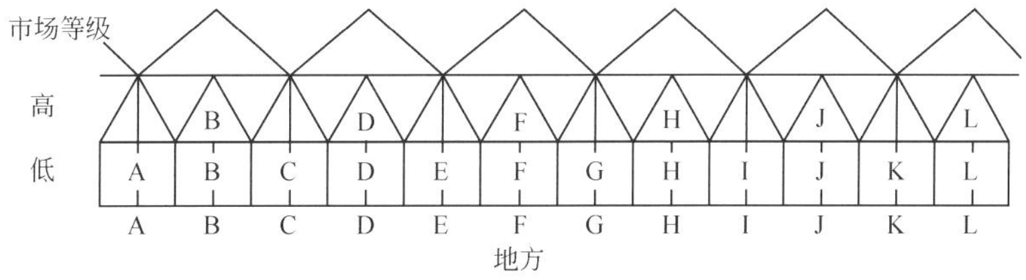

图6-15 中心地等级间关系（Hanink，1997）

如图 6-16 所示，一个中心地体系在平面上扩展成为六边形市场区。六边形可以避免市场的重叠，而这种重叠将违背空间垄断原则，并由此妨碍了一个中心地确保自己的需求门槛的能力。六边形市场限定了在它的市场区内到市场中心的旅行距离费用，或从市场中心购买商品的费用。在图 6-16 所示的单个中心地体系中，一个高级中心地向它本身和周围六个较低级市场的 1/3 范围提供商品和服务，即总共包括了三个低级市场（Hanink，1997）。

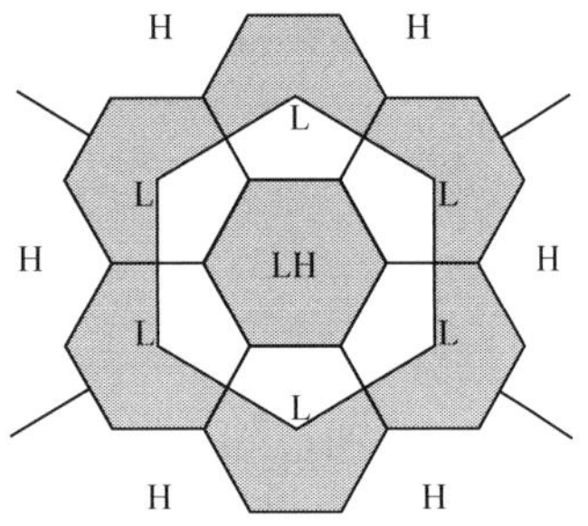

图 6-16　中心地体系（Hanink，1997）

中心地理论主要适用于研究城市体系、零售业、集市和以个人为对象的服务业。对于一些大企业（如制造业、金融和保险）的事务所来说，一般其总部和支社与城市的等级序列相对应而布局。从这一趋势来看，中心地理论也完全可适用于事务所区位布局。另外，包含行政职能的中枢管理职能也与都市的等级秩序相关联，如中枢管理职能的核心即国家职能，一般都集中于首都；而省、市、县、乡、村等级的管理职能则布局在与其相对应的城市或聚落内。

城市内部的事务所区位布局也同样具有上述特征，一般在都心集聚着一些大企业的总部和高级行政管理职能，而在其周边分店、营业所和具体事务部门分布则较多。换言之，服务业的事务所和办公机构与其他中心性职能一样，存在着等级性，不同等级的事务所和办公机构布局于不同等级的中心地。

（二）集聚理论

服务业在空间上的集聚趋势比工业生产活动的空间集聚更明显，特别是一些中枢事务部门大都高度集中于都心中心商务区（CBD）。集聚的类型也类似于工业，既有同种行业的集聚，也有异种行业的集聚。服务业在空间上的集聚主要是追求企业间商务交流和合作的便利性和互补性，以及高度熟练的劳动力市场。因此，从区位指向理论来看，服务业在空间上集聚的原则为：一是集聚利益指向，即为了得到外部经济利益和减少不确定因素的影响而在空间上的集聚；二是劳动力指向，在都心 CBD 区具有各种高度熟悉技术和业务的管理人员，因此，为了获得这些人才，事务所的区位多选择于中心业务区。

服务业的同种行业和异种行业在空间上的集聚都可得到集聚利益，因此，不论是大企业还是中小企业在空间上的集中都有利于情报和信息的收集和交流。准确和迅速地掌握同行业和相关行业的经营动态是企业决策的关键，作为企业经营的决策和具体营业部门的高级管理中心在空间上集聚的原因也就在此。英国学者阿列克山大（Alexander，1979）通过对伦敦、悉尼、多伦多等城市的事务所调查发现，企业的经营者追求集聚利益的目的为：一是便于与外部组织的接触；二是有利于与政府和诸机关的接触；三是接近于顾客和委托人；四是接近于关联企业；五是接近于其他服务业；六是决策者集中等。

企业管理职能的事务所一般都布局在城市中心位置，其原因至少有以下两点：一是这种区位选择可以使情报和信息的输送和收集的距离摩擦费用最小化；二是这类服务业能够支付高额的地租。情报和信息的输送和收集方式多种多样，如邮寄和电话等手段，但面对面的会谈是达成重要商业往来的手段。因此，重视易于面对面接触这一接近性的事务所一般都指向都心区 CBD。围绕都心区 CBD 各企业和部门的区位竞争的基础是它们支付地租的能力，大企业一般具有较高的地租支付能力，因此，都心区 CBD 自然也就成为很多大企业管理职能聚集区。

服务业特别是保险和银行等金融业在特定的地点发展具有历史的偶然性，其形成与城市的发展历史有关。一般保险和银行集中的城市大多是贸易港口，如伦敦、纽约、香港、东京、上海等城市在历史上就是主要贸易港口。与航海、远洋运输相关联首先发展起来的是保险业和银行等金融业，因为保险和金融业是海运业发展的保障。

另外，服务业的形成与政治中心的空间移动也具有密切的关系，作为直接或间接为个人或企业提供服务的行业，其掌握高层决策信息是至关重要的，因此，政治中心的空间变化也影响着服务业的区位选择，如各大公司的总部和为企业提供信息、咨询服务的事务所大多布局在各大政治中心。

（三）公平性与效率性兼顾原则

对于公共服务设施如医院、疗养院、图书馆、邮局和消防局等设施的布局，既要考虑各种设施的可能利用效率，同时也应该考虑所有的公民都能均等地享受到公共服务设施的权利，即公平性。在一定的预算制约下，应根据消费者的平均移动距离来决定公共服务设施的数量和规模。如果过分地追求每个公民享受的平等性，只能是小规模分散布局；相反，如果追求设施的利用效率和服务的多样化，那么大规模、集中式的布局较好，但后者消费者到设施的总移动距离要加大。在现实中，由于国家或地方预算的制约，以及客观上存在的空间距离衰减作用，公共设施完全公平地布局是不可能的。

另外，对于消费者而言，每个人都希望尽量接近对自己有利的设施，如公园、学校和图书馆等，而避开对自己不利的公共服务设施，如飞机场和垃圾处理场等。对于政府而言，既要考虑每个消费者对公共服务设施的需求和期望值，同时也要照顾到所有消费者的需求。一般追求效率性的布局类型多以居民到公共服务设施的总移动费用最小或总移动距离最短为目的；追求公平性的布局类型是远离公共服务设施居住的居民数最少或从各居民点到最近设施的最大距离最小化为目的。

第五节　住宅区位论

一、住宅区位的经典理论

在20世纪20年代初期，伯吉斯（Burgess）提出了同心圆的城市地域结构理论，在该理论中，他用归纳方法总结和说明了住宅区位模型。伯吉斯认为，一般高收入家庭在远离芝加哥市中心的地方选择住宅，而低收入家庭居住在离城市中心近的老住宅区较多。也就是说，随着城市的扩大，最富裕的家庭迁移到城市周围的新住宅区，而他们曾住过的老住宅区将成为低收入者的住宅区，离CBD最近的老住宅区随着城市的进一步发展会转变为事务所和商业区。这一理论模型并非包括所有城市的发展变化，它实际上是具有偶然性，因此，阿伦索（W. Alonso）把它称做是住宅区位的“历史的理论”。

霍伊特（Hoyt）的扇形模型也是住宅区位研究的经典理论。霍伊特认为，高收入者的居住区与城市的地形、社会和历史特征有关，如面向湖泊的地方以及沿交通线路两侧高收入居住者较多。随着城市的发展在这些地方居住的人们不断向外迁移，但高收入者将在相邻区域的新住宅区居住，低收入者则搬迁到高收入者搬出的住宅，如同过滤一样表现出集团向都心外侧的迁移倾向。

上述两理论仅从不同层次的收入者的居住区位选择来看具有一致性，即高收入者多居住在新建的城市外围住宅区，低收入者大多住在离都心较近的老住宅区。

二、折中理论

上述两理论主要是属于实证性理论，产生于实际调查和归纳总结，缺乏从经济角度的分析。从20世纪60年代开始，阿伦索（W. Alonso）和埃文斯（W. Evans）等学者从城市内土地利用和交通系统的关系来研究住宅区位问题，并建立了折中理论（trade-off theory）。该理论的基本前提条件为：

第一，以大城市的中心商务区（CBD）为一个点，城市的土地只能作为住宅用地利用；

第二，所有劳动者都在都心区CBD工作，并可得到一定的收入；

第三，城市是一个平坦的平原，交通体系对于市内和市外的居民具有同样的效率，通勤费用随着距离的增加而增加；

第四，城市具有封闭性，不存在任何形式的外部往来。

在上述条件下，由于土地买卖竞争的结果，都心区的地价达到了最高，随着远离都心区，城市内的土地价格逐渐递减，但同时也意味着交通费用的增加。如果不考虑交通费用时，住宅租用费用与距都心区距离间的关系为随着远离都心区住宅租用费用呈递减趋势；如果不考虑地价的作用，只分析交通费用与距都心区之间的距离关系，其变化是随着远离都心区交通费用呈递增的趋势。事实上，在住宅区位选择时，交通费用和住宅租用费用必须同时考虑，只有两者的和最小点才是最佳区位。选择远离都心区的区位，住宅租用费的节约将会被高额的交通费支出所抵消；相反，选择都心区附近的区位，交通费的节约会被高额的住宅租用费所抵消，因此，该理论也称为相抵消理论。

家庭收入对住宅区位的决策需要从如下两个因素来考虑：一是必需的居住面积，对于希望有宽敞住宅面积的家庭，选择远离都心区的地点可使每单位面积的土地费用节约额达到最大，因此，城市周围地区是最佳的住宅区位点；二是交通费用，它包括两个内容，即直接支付的费用和相对于时间的机会费用。当对住宅面积要求不变，通勤次数增加时，如果住宅向都心区移动就可节约家庭支出。另外，如果一个家庭中通勤者的比率高，选择离都心区近的地方较好；如果只是一个人通勤，选择离都心较远的地方较好。

随着家庭收入的增加家庭对住宅面积的要求也增加，这时将选择离都心区更远的地点，但通勤时间的价值上升时，将选择离都心区近的地点。两个因素哪个起决定作用，要看家庭对住宅面积大小的需求与收入增加间的关系，如果需求弹性高比 1 大，那么富裕的家庭将选择城市的周围地区，贫困的家庭则选择都心区附近。相反，如果需求弹性小接近 0 时，富裕的家庭在都心区，贫困的家庭在城市周围地区布局。如美国等一些发达国家的需求弹性大，前一种区位住宅模型表现较明显，而发展中国家一般住宅需求弹性小，因此，后一种模型更突出。

上述理论可由如下住宅区位模型来表示，在离都心区距离为 x 处选择住宅的家庭效用水平决定于在那里的住宅消费量 $l(x)$，以及住宅以外的其他所有物品的消费量（可作为一个综合商品消费量）$z(x)$,即效率水平可由如下效用函数来表示为

$$u(x)=u(z(x),\ l(x)) \tag{6-11}$$

从式（6-11）中可得到无差别曲线，即如图 6-17 那样向原点凸出的平滑曲线，该曲线假定不与两坐标相交。

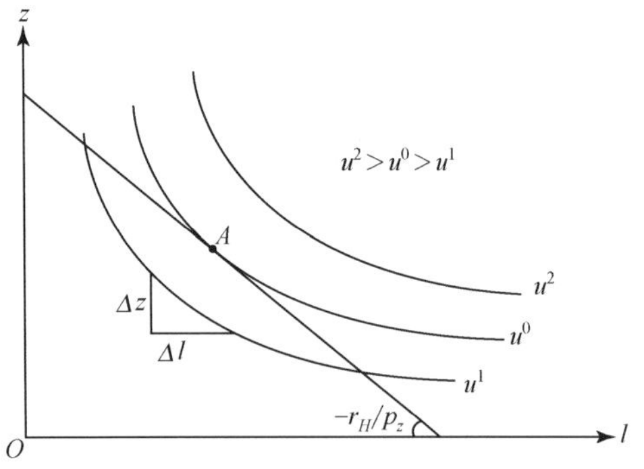

图 6-17　效用最大化（中村良平，1996）

综合商品的价格为 p_z，离都心区 x 距离的区位点每单位面积住宅的地租为 $r_{H(x)}$，区位点 x 到都心区的交通费为 $T(x)$。家庭得到一定的收入为 y 时，预算制约可由下式表示：

$$y=p_z(x)+r_{H(x)}l(x)+T(x) \tag{6-12}$$

在家庭支出在式（6-12）制约的基础上，使效用函数(6-11)最大的情况下，选择综合商品和住宅面积的最佳消费量。根据微观经济学的消费行为理论，在效用函数的无差异曲线与预算制约线（6-12）的相切点达到了最佳化，在图 6-17 中的无差异曲线 u^0 上的 A 点两者的消费量达到最佳，在这一点无差别线的倾斜（$\mathrm{d}z/\mathrm{d}l$）与预算制约线的倾斜（$-r_{H(x)}/p_z$）相等。上述条件可由下式来表示：

$$\frac{\partial u/\partial l}{\partial u/\partial z}=-\left.\frac{\partial z}{\partial l}\right|_{u=u^0}=\frac{r_{H(x)}}{p_z} \tag{6-13}$$

在预算函数（6-12）基础上，使效用函数（6-11）最大化，可得到综合货物和住宅面积的需求函数。把得到的这两个需求函数代入原效用函数得到的函数称为间接效用函数，可由下式表示：

$$u(x)=v(p_z,r_H(x),l(x)) \tag{6-14}$$

价格和收入为参数，$l(x)=y-T(x)$ 为可消费收入。

因为支付地租是表示维持某一定效用水平 u' 的最大地租，因此，$v\ (p_z,\ r_{H(x)},\ l\ (x))\ =u'$，可求得 $r_{H(x)}$ 的解

$$r_{H(x)} = r_H(p_z, l(x); u') \tag{6-15}$$

式（6-15）为住宅支付地租函数。该函数具有如下特征：①收入增加时，支付地租也增大；②收入一定，效用水平提高时，支付地租降低；③随着远离都心区支付地租降低。其中，①意味着 $\mathrm{d}r_H/\mathrm{d}l>0$，为了维持一定的效用，与收入增加平衡的地租增加是必要的，因此，①成立。②意味着 $\mathrm{d}r_H/\mathrm{d}u'<0$，收入等条件相等时，效用水平提高，地租必须下降。③意味着 $\mathrm{d}r_H/\mathrm{d}x<0$，它的经济意义可从区位均衡来分析。如果将区位点移动微小距离 $\mathrm{d}x$ 时，综合商品的消费量、住宅地租、住宅面积的消费量和交通费用分别变化 $\mathrm{d}z$、$\mathrm{d}r_H$、$\mathrm{d}l$、$\mathrm{d}T$。不管任何一个区位点，收入是一定的。因此，由式（6-12）可得到

$$p_z\mathrm{d}z + l\mathrm{d}r_H + r_H\mathrm{d}l + \mathrm{d}T = 0 \tag{6-16}$$

把由效用最大化推导出的式（6-13）代入式（6-16），可得到

$$l\mathrm{d}r_H + \mathrm{d}T = 0 \tag{6-17}$$

式（6-17）表示住宅面积和通勤费用相抵消的区位均衡条件。它表示在城市内任何地点的消费支出中，地租的支付额的变化与通勤费的变化相互抵消。在式（6-17）中，l 和 $\mathrm{d}T$ 的值是正的，因此，$\mathrm{d}r_H$ 的值为负的，即 $\mathrm{d}r_H/\mathrm{d}x<0$。也就是说，随着远离都心区地租函数在降低，这就是上文所述的第③个特征。

如果通勤费与离都心区的距离成比例，$\mathrm{d}T$ 为一固定值。住宅面积 l 随着远离都心区而增加，那么，从式（6-17）中可得出地租函数的倾斜，即 $\mathrm{d}r_H/\mathrm{d}x$ 的绝对值随着离都心区的距离增加而减少。如图 6-18 所示，在都心区部地租函数的倾斜度最大，随着向郊外的发展逐渐变缓。

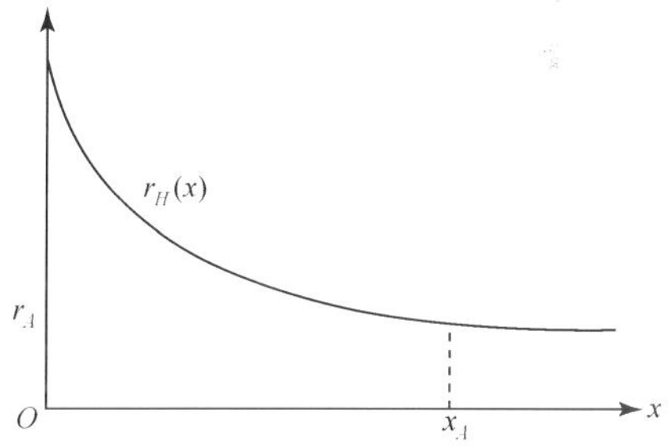

图 6-18　住宅地租的变化曲线
（中村良平，1996）

上述理论在一定程度上解释了住宅区位空间结构的形成问题，但尚存在许多问题，主要表现在以下几个方面：一是没有考虑住宅区的品质和邻里关系等，一般低密度的住宅区具有正向的外部效应，在距都心区一定距离的空间地租不会减少，反而出现递增的趋势；二是居民对住宅的选择有限，也就是说住宅区位选择是一个离散过程，而并非是一个连续过程；三是通勤费用不一定是居住区位选择的首要因子，居民的收入和其他个人属性常常决定着住宅区位选择。

三、住宅区位决策的行为理论

行为理论主要是从生活周期（life cycle）、家庭周期（family cycle）、空间效用（place utility）、空间行为（action space）等角度来研究居民住宅区位选择和居民住宅空间移动的过程。

（一）Brown-Moore 住宅区位决策行为模型

居住区位再选择的先驱研究者布朗（Brown）和摩尔（Moore），在 Wolpert 的研究基础上，将心理学概念引入居住区位选择行为研究中，提出了迁居决策模型。其理论基础是"效用空间"或对居住空间（包括居住空间的大小、邻里环境等）的满意与不满意的评价尺度。

Brown-Moore 的迁居模型是在连续的居住评价基础上的迁居决策和搜索过程，居住的迁移是在对现居住空间效用的再评价之上进行的决策。迁居原因来自于内部需求和外部居住环境的刺激，当现在的居住空间效用与现在居住需求差距较大时，就需要寻找新的居住区。

居住空间的搜索和评估是界定在一个"认知空间"的子集中的，或者区位选择范围是家庭拥有大量信息的比较熟知的空间。首先选择家庭期望的空间，该空间具有家庭能够接受的最低和最高居住和邻里特征界限。最终的"搜索空间"一般是位于认知空间子集中的，与家庭的期望空间大致能够吻

合。如果考虑时间因素的制约，空间效用是一个连续判断的评估。迁居是空间效用不断修正中的偶然决策，最后的空间效用是一个两选一的决策，要么连续搜索，要么停留在现居住区位（图6-19）。

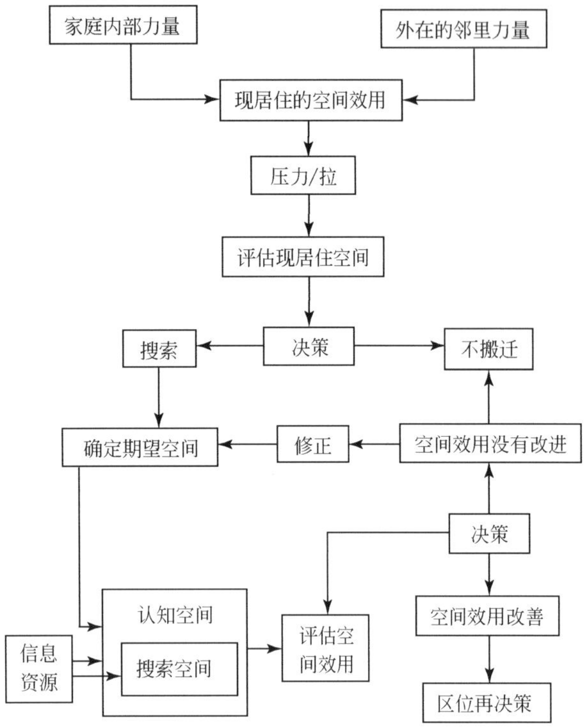

图6-19　Brown-Moore的区位再决策模型的框图
（Frank，1982）

Brown-Moore的迁居模型在住宅区位选择过程中，具体可分为两个阶段（图6-19）：第一阶段是新的住宅区位搜索决策阶段；第二阶段是住宅区位选择的决策阶段。第一阶段主要是对现在的居住区位满足度的评价，满足度取决于家庭内部的要求和外在环境条件。住宅区位的效用随着上述两个条件的变化而减少时，紧张度就提高。为了缓和紧张度，家庭将会采取以下几种行为：一是调整家庭的要求；二是改善外在环境；三是搜索新的居住区位。如果采取第三种行为，也就进入了第二阶段。

在第二阶段，首先要确定对新的住宅区位的要求，然后开始搜索各种住宅信息。在研究住宅信息时，如果发现自己满意的住宅时，将会进行住宅区位的选择决策；否则，要重新调整要求，再次进行信息搜索。

（二）Speare的住宅区位决策行为模型

Cronin（1978）使用统计和调查数据研究现在居住与搜索偏好间的统计关系，他得出的结论与Brown-Moore的模型关系相反。“非常不满意”的居民中，有31%不决定去搜寻新的居住，而“非常满意”的居民中，有33%却在一年内去选择新的住宅。

Speare的研究工作是纠正不满意居民不搜索的逻辑问题。他提出三个阶段模型：一是期望发展的居民重视迁居；二是两选一的区位决策；三是决策或者是迁居或者是不动。该模型尽管与Brown-Moore模型相似，但有两个重要的差别：一是后两个阶段也许更优先；二是模型是一个成本-效益混合关系的决策。因此，不满意的居民也许不选择寻找新居住，除非他获得利益超过成本。

Speare用数学模型表达了上述三个阶段的选择，该模型认为迁居可由下式表示：

$$P_c = (1 + \exp(k(S - t)))^{-1} \tag{6-18}$$

式中，P_c为可能迁居；S为居民对现居住的满意度；t为不满意的门槛；k为估计的参数。

不满意的居民可由下式表示：

$$p_{m/c} = k(S_d - S_0) - C \tag{6-19}$$

式中，$p_{m/c}$为某人可能的迁移；S_d为在目的地居民满意的程度；S_0为在原居住地居民的满意度；C为迁移成本；k为满意与迁移成本间的可变因子。

上述两个模型共同的缺陷：一是收入因子没有被明确地体现在模型中，“住房需求”这个不明确的概念是对满意与否的唯一测度指标。经济学中所讲的需求概念是在价格和收入基础上的效用最大化，而住房需求掩盖了决策过程的作用机制。二是从模型概念到经验假设验证比较困难。

参考文献

廖什.1995. 经济空间秩序——经济财货与地理间的关系. 王守礼译. 北京：商务印书馆
韦伯.1997. 工业区位论. 李刚剑译. 北京：商务印书馆

约翰·冯·杜能. 1986. 孤立国同农业和国民经济的关系. 吴衡康译. 北京：商务印书馆
张文忠. 2000. 经济区位论. 北京：科学出版社
中村良平. 1996. 都市与地域经济学. 有斐阁
Alexander J C. 1979. Office location and public policy. Longman Publishing Group
Bale J. 1983. The Location of manufacturing introductory approach（znd）. Oliver and Boyd
Christaller W. 1933. Central places in Southern Germany. Englewood Cliffs：Prentice-Hall
Cox K R. 1979. Location and public. Oxford Basil Blackell
Dunn E S. 1954. The location agricultural production. Gainesville：University of Florida Press
Frank W P. 1982. Models of Intra-urban residential relocation. Boston：Kluwer：Nijhoff Publishing
Greenhut M L. 1956. Plant location in theory and practice. North Carolina：The Univ. of North Carolina Press
Hanink D M. 1997. Principles and applications of economic geography：economy，policy，environment. New York：John Wiley & Sons
Hoover E M. 1948. The location of economic activity. New York：McGraw-Hill
Hotelling H. 1929. Stability in competition. Economic Journal，3：41～57
Isand W. 1956. Location and space-economy. Cambrige：The M. I. T. Press
Isand W. 1960. Methods of regional analysis. New York：MIT Press
Palander T. 1935. Beitrage zur standortstheorie. Almqvist & Wicksell，Uppsala，Sweden
Pred A. 1967. Behaviour and location：foundations for a geographical and dynamic location. Theory Lund：C. W. K. Gleerup
Smith D M. 1971. Industrial location：an economic geographical analysis. New York：John Wiley & Sons
Weber A. 1929. Theory of the location of industries. Chicago：The University of Chicago Press
Wolpet J. 1965. Behavioral aspect of the decision to migrate. Papers of the Regional Science Association，15：159～169

第七章　产业集群理论

产业集群作为一种重要的产业空间经济组织形式，对区域经济的发展具有重要作用，并成为近年来众多学科关注的热点。本章探讨了产业集群的内涵、结构和特征，从中归纳出产业集群对促进区域经济增长的驱动机制；并根据产业集群理论发展的历史轨迹，依次对新古典经济学的产业集群理论、新经济地理学的产业集群理论、新产业区理论、竞争理论以及区域创新环境理论等进行了追溯。

第一节　产业集群的概念和特征

在经济全球化的背景下，产业集群已经成为世界范围内许多地区培植和增强竞争优势的有效途径。

一、产业集群的概念

产业集群是经济活动的一种空间表现现象，是经济地理学研究的重要内容之一。集群（cluster）本意为相同或相似的事物在一个地区的集中呈现。1990 年美国学者波特在《国家竞争优势》一书中正式提出产业集群的概念，他把产业集群（ industrial cluster）定义为在某一特定领域内互相联系的、在地理位置上集中的公司和机构的集合。产业集群包括一批对竞争起重要作用的、相互联系的产业和其他实体。产业集群经常向下延伸至销售渠道和客户，并从侧面扩展到辅助性产品的制造商，以及与技能技术或投入相关的产业公司。产业集群还包括提供专业化培训、教育、信息研究和技术支持的政府和其他机构。

国内外学者从不同学科和不同视角对产业集群概念进行了详细的论述，但其本质基本相同。国外学者普遍认为，产业集群指一个产业中大量企业位于同一地理区域，是一群营利或非营利的组织，对于集群内的每个个体成员来说，产业集群是竞争力的重要因素。而将产业集群联系起来的是顾客和供应商关系，或共同的技术、共同的顾客或通路，或共同的劳动力市场（表 7-1）。国内学者对产业集群概念的研究可以归纳为以下几点：产业集群是一种新的产业组织形式；产业集群是在一定区域内形成的企业网络；产业集群是相同产业在某一地区的成长现象；产业集群是具有共同的产业文化和价值的企业在一定地域空间内的集聚；产业集群是具有高度创新能力的社会生产系统（表 7-1）。

表 7-1　国内外学者对产业集群概念的界定

国外代表学者	概　念	国内代表学者	概　念
Porter	集群为特定产业中相互关联的公司或机构集聚在特定的地理位置的一种现象	曾忠禄	产业集群指同一产业的企业以及该产业的相关产业和支持产业的企业在地理位置上的集中
Anderson	集群是一群公司或企业以地理接近性为必要条件依赖彼此互动的关系来增进各自的生产效率或竞争能力	魏江	集群为某一特定领域内相互联系的企业及机构在地理上的集聚体，该集聚体内部存在产业链上的企业的纵向联系和竞争企业与互补企业之间的横向联系
Redman	集群是一种或一系列相似产品生产链上企业的地理集中	王缉慈	集群是一组在地理上靠近的相互联系的公司和关联的机构，它们同处在一个特定的产业领域，由于具有共性和互补性而联系在一起

续表

国外代表学者	概　念	国内代表学者	概　念
Rosefeld	集群是相似、相近的企业集中在一个地理区域的彼此之间可以共同达到协调的效果，而企业基于相互合作而自动选择加入集群以增加经济活动及彼此之间的交易	徐康宁	产业集群是指相同的产业高度集中于某个特定地区的一种产业成长现象
Markusen	在一个开放的产业环境内部存在某些特点而吸引产业活动在此地集聚，并形成产业集群		

总的来看，产业集群的概念中至少应包括如下几个方面：第一，与某一产业领域相关。一般而言，产业集群内的企业和其他机构往往都与某一产业领域相关，这是产业集群的形成基础。第二，产业集群内的企业及其他机构之间具有密切联系。产业集群内的企业及相关机构不是孤立存在的，而是整个联系网络中的一个个结点，这是产业集群形成的关键。第三，产业集群是一个复杂的有机整体。产业集群内部不仅包括企业，而且包括相关的商会、协会、银行、中介机构等，是一个复杂的有机整体，这是产业集群的实体构成。

二、产业集群的结构及其主要特征

产业集群是大量专业化的产业及其相关的支撑机构在一定的地域范围内形成的柔性集聚网络，并根植于当地不断更新的社会经济文化环境，具有特殊的结构和特征。

（一）产业集群的结构

产业集群的结构包括两个层次的要素（魏江，2002）：核心层次要素、辅助层次要素。核心层次要素包括供应商企业、竞争企业、用户企业以及相关企业；辅助层次是支撑体系，包括硬件基础设施、集群代理机构、政府、公共服务机构和外部市场关联者（表7-2）。

表7-2　产业集群的要素构成表

层　次	构成要素	要素变量
核心层次	供应商企业	生产要素的内部提供者
	竞争企业	产品竞争或互补企业
	用户企业	产品（中间产品）需求者
	相关企业	资源、生产要素、基础设施等方面关联企业
辅助层次	硬件基础设施	道路、港口、管道、通信、水电等
	集群代理机构	行业协会、企业家协会等
	公共服务机构	研究开发和服务机构、实验室和大学，人力资源与培训机构、金融机构等
	政府	政府有关机构，如科委、经委、计委等
	外部市场关联者	外埠资源供应者、外埠产品需求者

资料来源：魏江（2002）。

（二）产业集群的特征

产业集群在特征方面主要表现为专业化集聚、企业网络、企业根植性以及其所在区域具有很强的学习和创新能力等（魏守华，2003）。

1. 专业化集聚

大量专业化企业在地理上高度集中，使区域实现规模生产，获得规模效益；相应的，集群将创造一个较大的市场需求空间，对分工更细、专业化更强的产品和服务的潜在需求量也将相应增加，从而提高区域的生产能力和市场需求。

2. 企业网络

集群内企业通过生产系统形成本地网络，这种网络关系包括区内各行为主体之间通过各种合同形成的正式关系，以及在长期交往中形成的非合同性关系，如面对面谈判、信息交流、新思想的交流等过程中所结成的相对稳定关系。企业间通过网络关系，可以加强同一生产层次企业间的合作，提高生产效率，并利用地理接近性提高企业特有的学习、信息交流、技术变化和技术创新能力。

3. 企业根植性

根植性是指经济行为深深嵌入社会关系之中。公司－供应商－客商三位一体，在地理上的接近有利于研究开发、生产、销售的信息交流和及时反馈，减少交易费用，同时生产者与用户的接近也加快了新产品开发的速度并降低了开发成本。集群内的行为主体具有很强的地方联系，这种联系包括社会、经济、文化、政治等各方面，集群和当地的社会网络密切联系在一起。产业集群中的企业在互相学习、互相促进的过程中，逐渐形成区域性发展环境，使本地企业，尤其是中小企业在区域社会文化环境中获得资源。

4. 学习型区域

地方产业集群所在区域一般是具有很强的学习和创新能力的区域，即学习型区域。学习型区域是各行为主体在能动地响应各种挑战和机遇的过程中，形成的具有柔性化网络组织的区域。它强调区域是否有对外界环境变化进行整体、快速与柔性反应的能力，以及区域内现代企业、市场、政府、相关机构及其他主体之间是否具有互动与协同关系，更强调学习是区域获得上述能力与关系的关键。学习型区域的形成途径是以企业、地方与国家为核心，通过营建各自的关系网络，加强网络互动，持续获得社会、文化、经济、科技、制度、管理等方面的学习与创新能力（孟庆民等，2001）。

事实上，对于产业集群特征的诸多方面学者们在不同集群形成的研究中或多或少都有所体现，只是在具体问题上的侧重点不一而已。归纳起来，不同学科对产业集群的特征研究可以总结为表 7-3。

表 7-3　不同学科对产业集群特征的分析

研究视角	产业集群的特征
经济学	产业集群的特征主要表现为：由于不同企业分享公共基础设施并伴随垂直一体化与水平一体化利润，大大降低了生产成本，从而形成产业集群价格竞争的基础
社会学	产业集群的特征主要表现为：基于降低交易费用的角度，认为建立在共同产业文化背景下人与人之间的信任基础上的经济网络关系，可以维持老顾客，吸引新顾客和生产者
经济地理学	产业集群的特征主要表现为：集群式的产业发展模式，既有利于企业在不断竞合的过程中，提升技术实力和创新能力，也有利于区域产业竞争力的构建，有利于实现产业发展和区域发展的互动双赢
技术进步与创新	产业集群的特征主要表现为：促进知识和技术的创新和扩散，实现产业和产品创新等，从而使集群内的产业、企业要比非集群的产业、企业发展得更好，经济效率更高

第二节　产业集群的理论基础

自马歇尔首次提出著名的产业空间集聚的原因以来，学者们对产业集聚理论进行了不懈的探索，并从不同的视角对产业集聚理论进行了研究。目前，产业集群理论随着不同学科理论的不断发展和完善，经历了从传统产业聚集理论、新竞争经济理论到新产业区和区域创新理论的演进过程。因此，本小节着重阐述产业集群演进过程中的代表性理论，并对其主要内容加以评述。

一、产业集聚理论基础

产业集聚理论主要包括新古典经济学的产业集聚理论、传统经济地理学的产业区位论和新经济地理学的相关理论，三者分别从不同角度分析了产业内部的关联与产业区位的选择及其影响因素，这些理论所提出的观点对之后产业集群理论的发展和演变都有着重要的影响。

（一）马歇尔外部经济理论

新古典经济学代表人物马歇尔继承了亚当·斯密对劳动分工的开创性观察，描述了产业集聚形成的原因。马歇尔在其《经济学原理》一书中描述了集中于某些地方的“地方性工业”的原始形态（这里的“地方性工业”就是被马歇尔称做“产业区”的具有分工性质的企业在特定地区的集聚）。据此，马歇尔提出了两个重要的概念，即“内部经济”和“外部经济”（Marshall，1920）。内部经济是指有赖于从事工业的个别企业的资源、组织和经营效率的经济，而外部经济则是指有赖于这类产业的一般发达经济。马歇尔认为，外部经济“这种经济往往能因许多性质相似的企业集中在特定的地方，即通常所说的工业地区分布而获得”。马歇尔把专业化产业集群的特定地区称做“产业区”（Marshall，1920）[产业区是一个中小企业聚集的地区，各个中小企业之间形成一个既有效竞争又合作交流的网络（刘斌，2004）]，并总结了“产业区”所具备的六个方面的特征（表7-4）。

表7-4 产业区的特征

产业区的特征	与当地社区同源的价值观系统和协同的创新环境
	生产垂直联系的企业群体
	最优的人力资源配置
	产业区理想的市场——不完全竞争市场
	竞争与合作并存
	富有特色的本地金融系统

马歇尔从新古典经济学的角度，通过研究工业组织这种生产要素，间接表明了企业是为了追求外部规模经济而集聚的。马歇尔集聚研究的最大贡献是他发现了一种产生集聚的“空气”，即协同创新的环境。但是，马歇尔是为了研究企业组织而探讨外部规模经济的，同时，在他生活的那个时代，企业之间的联系基本上限于物质的投入产出，信息、创新等非物质联系几乎不存在。因此，受研究目的与所处历史时代的限制，马歇尔没能将他协同创新的环境这一思路充分展开，挖掘集群产生的非物质因素。此外，马歇尔理论中没有考虑区域内企业的成长和区域间企业的迁入、迁出等动态因素的变化，也忽视了区域产业组织的外部联系与创新。

（二）韦伯的集聚理论

阿尔弗雷德·韦伯是工业区位理论的创立者，他从微观企业的区位选择角度，阐明了企业是否靠近某一区域取决于集聚的好处与成本的对比（Weber，1929）。

韦伯通过对影响工业区位的各个因素及其作用大小的分析，试图寻找工业区位移动的规律，并通过对工业生产活动区位原理的探索，试图解释人口的地域间大规模移动以及城市的人口与产业集聚的原因。

在韦伯的工业区位理论中，他将影响工业区位的经济因素称为区位因子。他认为，实际对区位起作用的区位因子主要是运输成本（运费）与劳动成本（工资）因子及集聚、分散因子。所谓集聚因子就是一定量的生产集中在特定场所带来的生产或销售成本的降低，而分散因子则是随着消除这种集中而带来的生产成本降低。韦伯认为，集聚因子的作用分为两种形态：一是由经营规模的扩大而产生的生产集聚。大规模经营相对于明显分散的小规模经营可以说是一种集聚，这种集聚一般是由“大规模经营的利益”或“大规模生产的利益”所产生的。二是由多种企业在空间上集中产生的集聚。这种集聚利益是由企业间的协作、分工和基础设施的共同利用所带来的。一个工厂规模的增大能给工厂带来利益或节约成本，若干个工厂集聚在一个地点更能给各个工厂带来更多的收益或节省更多的成本，所以工厂有集聚的愿望。在此基础上，韦伯进一步对产业集聚作了定量研究。他认为，当集聚节约额比运费（或劳动费）指向带来的生产费用节约额大时，便产生了集聚（Weber，1929）。

此外，韦伯将产业的市场集中和空间集中作为产业集聚经历的两个阶段：第一阶段是创业自身的简单规模扩张，从而引起产业集中化，这是产业集聚的低级阶段；第二阶段主要是靠大企业以完善的组织方式集中于某一地方，并引发更多同类企业的出现。这时，大规模生产的显著经济优势就是有效的地方性集聚效应。韦伯把产业集聚归结为四个方面的因素：第一个因素是技术设备的发展。随着技术设备专业化的整体功能加强，技术设备相互依存会促使地方集中化。第二个因素是劳动力组织的发展。韦伯把一个充分发展的、新颖的、综合的劳动力组织看做是一定意义上的设备，由于其专业化，因而促进了产业集聚。第三个因素是市场化因素。韦伯认为这是最重要的因素。产业集聚可以最大限度地提高批量购买和出售的规模，得到成本更为低廉的信用，甚至“消灭中间人”。第四个因素是经常性开支成本。产业集聚会引发煤气、自来水等基础设施的建设，从而减少经常性开支成本。韦伯还从运输指向和劳动力指向两个不同的途径分析了产业集聚能够达到的最大规模。

韦伯探讨了产业集聚优势的因素，量化了集聚形成的规则，创立了工业区位理论。但是韦伯对集聚的研究脱离了一切制度、社会、文化、历史因素，单纯从资源、能源的角度加以考察。在实际经济生活中，产业集聚的形成在相当程度上取决于地区的社会文化因素，韦伯却将其抽象掉了，从而使这一理论具有一定的局限性。

（三）克鲁格曼的集聚理论

以克鲁格曼为代表的新经济地理学理论为产业集聚的产生提供了新的解释（Krugman，1991a，1991b）。克鲁格曼以传统的收益递增理论为基础，借用报酬递增的正式分析工具，引入地理区位等因素，分析了空间结构、经济增长和规模经济之间的相互关系，提出了新的空间经济理论，进而发展了集聚经济的思想。

20 世纪 90 年代以克鲁格曼为代表的新经济地理学①（new economic geography）理论对产业集聚的机理进行了新的探索。克鲁格曼以规模报酬递增、不完全竞争的市场结构为假设前提，在 D-S② 模型的基础上加入劳动力流动与要素报酬之间的累积因果关系，即劳动力越集中的地方由于垄断竞争的特性，其要素报酬也越高，从而越吸引劳动力的集中，如此便可以解释产业集群的形成。克鲁格曼在 D-S 模型的基础上从经济活动的内部机制来解释经济活动的集群现象，强调产业“中心”的内生性和竞

① 经济学中的“新经济地理学”，源于 20 世纪 80 年代对“新国际贸易理论”和“竞争优势经济学”的研究。这种“新经济地理学”吸收了城市经济学、区域科学和经济区位论等有关空间经济的传统思想，结合产业组织理论有关不完全竞争和收益递增模型的最新进展，试图构建“空间经济”的理论体系。它比较注重国际经济学与地理区位及运输费用（贸易壁垒）的关联，强调规范的模型分析方法，提出了一系列复杂的空间经济模型，以模拟产业集聚的向心力和离心力的相互作用，寻求产业集聚持续发展和多重均衡实现及被打破的条件，强调收益递增、不完全竞争、历史和偶然事件、路径依赖等在产业集聚和区域发展中的作用。

② D-S 模型的基本思路是消费者对多样化消费的偏好意味着消费品种类越多越好，其效用水平也越高。由于存在生产上的规模经济，厂商应该尽可能把一种产品的规模做大，但在资源有限的情况下，把一种产品规模做大，意味着消费品种类减少，或者说增加消费品种类，就意味着产品生产规模的缩小，规模经济和多样化消费之间就存在两难冲突。如何解决这种两难冲突，办法是使人口规模和（或）资源增加，而国家之间的自由贸易正具有这种功效。这一模型讲述了一个规模经济与多样化消费之间两难冲突的例子，他们发现即使两国的禀赋条件相同，也没有李嘉图的技术比较优势，但如果存在规模经济，则两国也可以选择生产不同的专业，开展分工和国际贸易。

争均衡的思想，认为产业集聚是由企业的规模报酬递增、运输成本和生产要素移动通过市场传导的相互作用而产生的。

1. 克鲁格曼的“中心-外围”模型

以克鲁格曼为代表的新经济地理学派抓住了促使产业集聚的最为本质的经济力量——收益递增，其核心思想是，即使两个地区在自然条件方面非常接近，也可能由于一些偶然的因素（如历史事件）引导产业开始在其中一个地方集聚。由于经济力量的收益递增作用，在地区间交易成本没有大到足以分割市场的条件下，就可能促进产业的集聚。

为分析产业集群的内在机理，克鲁格曼首先建立了中心-外围模型，认为两个对称的区域会分别发展成为核心和周边区域，从而揭示了经济地理聚集的内在运行机制（Krugman，1991b）。

克鲁格曼在其模型中指出有两种力量决定着经济行为和经济要素在空间上是收敛还是扩散：向心力和离心力。向心力使得经济活动和经济要素在空间上的分布反映在产业层面上就是产业集聚，这也是新经济地理和空间经济学非常重视产业集聚的原因。在中心外围理论模型中，克鲁格曼认为产业地理集中主要受三种效应驱动：一是市场准入效应，即垄断厂商总是将其生产安排在大市场的同时有向小市场出口的趋势；二是生活成本效应，它分析了厂商区位对当地生活成本的影响，在有大量厂商集中的地区商品价格相对较低，从而会吸引大量的消费者聚集在该地区，进而节约了消费者的生活消费支出；三是市场挤出效应，即在存在竞争的情况下，厂商总是向竞争者相对少的地区集中。也就是说，大量厂商集中在一起的结果，就会使得该地区的一些厂商向厂商相对较少的地区移动。其中前两种效应的合力形成聚集力，它有利于厂商和消费者在地理上的集中，并且相互促进；后一种效应则形成离心力，促使厂商在地理上的扩散。该模型的主要经济思想是，一个经济规模较大的区域，由于前向联系和后向联系，会出现一种自我持续的制造业集中现象，其经济规模越大，集中越明显。中心-外围模型的结构内容是，两个地区与两个部门，两地区最初是完全相同的，两个部门分别是报酬递增、产品具有差异性的制造业和报酬不变、产品同质的农业部门。其中两部门使用的生产要素都是劳动力，同一地区内的农民不能向制造业部门流动，反之亦然；但制造业部门的工人却可以实现在同一部门内跨地区的流动。中心-外围模型揭示了产业地理集中形成的重要特征：在初始均衡的两个地区，随着贸易成本的逐渐降低，当聚集力大于离心力时，劳动力的移动最终会导致产业的不对称地理分布。

中心-外围模型的意义在于它可以预测一个经济体中经济地理模式的渐进化过程，在初始状态时，一个国家的地理区位可能有某种优势，它对另一地区的特定厂商具有一定的吸引力，并促使这些厂商生产区位的改变，一旦某个区位形成行业的地理集中，该地区的集聚经济就会迅速发展并获得地区垄断竞争优势。

2. 克鲁格曼的产业集聚模型

克鲁格曼（Krugman，1998）的产业集聚模型认为，企业和产业一般倾向于在特定区位空间集中不同群体，不同的相关活动又倾向于集结在不同的地方，空间差异在某种程度上与产业专业化有关。这种同时存在的空间产业集聚和区域专业化的现象，是城市和区域经济分析中被广泛接受的报酬递增原则的基础。当企业和劳动力集聚在一起以获得更高的要素回报时，存在本地化的规模报酬递增为产业集群的形成提供了理论基础。

克鲁格曼的产业集聚模型为产业政策的制定提供了理论依据，产业政策有可能成为地方产业集聚诞生和不断自我强化的促成因素，包括贸易壁垒也可以改变产业分布的现实格局，不过产业政策或贸易保护措施只不过是各种影响地方产业集群形成与演变的因素之一，并不必然实现政策制定者的预期愿望，即克鲁格曼将最初的产业集聚归于一种历史的偶然，初始的优势因“路径依赖”而被放大，从而产生“锁定”效应，因此不存在空间上各要素报酬趋于相等的自动均衡，集聚的产业和集聚的区位都具有“历史依赖”性。内部的和外部的规模经济，给集群内企业带来的集群外企业无法取得的收益诱使集群外企业纷纷携带资金、技术、劳动力等资源向集群靠拢，使得路径依赖更为强烈。由于外部规模经济和路径依赖的存在，在集群形成前就进入的企业可能需要投入更多的成本，产生出更多的外部性，而后来的企业往往可以免费享有这种外部性。在克鲁格曼看来，收益递增和运输成本节约是产业集聚重要的“向心力”，并且这种“向心力”会在路径依赖和自我预期的作用下产生累积效应，从而形成“中心-外围”的空间结构并强化这种区域的不均衡发展。但是，产业集聚也存在着一些“离心力”，如某些生产要素的不可移动性、集聚的外部不经济（拥挤）、地租的巨大区域差异等。因此，产业集聚是在向心力与离心力的相互作用下形成和发展的。

3. 产业集聚与国际贸易

克鲁格曼（Krugman，1991a）首次将产业集聚与国际贸易市场联系起来研究。他认为，产品的贸易活动实际上间接地起到了生产要素贸易的作用，无论生产要素最初的分配状态如何，通过贸易活动，总会使某些产品的生产集中于某些工业区。此外，他还认为产业集群中的外部规模经济因素作为一种开放经济的状态，是各国产业选择和取得优势的决定性因素，即各国的贸易优势来自于各国内部的地区产业分工和在此基础上所能达到的规模经济的程度。

综上所述，克鲁格曼将贸易理论和区位理论相结合，用模型化的方法通过严密的数学论证从深层次上揭示了产业集聚发生的机制，他首次通过数学模型分析证明了产业集聚将促进制造业中心区的形成，弥补了马歇尔和韦伯观点的不足。

此外，新经济地理学将传统的贸易理论所强调的趋同力量与20世纪50年代以来的发展经济学家所描述的趋异力量融入一个共同的分析框架内。这样做的好处在于它使得人们可以将趋同力量与趋异力量及微观经济状况结合起来，可以更好地理解与经济一体化过程相关的基本倾向以及区域政策对产业集群的影响。

然而，新经济地理学的产生和发展，同样也存在着不足。新经济地理学家往往忽视区域在社会、文化机构及制度等方面的差异，甚至区域间产业结构的差异也被认为是次要的。他们虽然也承认制度、文化、社会因素在产业集聚过程中的重要性，但因为很难将这些因素纳入数学模型，对它们进行定量分析，因而，不能充分考虑这些因素，使新经济地理学也存在着一定的局限性。

二、产业集群理论基础

产业集群是在20世纪80年代中期以后在全球产业分工和信息技术革命条件下出现的产业地方化现象。产业集群的理论研究，开创了经济学研究的新领域，使经济学家开始更多地关注经济发展与区域发展的关系；借鉴了经济地理学或地理学的研究成果，丰富了产业组织的相关理论；同时又成功地把规模经济、外部性、竞争与垄断、产业集聚这些经济概念应用到区域研究和实践中。

（一）波特的新竞争优势理论

迈克尔·波特通过对不同国家和地区之间的产业集群竞争特点对国家竞争优势影响进行比较分析后认为，国家只是企业的外在环境，政府的目标是为国内企业创造一个适宜的环境。因此，评价一个国家产业竞争力的关键是该国能否有效地形成竞争性环境和创新。在此基础上，他提出了经典的“钻石”模型以及决定国家竞争力的关键因素。

迈克尔·波特于1990年在《国家竞争优势》一书中首次正式使用产业集群一词对集群现象进行分析。他从组织变革、价值链、经济效率和柔性方面所创造的竞争优势角度重新审视产业集群的形成机理和价值，着眼于国家竞争优势的研究，通过不同国家和地区之间的产业集群竞争特点对国家竞争优势进行了比较性和探索性的分析。迈克尔·波特为产业集群理论演进作出了重要贡献。他的研究表明，评价一个国家产业竞争力的关键是该国能否有效地形成竞争性环境和创新。

在《国家竞争优势》一书中，波特提出了国家竞争优势的“钻石模型”①。“钻石模型”构架主要由四个基本因素（要素条件；需求条件；相关及支撑产业；企业的战略、结构和竞争）和两个附加要素（机遇和政府）组成（图7-1）。在竞争优势理论中，波特强调各个要素在发挥作用时，是一个动态系统性机制的变化。国内竞争压力和地理集中使得整个“钻石”构架成为一个系统。波特强调，“钻石模型”是一个动态的系统，只有在每一个要素都积极参与的条件下，才能创造出企业发展的环境，进而促进企业投资和创新，因此，地理集中是必要条件。地理集中造成的竞争压力可以提高国内其他竞争者的创新能力，但更为重要的是地理集中而形成的产业集群将使四个基本要素整合成一个整体，从而使彼此之间更容易相互作用和协调提高，形成产业国家竞争优势。波特在其竞争优势理论中指出，国家竞争优势的获得，关键在于产业的竞争，而产业的发展往往是在国内若干区域内形成有竞争力的产业集群（Porter，1998）。

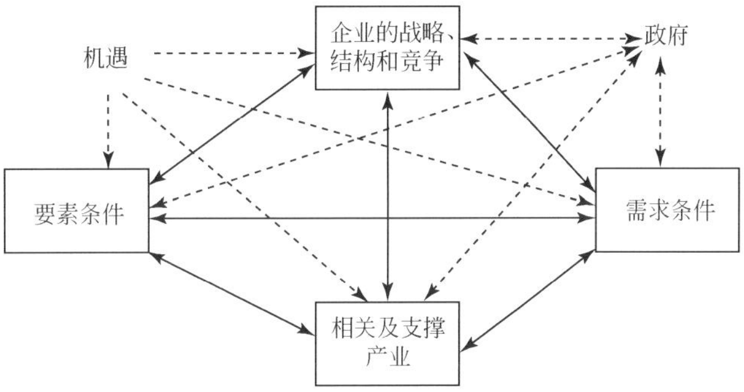

图7-1 波特的国家竞争力分析模型（“钻石”体系）

波特认为，形成产业集群的区域往往从三个方面影响竞争：首先是提高该区域企业的生产率；其次是指明创新方向和提高创新速率；再次是促进新企业的建立，从而扩大和加强集群本身。他认为，产业集群与竞争的关系表现在三个方面：第一，产业集群内的企业通过在集群内的生产力对集群外企业施加影响；第二，集群内的企业通过采取低成本、进行技术创新等手段为将来的发展奠定基础；第三，集群的环境有利于新企业的产生和集群规模及影响的扩大。因此，产业集群能够提高企业的竞争力。

波特的竞争优势理论具有非常重要的理论和实践意义，特别是他在竞争优势理论中提出了“钻石模型”及其作用机制，并强调竞争是动态的和不断变化的，以及国家竞争优势的产生是依赖于国内的竞争环境等，这对于产业集群理论的发展具有重要的推动作用和实际应用价值。但波特竞争优势理论过分强调国家和区域政府在产业国际竞争中的作用，并把复杂的经济活动因素简单地构造成四个基本的要素，从而忽视了跨国的贸易活动对“钻石模型”的影响。

（二）新产业区理论

在20世纪70年代经济衰退的背景下，意大利东北部以及中部一带的地区却获得了快速的产业增长。学者们针对这种现象进行了系统的研究，并提出了一种产生产业集群的“新产业区”理论。

20世纪70年代末和80年代初，面对世界性的经济危机，一些区域呈现出经济衰退的景象，但欧洲和北美少数几个地区经济发展依然保持平稳，甚至继续增长，成为成功地战胜衰退的“经济之星”。这些地区有多种多样的产业，不仅包括先进部门，还包括传统的劳动密集型部门。典型的发展迅速的

① 波特的国家竞争优势“钻石模型”强调相关支持产业的重要性，提出横向和纵向这两类基本的产业集群，引发了人们对产业集群的研究兴趣。很多学者从产业联系的角度考虑，认可纵、横向集群的概念，但提出不应有唯一正确的产业集群定义。如何定义集群，需要理解其中的关键要素，包括经济活动在地理和空间上的集聚，产业部门横向和纵向的联系，采用哪些共同的技术，大企业、大研究中心等核心主体的作用，企业网络或企业合作在集群中的紧密程度等。

区域主要有意大利中部和东北部的艾米利亚-罗马格纳（Emillia-Romagna）和图斯卡尼（Tuscany）等地区、德国的巴登-符腾堡（Baden-Wurttermberg）、法国的欧叶纳克斯（Oyonnax）、丹麦的竹特兰（Jutland）、瑞典的斯迈兰（Smaland）、西班牙的巴塞罗那（Barcelona）、美国加利福尼亚的硅谷等，其共同特征是存在专业化的中小企业集群。这些地区大量的中小企业彼此间发展了高效的竞争与合作关系，形成高度灵活的专业化生产协作网络，具有极强的内生发展动力，并依靠不竭的创新能力保持了地方产业的竞争优势。基于此，20世纪80年代中期，一些学者提出了“弹性专业化”的概念（Goodman，1989），随后其他学者在“第三意大利”的研究中发现，基于中小企业合作联系网络的弹性专业化可成功地与大宗生产竞争。与此同时，一些学者在美国和西欧的案例研究中，强调生产系统的垂直分化可促进新产业集聚的出现（Scott，1988）。由此，“新产业区”理论应运而生，并迅速成为区域发展研究的前沿领域。

新产业区是新技术革命以后出现的，且新产业区理论的兴起与新技术革命带来的生产方式的变革有着密切联系。新技术革命使得一批以生产驱动型的大批量、具有刚性的生产方式被消费驱动型的小批量、具有弹性的生产方式所替代。而在新技术革命时期，小企业为主的弹性生产网络模式的出现，使区域发展降低了对跨国公司分厂的依赖性。

此外，关于新产业区的研究表明，新产业区还有利于促进企业的持续创新，并为企业创新提供一种区域环境，它说明尽管硬环境（完善的基础设施、相邻的大学、便利的交通等）可以成为创新的条件，但它不必然促进创新的发生，而软环境，即企业与企业之间、人与人之间正式的与非正式的交流沟通，则为创新提供机会。新产业区理论认为，成功的区域是有创新性的区域，区内企业能够持续地创新。

综上所述，与传统产业集群理论相比，新产业区理论更关注弹性专业化生产和区域创新环境及网络，并认为这两个因素是促进产业集聚的主要动因。一方面，在工业化后期以及信息社会，随着建立在现代科学技术与垂直分离基础上的多品种、少批量、定制式柔性生产方式的诞生，企业间与物质联系相伴的信息沟通越来越重要，准时生产使得供应商、生产商、客商三位一体，相互靠近，实现产业集聚。特别需要指出的是，产业集聚的目的不仅是运费的节约，而更重要的是交易费用的减少和即时满足消费者个性化需要，同时外部规模经济也拓展到外部范围经济。另一方面，在新产业区中，区域创新环境及网络是形成产业集聚的又一重要动因。根植于共同文化背景和制度环境基础之上的区域网络的创新，将会推动区域创新环境的改善，而区域创新网络和区域创新环境的互动共进将进一步推动产业集聚和新产业区的发展（Remigio，1997；Apello，1999）。

总之，新产业区是在高度专业化分工基础上，由企业集聚而形成的区域经济社会文化共同体，在这个共同体中，各个企业不但能够共享经济资源，而且区域内将产生一种共同的价值观和文化氛围。因此，新产业区具有很强的区域一致性，这些是传统产业区内所不具备的特征。

（三）区域创新环境理论

20世纪80年代以后，伴随着新熊彼特主义和新制度主义对制度和演化经济问题研究的深化及新经济地理学关于新产业区的研究，区域创新环境与产业集聚日益成为一个新的研究视点，并初步形成了“区域创新环境-产业集聚-区域经济增长”的研究范式。

区域创新环境是指“在有限的区域内，主要的行为主体（结点）通过相互之间的协同作用和集体学习过程建立的非正式的复杂社会关系。这种关系提高了本地的创新能力”（盖文启，2002）。1985年，由法国、意大利、瑞士等国区域科学家组成的欧洲区域创新环境研究小组，通过对欧洲的“第三意大利”、德国巴登—符腾堡地区等15个区域和美国硅谷的调研后，率先提出了区域创新环境概念，并进一步指出“区域发展以及大量的企业在地域空间上的集聚，与其所在区域内的社会人文环境密切相关”（盖文启，2002）。因为在新科学技术革命和经济全球化的大背景下，一个国家、地区或企业的竞争力不仅与其静态的相对成本优势有关，更重要的是取决于其动态创新的能力，而区域的动态创新能力是与特定的区域创新环境及该环境下的学习创新过程密不可分的。这种区域创新环境不仅包括物质基础设施和产业结构、企业组织等经济方面的环境，还包括文化和制度等社会方面的环境。企业创新过程涉及大量的隐性知识输入，而这类知识往往需要通过面对面的人际交流才能被有效地学习掌握。越来越多的实证和理论研究发现，来自外部的信息交换及协调对于成功创新非常重要（Freeman，1988）。

区域创新环境理论与新产业区理论在同一时期内出现，二者具有相互支撑的密切联系。区域创新环境理论认为，为了提高创新效率，创新主体需要在地理上与相关知识源靠近并通过与之频繁互动而获得创新所需的隐性知识。同时，由于知识的非排他性和非竞争性特征使它具有公共产品性质，其生产过程具有较大的投资风险；而作为生产要素，知识又具有收益递增的性质，因而知识产品的生产仅依靠单个企业或机构是不够的，其更多的应依赖于特定的区域创新环境。另外，个人、企业、组织在特定的创新环境下集聚，通过地理接近和便利的学习以实现技术的创新、扩散和知识的积累，这种相互联结企业、客户、研究机构、大学和地方行政当局的地方环境和网络关系能够增强不同行为主体之间的信任，有利于抑制投机行为，使各行为主体伴随竞争环境变化调整自身行为，遵守区域规制。由此可见，产业集聚的形成不仅是为了从规模经济与范围经济中获益，而且是为了追求一种特殊的区域创新环境以增强企业的学习与创新能力。

第三节　产业集群对区域经济发展的多重效应

在当代区域经济发展过程中，产业集群的形成和演进，以及城市群的形成和发展已经成为区域经济一体化的显著特性。从区域经济学的角度分析，产业集群依靠内部联系网络与国际生产网络进行有效结合，提高了区域竞争力，有力推动了当地区域经济的迅速发展。近年来，我国发达地区已经开始形成了一批有较大影响力的产业集群，成为拉动区域经济发展、提高产业竞争力、促进产业结构调整和升级的重要方式。

概括来讲，产业集群对区域经济的发展可以产生多重效应。

一、产业集群的集聚与扩散效应

产业集群实际上是把产业发展与区域经济，通过分工专业化与交易的便利性，有效地结合起来，从而形成一种有效的生产组织方式，成为推动地方区域经济增长的重要方式。

首先，产业集群具有集聚效应。由于产业集群具有专业化的特征，因而其内部企业与上游、下游的生产和服务业建立起有效的网络关系。因此，同一个产业的企业在地理上的集中，能够使得厂商更有效率地得到供应商的服务，能够招聘到符合企业要求的员工、能够及时得到本行业竞争所需要的信息，能够比较容易地获得配套的产品和服务。这些都使集群区内的企业能以更高的生产效率来生产产品或提供服务，有利于其获得相对于集群区域以外的企业更多的竞争优势。

其次，产业集群又具有分工效应。由于集群企业组成的生产网络可形成规模性、专业化的生产和服务，从而形成了外部规模经济效应。产业集群的企业可以通过分工的外部化而负责部分任务，节省生产成本，从而使生产更加专业化，使集群作为一个整体能比以前取得更高的集群效能。

所以，产业集群通过集聚效应和分工效应可以提高区域生产效率，促进区域产业结构的优化。大量的中小企业集聚于一定区域，可以进一步加深区域内生产的分工和协作。企业在这种产业集群内发展，不但可以分享因分工细化而带来的高效率，而且在现代产业集聚体内，集聚本身产生的外部经济可以成为外部企业进入的动力，产业集群的雏形一旦形成，便进入了内部自我强化的良性循环过程，即吸引更多的相关企业与单位向该集群聚集，而新增的企业与单位又增大了集群效应，如此产生累积效应，推动区域经济快速发展。

二、产业集群的空间临近效应

产业集群内部的空间临近性，有效降低了因企业间频繁交易而产生的交通运输成本。此外，在现代产业集群内，经济活动主体的合作交易往往能够在社会文化背景和价值观念上达成共识。这种基于社会网络信任基础的合作分工，可以减少企业之间的相互欺诈，对于维持集群稳定和提高生产效率起着非常重要的作用。

因此，产业集群内部的空间临近性将使得集群内企业之间形成一种富有弹性的经济社会综合体。而产业弹性集聚体与区域竞争力理论研究与发展的实践表明，一个国家或地区竞争优势的获得来源于产业在其内部集聚过程中所获得的优势。以弹性专业化为典型特点的产业集聚网络，彼此之间通过分工与合作而结成稠密的区域网络组织，共同面对快速变化的外部市场环境和技术条件，促进了产业集聚体高效率的生产，节省了单个企业的交易成本，从而有效地增强区域竞争力，并通过循环累积效应最终促进整个区域经济的持续增长。

三、产业集群的创新效应

产业集群是增强企业创新能力的有效保障，而创新是区域经济发展的原动力。由于创新活动的复杂性，企业很难单独开展创新活动，往往需要多个相关企业及科研部门的共同参与，创新才可能获得成功，这一要求恰好为产业集群的网络特性所体现。

首先，在产业集群内部，容易产生专业知识、生产技能、市场信息等方面的累积效应。在产业集群内部，集聚着数量众多的相关生产企业、科研机构、商会、协会、中介机构等，在产生较强的知识与信息累积效应的同时，同行业企业的聚集导致的竞争，为企业带来了竞争压力（但是竞争可以促进企业之间的需求），提高产业知名度，最终提高产业整体的竞争力，这一方面为企业提供了实现创新的知识和信息来源以及所需的物质基础，另一方面也使产业集群内的企业不断保持着创新的动力。

其次，在不同企业或产业之间紧密的网络关系，使得生产企业和相关机构之间更容易形成一个相互学习的整体，推动了集体学习的进程，降低了学习成本，促进更多有创新价值的活动发生。比如，不同公司员工之间面对面的接触、工作之余时间的聊天等，使得不同的思想不断在交流中相互碰撞产生新的火花。尤其是隐含经验类知识的交流，更能激发新思想、新方法的应用，促进学科交叉和产业融合，使得新产业和新产品不断出现。

综上所述，在经济全球化的时代，交通技术的进步削弱了地理空间对区域经济联系的影响，资源、技术、信息、人才的全球性流动增强，促进了产业集群的形成和发展，也进一步促使企业的创新能力不断增强，形成了更为紧密联系的产业集群，并成为促进区域经济增长的核心动力。

参考文献

盖文启 . 2002. 创新网络：区域经济发展新思维 . 北京：北京大学出版社 . 23 ~ 65

刘斌 . 2004. 产业集聚竞争力优势的经济分析 . 北京：中国发展出版社 . 43

盂庆民，李国平，杨开忠 . 2001. 学习型区域：面向全球化的区域发展 . 地理科学，(3)：205 ~ 209

魏江 . 2002. 集群创新系统构建研究 . 中国软科学研究会论文集（宁波）

魏守华 . 2003. 产业群理论及其政策研究 . 北京大学博士学位论文

Apello R. 1999. Spatial transfer of knowledge in high technology milieux：learning versus collective learning processes. Regional Studies，33 (4)：353 ~ 365

Freeman C. 1988. Japan：a new national system of innovation，*In*：Dosi G et al. Technical Change and Economic Theory. London：Pinter

Goodman E，Bamford J. 1989. Small finns and industrial districts in Italy. New York：Roudedge

Krugman P. 1991a：Geography and trade. Cambridge. MA：MIT Press

Krugman P. 1991b：Increasing returns and economic geography . Journal of Political Economy，99：183 ~ 199

Kngman P. 1998. What's new about the new economic geography. Oxford Review of Economic Policy，(2)：7～17

Marshall A. 1920（1890）. Principles of economics. London：Macmillan

Porter M E. 1998. Clusters and new economics of competition. Harvard Business Review，1（11，12）：77～90

Remigio R，Alberto B，Richard G. 1997. The dynamics of znnovative region：the GREMZ approach. Ashgate Publishing Ltd.

Scott A. 1988. New industrial spaces：flexible production organization and regional development in North America and Western Europe. London：Pion

Weber 1929. The theory of the location of industries. Chicago：Chicago University Press. 50～92

第八章　产业空间结构理论

产业活动最终将要落在空间上，而产业活动在空间上的发展通常遵循一定的规律展开。因此，按照一定的原理或理论解释和分析产业在空间上集聚或扩散的规律，研究和预测不同产业的空间组合方式和产业空间关联特征，对产业发展和规划具有重要的指导意义。

第一节　产业空间结构的内涵

一、产业空间结构的概念

产业空间结构也称区域产业空间结构或产业地域结构，是经济地域的主要物质内容在地域空间上的相互关系和组合形式，包括各种经济活动在地域范围内的分布状态、组合形式、形成机制、演进规律等（张金锁，康凯，2003），以及反映这种关系的客体和现象的空间集聚规模和集聚形态（陆大道，1998）。

这里的“空间结构”不是简单的几何空间，而是结构维、空间维和时间维三个维度的综合集成，产业空间结构理论从这三个维度出发研究并揭示区域产业分布格局的演变规律（樊杰等，2002）。结构维研究的是区域一、二、三次产业结构演进的规律；空间维侧重于分析经济活动在空间中的分布规律和相互作用形式，值得注意的是由于空间尺度转换，研究视角将会不同；时间维则强调了产业结构和空间结构在时间轴上的动态变化过程（图8-1）。

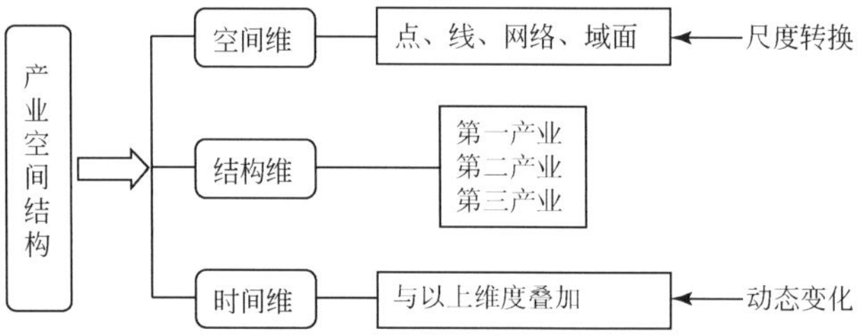

图8-1　产业空间结构的三维特性

二、产业空间结构的组成要素

任何地域的空间结构都是由点、线、面、网络等空间要素构成的统一整体，它们相互影响和协调发展，形成一个复杂的大系统。该空间结构系统内部包含若干低一级的空间结构子系统，同时外部存在若干同级或更高一级的空间结构系统。由于各个系统自身的地理、经济、社会条件不同，区域之间互通有无，产生了密切复杂的联系。因此，产业空间结构具有整体性、系统性、层次性和区域性等基本特性（陈才，2001）。

（一）产业集聚点

产业集聚点是由于资源、交通条件、区位等要素的作用，产业在某个特定的位置集中而形成的产业空间分布形态，一般是依托各类中小城镇或交通结点，形成不同规模和类型的产业集聚点。由于产业的不断集聚，这些点的自身规模不断发展壮大，相邻点在空间上发生重叠融合，形成更大规模的集聚点，进而产生人口、经济集中的城镇。由于产业集聚点的发展条件参差不齐，对周边的吸引力各不相同，因此存在规模和等级的差别。产业集聚点是中小尺度区域发展的关键支撑点，对增强地区活力和提升地区竞争力具有重要的意义。

（二）产业发展轴线

产业发展轴线是指各类产业在地理空间上依托水陆交通干线呈线状分布的空间形态。为了满足产业集聚点之间不断加强的相互联系，连接各中心地的交通干线（铁路、公路等）建立起来，大大降低了运输费用和产品成本，方便了人口的流动。因此，交通线成为新的有利条件，吸引产业和人口向交通线两侧聚集，形成对大区域开发具有促进作用的产业发展轴线，如我国的沿海产业集聚带、长江沿线产业集聚带、京广沿线产业集聚带和陇海兰新沿线产业集聚带。

（三）产业集聚区

产业集聚区是产业依托一个或若干个特大城市（或大城市）形成的面状分布形态，通常是具有国家意义或大区域意义的产业密集地区，如国家或区域性的制造业、能源和原材料加工基地，金融保险和物流中心，交通和信息枢纽，人才和技术中心等，也是国家或区域性的经济核心区和最具活力与竞争力的地区。产业集聚区的扩大和发展在国家或大区域的可持续发展中发挥着越来越重要的作用，可以说产业集聚区的形成和发展是支撑区域经济发展的主体。

（四）产业点（线、面）间的连接网络

随着区域之间人流、物流和信息流加强，产业集聚点、轴和区之间的联系也随之加强，产业聚集点、产业发展轴线和产业集聚区之间形成相互联系和相互作用的网络，通过网络在彼此之间传递大量的人流、物流和信息流。随着区域联系的加深，组成产业连接网络的交通网络（包括主干高速公路、铁路线、水运、航空以及能源输送线路）和信息网络（电话、电报、互联网）日渐完善，产业空间结构的内部和外部联系也越来越紧密。

第二节　产业空间结构形成的影响因素

产业空间结构的形成受到自然、社会、经济和历史等各方面因素的共同影响。开发历史悠久的地区由于生产力发展水平较高，空间结构往往比较发达和紧凑；反之，空间结构则相对松散。在空间结构发展的不同阶段，决定产业空间结构形成和发展的主导因素也不尽相同（图 8-2）。

一、自然资源和地理位置在工业化初期是产业空间结构形成的基础

在产业空间结构形成的初期，农业和工业对自然资源的依赖性较大，因此自然禀赋差异成为区域经济差异的根源，是区域空间结构形成的基础，也是区域经济多样性、互补性和区域分工的前提。自然条件优越的地域一般具有较长的开发历史，因此其空间结构的内容丰富，往往具有完整的规模体系，而自然条件较差的地域，其产业活动受到的限制较大，则形成单一核心的空间结构。另外，自然资源的分布和组合状况影响到地域的产业选择，不同产业的土地利用方式差异将会造成产业空间结构的变化。例如，以矿区和林区为主的地域，城镇和开采加工点结合紧密，通常呈分散布局，且核心区（城镇）的规模小于以加工业为主的地域。

工业化初期，运费占据生产成本的较大比例，企业总是倾向于在交通方便、运输速度快、中转环节少、运费率低的地点布局，这些区域往往形成以交通枢纽为核心的空间结构，产业呈放射状向外辐

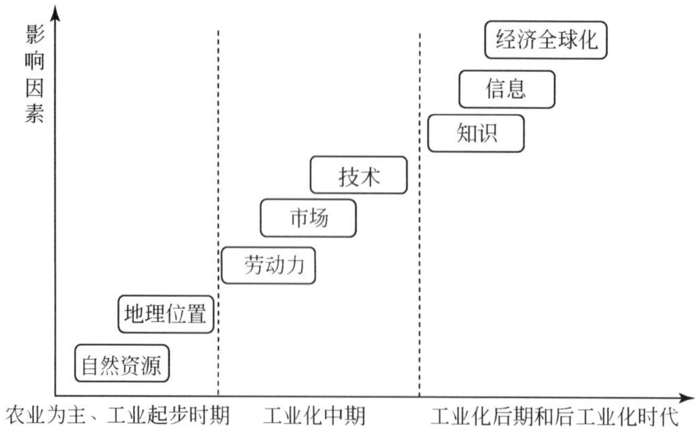

图 8-2　产业空间结构不同发展阶段的主导影响因素

射形成圈层结构，外围区域的经济没有核心区紧凑和发达。例如，临海地域的空间结构一般以港口为核心，呈扇状向内地扩散。

二、劳动力、市场、技术在工业化中期对产业空间结构的影响加强

到了工业化中期以后，农业在三次产业中的比重减少，工业份额增大，技术的进步使得产业对自然资源的依赖性减小。因此，自然因素的影响作用开始弱化，而劳动力、市场和技术等因素对产业空间结构的影响力度不断增强。

当制造业成为产业的重要部门之后，劳动力就成为保障产业活动持续发展的重要因素，劳动力的数量、素质和成本在不同地域空间的差异对产业空间结构将产生显著的影响。新经济地理学指出，制造业工人的移民行为是集聚产生和强化的关键。例如，我国东部沿海属于人口稠密的地区，同时受到政策、市场等其他因素的影响，吸纳了大量来自内陆的劳动力，从而在推动当地产业快速发展的同时，显著扩大了当地核心城市的规模，并促进了区域产业空间结构的发展。

产业布局受到市场需求规模的影响，即某一产业在某一区域布局，其市场需求规模必须要达到一定门槛值才能获得经济收益。一般市场需求量大的地区，有利于产业的布局和发展，其产业空间结构发育相对成熟和完善。

技术发展水平是制约产业空间结构形成发展的重要因素。技术进步降低了产业对自然资源的依赖程度，拓展了自然资源利用的广度和深度，各类资源的平衡状况以及它们在各地区的地理分布状况不断改善，从而扩大了产业发展的空间范围。同时，技术发展水平还决定了区域核心和外围地域的发展水平，技术水平较高的区域往往经济发达，空间结构的层次较为丰富完善。

三、“新因素”在工业化后期对产业空间结构的影响日渐突出

随着新技术革命的发展，知识、信息以及经济全球化等因素的作用在经济发展中的作用日渐突出，影响着产业活动的空间集聚，进而影响到产业空间结构的发展。

知识、技术等要素的合理配置与创新成为企业和产业发展的永续动力，产业内部的专业化分工加深（盖文启，2002），“知识”的作用越来越大。这里的知识并非书本上的教条，而是广泛存在于人力资本、产品和服务中的“经验”。由于知识的溢出具有空间衰减性，许多产业都选择在高校及科研机构高度集聚的大都市圈布局，如美国硅谷、英国剑桥工业园和北京中关村产业基地。因此，“知识”使得产业空间结构较为紧凑，加剧了中心和外围的差异。

信息技术发展对产业空间结构的作用与知识相反。面对面的交流被互联网和通信设备取代，不再需要在同一地方集中，促使产业的生产、分配、管理职能在最适宜的地方分散配置，产业空间形态由紧凑型向松散型演化。同时，在一些信息高度集中的中枢地区，现代服务业如咨询、文化创意产业等

则会进一步集聚。

经济全球化意味着跨国公司的投资大规模增加，与此同时发生的是国际范围内的产业转移。不同地区利用外资能力的差异将会进一步加剧产业空间结构的极化。在经济全球化的作用下，我国沿海地区成为全球资本、商品和服务市场的一部分，而内陆地区在一定时期可能成为全球化的边缘地区，形成新的中心-外围结构。

此外，人文因素（地缘、人缘）和生态因素在产业空间结构发展中的作用也逐渐受到重视。

第三节 产业空间结构的主要理论

产业空间结构理论旨在探寻各产业活动的优化布局规律和合理组合形式，目标是达到区域整体最优发展，并在实践中为产业空间优化提供理论依据。相关理论包括工业地域综合体理论、增长极理论、中心-外围理论、梯度推移理论、城市区域理论和点-轴理论等。

一、工业地域综合体理论

（一）工业地域综合体概念的产生

工业地理学把工业布局中存在着的有规律的地域组合现象称为工业地域综合体（areal industrial complex），即在一定地域范围内，由许多有经济联系和生产协作关系的工业企业共同组成的地域生产综合体。

经济布局的综合体思想从理论上可追溯到早期地理学的区域学派。1925 年，苏联学者舒利金提出“生产综合体”概念，即指某个地区内不同的生产部门和生产企业通过联合、分工协作，促进地区经济发展的社会生产体系。随后“综合体”的概念不断完善和发展，对其亦出现了不同层次的理解。例如，苏联学者 H. H. 涅克拉索夫（涅克拉索夫，1987）认为区域国民综合体是苏联统一的国民综合体的一部分，而地域生产综合体则是国民经济综合体的一种多部门或专业化的综合体。分段工业地域综合体是地域生产综合体的重要组成部分，核心由工业建设组成，此外还有农业-工业综合体、农业综合体、工业-交通综合体和服务业综合体等（费洪平，1992）。

工业地域综合体着眼于区域内部产业间的经济技术联系，强调区域产业是一个相互之间有机联系的整体（樊杰等，2001）。一个成熟的工业地域综合体内部应该具有相对完整的产业链，包含主导工业、相关工业和服务型工业三部分。其中，主导工业是工业地域综合体的核心，代表着综合体的结构特点，对整个综合体发展的规模、性质、内容以及发展方向等产生深远的影响。

（二）工业地域综合体的主要类型

工业地域综合体的规模、等级差别巨大，其地域范围可以大到成百万平方千米以上的大经济区、20 万 ~ 30 万平方千米的省区，也可以小到几千到几万平方千米的工业地区和几十平方千米的城市工业区或工矿区。大范围的工业地域综合体偏重于经济上的联系，而规模较小的工业地域综合体则注重生产和技术上的联系。相比而言，这些小范围的基层性工业地域综合体更具有实际意义和可操作性。例如，德国鲁尔区内部各生产部门在共同利用原料、半成品和能源以及公用设施等方面，进行广泛的经济协作和生产技术联系。

二、增长极理论

“增长极”理论是区域经济不平衡发展理论的代表，被认为是西方经济区域观念的基石，最早由法国经济学家朗索瓦·佩鲁于 20 世纪 50 年代提出。佩鲁认为“一个增长（或发展）极是一个与周围环境结合的增长诱导单位。在这个紧密相连且充满活力的环境中，由于主动单位（即新企业）的建立而产生广泛的各种集聚和互补效应”（Higgins，Savioie，1988）。其中，主动单位指某些对邻近地区经济发展有强大辐射作用的主导产业或者具有创新力的企业。佩鲁的学生布德维尔首先将增长极的概念地理化，提出了都市工业增长极的概念。他将增长极定义为位于都市中心的一组发展中的，并且能够促使所在地经济发展的工业，并把极化地区定义为一组相邻的，与中心城市的联系比与同级其他城市更为密切的城镇。在极化地区内大力发展增长极工业可以刺激地区的经济增长。

1957 年瑞典经济学家缪尔达尔在《经济理论和不发达地区》中提出“循环累积因果论”，认为增长极与其周边地区的相互作用存在扩散和回流两种效应，且两种效应将会扩大区域间的差异。美国发展经济学家赫希曼提出与此相似的不平衡发展战略，同时强调国家干预的“均衡器”作用。

“增长极”理论具有较强的实际操作性，对发展中国家影响巨大，如马来西亚和巴西。但是，在培育增长极的过程中容易造成地区贫富差距扩大、推动产业的过度发展，形成“孤岛经济”和“飞地经济”等，因此增长极战略在 20 世纪 70 年代逐渐沉寂下去。

应用该理论比较成功的案例是日本在 1962 年进行的“国土综合开发计划”。依据该理论，日本选择了 14 个新产业城市和 6 个工业整备特别地区，目标是分散工业，使开发据点与东京等既有大集聚地相连接，又通过交通通信设施使之有机地相互联络、相互影响，在充分发挥周边地区特性的同时，促进连锁性开发，实现地区间的均衡发展。

三、中心-外围理论

（一）中心-外围理论产生与发展

“中心-外围”理论（center periphery theory）也称为“核心-边缘”理论，是区域不平衡发展理论的另一个代表性理论。此理论最初由阿根廷经济学家劳尔·普雷维什在 1949 年用来描述当时国际贸易体系中西方资本主义国家与发展中国家的对峙情形。从 20 世纪 60 年代开始，这一理论得到了广泛的发展，相关研究主要有弗兰克（G. Frank）、阿明（S. Amin）的依附论和汉斯·辛格（H. W. Singer）的贸易条件全面恶化论等。弗里德曼（J. R. Friedmann）将“中心-外围”理论完善和系统化，他不像普雷维什那样局限于经济过程的考察，而是把社会发展过程也纳入到思考之中。弗里德曼认为，任何一个国家都是由核心区域和边缘区域组成的，在区域经济发展中，核心地区和边缘地区具有不同的地位和作用。

20 世纪 90 年代以来，区域经济学家克鲁格曼（1995）、Baldwin（2001）和 Nalaspa 等（2001）利用“中心-外围”理论对产业集聚进行了研究，并结合实际情况对该理论进行了完善，促使这一理论发展到了一个新的阶段。

（二）中心-外围模型的主要内容

在简化的中心-外围模型中，空间结构由中心和外围两种结构要素构成。中心区集聚了区域中主要的资本和技术，并源源不断地产生革新，是区域发展的动力所在；外围接受中心区的革新成果，跟随中心区而发展。中心与外围相互依存，形成完整的空间系统。

中心和外围存在四个相互作用的基本过程（图 8-3），包括革新的扩散、决策、移民和投资（许学强等，1997），分别代表了社会的四个重要方面：文化、政治、人口和经济。在此模型中，外围地区的人口和资本不断涌入中心，同时必须接受中心区的决策辐射和革新的影响。因此，外围和中心的相互关系是不平等的，外围地区依赖于中心对它的控制作用。

四、梯度推移理论

梯度推移理论的思想最初来源于杜能的农业圈层理论，它阐述了农业经济集约化水平由中心城市向四周农牧区逐步下降的梯度分布现象，梯度是指区域之间经济总体水平的差异。梯度推移理论的基础是弗农等于 1996 年提出的工业产品生产周期循环理论。弗农等认为工业产品的生产发展过程与生态系统循环运动一样必须经历创新、发展、成熟和衰退四个阶段。后来，一些区域经济学家将该理论引入区域经济学研究，从而产生了区域经济技术梯度推移理论。由此，梯度推移理论在西方开始形成（周起业等，1992）。

梯度推移理论认为，区域经济的发展兴衰主要取决于该地区的产业结构，其次取决于该地区经济部门特别是主导产业部门在自身生命循环过程中所处的阶段。经济部门根据弗农的产品周期理论可以分为三类，产品处于创新到成长阶段的是兴旺部门，处于成长到成熟阶段的是停滞部门，处于成熟到衰退阶段的是衰退部门。因此，如果地区的主导产业主要是由处在创新阶段的兴旺部门构成，则该地区就为高梯度地区；反之，则为低梯度地区。高梯度地区是创新活动产生的源泉，创新根据产品周期循环的顺序由高梯度区域向低梯度区域推移。例如，美国的硅谷目前是世界创新的发源地，因而也是世界上最具发展活力和潜力的高梯度地区。

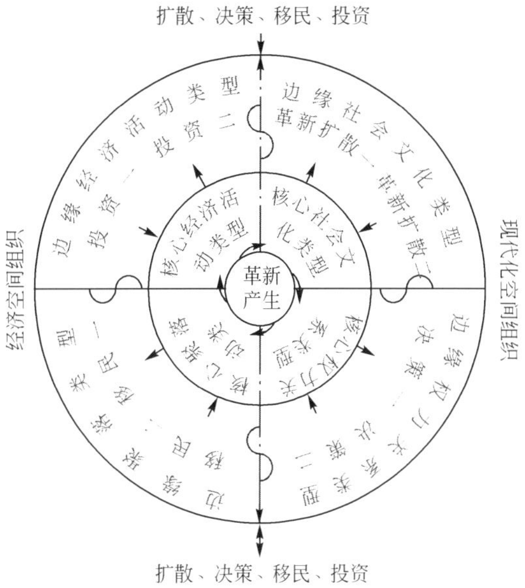

图 8-3 中心-外围模式（许学强等，1997）

梯度推移理论还认为，梯度推移过程是动态的极化效应与扩散效应共同作用的结果，城市系统是推移过程的载体。具体的梯度推移有两种方式：一种是创新从发源地向周围相邻的城市推移；另一种是创新从发源地向距离较远的第二级城市推移，再向第三级城市推移，以此类推，创新就从发源地推移到所有的区域（王育宝，李国平，2006）。

五、点-轴理论

（一）点-轴系统的基础

陆大道在 1984 年首次提出“点-轴”系统的渐进式扩散模式（陆大道，1986），并在随后十余年中对该理论模型的科学基础和形成机制进行了深入的研究，系统地阐述了“点-轴”空间结构的形成过程和“发展轴”的结构与类型等；分析了不同社会经济发展阶段空间结构的基本特征和空间可达性、位置级差地租对区域发展的影响，使这一理论基本上形成了一个体系（陆大道，1988，2001，2002）。并在中心地理论的基础上，揭示了居民点和城市形成的等级-规模法则。

点-轴理论可以看做是增长极理论的延伸。在区域经济发展的初级阶段，产业总是先集中于个别优势区位，形成增长极，当产业点增多之后联系加强形成轴线。这些轴线对于周边地区的劳动力和资本具有极大的吸引力，引导产业和劳动力向轴线两侧聚集，并产生新的点，进而形成网络。

（二）点-轴系统形成机理

点-轴理论认为，社会经济客体在区域或空间的范畴总是处于相互作用之中。形成空间格局的过程存在空间集聚和空间扩散两个驱动力，并强调了社会经济客体在空间中扩散的方式是渐进式的。在区域开发的初期，社会经济客体从中心点沿着若干线状设施（也称扩散通道）渐次扩散社会经济“流”，包括产品流、资金流、人流、技术流、信息流、政策流等。这些“流”将在不同远近的位置形成强度不同的新集聚。由于扩散力随距离延伸而衰减，新集聚的规模也随距离的增加而变小，扩散通道也逐渐成为发展轴线。随着社会经济的进一步发展，新形成的集聚点又将产生新的扩散流，形成次一级的发展轴线。

点-轴空间结构系统的形成可以归纳为四个主要阶段（图 8-4）：第一阶段是点-轴空间结构形成前的均衡阶段（农业社会），均质地表上分布着无组织的社会经济客体，即以村镇为主的居民点，空间效率极低。第二阶段社会经济客体开始集聚（工业化的初期阶段）阶段，点、轴同时开始形成，区域局部开始出现有组织状态，区域资源开发和经济进入较快增长时期。第三阶段是点-轴系统框架初步形成（工业化中期阶段）阶段，社会经济演变迅速，空间结构变动幅度大。第四阶段是点-轴空间结构系统形成阶段。区域进入全面有组织状态，空间结构重新恢复到“均衡”阶段，社会组织与经济组织高效运转，但作为社会发展标志的人口和经济增长则趋于稳定。

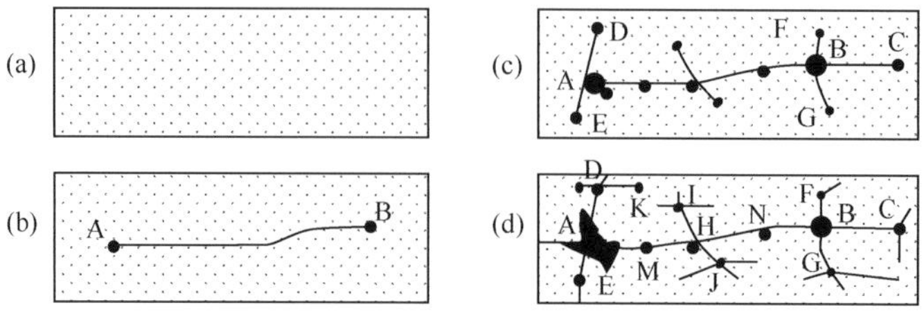

图 8-4　点-轴空间结构系统的形成模式（陆大道，1998）

六、城市区域理论

20 世纪 70 年代以来，资本主义生产方式由福特主义向后福特主义过渡，新劳动地域分工逐步形成。全球化进程和新技术革命增强了全球与地方之间的经济、文化和政治联系，城市间各种要素流动的迅速增加，使得城市在全球范围内更加紧密地联系在一起，“流的空间”（space of flows）代替“场的空间”（space of places）（Castells，1999）。随之而来的是日益加剧的全球城市之间的竞争。为了增强综合竞争力，区域城市开始协作，从而城市之间的竞争演变为城市所在地区的实力的竞争（Simmonds，Hack，2000）（Scott，2001），即“城市区域”（city region）成为全球经济竞争的基本单元。城市区域由核心城市及其腹地组成，具有密切的劳动分工，城市间经济要素与人员等交流频繁。西欧一些国家的城市体系已经形成了这样的“城市区域”。由于城市区域理论突破了国家和地域的界限，可以称之为“新区域主义”，它体现了城市与区域发展的双赢发展以及建立在此基础上的功能布局与功能完善，提高了空间利用的整体效益（吴良镛，2003）。该理论研究还表明，以国际性“门户城市”为核心的城市区域（大都市经济区）是目前全球最具竞争力的地区，如大伦敦地区、东京都市圈等。

城市区域理论对我国当前沿海城市密集地区的发展有着重要的启示。例如，以中国香港地区作为珠江三角洲初始的门户城市，资本、劳动力、技术、信息等生产要素流的快速转移与空间集聚，推动了珠江三角洲产业创新网络和产业集聚区的形成（图 8-5）。

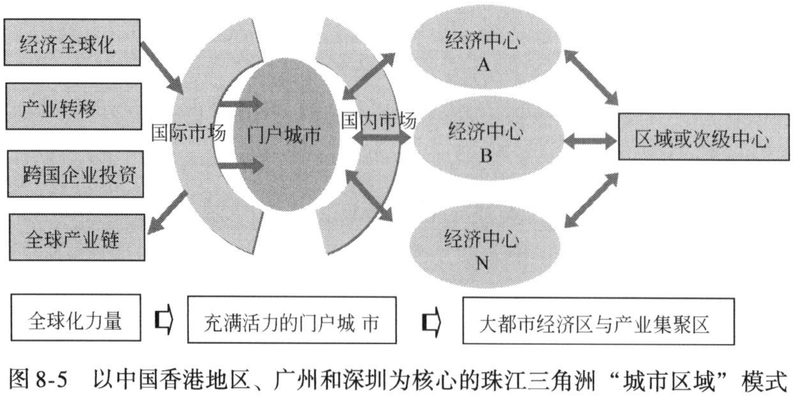

图 8-5　以中国香港地区、广州和深圳为核心的珠江三角洲“城市区域”模式

第四节　理 论 评 述

一、理论比较

上述产业空间结构理论都属于区域发展中的非均衡发展理论，强调集聚效应和乘数效应增强了中心地区在空间结构中的核心地位和带动作用，周边地区依靠中心地区输出的物质和能量，从而产生了区域经济差异。但是，这些理论同时指出非均衡发展是区域经济向更高级状态过渡的必经阶段，即区域发展要经历“初始均衡—差异扩大—相对均衡”的一个过程，而均衡增长是区域经济发展的最终状态。

另外，由于产业空间结构的各理论产生与发展的背景不同（表8-1），因而其适用的范围也各有局限。工业地域生产综合体理论在苏联社会主义制度高度计划和统一的体制下，强调生产专业化与协作，但是忽视了市场经济的推动力。“增长极”理论则是将熊彼特的创新理论空间化，增长极被认为是革新产生和扩散的发源地。该理论带有突出的市场经济特点，其主导产业选择与市场需求联系密切。同时代提出的中心-外围理论更加直接地揭示造成发达国家与发展中国家差异的根源是中心地区对外围地区的控制，该理论有利于解释二元区域结构。由于当时国际上地区差异巨大，增长极理论和中心外围理论被高度重视，但是对其的过度使用容易加剧区域差异。梯度推移理论以生命周期理论为基础，偏于静态的理解梯度概念，忽略了落后地区跨越式发展的可能性，不利于区域协调发展。“点-轴系统”理论进一步延伸了增长极理论，以“中心地理论”为基础阐述了社会经济空间结构（组织）形成的等级-规模法则，强调由中心向外轴的扩散过程。城市地区理论近年来刚刚兴起，对城市密集地区有重要的指导意义，但其理论体系仍有待进一步完善。

表8-1　产业空间结构理论的产生背景和理论基础

产业空间结构理论	产生年代	产生背景	理论基础
工业地域综合体理论	20世纪20年代	苏联计划经济体制，国民经济高速发展时期	马克思主义的劳动地域分工理论
增长极理论	20世纪50年代	西方自由市场经济体制，第二次世界大战后经济恢复时期，地区差异巨大	熊彼特创新理论
中心-外围理论	20世纪60年代	同上	增长极理论、二元结构理论等
梯度推移理论	20世纪60年代	同上	生命周期理论
点-轴理论	20世纪80年代	中国改革开放初期	中心地理论
城市区域理论	21世纪初	经济全球化进程加快，城市经济加剧	全球化理论

二、产业空间结构理论在我国的发展过程

我国产业空间结构理论体系在引进国外理论的基础上自我创新，经过了如下的发展过程（图8-6），分别指导了我国不同时期的地区发展实践。

中华人民共和国成立初期到改革开放前，工业地域综合体理论在我国地区工业体系建设和生产力布局中发挥了积极的指导作用，特别是对多种资源富集、组合良好的西部地区的开发有重要意义，为西部开发提供了一个具有较强操作性的区域发展模式。

梯度推移理论自1982年引入我国起就是改革开放后实施三大地带宏观区域政策的重要科学理论基础，它在我国资金缺乏、技术发展程度低的情况下促进了我国东部地区的迅速发展和经济的高速增长，但同时也使我国东、中、西部的区域差距进一步扩大，因此不被落后地区认同。

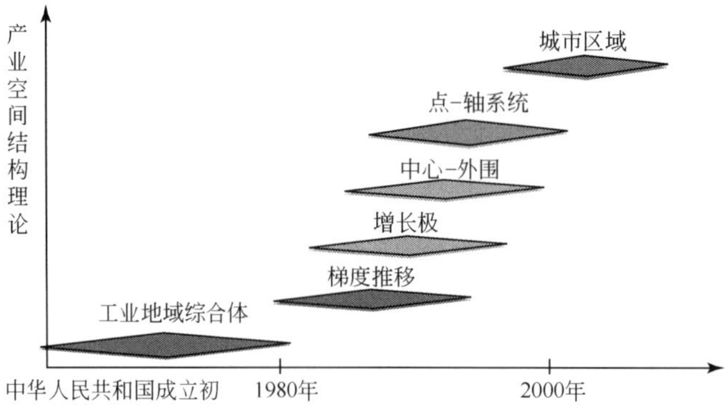

图 8-6　我国产业空间结构理论的应用和发展情况

增长极理论较好地解释了经济增长在区域和产业之间的不平衡状态，通过极化指数可以了解不同区域的经济发展情况，从而对不同经济区域进行分类指导，制定与实际情况相应的政策，促进经济发展。但在培育增长极的过程中扩大了地区贫富差距，使推动性产业过度发展，形成“孤岛经济”和“飞地经济”等。

东部沿海的“经济飞地”与“塌陷的”中部、落后的西部以及背着“包袱”的东北老工业基地并存现象促使学者和规划者运用中心-外围理论对振兴东北老工业基地、中部崛起等相关区域进行反“边缘化”的思考。而更多的学者运用中心-外围理论阐释不同产业集聚的发展状况（包卿，陈雄，2006；李映照，2005；陈金波等，2005）。

点-轴系统理论自 1984 年提出后，在我国被广泛地应用。陆大道在总结了全国生产力发展特别是工业发展的区位因素和布局规律之后，根据工业、交通布局理论和点-轴系统理论提出了我国国土开发和经济布局的“T”形空间结构战略，将东部沿海地带和长江沿岸地带作为我国国土开发和经济布局的战略重点。该战略被列入全国国土总体规划，成为国家和许多省区市的战略目标和政策行为。

城市地区和门户城市理论虽然发展时间不长，但已经成为目前全国各地区在空间规划中所应用的重要理论。

更多情况下，这些理论相互补充，共同指导空间规划（相伟，2007）。如 2004 年全国城镇体系规划，2000 年与 2006 年的西部大开发前期研究及规划，2005 年京津冀、长三角都市圈区域规划，2006 年东北老工业基地振兴规划等，在以点-轴系统为主要指导理论的同时，也结合了增长极、都市圈、门户城市、功能区划等理论，共同引导区域产业的合理发展。

参 考 文 献

包卿，陈雄．2006. 核心边缘理论的应用和发展新范式．经济论坛，(8)：8，9

陈才．2001. 区域经济地理学．北京：科学出版社．158，159

陈金波，邢华，何建敏．2005. 中心-外围结构与跨国公司选址研究．中国软科学，(4)：91～96

樊杰等．2001. 中国西部开发战略创新的经济地理学理论基础．地理学报，(6)：711～719

樊杰，曹忠祥，吕昕．2002. 我国西部地区产业空间结构解析．地理科学进展，21 (4)：289～301

费洪平．1992. 地域生产综合体理论研究综述．地理学与国土研究，8 (1)：40～44

盖文启．2002. 创新网络．北京：北京大学出版社．1

李映照．2005. 基于资本移动的企业集聚模型．数量经济技术经济研究，(3)：8～15

陆大道．1986. 2000 年我国工业生产力布局总图的科学基础．地理科学，6 (2)：110～118

陆大道．1988. 区位论与区域研究方法．北京：科学出版社．101～102

陆大道．1998. 区域发展及其空间结构．北京：科学出版社．156

陆大道．2001. 论区域的最佳结构与最佳发展．地理学报，56 (2)：127～135

陆大道．2002. 关于“点-轴”空间结构系统的形成机理分析．地理科学，22 (1)：1～6

王育宝，李国平. 2006. 狭义梯度推移理论的局限及其创新. 西安交通大学学报（社会科学版），(9)：25~30
吴良镛. 2003. 城市地区地理论与中国沿海城市密集地区发展. 城市规划，(2)：12~16
相伟. 2007. 区域点-轴系统演进过程的影响因素初探. 中国科学院地理科学与资源研究所博士学位论文
许学强，周一星等. 1997. 城市地理学. 北京：高等教育出版社. 181
张金锁，康凯. 2003. 区域经济学. 天津：天津大学出版社. 50
周起业，刘再兴. 1992. 区域经济学. 北京：中国人民大学出版社. 58
涅克拉索夫·H H. 1987. 区域经济学——理论、问题、方法. 北京：东方出版社. 61，92，93
Baldwin R E. 2001. Core-periphery model with forward-looking expectations. Regional Science and Urban Economics, 31 (1): 21~49
Castells M. 1999. Grassrooting the space of flows. Urban Geography, 20 (4): 294~302
Higgins E B, Savioie D J. 1988. Regional economic development. London: Unwin Hyman Ltd Press. 70
Krugman P R, Venables A J. 1995. Globalization and the inequality of nations. Quarterly Journal of Economics, 110 (4): 857~880
Nalaspa, Pueyo L F, Sanz F. 2001. The public sector and core-periphery models. Urban Studies, 38 (10): 1639~1649
Scott A J. 2001. Global city-region: trends, theory, policy. New York: Oxford University Press
Simmonds R, Hack G. 2000. Global city region: their emerging forms. London and New York: Spon Press

第九章　国际直接投资与跨国公司投资区位理论

经济全球化表现为资本在全球范围内的流动，跨国公司投资的大规模增加，跨国公司对全球和国家、地区的经济影响力不断加强，国际贸易大幅度增长。经济全球化的发展是与国际范围内的产业转移相伴随的。因此，经济全球化的发展已经并且正在强烈地影响着全球范围和国家、地区层面上的产业发展和空间重组。

第一节　跨国公司直接投资理论

国际直接投资理论兴起于20世纪60年代，该理论的研究虽然侧重于国际直接投资发生的原因，但其对国际直接投资区位的选择也有一定论述。邓宁（Dunning）总结了跨国公司投资的理论，并把相关研究总结为三个里程碑（表9-1）。第一个里程碑是海默（Hymer）、弗农（Vernon）、鲁格曼（Rugam）、阿利贝尔（Alibers）、尼克博克（Knicherbocker）及格雷厄姆（Grabam）在60年代上半叶证明的关于外国直接投资和国际化大生产的部分理论。70年代后半叶是第二个里程碑，在这个阶段，以小岛（Kojima）、巴克利（Buckley）、卡森（Cassen）等为代表，他们对跨国公司活动的决定性要素在认识上有很大的进展，提出了跨国公司活动空间中存在着相互融合的要素，并研究了以资源为基础的公司在国际化中的演变和发展，这阶段更强调知识的重要性，提出知识是竞争的资产。90年代之后为第三个里程碑，代表学者有邓宁、马库森（Markussen）、汤姆韦·森（Tom Wesson）等。其中邓宁认为，经济的全球化要求国际理论更加系统，要注重跨境交易，需要重新考虑组织结构的优化等问题。

表9-1　跨国公司投资理论发展

发展阶段	代表人物	代表理论	主要思想
第一个阶段（20世纪60年代初至70年代上半叶）	海默、弗农、鲁格曼、阿利贝尔、尼克博克及格雷厄姆	海默的垄断优势论	企业所拥有的能够抵消在与当地企业竞争中不利因素的特有的优势是企业对外直接投资的决定性因素
		弗农产品生命周期理论	将产品发展阶段分为新产品阶段、成熟产品阶段和标准化产品阶段，在不同的发展阶段企业区位选择与企业垄断优势相关
		尼克博克寡头垄断行为理论	认为寡头公司会模仿首先进行国际直接投资的公司的行为，在相同的国家和地区形成直接投资
第二个阶段（20世纪70年代后期至90年代初）	小岛、巴克利、卡森	小岛的清边际产业理论	对外直接投资应从本国已经或即将成为劣势的产业（可称为边际产业）依次进行
第三个阶段（20世纪90年代初至今）	邓宁、马库森、汤姆韦森	邓宁国际生产折中理论	认为当跨国公司同时具备所有权优势、内部化优势、区位特定优势时，才能进行国际直接投资

一、垄断优势论

垄断优势论由美国学者海默1960年在其博士论文中第一次提出。企业的垄断优势，即指企业所拥有的能够抵消在与当地企业竞争中不利因素的特有的优势，和能够使企业拥有和保持这些优势的国内、国际市场的不完全性，是企业对外直接投资的决定性因素。

在完全市场条件下，国际贸易是企业参与国际市场或对外扩张的唯一方式。而现实生活中，市场是不完全的，这种不完全性为对外直接投资打开了大门。金德尔伯格将市场不完全作为企业对外直接投资的决定因素，并列出市场不完全的几种形式：产品市场不完全、资本和技术等要素市场不完全、规模经济和政府的关税等贸易限制措施造成的市场扭曲。前三种市场不完全使企业拥有垄断优势，包括专有技术、管理经验、融资能力、销售渠道等，第四种市场不完全则导致企业对外直接投资以利用其垄断优势。海默和金德尔伯格的这些解释成为20世纪60～70年代中期各种国际直接投资理论发展的基本脉络。西方学者就市场各方面的不完全性来分析企业对外直接投资的决定因素，主要有以下一些观点：

（1）从技术、专利等知识市场不完全入手。美国学者约翰逊认为，企业的垄断优势来自对知识资产的控制，而知识资产具有公共产品的性质，即可以多次重复使用而不减少其使用价值；同时在企业内部转移的成本很低或等于零，企业在国外的子公司因此可以获得高于当地企业的竞争优势。凯夫斯则指出，跨国公司拥有使差异化的能力和技术，这种技术资产不能像其他商品那样，通过销售获得全部收益，而对外直接投资则可保证企业对国外生产和销售差别产品的技术控制，从而获得技术资产的全部收益，并同时指出了美国企业海外直接投资，要以独资经营为主要形式。

（2）从劳动力、资本要素市场不完全入手。海默等认为劳动力不能自由流动促使企业对外直接投资，以利用当地市场劳动力相对便宜的优势；证券市场不完全，使得资本在一国的边际效率或利润高于另一个国家而导致直接投资。美国学者阿利伯则从外汇市场不完全来讨论对外直接投资的决定因素，认为美元高估是刺激美国企业收购当地企业或在当地投资的一个重要因素。同时美元高估也使美国的生产成本高于外国的生产成本，这也使得美国企业直接投资国外生产。

二、产品生命周期理论

在20世纪60年代，美国学者弗农提出了产品生命周期理论。弗农根据第二次世界大战后美国生产者贸易情况提出了企业对外直接投资是伴随产品生命周期运动展开的产品生命周期理论。这是一种以产品的新技术为特征的对外直接投资理论，将企业的垄断优势与区位因素结合起来进行动态分析。他认为每种新技术产品要经历三个阶段：第一阶段为产品创新期，企业垄断着技术诀窍，国内市场潜力很大，研究与开发资金雄厚的国家在开发新产品、新工艺方面居于优势，此时有利于安排国内生产；第二阶段为产品成熟期，企业推动了技术垄断优势，其在市场占有、营销网络、产品品牌等方面日益取得优势，又由于国内外生产成本的差异，产品在国外生产显得比较有利，企业为了接近市场、降低成本、防止其他竞争者介入，开始在国外设立分公司和子公司；第三阶段为产品标准化期，新加入者不断增加，市场竞争日益激烈，企业为保住市场，充分发挥研究与开发的产品的潜力，就会以扩大国际直接投资的方式遏制竞争对手的攻势。

一般来说，投资企业具有某种垄断优势，如技术、管理等；而东道国具有区位上的优势，如资源、劳动力、运输等。直接投资企业必须把这两者结合起来，才能克服在国外生产中所产生的附加成本和风险。而在产品生命周期的成熟期，尤其是标准化期，竞争的关键是降低成本，投资企业所具有的各种优势的作用开始下降。因此，企业必须进行直接投资，将生产转移到工资低和成本低的地区。

产品生命期理论虽具有其独特的动态分析和将同一企业不同方式的对外直接投资和出口统一起来加以分析的优势，但随着国际经济关系、国际贸易、国际投资的变化，它已很难解释许多当今对外直接投资中的现象。有许多产品在其生产初期就同时在国外生产，如日本SONY公司在首先掌握生产彩电的新技术后，却把生产地点移到了拥有更大市场的美国；再如，许多新产品在进入标准化期后，仍能通过其质量、品牌、售后服务等保持特定的垄断竞争优势，即所谓的“标准化后非标准”。针对这些问题，一些学者对产品生命周期理论进行新的构建，使之较完善地解释当代对外直接投资活动中的新特点、新现象。

第一，必须从整个产品生命周期中对产品的整体竞争优势加以考察，包括技术优势、规模优势、经营优势（即管理优势和营销优势）。第二，竞争优势最终体现于企业而不是国家。总体上技术落后的发展中国家的某些企业也能产出高精尖产品，甚至创新产品。第三，综合成本的概念，即包括投资、经营、销售过程各方面的成本，而不能在考虑投资区位指向时，只考虑生产成本中劳动力成本这一因素。

三、寡头垄断行为理论

寡头垄断行为理论是1973年尼克博克在深入研究美国跨国公司国际投资行为的基础上提出的。该理论认为为了保持竞争平衡，维持市场份额，降低风险和分享先行者优势，寡头公司会模仿首先进行国际直接投资的公司的行为，在相同的国家和地区形成直接投资，形成所谓的“区位模仿行为”(魏后凯，2006)。

四、边际产业理论

20世纪70年代中期，日本学者小岛清在其代表作《对外直接投资论》一书中，通过对日本企业对外直接投资的研究，提出了对外直接投资理论。其基本内容是，对外直接投资应从本国已经或即将成为劣势的产业（可称为边际产业）开始依次进行。也就是说，本国所有趋于比较劣势的生产活动，为了继续维持其生产规模，就需要通过直接投资顺序向比较优势更大的国家转移，而在本国内集中发展比较优势更大的产业，使国内的产业结构更加合理。小岛清认为，国际贸易是按既定的比较成本进行的，而对外直接投资，由于是按照从趋于比较劣势的产业开始投资的原则，因此可以扩大两国的比较成本差距，创造出新的比较成本格局。对外直接投资，应当促进直接投资双方比较优势的发展，进而可以扩大两国的贸易，直接投资不是替代关系，而是互补关系。

在小岛清的这一理论中，“边际产业”所包括的范围很广。他认为，与发展中国家相比，由于劳动力成本的提高，日本的劳动密集型产业已成为比较劣势产业，变成了“边际产业”；同是劳动密集型的企业，可能一些大企业还保持较强的比较优势，而中小企业则处于比较劣势，成为“边际部门”。小岛清将这些“边际产业”、“边际企业”、“边际部门”概括为“边际产业”。

根据小岛清的理论，可以认为日本对外直接投资的重要目标是在境外开发供日本进口的产品，因而宜采用合资方式进行对外直接投资，且这易于被东道国所接受。而进行直接投资的企业大多数是中小型企业，它们的技术水平与东道国更接近，也更适合当地的生产条件。日本对发达国家直接投资的目标则在于绕过贸易壁垒。

五、国际生产折中理论

国际生产折中理论是由著名跨国公司问题专家邓宁于20世纪70年代后期提出的，他从企业特有的优势即所有权优势、内部化优势和区位特定的优势三方面解释对外直接投资。根据这一理论，企业想对外直接投资，必须具有上述的三个优势，即：所有权优势 + 内部化优势 + 区位特定优势 = 国际直接投资。

（1）所有权优势。即企业所拥有的各种垄断竞争优势。它构成了企业进行直接投资的必要条件，包括专有技术、管理、市场和财务上的技能、商标或商誉等无形资产。

（2）内部化优势。这一优势来自于内部化理论，企业用自己的控制来配置资源，使产品的全部生产过程都在企业内部完成，使企业的垄断优势发挥最大的效用，由此导致企业的国际直接投资。

（3）区位特定优势。包括自然资源、劳动成本、生产力水平、贸易障碍、政府政策等，决定了对外直接投资的流向。

如果企业具有所有权优势与内部化优势，企业就可将其内部化了的所有权优势与区位特定优势相结合，从而产生更大的经济效益。企业如果不具有所有权优势，它将无法抵消跨国经营的成本；如果具有这一优势，则企业既可自己利用其优势，也可出售其特有优势，两者的选择取决于内部化优势。最后，企业可在国内利用其优势，也可在国外利用其优势，两者的选择取决于区位特定优势。

第二节　跨国公司投资区位选择因子分析

跨国公司投资的区位选择是一个复杂的过程，从投资动机到资料搜集、国别的选择、投资城市选取、厂址的确定等，均受到多种因素的影响。总体说来，主要与市场规模及其增长、相对劳动力成本、货币汇率及其稳定性、贸易壁垒、交通成本、自然资源供给、基础设施、外资政策、税收水平、文化距离、政治稳定和风险、外资存量、贸易依存等因素相关。

下面从跨国公司投资动机，以及投资地的经济、制度、区位等方面对影响跨国公司投资区位选择的因素进行分析（图 9-1）。

一、跨国公司投资动机

跨国公司投资区位选择首先受到公司投资动机的影响，在不同投资动机下，公司区位选择重点考虑的客观条件和影响因素是不同的，因而造成了投资区位选择的差异（殷华方，鲁明泓，2004；龙雪松，2004；魏后凯，1998）。

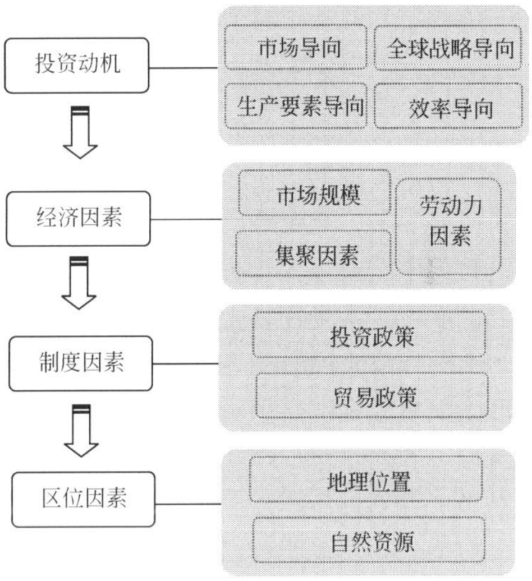

图 9-1　跨国公司投资区位选择因子

（一）市场导向型投资

企业进行对外直接投资是为了开辟和保护国外市场，这类投资可分为四种类型：①迫于竞争者压力，采取跟随战略，跟随竞争者在东道国投资，保持与竞争者在全球竞争中的实力均衡；②保护和扩大原有市场，企业在对出口市场的开辟达到某种程度之后，通过对外直接投资在当地进行生产和销售；③克服贸易壁垒，企业通过向进口国或第三国直接投资，在进口国当地或第三国生产再出口到进口国，以避开进口国的贸易壁垒和限制；④规避国内市场竞争，企业母国市场饱和、竞争激烈，为了保持高额利润的获取，有效地规避国内市场竞争，采取对外直接投资，开辟和寻求新的市场空间。

（二）生产要素导向型投资

生产要素导向型投资这是指跨国公司为获取稳定、廉价或特殊的生产要素供给而对满足要求的生产要素集聚地进行直接投资。这类投资又可分为三种情况：①寻求自然资源，跨国公司对外直接投资的目的是为了获得国内稀缺或是价格较高的自然资源，如石油、有色金属矿产资源等，对于自然资源匮乏的国家，自然资源导向型投资显得更为重要；②寻求劳动力，跨国公司为了获得丰富廉价或高素质的劳动力供给而对东道国进行直接投资；③获取高技术，通过对外直接投资，跨国公司可以在发达国家并购当地高新技术公司，或者建立高新技术研究开发机构，并以此作为开发与引进高新技术的平台。

（三）效率导向型投资

效率导向型投资是指企业进行对外直接投资的目的在于降低成本，提高效率。这类投资主要有两种情况：①降低生产成本，如果跨国公司在国内生产出口产品，其生产成本高于国外生产时，可通过对外直接投资方式在国外设厂生产，以降低生产成本以及运输成本，提高生产效率。②获取规模经济效益，既包括内部规模经济效益也包括外部规模经济效益。当国内市场出现规模不经济时，跨国公司通过对外直接投资，在东道国选择经济活动适当集聚的地区布局，获取外部规模经济效益；或是跨国公司将相对闲置的生产力转移到国外，以提高生产效率，实现内部规模经济效益。

（四）全球战略型投资

全球战略性投资是指跨国公司，在全球范围内配置生产要素，从事生产经营活动，从全球角度安排投资。当企业从跨国公司发展到全球公司时，其对外投资所考虑的不再是部分子公司盈亏，而是从长远、整体角度出发，考虑企业能否获得最大利益，对外投资必须符合其全球战略目标和整体利益的实现。

二、经济因素

跨国公司对外投资是以获取经济利益为目的的，经济因素成为影响跨国公司投资区位选择的最重要的因子之一。

（一）市场规模

市场规模是影响跨国公司直接投资的首要因素。如果没有市场的吸引，成本再低也是没有意义的。但是，如果市场潜力大，企业往往可以通过经营手段来降低生产成本获得利益。诸多学者研究也发现，市场规模与潜力是影响跨国公司投资的重要因素，尤其是欧美日资企业。张文忠（1999）认为日资企业更看重中国潜在的市场容量，“市场指向性”区位行为更为突出；UNCTAD（2002）对爱立信公司的研究也发现，市场规模是影响企业投资的首要因素。

市场规模直接影响企业经营的持续性与合理性。企业在某一地区投资，从事生产经营，需要达到由市场规模决定的所谓需求门槛。相对于本地企业来说，跨国直接投资要付出更高的成本，面临更大的风险，因此东道国市场规模显得更为重要。对于跨国公司尤其是追求低成本的企业来说，利用资金、技术等优势通过规模经营，提高生产效率和劳动效率，降低生产成本，是实现企业本地经营的重要手段，而能否实现规模经营则受到本地市场需求和市场规模的制约。

（二）集聚因素

传统的区位理论认为，集聚因子是影响企业区位的重要因素（李小建等，1999）。对于跨国投资而言，集聚因素同样重要。跨国投资在东道国面临诸多不利因素，如信息不对称、不了解当地环境、不熟悉当地商业文化、没有固定的生产要素供给渠道等，增加了跨国投资经营的不确定性，使企业面临较高的成本和风险。通过空间上集聚或进入产业集聚区，可以有效地降低跨国投资经营的成本和风险（贺灿飞，刘洋，2006）。

首先，可以共享集聚区内的基础设施以及生产要素。一般来说，产业集聚区的各种基础设施相对完善，同时也是劳动力、资金等生产要素的集聚地，从而可以降低跨国投资企业生产成本以及生产要素的搜寻成本。

其次，降低信息获取成本。由于信息溢出效应，跨国投资企业可以从集聚区内企业，尤其是先行进入的外资企业通过非正式渠道获得诸如劳动力管理、外资政策执行情况等信息。

最后，企业在产业集聚区内投资，有利于企业融入当地企业网络，与当地企业建立稳定的上下游联系，降低企业产品的市场交易成本和风险。

（三）劳动力因素

根据弗农的产品生命周期理论，当产品进入标准化阶段，企业会趋向于把生产和装配业务转移到劳动力成本较低的发展中国家和地区。李小建（1996）在中国香港公司问卷调查的基础上，研究发现生产成本是影响中国香港地区企业在内地投资的最重要因素；张文忠（1999）在日韩资企业调查的基础上，认为韩资企业“劳动成本指向性”的投资区位行为较为明显，其投资的动机也是降低生产成本。

由于发达国家劳动力成本较高，从事传统劳动密集型产业的跨国公司会在全球范围内寻找劳动力成本低、劳动力资源丰富的国家和地区进行投资，劳动力成本则成为这一类型跨国公司投资区位选择的重要影响因素。另外，处在知识密集型产业或产业链顶端的跨国公司对劳动力素质要求较高，倾向于在大学、科研机构等高素质劳动力集中的区位投资。

三、制度因素

制度是跨国公司海外子公司正常运营的重要保证，也是影响跨国公司对外投资区位选择的重要因素。

（一）投资政策

各国为了各自经济、社会发展的需要会通过经济、法律、行政等手段引导跨国投资，形成各自的投资政策，主要有行业限制政策以及税收优惠、用地、财政扶持等“超国民待遇”政策。从行业政策看，国家尤其是发展中国家，为了促进民族企业发展或保证本国经济安全，会通过法律或行政手段限制跨国投资进入本国敏感行业，如我国长期以来对金融、通信、电力、航空、传媒等行业的外资准入有一定限制。另外，国家或地区通过减免跨国公司税收，低价出让土地和减免租金、财政扶持、费用减免等各种投资优惠政策，吸引跨国公司投资，拉动当地经济的发展。效率导向型跨国公司往往会选择投资政策优惠的地区投资，从而降低企业生产成本，提高企业运营效率。

（二）贸易政策

对外贸易开放度是一个国家或地区经济开放度和自由度的重要标志，对外国投资者的信心会产生较大的影响。贸易政策对跨国公司投资区位的影响主要表现在以下两个方面：

从进口来看，传统跨国公司投资理论认为当一国采取高贸易壁垒时，会限制其进口产品的流入，客观上会鼓励跨国公司选择直接投资而不是出口方式进入本国，从而推动跨国公司对本国的直接投资。但换言之，进口往往是直接投资的先导，高贸易壁垒阻止了进口，从而也阻止了与进口相关联的跨国投资。同时，高贸易壁垒也不利于跨国公司进口机器设备、原材料和零部件等，除非国家对这类进口品另行规定税率。贸易壁垒还限制了追求效率型跨国公司在全球范围内进行合理布局和统筹安排。概括来说，高贸易壁垒只有利于追求市场型的跨国公司，不利于生产要素、效率导向型的跨国投资（昌红艳，2005）。

从出口来看，跨国公司尤其是利用本地丰富资源或较低成本从事生产，产品出口到第三国的跨国公司，受国家出口政策的影响最为明显。当国家或地区采取鼓励出口的政策时，可能会成为利用本地优势从事产品出口跨国投资的热点。当国家或地区受国际政治因素、国内产业调整压力等因素影响，采取紧缩出口政策时，将会限制从事产品出口跨国公司的本地投资。

四、区位因素

跨国公司对外投资必须在特定地点实现，即要落实到实体空间上，实体空间的自然资源、地理位置等因素都会对跨国公司投资区位选择产生重要影响。

（一）自然资源

自然资源是社会经济发展的物质基础，是进行各种生产活动的基本要素，其数量、质量和分布情况都会对社会经济活动产生重要影响。但是自然资源的地区分布不均衡，不同区域自然资源的丰富度存在差异。除通过地区贸易弥补地区间自然资源的差异外，地区直接投资也是重要的方式，反映在国家层面上，则是通过国际贸易和跨国直接投资来弥补自然资源区域差异。对于自然资源开采和加工行业来说，对自然资源丰度较高的地区直接投资显得尤为重要，通过对东道国自然资源投资，不但可以获得开采自然资源的超额利润，可对资源的销售、价格等方面施加影响，还可以依靠稳定的原料供给向下游加工业发展，形成上下游一体化产业链，推动企业自身的发展。由于自然资源的敏感性强，跨国公司对他国自然资源进行投资，存在着潜在的政治风险，同时资源类行业投资额大、投资周期长、投资的经济风险也大。

（二）地理位置

本书中的地理位置主要是指在自然地理位置基础上结合人文因素作用而形成的某区域具有经济意义的与其他事物的空间关系（张健，2006）。地理位置对跨国公司投资区位选择的影响主要表现在以下两个方面：一是交通通信条件。交通通信条件是影响企业布局的重要区位因素，跨国公司进行对外直接投资可行性研究和区位选择时，十分重视投资地的交通通信条件。交通通信条件优越的地区，不但能够降低跨国公司全球产业链产品流动的运输成本，保证产品的及时运输，而且能够方便地与总部、地区总部、上下游供应企业进行信息交流，及时方便地获取公司的指令。二是与母国的距离。在相同条件下，跨国公司更倾向于在离母国较近的国家和地区投资。这不但可以降低运输成本、缩短运输时间，而且近距离往往意味着语言相同、习俗相近、文化和历史渊源相似，为跨国公司的企业管理、了解当地市场、熟悉文化习俗与消费习惯等提供方便。

第三节　跨国公司不同职能的区位选择

跨国公司是在两个以上国家从事生产或实际性经营活动的公司，是由不同的功能部门组成的，包括生产部门、研发机构、公司总部、区域性总部等。不同部门因对生产要素的要求不同，也有着不同的区位选择要求。

一、生产职能的区位选择

跨国公司的生产部门较其他部门要分散，影响生产机构布局的因素较为复杂，不同技术经济水平的生产活动的区位条件要求不同，如劳动密集型产业倾向于接近廉价劳动力地区，资源密集型产业倾向于接近原料产地等。此外，跨国公司也会从其全球战略角度考虑布局生产机构。彼得·迪肯（Dicken，2003）将生产部门分为四种类型，不同类型生产部门的区位选择存在一定的差异。

（一）全球集中型

全球集中型是指跨国公司所有生产集中在一个地理区位（一个国家或地区），产品通过跨国公司市场和销售网络出口到其他国家和地区。这一类型的生产部门，受国际贸易政策的影响较大，贸易壁垒等限制性贸易政策会严重影响其发展，因此这种生产部门多在贸易政策稳定、贸易壁垒小的区域贸易经济体内布局［图9-2（a）］。

（二）东道国市场集中型

东道国市场集中型是指跨国公司在目标市场建立生产企业，从事生产活动，产品主要在目标市场销售，不发生跨国界的销售。这一类型生产部门在布局时，会从收益和成本两方面综合考虑，如目标市场的规模及潜力、投资成本（获取信息、适应东道国环境、市场进入壁垒等）、贸易壁垒等［图9-2（b）］。

（三）专业化生产型

专业化生产型是指一个生产部门只生产一种专门服务于几个国家区域市场销售的产品。这类生产部门，主要考虑规模经济效益、产品的运输成本以及贸易壁垒等［图 9-2（c）］。

（四）跨国垂直一体化生产型

跨国垂直一体化生产型是指跨国公司将生产链上的独立生产环节分解，利用生产成本的空间差异优势，将独立生产环节布局到不同的国家和地区，每个区位负责最终产品的一个生产环节。这种类型的生产部门多为发达国家的劳动密集型产业，生产过程达到较高程度的标准化，并且距离对运输成本的影响不大［图 9-2（d）］。

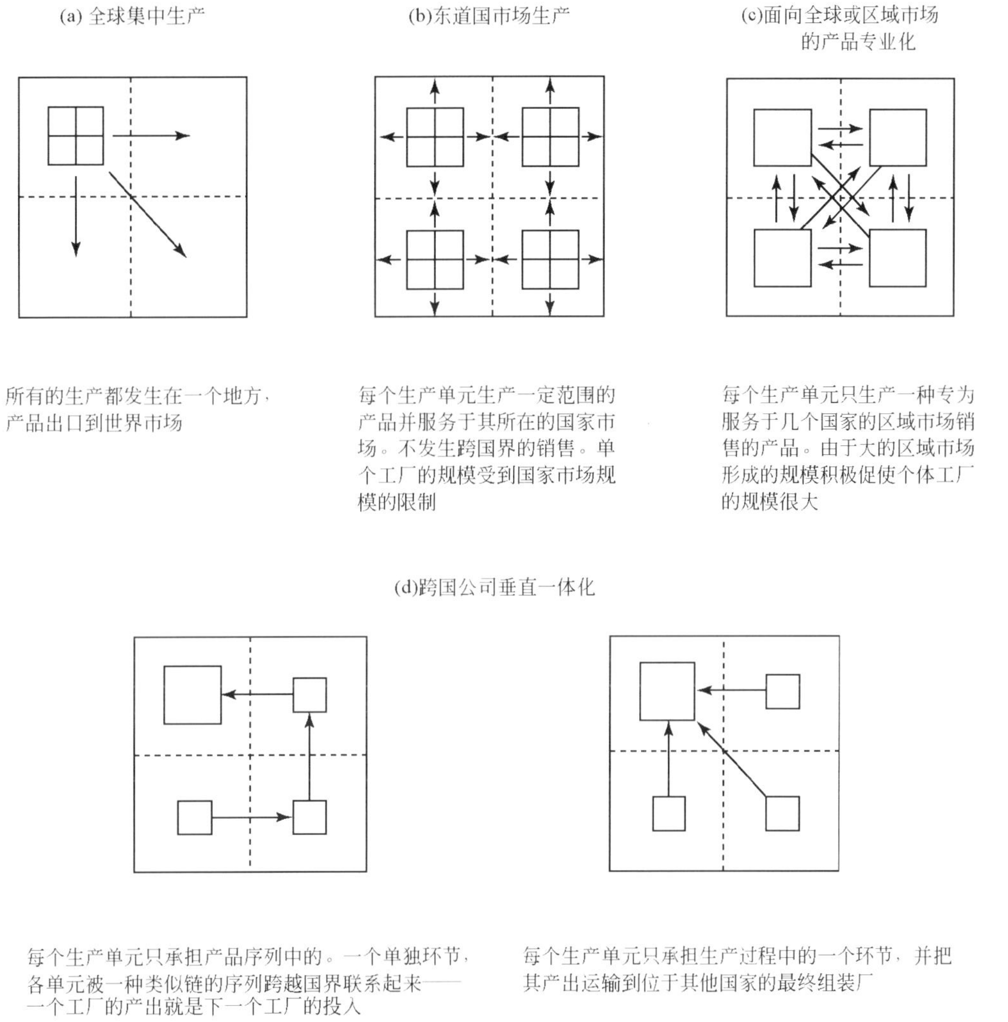

图 9-2　跨国公司生产单元空间组织的几种形式

二、R&D 职能的区位选择

技术领先优势是跨国公司保持国际竞争力的重要手段，研发机构成为跨国公司的重要组成部门。一般来说，研发活动是一个复杂的过程，要求接近大学、研究所等科研机构，接近高素质劳动力的供应地、接近决策者等。但是不同投资动机的研发机构其区位选择的影响因素不同，选择的区位特点也存在差异，主要有以下三种类型（杜德斌，2001）。

（一）海外生产支撑型

R&D 投资的目的是为了实现技术的本地化，以支撑其在东道国的生产企业。这类 R&D 投资倾向于主要随母公司对外直接投资而流动，多布局于跨国公司投资规模大的国家，FDI 规模与东道国市场规模呈正相关的关系。因此这类 R&D 多布局在市场规模大的国家，并且为了能提供便捷、实时的技术支撑而多趋向于跨国公司在东道国的生产基地布局。

（二）技术跟踪或获取型

跨国公司进行海外 R&D 投资的动机是为了获取或跟踪东道国的先进技术，从当地 R&D 的技术外溢中获利。这类 R&D 投资区位选择主要受东道国、竞争对手生产和技术水平的影响，因此多布局在所从事行业专业技术化程度较高的国家，以跟踪东道国的技术发展。从微观上来看，这类投资倾向于布局在东道国研究开发实力较强的地区，尤其是东道国中竞争对手的研发机构周围。

（三）资源寻求型

R&D 投资以挖掘科技人才和利用技术资源为主要动机。其区位选择主要考虑东道国科技人才数量、质量、工资水平、科研基础设施状况、从事研发活动的政策法律环境等（如知识产权保护力度等）。因此这类 R&D 投资倾向于科技人才丰富、价格低廉、政策环境宽松的国家和地区，并且选择东道国科技人才集中的科学研究中心布局。

三、公司总部的区位选择

（一）公司总部的区位指向

公司总部是整个公司的核心，负责制定影响公司发展方向的战略决策，决定公司组成单元的资金分配等。公司总部也是重要的信息收集、处理与传输中心，是商业服务以及国内外部门的管理中心。这些功能要求公司总部布局的区位必须具有便利的交通通信条件，能及时地获取信息，并且便于与政府官员、其他公司首脑等关键人员随时接触。因此，跨国公司总部大多位于发达国家的主要大都市区，如纽约、伦敦、东京等地。

（二）区域性总部的区位指向

跨国公司为了便于管理，也会将一些管理功能从公司总部分离出去，建立一些区域性总部。这些区域性总部享有重要的行政与组织功能，是跨国公司的重要的协调机构，负责协调与管理公司在几个国家的分公司的生产经营活动，是公司总部与分公司间沟通的渠道，同时也是公司信息收集的重要机构。因此，区域性总部通常布局在大区域内的经济中心。

第四节　跨国公司直接投资和区位选择对东道国发展的影响

随着全球经济的一体化，外资的流动和外贸的联系进一步加强，全球工业重心正从传统的发达地区转移到其他新兴工业化国家，它们在全球产业布局中的地位愈加重要。跨国直接投资对东道国产业发展的影响是多方面的，既有正向的作用，也会带来负面的影响。

一、国际直接投资的促进作用

国际直接投资会增加东道国的资本供给，为东道国新兴产业的发展提供资金支持，并通过产业联系和产业带动作用推动东道国关联产业的发展，促进东道国产业结构的升级。

（一）资本供给效应

在封闭环境内，一国的投资仅取决于该国的储蓄水平，当投资额高于实际可利用的储蓄水平时，该国会出现资金缺口。投资水平不够，使经济增长乏力，关键产业得不到快速发展，从而导致产业结构水平日趋不合理，并形成恶性循环。在开放环境下，当发展中国家实现其经济发展目标所需要的资本数量与国内最大有效供给之间存在缺口时，外国资本的流入会弥补发展中国家的“外汇缺口”和“储蓄缺口”。伴随着国际投资，会有大量的资本流入东道国，增加东道国的资本积累，包括提供资金支持、新建工厂、购置机器以及基础设施等，提高资本形成率，有效缓解东道国隐性的投资不足，发挥重要的造血功能。同时，作为国际直接投资的主要表现形式——外商投资对国内无法获得或质量难以保证的中间产品甚至最终产品的需求往往引导母国相关企业的追加或辅助投资，将可能在东道国产生某种“乘数效应”的投资扩张。

（二）技术溢出效应

随着国际直接投资的深化，人力资本、研发等因素通过各种渠道促使技术的非自愿扩散，国内企业通过向跨国企业学习，逐步积累了丰富的知识和创新技术以及先进的管理经验。技术溢出效应表现在以下三个方面：

（1）技术波及效应。外资企业一般具有技术或信息上的优势，通过与东道国企业间的产业合作，使东道国企业有了向跨国公司学习的机会，在与外资企业进行产业合作、为其做配套生产的过程中不断地学习和吸收外资企业的技术转移，从而提高企业的技术创新能力。

（2）竞争激励效应。外资企业凭借其拥有的先进技术和管理经验等优势，参与东道国市场竞争，迫使东道国企业改善经营管理，努力提高技术水平和充分利用本地资源。在此过程中，一部分效率低下、竞争力不强的企业被淘汰出局，最终使资源流向高效率的企业，使整个行业竞争力得以提高。

（3）示范和模仿效应。外资企业在东道国经营时不可避免地会给东道国企业起到示范作用。东道国企业通过对产品进行“逆向工程”的研究和开发、雇佣在外资企业或研究机构工作过的员工等方式获得外资企业技术、生产工艺和管理方式，而获得技术的溢出。此外通过人才、信息等的交流，尤其是雇佣外资 R&D 人员可以较快地提高自身的技术创新能力。

二、国际直接投资的负面效应

国际直接投资是发展中国家实现经济起飞的推动器，但也要清醒地认识到跨国公司直接投资的目的是追求利润的最大化，而不是帮助东道国发展经济，因此跨国公司直接投资会给发展中国带来负面效应。

（一）产业级差的固化

发达国家进行跨国投资，一方面是国内产业结构调整的需要，另一方面是开发使用过时技术、实现最后增值的需要。发达国家不可能转让高新技术来培植与自己竞争的对手，从而出现技术转移中的固有级差，导致发达国家和发展中国家之间产业结构等级差距的固化。如当发达国家向发展中国家转移劳动密集型产业时，往往形成发达国家从事资本、技术密集型产业或高价值环节的生产，而发展中国家从事劳动密集型产品产业或低价值环节的生产的国际分工格局。根据小岛清的研究，日本对外直接投资集中在日本国内已失去比较优势，但在东道国仍拥有比较优势的产业。

（二）产业自主权受损

一方面，外资企业进入东道国某一行业后，通过其竞争优势不断扩大规模，采取各种手段对行业实行垄断，同时会向相关行业渗透，最终获取东道国产业的控制权，威胁东道国产业安全。另一方面，外资企业在兼并或收购本地企业后可能会削弱原有企业的研发机构，而利用本企业的 R&D 机构提供技术，削弱东道国产业的自主创新能力，增加东道国技术的外部依赖性。

（三）本土企业发展受阻

通常情况下，外资企业在规模、产品技术及市场开发等方面比本地企业更有优势，其会利用相关优势提高东道国产业的市场集中度，本土企业将面临较高的进入壁垒，致使产业垄断性增强。尤其是外资企业采取收购或兼并方式，获取本行业大型企业的控制权，会快速地增加该产业部门的垄断程度，当然，这种行为也通常会受到东道国政府的高度重视。

参 考 文 献

彼得·迪肯. 2003. 全球性转变——重塑21世纪的全球经济地图（第四版）. 刘卫东等译. 北京：商务印书馆

昌红艳. 2005. 市场进入壁垒对跨国公司在华投资影响研究. 武汉理工大学硕士学位论文

杜德斌. 2001. 跨国公司R&D全球化的区位模式研究. 上海：复旦大学出版社

贺灿飞，刘洋. 2006. 产业地理集聚与外商直接投资产业分布——以北京市制造业为例. 地理学报，61（12）：1259～1270

李小建. 1996. 香港对大陆投资的区位变化与公司空间行为. 地理学报，12（3）：128～137

李小建等. 1999. 经济地理学. 北京：高等教育出版社

龙雪松. 2004. 区位因素和投资动机对跨国直接投资决策的影响. 重庆大学硕士学位论文

魏后凯. 1998. 区位决策. 广州：广东经济出版社

魏后凯. 2006. 现代区域经济学. 北京：经济管理出版社

魏后凯，贺灿飞，王新. 2001. 外商在华直接投资动机与区位因素分析——对秦皇岛市外商直接投资的实证研究. 经济研究，（2）：67～76

殷华方，鲁明泓. 2004. 中国吸引外商直接投资政策有效性研究. 管理世界，（1）：39～45，117

张健. 2006. 外商直接投资区域选择. 北京：经济科学出版社

张文忠. 1999. 日资和韩资企业在华投资的区位行为和模式研究. 经济地理，（5）：54～58

UNCTAD. 2002. World investment report 2002. New York：UN

第十章　产业发展与规划的研究方法

产业发展与规划的研究一般可采用定性和定量分析法结合分析，本章从产业分析和产业规划流程的视角，系统地介绍产业基本面分析、产业竞争力评价、区域产业结构分析、主导产业选择与确定、产业集群辨识、产业布局模型等常用的定性和定量分析方法与模型。定性和定量分析法各有优劣，定性、实证的方法在区域产业分析中也具有重要的意义。影响区域经济发展和产业竞争力的因素许多是无法量化的，定量方法能够在数量上对产业进行准确描述，受主观因素的影响较少，因此研究者可根据研究的产业对象的属性和特点，选择合适的定性和定量分析工具组合。

第一节　产业基本面分析

产业基本面分析是指对影响产业发展态势的一些基础性因素的研究，这些基础性因素包括宏观经济状况、行业地位、企业发展水平、产业潜力等。通过产业基本面分析，可以把握决定产业发展的基本要素，这是产业发展与规划的基础。

一、利益主体意见法

利益主体意见法（stakeholder opinion method），不仅常作为重要的调研方法，还是一种重要的规划分析工具，在规划实践中应用广泛。Freeman 对利益主体提出的定义是“（一个组织的）利益主体是指任何可以影响该组织目标的或被该目标影响的群体或个人”（Freeman，1984）。产业发展的利益主体包括产业研究等相关科研人员、地方政府首脑、部门领导、大型企业领导者、员工、本地居民、积极团体（包括 NGO）、外来投资者、游客等，他们是“对于产业发展现状、供应链、投资模式，以及新产品的契机、产业环境影响等情况了如指掌的区域代理人或紧密相关者……”（Stough，1997），是进行产业发展与布局判断的重要信息源。

根据利益主体的侧重点不同，利益主体意见法一般可以采用政府座谈会、圆桌会议、入企（入户）访问、社会问卷调查、产业发展协调会议、德尔菲（Delphi）专家意见法等形式收集所需关键信息，从而确定地区产业发展与布局的关键。根据不同的利益主体需求，一般采取多种方法组合。例如，有些产业规划会重点提取一些极为重要的利益主体进行意见分析，所以又称之为专家意见法、部门调研座谈法等。

利益主体意见法针对性强，能够同时收集到丰富的地区信息，对产业基本面分析极为重要。但其也有不足之处：一是对于代表不同类型利益的利益主体意见，研究者在引用的过程中难以准确把握其正确性；二是依赖利益主体的主观意见，较难实现系统化的数据收集，而且其数据收集技术的效力有待验证。

二、SWOT 分析法

SWOT 分析又称为态势分析法，是分析一个经济主体和产业发展的战略地位的重要方法，也是目前产业规划中常用的基本面分析方法。SWOT 四个英文字母分别代表：优势（strength）、劣势（weakness）、机会（opportunity）、威胁（threat）。该方法就是将与研究对象密切相关的各种主要优势、劣势、机会和威胁等，通过调查列举出来，并依照矩阵形式排列，然后用系统分析的思想，把各种因素相互匹配起来加以分析，从中得出一系列相应的结论，而结论通常带有一定的决策性。

优势和劣势是自身因素，机会与威胁是面临的对外因素。该法通过对区域经济主体自身所具备的优势（S）和劣势（W）的分析来判断经济主体的实力，通过对经济主体所处的环境中的机会（O）和威胁（T）的分析来判断环境的吸引力。经济主体自身的实力和环境的吸引力构成了该经济主体的战略地位，也可以作为制定区域经济发展战略的出发点。

SWOT 分析不仅能给出一个对区域经济战略地位的比较清晰、全面、系统的判断，而且为制定提升区域竞争力、发展区域经济的战略提供一个直接的思路。该方法的局限性在于缺乏定量分析，难以说明具体影响程度，但由于其显著的优点，SWOT 分析法在产业研究中仍经常被采用。

三、波士顿矩阵

波士顿矩阵是由美国波士顿咨询集团（Boston Consulting Group）首创，起初主要是应用于规划企业产品组合的管理（托马斯等，2001），后来逐渐被引入到产业基本面分析中，分析地区经济中各个行业及其结构如何适应市场需求的变化，由此将资源有效地分配到合理的产业中，以保证产业发展的优势，成为区域竞争取胜的关键。

波士顿矩阵把地区经济中的各个行业单位划分为以下四种产业战略类型（图 10-1）。

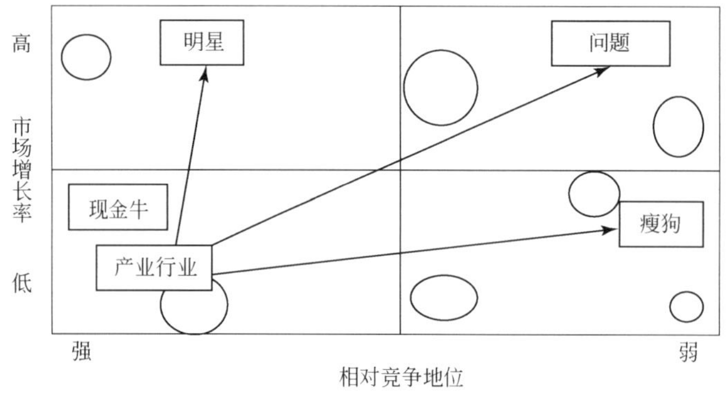

图 10-1　波士顿矩阵

（一）“现金牛”型产业

“现金牛”型产业具有低产业增长率和高市场份额。由于高市场份额，其利润和资金产生量应当较高。而较低的产业增长率则意味着此产业对资金的需求量也较低。于是，大量的资金余额通常会由此“现金牛”创造出来。它们为本地区的资金需求提供来源，因而成为地区产业发展的主要基础。

（二）“瘦狗”型产业

“瘦狗”型产业是指那种具有低市场份额和低产业增长率的产业部门或单位。低市场份额通常暗示着较低的利润。而由于其产业的增长率也较低，故为提高其市场份额而进行投资通常是不允许的。但该部门为维持其现有竞争地位所需要的资金往往大于它所创造的资金量。因此“瘦狗”型单位常常成为资金陷阱。适用于该产业类型的最合乎逻辑的战略方案是“清算”，调整该产业，逐步退出市场竞争。

（三）“问题”型产业

“问题”型产业部门或单位具有低市场份额和高业务增长率。由于其较高的业务增长率资金需求量较高，而由于其市场份额所限，他们的资金产量又较低。由于其较高的业务增长率，对“问题型”产业采取的战略之一应当是进行必要的投资以获取增长的市场份额，并促使其成为一颗“明星”。当其业务增长率慢下来之后，该产业就会成为一头“现金牛”。另一种战略是对那些管理部门认为不可能发展成为“明星”的“问题型”产业实施脱身战略。

（四）“明星”型产业

“明星”型产业部门或单位具有高增长率和高市场份额。由于高增长率和高市场份额，“明星”型产业运用和创造的现金数量都很巨大。“明星”型产业一般为企业提供最好的利润增长和投资机会。很明显，对于“明星”型产业最好的战略是进行必需的投资以保持其竞争地位。

利用波士顿矩阵分析法，可将地区经济中的产业进行分类，提取出“现金牛”型产业、“瘦狗”型产业、“问题”型产业、“明星”型产业，调整产业发展方向，确定地区经济主导产业和重点发展方向，优化地区产业结构。

四、区位分析法

一般而言，区域经济的发展很难脱离周边环境，因此区域主导产业的选择会考虑到区域经济的集聚与互补因素，区位分析法将研究对象纳入周边的经济环境中，有利于帮助地区经济与产业发展融入区域经济协作中。依托于经济区位论、中心-边缘理论、点轴理论、城市区域、产业集群等理论基础，区位分析可采用定量与定性相结合的方法，分析地区经济的地理区位、交通区位、产业区位、市场区位等区位条件，以动态和发展的眼光判断产业发展的竞争优劣势与未来发展方向。

第二节　产业竞争力分析

产业发展与规划研究离不开产业竞争力分析，本节主要介绍产业竞争力的单项指标评价法和综合评价法以及偏离-份额分析法等。单项指标评价法选取显示性的指标进行测算，综合评价法有 WEF 和 IMD 的国家竞争力评价体系、ICOP 方法、UNIDO 的工业竞争力指数法和基于产业竞争力影响因素构建的综合评价指标体系等（千庆兰，2006）。偏离-份额分析法（shift-share analysis）既可评估一个区域或城市产业的增长和竞争优势，还可分析产业发展的主导方向，因此关于产业结构和产业规划分析中也经常用到该方法。

一、产业竞争力单项指标评价法

单项指标评价法，是选取能够表示产业竞争力竞争结果或具有显示性的指标，通过计算这项指标在不同产业层次或不同地域层次上的比重来确定产业竞争力的大小。国际上一般采用比较优势指数、贸易专业化指数 TSC、相对出口绩效 REP 指数和劳埃德-格鲁贝尔指数等四种计算方法，确定该产业在国际上的产业竞争力。在地区层面上，选取外商投资企业产值比率（%）、经济外向度（%）、产业产出密度（元/千米^2）、产业赢利能力、产业市场份额、产业增加值、产业的高级化程度等显示性指标揭示产业竞争力。

二、产业竞争力综合评价法

综合评价法是将综合影响产业竞争力的各个因素，构建评价指标体系进行评价。一般采用加权求和的方法计算产业竞争力总指数，对于权重的确定，则可以采用主观权重法、层次分析法、主成分分析法、因子分析法来确定权重，也可以采用等权重处理的方法。著名的产业竞争力评价方法有 WEF 和 IMD 的国家竞争力评价体系、UNIDO 的工业竞争力指数法等。

（一）WEF 和 IMD 的国家竞争力评价体系

世界经济论坛（WEF）和瑞士国际管理开发学院（IMD），采用综合指标评价的方法对不同国家和地区的国际竞争力进行评价，已初步形成了一套比较完整的评价体系。此方法是目前国际上比较权威的国际竞争力评价方法。总体来说，IMD强调竞争力是一国在先天资源与后天生产活动配合下，所能创造国家财富的能力，较侧重静态的评比；而WEF则强调竞争力是一国提高其经济增长率并持续提高人民生活水准的能力，注重一国5~10年的经济增长潜力，较侧重动态的评比。

（二）ICOP方法

产业和生产率国际比较，（international comparison of output and productivity，ICOP）方法，是由荷兰格林根大学建立，通过对一个特定地区与其他地区在相对价格水平、分部门的劳动生产率及全要素生产率等方面进行比较来揭示该地区工业与国内外其他地区差距的评价方法。

（三）UNIDO的工业竞争力指数法

联合国工业发展组织（UNIDO）运用工业竞争力指数（competitive industrial performance index）来测量国家（地区）生产和出口制成品的竞争能力。它由四个指标构成：人均制造业增加值；人均制成品出口；制造业增加值中的中、高技术产品比重；制成品出口的中、高技术产品的比重。该方法侧重对国家（地区）制造业竞争力的评价。

（四）基于产业竞争力影响因素构建的综合评价指标体系

根据对产业竞争力影响因素的不同理解以及数据的可获得性，我国学者也构造了产业竞争力指标体系，并加以实证。

魏后凯和吴利学（2002）提出了一个衡量地区工业竞争力的基本理论框架，即地区工业竞争力是由市场影响力、工业增长力、资源配置力、结构转换力和工业创新力有机构成的综合体，并设计了一个简便的测度地区工业竞争力的综合评价指标体系（图10-2）。陈红儿和陈刚（2002）从产业投入、产业产出、技术水平、市场绩效、可持续发展五方面考虑，建立了包含15个指标的指标体系，并以此对浙江省的区域产业竞争力进行了实证研究。贾若祥（2002）从竞争实力、竞争潜力、适应能力三方面设计了包含13个指标的指标体系，并以此对济南和青岛的产业竞争力进行了比较等。

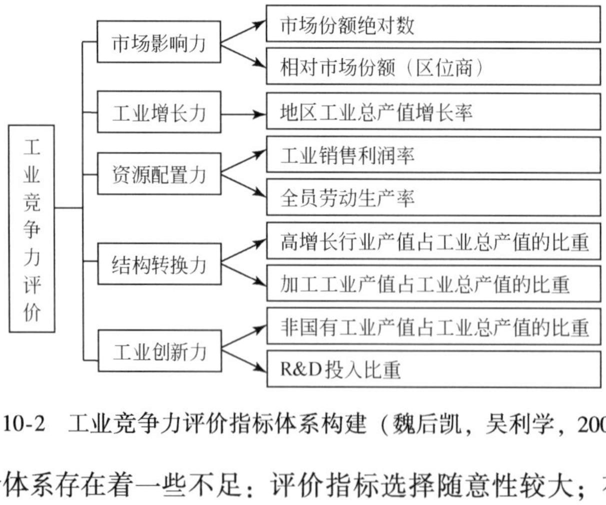

图10-2 工业竞争力评价指标体系构建（魏后凯，吴利学，2002）

目前产业竞争力评价体系存在着一些不足：评价指标选择随意性较大；有些指标选择过多、过于烦琐；有些指标选择又过于单一，难以反映整个地区产业竞争力的真实情况。因此产业竞争力评价体系的构建，应结合地区产业属性和特点，选择合适数量的又具代表性的指标，使得指标体系既具有可操作性，又能够反映产业的全面信息。

综合以上产业竞争力评价测度方法，产业竞争力定性和定量分析方法有以下特点（表10-1）。

表 10-1　对区域产业竞争力测度方法的评价

测度方法		特　点	优　点	缺点
单指标法	贸易专门化指数 比较优势指数 相对出口绩效 市场占有率	显示性指标	简单、直观、易操作	无法解释原因
综合指数法	主观权数法 层次分析法 主成分分析法 聚类分析法	显示性与分析性相结合	可反映全面信息 可解释原因	操作性差、可信度低 需大量统计数据
定性分析法	价值链分析法 SWOT 法	分析性 分析性	从价值增值角度说明本质情况 从优势、劣势、机会威胁 4 方面展开分析	难以定量化分析，可操作性较差 缺乏定量分析，难以说明具体影响程度

资料来源：千庆兰（2006）。

三、偏离-份额分析法

“shift-share analysis”，称为偏离-份额分析法，又称双 S 分析方法，该方法由美国学者 Dunn 和 Perloff 等提出，在国外区域与城市经济结构分析中应用广泛。它可以评价一个区域或城市产业的增长和竞争优势，还可以确定未来产业发展的主导方向（崔功豪等，1999）。

（一）基本原理

偏离-份额分析法是把一个区域或城市的经济变化看做一个动态过程，以其所在区域或整个国家的经济发展作为参照系，将区域或城市自身经济总量在某一个时期的变动 G 分解为份额分量 N 和偏离分量 S，偏离分量 S 由结构偏离分量 P 和竞争力偏离分量 D 组成，以此来说明区域或城市经济发展或衰退的原因，评价区域或城市具有相对竞争优势的产业部门，进而确定城市未来发展及产业结构调整的合理方向。其表达方式为

$$G = N + S = N + P + D$$

（二）数学模型（陈伟，张文忠，2005）

选取产业发展的参照系和产业分析的时间段 t，假设某区域（或城市）i 在经历了时间［0，t］之后，其产业经济总量和结构均发生了变化。

设 b_i 为该区域（或城市）i 的工业产值，B 为大区域或全国（即参照系）的工业总值，b_{ij}为区域（或城市）i 工业部门 j 的产值，B_j 为大区域或全国的工业部门 j 的产值，下标 0，t 表示初始期和末期情况，$r_{ij} = \dfrac{b_{ij,t} - b_{ij,0}}{b_{ij,0}}$则表示区域（或城市）$i$ 工业部门 j 在［0，t］时段的变化率为，（$j = 1$，2，…，n），大区域或全国工业部门 j 在［0，t］的时段变化率为

$$R_j = \frac{B_{j,t} - B_{ij,0}}{B_{j,0}},\quad (j = 1,2,\cdots,n)$$

以大区域或全国的各工业部门所占份额将城市各工业部门规模标准化为

$$b'_{ij} = b_{i,0} \times \frac{B_{j,0}}{B_0}$$

由此，在［0，t］时段内区域（或城市）i 的工业部门 j 的增长量 G_{ij}为

$$G_{ij} = N_{ij} + P_{ij} + D_{ij}$$

$$N_{ij}=b'_{ij}\cdot R_j$$
$$S_{ij}=P_{ij}+D_{ij}$$
$$P_{ij}=\left(b_{ij,0}-b'_{ij}\right)\cdot R_j$$
$$D_{ij}=b_{ij,0}\cdot\left(r_{ij}-R_{ij}\right)$$
$$G_{ij}=b_{ij,t}-b_{ij,0}$$

式中，R_j 为工业部门变化率；S_{ij}为偏离分量，N_{ij}为份额分量（或全国平均增长效应），它是指 j 部门的全国（或所在大区）总量按比例分配，区域 i 的 j 部门规模发生的变化，也就是区域标准化的产业部门如按全国或所在大区域的平均增长发展所产生的变化量；P_{ij}为结构偏离分量（或产业结构效应），它是指区域部门比重与全国（或所在大区）相应部门比重的差异引起的区域 i 的 j 部门增长相对于全国或所在大区标准所产生的偏差，它是排除了区域增长速度与全国或所在区域的平均速度差异，在假定两者等同的情况下，单独分析了产业部门结构对增长的影响和贡献，所以，此值越大，说明部门结构对经济总量增长的贡献愈大；D_{ij}被称为区域竞争力偏离分量（或区域份额效果），是指区域 i 的 j 部门增长速度与全国或所在大区相应部门增长速度的差别引起的偏差，反映区域 j 部门相对竞争能力，此值越大，则说明区域 j 部门竞争力对经济增长的作用越大。

（三）计算过程和结果分析

（1）确定产业分析的时间范围以及产业参照系。偏离-份额分析法首先要确定 t 值，即确定在哪一个时间段上考虑区域产业经济的变化，一般 t 值取值为 5 年或 10 年。产业参照系的选择需要考察研究区域的产业规模及地位，以此确定选择哪一级区域作为背景和参照系来分析区域经济结构的变化，一般来讲，研究区域在哪一级较大区域有重要地位，就选择哪一级的区域为产业参照系。通常选择的产业参照系是省或全国，也可以是一个经济协作区等。

（2）划分产业部门，建立偏离-份额分析表（表 10-2）。根据所研究问题的性质和深度要求，考虑统计资料的可能性，按照某种分类体系，把区域经济划分为若干个（n 个）完备的部门，然后收集数据，建立偏离-份额分析表（或分析矩阵）。分析表主要由三个部分组成，原始数据：$b_{ij,t}$，$b_{ij,0}$，$B_{j,t}B$，$B_{j,0}$；中间结果：r_{ij}，R_j，b'_{ij}，$b_{ij,0}-b'_{ij}$，$r_{ij}-R_j$；最后数据：G_{ij}，N_{ij}，P_{ij}，D_{ij}，S_{ij}，其中，$S_{ij}=P_{ij}+D_{ij}$。

表 10-2　偏离-份额产业结构分析表

序号	产业类型	$b_{ij,0}$	$b_{ij,t}$	b'_{ij}	$b_{ij,0}-b'_{ij}$	r_{ij}	R_j	$r_{ij}-R_j$	G_{ij}	N_{ij}	P_{ij}	D_{ij}	S_{ij}
1													
2													
⋮													
n													

（3）绘制偏离-份额分析图并分析。将产业部门进行比较分类，根据分析表计算数据，绘制偏离-份额分析图，可以使结论更加清晰直观，明确各产业部门属于何种产业类型。

偏离-份额分析图由两条倾斜度为 45°的等分线，把坐标系分为八个扇面，然后标出区域产业各部门所在的位置。根据所在扇面，将其划分为几种类型，判断区域总体结构及竞争力的强弱，确定哪些是具有竞争力的优势部门。同时，还可以用分析图对各区域进行比较，识别各区域结构的优劣与竞争力的高低。

图 10-3 中，以区域部门优势 S 为横坐标，以份额分量 N 为纵坐标，将平面划分为八个扇面，这些扇面反映了在总增量、部门增长优势方面不同的几种类型。N 表示研究区域产业在参照系内所具有的份额大小，坐标值越在上面，表示在参照系内的份额越大，在参照系内就可能具有一定行业地位；S 为增长分量，表示的是与参照系比较的增长速度，坐标值越在右边，表示的增长速度越强。一般看来，所占份额大增长优势明显的产业是未来区域可能重点发展的产业，一般落在第一、第二扇面，增长处

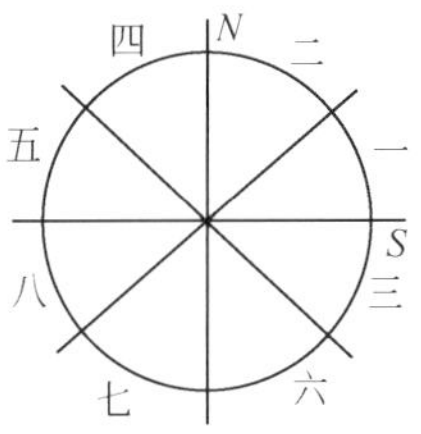

图 10-3　部门优势（增长优势）分析

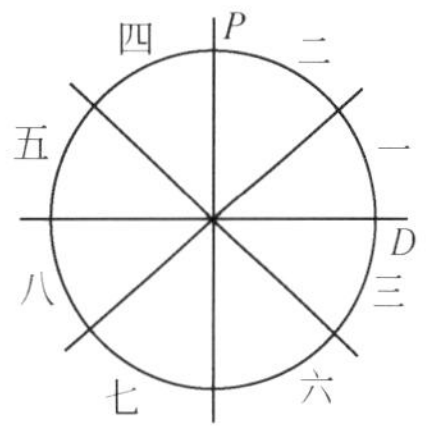

图 10-4　部门偏离分量（竞争优势）分析

于劣势的一般落在第四、第五扇面。

在图 10-4 中，以竞争偏离分量 D 为横坐标，以结构偏离分量 P 为纵坐标，建立坐标系，并将平面划分为八个扇面。在部门偏离分量分析图中，可以分析产业的竞争优势。P 为基础分量，表示的是在研究的时间范围内该产业在参照系内的产业基础，坐标值越在上边，表示该制造业在参照系内的产业基础越好；D 表示竞争分量，表示的是与参照系内比较产业所具有的竞争力优势大小，坐标值越向右，其产业所具有的竞争力越强。一般看来，基础好竞争力强的产业是该区域未来重点的产业，一般落在第一、第二扇面，较差的产业落在第七、第八扇面。

第三节　产业集中和集聚的测度方法

产业的地理集中度或产业集聚分析，主要方法有市场集中率、洛伦兹曲线和基尼系数、HHI 指数（赫希曼-赫芬达尔指数）、熵指数等，20 世纪 80 年代以来，产业集聚现象越来越普遍，产业集聚再次成为研究热点，出现了许多新的产业集聚程度的测算方法，如 EG 指数、MS 指数、K 函数、L 函数、D 函数等（张华，2007）。

一、空间集中度

空间集中度（CR_m）是由行业集中度演变而来的，有时也被称为市场集中度。行业集中度是指行业内规模最大的前几位企业的有关数值（可以是产值、产量、销售额、销售量、职工人数、资产总额等）之和占整个市场或行业的比重。行业集中度是产业组织理论中用来测量一个产业的市场集中程度的常用指标，反映的是市场的竞争和垄断关系。把行业集中度指标的思想用在空间上，就是指行业中规模最大的前几个区域（通常为 4、5 或 8）的有关数值之和占整个行业的比重，我们称之为空间集中度。

假设某一产业由 N 个企业组成，每个企业的就业（也可以是产值、产量、销售额、销售量等，本节以就业人数为例进行指标说明，下同）占这个产业就业的比例为 z_1，z_2，…，z_N。假设划分为 M 个次级区域，x_1，x_2，…，x_M 代表每个区域的就业占总就业的比例。产业在区域 i 的就业占该产业总就业的比例表示为 s_i，那么该产业的空间集中度 CR_m 可以表示为

$$\mathrm{CR}_m = \sum_{i=1}^{m} s_i$$

式中，m 为所考察的按区域比重由大到小排序的区域数。

在测算制造业各产业的空间集聚程度时，可采用 CR_4 指标，即制造业各产业在全国各区域的分布中，份额最大的前 4 个区域所占的份额之和，其数值越大，表明产业分布越集中。

空间集中度指标的最大优点是所需数据容易取得，计算也相当简单，能够把产业的集中度指向具体的产业或具体地区。但是，不足之处在于它只反映了产业在 m 个最大份额区域的集聚状况，从一个侧面说明了产业的空间集聚程度，不能反映产业总体的空间分布。同时，由于没有考虑影响产业集中的因素，m 的取值不同时，会得出不同的结论，假设两个产业在 4 个最大份额区域的比重相同，并不

代表它们在8个，甚至更多个最大份额区域的比重也相同，因此，在进行同一产业以及不同产业之间集聚状况的比较时，应选择相同的 m 值。

二、赫芬代尔指数和赫希曼-赫芬代尔指数

赫芬代尔（Herfindahl）指数是产业经济学中衡量市场结构的一个主要指标，是产业内所有企业市场份额的平方和，其计算公式可以表示为

$$H = \sum_{j=1}^{N} z_j^2$$

赫芬代尔指数测算的是产业的市场集中，有时候也简单地叫做产业集中，它不考虑产业的空间分布，与产业的地理集中是有明显区别的。也有学者将其用于产业地理集中的研究，指产业在各区域的市场份额的平方和。

赫芬代尔指数具有以下两个特点：第一，当独家企业垄断时，该指数等于1；当所有企业规模相同时，该指数等于1/N，所以这一指标在1/N～1变动。此数值越大，表明企业规模分布的不均匀程度越高。第二，赫芬代尔指数用平方和的形式统计，给予了规模较大的企业较大的权重，对大企业的市场份额反映比较敏感，而对众多小企业的市场份额小幅度的变化反映很少。

如果所有经济活动都集中在一个区域，那么 $H=1$ 最大；如果经济活动平均分布在各个区域，则 $H=1/n$。这个系数实际上仅衡量了产业的空间分布，并没有与其他经济活动相比较，衡量的是产业绝对集中程度。为了衡量产业的相对集中程度，赫希曼改善了赫芬代尔系数，该系数被称为赫希曼-赫芬代尔系数（Herschman-Herfindahl index，HHI）（贺灿飞，潘峰华，2007），公式如下：

$$\text{HHI} = \sum_{j=1}^{m} (S_{ij} - X_j)^2$$

式中，S_{ij}为产业 i 在区域 j 中的就业或产值比重；X_i 为区域 j 中的总就业或产值占全国的比重。如果某产业的就业或产值的空间分布与总体经济活动是一致的，那么HHI值为零。

三、区位基尼系数

区位基尼系数（也叫空间基尼系数）是传统的衡量经济活动地理集中最为常用的方法，在研究中得到了比较广泛的应用。Amiti（1999）计算了欧盟10国的三位数水平的27个行业的区位基尼系数以及5国65个产业的区位基尼系数，以检验欧盟国家在1968～1990年的工业是否更加集中。南京大学梁琦教授利用区位基尼系数的方法计算了我国工业的24个行业在1994年、1996年和2000年的区位基尼系数以及我国制造业三位数分类的171个行业在2001年的区位基尼系数，同时计算了这些行业的主要分布区域（梁琦，2004）。

基尼系数是意大利经济学家科拉多·基尼依据洛伦兹（M. Lorenz）曲线，提出的计算收入分配公平程度的统计指标。洛伦兹在研究居民收入分配时，发现将居民家庭户数累计百分比与居民收入累计百分比联系起来，可以揭示收入分配的均衡性。后来这种方法被大家普遍接受，并将这种揭示社会分配平均程度的曲线称为洛伦兹曲线。虽然洛伦兹曲线利用图示方法直观形象地反映了收入分配的均衡程度，但不能达到精确测量的要求。为此，基尼依据洛伦兹曲线，提出了基尼系数的计算方法。基尼系数最初用于度量国家或区域之间收入不平等的相对程度。1986年，Keeble等将洛伦兹曲线和基尼系数用于度量某产业在地区间分布的集中程度，发展成为区位基尼系数。

区位基尼系数有多种计算方法，首先画出洛伦兹曲线，然后再推导出区位基尼系数的计算公式。两类对应变量值的累计百分比构成一个边长为1的正方形，一类是区域 i 的就业占总就业的比例 x_i，另一类是产业在区域 i 的就业占该产业总就业的比例 s_i。按照它们的比值 s_i/x_i 从小到大排序，以 x_i 为横轴，s_i 为纵轴，相应的两个累积百分比之间的关系构成如下的区位洛伦兹曲线图（图10-5）。

在图10-5中，区位基尼系数定义为

$$GN = \frac{S_A}{S_A + S_B}$$

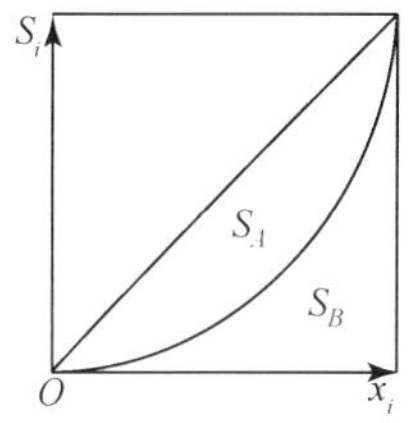

图 10-5　洛伦兹曲线

如果洛伦兹曲线正好是正方形的对角线，则区位基尼系数等于 0，说明产业的空间分布与整个产业经济活动的空间分布是完全匹配的。洛伦兹曲线一般表现为一条下凸的曲线，下凸的程度越小，区位基尼系数就越接近于0；反之，下凸的程度越大，区位基尼系数越接近于1，产业分布越不均衡。因此，产业的区位基尼系数越大，说明该产业的集聚程度越高。采用下梯形面积法对区位基尼系数进行计算（图 10-6），推导如下：

因为 $S_A + S_B = 0.5$，所以 $GN = 2S_A = 1 - 2S_B$。从图 10-6 中可以得到

$$\begin{aligned} GN &= 1 - \sum_{i=1}^{n} x_i(M_{i-1} + M_i) \\ &= 1 - \sum_{i=1}^{n}(Q_i - Q_{i-1})(M_{i-1} + M_i) \\ &= 1 - \sum_{i=1}^{n} Q_i M_{i-1} - \sum_{i=1}^{n} Q_i M_i + \sum_{i=1}^{n} Q_{i-1} M_{i-1} + \sum_{i=1}^{n} Q_{i-1} M_i \\ &= 1 - \sum_{i=1}^{n-1} Q_{i+1} M_i - \left(\sum_{i=1}^{n-1} Q_i M_i + Q_n M_n\right) + \sum_{i=1}^{n-1} Q_i M_i + \sum_{i=1}^{n-1} Q_i M_{i+1} \\ &= -\sum_{i=1}^{n-1} Q_{i+1} M_i - \sum_{i=1}^{n-1} Q_i M_i + \sum_{i=1}^{n-1} Q_i M_i + \sum_{i=1}^{n-1} Q_i M_{i+1} \\ &= \sum_{i=1}^{n-1}(Q_i M_{i+1} - Q_{i+1} M_i) \end{aligned}$$

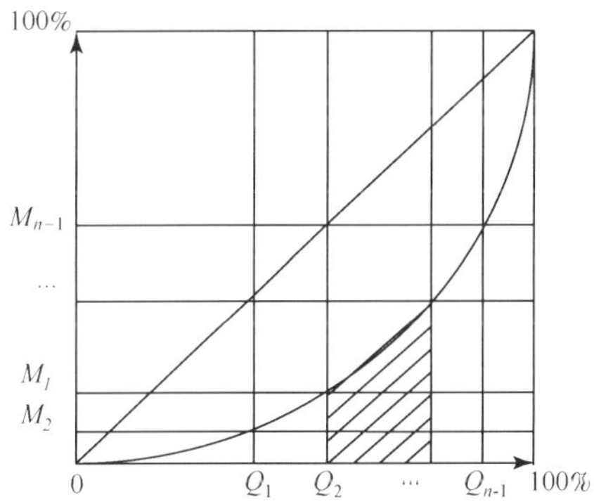

图 10-6　区位基尼系数计算公式推导

式中，$M_i = \sum_{j=1}^{i} s_j, Q_i = \sum_{j=1}^{i} x_j, M_0 = Q_0 = 0, M_n = Q_n = 1$，因此，区位基尼系数最后的计算公式可以表示为

$$GN = \sum_{i=1}^{n-1}(Q_i M_{i+1} - Q_{i+1} M_i)$$

式中，Q_i 为某区域就业人数占全部区域总就业人数的累积百分比；M_i 为产业在某区域的就业人数占该产业总就业人数的累积百分比。

基尼系数的取值范围为 0 ~ 1，数值越大，表明一国或地区收入分配越不平均。国际上通常认为，基尼系数在 0.20 以下表示绝对平均，0.20 ~ 0.30 比较平均，0.30 ~ 0.40 比较合理，0.40 ~ 0.50 差距过大，0.50 以上为高度不平均。与此相应，区位基尼系数的取值范围也为 0 ~ 1，区位基尼系数增加，意味着行业空间集中程度的增强（张同升，梁进社，宋金平，2005）。

区位基尼系数将次级地理单元就业人数与整个区域的就业人数之比作为一个变量纳入公式，实质上是考虑了面积大小对产业集聚程度测算的影响。区位基尼系数将全部产业的地理分布作为比较基准，使得不同产业的计算结果具有可比性，因此得到了广泛应用。但是该方法并非源于区位选择的理论模型，也没有考虑企业规模的影响，而且没有区分随机集中和源于外部性或自然优势的集中，也就是说没有区分一个企业的内部规模经济引起的产业集中和独立的不同企业相互靠近的外部经济形成的产业集聚（刘春霞，2006）。Ellison 和 Glaeser、Maurel 和 Sedillot 分别提出的 EG 指数、MS 指数弥补了上述不足。

四、EG 指数、MS 指数

Ellison 和 Glaeser 在 1997 年第 5 期的《政治经济学期刊》中发表了《美国制造业的地理集中》一

文，指出了区位基尼系数较大并不一定表明有集聚现象的存在，因为它没有考虑到企业的规模差异(Ellison，Glaeser，1997)。假设一个产业是由分散的少数几家大企业组成的，这个产业的区位基尼系数会比较大，但实际上并无明显的集聚现象出现，这个比较大的区位基尼系数是由产业组织特征所决定的，并不是由企业间相互靠近导致的。正如Ellison和Glaeser打比方所说的，投出去三个飞镖，镖靶上大多数地方会没有飞镖。因此，基尼系数不能将源于外部性或自然优势的集中和产业组织结构导致的集中很好地区分开来。利用空间基尼系数来比较不同产业的集聚程度时，会由于各产业中的企业规模特征或地理区域大小的差异而造成产业间比较上的误差。空间基尼系数没有考虑到具体的产业组织状况及区域差异，因此在表示产业集聚程度时往往含有虚假的成分。

为了解决这个问题，Ellison和Glaeser（1997）提出了一个集聚指数的计算方法（简称为EG指数）。其假设前提是他们二人提出的企业区位选择模型，即如果企业间的区位选择是相互依赖的，企业将趋向具有特殊自然优势或能够从行业内其他企业获得溢出效应的地区集中。类似于空间基尼系数，EG指数也是通过与全部产业的比较来分析某产业的地理分布。Ellison和Glaeser首先定义了一个总体地理集中度指数G，其公式为

$$G = \sum_i (s_i - x_i)^2$$

式中，各指标的意义与前文所述相同（下同）。Ellison和Glaeser进一步证明了

$$\mathrm{EG} = (1 - \sum_i x_i^2)[\gamma + (1-\gamma)H]$$

因此可以得到衡量产业集聚程度的EG指数，用γ表示：

$$\hat{\gamma}_{\mathrm{EG}} = \frac{G_{\mathrm{EG}} - H}{1 - H} = \frac{\left(\sum_i (s_i - x_i)^2/(1 - \sum_i x_i^2\right) - H}{1 - H}$$

EG指数最大的意义在于区分了随机集中和企业间由于共享外部性或自然优势的集中，比空间基尼系数的地理意义更明确。但该方法对其中的H并没有给出合理的解释。随后，Maurel和Sedillot(1999)以EG指数为参考，提出了一个相似的计算方法（简称为MS指数）。他们从某产业任意两个企业选择在同一个区域的概率P的推算入手，假设产业在区域i的就业比例s_i可以表示为

$$s_i = \sum_{j=1}^{N} z_j u_{ji}$$

式中，如果企业j位于区域i，那么$u_{ji}=1$，否则$u_{ji}=0$。MS指数就是参数$\gamma = \mathrm{corr}(u_{ji}, u_{ki}), j \neq k$的经验估计值。企业$j$和$k$都位于区域$i$的概率为

$$P(i,i) = E(u_{ji}u_{ki}) = \mathrm{Cov}(u_{ji}u_{ki}) + E(u_{ji})E(u_{ki}) = \gamma x_i(1 - x_i) + x_i^2$$

将上式对M个区域加总得到

$$P = \sum_i P(i,i) = \gamma(1 - \sum_i x_i^2) + \sum_i x_i^2$$

Maurel和Sedilot证明了

$$\hat{p} = \sum_i \frac{\sum_{\substack{j,k\in i \\ j\neq k}} z_j z_k}{\sum_{\substack{j,k \\ j\neq k}} z_j z_k} = \frac{\sum_i s_i^2 - H}{1 - H}$$

因此，得到MS指数为

$$\hat{\gamma}_{\mathrm{MS}} = \frac{\hat{p} - \sum_i x_i^2}{1 - \sum_i x_i^2} = \frac{\left(\sum_i s_i^2 - \sum_i x_i^2\right)/(1 - \sum_i x_i^2) - H}{1 - H}$$

从形式上看，MS指数与EG指数之间的区别在于对总体地理集中度指数（G）的定义不同。实质上，MS指数直接源于概率选择模型，因此比EG指数更有解释力。虽然MS指数是从一个更简单的区

位概率选择模型推导出来的，但是 EG 指数和 MS 指数都是对参数 γ 的无偏估计，可以被解释为超出产业集中之外的地理集中部分，因此可以被用来测算在控制了企业规模之后的产业空间集聚状况。

为了便于国际比较，可沿用 Maurel 和 Sedillot 以及 Ellison 和 Glaeser 提出的产业集聚分类方法，即 $0<MS(EG)<0.02$，为低集聚水平；$0.02<MS(EG)<0.05$，为中等集聚水平；$MS(EG)>0.05$，为高集聚水平。

EG 指数和 MS 指数的地理意义比较容易解释，如果企业间是独立随机分布的，参数 γ 的期望值为零。如果某产业的 γ 值大于零，说明该产业的地理分布趋向集中，值越大，集中度越高，产业集聚程度越大。EG 指数和 MS 指数都将企业的规模分布也就是前文所述的 Herfindahl 指数作为影响参数之一，避免了"因某产业的就业人数集中在少数相关性小的大型企业而得出该产业的生产具有地方化特点"的片面结论，充分考虑了企业规模及区域差异带来的影响，弥补了空间基尼系数的缺陷，使我们能够进行跨产业、跨时间，甚至跨国的比较。因此，自 Ellison 和 Glaeser、Maurel 和 Sedillot 提出了产业集聚程度的测算方法，并据此分别对美国和法国的产业集聚进行了实证研究以后，EG 指数和 MS 指数在国际上得到了广泛的应用。Ellison 和 Glaeser（1997）、Rosenthal 和 Strange（2001）先后将这两个指数用于美国州级地理单元的制造业产业的空间集聚程度的测算；Henderson（2003）利用 EG 指数分析了美国 317 个都市区 742 个县的三位数机械产业和高新技术产业的地理集中情况。之后，EG 指数又被学者分别用在对瑞典、西班牙、英国、爱尔兰和葡萄牙等国的实证研究中。

在实证研究中，MS 指数与 EG 指数之间也存在一定的区别。它们对要研究的产业的就业和总的产业就业之间的差异的重视程度不同。如果某区域某产业的就业占该区域就业的比例大于该区域就业占总就业的比例，那么这个区域对该产业的 MS 指数的贡献是正的，否则就是负的。更重要的是，在该区域对该产业的 MS 指数的贡献是正的时候，如果该区域就业占总就业的比例较大，那么该区域对该产业的 MS 指数的贡献也较大，如果该区域就业占总就业的比例较小，该区域对该产业的 MS 指数的贡献也较小。要深刻理解这一点，需要注意到

$$(s_i - x_i)^2 = (s_i - x_i)(s_i - x_i)$$

而

$$s_i^2 - x_i^2 = (s_i - x_i)(s_i + x_i)$$

因此，如果产业位于工业化程度较高也就是 x_i 较大的区域，那么该产业的 MS 指数会较大，反之亦然。但是，EG 指数没有考虑该区域该产业的就业占该区域就业的比例与该区域就业占总就业的比例之间差异的方向性，两者不论谁大谁小，对 EG 指数的贡献都是正的。如果该区域该产业的就业占该区域就业的比例大于该区域就业占总就业的比例，那么该区域对该产业的 EG 指数的贡献要比对 MS 指数的贡献小。MS 指数与 EG 指数之间的这个差异使得 MS 指数更适合用来测算产业集聚程度，因为 MS 指数对工业化程度较高的区域内的企业的空间分布更敏感，而我们对产业集聚的研究，更注重的正是产业经济活动密度较大的区域。

五、基于距离的多空间尺度方法

从赫芬代尔指数到空间基尼系数再到 EG 指数、MS 指数，产业集聚程度的测度方法有了很大进展，但这些方法只能衡量单一尺度地理单元（省级、地区级、国家级等）经济活动的空间分布情况。要详细描述经济活动的地理分布，需要同时反映其在不同空间尺度地理单元上的分布特征，而不是受制于人为或已有行政单元的划分。基于距离的多空间尺度方法解决了这一难题，特别是 20 世纪 90 年代后期以来，这种方法也备受关注。

基于距离的多空间尺度方法实质是将区域内的企业看做点，通过分析这些点的分布状态来了解区域产业的分布情况。这类方法源于 Ripley 于 1976 年提出的 K 函数，Besag、Diggle、Marcon 等在此基础上加以修正，发展成 L 函数、D 函数、M 函数，使之逐渐完善。

基于距离的多空间尺度方法有很多优点：第一，它不受地理空间尺度的限制，可以同时解释不同

范围内经济活动的空间分布，不受行政单元的限制，因此可以更加精确地描述经济活动的空间结构。第二，基于距离的多空间尺度方法可以揭示某类经济活动在哪个范围内显著集中或分散。例如，它可以说明某行业在10千米内是显著集中的，而传统方法只能揭示在某个空间尺度上（如省级）经济活动是集中还是分散，集中度的大小依赖于区域划分的规模尺度。

但是，基于距离的多空间尺度方法对数据的质量要求很高，不仅需要每一个企业的统计指标，还需要知道每个企业的空间分布数据并且一一表现在地图上。因此，基于距离的多空间尺度方法虽然精确，但其存在数据难以获得、处理难度大、工作量大、速度慢等实际应用的困难。很多情况下，获取的数据的质量还达不到这些要求，因此本书中不再对K函数、L函数、D函数、M函数等作更详细地介绍。除此之外，信息熵、锡尔系数、地理联系系数（coefficient of geographical association）、联系指数（index of connectivity）等方法也是较多采用的分析方法。

第四节　产业规划模型

产业规划模型就是将所要研究的产业发展和布局问题用抽象的、简洁的数学语言表达出来，并进行理论分析与预测的方法。产业规划模型主要有经济基础模型、投入产出模型和线性规划模型等。

一、经济基础模型

经济基础理论是分析区域经济增长与结构变化最简单、最概括的抽象框架，其基本内容是：任何区域的经济活动都可根据产品销售市场分为基础部门和非基础部门两大类。基础部门的产品或劳务主要是面向区外市场的，也称输出部门；非基础部门是面向区内市场的生产与服务活动，也称服务部门。基础产业影响并决定着地区的总体发展，而非基础产业只是总体发展的条件与结果。两者间存在着一种稳定的关系。

经济基础模型是根据经济基础理论，建立的一种简单的区域经济分析与预测模型。其依据是基础部门的发展能带动区域经济的全盘发展，这两者之间存在着一种线性关系。用数学模型表示为

$$Y = kX$$

式中，Y为区域总值；X为基础部门产值；k为经济乘数。

计算k值有$k = 1/1 - c$等方法，其中c为区内本地产品的消费倾向。

利用以上公式可以预测产业变化对区域经济产生的乘数影响。经济基础模型的优点是：结构简单，所需数据较少，建模所需的时间较短、费用省，分析和理解起来较容易。但在实际应用过程中，此模型也存在某些不易解决的概念问题与技术问题，如如何区别基础部门与非基础部门、本地产品的消费倾向的变化度量、如何选定适当的衡量当地经济发展水平的标准等。经济基础模型用于短期（5年左右）区域经济分析与预测效果较好，在建模过程中，通常用就业量来衡量区域发展水平的度量单位，其优点是统计资料容易获取，便于对各行业进行比较，并且就业规划也是区域经济研究的一个重要组成部分。可能存在的问题是就业量反映不了劳动力实际创造价值的能力；就业量往往不能反映由于技术进步而引起的区域经济发展。

二、投入产出分析法

投入产出分析方法，是由美国经济学家瓦西里·列昂惕夫（Wassily Leontief）于20世纪30年代研究并创立的。投入产出分析（input-output analysis）是研究经济系统各个部门间表现为投入与产出的相互依存关系的经济数量分析方法。投入产出分析从一般均衡理论中吸收了有关经济活动的相互依存性的观点，并用代数联立方程体系来描述这种相互依存关系。它是从宏观经济的角度出发，把国民经济划分成若干不同但又互有联系的产品群或产品部门，通过编制投入产出表及其数学模型来模拟社会再生产过程和国民经济结构，并以此综合分析各部门之间的生产技术联系，进行经济分析和预测，是进

行经济综合分析的有力工具。

投入产出模型，一是包含了根据投入产出表中反映的经济内容或平衡关系利用线性代数方法建立的方程组，二是包含了根据投入产出表所计算出的一系列投入产出系数。其分析方法特点是：在考察部门间错综复杂的投入产出关系时，能够发现任何局部的最初变化对经济体系各个部分的影响。目前，投入产出分析已经拓展到经济研究领域的各个方面，在以下几方面其作用尤为巨大：①为编制经济计划，特别是为编制中、长期计划提供依据；②分析产业经济结构，进行经济预测；③研究经济政策对经济生活的影响；④研究某些专门的社会问题，如污染、人口、就业以及收入分配等问题。

（1）投入产出一般模型为

$$\sum_{j=1}^{n} a_{ij}X_j + Y_i = X_i, i = 1,2,\cdots,n$$

转换为行列表达式为

$$\boldsymbol{X} = [\boldsymbol{I} - \boldsymbol{A}]^{-1}\boldsymbol{Y}$$

式中，$\boldsymbol{X}$ 为总产值列向量；$\boldsymbol{I}$ 为单位矩阵；$\boldsymbol{A}$ 为直接消耗系数矩阵；$\boldsymbol{Y}$ 为最终产品列向量。

（2）常用的投入产出模型表达式为

$$a_{ij} = \frac{x_{ij}}{X_j}, r_{ij} = \begin{bmatrix} 1-a_{11} & -a_{12} & \cdots & -a_{1n} \\ -a_{21} & 1-a_{22} & \cdots & -a_{2n} \\ \vdots & \vdots & \ddots & \vdots \\ -a_{n1} & -a_{n2} & \cdots & 1-a_{nn} \end{bmatrix}$$

用行列式表示则为

$$\boldsymbol{R} = [I - \boldsymbol{A}]^{-1}$$

假设，x_{ij}为各产业部门所需原材料投入额，x_i 为 j 产业部门国内生产额，a_{ij}为投入系数（也称直接消耗系数），指 j 产业部门单位总产出所直接消耗的来自 i 产业部门的投入额。$\boldsymbol{A}$ 为投入系数矩阵，r_{ij} 为列昂惕夫系数，也称完全消耗系数；$\boldsymbol{R}$ 为逆系数矩阵，是投入系数的逆矩阵，又称为列昂惕夫逆矩阵。前面分析所提到的产业影响力系数和感应度系数都是来自投入产出表的重要系数。这个仅是一个常用的简单的投入产出模型表达式，根据研究的需要，还会演化出许多投入产出模型。

（3）投入占用产出表（陈锡康，1992）。“投入”是指各个部门在产品生产过程中所消耗的原材料、辅助材料、燃料动力、固定资产（厂房、设备等）折旧和劳动力等，包括中间投入、外购资源、社会劳力投入。中间投入即中间产品的物质消耗，外购资源是非中间产品的物耗；社会劳力投入即工资、税收。“产出”是指各个部门生产的产品以及它被分配使用于生产消费和生活消费，积累和出口等各个去向，包括中间产品和最终产品。中间产品即继续投入生产过程的产品，最终产品即推出生产过程的产品（表 10-3）。

表 10-3　投入占用产出表

	项　目		中间使用	最终使用	总产出与总占用
投入部分	中间投入				
	最初投入	劳动者报酬折旧利税等			
	总投入				
占用部分	资金	固定资产库存金融资产			
	劳动力				
	自然资源				
	其他				

资料来源：陈锡康（1992）。

投入产出分析法，在分析过程中还会经常与后面的分析所提到的线性规划模型一起使用。一般来讲，在研究产业结构优化和产业发展问题上，往往是在产业调查和评价的基础上采用运筹学上优化数学模型（如线性规划、非线性规划、多目标规划等）建立产业结构的优化模型，然后，通过对优化模型的求解寻求产业结构调整优化的最佳决策。从表面上看，该研究方法是科学合理的，但是该研究过程却容易忽视产业结构各个部门或产业之间的相互联系。为了弥补该不足，可以将产业结构的优化建模过程与产业各个部门或产业之间的相互联系分析结合起来，即将构建产业结构优化模型和产业各个部门的投入产出分析结合起来，因此在产业结构优化分析时还会经常用到投入产出分析与线性规划模型。

三、线性规划模型

线性规划主要可解决两类问题：资源在空间上的最优分配和最优利用问题。线性规划模型由两部分构成，即目标函数与约束条件。一般线性规划模型可表示为

目标函数：$\max\ (\min)\ z = \sum_{j=1}^{n} c_j x_j$

约束条件：$\sum_{j=1}^{n} A_{ij} x_j \leqslant (=, \geqslant)\ B_i (i = 1, 2, \cdots, m)$

$$x_j > 0 (j = 1, 2, \cdots, n)$$

以上两式中的目标函数和约束条件，共同组成了一个模型。其含义为：有 n 种经济活动，它们共同利用 m 种有限的资源 B_i（$i=1$, 2, …, m）；每单位 j 活动需占用或消费 i 资源的量为 A_{ij}；每单位 j 活动的产出（或成本）为 c_j；x_j 表示经济活动水平，模型的求解变量为 X_j。

线性规划模型体现了效益原则，在产业布局效益分析中有着较为广泛的用途，可用于研究资源最优利用与分配、工农业最优布局、交通运输最优布局、资源开发利用的最佳规模等。该模型有着较多的优点，如模型具体形式有较大的灵活性、形式简单、易于理解、有通用的解法等。其局限性是不能研究非线性问题、多目标问题和动态问题等。

研究产业布局，除上述模型外，常用的还有经济计量模型、灰色线性规划模型、多目标规划模型、非线性规划模型、动态规划模型、整数规划模型、模糊规划模型和离散规划模型等。同样，这些模型各有其优势与不足，在产业布局研究中对这些模型往往要结合使用，实现其优势互补。

第五节　主导产业选择与确定方法

以赫希曼为代表的不均衡增长论者和罗斯托等学者提出，区域发展受制于资金、人才等资源限制，往往不能平衡地发展所有产业，而是集中有限资源发展一些重点产业，区域经济的增长必然依赖于一些"主导产业部门"。主导产业的理念提出后，得到理论和实践界的高度认同，并衍生出如需求-收入弹性法、劳动生产率指数、产业效益指数、区位商、产业联动指数等众多筛选主导产业的理论工具和指标。但是，如何根据区域特点和研究对象选择合适的分析方法，则是正确选择主导产业的关键。

一、主导产业选择原则和基准

主导产业的特征和作用可以通过选择基准来体现，在产业经济理论史上，许多学者提出了界定和选择主导产业的基准，其中最著名的是罗斯托基准、筱原两基准、赫希曼的产业关联基准等。

罗斯托基准是指罗斯托在《主导部门和起飞》中提出的产业扩散效应理论和主导产业的选择基准，其含义是选择具有扩散效应（回顾、旁侧、前瞻）的部门作为主导产业部门，将主导产业的产业优势辐射传递到产业链的各个产业中，以带动和促进区域经济的全面发展。日本经济学家筱原三代平提出了选择主导产业的两条基准，即"收入弹性基准"和"生产率上升基准"。收入弹性基准是按照

收入弹性大小来选择主导产业；生产力上升基准是按照技术进步快慢、技术要素密集大小和经济效益好坏基准选择主导产业。筱原两基准曾经是20世纪60年代甚至70年代日本政府制定产业政策的依据。赫希曼的产业关联基准认为，发展政策的目标应挑选和集中力量发展那些在技术上相互依赖、产业关联效应强烈的“战略部门”，这种产业关联是前向联系和后向联系的有机结合（魏后凯，2007）。

总体来看，这些基准主要是从产业结构演化规律、主导产业的特点以及本地区瓶颈因素等角度来考虑的，而且这些基准在不同的社会经济历史条件下有不同的侧重。区域主导产业的选择，有学者提出了七个选择原则，即比较优势原则、综合效益原则、市场需求原则、技术进步原则、产业关联原则、资源有效配置原则、外贸原则（吴殿廷，2004）。陆大道院士指出，一个部门要成为地区经济发展的主导产业，必须同时具备如下四个条件：①有较高专业化水平，一般要求区位商值在2以上，该产业的生产主要为区外服务；②在地区生产中占有较大比重，一般要求该产业产值比重在15%以上，能对本地区经济发展产生重大影响；③与区内其他主要产业关联度高，二者之间的联系越广泛、越深刻，就越能通过乘数效应带动整个地区经济的发展；④是能够代表区域产业的发展方向，富有生命力的产业。

二、主导产业选择的分析方法

（一）比较优势指数

主导产业的选择首先要具备比较优势，比较优势指数一般分为比较集中率系数（区位商）和比较市场占有率系数。

比较集中率系数（区位商）表达式为

$$\mathrm{CC} = \frac{C_{ik}/C_i}{C_k/C}$$

式中，C_{ik}为i地区k产业的产值（或从业人员）；C_i为i地区所有产业的产值（或从业人员）；C_k为全国k产业的产值（或从业人员）；C为全国所有产业总产值（或总从业人员）。

比较市场占有率系数表达式为

$$\mathrm{CX} = \frac{X_{ik}/X_i}{X_k/X}$$

式中，X_{ik}为i地区k产业的产品销售收入；X_i为i地区所有产业的产品销售收入；X_k为全国k产业的产品销售收入；X为全国所有产业的产品销售收入。

根据主导产业的特点和功能，主导产业应同时具备区内比较优势和区际比较优势，应用比较优势指数能够顺利地区分出各个产业的优势大小。比较优势指数用区位商表示，区位商是衡量区域专门化程度的基本指标，作为区主导产业，区位商应该大于1，而且越大越好。

（二）需求-收入弹性系数

产业的市场需求状况一般用需求-收入弹性系数表示。一个产业的需求弹性高，意味着其产品的市场潜力大，具有较大的市场发展机遇，是大批量生产和加速技术创新的先决条件。因此，只有那些需求弹性高的产业才有可能作为主导产业优先发展。某一个产业产品的需求弹性，用需求-收入弹性系数E表示，表达式为

$$E_i = \frac{\Delta Q_i/Q_i}{\Delta Y_I/Y_I}$$

式中，E_i为产业i的产业需求收入弹性；$\Delta Q_i/Q_i$为该产业产品的需求增长率；$\Delta Y_I/Y_I$为国民收入增长率。

需求-收入弹性系数实质是使产业结构同经济发展和国民收入增加所引起的需求结构相适应。E的

大小，反映了某个产业产品的潜在市场份额的大小，E 越大，该产品潜在市场容量就越大，市场发展的机遇、效益越好，发展速度越快，在国民经济增长中所占的份额也越大。该系数曾是筱原三代平为日本规划产业结构时提出的主导产业选择的两个标准之一。

(三) 产业联动指数

判断一个产业与其他产业技术经济联系的密切程度，通常用产业的影响力系数和感应度系数来表示。一般利用投入产出逆阵系数表示定量计算产业之间的关联度。在各产业总产品与最终产品的矩阵关系式中，设

$$\boldsymbol{R} = (1 - A)^{-1}$$

式中，$\boldsymbol{R}$ 被称为投入系数矩阵（又称为列昂惕夫逆矩阵）。

设 r_{ij} 是列昂惕夫逆矩阵 $\boldsymbol{R}$ 中第 i 行、第 j 列的元素，其经济学含义是 j 部门生产每单位最终产品时 i 部门的应有总产品量。产业关联包括产业感应度系数和产业影响力系数两个指标，它们都是投入产出表的重要系数，均是反映产业间经济技术联系的指标。

1. 产业感应度系数

其含义是其他产业对该产业的平均感应程度与各产业感应程度平均值的比值，表达公式为

$$B_i = \frac{\sum_{j=1}^{n} r_{ij}/n}{\sum_{i=1}^{n}\sum_{j=1}^{n} r_{ij}/n}$$

2. 产业影响力系数

产业影响力系数是指某一部门增加一个单位最终使用时，对国民经济各部门所产生的生产需求波及程度，其计算公式为

$$F_i = \frac{\sum_{i=1}^{n} r_{ij}/n}{\sum_{j=1}^{n}\sum_{i=1}^{n} r_{ij}/n}$$

某产业的上述两个系数 B_i 和 F_i 值越大，说明该产业在区域产业结构中的关联度越高，对区域经济发展和产业结构演变所起的作用也越大。根据这一基准，要求所选择的主导产业部门具有较强的带动性和推动性。例如，当影响力系数 >1 时，表示第 j 部门的生产对其他部门产生的波及影响程度超过各部门影响力的平均水平，反之亦然。影响力系数越大，该部门发展对其他部门的拉动作用也越大。

从产业结构分析来看，一般来讲，制造业和深加工工业具有较大的影响力系数，其中电子产业、交通运输设备制造业和金属制品的影响力系数最大。基础产业、上游产业具有较高的感应度系数，化学工业和冶金工业具有最高的感应度系数，这说明其他产业的发展需要较多地消耗这些部门的产品。对于地区经济发展来说，影响力系数大的产业比较容易带动其他相关产业的发展。

(四) 技术进步指数

技术进步指数包括技术水平和技术进步率两种（魏后凯，2007）。

1. 产业技术水平指数

产业技术水平指数表达式为

$$A_i(t) = \frac{Y_i(t)}{(K_i^{\alpha_i}(t) L_i^{\beta_i}(t))}$$

式中，Y_i（t）为 i 产业第 t 年的总产值；K_i（t）为 i 产业第 t 年拥有的资金总额；L_i（t）为 i 产业第 t 年平均职工人数；α_i 为 i 产业资金产值弹性；β_i 为 i 产业劳动力产值弹性。

2. 技术进步率

技术进步率表达式为

$$v_i = (\ln A_i(t_n) - \ln A_i(t_0))/(t_n - t_0)$$

式中，A_i（t_n）为 i 产业第 t_n 年的技术水平；A_i（t_0）i 产业第 t_0 年的技术水平。

技术进步是区域经济增长的重要因素，是推动产业结构高级化和社会生产效率提高的主要动力。主导产业应该是拥有较高的技术水平、较快技术进步率、技术进步对产值增长速度贡献大的产业。因此通过对产业的技术水平和技术进步率进行测算，能够为主导产业的选择基准提供依据。

有学者以天津市为例综合了以上的主导产业分析方法，根据市场需求、技术进步、比较优势和产业关联等基准进行分析和评价（表10-4），最终确定了天津市的主导产业群（薛领等，2004）。

表10-4　天津市主导产业选择评价方法

主导产业选择基准	测算模型	备　注
市场需求基准	需求收入弹性系数＝某一产业产品的需求增加率/人均国民收入的增加率。实际测算以产业弹性 E_{it} 衡量： $E_{it} = \dfrac{Q_{t'}/Q_t}{\sum_{i=1}^{n} Q_{it'} \Big/ \sum_{i=1}^{n} Q_{it}}$　$t' > t$ 式中，Q_{it} 为在 t 时点第 i 个产业的产出量；n 为区域产业数量	$E_{it}>1$ 的产业将在总产值中占有更大的份额 $E_{it}<0$ 的产业绝对产出量呈减少的趋势 $0<E_{it}<1$ 的产业其产业比重呈萎缩的趋势
技术进步基准	1. 技术水平：$A_i(t) = Y_i(t) / K_i^{\alpha i}(t) Li^{\beta i}(t)$ Y_i（t）为 i 产业第 t 年的总产值；K_i（t）为 i 产业第 t 年拥有的资金总额；L_i（t）为 i 产业第 t 年平均职工人数；α_i 为 i 产业资金产值弹性，β_i 为 i 产业劳动力产值弹性 2. 技术进步率：$v_i = (\ln A_i(t_n) - \ln A_i(t_0)) / (t_n - t_0)$ A_i（t_n）为 i 产业第 t_n 年的技术水平；A_i（t_0）为 i 产业第 t_0 年的技术水平	技术进步率同时也是供给基准或效率基准
比较优势基准	比较优势系数（CS）：CS＝CC×CX 1. 比较集中率系数（区位商） $CC = \dfrac{C_{ik}/C_i}{C_k/C}$ 式中，C_{ik} 为 i 地区 k 产业的产值（从业人员）；C_i 为 i 地区所有产业的产值（从业人员）；C_k 为全国 k 产业的产值（从业人员）；C 为全国所有产业总产值（总从业人员） 2. 比较市场占有率系数 $CX = \dfrac{X_{ik}/X_i}{X_k/X}$ 式中，X_{ik} 为 i 地区 k 产业的产品销售收入；X_i 为 i 地区所有产业的产品销售收入；X_k 为全国 k 产业的产品销售收入；X 为全国所有产业的产品销售收入	区位商是衡量区域产业专门化程度的基本指标，作为区域主导产业，区位商应该至少大于1，而且越大越好
产业关联基准	产业关联系数（RS）：RS＝RC×RX 产业影响力系数（RX）＝该产业纵列向逆阵的平均值/全部产业纵列逆阵系数的平均值的平均 产业感应度系数（RC）＝该产业横行逆阵的平均值/全部产业横行逆阵系数的平均值的平均	“两高”部门是主导产业的最佳选择，“一高一低”部门存在可能性，“两低”部门则不宜 逆阵指投入产业表中列昂惕夫逆矩阵

资料来源：薛领等（2004）。

（五）其他主导产业测算方法

主导产业选择还有经济效益测算法、产业规模指数、产业发展速度指数等其他测算方法。另外，随着可持续发展理论和科学发展观的深入，除了考虑经济发展指标，主导产业的选择还需要考虑可持续发展、社会和环境保护的需求。

所以未来主导产业选择标准还需要考虑区域可持续性、社会发展指标、公众参与评价或环境保护指标等标准的选取。由于这些指标有些难以量化和测算，需要定性和定量分析结合的方法来确定主导产业。

第六节　产业集群辨识

产业集群规划研究方法中极为重要的就是产业集群的辨识。目前关于产业集群辨识的方法很多，但主要偏重于理论，而且缺乏统一的标准。

根据波特的定义，产业集群是一组在地理上接近的互相联系的公司和关联的机构，它们同处或相关于一个特定的产业领域，由于具有共性和互补性而联系在一起。从这个定义可以得到集群辨识的三个基本要素：地理边界、产业边界以及产业联系。由于产业集群的定义中对地理边界、产业边界以及集群中主体之间的联系都缺乏明确的界定标准，确立操作性强指示性好的产业集群统计标准是比较困难的。

在法国，学者 Laine 用给定职业区内具有相似活动的企业层面的数据来辨认地方生产系统，制定了四个标准：①企业数目：至少 5 家企业有同样活动，且在被辨认的就业区里，至少 3 家，至少有 5 个雇员；②就业数目：至少有 100 位雇员与同一活动有关；③密度标准：每平方千米厂商的密度至少两倍于法国的平均水平；④专业化标准：LQ 系数必须大于 1。这些辨识产业集群的标准着重于那些易于量化的指标，如企业数、员工数、企业密度以及区位商等。贺灿飞等（2005）总结了几种定量辨识产业集群的方法，包括区位商法、联系方法、多元统计方法和图片统计法等，但是他们也认为，目前还没有一个完美的定量方法来辨识产业集群，因此需要根据具体情况选择合适的方法，通过定量方法可以在比较宏观的层次判断一个区域或城市可能存在产业集群。

楚波和金凤君（2007）系统论述并评价了产业集群辨识中所运用的各种方法，定性方法包括了专家意见法、产业感知法和企业访谈法；定量分析方法，多以价值型表投入产出表（简称 I/O 表）为主要数据，有多元统计聚类法、主成分分析（principal component analysis，PCA）法、克若曼斯科（Czamanski）法、共识集群（consensus clustering）法等。以下主要介绍多元统计聚类法、主成分分析法、共识集群法等三种方法（楚波，金凤君，2007）。

一、多元统计聚类法

多元统计聚类的基本思想就是基于一系列指标和特征变量，将样本进行分组，使得组内样本趋同而组间样本趋异。利用此方法进行产业集群辨识的过程，一般可以分解为四个步骤：①通过对 I/O 表的运算，获得投入产出技术系数矩阵——中间投入矩阵 $\boldsymbol{A}$、中间产出矩阵 $\boldsymbol{B}$，并由此生成最大关联矩阵 $\boldsymbol{E}$；②选择多元统计聚类的算法，通常有等级聚类、K 聚类等；③选择体现组间联系程度的方法，有最小距离法、最大距离法、欧氏距离法等；④对最大关联矩阵 $\boldsymbol{E}$ 进行聚类运算，如果是 K 聚类的算法，则聚类结果即辨识结果；如果是等级聚类的算法，则需要进一步对生成的聚类树状图进行整理，决定出阈值，从而得出集群。

研究表明，多元统计聚类所辨识出来的产业集群能够透视出产业间最重要的相互依存关系。然而，这种辨识方法的结果，一方面使所有部门都会纳入某个集群，与集群内涵的以具有区域竞争力的出口性产业为主体、非全部门覆盖的理念相左；另一方面部门在集群间的归属具有排他性，这不符合区域经济发展的现实，因为某些产业部门（尤其是支撑性产业）往往隶属于多个集群。这些都限制了此方法在实际集群战略研究中的运用。

二、主成分分析法

西方学者很早就开始尝试利用 PCA 法进行产业群的研究，Feser 和 Bergnmn 对于利用 PCA 法进行区域产业集群的辨识作了系统总结，并详细描述了运算过程；贺灿飞等（2005）以北京为实证案例，沿用了 Bergman 等（1996）总结的辨识框架，对北京制造业进行集群分析，结果是比较理想的。此方法大致可以分为五个步骤进行：①通过对 I/O 表的运算，获得中间投入矩阵 $\boldsymbol{A}$、中间产出矩阵 $\boldsymbol{B}$。②根据矩阵 $\boldsymbol{A}$ 和 $\boldsymbol{B}$，通过计算相关系数，生成最大相似矩阵 $\boldsymbol{C}$。③对矩阵 $\boldsymbol{C}$ 进行主成分分析运算，通常以特征值大于 1 为标准，提取主成分。原则上，提取的每个主成分要对应一个集群，但是，每个主成分对应的是涵盖所有部门的列向量（列向量中，各部门以在该主成分中因子载荷值从大到小排序），所以需要进一步处理。④利用方差最大旋转法，使每个主成分内的因子载荷差异最大化。⑤设定因子载荷门槛值，在每个主成分中，超过门槛值对应的产业归入该产业集群，从而最终获得辨识结果。

PCA 法在集群辨识中运用相当普遍，虽然辨识结果大多数情况比较理想，但是从原理来看，它所得到的与其说是具有密切内部关联的产业集群，不如说是具有相似产销结构的产业组群。换句话说，它强调了互补性联系，而对垂直联系重视不足，而且不同主成分有主次之分。根据它们的解释率，第一主成分所对应的是整个产业的最大经济结构特征，故而在辨识结果中，第一主成分对应的集群包含了最多的产业部门，其后主成分对应集群包含部门个数依次减少。另外，此方法辨识出来的集群内部的各产业间联系紧密程度也相对不强。

三、共识集群法

Sergio 和 Daniel（2000）通过大量实证，对比了主成分分析法和多元统计聚类法两类集群辨识的途径，发现两种方法生成的产业集群所具有的产业关联特征总是有不尽如人意之处，而又各有所长。因此，他们通过糅合两类辨识方法，创建了一种新的集群辨识手段，称为“共识集群法”。此方法可分为三个阶段进行：①在用于运算分析的矩阵选择上，不囿限于最大相似矩阵 $\boldsymbol{C}$（或最大关联矩阵 $\boldsymbol{E}$），而是将中间投入矩阵 $\boldsymbol{A}$、中间产出矩阵 $\boldsymbol{B}$ 等通通吸纳进来，以期获得不同层面的产业功能关联。②对于所有纳入分析的矩阵，一方面利用主成分分析法运作，选择不同的因子载荷门槛值，获得一系列辨识结果；另一方面，利用多元统计聚类法分析，利用不同算法和阈值组合，得出一系列辨识结果。③接着引入一个“产业对”的概念，在某一辨识方法中，进入同一集群的两个部门即为一“产业对”，然后利用先前所得的若干组辨识结果，构造体现产业对信息的共识相似矩阵，进而进行多元聚类分析，最终获得各个共识产业群。

为了能更清楚地说明此方法，设定有 A、B、C、D、E、F 六个产业部门，我们使用三种产业集群辨识方法进行分析（表 10-5）。

表 10-5 不同方法的辨识结果

产业部门	A	B	C	D	E	F
辨识方法一	集群 1	—	—	集群 1	集群 2	集群 2
辨识方法二	集群 1	集群 1	集群 2	集群 2	集群 3	集群 3
辨识方法三	集群 1	集群 1	集群 1	集群 2	集群 2	集群 2

资料来源：楚波，金凤君（2007）。

则可构造出相应的用于共识集群分析的矩阵，见表10-6。

表10-6 构造的共识相似矩阵

产业部门	A	B	C	D	E	F
A	0	2/3	1/3	1/3	0	0
B	2/3	0	1/3	0	0	0
C	1/3	1/3	0	1/3	0	0
D	1/3	0	1/3	0	1/3	1/3
E	0	0	0	1/3	0	3/3
F	0	0	0	1/3	3/3	0

资料来源：楚波，金凤君（2007）。

最后利用上面的这个矩阵，进行多元聚类分析，并获得树状图，确定一定阈值，就可以获得最终的共识集群结果。此法将原来单独使用的各种集群辨识法整合起来，将它们所得结果都看成是对其他方法的补充；"产业对"的引入，能够使产业间各个层面功能紧密连接的特质凸显出来。Sergio 和 Daniel（2000）对加利福尼亚州的实证研究表明，共识集群方法辨识出来的产业集群结果是相当理想的。

参考文献

陈红儿，陈刚．2002. 区域产业竞争力评价模型与案例分析．中国软科学，（1）：99～104

陈伟，张文忠．2005. 山东半岛制造业基地发展战略研究——山东与东北亚地区的经济合作与发展．北京：五洲传播出版社

陈锡康．1992. 中国城乡经济投入占用产出分析．北京：科学出版社

楚波，金凤君．2007. 产业集群辨识方法综述．经济地理，27（5）：708～713

崔功豪，魏清泉，陈宗兴．1999. 区域分析与规划．北京：高等教育出版社

贺灿飞，梁进社，张华．2005. 区域制造业集群的辨识——以北京市制造业为例．地理科学，25（5）：521～528

贺灿飞，潘峰华．2007. 产业地理集中、产业集聚与产业集群：测量与辨识．地理科学进展，（2）：1～13.

贾若祥．2002. 地区产业竞争力理论研究．资源·产业，（3）：44～46

梁琦．2004. 产业集聚论．北京：商务印书馆

刘春霞．2006. 产业地理集中度测度方法研究．经济地理，26（5）：742～747

千庆兰．2006. 中国地区制造业竞争力新论．北京：科学出版社

托马斯·贝特曼，斯考特·斯奈尔．2001. 管理学（构建竞争优势）（第4版）．王雪莉译．北京：北京大学出版社

魏后凯．2007. 现代区域经济学．北京：经济管理出版社

魏后凯，吴利学．2002. 中国地区工业竞争力评价．中国工业经济，（11）：54～62

吴殿廷．2004. 区域分析与规划高级教程．北京：高等教育出版社

薛领，李国平，孙铁山．2004. 天津主导产业选择与空间布局研究．科学技术与工程，4（10）：854～860

张华．2007. 中国制造业空间集聚与区域经济增长．中国科学院地理科学与资源研究所博士学位论文．22～29

张同升，梁进社，宋金平．2005. 中国制造业省区间分布的集中与分散研究．经济地理，25（3）：315～319

Amiti M. 1999. Specialization patterns in Europe. Weltwirtschaftliches Archiiv，135：573～593

Bergman E，Feser E，Sweeney S. 1996. Targeting North Carolina Ⅱ manufacturing：understanding the State's economy through industrial chster analysis. Institute for Economic Development，University of North Carolina at Chapel Hill

Ellison G，Glaeser E. 1997. Geographic concentration in U. S. manufacturing industries：a dartboard approach. Journal of Political Economy，105：889～927

Freeman R E. 1984. Strategic management：a stakeholder approach. Boston：Pitman

Henderson J. 2003. Marshall's scale economies. Journal of Urban Economics，53：1～28

Maurel F，Sedillot B. 1999. A measure of the geographic concentration in French manufacturing industries. Regional Science and Urban Economics，29：575～604

Rosenthal S, Strange W. 2001. The determinants of agglomeration. Journal of Urban Economics, 50: 191～229

Sergio J R, Daniel J M. 2000. Identifying regional industrial clusters in California. Prepared for the California Employment Development Department

Stough R R. 1997. Merging quantitative and expert response data in setting regional economica development policy: methodology and application. Paper Presented at the 19th Annual Research Conference of the Association for public Policy Analysis and Management, Washington, DC

第三篇　重点行业发展与布局

在市场经济条件下，政府对产业规划要重点关注关系国计民生的基础产业的发展和布局。钢铁工业和石化工业作为基础性的原材料工业，对国家的经济社会发展具有重要的支撑作用。我国正处于重工业化阶段，钢铁、成品油和石化产品等需求量大，对下游产业影响大，钢铁和石化工业在国民经济中的地位日益突出。随着铁矿石、原油国际市场价格和我国进口量的不断增加，以及跨国公司在华投资的增加，我国钢铁和石化工业发展和布局发生了相应的变化。把握我国钢铁和石化工业发展态势，正确引导这两大产业的发展对我国基础产业和下游制造业发展具有重要的意义。制造业同样是我国国民经济发展的基础，是国家科技水平和综合实力的重要标志，它决定着我国在经济全球化格局中的国际分工地位，是国家国际竞争力的重要体现。房地产业目前已成为我国现阶段的一个重要支柱产业，也是普通民众最为关注、与民生直接关联的产业，因此有必要了解我国房地产业及住房制度改革，以便把握该产业的未来发展趋势。

第十一章　中国钢铁工业的发展与布局

钢铁工业作为基础性的原材料工业，对国家的经济社会发展具有重要的支撑作用。随着我国工业化和城市化进程的不断深化，以及交通装备、机械、电子等现代制造业和高新技术产业的持续发展，钢铁工业对我国的国民经济持续快速发展将产生越来越大的影响力和拉动力。同时，伴随着沿海地区经济社会的发展，我国钢铁工业在国土空间的分布格局逐渐发生了变化，空间布局由分散向集中演化。此外，在经济全球化背景下，世界钢铁工业逐渐向中国、印度等发展中国家转移，与此同时，我国钢铁工业的发展对进口铁矿石和国际市场的依赖性也在不断加大，国内企业的合并重组日趋频繁，并更加深入地参与到全球性的竞争中。

在这样的国内和国际发展背景下，考虑到钢铁工业对我国的经济社会发展以及产业升级的战略性意义，我们有必要对中华人民共和国成立后钢铁工业的发展历程及其空间布局的演化进行梳理，进而探索我国钢铁工业发展和布局的规律以及深层次的影响因素和驱动机制，并试图解决我国钢铁工业发展过程中存在的问题，以提高我国钢铁工业的国际竞争力及其对经济社会发展的支撑力。

第一节　中国钢铁工业的发展历程

一、新中国钢铁工业发展的四个阶段

1996 ~ 2007 年，我国的钢产量已经连续 11 年位居全球第一，充足的钢产品极大地满足了国内的市场需求，有力地推动了国民经济和下游产业的持续快速发展。但是，我国钢铁工业所取得的巨大成就却经历了漫长而曲折的发展历程。

中华人民共和国成立后，我国钢铁工业的发展历程大致可以划分为四个阶段：恢复及快速发展时期（1949 ~ 1957 年）、大起大落时期（1958 ~ 1976 年）、稳定及加速发展时期（1977 ~ 1995 年）、高速发展时期（1996 年以后）。

（一）恢复及快速发展时期

1949 年中华人民共和国成立，当年的钢产量仅有 15.8 万吨；到 1952 年，钢铁工业经历了战后的恢复阶段，逐渐达到新中国成立前的生产规模。1953 年第一个五年计划时期，钢铁工业进入了一个相对快速的发展阶段（图 11-1）。当时，我国按照苏联的计划经济模式，并根据已有的产业基础，重点在东北和华北地区发展和布局钢铁工业，扶植并培育了鞍山钢铁公司、首都钢铁公司以及唐山钢铁公司等国家重点企业。到 1957 年即第一个五年计划的末期，我国的钢产量达到 535 万吨，并初步形成了品种比较齐全的生产体系。

（二）大起大落时期

1958 年，我国进入“大跃进”时期。在国家指令性计划和“以钢为纲”政策的引导下，我国的钢铁工业进入了非理性的膨胀式发展阶段。钢铁工业在国民经济投资中的比重大幅度上升，由 1957 年占总投资额的 6.4% 上升到 1958 年的 14.4%；同时，国家提出了大、中、小（企业）相结合、以中小（企业）为主的方案，安排了 18 个小型钢铁厂项目，即几乎每个省都有一个小型钢铁厂，导致全国范

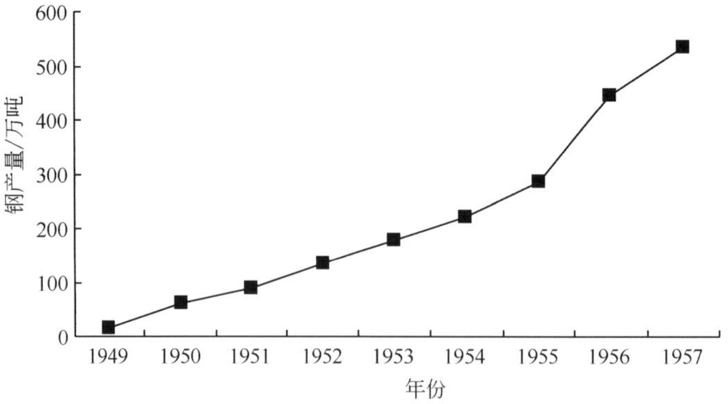

图 11-1　1949 ~ 1957 年我国钢产量年度变化

资料来源：《中国钢铁工业年鉴》编辑委员会 . 1985. 中国钢铁工业年鉴 1985. 北京：冶金工业出版社

围内都兴起了钢铁工业。这样的发展政策促进钢产量连年保持高速增长，并在 1960 年达到 1866 万吨的最高点。但是，由于采用土法炼铁炼钢等落后的生产设备和生产工艺，且小火炉的冶炼方式难以发挥规模效应，这一时期我国的钢铁产量虽然增长迅速，但钢铁质量很差，难以满足经济社会发展的需求。在这个阶段，钢铁工业的发展不仅极大地损害了经济效益，还造成了随后的三年自然灾害以及全国范围内的饥荒和持续性的环境破坏。“大跃进”路线被迫调整后，我国的钢产量迅速回落，并在 1962 年下降到 667 万吨，钢铁工业的发展显现出第一个波峰和波谷。1957 ~ 1962 年，钢产量的实际年增长率仅为 4.5% 。

1962 年之后，我国的钢产量有小幅的回升，钢铁工业得到一定的调整，重新进入较为正常的发展轨道。但在 1966 年我国进入“文化大革命”后，钢铁工业在备战备荒和“三线”建设的政策引导下，再次在全国范围内特别是内陆地区布局；在建设内地大型钢铁企业的同时，中小型钢铁企业也同时兴起。钢铁工业的新布点以及中小型企业的发展促进钢产量快速大幅度提高，但是当时国内动荡的局势极大地影响了钢铁工业的正常发展，加之新兴的中小型企业以及大量内陆企业在原料获得和生产技术等方面都遇到了大量困难，导致“文革”十年内钢产量多次出现起伏，钢铁工业再次呈现出波动式的发展特点（图 11-2）。

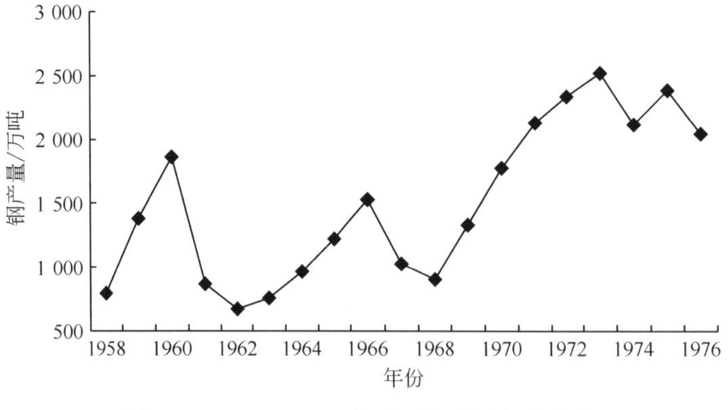

图 11-2　1958 ~ 1976 年我国钢产量年度变化

资料来源：《中国钢铁工业年鉴》编辑委员会 . 1985. 中国钢铁工业年鉴 1985. 北京：冶金工业出版社

（三）稳定及加速发展时期

1976 年“文化大革命”结束后，我国的钢铁工业逐步得到恢复并开始稳定发展。1978 年，我国的钢产量达到 3178 万吨，是“文革”开始以来的最高值。十一届三中全会后，我国开始实行改革开放政策，这极大地促进了经济增长和社会发展，从而有力地带动钢铁工业持续稳定发展，且发展速度逐渐提升。1978 年以后，我国的钢产量每年都以 200 万 ~ 300 万吨的速度递增，钢产量在 1983 年超过了 4000 万吨，在 1989 年突破 6000 万吨，并在 1994 年超过 9000 万吨（图 11-3）。

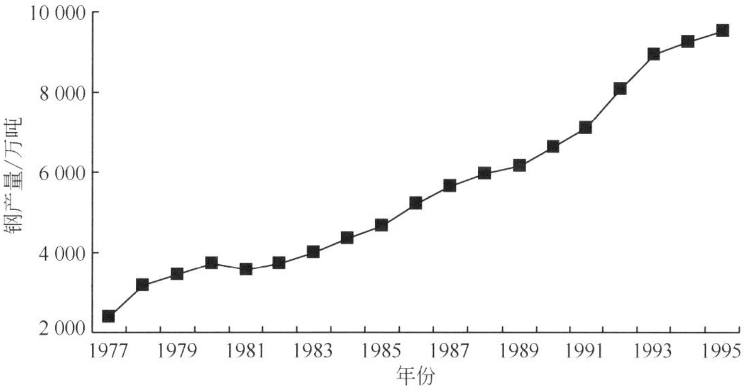

图 11-3　1977 ~ 1995 年我国钢产量年度变化

资料来源：《中国钢铁工业年鉴》编辑委员会 . 1996. 中国钢铁工业年鉴 1996. 北京：冶金工业出版社

（四）高速发展时期

1996 年，我国的钢产量首次突破 1 亿吨大关，成为全球第一产钢大国，并在此之后始终保持着这一地位。自 1996 年以后，我国的钢铁工业一直保持着高速增长的态势，钢产量不断创新高。2003 年，我国的钢产量突破 2 亿吨；2005 年，我国的钢产量又突破 3 亿吨；2006 年，我国的钢产量突破 4 亿吨（图 11-4）。从 1 亿吨到 2 亿吨、3 亿吨，直到突破 4 亿吨，我国所用的时间分别是 7 年、2 年和 1 年。2006 年，我国的钢产量达到 42 102. 36 万吨，比 1996 年增长了 413. 8%，超过排名第二到第八位的国家钢产量的总和。至此，我国牢牢地占据了世界第一产钢大国的地位，占世界钢产量的比重达到 34. 3%。

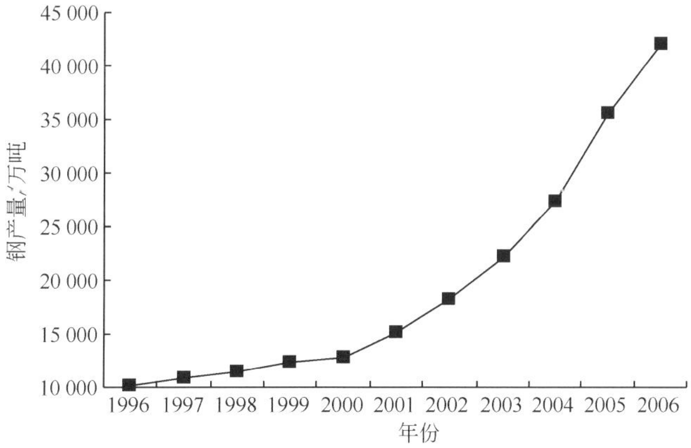

图 11-4　1997 ~ 2006 年我国钢产量年度变化

资料来源：《中国钢铁工业年鉴》编辑委员会 . 2007. 中国钢铁工业年鉴 2007. 北京：冶金工业出版社

（五）小结

自 1949 年中华人民共和国成立之初的 15. 8 万吨到 2006 年的 42 102. 36 万吨，我国的钢产量增加了 2600 多倍（图 11-5），跃升为世界第一产钢大国，钢产品从不能自给到实现净出口，取得了巨大的成就。但是，通过回顾这几十年来我国钢铁工业的发展历程，可以看出我国的钢铁工业经历了多次起伏，其发展途径并非一帆风顺，且钢铁工业在不同的发展阶段存在着不同的问题。

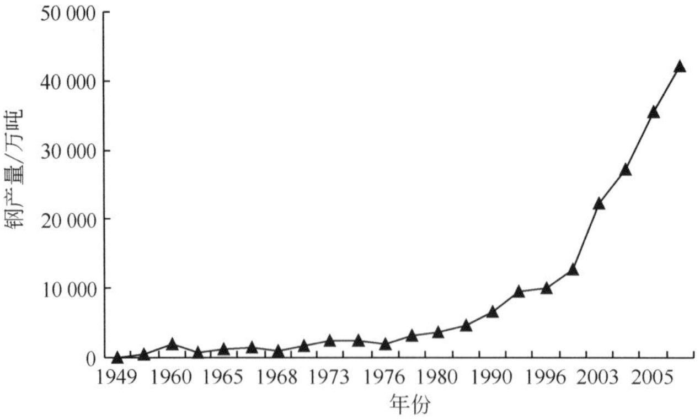

图 11-5　1949～2006 年我国钢产量年度变化

资料来源：《中国钢铁工业年鉴》编辑委员会 . 2007. 中国钢铁工业年鉴 2007. 北京：冶金工业出版社

回顾我国钢铁工业不同发展阶段的特点，有助于了解影响我国钢铁工业发展的主要因素，进而探讨近年来推动我国钢铁工业持续高速发展的动因和机制，同时还可以分析我国钢铁工业经过几十年的发展所积淀的问题。

二、推动中国钢铁工业高速发展的动因分析

自改革开放以后，我国的钢铁工业逐渐恢复，并得以持续高速发展。特别是近 10 年来，我国的钢产量连创新高，成为推动世界钢铁工业持续发展的主要力量。总的说来，我国钢铁工业的高速发展有客观的必然性，是经济社会持续发展的必然结果。另外，政府干预也对我国的钢铁工业产生了一定的影响。

（一）基础设施建设和固定资产投资对钢铁工业的带动作用

我国实行改革开放政策以来，社会主义市场经济得到飞速的发展。自 1978 年后的 20 多年里，我国以往的建设欠账得以弥补，国家及各地政府大力投资于公路、桥梁、港口等交通设施以及供水、供电等基础设施的兴建和完善。基础设施建设和固定资产投资逐渐成为改革开放后拉动我国国民经济持续高速增长的一个主导力量。

基础设施建设和固定资产投资对作为原材料的钢铁产品形成了巨大的市场需求和带动作用；同时，由于巨大的乘数效应，固定资产投资还对钢铁工业的发展起了加倍的推动作用，由此促进钢铁工业在改革开放后尤其是近 10 年来的高速发展。

（二）产业结构的升级对钢铁工业的巨大拉动力

从 20 世纪 90 年代末到 21 世纪初，我国大部分区域都迈进了工业化中期的发展阶段。在这一阶段，工业对经济发展起主导性的支配和引导作用，是带动我国国民经济持续发展的最大推动力。同时，随着工业化进程的深化，工业结构也在不断优化和升级，重化工业、现代制造业和高新技术产业在工业中所占的比重不断加大，引领制造业部门向精深加工化和高新技术化的方向发展。正是在汽车、造船、机械、电子等下游产业的巨大需求的刺激下，使位居各产业链条上游的钢铁工业获得了巨大的拉动力，得以持续高速发展。

（三）城市化进程的加速对钢铁工业的引导作用

在社会主义市场经济以及工业化和现代化的带动下，我国的城市化进程不断加速。农村大量的剩

余劳动力进入城市工作和生活，极大地刺激了城市规模的扩张，有力地带动了城市基础设施的建设，进而扩大了钢铁产品的市场需求。城市化率的提高引导了制造业的集聚，进而推动了钢铁工业的快速发展。同时，城市居民的生活需求和消费结构不断升级，也对钢铁产品形成了巨大的市场需求。因此，在城市化进程不断加速的引导作用下，我国的钢铁工业得以持续高速发展。

（四）政府推动是钢铁工业在全国范围迅速发展的重要原因

作为原材料工业，钢铁工业同时还是一个在资源、资本、劳动力和技术等方面具有高集约度的部门，其高投入、高产出的特性符合各区域、各城市迅速提高经济总量的目标。因此，各级政府都大力推动本地钢铁工业的发展，扶植本地钢铁企业的建设。正是在政府推动的作用下，钢铁工业在全国范围内得以迅速发展，大量中小型钢铁企业以及规模以下的钢铁厂的数量急剧增加。在社会主义市场经济体制的作用下，政策干预依然是影响我国钢铁工业发展的一个重要因素。

（五）世界范围内的钢铁工业转移是重要的外在因素

从表11-1和图11-6中可以看出，作为基础性工业，钢铁工业有逐渐从发达工业化国家向发展中国家转移的趋势。近年来，全球钢产量保持稳定增长，而日本、美国、德国、法国等工业化国家的钢产量基本稳定在一定水平或略有下降，且各年的上下波动幅度不大，钢产量占全球总产量的比重不断降低；同时，中国、印度、巴西等发展中国家的钢产量持续快速增加，占全球总产量的比重不断上升。可见，世界钢产量的逐年增长主要源于中国、印度、巴西等发展中国家钢铁工业的飞速发展，世界钢铁工业的生产重心已经由发达国家转移到新兴工业化国家。

表11-1　主要钢铁工业国家占世界钢产量百分比　　单位:%

年份	英国	美国	日本	韩国	中国	印度	巴西
1950	8.73	46.41	2.56	—	0.32	—	—
1960	7.12	25.99	6.39	0.01	5.47	—	—
1970	4.76	20.09	15.71	0.08	2.98	—	—
1980	1.58	14.17	15.56	2.02	5.18	—	—
1990	2.14	11.65	14.33	3.18	8.62	1.94	2.67
1995	2.34	12.65	13.51	4.89	12.66	2.76	3.33
2000	1.79	12.02	12.57	5.09	15.51	3.25	3.35
2006	1.12	7.94	9.34	3.90	33.97	3.99	2.49

注：部分数据未收集。

资料来源：根据《中国钢铁工业年鉴》（1986年、1991年、2007年）数据整理（《中国钢铁工业年鉴》编辑委员会．北京：冶金工业出版社）。

在经济全球化进程不断深化的背景下，我国的钢铁工业承接了世界大部分钢铁工业的转移，钢产量占全球总产量的比重不断上升。世界范围内的钢铁工业转移是一个重要的外部因素，它与国内各种经济社会发展因素相互叠加，形成了巨大的推动力，促进了我国钢铁工业持续高速发展。

（六）小结

综上所述，促进我国钢铁工业持续高速发展的主要动因是经济社会持续发展形成的巨大市场需求和拉动力，是社会主义市场经济体制主导下的市场调控结果，较符合客观的经济规律。但同时也应该看到，全国范围内钢铁工业的普遍发展也有政府干预的影响。各级政府的大力推动在一定程度上干扰了市场机制的调节作用，改变了各区域的钢铁工业发展的正常途径与合理模式。同时，各级政府对钢

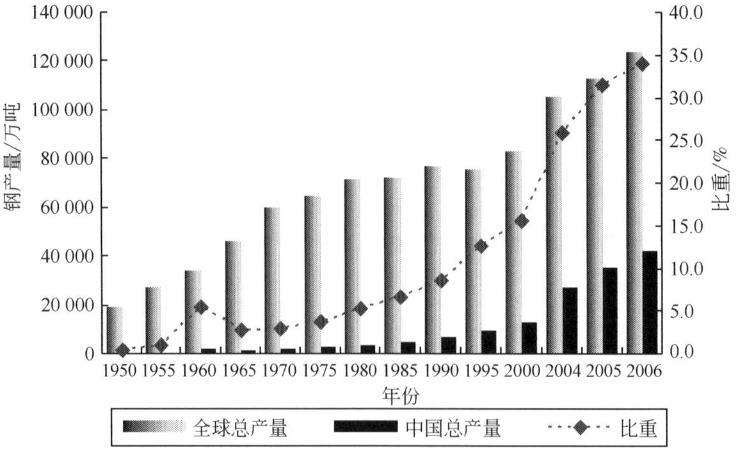

图 11-6　中国钢产量占全球总产量的比重变化

资料来源：根据《中国钢铁工业年鉴》（1986 年、1991 年、2007 年）数据整理（《中国钢铁工业年鉴》编辑委员会．北京：冶金工业出版社）。

铁工业的调控重于扶植和推动，而疏于合理的引导和规范，因此造成了钢铁工业发展过程中的一系列问题。

三、中国钢铁工业发展过程中存在的问题

中华人民共和国成立后几十年，我国钢铁工业在前期经历了波动起伏的发展历程，终于在近 20 年中实现了持续高速增长。这样的发展途径给中国的钢铁工业带来了许多问题，如市场结构不合理、生产技术落后、企业竞争力弱等。其中有些问题并没有伴随着近年来钢铁工业的高速发展而减弱，反而不断加剧，成为提升我国钢铁工业整体实力的巨大障碍。

（一）企业数量过剩，产业集中度太低

由于经济社会发展的拉动以及各地政府的大力推动，钢铁工业在全国范围内得以广泛地发展。一方面，国家重点企业和地方骨干企业的生产规模不断加大，产量持续增长；另一方面，中、小型企业的数量呈现出跨越式的增长态势，这是我国各区域的钢铁工业普遍快速发展的重要表象。

企业数量的迅速增加推动了我国钢铁工业的高速发展和钢产量的持续增长，但过剩的企业数量却降低了产业集中度，不利于钢铁工业整体实力的提升。同时，由于大多数中小型企业都难以达到年产 400 万吨的合理生产规模，难以实现规模效益，造成了资源浪费和环境污染等问题。

2006 年，我国的钢铁企业达到 6999 家，而年产钢 500 万吨以上的企业仅有 22 家，其合计钢产量仅占全国总产量的 52.8%，而韩国浦项集团的钢产量在全国总产量的比重高达 65%，法国的阿赛洛集团则几乎垄断了国内的钢铁市场，其产业集中度均实现了适于钢铁工业的“寡占型”市场结构。

国际上通用四大厂商和十大厂商的集中度（CR4 和 CR10）来衡量一个部门的产业集中度（徐康宁，韩剑，2006）。1985 年，我国钢铁工业的 CR4 和 CR10 分别约为 40% 和 60%，此后，随着钢铁工业的加速发展，中小型企业的数量迅速增加，导致产业集中度开始下降；整个 20 世纪 90 年代，CR4 和 CR10 分别在 30% 和 50% 上下徘徊；进入 21 世纪，伴随着我国钢铁工业的持续高速发展，产业集中度再次出现下降，CR4 和 CR10 分别从 2000 年的 32.1% 和 49.2% 下降到 2004 年的 15% 和 31.2%，均为中华人民共和国成立后的历史最低点。虽然近几年我国的大型钢铁集团展开了整合重组的发展战略，在一定程度上提升了产业集中度，但整个钢铁工业的市场结构仍然没有达到合理的水平（图 11-7）。

从国际钢铁工业的发展趋势来看，产业集中度逐渐提高是基本的发展方向。同时，钢铁工业作为支柱性的原材料工业，其本身具有自然垄断性，较高的产业集中度有利于其自身的优化发展。按照贝

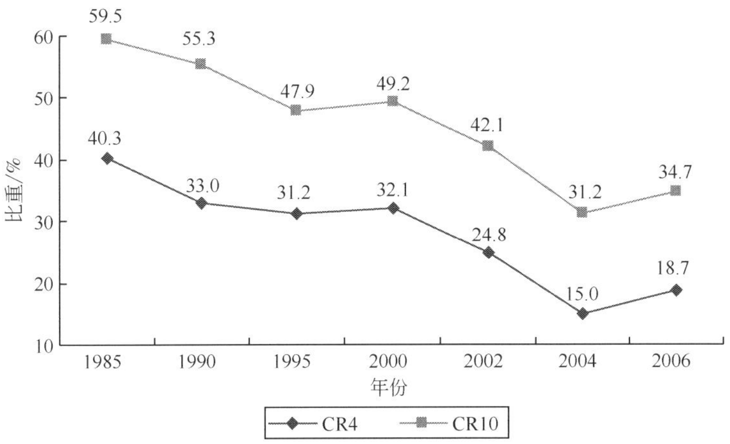

图 11-7　我国钢铁工业产业集中度变化趋势

资料来源：根据《中国钢铁工业年鉴》（1986 年、1991 年、1996 年、2001 年、2003 年、2005 年、2007 年）数据整理（《中国钢铁工业年鉴》编辑委员会．北京：冶金工业出版社）。

恩分类法，我国的钢铁工业远没有达到“寡占型”的市场结构（毛林根，1999）。企业数量过多，产业集中度太低，大型集团生产规模不够，既不利于提高我国钢铁工业的整体实力和国际竞争力，也不能形成钢铁生产的规模效应，难以增强钢铁工业对国民经济发展的支撑力。

（二）大型企业的国际竞争力不强

我国钢铁工业的产业集中度过低，是由于中小型企业的急剧扩张造成的，但这一现象也反映出我国大型钢铁企业的生产规模过小、实力不强的问题。2006 年，我国最大的钢铁企业鞍本集团的钢产量为 2255.76 万吨，仅占全国总产量的 5.36%，而同年日本最大的钢铁企业新日本钢铁公司的钢产量约占该国总产量的 21%。

目前，国际钢铁工业普遍的发展趋势是大型企业通过强强联合，在不增加总的钢铁生产能力的前提下，提高单个企业的钢产量，从而增强企业的国际竞争力，提高企业对市场的控制力以及原材料定价的谈判能力。2006 年，世界最大的两家钢铁企业组建了阿赛洛 – 米塔尔集团，其钢产量达到 1.18 亿吨，约占当年全球总产量的 10%，其业务横跨五大洲，成为全球最大的钢铁联合集团；2007 年，印度的塔塔钢铁公司收购了英国的克鲁斯集团。至此，世界钢铁行业形成了阿赛洛-米塔尔集团、俄罗斯的谢维尔钢铁公司、塔塔 – 克鲁斯集团等在全球范围内资源配置优化、生产规模大、竞争力强的钢铁巨头。这些跨国企业借助其巨大的生产规模，增强了对世界钢铁市场的原材料供应和产品价格的控制力，同时也提高了与垄断性更强的铁矿石供应商的谈判能力。

在经济全球化时代，钢铁企业不能仅立足国内，而要着眼于全球性的市场和原料供应，融入国际竞争。然而，我国的大型企业在国内钢产量持续高速增长的背景下，生产规模却没有同步地提高。2006 年，我国仅有鞍本集团和宝钢集团的钢产量超过 2000 万吨，在国际钢铁企业名列第六和七位（表 11-2）。这样的生产规模在国际上不具备竞争力，导致我国的钢铁企业在国际钢材市场以及原料市场等领域都难以发挥其影响力，削弱了我国钢铁工业的整体实力。

表 11-2　2006 年世界钢产量排名前 10 位的企业情况

企业	总部所在国家	钢产量/万吨	占世界比重/%
阿赛洛-米塔尔集团	卢森堡	11 798	9.5
新日本钢铁公司	日本	3 370	2.7
JFE 钢铁公司	日本	3 202	2.6

续表

企业	总部所在国家	钢产量/万吨	占世界比重/%
浦项集团	韩国	3 120	2.5
鞍本集团	中国	2 255.76	1.8
上海宝钢集团	中国	2 253.18	1.8
美国钢铁公司	美国	2 125	1.7
纽柯公司	美国	2 031	1.6
唐山钢铁集团	中国	1 905.66	1.5
克鲁斯集团	英国	1 830	1.5
10 家企业合计		33 890.6	27.2
世界总产量		124 200	100

资料来源：《中国钢铁工业年鉴》编辑委员会.2007. 中国钢铁工业年鉴2007. 北京：冶金工业出版社

虽然发达国家的钢铁工业逐渐向发展中国家转移，但转移出去的钢产量主要集中于技术含量低、附加值低的初级产品，发达国家的钢铁企业仍然保留了高级产品的生产优势，在核心技术和生产工艺的研发和创新等方面占有绝对优势。相反，我国钢铁企业的产品结构还处于较低的水平，产品的国际竞争力不强，这也影响了我国企业的国际竞争力。因此，从钢产量来说，我国是钢铁大国，但从企业的国际竞争力来看，我国还不是钢铁强国。

（三）生产技术较为落后，产品结构不合理

钢铁工业属于资本密集型产业，只有生产规模达到最低的门槛值才能形成规模效应，企业才能获得最佳的经济效益；同时，只有在生产能力达到一定水平，企业才有实力进行技术研发和设备改造，从而对生产工艺和产品结构进行优化和升级。

目前，我国的钢铁工业由于存在着产业集中度过低、大型企业竞争力不强的问题，加之历史、制度等其他因素，我国大部分钢铁企业的生产技术均较为落后，并且缺乏革新生产工艺、开发新产品的研发能力和投资实力，导致我国大部分钢铁企业的生产技术落后于国际平均水平，这既不利于我国钢铁工业整体实力的提升，也削弱了企业的国际竞争力。

1993 年，日本钢铁企业拥有的2000 立方米以上的大型高炉就达到33 座，其中4000 立方米以上的超大型高炉有18 座；目前，日本钢铁企业拥有的高炉的平均容积超过了3000 立方米。而在1994 年，我国共有炼铁高炉4567 座，其中大于2000 立方米的仅有12 座，而小于100 立方米的竟有4287 座，这反映出我国大量的钢铁企业仍然采用极落后的生产设备。即使在2006 年，我国重点大中型钢铁企业所有的2000 立方米以上的高炉也只有50 座。

优质钢比、合金钢比、板管比等重要比例关系可反映一国钢铁工业的生产技术的先进水平及其产品结构的优化度。经过几十年的发展，我国的钢铁工业在这些指标上都取得了较大的进步，但在某些指标上仍远远低于发达国家的水平。从图11-8 中可以看出，我国钢铁工业的合金钢比始终没有明显增长，近年来维持在6%左右，而发达国家的合金钢比通常为10% ~15%，其中德国为19.1%，日本为18.5%，意大利为15.6%。此外，我国的板管比和优质钢比两项指标则出现多次波动。近20 年来，板管比先是有一定程度的上升，在达到40%后又出现了下滑，而目前发达国家的板管比超过了60%。在钢产量持续高速增长的同时，以上指标的缓慢增长显示出我国的钢铁工业在高速发展过程中没有同步提高产业发展的质量，忽略了产品结构的优化和升级。

此外，我国的钢铁工业存在着低水平生产能力重复建设严重的问题，大型集团和中小型企业的钢产品缺乏分工和专业化，均主要集中在棒材、线材、中小型材和普通中板等科技含量低、附加值不高的领域，导致我国的钢产品结构不合理，冷热轧板材、不锈钢等市场需求大的高新技术产品和特种产

品尚需大量进口，而出口产品多是初级产品，缺乏国际竞争力和经济效益。

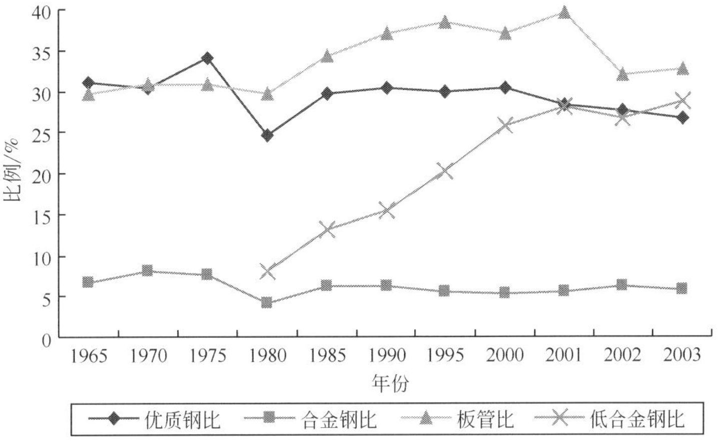

图 11-8　我国钢铁工业重要比例关系的年度变化

资料来源：根据《中国钢铁工业年鉴》(1985 年、1986 年、1991 年、1996 年、2001 年、2002 年、2003 年、2004 年) 数据整理 (《中国钢铁工业年鉴》编辑委员会. 北京：冶金工业出版社)。

(四) 大量中小型企业未建立起资源节约型和环境友好型的生产模式

由于生产技术落后、生产设备陈旧，国内的大部分钢铁企业都存在着资源消耗量大的问题。虽然通过技术改造和设备更新，我国钢铁工业的吨钢综合能耗有了很大的下降 (表 11-3)，但仍比世界先进水平高出 20%，也高于巴西、印度等发展中国家。

表 11-3　我国钢铁工业吨钢综合能耗变化

年　份	1980	1985	1990	1996	2000	2001	2002	2003	2004	2005
吨钢耗标准煤/吨	2.04	1.75	1.611	1.392	0.92	0.876	0.815	0.78	0.761	0.747

资料来源：根据《中国钢铁工业年鉴》(1986 年、1991 年、2001 年、2002 年、2003 年、2004 年、2005 年、2006 年) 数据整理 (《中国钢铁工业年鉴》编辑委员会. 北京：冶金工业出版社)。

同时，大量中小型钢铁企业迅速发展，其生产规模不足，难以实现规模效益，导致资源没有得到高集约度的利用，二次能源没有充分回收，废气、废水、废渣没有进行正确处理和循环利用，造成了较为严重的资源浪费和环境污染，未形成钢铁工业的资源节约型和环境友好型生产模式。

尽管我国的钢铁工业持续高速发展，但这种通过企业数量增长带动生产规模扩张的粗放型发展模式过于重视数量和规模的增长，相对忽视了产业发展质量和经济、资源、环境等综合效益。

(五) 小结

总的来说，我国的钢铁工业保持了持续高速发展的态势，取得了巨大的成就，但其发展过程中存在的问题却不能忽视。产业集中度降低的一个重要原因是企业数量的迅速增加，而后者又带来了生产技术落后、产品结构低端、环境污染严重等问题。同时，我国大型钢铁企业的发展速度滞后于中小型企业，生产规模扩张速度缓慢，也是产业集中度难以提高的一个原因，这同时也体现出我国大型钢铁企业的国际竞争力弱、产品结构不合理等问题。这些问题相互交织、相互影响，导致我国钢铁工业的整体实力难以提升，也削弱了我国钢铁企业在全球市场的竞争力。

第二节　中国钢铁工业空间布局的演化特点

在我国钢铁工业飞速发展的同时，其空间布局也在不断地演化，主要表现为不同区域、不同行政区的钢产量及其占全国总量比重的变化。分析当前钢铁工业的空间格局，并讨论近几十年来我国钢铁工业空间布局的演化特点，有助于了解我国钢铁工业在地域空间上配置和分布的演化趋势，探索其影响因素和驱动机制，并对未来我国钢铁工业的空间布局和优化配置进行预测和规划。

一、中国钢铁工业的空间格局

目前，我国钢铁工业主要分布在华东、华北、东北等区域，以河北、辽宁、江苏、山东、上海等省及市为主要生产集聚区。这些省、市集聚了全国主要的钢铁生产能力，拥有全国最重要的大中型钢铁企业，其钢产量在全国总产量中占有较大的份额。

（一）中国钢铁工业的主要分布区域

目前，我国钢铁工业的主要分布区域是华北地区和华东地区（图11-9），这两大区域的钢产量占全国总产量的比重均超过30%；而曾经作为我国的钢铁主产区，东北地区的钢铁工业在全国的地位持续下降，2006年其钢产量占全国总产量的比重约为10.8%。近年来，随着主要钢铁企业的迅速发展，华中三省（河南、湖北、湖南）的钢铁工业呈现出高速发展的态势，2006年，其钢产量占全国总产量的比重约为10.9%，超过了东北地区的比重。

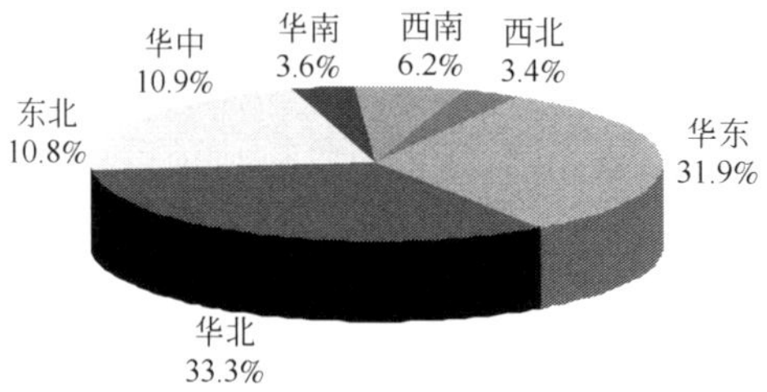

图11-9 2006年7大区域钢产量占全国总产量的比重

资料来源：《中国钢铁工业年鉴》编辑委员会. 2007. 中国钢铁工业年鉴2007. 北京：冶金工业出版社

（二）中国钢铁工业的主要集聚区

与钢铁工业主要分布于华北、华东两大区域的空间格局相似，我国的钢产量主要在这两大区域内的各行政区内集聚（表11-4）。2006年，我国钢产量排名前10位的行政区分别是河北、江苏、山东、辽宁、山西、上海、河南、湖北、安徽、天津，其中7个省市都在华北和华东地区（图11-10）。这10个省市的钢产量总计占全国总产量的72.56%。另外，2006年，全国的钢铁生产企业达到6999家，这10个省市的企业总数为3676家，占全国企业数量的比重为52.52%。

近年来，河南、湖北两省的钢产量增长十分显著，反映出华中地区钢铁工业发展势头迅猛。

表11-4 2006年钢产量排名前10位的行政区

地区	钢产量/万吨	比重/%	企业数量/家	比重/%
河北	9 096.29	21.61	492	7.03
江苏	4 205.34	9.99	998	14.26
山东	3 714.9	8.82	452	6.46
辽宁	3 687.14	8.76	528	7.54
山西	1 949.02	4.63	311	4.44
上海	1 907.34	4.53	173	2.47
河南	1 750.48	4.16	234	3.34

续表

地区	钢产量/万吨	比重/%	企业数量/家	比重/%
湖北	1 658.01	3.94	127	1.81
安徽	1 296.48	3.08	94	1.34
天津	1 285.34	3.05	267	3.81
总计	30 550.34	72.57	3 676	52.50
全国	42 102.36	100	6 999	100

资料来源：《中国钢铁工业年鉴》编辑委员会 . 2007. 中国钢铁工业年鉴 2007. 北京：冶金工业出版社

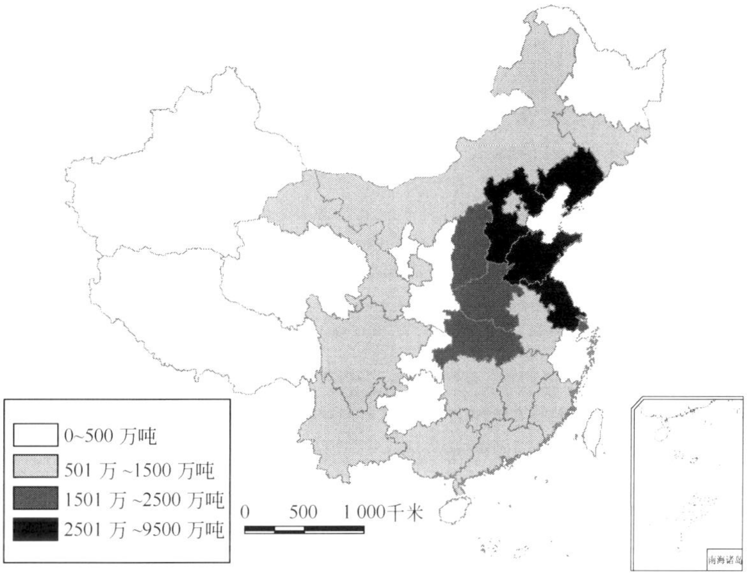

图 11-10　2006 年我国各行政区钢产量分布

资料来源：根据《中国钢铁工业年鉴》(2007) 数据整理（《中国钢铁工业年鉴》编辑委员会 . 北京：冶金工业出版社）。

在以上 10 个省区内，大型钢铁集团均集聚于行政区内或几个行政区之间的有限区域，且主要分布于沿海地区和长江中下游沿岸，如京津冀、长三角、辽中南以及华中等区域（图 11-11）。这些区域是各行政区内以及更高层次区域的增长极和引领区，高度集聚了产业、人口、资本等要素，其国民经济持续发展，工业化、城市化进程不断深化，交通运输条件优越，为钢铁工业的发展和企业的扩张提供了巨大的市场需求和拉动力。另外，我国钢铁工业的主要集聚区大多位于沿海，而沿海地区是融入经济全球化进程最深的区域，其钢铁工业在全球钢铁工业转移的背景中得以高速发展，并受到来自国际市场和原材料供应商的极大影响。同时，钢铁工业的高速发展又为这些区域经济社会的持续发展提供了巨大的支撑力，两者相互影响、相互促进。可见，我国钢铁工业主要集聚区的形成，是与区内的经济社会发展现状、区位优势以及优良的交通运输条件等因素密切相关的，钢铁工业在这些要素的引导和推动下优化升级，增强了竞争力，这些集聚区也成为提高我国钢铁工业整体实力的重要引领区。

目前，我国钢铁工业的空间布局与经济社会发展状况基本吻合。江苏、山东、上海、天津等省市都是工业化进程步入中后期、城市化率增长迅速的地区，其持续高速发展的国民经济以及现代制造业为钢铁工业提供了巨大的市场需求和拉动力。

同时，河北、山西、河南等地区的钢铁工业呈现出粗放式扩张的发展态势，其钢产量的迅速增长主要来自于中小型企业数量的增加，且钢铁工业与当地的工业化和城市化进程不同步。钢铁工业的超前发展以及中小型企业的迅速增加造成了许多问题，影响了钢铁工业的发展质量。

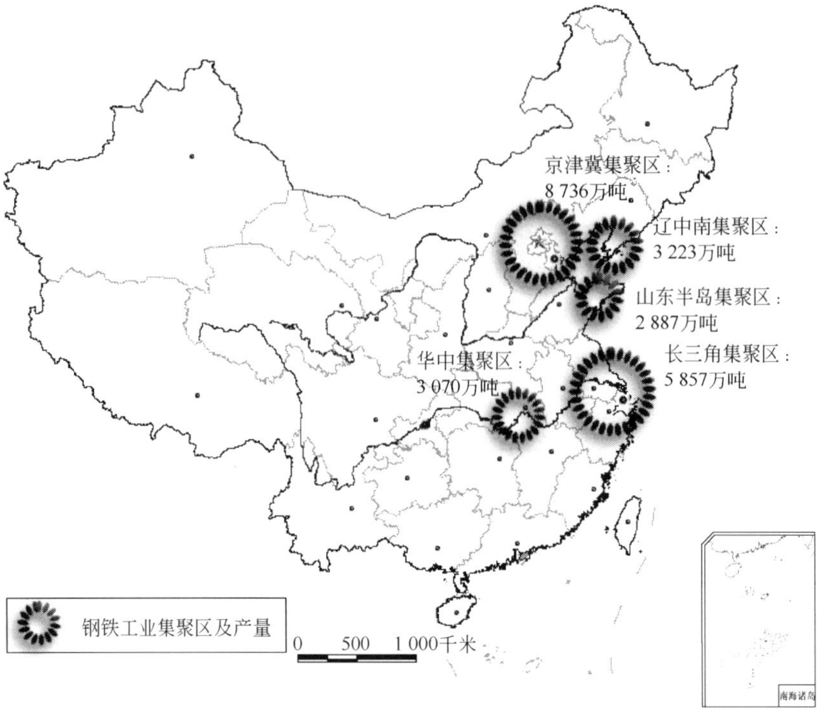

图 11-11 我国钢铁工业主要集聚区及产量

注：产量为区内重点企业 2006 年的产量总和

资料来源：《中国钢铁工业年鉴》编辑委员会. 2007. 中国钢铁工业年鉴 2007. 北京：冶金工业出版社

（三）中国主要钢铁企业的空间布局

2006 年，我国钢产量排名前 10 位的企业的总产量达到 14 593.26 万吨，约占全国总产量的 34.7%。这些企业主要集聚于华北和华东两个地区的核心区域，呈现出沿海和沿江的空间布局模式，如长三角的宝钢集团、沙钢集团，京津冀的唐钢集团、首钢集团，辽中南的鞍本集团，山东半岛的济钢集团等（图 11-12）。

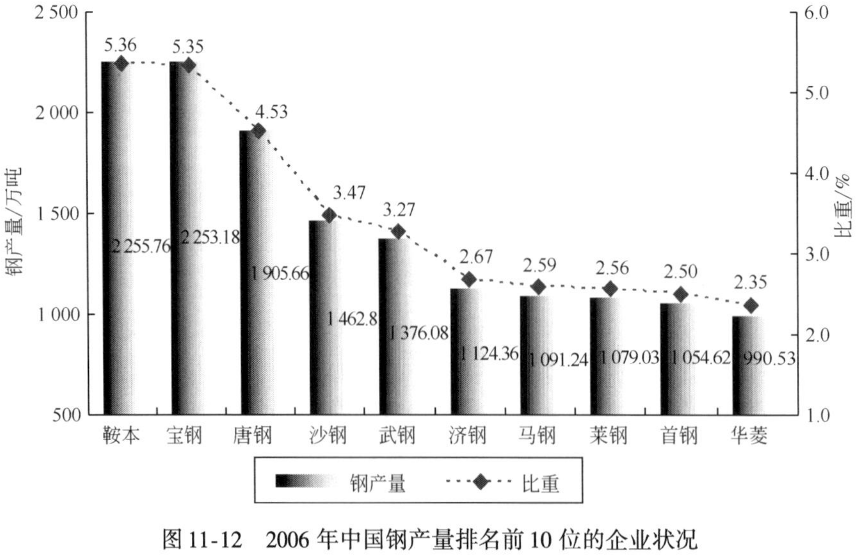

图 11-12 2006 年中国钢产量排名前 10 位的企业状况

资料来源：《中国钢铁工业年鉴》编辑委员会. 2007. 中国钢铁工业年鉴 2007. 北京：冶金工业出版社

如图 11-13 所示，主要钢铁企业集聚于长三角、京津冀等沿海地区和长江中下游沿岸，这是与这些地区的经济社会发展条件密切相关的。这些区域是我国工业化、城市化进程发展最迅速的地区，能够为钢铁工业提供巨大的市场需求和持续的拉动力，从而促进企业规模的不断扩张；同时，这些区域高度集约了资本、技术、信息等经济社会要素，且布局有大量关联产业，由此形成的集聚效应和溢出效应推动钢铁企业不断发展。此外，这些区域充分地融入了经济全球化进程，以此为依托，大型企业能够积极地参与国际竞争，进一步提高自身的全球竞争力。

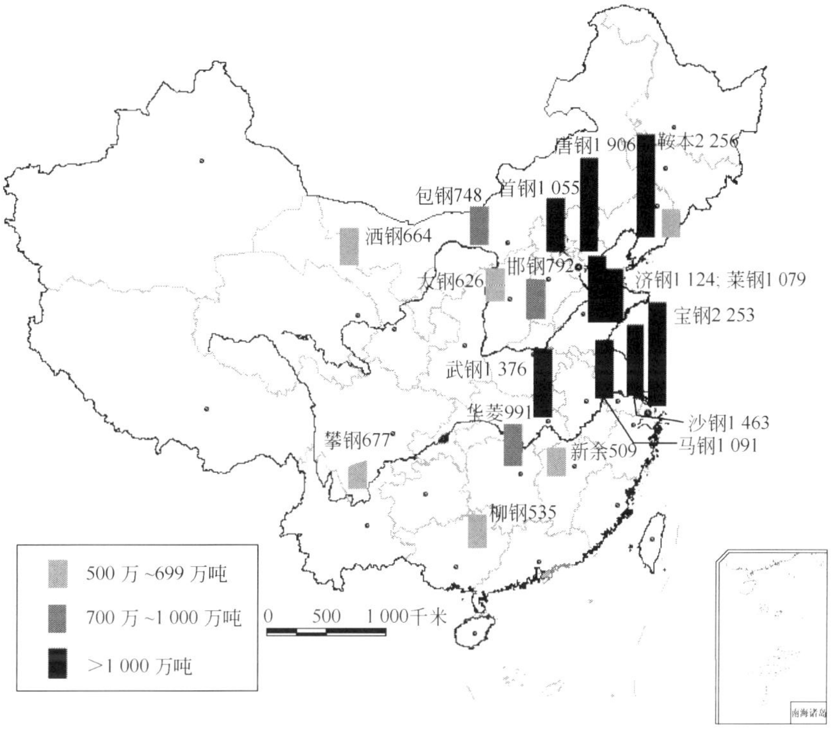

图 11-13　2006 年中国主要钢铁企业分布及其钢产量

资料来源：《中国钢铁工业年鉴》编辑委员会. 2007. 中国钢铁工业年鉴 2007. 北京：冶金工业出版社

借助这些地区的区位优势和各种经济社会发展条件，主要钢铁企业能够充分地利用国内外两个资源和两个市场。一方面，通过整合国内各地区的企业，提高主要企业的生产规模，并借助技术创新等措施，加快产品结构的优化和升级；另一方面，在全球市场和原材料供应的竞争中，不断提高企业的国际竞争力。以此为途径，这些主要企业将提高自身实力，并引导我国钢铁工业整体实力的不断提升。

二、中国钢铁工业空间布局的演化特点

（一）生产重心向沿海地区和长江中下游沿岸转移

改革开放前，我国对产业的发展和空间布局实行指令性的政策干预，导致钢铁工业的分布过于分散，钢铁工业在国土空间上没有实现合理的配置。改革开放以来，在社会主义市场经济体制的引导下，我国钢铁工业逐渐由分散走向集中，并主要在沿海地区和长江中下游沿岸集聚。

我国钢铁工业空间布局的演化主要体现在不同地区钢产量的增减变化上。近 20 年来，东北老工业基地的钢铁工业虽然有一定的发展，但其增长速度远落后于华北和华东地区，导致东北地区的钢产量在全国的比重不断下降；同时，西南和西北地区的钢铁工业的增长速度也远低于华北和华东地区，其中某些省区的钢产量甚至出现了萎缩，导致这两个地区在我国钢铁工业的地位持续下降。另外，华北和华东地区的大、中型企业发展迅速，生产规模不断扩张，带动钢产量持续高速增长，促使这两个地

区的钢产量在全国的比重迅速提升。

目前，我国钢铁工业的主要产能集聚于京津冀、长三角、山东半岛等地区，且这些地区的钢产量在全国的比重仍然在继续提高，这显示出我国钢铁工业的生产重心在不断地向沿海地区和长江中下游沿岸转移。

（二）企业区位由原料地指向型向市场和交通指向型转变

与生产重心的转移趋势相似，钢铁企业的区位也在逐渐转变，其显著特征是由靠近原料地向靠近市场和交通条件优越的区位转移，且主要集聚于沿海地区和长江中下游沿岸。

宝钢集团是我国第一个布局于沿海地区的钢铁企业，利用市场、交通运输等优势，宝钢集团已发展成为我国最重要的大型联合集团；同时，江苏省的沿江地区也成为钢铁企业的主要集聚区，沙钢、南钢、兴澄特钢等大中型企业发展迅速。这些企业的迅速发展和产能的急剧扩张，有力地推动了长江三角洲地区钢铁工业的持续高速发展。

2008年，国家批准武钢集团与柳钢集团合作在防城港建设千万吨级的钢铁基地，武钢集团由此展开了向沿海发展的战略；宝钢与广东的钢铁企业联合在湛江建设千万吨级的钢铁基地也即将获批。由此可见，国家的钢铁工业布局政策是引导大型钢铁企业在沿海地区布局，推动企业区位由原料地指向型向市场和交通指向型转变。在这样的政策引导下，加之经济社会发展优势，可以预见沿海地区和长江中下游沿岸的钢铁企业将进一步做大做强，进而形成更大规模的钢铁产能的集聚，这体现出市场需求和交通条件对钢铁企业的生产规模和布局产生的巨大影响力。

三、中国钢铁工业空间布局演化的影响因素

（一）原材料因素曾经对钢铁工业的空间布局具有决定性作用

自中华人民共和国成立后一直到改革开放以前，我国的钢铁工业主要分布于铁矿石或煤矿资源附近，原材料因素对钢铁工业的空间布局起着决定性的作用。例如，鞍钢、包钢等大型企业均靠近铁矿石基地，太钢、唐钢等企业则靠近煤炭基地，而本钢、攀钢等企业与铁矿石和煤炭基地的距离均很近。当时，大多数企业的生产规模均不到100万吨，国内的铁矿石和煤炭等原材料足以满足其生产需要，因此，靠近国内原材料地的布局模式符合当时的钢铁工业发展情况。

改革开放后，我国的钢铁工业逐渐恢复并连年高速发展，钢铁工业的空间布局也发生了很大变化。随着国内铁矿石资源的日益稀缺，以及大型钢铁集团生产规模的迅速扩张，国内原有的铁矿石基地已难以满足企业的生产和发展需求。企业对进口铁矿石的依赖越来越大，国外原材料的获得及其运输成本对钢铁工业的影响力度不断加大（图11-14）。在这样的“推拉效应”作用下，位于沿海、沿江和沿铁路干线等地区的众多钢铁企业得以迅速发展，生产规模急剧增加，从而引导我国钢铁工业的生产重心发生偏移，逐渐远离国内的原材料产地。同时，随着社会经济的发展，市场、资本、技术等因素对钢铁工业的作用不断增强，进而成为影响钢铁工业发展和集聚的重要因素，原材料因素已不再是决定钢铁工业空间布局的唯一因素。

（二）政策因素曾经对钢铁工业的空间布局产生了重要的影响

我国在改革开放前长期实行计划经济体制，指令性政策曾经对我国钢铁工业的空间布局产生了重要的影响，并在一定程度上干扰了市场机制对钢铁工业布局的调控作用。政策干预虽然在特定历史时期具有其必要性，但却是造成我国钢铁工业空间布局不够合理的重要因素。

中华人民共和国成立后，借鉴当时苏联的重工业发展模式，国家主导在东北和华北地区建设了众多钢铁厂；同时，在均衡发展的政策导向下，内陆地区的钢铁工业也在政策的扶持下得到一定程度的发展。全国的钢铁工业逐渐发展形成了“三大、五中、十八小的格局”（三大：鞍钢、武钢、包钢；

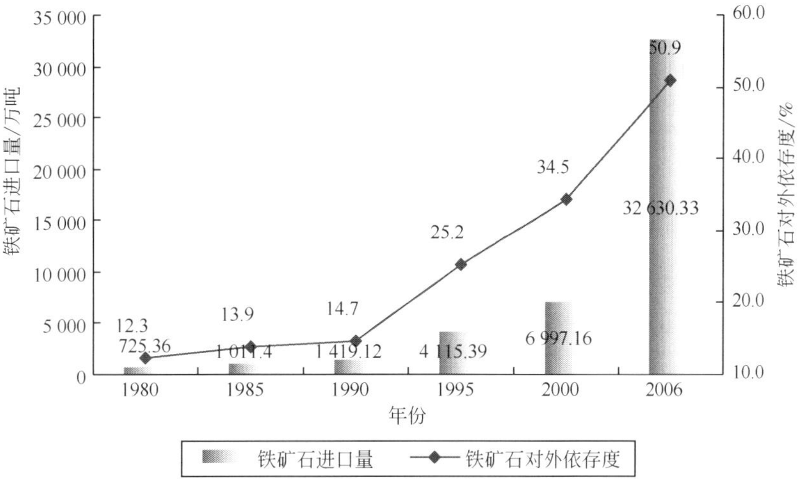

图 11-14　我国铁矿石进口量及对外依存度的变化

资料来源：根据《中国钢铁工业年鉴》（1986 年、1991 年、1996 年、2001 年、2007 年）数据整理（《中国钢铁工业年鉴》编辑委员会．北京：冶金工业出版社）。

五中：太原、重庆、北京、马鞍山、湘潭；十八小：邯郸、济南、临汾、新余、南京、柳州、广州、三明、合肥、江油、乌鲁木齐、杭州、鄂城、涟源、安阳、兰州、贵阳、通化）（陈汉欣，2006）。

进入“大跃进”后，在“以钢为纲”政策的引导下，我国的钢铁工业在国内各省市均呈现出膨胀式的扩张模式，众多小钢厂在内陆地区迅速发展，导致钢铁工业的空间布局迅速扩散。在“文革”和“三线”建设时期，指令性的政策再次主导了我国钢铁工业的空间布局。大量钢铁企业进入内陆地区，在交通不便、资源条件很差的山区布局。

这段时期的指令性政策直接干预了钢铁工业的空间布局模式，而忽略了市场、原材料、技术、交通等因素的重要性，导致我国的钢铁工业在国土空间上的配置极不合理，空间布局较为分散。

过去的指令性政策虽然推动了内陆地区钢铁工业的发展，并建设了重庆、贵阳、乌鲁木齐等钢铁基地。但从现在的发展趋势来看，内陆地区的钢铁工业在不断萎缩，其产量在全国的比重不断下降；几个老牌钢铁工业基地的生产规模常年保持在一个较低的水平，增长速度缓慢。另外，钢铁工业的生产重心逐渐向沿海地区和长江中下游沿岸转移，这说明市场、交通、资本等经济社会因素对钢铁工业空间布局的影响作用已经超过了政策的直接干预。

（三）经济社会因素对钢铁工业的空间布局逐渐占据主导作用

我国实行改革开放政策以后，社会主义市场经济得到极大的发展，指令性计划对产业布局的干预逐渐让位于市场机制的自主调控。经济社会发展状况对钢铁工业的影响作用不断加强，并由此促进不同省市的钢铁工业呈现出发展态势的分异，在国土空间上即体现出布局模式的演化。

华东和华北地区的经济社会发展迅速，是这两大地区钢铁工业在全国的比重不断提高的主要原因。作为全国增长极的长三角地区和京津冀地区，其工业化、城市化进程不断加速，由此在产业发展、固定资产投资、城市扩张等领域形成了巨大的市场需求，为该地区钢铁工业的发展提供了持续的拉动力；同时，处于产业链下游的现代制造业和高新技术产业集群形成的集聚效应和溢出效应对钢铁工业产生了巨大的带动作用，推动区内钢铁工业持续高速发展。另外，东北、西南、西北等内陆地区由于经济社会发展滞后于沿海地区，市场需求不足，加之资本、技术、交通等劣势，其钢铁工业的发展速度远远落后于华北和华东地区，导致这些地区的钢铁工业在全国的地位不断下降。

近 20 年来，我国钢铁工业空间格局的显著变化即华北、华东两大地区的比重不断上升，而东北、西南、西北等内陆地区的钢铁工业逐渐萎缩，钢铁工业逐渐向沿海地区和长江中下游沿岸的京津冀、长三角、山东半岛、辽中南等地区集聚，地理集中度不断提高。这样的演化模式反映出经济社会因素主导了我国钢铁工业的空间布局。市场需求、下游产业发展、资本、技术、交通运输条件等因素逐渐取代自然资源、政策，成为引导钢铁工业空间布局不断演化的主导因素。

（四）经济全球化对钢铁工业的影响不断加强

钢铁工业作为国家的基础性原材料工业，对于本国经济社会的持续发展具有重要的战略意义。而随着经济全球化进程的不断深化，一国的经济社会发展日益受到其他国家以及跨国企业的影响。在这样的背景下，经济全球化对钢铁工业的影响也在不断加强。

首先，铁矿石是钢铁工业的主要原料，而中国、日本、美国等主要钢铁生产国的铁矿石资源均无法满足本国钢铁工业的生产需要，对进口铁矿石的依赖度极大。另外，全球铁矿石的供给逐渐被巴西、澳大利亚等国家垄断，这样的供需关系促使铁矿石资源形成全球化配置的格局。目前，中国对进口铁矿石的依赖度超过了50%，依靠进口铁矿石进行生产规模的扩张是资源不足的沿海地区和长江中下游沿岸发展钢铁工业的主要战略，而内陆地区仍主要依靠本地日益枯竭的铁矿石资源，生产规模难以大幅度地提高。因此，铁矿石的大量进口是推动沿海地区和长江中下游沿岸钢铁工业高速发展的重要因素，并由此引导钢铁工业空间布局的演化。

其次，我国钢产量的持续增长极大地刺激了钢产品的出口。逐渐融入全球市场要求我国的钢铁工业不仅要满足国内的市场需求，还要能够针对国际市场，发展具有国际竞争力的产品。长三角、京津冀等地区是融入全球化进程最深的地区，区内的上海、北京等“门户城市”是全球资本、信息、技术等生产要素的重要集聚区，便于为区内甚至全国的钢铁工业提供全球市场信息，从而推动区内钢铁工业的持续发展和优化升级，促进这些地区的钢铁工业在全国的地位不断上升。因此，对于国际市场的依赖度逐渐提高，也是引导我国钢铁工业空间布局演化的一个重要原因。

最后，全球钢铁工业的整合重组趋势日趋突出，并以跨国企业间的收购为主要特点。在不增加全球钢产量的前提下提高单个企业的生产规模，可以极大地加强企业对市场的控制能力，并提高企业与上游的铁矿石供应商以及下游制造业企业的谈判能力，进而增强企业的全球竞争力。在“马太效应”的作用下，这样的巨型跨国企业将会通过持续的并购而不断增强其实力。在跨国企业的压力下，我国的钢铁工业必须加快重组整合的步伐，淘汰内陆地区的落后产能，提高沿海地区和长江中下游沿岸的生产规模，从而促进钢铁工业在国土空间上合理配置和优化布局。

第三节　中国钢铁工业未来的发展与空间布局态势

根据各区域、各省市钢铁工业的发展现状和发展潜力，结合当地的经济社会发展条件以及环境容量和资源承载力，对未来10～20年各地区钢铁工业的发展规模和空间布局进行判断，并利用产业政策、环保法规等干预手段对其进行调控，引导钢铁工业按照国土空间的不同开发功能形成合理的配置，有利于促进我国钢铁工业的优化升级，并提高其对于经济社会发展的支撑力。

一、沿海地区和长江中下游沿岸将会成为钢铁工业发展的重点区域

陆大道院士提出的点轴式空间结构确定了我国沿海-沿江的“T”字形国土开发战略。目前，在这个“T”字形区域上已经形成了长三角、珠三角和京津冀三大都市经济区；同时，辽中南城市群、山东半岛、武汉都市圈等区域也逐渐发育成熟，这些区域高度集聚了人口、产业等经济社会因素。未来，我国将在以上区域进行更高集约度的开发，引导人口、产业、资本、技术等要素进一步集聚，促成这些区域实现高度工业化和城市化。这些地区的经济社会发展必然会带来巨大的市场需求，从而对钢铁工业的发展形成持续的拉动力，并不断推动和引导钢铁工业进行优化升级；同时，这些地区具有较好的环境容量和资源承载力，且交通运输条件优良，适于钢铁工业的持续优化发展。

为有效利用国内外的生产要素，促进我国钢铁工业整体实力的提升，引导我国钢铁工业在国土空间上合理配置，增强钢铁工业对经济社会发展的支撑力，未来我国的钢铁工业应主要布局于沿海地区和长江中下游沿岸，特别要进一步加强长三角、京津冀、辽中南等地区钢铁工业的集约度，增强这些地区重点企业的国际竞争力，并以企业为依托将这些地区打造成我国最主要的钢铁工业基地，进而提升我国钢铁工业的整体实力。

二、各区域钢铁工业发展态势

（一）华东地区钢铁工业发展态势

1. 总体发展战略

华东地区的钢铁工业近年来发展迅速，2006 年其钢产量占全国的比重约为 31.9%，是我国钢铁工业的重要集聚区域。

目前，华东地区的钢铁工业发展存在着企业过多、重复建设等严重的问题，但其产业集中度远高于全国平均水平，钢铁工业的市场结构进入比较成熟的阶段。例如，上海市的钢产量全部由宝钢集团完成（宝钢集团还并购了其他省市的企业，其产量没有计入上海市的总产量）；江苏省虽有近千家企业，但 2006 年其钢铁工业的 CR4 和 CR8 分别达到 59.3% 和 76.4%，市场结构较为合理。同时，该地区的民营企业和中小型企业发展迅速，且在经济效益、生产技术、产品结构等方面具有极大的优势，从而带动了当地企业的发展，提升了该地区钢铁工业的整体实力（表 11-5）。

表 11-5　2006 年华东地区钢铁工业发展状况

地　区	钢产量/万吨	企业数/家	主要钢铁企业及产量/万吨	
上海	1 907.34	173	宝钢集团	2 253.18
江苏	4 205.34	998	沙钢集团 南钢集团	1 462.8 489.82
山东	3 714.9	452	济南钢铁集团 莱芜钢铁集团	1 124.36 1 079.03
浙江	472.17	681	杭州钢铁集团	331.8
福建	631.03	168	三钢集团	318.01
安徽	1 296.48	94	马鞍山钢铁集团	1 091.24
江西	1 194.97	73	新余钢铁公司 萍乡钢铁公司	508.51 400.51

资料来源：《中国钢铁工业年鉴》编辑委员会. 2007. 中国钢铁工业年鉴 2007. 北京：冶金工业出版社

华东地区的钢铁工业应以重组整合、优化升级为主要发展战略，大力推动现有企业合并，进一步提高产业集中度，优化市场结构；引导中小型企业和民营企业走专业化的发展道路，推动其与大型集团的合作与分工；促进企业加强技术创新和产品升级的投资力度，淘汰落后产能，优先发展市场需求量大、国内供给不足的高技术含量和高附加值产品，以此带动钢铁工业的优化发展，提高该地区钢铁工业的整体实力。

2. 长三角地区钢铁工业发展战略

作为国土空间的集约和优化开发区域，长三角经济区的现代制造业和高新技术产业将在工业部门中占据绝大部分的比重；此外，长三角经济区位于“T”字形国土开发轴线的核心，拥有极强的区位优势，区内的交通运输条件和自然资源条件优良。这些因素决定了未来华东地区的钢铁工业仍将有进一步的发展。同时，为充分利用长三角经济区的集聚效益和优良的经济社会发展条件，应逐渐引导钢铁工业向长江下游沿岸和沿海的深水港口地区集聚，推动华东地区钢铁工业的优化配置。

作为该地区的龙头企业，宝钢集团、沙钢集团等大型集团应通过整合重组、技术创新、产品升级等手段进一步增强自身实力，并积极走出华东地区，以全国的视角谋划发展战略，进行跨区域的企业重组与资源整合，充分利用国内各地区的优势生产资源；同时，针对长三角地区以汽车、造船、机械等现代制造业为主导的产业结构，大型钢铁集团应加快产品结构的升级步伐，积极开发和优先发展本地区市场需求量大的板材、不锈钢、镀层钢等高新技术钢产品，增强企业对该地区产业持续优化发展的支撑力；同时，这些大型集团应更加深入地融入全球化，参与全球市场竞争和铁矿石定价，在与国际钢铁巨头的竞争与合作中提高自身实力，带动区内钢铁工业的整体发展。

3. 山东半岛钢铁工业发展战略

山东半岛也是我国沿海地区重要的人口、产业集聚区，在工业化、城市化进程的带动下，区内的钢铁工业得以飞速发展。但钢铁工业的主要产能集聚于济南和莱芜两市，其持续发展受水资源的束缚较大。

目前，济钢和莱钢两大集团有意组建山东钢铁集团，从而形成一个2000万吨级的大型钢铁联合集团。以此为契机，山东半岛的钢铁企业应当加强整合力度，进一步提高区内钢铁工业的产业集中度，优化市场结构。同时，以新组建的山东钢铁集团为龙头，加强生产工艺的改革，在降低资源消耗的同时实现钢铁工业的持续优化发展。

（二）华北地区钢铁工业发展态势

1. 总体发展战略

华北地区包括北京、天津、河北、内蒙古和山西等5个行政区。2006年，这5个行政区的钢产量约占全国总产量的33.3%，是我国钢铁工业最大的集聚区（表11-6）。

表11-6　2006年华北地区钢铁工业发展状况

地　区	钢产量/万吨	企业数/家	主要钢铁企业及产量/万吨	
北京	816.97	52	首钢集团	1 054.62
天津	1 285.34	267	天钢集团 天铁冶金集团	301.09 348.12
河北	9 096.29	492	唐钢集团 邯钢集团 唐山国丰钢铁公司	1 905.66 792.07 517.91
内蒙古	862.29	243	包头钢铁集团	748.45
山西	1 949.02	311	太原钢铁集团	626.28

资料来源：《中国钢铁工业年鉴》编辑委员会.2007. 中国钢铁工业年鉴2007. 北京：冶金工业出版社

钢铁工业作为资源消耗量大的原材料工业，其持续发展日益受到该地区紧缺的水资源的束缚，同时，该地区的钢铁工业还存在着企业扩张过快、低水平重复建设严重的问题。2006年，河北省的钢产量位居全国各省区第一，但由于企业过多，龙头企业的实力不够强，其CR_4和CR_8仅分别为42.0%和54.4%，产业集中度并不高，市场结构不尽合理。

鉴于华北地区的经济社会发展对钢产品的巨大需求，并考虑资源束缚和环境承载力，该地区的钢铁工业应走优化升级的发展途径。在控制现有生产规模的前提下，推动企业进一步重组整合，组建一个3000万吨级的大型集团，提升重点企业的国际竞争力；同时，加强技术创新和设备改造的投资力度，淘汰落后产能和生产设备，革新生产工艺，在钢铁工业持续发展的过程中实现资源节约型和环境友好型的生产模式。

2. 京津冀地区的钢铁工业发展态势

京津冀地区是我国北方经济社会发展的增长极和优化开发区，该地区的现代制造业和高新技术产业的持续发展以及城市化、现代化进程的深化将引领华北地区整体实力的进一步提升。

以首钢搬迁为契机，引导钢铁企业向沿海深水港地区布局，重点建设天津滨海新区和唐山曹妃甸两大钢铁生产基地，促进钢铁工业的合理配置和优化布局；同时，为满足京津冀地区的汽车、飞机和电子等现代制造业和高新技术产业的发展需求，并着眼于提高钢铁工业的整体实力，大型钢铁集团应加强整合重组力度，提高生产规模，并积极进行技术创新，升级产品结构，大胆淘汰经济附加值低的产品，大力发展高新技术产品，重点生产镀层板材、合金钢等本地产业需求量大的特、优钢产品。

3. 呼包鄂地区的钢铁工业发展态势

近年来，呼包鄂地区的经济社会发展迅速，特别是原材料工业的增长速度显著，这将推动其人口和产业进一步集聚，进而为钢铁工业的持续发展提供巨大的需求和动力。但是，该地区内的环境容量较小，资源承载力较弱，对钢铁工业的生产规模和发展途径产生了一定的约束。因此，该地区的钢铁工业应当在总量控制的前提下进行优化和升级，通过技术创新和设备改造减少环境污染和资源消耗。同时，以包头钢铁集团为龙头，优化产品结构，重点发展具有全国竞争力的铁道用钢材、无缝钢管等产品，增强该地区钢铁工业的整体实力。

（三）东北地区钢铁工业发展态势

1. 总体发展战略

东北地区曾经是我国钢铁产品的主产区，其钢铁工业具有较好的发展基础（表11-7），2006年，辽、吉、黑三省的钢产量约占全国总产量的11%。

表11-7　2006年东北地区钢铁工业发展状况

地　区	钢产量/万吨	企业数/家	主要钢铁企业及产量/万吨	
辽宁	3 687. 14	528	鞍本集团	2 255. 76
吉林	533. 65	51	通化钢铁集团	442. 35
黑龙江	315. 2	35		

资料来源：《中国钢铁工业年鉴》编辑委员会. 2007. 中国钢铁工业年鉴2007. 北京：冶金工业出版社

由于华东、华北等地区的钢铁工业发展迅速，东北地区的钢铁工业在全国的地位不断下滑，其钢产量在全国的比重持续降低（图11-15）；同时，作为老工业基地，该地区的钢铁工业还存在着技术落后、设备陈旧、社会负担重等问题。此外，东北地区的本地市场需求不足，钢材的本地销售量仅占总产量的45%左右，大部分钢产品被销往华东和华北地区。

鉴于以上问题，东北地区的钢铁工业不宜谋求进一步的扩张，而应当在控制总量的前提下进行优化升级。通过企业的整合重组，提高产业集中度，增强大型集团的生产规模和竞争力；同时，逐步淘汰内陆地区的规模以下企业和落后产能，重点建设营口鲅鱼圈钢铁基地，引导企业在沿海地区形成合理配置。此外，大型集团应加强技术创新力度，大力发展高技术含量和高附加值的钢产品，满足本地

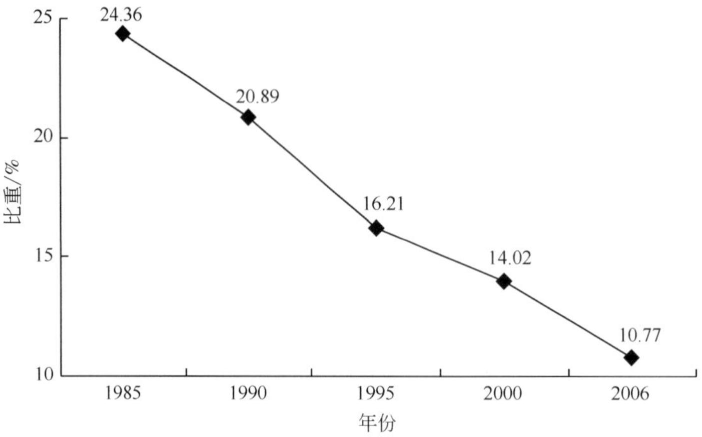

图 11-15　东北地区钢产量占全国比重的变化

资料来源：根据《中国钢铁工业年鉴》(1986 年、1991 年、1996 年、2001 年、2007 年) 数据整理 (《中国钢铁工业年鉴》编辑委员会. 北京：冶金工业出版社)。

区的重化工业的发展需求，提高钢产品的本地销售率，增强钢铁工业对本地经济社会发展的支撑力。

2. 辽中南城市群钢铁工业发展战略

辽中南城市群是东北地区钢铁工业的主要集聚区。依靠沿海地区的区位优势和大连、沈阳等中心城市的引领效应，该区域的造船、机床、装备等现代制造业将有进一步的发展，从而对钢铁工业形成巨大的拉动力，并将极大地扩大高新技术钢产品的市场需求。因此，该区域的钢铁工业应加快淘汰落后产能，大力发展不锈钢、中厚板等钢产品，增强钢铁工业对本地制造业的支撑能力。

同时，鞍山和本溪两大钢铁集团通过合并，已成为我国最大的钢铁联合集团之一，其钢产量在 2006 年位居国内第一，全球第六。以鞍本集团为龙头，应当进一步促进区内钢铁企业的整合重组，将鞍本集团建设成为该区域的 3000 万吨级企业；增强大型联合集团对本区钢铁工业的引领效应，有效促进中小型企业的专业化，提高该区域钢铁工业的整体实力；同时，以鞍本集团在营口鲅鱼圈建设钢铁基地为契机，大力引导区内的钢铁工业在沿海地区布局，促进区内钢铁工业空间布局的优化。

(四) 华中地区钢铁工业发展态势

1. 总体发展战略

华中地区的钢铁生产规模占全国的比重并不高，但近 10 年来河南、湖北、湖南三省的钢铁工业发展均十分迅速，其龙头企业的钢产量占省内总产量的比重均较高，市场结构较为合理，钢铁工业的发展质量较好 (表 11-8)。

表 11-8　2006 年华中地区钢铁工业发展状况

地　区	钢产量/万吨	企业数/家	主要钢铁企业及产量/万吨	
河南	1 750.48	234	安阳钢铁集团 河南济源钢铁集团	703.3 200.43
湖北	1 658.01	127	武钢集团	1 376.08
湖南	1 193.52	342	华菱钢铁集团	990.53

资料来源：《中国钢铁工业年鉴》编辑委员会. 2007. 中国钢铁工业年鉴 2007. 北京：冶金工业出版社

作为湖南省最大的钢铁企业，华菱钢铁集团在2005年被世界最大的钢铁企业米塔尔公司控股，标志着我国首个国有钢铁企业被外资企业并购。对于华菱钢铁集团，这次并购有助于其获得米塔尔公司的原料供应和技术支持，从而实现优化发展；而对于国内的大型集团和中小型企业而言，这是外资企业首次进入国内市场并与国内企业直接展开正面竞争。面对国际钢铁巨头的挑战和压力，国内企业应当加强忧患意识，加快优化升级的步伐。

对于华中地区的钢铁工业而言，进行整合重组和技术革新是提高钢铁工业整体实力的唯一途径。一方面，大型集团应当跳出本区域，在全国范围内展开企业发展战略，整合并利用全国的生产资源；另一方面，大型集团必须要着眼于全球市场，注重生产技术的提高和产品结构的优化，积极参与全球竞争。此外，大型集团应加强与中小型企业的合作与分工，在优势互补的过程中实现钢铁工业整体实力的提升。

2. 武汉在华中地区地位进一步提升

作为该地区的龙头企业，武钢集团有潜力通过整合重组进一步做大做强，进而增强对本地区钢铁工业的提升效应。2008年，国家批准武钢集团与柳钢集团合作在广西防城港建设1000万吨级的钢铁项目。以此为契机，武钢集团将在沿海地区实施企业扩张的跨区域发展战略，通过充分利用沿海地区的区位优势，降低运输成本，提高企业的经济效益；同时，通过技术革新和设备改造，淘汰现有的落后产能，扩大高新技术产品和高附加值产品的生产规模，提高武钢集团的国际竞争力。

通过武钢集团实力的提升，扩大武钢集团对华中地区钢铁工业的带动力；同时，引导该地区的钢铁企业向长江中下游地区集聚，形成以武汉钢铁基地为核心的钢铁工业集聚区。

（五）华南地区钢铁工业发展态势

1. 总体发展战略

华南地区的钢铁工业发展较为滞后，2006年，华南三省的钢产量占全国总产量的比重约为3.6%，仅高于西北地区。另外，广东省作为该地区经济社会发展的增长极和引领区，制造业持续发展，城市化不断深化，但钢铁工业的生产规模已难以满足该省的市场需求（表11-9）。在这一背景下，华南地区特别是广东、广西的沿海地区的钢铁工业具有极大的发展潜力，并将在产业、人口进一步集聚的拉动作用下获得持续的发展。

表11-9　2006年华南地区钢铁工业发展状况

地　区	钢产量/万吨	企业数/家	主要钢铁企业及产量/万吨	
广东	903.03	284	广州钢铁集团 韶关钢铁集团	331.51 426.46
广西	623.48	231	柳州钢铁集团	535.42
海南	0.23	7		

资料来源：《中国钢铁工业年鉴》编辑委员会.2007.中国钢铁工业年鉴2007.北京：冶金工业出版社

广东、广西两地的沿海地区具有极大的区位优势和优良的交通运输条件，两省的工业化和城市化进程发展迅速，且其资源和环境约束较小，适于钢铁工业的进一步集约化发展。而海南省的钢铁工业经过多年的发展仍难以实现规模化生产，结合该省的经济结构以及较脆弱的生态环境，应对该省的钢铁企业逐步进行淘汰。

2. 重点发展湛江和防城港两大钢铁基地

珠三角地区和北部湾地区的经济集聚效应不断增强，其工业化和城市化进程持续深化，汽车、家电、电子等现代制造业和高新技术产业发展迅速，对经济发展的主导作用不断加强。这些因素都有助于带动该地区钢铁工业的持续发展和进一步集聚。

国家已批准武钢集团与柳钢集团在广西防城港建设1000万吨级的钢铁项目，宝钢集团与韶钢、广钢集团在湛江建设1000万吨级的钢铁基地也有望获批。这说明，国家钢铁工业的发展战略是推动华南地区钢铁工业的生产规模进一步扩张，并引导企业在沿海港口地区布局。

以此为契机，该地区的钢铁企业应当积极借助宝钢和武钢两大集团的优势和区外生产资源，将湛江和防城港两市发展成为该地区的钢铁基地，实现钢铁生产布局的合理配置；同时，通过淘汰内陆地区原有的落后产能，大力升级产品结构，将两地打造为高新技术钢产品的生产基地，重点发展镀层板、薄板、不锈钢、合金钢等优、特钢产品，增强钢铁工业对该地区现代制造业和高新技术产业的支撑力，同时提高钢铁工业的整体实力和钢铁企业的国际竞争力。

（六）西南地区钢铁工业发展态势

1. 总体发展战略

西南地区的钢铁工业占全国的比重较低，2006年该地区的钢产量约占全国总产量的6.2%。该地区的铁矿石资源日益枯竭，难以维持钢铁工业生产规模的持续扩张；同时，该地区地处内陆，对外交通运输不便，且经济社会发展条件和资源环境现状存在着很大的地区差异，不适宜钢铁工业的持续发展。

该地区的钢铁工业应当实施总量控制、以矿定产的发展战略，在保证钢铁工业对经济社会发展的支撑力的同时，实现资源的集约利用和生态环境的保护；引导主要钢铁企业向人口和产业集聚区布局，以有效利用经济社会发展对钢铁工业的拉动作用。目前，重庆、贵州和云南等省市的重点钢铁企业已经占据了本地钢铁工业的支配地位，其钢产量均占本地总产量的70%以上，今后应加强企业的整合重组力度，加快产品结构的升级步伐，增强龙头企业的竞争力，提升钢铁工业对区内的制造业发展和城市化进程的支撑力（表11-10）。

表11-10　2006年西南地区钢铁工业发展状况

地　区	钢产量/万吨	企业数/家	主要钢铁企业及产量/万吨	
四川	1 230.85	348	攀枝花钢铁集团 川威集团	677.42 260.32
重庆	324.38	100	重庆钢铁集团	315.35
贵州	361.06	255	水城钢铁集团	289.01
云南	674.44	149	昆明钢铁集团	479.36

资料来源：《中国钢铁工业年鉴》编辑委员会. 2007. 中国钢铁工业年鉴2007. 北京：冶金工业出版社

2. 重点集聚区发展战略

成渝经济区作为西南地区的增长极，其经济社会发展迅速，工业化和城市化进程不断深化，汽摩、装备、机械、电子等现代制造业和高新技术产业在产业结构中的比重持续提升。因此，要加快淘汰布局在生态脆弱、交通不便的地区的落后产能。除此之外，应推动主要钢铁企业在成渝经济区内布局，并促进企业进行技术改造和产品升级，重点开发和生产本地产业发展需求量大的镀层板、薄板和中厚板等优、特钢产品，增强钢铁工业对本地经济社会持续发展的支撑力。

同时，大力扶持攀枝花钢铁集团的发展，引导攀钢集团对四川省内其他企业进行整合重组，促进集团的技术革新和产品升级，力争在实现本地原材料供给的同时提高产品的技术含量和经济附加值，将攀枝花打造为西南地区主要的钢铁生产基地，将攀钢集团建设成为西南地区的龙头企业。

（七）西北地区钢铁工业发展态势

西北地区钢铁工业在我国钢铁工业的地位较低，2006年，其钢产量占全国的比重仅为3.4%，是七大区中最低的地区。结合当地铁矿石日益稀缺，水资源严重不足，生态环境十分脆弱的特点，该地区的钢铁生产规模不宜进一步地扩张（表11-11）。在控制总量的前提下，逐步淘汰布局在生态环境脆弱、自然资源紧缺的地区的落后产能；积极引入区外的大型集团加快对本区企业的整合重组，借助区外的生产资源和企业优势对本区钢铁工业的市场结构、产品结构以及生产工艺进行优化和升级，提高本区钢铁工业的整体实力，推动钢铁工业走资源节约型和环境友好型的发展途径。

表11-11　2006年西北地区钢铁工业发展状况

地　区	钢产量/万吨	企业数/家	主要钢铁企业及产量/万吨	
陕西	388.7	61	陕西龙门钢铁集团	251.91
甘肃	545.97	110	酒泉钢铁集团	663.64
青海	79.6	37		
宁夏	11.75	64		
新疆	388.74	32	新疆八一钢铁集团	362.09

资料来源：《中国钢铁工业年鉴》编辑委员会.2007. 中国钢铁工业年鉴2007. 北京：冶金工业出版社

三、企业发展战略

（一）引导大型集团实现竞争力的提升

2006年，我国最大的两个钢铁联合企业是鞍（山）本（溪）集团和上海宝钢集团，其钢产量均超过2000万吨，进入世界钢铁企业前10名。此外，我国还有约10家大型企业的钢产量超过1000万吨，如唐钢集团、武钢集团、沙钢集团等。未来，这些大型集团将更加深化地融入全球竞争，并将对我国钢铁工业的整体实力以及国民经济的发展产生深远的影响，成为支撑我国产业发展和城市化进程的重要力量。因此，应当促进这些大型集团进行体制改革、技术创新和产品升级，增强企业的自我提升能力，以此带动整个钢铁工业和其他中小型企业的优化发展。

在国际钢铁企业并购日趋频繁的趋势下，应合理推动大型集团对其他企业的重组整合，从而提高大型集团的生产规模，增强其国际竞争力。目前，鞍本集团、宝钢集团等企业均在国内展开了重组计划，有望形成若干个3000万吨级的大型集团。这样的生产规模可以跨入全球前5名，将极大地提升我国钢铁企业的全球竞争力。

在通过企业合并与重组扩大生产规模的同时，大型集团应积极进行体制改革，以充分整合原有企业的生产资源，消除合并后的各种运营障碍，最大限度地发挥重组优势；同时，大型集团应加大投资力度，进行生产设备的改造和生产技术的革新，大力促进产品结构的优化升级，大胆淘汰技术含量低、经济附加值低的产品，将生产重点放在国际高端市场和国内供需缺口大的产品上，从而增强产品的竞争力，提升企业的实力，并提高企业对我国产业优化发展和城市化进程的支撑力。

（二）推动中小型企业进行技术升级和产品专业化

有学者指出，中国的钢铁工业将呈现出大型钢铁联合企业与小钢厂并存的局面。其他一些研究中国中小型钢铁企业和民营企业的学者指出了这些企业的优势和问题：一方面，中国目前的民营钢铁企业在效率、效益等指标上明显好于国有及国有控股钢铁企业，但是，民营钢铁企业也存在着低水平重复建设、布局不合理、环评不合格、产品档次低等问题（袁宇峰，张国宏，2004）。此外，中国民营钢铁企业的生产规模普遍过小，还存在着能源利用、成本控制和生产技术等方面的劣势（刘迎秋，2006）。鉴于这些问题，有学者指出，应当积极支持中小型企业的发展，使它们向“专、精、特、新”的方向发展，并提高其与大企业配套的能力（李朝晖，2002）。

在美国、日本等发达国家，大型集团和中小型企业已经形成较为成熟的分工协作体系。美国的小型钢厂（minimill）依靠电炉炼钢技术和高连铸比降低生产成本，同时通过产品专业化，使企业的竞争力得到很大提高；日本的大型集团主要布局在沿海的港口区，而中小型企业主要分散于内陆地区，依靠当地的废钢资源进行专业化生产，在产品结构上与大型集团形成差异和互补。

根据我国中小型企业的发展现状，并借鉴发达国家的发展经验，我国应大力推动中小型企业进行技术改造，提高其生产规模和资源利用效率，增强其高新技术产品生产的能力；同时，依靠环境评估等手段淘汰一大批环境污染严重的小钢厂。此外，鼓励中小型企业走差异化竞争以及合作互补的发展路线，引导中小型企业进行产品专业化，促进中小型企业与大型集团形成合理的分工体系，推动和扶植部分具有发展潜力的中小型企业做大做强。

参考文献

陈汉欣．2006. 新世纪我国钢铁工业的发展与布局及其愿景．经济地理，(1)：6～10

李朝晖．2002. 试论我国钢铁工业的战略性结构调整．武汉科技大学学报（社会科学版），(3)：9～12

刘迎秋．2006. 浅析我国民营钢铁企业发展瓶颈及对策．国家行政学院学报，(2)：66～69

毛林根．1999. 结构、行为、效果——中国工业产业组织研究．上海：上海人民出版社．127

徐康宁，韩剑．2006. 中国钢铁产业的集中度、布局与结构优化研究——兼评2005年钢铁产业发展政策．中国工业经济，(2)：37～44

袁宇峰，张国宏．2004. 民营钢铁企业的现状和发展趋势．武钢技术，(2)：47～51

第十二章　中国石油化学工业发展与布局

石化工业作为基础型重化工业，具有产业链条长、产业关联度高、产业附加值高的特点，是一国重要的基础产业。我国正处于重化工业阶段，成品油及石化产品消费量大幅增长，石化工业在国民经济中的地位日益突出。同时随着经济全球化的不断深入，我国经济与全球的联系进一步加深，原油、石化产品进口量不断增加，跨国石化公司纷纷在中国投资，石化工业的发展面临着新环境和新问题。

第一节　世界石化工业发展历程及空间演化

一、世界石化工业发展历程

世界石油化工兴起于 20 世纪 20 年代，起源于美国，在经历初创、替代煤化工、资本集约发展、技术集约发展等四个阶段后成为产业链条长、带动作用明显的基础工业（穆建新，2006；朱和，1997）。

（一）石油化工初创阶段（20 世纪 20 年代初至 40 年代中期）

20 世纪初，随着石油炼制工业的兴起，形成了大量的炼厂气。1920 年，美国新泽西标准油公司利用炼厂气中的丙烯生产出合成异丙醇，标志着世界石油化工开始发展。早期石油化工产品是石油炼制的副产品，石油化工也主要依附于石油炼制工业。这一时期石油化工技术还不成熟，主要利用单烯烃生产化学品，石油化工的生产与技术创新也主要在美国、德国等工业基础雄厚的发达国家进行。40 年代初，芳烃生产以及合成橡胶等高分子材料开始获得突破，为石油化工的进一步发展提供了技术支撑。

（二）石油化工替代煤化工阶段（20 世纪 40 年代中期至 70 年代初）

第二次世界大战结束后，技术上的不断突破使石化工业得到较快的发展，并逐步替代煤化工业成为化学工业的主流。此次石化工业的发展率先在美国兴起，之后联邦德国、英国、法国等西欧国家以及亚洲的日本纷纷从美国引进技术建设各自的石化工业，到 20 世纪 70 年代初，各主要发达国家初步建成了替代煤化工体系的新型石化工业体系，基本形成了世界石化工业基本的空间格局。美国石化工业集中于墨西哥湾富油区，日本石化工业则集中于海运便利的“三湾一海”地区①，德国石化工业中心仍集中在鲁尔区，靠近北海油田的北海沿岸地区则成为英国石化工业基地。

（三）粗放经营向资本集约转变阶段（20 世纪 70 年代中期至 80 年代初）

世界石化工业获得较快的发展，但存在着很大程度的粗放经营，主要表现在加工深度浅、石油的综合利用率低、产品系列化程度不高、环境污染严重等。同时，部分发达国家市场趋于饱和，出口受阻。20 世纪 70 年代两次石油危机，使石油价格上涨，供应紧张，更是迫使发达国家石化工业在继续研究提高生产率、降低能耗的新工艺、新技术、新设备的同时，削减大宗石化产品生产能力，改变投

---

① “三湾一海”地区是指日本的东京湾、伊势湾、大阪湾和濑户内海。

资结构，减少一般石化产品所占比重，转为增加技术密集和高附加值的精细化学品和特种化学品的比重。世界石化工业进入了由粗放经营向资本集约，并开始向技术集约化方向发展的阶段。在这一过程中，石化工业在降低成本提高效益的前提下向沿海港口地区更加集聚，在超大型的原料生产装置周围集聚着大量的石化关联企业，石化工业指向港口、原料地趋势进一步明显。巴西、韩国、墨西哥、中国台湾地区、东南亚等发展中国家和地区石化工业借助成本、市场等优势开始起步发展，在环境政策、本国市场饱和等的限制下，国际石化跨国公司也逐步向上述地区转移投资，世界石化工业发展格局也相应地发生了变化。

（四）资本密集向技术密集转变阶段（20 世纪 80 年代中期至今）

进入 20 世纪 80 年代中期，中国、韩国、东南亚、中东、南美等发展中国家和地区的石化工业兴起，并逐步从进口替代向出口导向转变，美日欧等发达国家常规石化产品市场进一步趋于饱和，世界石化工业市场发生了较大的变化，竞争进一步加剧。但市场对高性能石化产品的需求却不断增长。在这一背景下，世界石化工业进入了由资本密集向技术密集转变的新阶段。从 20 世纪 80 年代中后期开始，世界大型石化公司通过兼并联合、转让出卖等资产重组方式，扩大企业规模，同时积极剥离与石化工业无关的业务突出石化核心业务，以增强企业的市场占有率，提高企业的国际竞争力。这一阶段，在市场、劳动成本、环境成本等的压力下，国际石化跨国公司积极调整生产布局，将大宗石化产品的生产向原料和市场所在地转移，以中国、印度、沙特阿拉伯等国为代表的亚太和中东地区成为世界石化工业投资的重点。

二、新一轮石化工业区位的空间变化特征

（一）美亚欧三足鼎立，投资重心东移

凭借资源优势及巨大的经济活力，亚洲（包括中东）成为全球石化工业主要集中地之一，与传统石化工业生产和消费地——北美、欧洲形成三足鼎立之势。目前美亚欧三地石化产品生产与消费量占全球 80% 以上，2005 年三地原油加工能力达到 375 849. 2 万吨/年，占全球总加工能力的 88. 39%；乙烯产能达到11 019. 7万吨，占全球的 93. 92%。其中石化第一大区——亚洲原油产能突破 14 亿吨，达到 14. 6 亿吨，占全球的 34. 34%；乙烯产能占全球 37%，达到 4 346. 9 万吨（图 12-1）。

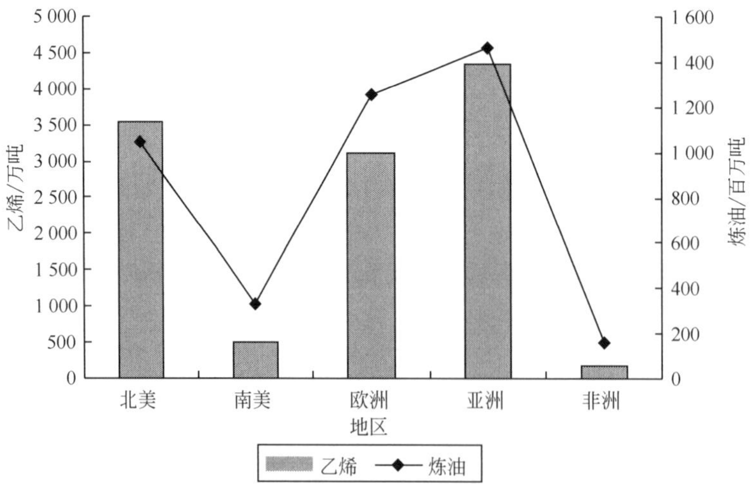

图 12-1 2005 年世界各地区乙烯产能、炼油能力分布

伴随着一些用途广、用量大的通用化学品生产技术的日趋成熟，欧美通用化学品生产的技术优势不断降低，加之市场的进一步饱和，市场竞争不断加剧，促使欧美等发达国家石化生产商将初级化工

产品、大宗石化产品及传统化工产品向亚洲转移，其本国则积极向功能性化学品、功能性材料、农用化学品等知识集约型、高附加值产品领域发展，形成欧美以高附加值精细化工为主，亚洲以乙烯、丙烯等大宗石化产品为主的石化工业发展格局（刘铁男等，2007）。

新一轮的石化工业调整中，亚太、中东石化工业发展迅速，投资重心明显东移（张德义，2005；罗益锋，1996）。亚太（特别是中国）是世界经济发展最快的地区之一，对乙烯、合成橡胶等石化产品需求量巨大，目前已成为全球最大的石化产品消费地。中东地区拥有丰富的油气资源，政府大力推动本地石化工业的发展，加之国际大公司将投资转移到资源地，使得中东地区石化工业迅速发展。埃克森计划在卡塔尔建设大型石化厂的同时，着手对新加坡乙烯装置进行大幅扩能；BP与印度斯坦石油公司签署在印建设900万吨/年炼厂的协议；陶氏化学在科威特投资兴建了85万吨/年的乙烯生产装置；埃克森在中国合资建设800万吨/年的炼油厂和60万吨/年的乙烯生产装置。此外，中石化、沙特阿美石油、伊朗国家石油、印度尼西亚国家石油等本土石化公司也不断加大其在本国的投资（图12-2）。

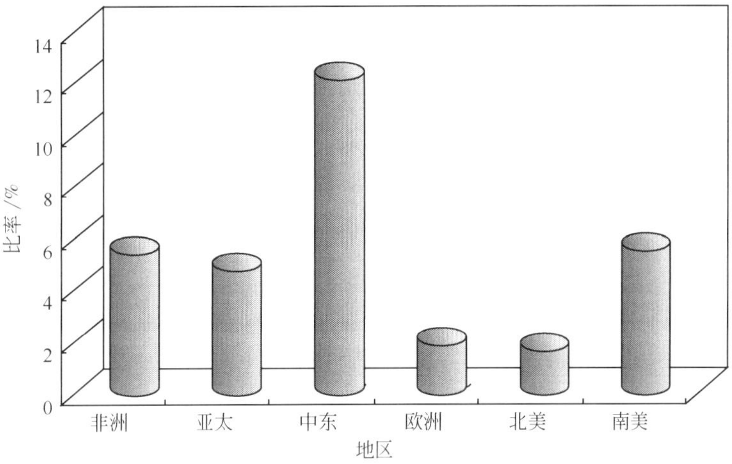

图12-2　1999～2005年世界各地区乙烯产能年均增长率

从炼油能力和乙烯产能来看，亚太地区是全球增量最大的地区，中东则是全球增速最快的地区。2005年，亚太地区炼油能力比2004年增加了7389.9万吨/年，地区炼油能力超过北美，位居世界首位。乙烯产能比1999年增加753.4万吨/年，达到3224万吨/年；中东地区炼油能力比2004年增加28 811万吨/年，增幅达8.7%，居世界第一位。乙烯产能比1999年增加592.5万吨/年，增长27.2%（图12-3）。

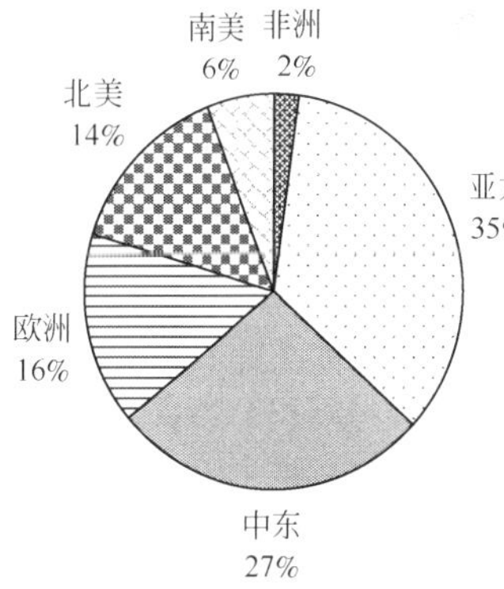

图12-3　1999～2005年世界各地区乙烯产能增长量分布

（二）中国成为世界石化工业新的增长点

中国正处于工业化中期阶段，重化工业特征明显，以石化、钢铁为核心的重化工业将加速发展。另外，房地产、汽车行业发展迅速，为石化工业发展提供了巨大的市场需求。

中国已成为世界重要的石化产品生产与消费国，2006年中国原油加工能力达到3.12亿吨/年，居世界第二位；乙烯生产能力达到966.5万吨/年，比2000年增长60.7%，超过日本，成为仅次于美国的世界第二大乙烯生产国。截至2005年，我国三大合成材料，即合成树脂、合成纤维、合成橡胶的生产能力分别为2254万吨/年、1616万吨/年和172万吨/年，分别位居世界第二、第一和第四位。虽然中国石化产品产量增长惊人，但仍赶不上消费需求的增长速度。目前，中国部分石化产品50%以上依靠进口。其中，乙烯消费量自给率不到50%；合成树脂自给率为

55%左右，是全球第一大合成树脂进口国；合成橡胶自给率略高于60%，进口量也居世界首位（刘铁男等，2007）。

（三）石化工业布局园区化特征明显

园区化作为世界石化工业发展的重要趋势，能实现资源的集聚和优化配置，充分利用炼厂气及石化生产中的各种中间产品，提高资源的利用率，实现基础设施及原料的共享，实现炼化一体化，从而降低生产成本，提高经济效益。全球已形成美国墨西哥湾沿岸地区、德国路德维希化工区、日本东京湾地区、韩国蔚山石化工业区、新加坡裕廊岛、沙特朱拜勒工业区等一批世界级石化工业区。这些工业园区一般都靠近消费区或资源来源区，并且都实现了炼化一体化，其规模效益明显。当前世界主要石化园区已发展成为全球石化工业的主要生产地，引领世界石化工业发展的方向（钱伯章，2005）。

装置的大型化可以有效地降低成本，1200万吨/年炼厂与600万吨/年炼厂相比投资节约25%，生产费用节约12%～15%。随着生产技术的不断进步，世界石化工业生产装置大型化趋势明显。出现了委内瑞拉帕拉瓜纳炼油中心（4700万吨/年）、韩国SK公司蔚山炼油厂（4085万吨/年）、印度贾姆纳加尔炼厂（3300万吨/年）等一批超大型炼油厂。

（四）石化工业集中度进一步提高

新一轮的世界石化工业调整中，石化公司兼并联合、重组等事件频繁发生，如杜邦兼并大陆石油公司、赫斯特兼并塞拉妮斯公司、壳牌与蒙特埃迪联合成立蒙特尔公司、埃克森与壳牌的石油添加剂事业实现全球联合经营，最终导致石化工业的行业集中度不断提高。另外，世界石化生产厂数量不断减少，平均规模不断增大。与2000年相比，2005年世界炼油能力增加了0.43亿吨/年，而全球炼厂数则从756座，减少到2005年的674座，炼厂平均规模增长了13.4%，达到611万吨/年（表12-1）。

表12-1　世界炼厂数及炼厂平均规模变化

年　份	炼油厂数/座	原油加工能力/（亿吨/年）	炼厂平均规模/（万吨/年）
2000	756	40.77	539
2001	742	40.62	548
2002	732	40.58	554
2003	722	40.94	567
2004	717	41.03	572
2005	674	41.2	611

资料来源：根据参考文献张德义（2005）整理。

从这一发展历程中可以清晰看出石化工业发展的脉络，即从粗放型增长向集约型增长演变，从资本扩张向技术创新演变。在此基础上，石化工业空间布局演化的脉络是从各企业分散分布到集中布局，企业各个功能部分从单区位垄断集中向多区位分散优化分布。从全球来看，亚太、中东石化工业发展迅速，世界石化投资重心明显东移，中国将成为世界石化工业新的增长点。

第二节　中国石化工业发展及空间分布现状

石化工业产业链长，产业关联度高，本节从国际、国内两个宏观背景下，分析上游原料供应，下游产品生产等。另外，从宏观、中观、微观三个尺度，对我国石化工业的空间布局进行分析。

一、原油产销现状分析

1949年，我国仅有玉门、延长等几个油田，原油产量只有12万吨，自给率不足10%。之后，我国陆续开发了克拉玛依、冷湖油田，原油供需状况有所改观。20世纪60年代初，随着大庆油田的投产，我国原油基本实现自给，1963年自给率达到71.5%。到70年代末我国又陆续开发了胜利、大港等油田，1978年全国原油产量突破1亿吨，达到1.0405亿吨。这一时期，我国原油产量年平均增长率保持在18%左右，在满足国内消费的前提下，仍可大量出口。80年代以来，原油产量进入低速增长阶段，年平均增长率为2.6%，同时原油消费量则不断增长，我国原油供需进入新的阶段。

（一）原油生产现状分析

我国原油生产在地区上存在明显的不均衡性（图12-4），主要集中于东北、西北、华北以及近海海域（珠江口、渤海、北部湾、东海）。2006年，四大产油地原油产量占全国的97.18%，而华东、西南、华中、华南等广大地区原油产量不到全国的3%。

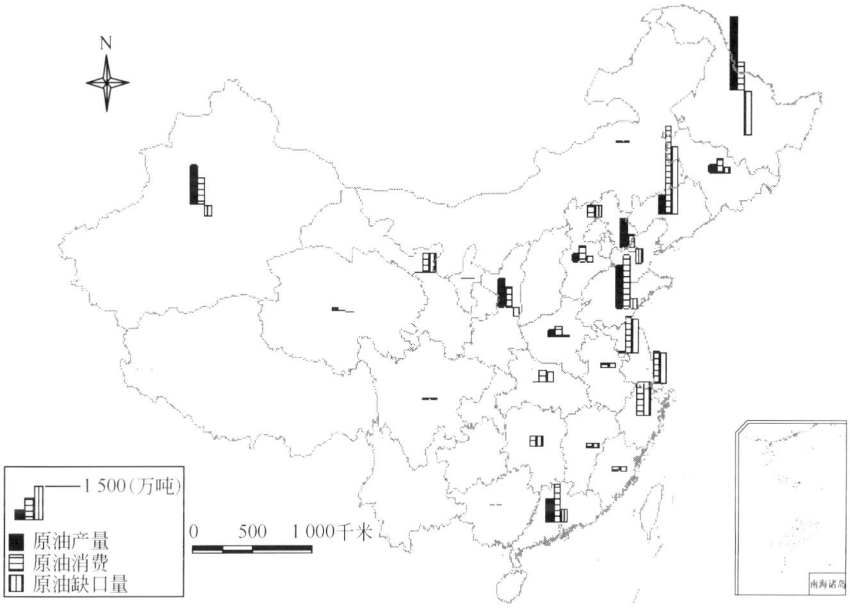

图12-4　我国各省区市原油生产、消费、缺口量分布图

资料来源：《中国能源统计年鉴2006》

经过几十年的开发，位于我国东北和华北的主力油田大部分进入开发中后期，开发难度增加，产量增长缓慢，有的甚至出现产量递减的现象。大庆油田2006年原油产量为4338.1万吨，比1997年减少22.5%；辽河油田2006年原油产量减少到1201.46万吨，比1995年减少22.6%。此外胜利油田、华北油田、中原油田、河南油田的原油产量也出现不同程度的减少。除此之外，西北地区油田、近海油田等新开发油田原油产量增长相对缓慢，开发成本相对较高，并且西部、中部和海域石油探明储量尚不能构成我国石油的有效战略接替，最终导致我国原油产量增长缓慢，2006年我国原油产量为18 382.84万吨，与2003年相比仅增长了8.2%。

（二）原油消费现状分析

中国经济增长强劲，能源消耗巨大，原油消费量持续上升，目前已成为仅次于美国的全球第二大石油消费国。2006年中国原油消费量达到32 266.84万吨，比2001年增加了49.5%，年均增长8.37%。另外，我国原油产量增长缓慢，同期年均增长仅为2.24%，2006年原油缺口高达13 884万吨。由于地区经济差异，我国石油地区消费存在不均衡性，集中于东北、华北、西北及华东地区，四个地区原油消费量占全国的82.2%，尤其是辽宁、山东、广东、江苏、浙江等省市消费量巨大。总体来看，华东、华中及华南地区原油缺口量较大，地区原油对外依存度分别为：97.2%、76.7%、

47.9%，其中辽宁、江苏、浙江、上海等省市原油供需矛盾尤为突出，2005 年原油缺口量分别为：4149.93 万吨、2100.06 万吨、2113.04 万吨、1941.73 万吨（图 12-4）。

二、我国原油进出口现状分析

新中国成立后，我国原油进出口走过了一个复杂的过程，发展进程可分为四个阶段：①完全依赖进口阶段（1949～1960 年）。这一时期国内原油产量低，石油消费严重依赖进口。②自给自足并出口增加阶段（1961～1979 年）。这一时期大庆、胜利、大港等油田陆续投入生产，国内原油产量大幅增长，满足国内需求后，有相当数量出口。③出口速度回落阶段（1980～1992 年），国内石油消费量不断增长，石油净出口量逐年减少。进口量不断增长阶段（1993 年以来）。④1993 年我国首次成为石油净进口国，随后石油进口量大幅增加。目前我国已成为世界第二大原油消费国、第三大原油进口国，原油进出口呈现如下特点。

（一）原油进口总体状况分析

为了解决国内原油不足问题，20 世纪 90 年代初，我国开始从国外石油市场进口原油。2001 年原油进口量为 6025.5 万吨，2006 年达到 14 518.03 万吨，年均增长 21.38%，原油进口量仅次于美国、日本；而原油出口量则逐年下降，2001 年为 755.06 万吨，2006 年降为 633.72 万吨，年递减 3.44%。相应地，2001～2006 年，我国原油净进口量年均增长 21.38%，达到 13 884 万吨。原油对外依存度也逐年增长，2001 年为 24.41%，2006 年则达到了 43.03%，年均增长 12%，国际原油市场已成为影响国内原油供应的主要因素（表 12-2）。按照国际惯例，当一国的石油进口量超过 5000 万吨时，国际石油市场的变化就会影响到该国的国民经济运行；当一国的石油进口量超过 1 亿吨，就要考虑采取外交、经济、军事措施保证石油安全。

表 12-2　2001～2006 年我国原油生产、消费情况　　单位：万吨

项　目	2001 年	2002 年	2003 年	2004 年	2005 年	2006 年	年均增长率/%
生产量	16 317.21	16 886.39	16 983.11	17 499.24	18 142.22	18 382.84	2.41
消费量	21 587.68	23 106.35	25 282.40	29 231.63	30 043.85	32 266.84	8.37
进口量	6 025.54	6 940.77	9 112.63	12 281.55	12 708.32	14 518.03	19.23
出口量	755.06	720.81	813.33	549.16	806.69	633.72	-3.44
净进口量	5 270.47	6 219.96	8 299.29	11 732.39	11 901.63	13 884	21.38
对外依存度/%	24.41	26.92	32.83	40.14	39.61	43.03	12.00

（二）进口原油来源地与交割地分析

我国原油进口主要来自于中东、非洲、中亚、美洲及亚太地区，其中有近 80% 的进口量来自中东和非洲地区。20 世纪 90 年代中期以来，我国最大的原油进口来源地一直是中东地区，2006 年我国从中东进口的原油达到 6560.48 万吨，但随着国家原油进口多元化战略的实施，我国原油进口来源地渐趋多元化。2001 年我国从非洲的原油进口量占总进口量的 22.5%，2006 年为 31.5%，达到 4578.74 万吨，非洲已成为我国第二大原油进口地；同一时期，我国从中亚（主要是俄罗斯、哈萨克斯坦）地区进口原油量也大幅增加，2006 年达到 1864.85 万吨，年均增长 50.50%，占总进口量的 12.8%。虽然我国原油进口地呈现多元化趋势，但对中东、非洲依赖性仍很强，尤其是中东、非洲地区政局比较动荡，对我国原油进口造成较大影响。

从运输方式上看，油轮运输是我国原油进口的最主要方式，从中东、非洲、美洲、亚太等地区进口的原油都是通过油轮运输到东部沿海港口实现的。2005 年通过海运方式进口的原油达到 12 439.4 万

吨，占总进口量的97.9%，只有不到3%（来源于中亚及俄罗斯）的原油是通过管道、铁路等陆路运输方式进口的。

我国进口原油交割地主要由港口和内地边境城市构成。

港口进口原油交割地主要包括大连港、青岛港、宁波港、舟山港、惠州港等17个沿海以及南京港、张家港等5个内河原油接卸港口。其中大连、青岛、宁波三大港口原油年进口量超过1000万吨，2005年进口量分别达到1560.1万吨、2385.8万吨、4379.9万吨，占总我国进口量的67.1%，这些港口城市已成为我国原油进口的接卸地及重要的原油集散地。从地区分布来看，我国原油进口地集中于辽中南、环渤海、长三角、珠三角等经济发达地区，其中长三角原油进口量最大，其次是珠三角及环渤海地区。从服务范围看，大连、锦州港主要供应大连及辽宁本地炼油企业；青岛、天津等港口主要供应山东、北京、河北等华北地区炼油企业；宁波、上海、南京、江阴等港口主要供给长三角地区炼油企业；茂名、惠州、泉州、湛江等港口主要供应珠三角地区炼油企业（图12-5）。

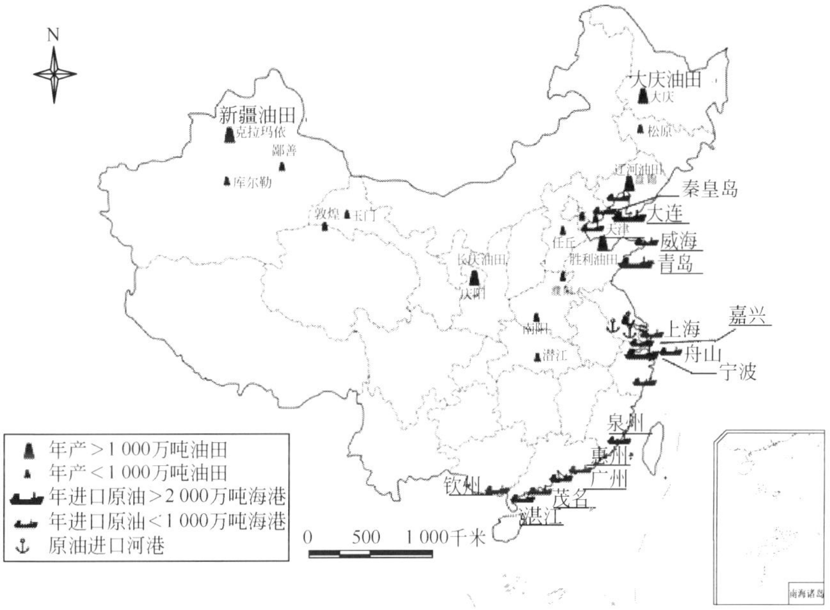

图12-5　我国陆上主要油田及原油进出口港口分布

中国内地进口原油交割地主要包括东北地区的黑河、满洲里、二连浩特，中哈原油管线以及中俄泰纳线两条原油进口管线。黑河、满洲里、二连浩特主要通过铁路进口原油，其中满洲里是目前我国最大的铁路原油交割地。未来设计运油能力8000万吨的泰纳线和5000万吨的中哈石油管线全部建成后，将成为我国最主要的内地原油进口线路。

三、我国石化工业生产现状分析

我国石化工业伴随着国民经济的发展经历了三个不同的发展阶段：①起步萌芽阶段（20世纪50～70年代）。20世纪50年代兰州化学公司的成立标志着我国石化工业的起步，之后我国石化工业在国内原油产量大幅增长的背景下积极发展，并在70年代初引进国外先进技术，初步形成了门类齐全的石化工业体系。②快速发展阶段（20世纪80～90年代末）。1983年我国成立中国石油化工总公司负责全国石化业务，随后集中建设了大庆、齐鲁、扬子、金山等四套年产30万吨乙烯的联合装置，并扩建了三大炼油厂，完成了两套大化纤工程。③持续发展阶段（20世纪90年代末以来）。在经济全球化力量推动下，我国按照上下游、内外贸和产销一体化方式，分别组建了中国石油天然气集团公司（简称中石油）、中国石油化工集团公司（简称中石化）、中国海洋石油总公司（简称中海油）三大石油石化公司从事石油石化业务，我国石化工业也进入了新的发展阶段。

（一）我国石化产品生产现状分析

我国石化工业发展迅速，目前已有20多种石化产品产量居世界前列。2006年我国原油加工量3.07亿吨；乙烯产量941万吨，与2001年相比年均增长14.38%；合成树脂、合成纤维、合成橡胶等石化产品产量年均增长率都超过了11%（表12-3）。

表12-3　2001～2006年中国主要石化产品产量　　单位：万吨

产品	2001年	2002年	2003年	2004年	2005年	2006年	年均增长率/%
乙烯	480.7	541.3	611.8	626.6	755.5	941	14.38
合成树脂	1 211.6	1 367.9	1 626.7	1 791	2 141.9	2 528.7	15.85
合成纤维	759.1	911.3	1 187.5	1 314	1 616.2	1 860.32	19.63
合成橡胶	104.9	113.4	127.2	147.8	163.2	184.5	11.96

资料来源：根据参考文献刘铁男等（2007）整理。

预计到2010年，我国乙烯当量消费量将达到2640万吨，乙烯及三大合成材料需求量年均增速超过6%，我国目前石化工业生产能力远远不能满足市场需求。巨大的市场潜力促使国际石化公司及本地石化公司加快石化装置的建设与扩能。目前，埃克森美孚、壳牌、BP、道达尔、巴斯夫等进入世界500强的大型石油石化公司几乎全部在中国投资设厂或设点。其中，巴斯夫、BP石油分别与中石化合资兴建的扬－巴石化、上海赛科已投入生产，同时壳牌、埃克森美孚在中国投资兴建的石化装置也将陆续投入生产。中石化、中石油两大本国石化公司也加快了新建与扩能步伐，如中石化在青岛、武汉、广西等地，中石油在抚顺、新疆等地的千万吨炼油项目均已获批，今后我国石化工业仍将由两大石化公司主导。

表12-4　2005～2010年中国主要石化产品需求预测

产　品	2005年/万吨	2010年/万吨	2005～2010年均增速/%
乙烯①	1 876	2 640	7.1
合成树脂	3 329	4 590	6.6
合成纤维	1 521	2 095	6.6
合成橡胶	231.8	310	6.0

注：①为当量消费量。

资料来源：根据参考文献刘铁男等（2007）整理。

（二）我国石化工业技术经济水平分析

规模化、大型化已成为当今世界石化工业发展的重要趋势，石化装置规模化、大型化可以有效地降低投资及生产成本，带来规模经济效应。

目前，我国炼油平均规模为612万吨/年，低于世界平均水平（643万吨/年），仅为墨西哥的1/2、韩国的1/4；单套乙烯装置平均产能为23万吨/年，与世界平均45万吨/年仍有较大差距。另外，我国石化工业资源消耗量也远高于世界先进水平，化工单位产值能耗是美国、加拿大和墨西哥的3.5倍，是日本的6倍，而单位产值水耗则是这些国家的3.5倍。此外，我国石化工业布局分散，众多中小型炼油、乙烯装置零散分布；同时，我国在管理、技术等方面都与世界先进水平存在差距。以上诸多方面造成我国石化装置生产成本较高，产业竞争能力差，我国主要石化企业的乙烯平均现金操作费用为180美元/吨，比世界平均水平高出30%，乙烯装置完全生产成本为400美元/吨，比亚太地区平均水平高400元/吨。

（三）我国石化工业投资主体分析

石油化工业属于资本和技术密集型产业，资源消耗巨大，前期投入大，生产运营成本高，规模经济明显，行业进入门槛高，对投资主体的资本、技术要求较高。目前，中石化、中石油两大国有企业从事国内石化市场绝大多数的生产、销售业务，处于垄断地位，但随着国内石化市场的逐步开放以及民营资本的逐步壮大，国外石化公司及国内民营企业也不断进入石化行业，我国石化工业投资主体正向多元化方向发展。

1998 年，国家在原中国石油天然气公司和中国石油化工总公司的基础上，按照上下游、内外贸和产销一体化的方式，分别成立中国石油天然气集团公司和中国石油化工集团公司。同时，国家决定将省市所属的石油销售公司划转给两大集团公司，从而使两大集团公司分别具有勘探开发、原油加工和化工业务，实现了产销一体化格局。重组后，两大集团公司实现了对国内石化行业的垄断，2004 年，中石油和中石化两大集团原油加工量达到 24 490. 8 万吨，占全国总加工量的 89. 7%；乙烯加工量达到 610. 05 万吨，占全国总量的 97. 4%（图 12-6）。此外，国内另一石油巨头——中海油也积极向下游炼油、石化等产业链条延伸，以建成上下游一体化的集团公司（刘铁男等，2007）。

在国务院出台的鼓励支持和引导民营企业发展的 36 条政策的指引下，民营企业纷纷进入石化行业。2005 年中国石油和化工行业非国有企业的现价工业总产值达到 3573. 1 亿元，比 2004 年增长 40. 3%，增幅是国有企业的 1 倍多；销售收入达到 13 478. 7 亿元，增长 39. 3%，增幅比国有企业高出 7. 5 个百分点。目前，民营企业主要投资于聚酯、合成纤维、PTA、精细化工等石油化工行业，并且以专业化、特色化经营为特点（刘铁男等，2007）。

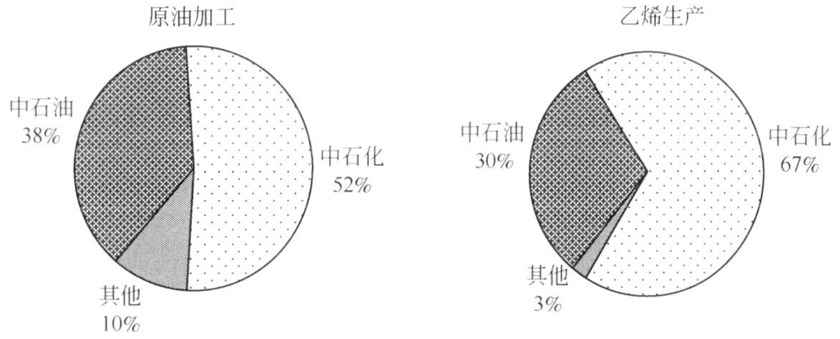

图 12-6　2004 年我国炼油和乙烯产量分企业比重

资料来源：《中国石化总公司年鉴 2005》、《中国石油化工集团公司年鉴 2005》、《中国石油天然气集团公司年鉴 2005》。

国内石化工业良好的发展前景及巨大的市场潜力，使跨国石化公司普遍看好中国市场，将其投资重点向中国转移，成为我国石化工业的新兴力量。据 IBM 工厂布局国际咨询公司统计，2005 年前 6 个月，在全球化学和医药工业国外直接投资项目中，中国居第一位，占全球生产投资项目的 27%。跨国石化公司对华投资出现了三个高峰期：20 世纪 80 年代中期、90 年代中后期以及 21 世纪初。以欧美跨国大石油石化公司、日韩台（地区）大中型石化公司为主的外资公司在华投资集中于长三角、珠三角及环渤海地区，主要从事助剂、添加剂、涂料等精细化工领域生产，投资形式也以与国内石化企业合资为主。新一轮的投资高潮中，乙烯及下游产品和炼油成为跨国公司投资的热点，并且跨国公司独资化经营趋势明显。

四、我国石化工业空间分布格局

20 世纪 90 年代末以来，在强劲的消费需求的拉动下，我国石化工业进入新一轮的发展期，各石化企业不断改造扩能，国内石化市场受国际原油、石化市场的影响不断增强，影响石化工业布局的因素正悄然变化，这些都强烈地影响着国内石化工业的版图。本节从宏观、中观、微观三个层次入手分析我国石化工业布局的现状。

（一）我国石化工业宏观分布格局

我国石化工业布局不均衡性特征明显，经济发达的东部和原油产量相对较大的西部地区要强于中部地区，原油传统生产地和石化工业基础雄厚的北方要强于南方，港口众多、对外联系便捷的沿海地区要强于内地，形成“东西强、中部弱”，“北方强、南方弱”，“沿海强、内地弱”的空间分布格局。

从地区来看，我国石化工业主要布局于华东、东北、华北、华南、西北和华中六大地区。[①] 其中以东北、华北、华东地区最为集中。2005 年，东北、华北、华东三地原油加工量达到 17 708 万吨，占全国总加工量的 69.0%；东北、华北、华东三地乙烯产量达到 594.64 万吨，占全国总产量的 78.7%。东北、西北地区现有的石化产业已能够满足本地区消费需求，处于相对过度的状态；华东、华北地区石化产业经过多年的建设基本能够满足本地消费需求；华南、华中地区石化工业发展相对滞后，远不能满足本地区消费需求；西南地区至今没有大型石化企业布局，成品油及石化产品消费主要从外区调入（图 12-7）。

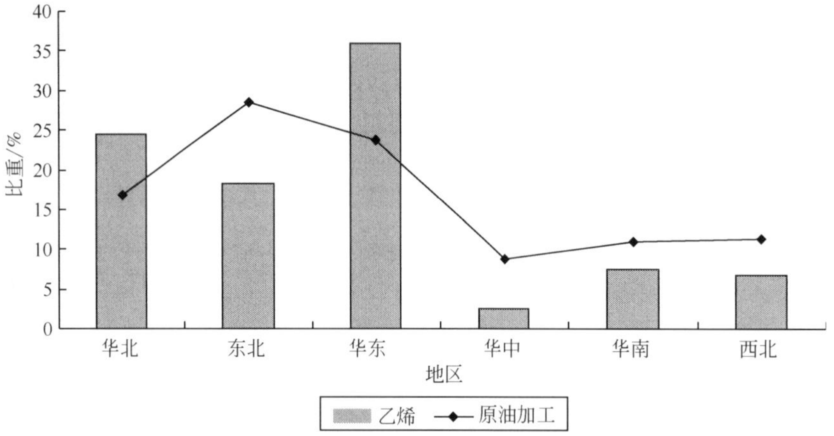

图 12-7　2005 年按地区分原油加工量和乙烯产量比重

从省（区市）来看，辽宁、黑龙江、吉林、北京、山东、江苏、上海、广东等东部省市实力最强，这些地区集中了我国一半以上的石化企业，无论是原油炼化还是乙烯、三大合成材料等下游石化产品都集中了全国大部分的生产能力。尤其是辽宁、上海两地，石化工业实力强劲，2005 年两地原油加工量和乙烯产量占全国的比重分别达到 19.7% 和 4.2%、7.8% 和 21.2%（图 12-8）。

（二）我国石化基地空间分布格局

随着长江三角洲、珠江三角洲、环渤海地区工业化进程的加速，其对钢铁、石化产品的消费迅速增长，重化工业成为当地的主导产业，石化工业蓬勃发展。长江三角洲地区、珠江三角洲地区以及环渤海地区正成为我国石化工业的重点集聚区。东北作为石化工业传统的集聚区，凭借其资源、港口区位、国家“振兴东北”的政策以及原有工业基础等优势，在我国石化工业中仍扮演着举足轻重的角色。总的来看，我国已形成了“七大石化产业基地”。

（1）吉－黑石化基地：以大庆石化、吉林石化为主体，以及哈尔滨石化、前郭尔石化等中小型石化企业构成。该基地有大庆、吉林等大型油田，同时也是俄罗斯进口原油的主要交割地，原料丰富。

（2）辽中南石化基地：以大连石化、抚顺石化、大连西太平洋石化为主，辽阳、锦西、锦州、鞍山炼油、辽河等中小石化、炼油企业为补充。该基地原料丰富，有辽河油田以及千万吨级原油进口

---

① 本书采用七大区的划分方法。华北区：北京、天津、河北、山西、内蒙古、山东；东北区：辽宁、黑龙江、吉林；华东区：上海、江苏、浙江、安徽；华中区：河南、湖北、湖南、江西；华南区：广东、广西、福建、台湾、海南；西南区：四川、贵州、云南、重庆、西藏；西北区：陕西、甘肃、青海、宁夏、新疆。

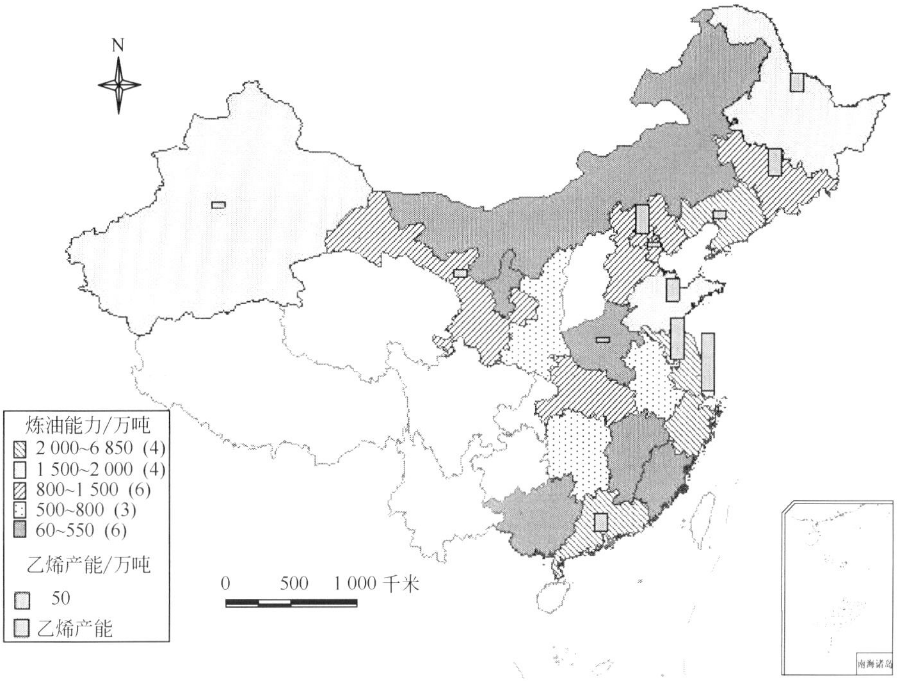

图 12-8　2005 年我国各省区市炼油能力及乙烯产能分布图

港——大连。该基地是我国石化企业最为集中、炼油能力最强的地区。

（3）西北石化基地：主要由新疆、甘肃等省区的独山子、兰州等大型石化企业及玉门炼油、庆阳、乌鲁木齐、泽普等中小石化企业构成。该基地油气资源丰富，主要有新疆油田、吐哈油田、塔里木油田、青海油田、玉门油田，是我国油气资源开发潜力最大的地区，同时也是哈萨克斯坦进口原油的主要交割地。

（4）京津冀石化基地：包括燕山石化、天津石化等大型石化企业，以及大港、石家庄炼化、沧州石化、保定等中小石化企业。该基地拥有冀东油田、大港油田、华北油田以及新探明的南堡油田，油气资源十分丰富，并且有秦皇岛、天津等众多港口。此外也是我国成品油及石化产品的主要消费地之一。

（5）山东石化基地：包括齐鲁石化、济南石化以及在建的千万吨炼油企业——青岛炼化等国有石化企业。该基地是我国地方炼化企业最集中的地区之一，主要包括广源发、广饶石化、垦利石化、山东正和集团等。中原油田、我国陆上第二大油田——胜利油田以及千万吨原油进口港——青岛港为该地提供了充足的原油供应。

（6）沪宁杭石化基地：包括金陵石化、扬子石化、上海石化、高桥石化、镇海石化等大型石化企业，以及清江石化、仪征化工、南京化工、杭州炼油等中小石化企业。该基地是我国成品油、石化产品的主要消费地以及外资化工企业最集中的地区。该基地民营化工实力强劲，是我国石化工业发展水平最高的地区。

（7）闽粤桂沿海石化基地：主要由福建石化（泉州）、茂名石化、广州石化、湛江石化、东兴石化、中海壳牌（惠州）等石化企业构成。本基地港口众多，石化产品消费巨大，是近期我国石化企业新建、改造最为活跃的地区，发展潜力巨大。

（三）我国石化企业空间分布格局

经过近 50 多年的发展，我国已形成以大庆、抚顺、独山子、齐鲁、燕山、上海石化等 14 家大型炼化一体化企业为主导，中原、广州、辽阳石化等中型石化企业和沧州、鞍山、宁夏等小型炼化企业有序发展的石化发展格局（图 12-9）。原油炼化是下游各种石化产品生产的基础，原油一次加工能力是国家和地区石化工业水平的重要标志。目前我国炼油平均生产规模为 612 万吨/年，其中年原油一次加工能力在 1000 万吨以上的企业有 9 家，其中大连石化经过多次改造后原油加工能力达到 2050 万吨/年，是我国目前最大的原油加工企业（表 12-5）。乙烯作为现代化学工业的基本原料，其生产规模和技术水平是一国或地区石化工业发展的重要标志。目前，我国有茂名、独山子、抚顺等乙烯生产企业 17 家，乙烯生产线 19 条，经过两轮的改造后，生产能力达到 1129 万吨/年，生产线平均规模达到 59.4 万吨/年（表 12-6）。

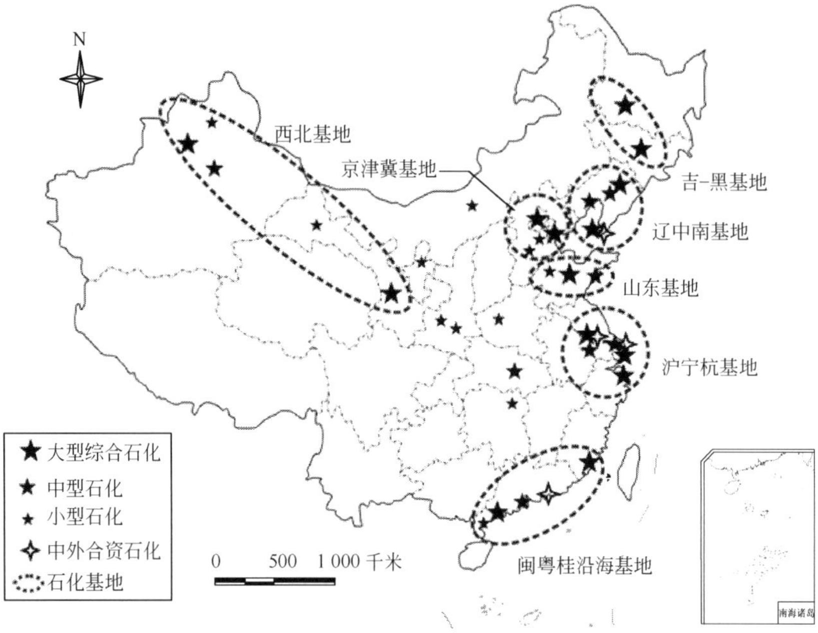

图 12-9　我国主要石化企业分布图

表 12-5　我国主要的原油炼化企业

企　　业	所在城市	原油一次加工能力/（万吨/年）	2005 年原油加工量/万吨	负荷率/%
抚顺石化分公司	抚顺市	1 000	960. 2	96. 0
大连石化分公司	大连市	2 050	1 104. 78	53. 9
大连西太平洋石化	大连市	1 000	861	86. 1
兰州石化	兰州市	1 050	882. 9	84. 1
齐鲁石化	淄博市	1 050	1 003. 1	95. 5
南京金陵石化	南京市	1 350	1 074. 35	79. 6
镇海石化（宁波）	宁波市	2 000	1 710. 14	85. 5
茂名石化	茂名市	1 350	1 267. 9	93. 9
上海高桥石化	上海市	1 130	1 006. 54	89. 1

表 12-6　我国石化装置第一、二轮改造统计　　单位：万吨/年

序号	企业	所在城市	设计能力	第一轮改造产能	第一轮改造时间	第二轮改造后产能	第二轮改造时间
1	大庆石化	大庆市	30	48	1999 年	60	2004 年
2	辽阳石化	辽阳市	7.2	12	2000 年	20	2006 年
3	兰州石化	兰州市	8	16.5	2000 年	70	2006 年
4	抚顺石化	抚顺市	11.5	14.5	1996 年	100	未开工
5	吉林石化	吉林市	41.5	53	—	100	—
	吉 化 1		11.5	15	1997 年	15	—
	吉 化 2		30	38	2001 年	85	2005 年
6	独山子石化	独山子市	14	22	2002 年	120	计划 2008 年完成
7	盘锦石化	盘锦市	13	15	1997 年	25	
8	燕山石化	北京市	44	59	—	85	—
	东方乙烯		14	14	—	—	—
	燕山石化		30	45	1994 年	71	2001 年
9	天津石化	天津市	14	20	2001 年	—	—
10	齐鲁石化	淄博市	30	45	1998 年	72	2004 年
11	中原石化	濮阳市	14	18	2000 年	36	2007 年
12	扬子石化	南京市	30	40	1995 年	80	2002 年
13	上海石化	上海市	41	55	—	81	—
	上海石化 1		11	15	1988 年	11	
	上海石化 2		30	40	1998 年	70	2002 年
14	福建炼化	泉州市	80	—	—	—	2007 年投产
15	惠州石化	惠州市	80	—	—	—	2006 年投产
16	广州石化	广州市	14	20	2003 年	20	—
17	茂名石化	茂名市	30	38	1999 年	80	2006 年

资料来源：根据《中国石油天然气集团公司年鉴》、《中国石油化工集团公司年鉴》整理。

石化企业尤其是大型综合化石化企业、石化基地对当地、周边区域的经济和全国的石化工业格局都会产生巨大的影响，新企业从论证、建设到完工需要的投入大、周期长、过程复杂，需要考虑国家宏观产业政策、原料、市场等各种宏观、微观因素。通过对影响我国石化企业布局的区位因素分析，可以将我国石化企业布局特征分为四大类：临海型、内陆型、市场型和原料基地型。临海型主要是指距离沿海港口较近，能方便地从海外进口原油等石化原料或向外输出石化产品的布局类型；内陆型主要是指远离沿海港口，原料、石化产品的运输主要通过铁路、管道等陆路交通方式；市场型主要是指靠近石化产品的消费地，生产出的石化产品能就近销售，不需要长途运输；原料基地型主要是指靠近原油产地，不需要长距离运输就近进行加工生产的布局类型。

表 12-7　我国大型综合石化企业布局特征

企　业	所在城市	临海型	内陆型	市场型	原料基地型
大庆石化	大庆市	★	★★★	★★	★★★
吉林石化	吉林市	★★	★★★	★★	★★★
抚顺石化	抚顺市	★★★	★	★★★	★★
大连石化	大连市	★★★	★	★★★	★
天津石化	天津市	★★★	★	★★★	★★★
兰州石化	兰州市	★	★★★	★★	★★★
独山子石化	独山子市	★	★★★	★★	★★★
燕山石化	北京市	★★★	★	★★★	★★
齐鲁石化	淄博市	★★★	★	★★★	★★★
扬子石化	南京市	★★★	★	★★★	★
上海石化	上海市	★★★	★	★★★	★
茂名石化	茂名市	★★★	★	★★★	★★

注：★★★★特征明显，★★★特征较明显，★★特征一般，★特征不明显。

通过对我国主要大型综合石化企业研究发现（表 12-7），我国大型石化企业临海型、市场型布局的特征明显，内陆型布局的特征不明显，靠近原料基地布局的特征较明显，靠近港口、消费地成为影响石化布局的重要因素。

第三节　中国石化工业区位演化过程及特征分析

利用《中国石油化工集团公司年鉴 2005》和《中国石油天然气集团年鉴 2005》提供的石化企业名录，辅助互联网资料，本节对我国重要的石化企业进行时间和空间分析。根据石化企业成立时间的密集点，结合国家宏观政策及石化工业重大事件，将我国石化工业发展过程划分为四个阶段，分析我国石化工业区位演化的特征。

一、中国石化工业区位演化过程分析

纵观我国石化工业发展历史，可以将其分为萌芽、快速发展、稳定发展以及加速发展四个阶段。不同阶段表现出不同的布局特征（图 12-10）。

（一）萌芽阶段（1953～1962 年）

新中国成立后，我国仅有玉门、延长、锦州、锦西等一些小炼油厂，石化产品尤其是成品油供应紧张，主要依靠进口。1954 年我国在吉林市布局了新中国第一家化工企业——吉林化工，1956 年兰州化学公司建立，并以石油气为原料，采用沙子炉技术建成了我国第一套乙烯工业生产装置，标志着我国石化工业的起步。

这一时期，我国石化工业处于萌芽阶段，受到原料的制约，主要在原料基地建设了一些化工企业，发展速度缓慢。受我国区域政策以及国防因素的影响，石化工业集中在西北及东北内陆地区。

（二）快速发展阶段（1963～1977 年）

随着大庆油田的建成投产，原油产量迅速增长，石化工业有了可靠的原料保证和物质基础，我国炼油工业迅速发展，炼油能力大大提升，形成了大庆、胜利、大港等一批大型炼化企业。之后我国利用国内开发和国际引进的技术，兴建了燕山石化、广州石化等一批炼油厂和石化企业，为我国石化工

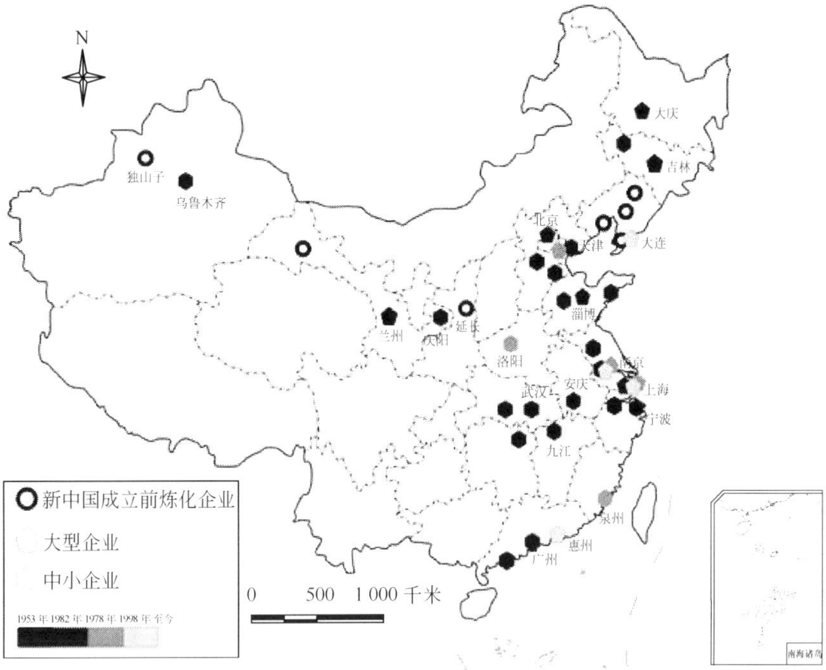

图 12-10 我国石化企业发展布局图

业的发展奠定了良好的基础。

由于我国产油区主要分布于东北、华北等地，重型工业等高耗油行业也主要在东北、华北等地布局，上述地区成为我国炼油及化工企业布局的重点，此外作为原油主产区的西北也有相当数量的石化企业布局。这一时期，我国石化工业主要布局于内陆地区，呈现临近原料地与市场的双重布局特征，但临近原料地仍是影响布局的主导因素。

（三）稳步发展阶段（1978～1997 年）

随着改革开放的深化，石化工业成为国民经济的重要支柱，国内对石化产品的需求猛增，石化工业的发展受到空前的重视，标志着我国石化工业进入新的发展阶段。1983 年，为了在组织上、体制上保证石化工业的发展，实现资金、资源的合理运用、管理的统一，国务院决定成立中国石油化学工业总公司，并将原属石油部、化工部及地方所有的 38 个炼油、化工、化纤、化肥厂，以及 21 个其他企事业单位划归总公司管理。这一时期，我国各种石化产品尤其是乙烯、三大合成材料的生产发展迅速，先后建成齐鲁、大庆、金山（上海石化）、扬子、茂名、吉林等 6 套 30 万吨/年乙烯工程，以及抚顺、天津、盘锦等多个 14 万吨/年的乙烯生产企业，此外还建设了一大批三大合成材料的生产装置。到 1998 年底，我国合成纤维生产能力居世界首位，原油加工能力居第四位，乙烯产量居世界第五位，成为世界石化工业大国。

这一时期，我国石化工业布局重心明显向东部沿海地区转移，东北、华北仍是布局的重点，此外长江三角洲地区也有相当数量的石化企业布局。临近市场成为影响产业布局的重要因素。

（四）加速发展阶段（1998 年～至今）

为了适应市场经济发展、参与国际产业竞争，1998 年我国对国有石化企业进行重组，从体制上形成了中石化、中石油两大集团产销一体化格局，进一步与国际大石油石化公司接轨。中石油、中石化以及中海油成为带动我国石化工业发展的“三巨头”，我国石化工业进入新一轮的发展阶段。20 世纪 90 年代末至今，我国石化工业新建项目较少，以现有产能的改造为主，如以大庆、齐鲁、燕山、扬子、茂名等为代表的全国性的乙烯扩能改造。由于我国石化产品市场前景广阔，同时国家对于投资石化工业的政策进一步放宽，国外石化公司大举进入国内，纷纷在国内投资建厂，2005 年建成投产的扬－巴石化和赛科石化即为国内石化企业分别与巴斯夫集团和 BP 化工联合投资兴建的。到目前为止，本轮石化工业发展潜能还远没有释放，未来一段时间国内石化工业还将有更大的发展。

这一时期，东部沿海地区仍是石化工业发展的重点，但其重心有南移趋势，临近港口成为重要的区位因素。

二、我国石化工业区位演化特征分析

总体来看，我国石化工业空间格局的演化具有一定规律性，大尺度空间趋于分散，而中尺度则呈现空间集聚的特征，此外，临港、接近市场布局的趋势进一步增强。

（一）大尺度空间分散与区域内集聚并存

我国石化工业在六大区域层面上呈现相对均衡布局的特征，而在省（区市）层面上则呈现集聚的特征。从大区尺度来看，在起步阶段我国石化企业大部分布局在东北和华北地区。随着华东、华南、华中地区经济的快速发展，以及西北地区原油可采储量的不断增长，当地石化工业发展迅速，其占全国石化工业的比重不断提高，而东北、华北地区石化工业发展相对缓慢，并且这种趋势仍在继续（表 12-8）。

表 12-8　1988～2005 年我国六大地区炼油量、乙烯产量占全国比重变化

地　区	炼油量占全国比重/%				乙烯产量占全国比重/%			
	1988 年	1996 年	2004 年	2005 年	1988 年	1996 年	2004 年	2005 年
华北	18.05	18.58	17.16	16.80	35.21	34.74	27.31	24.41
东北	39.83	29.51	29.24	28.41	31.14	25.33	22.18	18.28
华东	15.76	21.27	22.97	23.80	29.84	30.33	28.99	36.02
华中	10.39	10.86	9.54	8.72	0	1.13	3.43	2.54
华南	10.08	11.20	11.33	10.97	0	1.89	10.02	7.43
西北	5.88	8.57	9.77	11.29	3.82	6.58	8.07	6.71

从省市（自治区）尺度来看，我国石化工业集聚度较高，发展初期集中于辽宁、黑龙江、北京、上海等少数省市，之后呈现出一定的分散布局的趋势，但 20 世纪 70 年代末以后，影响我国石化工业布局的因素发生变化，石化工业呈现出向辽、沪、鲁、粤等区位优势明显的省（区市）布局的趋势，区位条件较好的省（区市）成为新的布局重点。

（二）临港布局特征明显

随着经济全球化进程的不断深入，各国之间的经济联系越来越密切，经济交流也越来越频繁，沿海港口城市由于其对外联系的便利性，成为全球政治、经济联系的重要节点，是一国或地区生产要素、产业的集聚地。随着我国改革开放的不断深入，临港城市成为国内区域间联系以及国际联系的重要桥头堡和产业重点集聚区。近年来，我国石化工业呈现由内陆向临港（包括海港以及能常年通航的长江沿岸河港）布局的变化态势，上海、南京、茂名、天津等临港城市正逐步取代大庆、吉林、兰州等内陆城市成为新的石化中心城市。

从距离港口的远近变化，可以看出，近年来临港地区已成为我国石化工业的集聚地，1988 年距离港口 200 千米范围内的主要石化企业炼油能力为 111 52 万吨，占全国的 74.9%，而 2005 年达到 25 720 万吨，占全国的比重仍然为 74%；乙烯装置临港布局的趋势更为明显，1988 年距离港口 200 千米范围内的石化企业乙烯产能占全国比重为 50.5%，而从 1996 年到 2005 年一直保持在 60% 以上，（表 12-9）。

表 12-9　1998～2005 年我国石化企业临港布局变化

距离港口	1988 年		1993 年		1996 年		2005 年	
	炼油能力/（万吨/年）	比重/%	炼油能力/（万吨/年）	比重/%	炼油能力/（万吨/年）	比重/%	炼油能力/（万吨/年）	比重/%
<200 千米	11152	74.9	11380	73.7	13288	72.5	25720	74
200～500 千米	1 950	13.1	1 880	12.2	2 150	11.7	2 800	8.1
>500 千米	1 780	12.0	2 102	14.1	2 918	15.9	6 205	17.9
距离港口	1988 年		1993 年		1996 年		2005 年	
	乙烯产能/（万吨/年）	比重/%	乙烯产能/（万吨/年）	比重/%	乙烯产能/（万吨/年）	比重/%	乙烯产能/（万吨/年）	比重/%
<200 千米	81.7	50.5	112.7	58.3	194.94	63.1	431.3	62.1
200～500 千米	41.5	25.7	43.5	22.5	65	21.0	157	22.6
>500 千米	38	23.6	37.2	19.2	49	15.9	106	15.3

（三）园区化成为我国石化工业布局的新特点

石化园区已成为世界石化工业发展的重要趋势，也是我国石化工业发展的新型模式。我国石化工业“十五”规划提出：“在同一区集中建设大型乙烯和下游装置，形成石化工业园区。”石化工业园区能实现资源的优化配置，充分利用炼厂气及石化生产中的各种中间产品，实现炼化一体化、集约化和可持续发展。近十年来，我国石化园区发展迅速，上海化学工业区（曹泾）、南京化学工业园区、山东青岛石化工业园等 60 余家省级以上石化园区，成为带动我国石化工业发展的主导力量。

总体看来，我国石化工业园区集中于长三角、泛珠三角以及环渤海三大产业集聚区。其中长三角地区园区除依托大型石化企业形成炼油、下游石化产品生产的一体化体系外，还有相当一部分园区从事助剂、中间体等精细化工品的生产。此外，长三角地区园区起步较早，园区发展也更为成熟，集中了我国一半以上的石化园区。而泛珠三角和环渤海经济区园区则主要是依托炼化一体化的石化企业建设起来的（表 12-10）。

表 12-10　我国主要的石化园区

名称	级别	地点	规划规模/平方千米	园区定位
上海化学工业园	国家级	上海	29.2	亚洲最大、集中水平最高的实际一流化工园
南京化学工业园	国家级	南京	101	发展石油和天然气化工、基本有机化工原料、精细化工、高分子材料、生命医药及新型化工材料
滨江化工园	国家级	常州	38	建成卤碱、塑料、新材料等新兴产业基地
大庆高新技术产业开发区	国家级	大庆	55.35	发展重化工、石化深加工和精加工项目
天津经济技术开发区化工区	国家级	天津	27.8	建成中国北方集海洋化工、石油化工、精细化工为一体的综合性石化基地
青岛经济技术开发区石化区	国家级	青岛	—	发展石油化工业和化纤生产，建成北方最大的石化基地
泉港石油化工区	国家级	泉州	24.75	发展炼油、乙烯、合成树脂及合成纤维等石化产业，建设国家级的大型石油化工基地
北京石油化工和新材料产业基地	省级	北京	32.2	以燕化为依托，建设以原油炼制、乙烯、三大树脂、精细化工、合成材料等完整的石化产业链群

续表

名称	级别	地点	规划规模/平方千米	园区定位
大亚湾石化工业区	国家级	惠州	27.8	依托以炼油、乙烯等石化项目，发展石化深加工产品、高新技术材料、专用化学品和精细化工产品的生产
茂名石化工业区	省级	茂名	43	以炼油、乙烯等石油化工为主体，积极发展精细化工及化工深加工
中国精细化工（泰兴）开发园区	省级	泰州	23	以卤气、氢气、一氧化碳为原料的精细化工
宁波化学工业区	省级	宁波	43.24	以炼油、乙烯项目为支撑，发展基本有机化工原料、化工新材料、精细化学品及生物化工产业
齐鲁化学工业区	省级	淄博	42.11	以石油化工、煤化工、卤碱化工的“三化”为主线
抚顺精细化工园区	省级	抚顺	3	依托抚顺、沈阳两大城市，重点发展新领域精细化工

根据园区的成因和主业，我国石化园区可分为四种类型：

（1）大型石化企业主导型：以大型石化企业为龙头，以产业和产品链的衔接为纽带，引进相应的石化企业，实现上下游一体化的发展格局。如上海化学工业区、南京化工园区、齐鲁化工园等。

（2）精细化工型：以中小企业为主，主要从事精细、专用化学品及非大宗合成材料的生产，这类园区特色较强，专业化特点明显。如南通经济技术开发区化工区主要围绕特种有机原料、材料进行开发，常州化工开发园区主要开发 ABS、PVC 等产品，泰兴化工园区主要开发烧碱、氯、聚丙系列产品，张家港经济开发区化工区主要开发合成材料等。

（3）城市规划型：主要是结合城市发展规划，将原来分散在城区的老化工企业，集中搬迁到规划建设的化工园区。这些园区的建设，既符合城市总体规划的要求，也符合企业发展的需要，如天津开发区化学工业区、沧州临港化学工业园区、合肥化工园区等。

（4）开发区依托型：主要是依托原有经济开发区的水、电、交通等基础设施引进石化项目，在区内开辟专门的化工集聚区。如苏州经济新区化工区、天津经济技术开发区化工区等。

第四节　中国石化工业区位演化机制及发展趋势

通过对我国石化工业空间结构演化过程及特征分析，可以发现我国石化工业区位演化呈现一定的规律性，受多种因素的影响。

一、中国石化工业布局模式分析

（一）原料地布局模式

以炼油、乙烯为龙头的石化工业，既是资本、技术密集型行业，也是典型的资源密集型产业，同时石化工业规模经济效益明显。大型化趋势明显的石化工业在运行中需要消耗大量的原油，接近于原料地成为影响石化工业布局的重要因素。在我国，有相当数量的原料地布局的石化企业（图 12-11）。

在原油产区布局石化企业，原油开采后可通过管道直接进入炼厂进行炼制，生产的石化产品除满足油田本地区需要外，可向区外供应。

原料地布局模式又可分为两种类型（魏心镇，1982）：

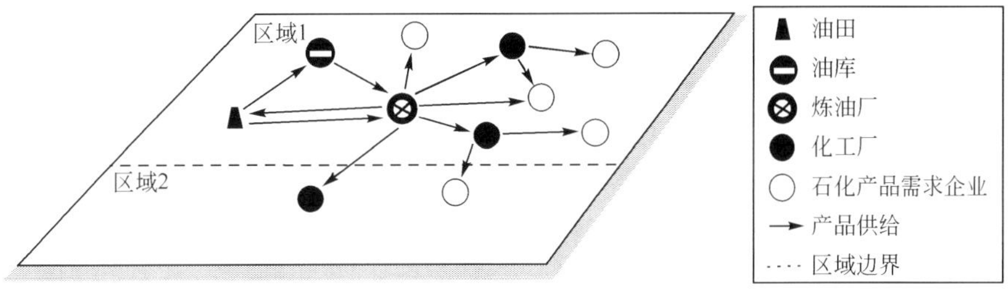

图 12-11　原料地布局模式

(1) 位于经济发达地区，如依托大港油田建设的天津石化位于石化产品消费量巨大的京津冀地区。这一类型的石化企业能实现就地产销的结合，是最为理想的石化布局模式。

(2) 位于经济欠发达地区或边疆地区，如依托大庆油田兴建的大庆石化则位于石化产品需求较少的黑龙江省。这一类型的石化企业可以避免原油的长距离运输，并可以根据本地区原油的化学特点使用最为经济的炼化和石化装置。但这一布局模式下大量石化产品需要运输到异地，增加了运输的难度和成本。因此这一类型的石化企业在布局时，要综合考虑原油生产能力、当地石化产品消费能力以及国家政策等多种因素。

（二）消费地布局模式

随着科学技术的日新月异，尤其是交通技术的飞跃，原料运输成本对工业布局的制约越来越小。另外，石化企业生产的产品类型较多，有的产品如汽油、柴油等相对于原油具有较强的不稳定性，不利于运输。因此接近消费地成为影响石化工业布局的重要因素。

一般来说，在消费地布局的石化企业，主要依靠管道、油罐车、油轮等方式从区外调入原料在当地加工，产品也主要满足本地市场的需求，这一类企业多为大型综合性石化企业，以满足当地市场对各类石化产品的需求，如位于北京市的大型综合性石化企业——燕山石化，即是典型的消费地布局的石化企业。燕山石化主要利用辽河、大港以及西北地区供给的原油，从事石油炼制以及乙烯、合成树脂、合成橡胶等多种石化产品的生产，满足北京当地汽车业、建筑业以及公用车、私家车等对石化产品和燃料油的需求。

（三）临港型布局模式

作为国际经济交流与联系的重要节点，港口城市在国际贸易、国际投资等方面有着独特的区位优势。随着我国石化工业的快速发展，原油进口量逐年增加，港口城市则成为我国进口原油和石化产品的交割地和集散地，也成为石化工业布局的重点（图 12-12）。

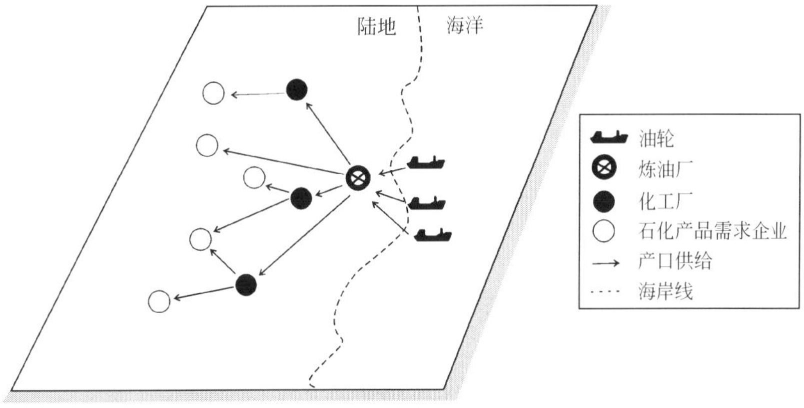

图 12-12　临港型布局模式

临港型布局的石化企业主要通过大型油轮从国外市场进口原油从事生产，同时临港城市由于其独特的区位优势一般也是经济发达地区，对石化产品的需求大，因此石化产品也主要供应当地市场。在国际原油产业链中，沿海港口城市是原油进口目的地。另外，沿海港口城市处在国内石化产业链的上游，成为国内“准原油产地”，形成原料进口交割地与原料地的重合。因此，临港型石化企业实现了原料产地、石化产品消费地的完美结合，成为石化工业布局的主要模式。上海石化、大连石化、茂名石化、湛江石化等都是典型的临港型布局石化企业。

二、经济全球化对我国石化工业区位演化的影响

（一）跨国公司投资的影响

随着本国石化工业进入发展瓶颈期，跨国石化公司在转变经营策略的同时，纷纷将石化工业投资转移到中国、印度等发展中国家。跨国石化工业也成为我国石化工业的重要投资主体，强烈地影响着我国石化工业的空间格局（林大建，1998；唐少清，1998；刘剑平，朱和，2003）。

20 世纪 80 年代初期，跨国石化公司先后在北京、上海、深圳等大城市设立办事处了解中国产业发展状况和产业政策，并在石化基础实力较强且处在开放前沿的长江三角洲地区，以合资方式初步建立了一些中小型石化企业。90 年代中期以后，跨国石化公司开始对华进行大规模投资，从事石化产品的生产，虽然长三角地区仍是其投资的重点，但环渤海、珠三角以及石化工业密集的辽中南地区也逐步成为投资的热点。2000 年以后，跨国石化公司纷纷加紧调整对华发展战略，进一步全方位大规模地推动发展对华投资。拜耳、杜邦等跨国石化企业在以上海为重点的中心城市建立研发中心与地区总部，并通过与国内大型石化公司合资方式在长三角、珠三角地区投资炼油、乙烯等大型石化项目。

（二）国际贸易的影响

随着我国石化产品需求的快速增长以及石化工业的飞速发展，各种石化产品尤其是原油的进口量不断增加，对外依存度逐年提高。国内相当部分炼油、石化企业依靠国外进口原油从事生产，因此原油进口的路径、运输方式、接卸地等都会对我国石化工业空间结构产生巨大影响。

20 世纪 90 年代中期之前，我国原油产量基本能够满足国内石化工业的需求，在布局石化企业时不会受原油进口贸易的影响，而多考虑原料地、消费地和国家战略等因素，发展的重点也不在港口或边境城市，如齐鲁石化、燕山石化、吉林石化等地布局，即使是上海石化、大连石化等在港口城市建设的石化企业，在布局时也多考虑接近消费地因素，并没有考虑原油进口因素。

20 世纪 90 年代中期以来，随着我国原油进口量的不断增加，原油进口贸易对我国石化工业布局的影响日益显现。作为进口原油接卸地的大连、青岛、宁波、茂名等沿海港口城市作为“准原料地”成为石化工业布局热点，大连形成以大连石化、大连西太平洋石化为主体的 3050 万吨/年的炼油能力，青岛 1000 万吨/年大炼油工程已建成投产，拥有年吞吐能力 4500 万吨深水海运码头的镇海炼化业已开工建设 100 万吨/年乙烯工程，而位于东南沿海的湛江、茂名、泉州、惠州已经或即将建成一系列“大炼油、大乙烯”工程，围绕沿海原油接卸港口的港口石化工业群正在形成。此外，随着年输油能力 2000 万吨中哈原油管线的完工，通过 252 千米石油管线与之相连的独山子石化已开工建设 1000 万吨/年炼油工程和 120 万吨/年乙烯工程。

三、国家政策因素对我国石化工业布局的影响

石化工业作为国家基础性产业，对国家经济发展与稳定起着重要作用。在过去的计划经济体制下，政府统购统销，政企不分，国家以军事化和行政化的手段来管理我国的石油和石化工业。改革开放后，我国对石化工业组织方式进行改革，实行企业化运作，最终形成中石化、中石油、中海油三大石化集团，但这些企业仍属国有企业，石化工业的发展与布局仍深受国家政策的影响。

（一）国家区域政策对我国石化工业布局的影响

区域政策（regional policy），通常是指一国政府为改善本国经济活动的空间分布，促进国内各地区经济均衡和有效的发展，而实施的各种措施或行为的总称。作为支撑区域发展的产业则成为区域政策实施的具体体现，国家通过区域政策引导产业布局，从而实现区域发展目标。

新中国成立后，为了改变生产力分布不合理状况，我国将工业接近原料、燃料产区和产品消费区，提高落后地区的经济水平，并有利于巩固国防，作为调整生产力布局的原则和方向（魏后凯，2006）。在这一思想指导下，尤其是国防因素影响下，“一五”期间，东北和西部地区成为刚起步的石化工业布局的重点，国家建设的两大化工企业——吉林化工和兰州化工即布局于东北和西北地区。之后到20世纪70年代末随着大庆、胜利、大港等油田的建成，在“使工业接近原料、燃料产区和产品消费区”思想的指导下，我国在原油产地或石化产品消费地陆续建立了大庆、胜利、上海、北京石化总厂、克拉玛依等石化和炼油企业。

这一时期，受“大而全，小而全”建设地方性完整工业体系，以及“三线”建设等区域发展政策的影响，浙江、清江、济南、安庆、九江、长岭等一批地方性或当时不具备区位优势的炼油企业纷纷建成，给我国石化工业布局的合理性带来了一定的负面影响。

改革开放后，我国生产力布局和区域经济发展的指导方针，逐步转移到以提高经济效益为中心，向沿海地区倾斜，并且实施沿海对外开放政策，东部沿海地区遂成为我国产业布局与发展的重点。20世纪80年代，以多套30万吨/年乙烯生产装置为代表的石化工业发展重点在东部沿海，之后我国石化工业改造、扩能的重心始终是东部沿海地区。

（二）国家产业政策对我国石化工业布局的影响

产业政策（industrial policy）是一个国家的中央或地区政府为了其全局和长远利益而主动干预产业活动的各种政策的总和（苏东水，2000）。

从产业组织政策来看，改革开放后，我国为了打破原有计划经济体制下政企不分的状况，在组织和体制上保证石化工业的发展，组建了中国石化总公司、中国石油天然气总公司和中国海洋石油总公司，采用企业化方式管理和经营全国石油、石化业务。但是这种单一专业公司运作方式，限制了石油化工业向集约、系列、大型、深度化方向发展，也限制了行业内部的竞争。1998年国家又对石油和化工行业进行重组，形成上下游、产销一体化的中石化集团及中石油集团，加上中海油集团，国内形成了三大石油和化工集团。经过一系列重组与改革，我国石化工业初步建立了企业化的经营运作模式，石化工业在布局与选址方面更具合理化和市场化。

随着我国加入世界贸易组织，并承诺逐步开放石油化工等垄断性行业，在获得政策允许后，国外跨国石化企业开始大规模、全方位地进入国内石化市场。2005年国务院出台鼓励和引导民营企业发展的“非公经济36条”，允许非公有制资本进入石油等垄断行业和领域。民营资本大规模进入石化行业，成为我国石化行业发展的重要力量。无论是跨国石化公司还是民营资本的进入，都对我国石化工业空间结构产生重要影响。

从产业结构与布局政策来看，国家石化发展与布局的政策对石化工业的布局和发展有着重要的现实指导意义。2006年国家在《炼油工业中长期发展规划》以及《乙烯工业中长期发展规划》中提出“改善炼油工业布局”，“加快沿海地区乙烯工业发展”，淘汰小炼油，采取“基地化、大型化、一体化、园区化”的乙烯发展模式，从而掀起了我国以东部沿海地区为重点的“大炼油、大乙烯”建设的高潮。

四、中国石化工业空间格局发展趋势

（一）从宏观层面看——石化工业布局呈现集聚与分散并存的空间格局

我国石化工业尤其是乙烯工业存在规模小、布局分散的问题，炼油工业布局与油品消费市场不匹配，中南、西南地区炼油能力不足。而我国国土面积广阔，所有石化工业也不可能布局在同一地区，因此石化工业未来大致会形成以石化产业区和产业基地为支撑的“点、带”式分散与集聚布局并存的空间格局。具体来说，我国将形成“沿海石化产业带”和“中西部石化产业集聚点”并存的石化空间格局，在此基础上将形成“三大石化产业区”和“九大石化产业基地”。

沿海地区港口众多，对外联系便捷，石化工业基础雄厚，是成品油及各种石化产品的主要消费地，是国内石化集团、跨国石化企业投资的重点，以及民营石化企业最集中、最发达的地区，将成为与美国“墨西哥湾”、日本“太平洋沿岸”相媲美的新兴石化产业集聚带。此外为了减少成品油、石化产品的跨区域运输，我国东北、中南、西南、西北将形成若干个石化产业集聚点以满足本区域的消费需求。

在以上宏观空间格局下，未来我国将形成沿海“三大石化产业区”和遍布全国的“九大石化产业基地”。具体来说，三大石化产业区包括环渤海、长三角和泛珠三角石化产业区，这三大地区是我国石化工业基础最为雄厚、发展前景最广阔的地区，是构成沿海石化产业带的主体。环渤海石化产业区主要包括辽中南、京津冀、山东半岛三大石化基地，该石化产业区内不但有大连、青岛等众多原油、石化产品进出口港口，而且有丰富的原油资源，同时也是我国经济最发达的地区之一；长三角石化产业区主要由沪、苏、浙石化基地构成，该地区石化工业基础雄厚，重化工业发达，同时也是国外石化公司投资最集中、民营石化企业最发达的地区；泛珠三角石化产业区主要由闽、粤、桂沿海石化产业基地构成，该地区是我国石化工业发展的新兴地区，主要由新建及在建石化项目构成。

除以上五大石化产业基地外，我国还有吉－黑（吉林－黑龙江）、西北（新疆－兰州）、中南（武汉－岳阳）、西南（成都－重庆－昆明）等四大石化产业基地。

（二）从中观层面看——石化工业向大型化、基地化、园区化方向发展

针对我国石化企业规模小、集中度低、技术比较落后、创新能力差、污染严重等问题，我国石化工业将进一步淘汰“小炼油、小乙烯”及落后的技术，兴建一批大型炼化一体化企业，引导石化工业向基地化、园区化方向发展，最终在沿海、沿江和产业优势地带形成以大型炼化一体化石化园区和基地为重点，竞争力、专业化强的特色化工园区为补充的园区和产业群。

在大连、齐鲁、抚顺、高桥、上海等现有千万吨炼油、百万吨乙烯企业的基础上，我国将陆续新建或扩能一批千万吨炼油、百万吨乙烯石化企业（表 12-11），以提高我国石化工业炼油与乙烯生产能力。

表 12-11　我国主要的在建、筹建炼油和乙烯工程

工程名称	地　点	工程内容	工程状态	主要投资企业
大庆乙烯	大庆市	大庆石化 120 万吨乙烯扩建	已获批	中石油
吉林炼油乙烯	吉林市	吉林石化 1000 万吨炼油、100 万吨乙烯改造	准备中	中石油
独山子炼油乙烯	独山子市	独山子石化 1000 万吨炼油、100 万吨乙烯改造	建设中	中石油
锦西炼油	葫芦岛市	锦西石化新建 1000 万吨炼油	已获批	中石油

续表

工程名称	地　点	工程内容	工程状态	主要投资企业
中石化大港炼油乙烯	天津市	新建 1250 万吨炼油、100 万吨乙烯	已获批	中石化
中石油大港炼油乙烯	天津市	新建 1000 万吨炼油、100 万吨乙烯	准备中	中石油
燕山炼油乙烯	北京市	扩建 1000 万吨炼油、100 万吨乙烯	已获批	中石化
延安乙烯	延安市	新建 100 万吨乙烯	准备中	中石油
青岛炼油	青岛市	新建 1000 万吨炼油	建设中	中石化
威海炼油	威海市	新建 1000 万吨炼油	准备中	中石油
广州炼油	广州市	广州石化 1000 万吨炼油改扩建	建设中	中石化
茂名乙烯	茂名市	茂名石化 80 万吨乙烯扩建	建设中	中石化
惠州炼油	惠州市	1200 万吨炼油	建设中	中海油
岳阳炼油	岳阳市	1000 万吨炼油扩建改造	建设中	中石化
武汉乙烯	武汉市	新建武汉 80 万吨乙烯	建设中	中石化
成都炼油乙烯	成都市	新建 1000 万吨炼油、80 万吨乙烯	已获批	中石化
昆明炼油	昆明市	新建 1000 万吨炼油	准备中	中石油
重庆炼油	重庆市	新建 1000 万吨炼油	建设中	中石油

在已有上海、南京等化工园区基础上，依托已有及在建大型石化项目我国将形成以大庆、吉林化工园区为主体的东北化工园区，以大连、锦西、北京、天津、齐鲁、青岛、南京、上海、宁波、泉州、湄洲湾、广州、茂名、钦州化工园区为主体的沿海化工园区，以独山子、兰州、武汉、成都化工园区为主的中西部化工园区。这一类石化园区将以大型化、炼化一体化为方向，采用先进的炼油与化工生产工艺，主要从事炼油、大宗化工原材料的生产，为当地企业提供成品油、化工基础原材料，是我国石化工业的支撑和石化园区的主干。

依托大型石化园区，将形成一批特色鲜明、经营灵活、专业化强，主要从事石化下游和精细化工产品生产的特色化工园区，如以塑料、精细化工为主的扬子江国际化工区（张家港）、泰兴精细化工园区、深圳精细化工园区等。

（三）从微观层面看——石化工业投资主体多元化进一步深入

从企业层面看，我国石化工业将形成以国有企业为主导，跨国公司以及民营资本积极跟进的发展格局。

国有大型石化集团未来仍将是石化工业投资的主体，在国家石化行业发展政策的指导下，我国将建立一系列大型石化工业基地，引领国内石化工业的发展，主导石化工业空间分布格局。

跨国公司将在国内投资石化产业纳入其全球石化产业链中的同时，进一步加大对国内的投资力度。除整合和提升现有精细化工产业外，其凭借资金、技术优势将大规模进入石化上游炼油和乙烯的生产，再以石化基础雄厚、邻近消费地的沿海地区为重点建立一批石化产业群和产业园区，形成炼油、大宗石化产品、精细化工为一体的生产体系，以及遍布全国的产品销售网络。此外，上海、北京、南京等中心城市将逐步成为跨国石化企业研发和资本运作的中心，跨国石化企业的区域总部会更多地在这些中心城市设立，以此来协调企业在全国范围内的研发、投资、营销、物流、生产等环节。

随着民营资本行业准入门槛的降低，民营石化企业规模将不断扩大，在继续增强自身在润滑油、聚酯、合成纤维、精细化工等专业化领域实力的同时，一些有实力的民营资本将进入大型石化项目的建设，其布局也将向大型石化基地和石化园区集聚，而不再局限在目前的二线城市和小城镇。

参 考 文 献

国际统计局工业交通统计司，国家发展和改革委员会能源司. 2007. 中国能源统计年鉴 2006. 北京：中国统计出版社
李小建等. 1999. 经济地理学. 北京：高等教育出版社
林大建. 1998. 时机与方式的选择：跨国公司进入我国石化行业的战略分析. 国际贸易，(12)：11 ~ 13
刘剑平，朱和. 2003. 国外大石油石化公司进军中国市场现状与策略分析. 石油化工技术经济，19（6）：8 ~ 16
刘铁男等. 2007. 中国石化工业发展回顾与展望. 北京：经济科学出版社
罗益锋. 1996. 世界石油化工新动向与对策研讨. 石油化工动态，4（10）：8 ~ 15
穆建新. 2006. 长江三角洲石化工业空间结构演化研究. 华东师范大学硕士学位论文
钱伯章. 2005. 世界化工园区近期发展巡礼. 中国石油和化工经济分析，(5)：59 ~ 65
苏东水. 2000. 产业经济学. 北京：高等教育出版社
唐少清. 1998. 跨国化工公司对中国及亚洲投资战略. 中国化工，(7)：49 ~ 52
魏后凯. 2006. 现代区域经济学. 北京：经济管理出版社
魏心镇. 1982. 工业地理学. 北京：北京大学出版社
辛言. 2007. 中国原油产量（2001 ~ 2006 年）. 国际石油经济，(3)
杨屹. 2006. 化学工业布局与中国城市经济发展研究. 华东师范大学硕士学位论文
张德义. 2005. 近年来世界炼油工业发展动态及未来趋势——炼油工业与原油资源述评之二. 当代石油石化，13（8）：5 ~ 11
《中国石油化工集团公司年鉴》编委会.（2001，2005，2006）. 中国石油化工集团公司年鉴（2001 年、2005 年、2006 年）. 北京：中国石化出版社
《中国石油化工总公司年鉴》编辑部.（1988，1991，1995，1998）中国石油化总公司年鉴（1988 年、1991 年、1994 年、1997 年）. 北京：中国石化出版社
中国石油和化工园区. 2007-12-23. 园区总汇——中国. http：//cip. chemall. com. cn/parkareanew. asp
中国石油天然气集团.（2002，2005，2006）. 中国石油天然气集团公司年鉴（2001 年、2005 年、2006 年）. 北京：石油出版社
中华人民共和国交通部. 2005. 2005 年全国交通统计资料汇编
钟荷. 2006. 2005 年世界炼油能力及油气产储量盘点. 中国石油和化工经济分析，(4)：58 ~ 60
朱和. 1997. 世界石化产业结构的三次重大调整及启示. 石油化工技术经济，(3)：1 ~ 4，8

第十三章　中国制造业的发展与空间集聚

制造业是指对原材料（包括农产品和采掘业的产品）进行加工或再加工，以及对零部件进行装配的工业的总称（李小建，1999）。按照我国现在广泛采用的三次产业分类标准，可将全部经济活动划分为第一产业、第二产业和第三产业。一般认为，第二产业包括工业和建筑业（江激宇，2006）。制造业是工业的主体部分，不包括工业中的采矿业和电力、燃气及水的生产和供应业，这是本书研究的主要范畴。

我国现阶段正处于工业化和城市化快速发展的重要时期，作为工业主体部分的制造业，对我国当前的经济发展具有举足轻重的作用。制造业是国民经济的物质基础和产业主体，是富民强国之本，是国家科技水平和综合实力的重要标志；制造业是国民经济高速增长的发动机，是加速工业化的主导产业，也是发挥后发优势、实施跨越战略的中坚力量；制造业也是中国的国际竞争力的重要体现，是世界产业转移和调整的承接主体，决定着中国在经济全球化格局中的国际分工地位。工业化的发展是一个漫长的过程，在未来相当长的时期内，我国仍将处于工业化阶段，制造业作为一个国家工业化中期经济腾飞的主要支撑，它的发展状况将直接影响我国经济增长的速度和质量。因此，对我国制造业发展与布局的研究对我国当前经济发展的实践具有重要的现实意义。

第一节　中国制造业发展的基本格局

中华人民共和国成立以来，我国的制造业经过近60年的发展，已经成为国民经济的重要组成部分。我国制造业增加值在2005年达到60 118亿元，占当年国内生产总值的32.7%，占第二产业增加值的68.8%，占全部工业增加值的77.8%。制造业成为实现就业的重要产业，2002年我国制造业从业人员8307万人，约占全国工业从业人员总数的86.1%，占全国从业人员总数的11.3%。制造业也吸收了大部分的外商直接投资，成为引进国际先进技术和管理经验的重要部门，2005年制造业吸收的外商实际直接投资额占全部外商实际直接投资额的70.4%。我国制造业的总体规模已经达到了相当的水平，但其在地区间及行业间的分布是不均衡的。

一、制造业的地区和行业发展的基本态势

从2005年各地区工业增加值占全国工业增加值的比重来看（表13-1），我国的工业主要集中在东部沿海省份，其次是中部地区，西部地区省份所占最小。在31个省份中，工业增加值比重最大的为广东，达到12.27%，最小的为西藏，仅为0.02%，相差极为悬殊。比重最大的前4个省份依次为广东、山东、江苏和浙江，均为东部沿海省份，集中了全国工业增加值的41.83%。在比重大于平均值的9个省份中，仅河南为中部地区省份，其余均为东部地区省份。而在比重最小的10个省份中，除海南外，均为西部地区省份，其工业增加值仅占全国工业增加值的7.54%，不及广东省的2/3。

表 13-1 2005 年各地区工业增加值比重 单位:%

地 区	比 重	地 区	比 重	地 区	比 重
广 东	12.27	湖 北	2.85	广 西	1.48
山 东	11.20	湖 南	2.56	云 南	1.38
江 苏	10.93	山 西	2.48	重 庆	1.20
浙 江	7.43	天 津	2.21	新 疆	1.13
河 南	5.73	安 徽	2.13	贵 州	0.84
河 北	5.46	北 京	2.00	甘 肃	0.80
上 海	4.83	陕 西	1.82	宁 夏	0.27
辽 宁	4.09	内蒙古	1.73	青 海	0.24
福 建	3.33	江 西	1.70	海 南	0.18
黑龙江	3.16	吉 林	1.60	西 藏	0.02
四 川	2.96				

从2005年全部国有及规模以上非国有工业企业的工业增加值的行业比重来看（表13-2），我国制造业中，资金密集型的重化工业占有主导地位，但技术密集型的现代制造业也有了相当的发展。增加值比重最大的行业为黑色金属冶炼及压延加工业，为8%，化学原料及化学制品制造业的增加值所占比重也达到6.08%，这说明以钢铁工业和化学工业为代表的重化工业在我国制造业中仍占主导地位，这与我国处于工业化中期发展阶段的特点相适应。通信设备、计算机及其他电子设备制造业的增加值所占比重达到7.93%，仅次于黑色金属冶炼及压延加工业，交通运输设备制造业、电气机械及器材制造业、通用设备制造业的增加值也占有较大的比重，分别为5.31%、4.95%和4.11%，都属于增加值比重前十位的行业，这均说明以机械设备制造特别是通信设备制造为代表的现代制造业在我国也有了较好的发展。

表 13-2 2005 年全部国有及规模以上非国有工业企业各行业增加值比重 单位:%

代 码	行 业	比 重	代 码	行 业	比 重
13	农副食品加工业	3.80	28	化学纤维制造业	0.67
14	食品制造业	1.62	29	橡胶制品业	0.82
15	饮料制造业	1.61	30	塑料制品业	1.76
16	烟草制品业	2.85	31	非金属矿物制品业	3.89
17	纺织业	4.49	32	黑色金属冶炼及压延加工业	8.00
18	纺织服装、鞋、帽制造业	1.97	33	有色金属冶炼及压延加工业	2.67
19	皮革、毛皮、羽毛（绒）及其制品业	1.31	34	金属制品业	2.35
20	木材加工及木、竹、藤、棕、草制品业	0.71	35	通用设备制造业	4.11
21	家具制造业	0.53	36	专用设备制造业	2.33
22	造纸及纸制品业	1.59	37	交通运输设备制造业	5.31
23	印刷业和记录媒介的复制	0.64	39	电气机械及器材制造业	4.95
24	文教体育用品制造业	0.53	40	通信设备、计算机及其他电子设备制造业	7.93
25	石油加工、炼焦及核燃料加工业	2.75	41	仪器仪表及文化、办公用机械制造业	1.02
26	化学原料及化学制品制造业	6.08	42	工艺品及其他制造业	0.79
27	医药制造业	2.12	43	废弃资源和废旧材料回收加工业	0.08

二、装备制造业的发展现状和空间格局

装备制造业是为国民经济发展提供技术装备的各种制造行业的总称，主要包括机械、电子等行业，是经济发展的基础性行业之一。装备制造业的发展水平反映了一个国家在科学技术、工艺设计、材料开发、加工制造等领域的综合能力，是决定一个国家在世界经济发展进程中保持自主地位的关键因素之一。

（一）装备制造业发展水平

我国装备制造业自改革开放以来，通过消化吸收国外先进技术，加强科技攻关和技术改造，其能力和水平都有了较大的提高，形成了较完整的制造体系。据统计，全国规模以上装备制造企业约7.17万家，从业人员近1838万人，2005年工业总产值7.68万亿元人民币，利润超过3303亿元；工业增加值1.91万亿元，占国内生产总值（GDP）的9%左右。但我国装备制造业还存在总体水平比较低、研发能力与国外差距较大、自主知识产权产品较少、产业和企业结构不合理、缺乏国际竞争力等问题。

1. 发电和输变电成套设备

我国已经形成较完整的发电设备制造体系，综合生产能力达到6000万千瓦/年。目前全国发电总装机容量中，80%以上为国产机组。20世纪80年代引进的30万千瓦和60万千瓦亚临界火电机组已经实现国产化，是目前我国电力工业的主力产品。目前60万千瓦超临界火电机组已经批量生产和投运。在此基础上，应以引进技术和自主开发相结合的方式全面掌握新型发电设备制造技术。

在60万千瓦核电机组实现国产化的基础上，百万千瓦核电机组也部分实现了国产化。目前，我国已掌握70万千瓦级大型混流机组的设计制造技术，这标志着我国大型水轮机组的制造能力已达到国际先进水平。我国在大型抽水蓄能机组设计制造技术和大型风力发电机组研制上也取得了进步。

在输变电成套设备方面，我国已掌握±500千伏和±750千伏交、直流输变电关键设备制造技术，正在着手研发1000千伏特高压交流和±800千伏直流输电设备。

2. 冶金和石化装备

在冶金设备上，我国已具备年产800万吨级钢铁联合企业常规流程设备的生产能力，4000立方米高炉、干熄焦成套装置、高炉尾气回收装置等已实现了国产化，并实现了大型薄板冷热连轧成套设备的国产化。

在石油化工装备上，我国已能成套出口7000米电驱动石油钻机，千万吨级的大型炼油厂设备的国产化率达90%，并已经实现了40 000立方米等级大型空分设备、30万吨合成氨和52万吨尿素成套装置、60万～70万吨乙烯改造工程所需的压缩机等关键设备的国产化。

3. 交通运输装备制造业

近年来，我国船舶工业发展迅速。2005年，我国造船能力达到1250万载重吨，是世界第三大造船国。1999～2005年，我国造船产量的年均增长率超过20%，高于日本、韩国的增长速度。目前我国已能够建造30万吨级超大型油轮（VLCC）、大型LNG船、大型海上石油储油轮（FPSO）、8000标箱级集装箱船和3万千瓦级低速柴油机及曲轴，5万千瓦级低速船用柴油机和大型船用曲轴。

我国已经实施轨道交通设备国产化，目前自主生产率达到了70%以上。铁路四次大提速所需要的全部机车车辆、信号系统和路轨桥梁等都是具有自主品牌的产品。

4. 数控机床

2005年我国国产各类数控机床超过了5万台。五坐标以上多轴联动技术、基于PC机的数控系统

和关键功能部件国产化取得了实质性进展，过去长期依靠进口的军工行业使用的高精尖数控加工设备开始逐步实现国内供给。

（二）装备制造业的空间集聚格局

我国装备制造业经过“一五”时期的156项工程、20世纪60年代中期的“三线”建设以及改革开放以来的大发展，已经基本形成七大产业集聚区：以哈尔滨、齐齐哈尔、沈阳、大连、长春为依托的东北集聚区；以上海、南京为主的长三角集聚区；以重庆、成都、德阳为主的成渝集聚区；以西安为核心的关中集聚区；以洛阳和郑州为主的中原集聚区；以武汉为核心的武汉都市圈集聚区；以青烟威等为核心的山东半岛集聚区等。

1. 东北装备制造业集聚区

东北地区是我国装备制造业的发源地和集聚地，在“一五”时期建设的齐齐哈尔一重，哈尔滨锅炉厂、汽轮机厂、量具刃具厂，长春第一汽车厂，沈阳第一机床厂、第二机床厂等大型装备企业，在我国现代化建设和工业化进程中起到了重要作用。到目前为止，东北一直是我国重要的重型机械、发电设备、机床、汽车、成套设备、船舶、飞机制造基地，具有不可替代的地位。2004年，东北装备制造业规模以上企业的资产合计为5737.46亿元，占全国的9.49%。东北装备制造业成套重大技术装备产品的研发、制造能力位居国内前列，区域内配套能力很强，可成套提供大型发电设备与输变电设备、大型连铸连轧设备、石化设备、矿山设备、列车车辆设备、船舶、机器人等关系国计民生的重大成套装备。

2. 长三角装备制造业集聚区

以上海为核心的长江三角洲地区的装备制造业位居全国领先地位，在以汽车及其零部件为代表的交通运输设备制造业，以电子信息设备为代表的数字化、智能化、网络化装备制造业，以发电与输变电设备为代表的重大成套设备制造业等领域具有一定的优势。未来的长三角装备制造业将着眼于形成高端竞争力，发挥骨干企业引领作用，引导重点国有大型企业改制重组，构建产学研支撑体系，突破装备工业发展的体制、机制障碍和技术、装备瓶颈，实现装备制造业产业升级，加快形成具有自主知识产权和国际竞争力的装备工业大产业、大集团。在燃料电池轿车、煤液化关键设备、核电、燃气轮机、专用船舶、轨道交通、新能源汽车等领域形成一批具有国际竞争力的企业。

3. 成渝装备制造业集聚区

四川省提出以二重、东电、东汽等企业为核心，把德阳建设成为具有国际水平、国内一流、有较强竞争力的国家重大技术装备基地；以优势骨干企业为龙头，以项目为依托，打破条块分割，整合有效资源，实现优势互补，建立专业化、分工合理的配套体系，促进大型水电火电核电成套设备，以大型冶金成套设备为代表的重型机械、大型工程施工成套设备、机车车辆、石油天然气成套设备、大型化工成套设备、大型环保成套设备、航空航天空中交通管制系统成套设备等八大重点产品链的形成、优化和延伸。

重庆是我国最大的仪器仪表产学研基地之一。其工业自动化控制系统在国内市场的占有率达到15%左右，各类仪表传感元件的占有率达20%以上。重庆市内燃机2002年产量达到865万台，占全国总产量的23%。重庆齿轮加工机床代表了我国制齿机床的最高水平，齿轮检测仪器和齿轮加工刀具，国内市场的占有率达40%。重庆是我国大型变压器生产基地之一，可生产500千伏大型超高压电力变压器，其产量占全国总产量的30%。重庆还拥有完整的大型冲击式水轮发电机组制造体系，制造技术居国内领先地位，产品市场占有率达到1/4。

4. 关中装备制造业集聚区

关中地区在普通机械、专用设备、交通运输设备制造业、电气机械及器材制造业、电子及通信设备等领域，已经具备一定的产业优势。这一地区以飞机制造、航天设备、汽车制造、输变电设备、工程机械、数控机床、通信电子设备和专用设备等为重点发展领域，集中力量发展西电公司、西飞公司等一批具有较强竞争力的大型装备制造企业集团。关中地区是国内航空工业最密集的地区，在大中型飞机、航空发动机、机载设备和民用产品方面形成雄厚的科研、生产能力。在飞机设计、飞行控制、惯性导航、强度试验、飞行试验定型、机载计算机和航空发动机燃油调节系统等领域居国内领先地位。西安电力机械制造公司是国内最大的高压、超高压交直流输变电成套设备生产基地，陕西鼓风机（集团）有限公司是生产透平鼓风机、压缩机、能量回收透平机和通风机的国有大型骨干企业。宝鸡石油机械有限公司是全国最大的石油钻机制造公司之一，产品销售收入居国内同行业之首，石油钻机设备的生产达到国际同类产品的先进水平。

5. 中原地区装备制造业集聚区

中原地区在重型矿山装备、农业机械、起重设备、输变电设备制造等领域处于行业的领先地位，其市场占有份额高，有着良好的发展基础和广阔的市场空间。此地区的大中型拖拉机、大型干法水泥主机设备、二次继电保护装备、高压隔离开关、防爆电机、煤矿液压支架、有色金属加工装备、剥离深加工设备等八类产品的国内市场占有率均名列全国第一。其中，许继、平高、中信重机、一拖、开封空分、郑纺机等企业的六类产品研发水平已处于同行业领先地位。该地区还拥有超高压直流输电保护控制设备、正负电子对撞机谱仪机械系统、强力大采高液压支架、大型空分设备等一批具有自主知识产权的产品，率先实现了此类产品的国产化。

6. 武汉都市圈装备制造业集聚区

装备制造业已经成为武汉都市圈的主导产业。以东风集团为依托，在现有基础上逐步形成湖北汽车工业走廊；以武昌造船厂、青山造船厂、南华高速和宜昌造船厂为重点，发展中小型特种船舶产品，将建成国内最大的中小型特种船舶生产基地；武汉东湖新技术开发区将成为我国重要的信息产业基地；在武汉、宜昌、荆州、黄石等地，以武重、黄锻和华中数控为龙头，形成以数控机床为重点的机械制造产业链和专业化配套协作企业群体；以武锅、长动两大优势企业为基础，建成以热电联供为特色的动力设备制造基地；以武汉、荆州、鄂州、潜江为重点，以武锅和凯迪为支撑，建成了我国重要的环保设备基地。

7. 山东半岛装备制造业集聚区

山东半岛装备制造业在中国机械工业和山东省工业中具有重要的支撑作用。目前已经形成普通机械、专用机械、交通运输设备、电子及通信设备等四类装备制造业。在普通机械制造业方面，主要有锅炉、内燃机、机床、发电及输变电设备、关键零部件以及仪器仪表、电机、泵类等产品；在专用机械制造业方面，主要有农业机械、工程机械、环保及资源综合利用设备、新型医疗器械及轻工、纺织、化工、建材、煤炭、冶金等行业的专用设备；在交通运输设备制造业方面，主要有汽车、船舶和现代物流装备；在电子及通信设备制造方面，主要有计算机、网络和通信产品、软件以及系统集成、新型电子元器件。

第二节　中国制造业空间集聚态势

本章主要的数据来源于历年的《中国工业经济统计年鉴》、《中国统计年鉴》以及《中国经济普查年鉴（2004）》等，更详细的企业资料来源于第一次全国基本单位普查（1996 年），第二次全国基本单位普查（2001 年）以及第一次全国经济普查（2004 年）。普查资料中包括了当年内所有独立核算的制造业企业，每条企业数据均包含企业详细地址、企业所在县（市、区）的编码，四位数的产业分类、从业人员年平均人数以及所有制情况等信息。

本章采用年平均就业人数作为计算指标。虽然从就业人数来考察会受到不同地区、不同产业部门的劳动生产率差异的影响，但由于数据的可获得性等原因，就业人数仍是一个经常被采用的指标。目前已有的对美国（Ellison，Glaeser，1997；Rosenthal，Strange，2001）、法国（Maurel，Sedillot，1999）、西班牙（Alonso-Villar et al.，2004）、英国（Devereux et al.，2004）、爱尔兰和葡萄牙（Barrios et al.，2005）、瑞典（Braunerhjelm，Johansson，2003）等国的产业空间集聚的实证研究，也大多采用就业人数指标，我们采用就业人数进行计算，便于国际间的相互比较。另外，区域总就业由区域内所有制造业的就业总和来代替。

一、以省为单元的两位数制造业的产业集聚状况

表 13-3 列出了所有两位数制造业以省为分析单元的各类指标值及其主要聚集省份，下面对其作一些分析。

表 13-3　两位数制造业以省为分析单元的各类指标值及其主要聚集地（2004）

产业	H	GN	EG	MS	CR_4	第一	第二	第三	第四
13 农副食品加工业	0.000 343	0.425 789	0.060 293	0.023 066	0.460 547	山东	河南	江苏	广东
14 食品制造业	0.001 18	0.291 319	0.020 658	-0.019 64	0.390 414	山东	广东	河南	福建
15 饮料制造业	0.001 612	0.374 307	0.029 981	-0.026 08	0.367 872	山东	四川	江苏	河南
16 烟草制品业	0.010 547	0.585 684	0.062 005	-0.032 33	0.381 447	云南	河南	贵州	湖北
17 纺织业	0.000 12	0.274 939	0.023 315	0.035 938	0.621 368	江苏	浙江	山东	广东
18 纺织服装、鞋、帽制造业	0.000 119	0.315 039	0.019 356	0.064 026	0.668 931	广东	江苏	浙江	福建
19 皮革、毛皮、羽毛（绒）及其制品业	0.000 42	0.494 949	0.075 344	0.136 078	0.797 825	广东	浙江	福建	山东
20 木材加工及木、竹、藤、棕、草制品业	0.000 836	0.343 346	0.018 895	-0.008 02	0.437 315	江苏	山东	浙江	吉林
21 家具制造业	0.000 712	0.359 374	0.047 937	0.096 999	0.642 659	广东	浙江	福建	山东
22 造纸及纸制品业	0.000 441	0.222 909	0.009 531	0.005 644	0.499 767	山东	广东	浙江	河南
23 印刷业和记录媒 介的复制	0.000 462	0.249 158	0.014 921	0.017 495	0.489 404	广东	浙江	江苏	北京
24 文教体育用品制造业	0.000 635	0.511 022	0.126 859	0.230 289	0.814 898	广东	江苏	浙江	山东
25 石油加工、炼焦及核燃料加工业	0.001 914	0.595 95	0.094 663	0.008 906	0.481 528	山西	山东	辽宁	黑龙江
26 化学原料及化学制品制造业	0.000 283	0.280 659	0.019 975	-0.023 39	0.364 912	江苏	山东	广东	湖南
27 医药制造业	0.000 894	0.313 997	0.020 053	-0.033 05	0.314 638	山东	江苏	河南	浙江
28 化学纤维制造业	0.004 033	0.399 456	0.047 539	0.048 797	0.619 717	江苏	浙江	山东	辽宁
29 橡胶制品业	0.001 31	0.231 305	0.008 315	0.010 634	0.524 366	山东	广东	浙江	江苏
30 塑料制品业	0.000 19	0.280 374	0.025 754	0.070 126	0.635 241	广东	浙江	江苏	福建
31 非金属矿物制品业	0.000 125	0.272 042	0.016 679	-0.021 54	0.382 756	山东	广东	河南	江苏

续表

产业	H	GN	EG	MS	CR_4	第一	第二	第三	第四
32 黑色金属冶炼及压延加工业	0.002 63	0.512 467	0.058 432	-0.022 13	0.398 357	河北	辽宁	江苏	山西
33 有色金属冶炼及压延加工业	0.002 639	0.447 157	0.033 522	-0.035 22	0.293 41	河南	甘肃	山东	广东
34 金属制品业	0.000 171	0.225 938	0.011 891	0.044 473	0.611 769	广东	江苏	浙江	山东
35 通用设备制造业	0.000 153	0.245 606	0.022 369	0.009 608	0.512 862	江苏	浙江	山东	上海
36 专用设备制造业	0.000 618	0.223 922	0.010 799	-0.015 2	0.419 924	江苏	山东	广东	河南
37 交通运输设备制造业	0.000 532	0.348 875	0.024 021	-0.025 66	0.337 732	浙江	江苏	湖北	山东
39 电气机械及器材制造业	0.000 228	0.296 089	0.035 05	0.089 985	0.674 253	广东	浙江	江苏	山东
40 通信设备、计算机及其他电子设备制造业	0.000 325	0.472 315	0.103 769	0.185 676	0.747 423	广东	江苏	上海	浙江
41 仪器仪表及文化办公用机械制造业	0.000 916	0.326 435	0.032 093	0.069 785	0.620 599	广东	浙江	江苏	上海
42 工艺品及其他制造业	0.000 626	0.368 272	0.031 119	0.055 428	0.683 953	广东	福建	浙江	山东
43 废弃资源和废旧材料回收加工业	0.007 081	0.439 903	0.034 367	0.039 293	0.591 262	浙江	广东	湖北	上海

注："第一、第二、第三、第四"依次为该产业就业份额最大的省份。

第一，从 H 指数来看，烟草制品业、化学纤维制造业、有色金属冶炼及压延加工业、黑色金属冶炼及压延加工业、石油加工、炼焦及核燃料加工业、废弃资源和废旧材料回收加工业、饮料制造业等 7 个产业的市场集中程度较高，超过了两位数制造业产业的平均值。这些产业或者需要特定的资源，或者需要较大的资金投入，其进入门槛较高，企业规模较大，市场集中度较高。纺织服装业、鞋帽制造业、纺织业、非金属矿物制品业、金属制品业等一些劳动密集型产业的 H 指数较小，由许多富有竞争力的中小企业组成。

第二，上述 H 指数较大的 7 个产业的空间基尼系数仍然较大，均超过了两位数制造业产业的平均值，这说明空间基尼系数受到产业内企业规模分布的影响。而其中仅有化学纤维制造业、废弃资源和废旧材料回收加工业两个产业的 MS 指数超过了两位数制造业 MS 指数的平均值。

第三，从 MS 指数来看，30 个两位数制造业中有 19 个产业呈现出不同程度的集聚态势，其 MS > 0。按照前文所述的集聚程度分类标准，其中有 5 个产业属于低集聚水平，5 个产业属于中等集聚水平，9 个产业属于高集聚水平。MS 指数超过平均值的 13 个产业中，既包括一些劳动密集型产业，如纺织业、纺织服装业、鞋帽制造业；也包括一些资金技术密集型产业，如仪器仪表及文化、办公用机械制造业、通信设备、计算机及其他电子设备制造业、电气机械及器材制造业、化学纤维制造业。MS <0，说明在该产业中分散力量比集聚力量占优势，产业内的企业表现为分散布局（Maurel，Sedillot，1999），这样的产业有 11 个，包括有色金属冶炼及压延加工业、烟草制品业、黑色金属冶炼及压延加工业、饮料制造业、化学原料及化学制品制造业、医药制造业、非金属矿物制品业等。有意思的是，这些 MS 指数最小的产业中，有很多属于 Herfindahl 指数较大的产业。

第四，从空间集中度 CR_4 来看，最大的为文教体育用品制造业，达到 0.81，说明产业份额最大的四个省占到整个产业就业的 81%，其中份额最大的为广东省，达到 50%。

第五，从产业的主要集聚省份来看，我国制造业明显地集中于广东、山东、江苏、浙江等东部沿海省份。有 11 个产业的最大份额省份为广东，7 个产业的最大份额省份为山东，6 个产业的最大份额省份为江苏，2 个产业的最大份额省份为浙江，其余 4 个产业分别是河南的有色金属冶炼及压延加工业、云南的烟草制品业、河北的黑色金属冶炼及压延加工业以及山西的石油加工、炼焦及核燃料加工业，这4个产业均需要依赖当地有利的资源条件，而且最大份额省份所占的就业比例并不大，其空间集中度 CR_4 也较小。从各产业的前4位份额省份来看，山东分别在22个产业中处于前4位，广东、江苏分别在21个产业中处于前4位，浙江在20个产业中处于前4位，这4个省份占据了一共120个席位中的84个。此外，河南在9个产业中处于前4位，福建在6个产业中处于前4位，上海在4个产业中处于前4位，辽宁、湖北分别在3个产业中处于前4位，山西在2个产业中处于前4位，北京、黑龙江、吉林、贵州、四川、河北、云南、湖南、甘肃仅在1个产业中处于前4位。

第六，EG指数和MS指数之间的相关系数较高而且统计显著，但它们之间仍存在一些差异。MS指数大于EG指数的有15个产业，这些产业的空间集中度 CR_4 都很高，并且这些产业的最大份额省份均为东部沿海工业化程度较高的广东、山东、江苏或者浙江。MS指数小于EG指数的15个产业的空间集中度 CR_4 都较小，均低于空间集中度 CR_4 的平均值。

二、以省、地、县为单元的两位数制造业的产业集聚的对比

以地、县为空间分析单元的两位数制造业的产业集聚与以省为空间分析单元的两位数制造业的产业集聚相类似，在此不再分别论述，仅对它们之间的不同点进行一些分析。表13-4列出了两位数制造业产业在省、地、县不同空间尺度下的MS指数。

表13-4　两位数制造业在省、地、县不同空间尺度下的MS指数（2004）

两位数产业	MS-省	排序	MS-地	排序	MS-县	排序
13	0.023 066	14	-0.001 28	24	-0.000 66	25
14	-0.019 64	22	-0.001 65	26	-0.000 94	26
15	-0.026 08	27	-0.005 99	29	-0.001 51	30
16	-0.032 33	28	-0.006 72	30	-0.000 32	24
17	0.035 938	13	0.005 821	15	0.001 402	20
18	0.064 026	8	0.014 247	10	0.004 995	10
19	0.136 078	3	0.032 756	4	0.015 572	4
20	-0.008 02	20	0.000 991	20	0.001 683	17
21	0.096 999	4	0.020 78	6	0.015 144	5
22	0.005 644	19	-0.000 87	22	0.001 49	19
23	0.017 495	15	0.011 267	12	0.003 286	14
24	0.230 289	1	0.043 504	2	0.032 112	1
25	0.008 906	18	0.004 327	17	0.004 29	11
26	-0.023 39	25	-0.004 13	28	-0.001 44	29
27	-0.033 05	29	-0.001 05	23	-0.001 06	28
28	0.048 797	10	0.014 561	9	0.007 936	9
29	0.010 634	16	0.008 853	13	0.002 553	16
30	0.070 126	6	0.015 556	8	0.008 001	8
31	-0.021 54	23	-0.003 51	27	-0.001 02	27
32	-0.022 13	24	0.001 874	19	0.003 313	13
33	-0.035 22	30	-0.001 35	25	0.001 508	18
34	0.044 473	11	0.008 448	14	0.002 78	15
35	0.009 608	17	0.004 058	18	-0.000 25	23

续表

两位数产业	MS-省	排序	MS-地	排序	MS-县	排序
36	-0.015 2	21	0.000 853	21	-0.000 018	22
37	-0.025 66	26	0.005 727	16	0.000 513	21
39	0.089 985	5	0.017 914	7	0.010 542	7
40	0.185 676	2	0.058 521	1	0.026 825	2
41	0.069 785	7	0.023 709	5	0.010 893	6
42	0.055 428	9	0.014 13	11	0.003 426	12
43	0.039 293	12	0.032 764	3	0.025 011	3

从表13-4中可以看出，空间尺度的确影响了产业集聚的程度，一般来说，空间尺度越小，集聚程度越低。另据计算，以县为空间单元的MS指数与以省、地为空间单元的MS指数之间的相关系数分别为0.873和0.940，以省为空间单元的MS指数与以地为空间单元的MS指数之间的相关系数为0.911，并且都在0.01的显著性水平下统计显著。这说明不同空间单元下，产业集聚程度高度相关，但仍存在一些差异。一般来说，空间尺度越小，MS指数越小，集聚程度越低。文教体育用品制造业、通信设备、计算机及其他电子设备制造业、皮革、毛皮、羽毛（绒）及其制品业、家具制造业等大多数产业表现出这种规律。但也有部分产业在县之间的分布表现为集聚，而在省之间的分布表现为分散，这说明这些产业在一个省内主要集聚在某几个县，而在省之间分布较为均衡，如黑色金属冶炼及压延加工业、交通运输设备制造业、黑色金属冶炼及压延加工业等。

对比以县为空间单元和以地区为空间单元时的MS指数，虽然以地区为空间单元时的MS指数更大，但两者之间的差异并不大。从两者的平均值来看，以地区为空间单元的MS指数的平均值为0.0105，以县为空间单元的MS指数的平均值为0.0059，平均值之比为0.56。这意味着企业在同一个地区集聚的趋势中，大约一半是企业在同一个县集聚的趋势。相应地，以省为分析单元时MS指数的平均值与以地、县为分析单元时MS指数的平均值之比分别为0.32和0.18。因为一个省通常平均包含多于三个的地级单元和多于六个的县级单元，一个地级单元通常包含多于两个的县级单元，所以县之内的集聚效应要比县之间的集聚效应大，地区之内的集聚效应要比地区之间的集聚效应大。但是，县之间的集聚效应仍然是存在的。这也可以从空间集中度指标来看，省、地、县三个空间尺度下的空间集中度分别为0.53、0.22和0.13，也就是说53%的产业份额集中在四个省，其中有22%的产业份额集中在四个地区，13%的产业份额集中在四个县。如果53%的产业份额在省内平均分布，每个省将只有不到三个地级单元和四个县级单元，而平均一个省有多于三个的地级单元和多于四个的县级单元，一个地级单元有多于两个的县级单元，所以更多的企业倾向于集聚在同一个县内。

三、三位数制造业的空间集聚状况

从赫芬代尔指数来看，核燃料加工、其他烟草制品加工、核辐射加工、竹藤家具制造、纸浆制造、雷达及配套设备制造、纤维素纤维原料及纤维制造、炼钢等产业的市场集中度最高，这些产业或者是一些特殊产业，或者是资金技术密集型产业，或者是对原材料有较高要求的产业。而市场集中度最低的产业包括纺织服装制造、棉、化纤纺织及印染精加工、针织品、编织品及其制品制造、水泥、石灰和石膏的制造、纸制品制造、砖瓦、石材及其他建筑材料制造等，这些产业的规模经济性较低，企业规模小，大多为劳动密集型的传统产业。

由于企业更倾向于在县内集聚，我们考察以县为空间单元的MS指数。在169个三位数制造业产业中，MS<0的产业仅有11个（表13-6），这说明大多数制造业在县之间的分布可以认为是集聚的。这11个产业依次包括核燃料加工、其他烟草制品加工、肥料制造、水泥石灰和石膏的制造、谷物磨制、酒的制造、卷烟制造、兽用药品制造、饲料加工、中成药制造、其他食品制造业，这些产业的需

求多是地方性的。MS 指数最大的 15 个产业包括丝绢纺织及精加工，水产品加工，文化、办公用机械制造，家用电力器具制造，体育用品制造，玩具制造，其他家具制造，其他塑料制品制造，纺织面料鞋的制造，电子计算机制造，家用视听设备制造，其他电子设备制造，塑料人造革、合成革制造，游艺器材及娱乐用品制造，交通器材及其他交通运输设备制造业（表 13-5）。这些产业可以分为两类：一类为资金技术密集型产业，如电子计算机制造业、家用视听设备制造业等；一类为劳动密集型的传统产业，如丝绢纺织及精加工、纺织面料鞋的制造业等。

表 13-5　集聚程度最高的前 20 个三位数制造业（2004 年，以县为空间单元）

代码	产业名称	H	EG	MS	CR_4	第一
379	交通器材及其他交通运输设备制造	0.020 152	0.158 838	0.156 399	0.516 869	山东
245	游艺器材及娱乐用品制造	0.014 546	0.087 202	0.093 538	0.583 137	浙江
305	塑料人造革、合成革制造	0.004 647	0.086 786	0.086 217	0.416 564	浙江
409	其他电子设备制造	0.005 033	0.055 224	0.071 311	0.403 397	广东
407	家用视听设备制造	0.002 834	0.045 818	0.060 778	0.446 119	广东
404	电子计算机制造	0.003 071	0.044 487	0.057 351	0.425 258	广东
182	纺织面料鞋的制造	0.005 902	0.043 309	0.054 438	0.368 047	广东
309	其他塑料制品制造	0.001 697	0.038 943	0.053 463	0.370 47	广东
219	其他家具制造	0.006 899	0.039 544	0.052 523	0.433 837	广东
244	玩具制造	0.001 228	0.033 278	0.047 106	0.362 832	广东
242	体育用品制造	0.002 822	0.029 204	0.041 554	0.348 039	广东
395	家用电力器具制造	0.002 748	0.033 157	0.040 404	0.345 076	广东
415	文化、办公用机械制造	0.008 444	0.026 293	0.039 247	0.345 429	广东
136	水产品加工	0.001 193	0.042 698	0.039 211	0.296 64	山东
174	丝绢纺织及精加工	0.000 758	0.039 13	0.037 035	0.338 587	浙江
431	金属废料和碎屑的加工处理	0.009 781	0.039 284	0.036 316	0.369 144	浙江
374	自行车制造	0.001 971	0.030 586	0.035 175	0.323 594	广东
402	雷达及配套设备制造	0.044 081	0.040 24	0.035 15	0.467 475	四川
419	其他仪器仪表的制造及修理	0.020 924	0.023 527	0.034 941	0.394 437	广东
413	钟表与计时仪器制造	0.003 841	0.024 04	0.033 628	0.349 556	广东

注：“第一”表示该产业就业份额最大的省份。

表 13-6　集聚程度最低的前 20 个三位数制造业（2004 年，以县为空间单元）

代码	产业名称	H	EG	MS	CR_4	第一
314	玻璃及玻璃制品制造	0.001 094	0.003 674	0.000 744	0.075 943	山东
144	液体乳及乳制品制造	0.007 093	0.005 414	0.000 645	0.147 166	黑龙江
361	矿山、冶金、建筑专用设备制造	0.001 921	0.004 792	0.000 514	0.077 416	山东
221	纸浆制造	0.044 584	0.001 99	0.000 445	0.323 876	黑龙江
312	水泥及石膏制品制造	0.000 735	0.002 694	0.000 345	0.068 523	江苏
273	中药饮片加工	0.009 547	0.004 142	0.000 309	0.146 774	山东
359	金属铸、锻加工	0.000 499	0.003 427	0.000 117	0.057 091	江苏
261	基础化学原料制造	0.001 111	0.004 548	0.000 111	0.071 798	江苏

续表

代码	产业名称	H	EG	MS	CR_4	第一
146	调味品、发酵制品制造	0.013 17	0.004 014	0.000 278	0.200 084	山东
149	其他食品制造	0.002 827	0.003 315	-0.000 069	0.088 249	山东
274	中成药制造	0.002 339	0.004 429	-0.000 43	0.065 339	广东
132	饲料加工	0.000 938	0.003 581	-0.000 44	0.063 457	山东
275	兽用药品制造	0.006 499	0.004 207	-0.000 44	0.092 769	山东
162	卷烟制造	0.014 179	0.004 633	-0.000 74	0.127 329	云南
152	酒的制造	0.002 101	0.004 322	-0.000 78	0.080 891	山东
131	谷物磨制	0.000 718	0.004 399	-0.001	0.051 978	河南
311	水泥、石灰和石膏的制造	0.000 343	0.003 504	-0.001 66	0.032 573	山东
262	肥料制造	0.002 252	0.003 252	-0.002 02	0.051 079	山东
169	其他烟草制品加工	0.253 924	0.004 55	-0.002 84	0.648 52	甘肃
253	核燃料加工	0.506 684	0.003 708	-0.003 2	1	山东

注：“第一”表示该产业就业份额最大的省份。

对比省、地、县三个不同空间尺度下的MS指数（表13-7），我们发现空间尺度越小，表现为分散和高集聚水平的产业数就越少。这表明许多在省之间表现为集聚的产业，在省内的集聚并不明显甚至分散。比如，谷物磨制，以省为空间单元时的MS指数是0.021 23，属于中等集聚水平，以县为空间单元时的MS指数是-0.0010，表现为分散的态势，其第一份额省份河南省所占比例达到23%。类似的产业还有丝绢纺织及精加工、水产品加工、制糖、其他电子设备制造、照明器具制造、家用电力器具制造、玩具制造等。而许多在省之间表现为分散的产业，在省内则集中在某几个地区，如常用有色金属冶炼、汽车制造、中药饮片加工、钢压延加工、有色金属合金制造、稀有稀土金属冶炼等。

表13-7　不同空间尺度下三位数制造业产业MS指数的分布（2004年）

项　目	MS的平均值	MS的中位数	MS<0	0<MS<0.2	0.2<MS<0.5	MS>0.5
省	0.057 749	0.032 703	44	28	29	68
地	0.025 878	0.017 245	18	72	52	27
县	0.014 203	0.007 937	11	124	25	9

注：MS<0表示在此范围的产业个数，其他类似。

从产业的第一份额省份来看，广东在60个三位数制造业产业中占据优势，主要包括家具制造业、文教体育用品制造业、塑料制品业、金属制品业、电气机械及器材制造业等。山东在28个三位数制造业产业中占据优势，主要是农副食品加工业、食品制造业等。江苏在26个三位数制造业产业中占据优势，主要是纺织业、化学原料及化学制品制造业、通用设备制造业、专用设备制造业等。浙江在17个三位数制造业产业中占据优势，主要是纺织业、皮革、毛皮、羽毛（绒）及其制品业、通用设备制造业等。可以看出，东部沿海省份在制造业中占有绝对优势，并且以资金技术密集型和劳动密集型产业为主。中部省份中有山西在炼焦和炼铁、江西在稀有稀土金属冶炼、湖南在有色金属合金制造和铁合金冶炼、河南在谷物磨制和方便食品制造中占据优势，西部省份中重庆在摩托车制造、云南在卷烟制造、陕西在航空航天器制造、贵州在烟叶复烤、广西在制糖、甘肃在常用有色金属冶炼中占据优势，这些产业大部分是依靠当地有利的资源条件发展起来的。

四、四位数制造业的空间集聚状况

与对三位数制造业的分析相同，我们仅考察以县为空间单元的四位数制造业产业的MS指数。在

482 个四位数制造业中，MS >0 的产业有 446 个，约占产业总数的 93%，这说明大多数制造业在县之间的分布可以被认为是集聚的。

集聚程度最高的产业可以归为两类（表 13-8）：一类是资金技术密集型产业，包括露天游乐场所游乐设备制造、其他交通运输设备制造、通信交换设备制造、计算器及货币专用设备制造、电子计算机整机制造、家用音响设备制造等，这些产业内的企业需要拥有专业技能的劳动力以及面对面的信息交流。另一类是劳动密集型产业，如园林、陈设艺术及其他陶瓷制品制造、金属制品业、丝印染精加工、塑料人造革、合成革制造、绢纺和丝织加工、丝制品制造等。锡冶炼、锑冶炼、银冶炼、钨钼冶炼等资源型产业的集聚程度也较高，这些产业的企业通常靠近原料地布局，产业集聚是因为投入原料的不可移动性及其空间集中性。

表 13-8　集聚程度最高的前 30 个四位数制造业（2004 年，以县为空间单元）

代码	产业名称	H	EG	MS	CR_4	第一
3314	锡冶炼	0.131 717 008	0.393 137	0.387 252	0.954 574	云南
3799	其他交通运输设备制造	0.042 624 24	0.377 429	0.373 908	0.780 862	山东
3159	园林、陈设艺术及其他陶瓷制品制造	0.004 907 586	0.270 795	0.268 301	0.692 768	福建
2451	露天游乐场所游乐设备制造	0.018 645 301	0.268 355	0.267 075	0.812 881	浙江
3679	其他农林牧渔业机械制造及机械修理	0.087 423 531	0.267 269	0.262 26	0.718 146	山东
2623	钾肥制造	0.036 808 825	0.264 177	0.258 238	0.775 773	青海
3315	锑冶炼	0.073 626 75	0.221 026	0.214 793	0.684 605	湖南
2424	运动防护用具制造	0.019 450 261	0.174 621	0.204 945	0.634 232	广东
3322	银冶炼	0.026 754 497	0.149 787	0.144 047	0.628 149	湖南
2222	手工纸制造	0.144 118 964	0.144 948	0.143 661	0.709 078	安徽
4213	漆器工艺品制造	0.011 137 318	0.141 721	0.141 534	0.571 813	浙江
3424	刀剪及类似日用金属工具制造	0.005 790 3	0.137 551	0.135 423	0.592 954	广东
3123	石棉水泥制品制造	0.020 829 182	0.137 58	0.133 174	0.519 56	河南
1743	丝印染精加工	0.004 749 706	0.129 691	0.131 196	0.555 06	浙江
4012	通信交换设备制造	0.043 559 528	0.119 197	0.124 062	0.660 535	广东
2452	游艺用品及室内游艺器材制造	0.038 794 107	0.104 766	0.118 789	0.623 709	广东
3953	家用通风电器具制造	0.008 180 947	0.096 349	0.115 581	0.655 508	广东
3954	家用厨房电器具制造	0.013 105 539	0.098 056	0.105 845	0.529 321	广东
3331	钨钼冶炼	0.022 957 548	0.107 855	0.101 971	0.568 453	河南
4155	计算器及货币专用设备制造	0.031 729 739	0.081 583	0.099 142	0.644 008	广东
4041	电子计算机整机制造	0.017 273 872	0.084 311	0.098 79	0.547 468	广东
4072	家用音响设备制造	0.002 968 513	0.076 673	0.097 034	0.569 652	广东
3513	汽轮机及辅机制造	0.030 280 358	0.097 727	0.094 213	0.621 686	四川
2429	其他体育用品制造	0.011 203 525	0.084 257	0.089 723	0.475 003	山东
4013	通信终端设备制造	0.010 525 083	0.077 197	0.089 393	0.453 057	广东
3050	塑料人造革、合成革制造	0.004 646 734	0.086 786	0.086 217	0.416 564	浙江
3959	其他家用电力器具制造	0.004 543 852	0.069 243	0.080 459	0.514 163	广东
1742	绢纺和丝织加工	0.001 273 547	0.078 378	0.077 262	0.433 212	浙江
1754	丝制品制造	0.011 882 328	0.077 19	0.075 627	0.446 587	浙江
3675	渔业机械制造	0.039 526 046	0.071 945	0.072 666	0.513 847	山东

注："第一"表示该产业就业份额最大的省份。

一些需要当地的原料投入或者服务于地方市场的产业则倾向于分散布局，包括氮肥制造、啤酒制造、水泥制造、谷物磨制等（表13-9）。一个比较不合常理的现象是，一些分散布局的产业属于高技术产业或者资金技术密集型产业，如农林牧渔专用仪器仪表制造、邮政专用机械及器材制造、潜水及水下救捞装备制造、幻灯及投影设备制造等。出现这种情况的一个可能原因是这些产业包含的企业数较少，不能准确地反映真实的情况。Devereux 等（2004）在对英国的实证研究中也发现了类似的现象，并给出了三个可能的原因：第一，集聚是一个动态的过程，高科技产业的地理集中也许还处在一个早期阶段；第二，由于交通通信技术的发展，企业的地理接近在获得知识溢出的利益时并不重要；第三，在这些产业中，外部性非常大，企业已经通过合并实现了内部化，高的产业集中代替了地理集中。在中国，还有一个可能的原因就是大多数地方政府都选择发展高科技产业来升级当地的产业结构。

表13-9　集聚程度最低的前30个四位数制造业产业（2004年，以县为空间单元）

代码	产业名称	H	EG	MS	CR_4	第一
4124	农林牧渔专用仪器仪表制造	0.287 584 585	-0.001 5	-0.003 2	0.969 512	广东
1364	鱼油提取及制品的制造	0.314 436 166	0.004 496	-0.003 2	0.895 954	福建
3769	其他飞行器制造	0.426 760 631	0.003 355	-0.003 2	0.955 381	四川
3693	邮政专用机械及器材制造	0.202 096 168	0.000 213	-0.003 2	0.879 369	浙江
3791	潜水及水下救捞装备制造	0.192 926 945	-0.010 27	-0.003 2	0.826 721	安徽
2512	人造原油生产	0.109 219 016	0.000 753	-0.003 2	0.541 502	广东
3673	营林及木竹采伐机械制造	0.173 126 584	0.003 081	-0.003 2	0.722 066	陕西
2530	核燃料加工	0.506 684 191	0.003 708	-0.003 2	1	山东
1690	其他烟草制品加工	0.253 924 265	0.004 55	-0.002 84	0.648 52	甘肃
2629	其他肥料制造	0.112 786 815	0.003 524	-0.002 82	0.512 85	河南
2621	氮肥制造	0.004 169 169	0.002 787	-0.002 73	0.065 063	山东
2811	化纤浆粕制造	0.083 607 756	0.002 044	-0.002 6	0.502 104	河南
1522	啤酒制造	0.004 647 546	0.002 192	-0.002 55	0.076 954	山东
3629	其他非金属加工专用设备制造	0.037 018 52	0.001 337	-0.002 4	0.282 183	山东
3519	其他原动机制造	0.264 653 972	0.002 256	-0.002 39	0.728 845	黑龙江
4152	幻灯及投影设备制造	0.109 000 317	-0.012 92	-0.002	0.566 338	广东
3674	畜牧机械制造	0.071 417 46	0.001 363	-0.001 88	0.420 684	山东
1529	其他酒制造	0.069 329 356	0.004 116	-0.001 88	0.374 25	湖北
4127	核子及核辐射测量仪器制造	0.251 582 055	0.003 029	-0.001 68	0.886 598	陕西
3111	水泥制造	0.000 352 635	0.003 531	-0.001 64	0.033 118	山东
1459	其他罐头食品制造	0.090 432 992	0.003 24	-0.001 58	0.441 144	福建
1492	冷冻饮品及食用冰制造	0.011 796 955	0.000 668	-0.001 28	0.124 976	广东
1753	麻制品制造	0.034 366 714	0.001 728	-0.001 22	0.262 526	山东
1310	谷物磨制	0.000 717 743	0.004 399	-0.001	0.051 978	河南
3329	其他贵金属冶炼	0.111 265 432	-0.000 019	-0.000 9	0.570 833	江苏
3129	其他水泥制品制造	0.035 231 208	0.002 326	-0.000 86	0.309 775	山东
2611	无机酸制造	0.006 405 921	0.003 64	-0.000 82	0.124 301	江苏
1462	酱油、食醋及类似制品的制造	0.005 993 999	0.003 037	-0.000 8	0.098 386	广东
1620	卷烟制造	0.014 178 705	0.004 633	-0.000 74	0.127 329	云南
2625	有机肥料及微生物肥料制造	0.016 391 504	0.002 578	-0.000 72	0.160 533	山东

注：“第一”表示该产业就业份额最大的省份。

从产业的第一份额省份来看（表 13-10），东部沿海省份在制造业中占有绝对优势，广东、山东、江苏、浙江的最大份额四位数制造业数目占全部省份的 73%。河北、上海、福建等也在较多的产业中占有优势。

表 13-10　四位数制造业的最大份额省份的分布（2004 年）

最大份额省份	广东	山东	江苏	浙江	河南	河北	四川	上海	辽宁
产业数	147	74	71	60	21	15	9	9	9

最大份额省份	湖南	福建	陕西	甘肃	云南	湖北	黑龙江	安徽	重庆
产业数	9	9	7	6	4	4	4	4	3

最大份额省份	山西	吉林	贵州	北京	内蒙古	广西	青海		
产业数	3	3	3	3	2	2	1		

表 13-11 列出了每个两位数制造业产业所包含的四位数产业的 MS 指数的分布情况，从表中可以看出，属于相同两位数制造业的四位数产业之间的空间分布是有很大差异的，多数两位数产业中既包含 MS <0 的表现为分散的四位数产业，也包含 MS >0.5 的高集聚水平的四位数产业。当我们考察两位数制造业的空间分布时，其结果并不能完全反映更细产业分类的空间分布情况，因此，国际上对产业集聚的实证研究大多集中在四位数制造业产业上。

表 13-11　两位数产业所包含的四位数产业的 MS 指数的分布（2004 年）

两位数产业	包含的四位数产业 MS 的平均值	MS <0	0 < MS <0. 2	0. 2 < MS <0. 5	MS >0. 5
13	0. 012 495	3	12	1	1
14	0. 010 1	4	13	2	1
15	0. 007 017	3	9	1	0
16	0. 000 073	2	1	0	0
17	0. 028 977	1	12	4	4
18	0. 026 257	0	2	0	1
19	0. 031 484	0	1	10	0
20	0. 008 938	0	9	1	0
21	0. 023 763	0	3	1	1
22	0. 031 963	0	4	1	1
23	0. 008 945	0	5	0	0
24	0. 059 837	0	5	7	5
25	0. 004 005	2	2	0	0
26	0. 017 543	4	25	4	2
27	0. 002 573	2	5	0	0
28	0. 019 382	2	2	2	1
29	0. 011 423	0	8	1	0
30	0. 025 657	0	7	1	2
31	0. 028 417	2	19	7	3
32	0. 008 005	0	4	0	0
33	0. 064 056	1	7	4	6
34	0. 024 562	0	15	6	3
35	0. 011 856	1	27	4	1

续表

两位数产业	包含的四位数产业 MS 的平均值	MS<0	0<MS<0.2	0.2<MS<0.5	MS>0.5
36	0.021 264	4	31	13	3
37	0.032 077	2	15	7	3
39	0.033 367	0	10	14	4
40	0.043 477	0	6	10	5
41	0.028 444	3	10	5	7
42	0.037 567	0	3	9	3
43	0.022 324	0	1	1	0

注：MS<0 表示在此范围的产业个数，其他类似。

第三节　中国制造业空间集聚的时间变化

一、制造业空间集聚程度的总体变化

随着我国社会主义市场经济体制的建立并不断完善，市场机制的作用日益增强，企业日益成为相对独立、自主经营、自负盈亏、以市场为导向的经济实体，能自主地选择对自己有利的区位进行生产活动（金碚，2001）。同时，随着我国经济管理体制的改革、政府职能的转变以及改革开放的进一步深入，生产要素的流动性逐渐增强，企业可以在更大的范围内配置生产所需要的原料、劳动力、资金等生产要素，同时可以更方便地将生产的产品在国内市场甚至国际市场上销售（魏后凯，2006）。这些都能在一定程度上促进产业集聚的形成及其进一步发展。

由于数据的限制，我们不能完整地分析我国制造业从改革开放初期到现在的20多年间产业集聚程度的逐年变化，这里借助第一次、第二次全国基本单位普查的资料，对我国制造业在1996年、2001年的空间集聚状况进行一些分析，并与2004年的情况进行对比，以此来研究我国制造业空间集聚程度的时间变化。

以省为空间分析单元为例，将两位数、三位数、四位数制造业在1996年、2001年和2004年的空间基尼系数、EG指数、MS指数、空间集中度等指标的平均值进行对比（表13-12），可以发现我国的制造业的产业集聚程度是在逐渐增强的。无论是空间集中度、空间基尼系数，还是EG指数、MS指数，无论是两位数产业，还是三位数产业、四位数产业，都无一例外地呈现出增大的趋势，这表明我国制造业产业集聚的程度是在逐渐增强的。

表13-12　1996年、2001年和2004年产业集聚程度的比较（以省为空间单元）

年份	GN	EG	MS	CR_4
		两位数产业		
1996	0.292 658	0.023 003	0.022 515	0.414 167
2001	0.317 201	0.027 346	0.027 049	0.466 222
2004	0.357 62	0.037 983	0.032 666	0.526 238
		三位数产业		
1996	0.400 438	0.038 131	0.039 16	0.484 786
2001	0.431 015	0.048 208	0.047 062	0.534 262
2004	0.475 918	0.064 375	0.057 749	0.601 473

续表

年份	GN	EG	MS	CR_4
		四位数产业		
1996	0.487 225	0.050 383	0.050 414	0.545 906
2001	0.509 636	0.062 299	0.060 333	0.588 31
2004	0.550 594	0.082 634	0.077 107	0.659 599

二、两位数制造业空间集聚程度的时间变化

从总体上来看，我国制造业的产业集聚程度是在不断增强的，但是，不同产业是不是也表现出相同的趋势呢？由于我国产业分类标准的调整，这里仅对1996年、2001年和2004年的两位数制造业的空间集聚程度进行对比分析。虽然1994年和2002年的产业分类标准都将制造业分为30个大类，但2002年的产业分类标准增加了废弃资源和废旧材料回收加工业这一大类，而将原有的武器弹药制造业大类降为了专用设备制造业大类中的一个小类，因此在分析中仅包括29个两位数制造业产业，产业名称和产业代码统一到2002年的产业分类标准，如表13-13所示。

表13-13　1996年、2001年和2004年两位数产业的MS指数（以省为空间单元）

产业	1996年	2001年	2004年	产业	1996年	2001年	2004年
13	-0.002 3	0.006 33	0.023 066	28	0.027 603	0.030 688	0.048 797
14	-0.005 74	-0.007 5	-0.019 64	29	0.002 628	0.009 959	0.010 634
15	-0.006 35	-0.010 1	-0.026 08	30	0.039 664	0.067 196	0.070 126
16	0.006 384	-0.014 5	-0.032 33	31	-0.000 054	-0.009 44	-0.021 54
17	0.018 556	0.027 47	0.035 938	32	-0.003 73	-0.009 88	-0.022 13
18	0.070 348	0.066 69	0.064 026	33	-0.008 21	-0.016 57	-0.035 22
19	0.084 956	0.114 28	0.136 078	34	0.010 58	0.024 672	0.044 473
20	0.017 649	-0.004 1	-0.008 02	35	0.009 74	0.008 922	0.009 608
21	0.022 104	0.050 81	0.096 999	36	0.007 054	0.000 35	-0.015 2
22	-0.002 24	0.002 32	0.005 644	37	-0.003 46	-0.014 67	-0.025 66
23	-0.001 99	-0.003 2	0.017 495	39	0.027 748	0.042 132	0.089 985
24	0.221 806	0.216 21	0.230 289	40	0.070 591	0.146 834	0.185 676
25	0.007 415	0.003 12	0.008 906	41	0.018 418	0.037 922	0.069 785
26	-0.003 96	-0.008 5	-0.023 39	42	0.034 865	0.047 174	0.055 428
27	-0.007 13	-0.020 3	-0.033 05				

表13-13列出了以省为空间单元时每个两位数制造业在1996年、2001年和2004年的MS指数。从表中可以看出，多数制造业的产业集聚程度逐渐增强，也有相当部分的产业集聚程度在下降。

1996~2004年，16个产业的集聚程度有一定的增加。这其中一部分属于知识技术密集型的高科技产业，如通信设备，计算机及其他电子设备制造业，电气机械及器材制造业，仪器仪表及文化、办公用机械制造业等，这些产业的MS指数在1996年、2001年和2004年都比较高，并且有逐年增加的趋势，同时，这些产业的赫芬代尔指数也较大，产业内企业规模较大，规模经济比较明显。还有一部分属于劳动密集型产业，如塑料制品业，金属制品业，皮革、毛皮、羽毛（绒）及其制品业，纺织业等，这些产业发展比较成熟，赫芬代尔指数较小，其产业内小企业居多。一些服务于地方市场的产业，

如食品制造业，饮料制造业，木材加工及木、竹、藤、棕、草制品业等产业的集聚程度则在下降，这些产业只是一般的生产和生活资料制造业，技术含量较低，企业会根据市场需求而定位，市场也容易被分割，产业的空间集聚就比较困难，集聚程度就不会太高，而且容易进一步降低。在集聚程度下降的产业中，也不乏一些资金技术密集型的产业，包括交通运输设备制造业、专用设备制造业、化学原料及化学制品制造业、黑色金属冶炼及压延加工业等。这些产业对地方经济的发展具有很好的带动作用，对知识技术的要求并不是特别高，地方政府为了发展区域经济，对这些产业的发展加强了扶持力度，导致这些产业在国土空间上的分散。

在 1996 年呈现集聚态势的 18 个产业中，11 个产业的集聚程度在 2001 年和 2004 年均稳步上升，包括通信设备，计算机及其他电子设备制造业，皮革、毛皮、羽毛（绒）及其制品业，仪器仪表及文化、办公用机械制造业，纺织业，家具制造业，化学纤维制造业，电气机械及器材制造业，工艺品及其他制造业，塑料制品业，金属制品业，橡胶制品业。这些产业一部分属于高技术产业，一部分属于劳动密集型产业，它们的集聚程度的增加也是最明显的。文教体育用品制造业，石油加工、炼焦及核燃料加工业，通用设备制造业 3 个产业的集聚程度先降后升。其余 4 个产业：烟草制品业，专用设备制造业，木材加工及木、竹、藤、棕、草制品业，纺织服装、鞋、帽制造业的集聚程度则在不断下降。在 1996 年分散布局的 11 个产业中，8 个产业更加分散，包括有色金属冶炼及压延加工业、医药制造业、饮料制造业、食品制造业、化学原料及化学制品制造业、黑色金属冶炼及压延加工业、非金属矿物制品业、交通运输设备制造业。这些产业大多是为地方市场服务的，生产的产品不宜长距离运输。随着市场经济的发展，更多的企业家寻找到了进入市场的机会并依靠当地市场得以生存下来。另外 3 个产业：农副食品加工业、造纸及纸制品业、印刷业和记录媒介的复制则由分散变为了集聚。这些产业的产品便于运输，并需要一定的资源条件才能发展起来。可以从中总结出一点，产业的集聚状态出现了两极分化的趋势，集聚的产业更加集聚，分散的产业更加分散。这一点也体现在各年 MS 指数的标准差上，1996 年两位数产业的 MS 指数的标准差为 0.045 53，2001 年和 2004 年分别增加到 0.053 86 和 0.06646，说明各产业间 MS 指数的差异越来越大。

从产业的空间集中度 CR4 指标来看（表 13-14），产业在省之间集聚增强的趋势更加明显，仅有少数几个产业的空间集中度有很小幅度的下降，并且这些产业的空间集中度本身就处于较低的水平。这些产业包括有色金属冶炼及压延加工业，烟草制品业，木材加工及木、竹、藤、棕、草制品业，医药制造业，交通运输设备制造业。空间集中度增加最明显的产业是一些比较成熟的劳动密集型产业，比如，纺织业，皮革、毛皮、羽毛（绒）及其制品业，金属制品业，家具制造业等。仪器仪表及文化、办公用机械制造业，通信设备，计算机及其他电子设备制造业，电气机械及器材制造业等知识技术密集型产业的空间集中度也有一定程度的增加。

表 13-14　1996 年、2001 年和 2004 年两位数产业的空间集中度与最大份额省份（以省为空间单元）

行业	空间集中度 CR_4			最大份额省份			最大份额省份所占比例/%		
	1996 年	2001 年	2004 年	1996 年	2001 年	2004 年	1996 年	2001 年	2004 年
13	0.324 791	0.405 581	0.460 547	山东	山东	山东	0.109 646	0.191 012	0.270 225
14	0.324 628	0.377 866	0.390 414	河南	山东	山东	0.086 068	0.127 989	0.147 62
15	0.302 271	0.367 189	0.367 872	山东	四川	山东	0.093 171	0.121 748	0.139 425
16	0.413 46	0.369 041	0.381 447	云南	云南	云南	0.130 668	0.105 957	0.134 072
17	0.430 71	0.527 494	0.621 368	江苏	江苏	江苏	0.169 627	0.186 771	0.204 672
18	0.560 001	0.620 643	0.668 931	广东	广东	广东	0.280 671	0.247 288	0.242 635
19	0.581 747	0.714 822	0.797 825	广东	广东	广东	0.313 042	0.330 196	0.351 218

续表

行业	空间集中度 CR_4			最大份额省份			最大份额省份所占比例/%		
	1996 年	2001 年	2004 年	1996 年	2001 年	2004 年	1996 年	2001 年	2004 年
20	0. 390 897	0. 355 86	0. 437 315	黑龙江	江苏	江苏	0. 186 021	0. 112 055	0. 132 334
21	0. 400 477	0. 488 142	0. 642 659	广东	广东	广东	0. 208 714	0. 286 443	0. 359 21
22	0. 330 262	0. 415 026	0. 499 767	河南	广东	山东	0. 091 198	0. 126 857	0. 166 333
23	0. 338 417	0. 379 652	0. 489 404	上海	广东	广东	0. 106 099	0. 146 714	0. 243 385
24	0. 738 837	0. 769 703	0. 814 898	广东	广东	广东	0. 486 526	0. 479 929	0. 500 955
25	0. 437 599	0. 448 79	0. 481 528	辽宁	山西	山西	0. 140 025	0. 146 126	0. 229 661
26	0. 330 604	0. 350 722	0. 364 912	江苏	江苏	江苏	0. 116 951	0. 126 635	0. 123 002
27	0. 291 44	0. 259 607	0. 314 638	江苏	江苏	山东	0. 086 855	0. 073 794	0. 093 818
28	0. 485 304	0. 566 631	0. 619 717	江苏	江苏	江苏	0. 189 714	0. 209 703	0. 244 927
29	0. 356 937	0. 450 288	0. 524 366	江苏	山东	山东	0. 097 289	0. 159 041	0. 166 892
30	0. 501 283	0. 578 52	0. 635 241	广东	广东	广东	0. 225 174	0. 295 256	0. 306 205
31	0. 344 327	0. 346 928	0. 382 756	河南	河南	山东	0. 110 431	0. 114 832	0. 126 91
32	0. 359 723	0. 388 202	0. 398 357	辽宁	辽宁	河北	0. 106 411	0. 122 485	0. 137 33
33	0. 314 832	0. 324 713	0. 293 41	河南	河南	河南	0. 088 074	0. 113 368	0. 078 772
34	0. 393 544	0. 506 885	0. 611 769	广东	广东	广东	0. 134 538	0. 193 932	0. 249 819
35	0. 404 817	0. 452 171	0. 512 862	江苏	江苏	江苏	0. 147 892	0. 157 748	0. 169 86
36	0. 392 745	0. 411 569	0. 419 924	江苏	江苏	江苏	0. 137 952	0. 132 352	0. 126 896
37	0. 325 063	0. 310 918	0. 337 732	江苏	江苏	浙江	0. 098 625	0. 092 514	0. 097 244
39	0. 472 609	0. 554 152	0. 674 253	广东	广东	广东	0. 181 274	0. 229 626	0. 336 091
40	0. 546 513	0. 661 847	0. 747 423	广东	广东	广东	0. 285 582	0. 412 063	0. 455 777
41	0. 447 157	0. 522 521	0. 620 599	广东	广东	广东	0. 159 571	0. 245 926	0. 318 135
42	0. 469 855	0. 594 962	0. 683 953	广东	广东	广东	0. 203 565	0. 212 618	0. 236 734

对比1996年、2001年和2004年产业的最大份额省份我们发现，广东一直是上榜最多的省份，占据了1/3强，不仅在诸如电气机械及器材制造业，通信设备，计算机及其他电子设备制造业，仪器仪表及文化、办公用机械制造业等技术密集型产业上占有优势，在文教体育用品制造业，塑料制品业，金属制品业，纺织服装，鞋、帽制造业，皮革、毛皮、羽毛（绒）及其制品业，家具制造业等劳动密集型产业上也占有优势。江苏也是一直保持较大优势的省份，其优势产业主要包括化学原料及化学制品制造业、化学纤维制造业、通用设备制造业、专用设备制造业、纺织业等。山东则是发展最迅速的省份，由1996年的2个和2001年的3个，增加到2004年为7个产业的最大份额省份，由最先仅在农副食品加工业和饮料制造业上的优势，发展到造纸及纸制品业、非金属矿物制品业、医药制造业、食品制造业、橡胶制品业等诸多产业上的优势。河南和辽宁则在较多的产业上失去了优势。河南在造纸及纸制品业、非金属矿物制品业、食品制造业上的优势均让位给了山东，仅保留住了有色金属冶炼及压延加工业；辽宁在黑色金属冶炼及压延加工业和石油加工、炼焦及核燃料加工业上的优势分别让位给了河北和山西，从而退出了榜单。黑龙江在木材加工及木、竹、藤、棕、草制品业上的优势也在2001年让位给了江苏。从以上可以得出结论，更多的产业在向广东、江苏、山东等东部沿海省份集聚，中部、东北等省份正在更多的产业上失去优势，西部则仅有云南在烟草制品业占有一定的优势，而且中西部的优势产业都是利用了当地有利的资源条件。

第四节 中国制造业存在的主要问题和未来发展方向

一、中国制造业存在的主要问题

中华人民共和国成立以来，我国制造业的发展大致可以分为三个阶段：第一阶段自中华人民共和国成立初到1978年的改革开放，在这一阶段，我国制造业形成了比较独立完整的体系；第二阶段是改革开放到20世纪90年代初，这个阶段是以轻纺工业为代表的传统产业的迅猛发展期，带有比较明显的粗放性和恢复性发展的色彩；第三阶段自90年代初开始，在这一阶段，我国制造业在开放和竞争的环境中进入了结构调整和产业提升的新时期，高新技术产业比重明显上升，制造业的整体实力显著增强。目前，我国已经成为世界制造业中的一支举足轻重的力量。

但是，总体来说，我国的工业化还处于中期阶段，并且受到传统体制的长期影响，在全球化、信息化的世界潮流中，我国的制造业仍面临着诸多挑战。此外，我国正处于经济转轨时期，产业结构的调整、优化和升级成为经济发展的主线，制造业在今后的发展过程中面临着一些特殊的问题。

（一）劳动密集型产业占多数，资本、技术密集型产业有待发展

在我国的制造业中，技术含量较低的劳动密集型产业占了很大比重，其生产附加值低，对国民经济中的其他产业的影响不大，而技术含量较高和资本含量较高的产业，发展明显不如传统产业。全国是这样，甚至发达地区也是如此。20多年来，传统行业经过技术改造，资金、技术密集型产业有了较快发展，家电和化工制品不断崛起，后期更有信息行业得到了较大发展，情况有了变化，而基本格局没有改变，仍属于传统模式。这种以劳动密集型产业为主的粗放型经济增长方式，是我国制造业发展甚至经济发展中最突出的问题之一。我国经济的高增长是以高投入、高消耗、高污染为代价换来的，支撑经济增长的主要还是钢铁、水泥、电解铝、发电、交通这些产业。高新技术产品大量依赖进口，或者依赖外资企业提供，内资也有一些企业生产高技术产品，但主要是生产技术含量比较低、污染比较多、消耗能源比较高的产业。

（二）技术水平相对落后，特别是开发性的自主知识产权不多

应当肯定我国制造业的技术进步速度很快，但其还没有脱胎换骨。这表现在技术进步大多来自对国外先进技术的引进、消化和吸收，而自主创造能力薄弱，已经掌握的大多停留于应用型技术，设备多是外国制造，开发型技术较少。高新技术类如信息产业，更为外资企业特别是独资企业所垄断，技术外溢有限，没有形成足够的核心技术。

（三）企业小而散，集中度低，产业集聚效应不够明显

虽然产业集聚现象在我国越来越普遍，并且在经济发展中表现出明显的竞争优势和强大的生命力，但是从目前的情况来分析，我国的制造业的产业集聚仍然存在着不少的问题。一是，我国制造业集聚区域的核心竞争力并不强。在劳动密集型的传统产业集聚区域，产业层次低，产品档次不高，产品技术含量低，附加值不高，一般市场进入的技术壁垒和资本壁垒不高，国际竞争力主要体现在成本优势上，知识竞争能力较弱。即使在高科技产业集聚区域中，具有竞争优势的集聚区域也不多，这些都在相当程度上影响了产业集聚的经济绩效。二是，我国制造业的产业集聚离集群化要求还有较大差距。产业集群是更高级的产业集聚形式，它相比产业集聚更加强调建立在社会化、网络化以及竞争合作机制等基础上的区域创新系统（王缉慈等，2001），因而更具有竞争优势和旺盛的生命力。近年来，随着工业化和城市化的不断推进，我国沿海一些地区出现了制造业产业集群化的趋势，但从总体上看，目前我国制造业的产业集群还处于发展初期，主要集中在珠江三角洲、长江三角洲，而且以传统行业

居多。我国绝大部分产业集群还没有发育成熟，主要依靠低廉的劳动力来获取低成本的竞争优势，没有充分发挥产业集群的其他优势。一些处于萌芽中的产业集群面临着许多发展困难，如产业间分工协作程度不高，缺乏自主创新能力。三是，我国制造业的产业集聚的竞争模式不成熟（魏守华，2002）。制造业的产业集聚内部的企业之间的分工协作不明显，竞争合作机制尚未真正建立，在我国许多制造业的集聚区域内，尚未形成相互支援、相互依存的分工协作的网络和产、学、研的合作网络，部分区域还存在着同业间的无序恶性竞争和过度竞争。

二、中国制造业的未来发展方向

与其他国家相比，我国制造业的发展有着独特的优势。一是市场优势。我国是一个人口大国，潜力巨大的国内市场为我国制造业的持续快速增长提供了强有力的空间支持。二是劳动力优势。我国劳动力资源非常丰富，因而劳动力价格十分低廉，这是当前乃至今后一段时间内我国制造业主要的竞争优势所在。同时，从人口调查数据看，我国高中和大学的入学率近年来提升很快，随着劳动者文化素质的迅速提高，我国劳动生产率低下的局面有望得到根本改观，这必将使我国制造业的竞争能力大大加强。三是经济后发优势。我国是一个发展中国家，如果把握住发展机遇，在国家产业政策的引导下，不需要按部就班地重复别国的产业发展模式，通过技术引进和技术创新，就可以采取超前配置产业的方式，少走发达国家走过的弯路，缩短甚至跨越部分产业发展阶段，而直接进入制造业的高技术前沿领域，形成后发优势。在这方面，许多后起的工业化国家如日本、韩国已有过成功的先例。更重要的是，我国各级政府都坚持以经济建设为中心，不遗余力地推进改革和对外开放，把促进以制造业为主的工业发展当作重要的工作来抓，这是我国制造业发展的独特优势所在。

中国的制造业往何处去，这是一个涉及全局的大课题。总的方向，应当着眼于从传统制造业逐步演进和发展为现代制造业，提高制造业的科技含量，促进产业集群的发展，为最终实现工业化和工业现代化，为发展先进生产力和先进文化，为富民强国作出贡献。

（一）调整和优化产业结构，推进产业升级

制造业的结构优化，任务非常繁重。保持相当数量的劳动密集型行业，可发挥我国优势并有利于扩大就业；同时，必须转向培育和发展资本、技术密集型行业，有的与劳动密集型相结合，才有利于提高其有机构成、劳动生产率和市场竞争力。在保持相当数量的中小企业的同时，必须培育和组建一批大企业和企业集团包括跨国公司，成为整个制造业的脊梁，使中国成为名副其实的制造业强国。同时要充分利用现代技术改造传统产业，提高传统产业的技术水平，并进一步提高其产业竞争力。

（二）大力推动科技进步

技术进步是传统制造业走向现代化、从粗放型转变到集约型增长方式的唯一通道。索洛的经济增长模型，把经济增长与技术进步融为一体，对制造业完全适用。我们要培育和发展高新技术进而实现其产业化，在很大程度上，必须以制造业为载体，从对传统产业的技术改造入手，扩大高新技术的市场，为其产业发展提供充分条件。从我国制造业的状况看，改造传统产业首先要利用现代信息技术改造和提升装备制造业，特别是电气机械、专用设备和通用设备制造三大行业。由于装备制造业的产品主要是各行业的生产（技术）设备，因此装备制造业的水平提高了，其产品技术性能的提高必然会影响和带动其他产业的技术进步。

（三）推动产业集聚向集群化方向发展

目前，我国制造业的产业集聚离集群化要求还有较大差距，需要在继续推进园区化的基础上，积极推进产业集群化的步伐，鼓励有条件的园区逐步向集群化方向发展。首先，培育和完善地方产业配套体系以及产、学、研合作的外部机制，加强产业集聚区域内企业间的前向和后向联系，鼓励企业采

取多种形式，按照产业链的不同环节进行专业化分工协作，大力发展产业链经济，并围绕主导产业链培育和完善地方产业配套体系；以本地的集聚企业为生产和研发基地，努力拓展与大学、科研机构等的合作，以项目合作、研究赞助等模式来加强技术合作关系，加速集聚企业的技术创新能力，开展以研发为核心的发展模式，以高科技来提高集群的核心竞争力，在国际竞争中获取自身多重竞争优势。其次，加强社会网络和中间组织建设，构建产业集聚区域的中介服务体系，完善企业集群的生存环境；要支持和鼓励产业集聚区域内的信息服务组织和网络的建设，为企业提供各种信息服务，减少企业由于独自搜集信息造成的成本浪费和信息的不完全性；加快信息咨询服务、融资服务、法律服务、技术服务、人才培训等中介服务机构的建设，建立多层次的公共信息平台，要充分发挥行业协会的重要作用，积极培育各种社会化的中间组织，特别是那些具有监督职能的公证机构、仲裁机构、会计师事务所、审计师事务所等社会中介组织。最后，要积极鼓励中小企业的集群式创新。集群式创新是中小企业技术创新的一种有效组织形式，它可以实现不同规模企业创新方式的完美结合，能起到事半功倍的效果（刘友金，2004）。为促进和鼓励集群式创新，有关部门应制定相应的政策措施，对集群内企业尤其是中小企业的技术创新在土地、资金、人才引进、税收和信息服务等方面给予支持，鼓励企业引进外来人才尤其是归国人员，促进企业与相关科研机构和大学的合作，推动多个企业共同合作研发。

（四）正确看待地区差异，合理引导制造业的地区布局

我国幅员辽阔，地区之间自然条件和经济基础差异很大，制造业发展存在地区差异是正常的。目前，东部地区的珠江三角洲、长江三角洲、环渤海三大经济圈已经成型。随着工业化的加速和城市化的进展，制造业向东部地区集中的趋势还会继续，这是由经济发展的内在因素决定的，应当正确看待这种趋势，并对其加以合理引导，以形成分工协作、优势互补、各有特色的制造业空间布局。切忌为了缩小地区差距而人为地进行行政干预，在国内造成各类制造中心一哄而起。此外，由于我国制造业主要集聚在东部沿海地区，中西部地区相应较少，东部沿海地区制造业集聚程度的提高带来了该地区经济的高速发展，并且制造业在这些地区高度集聚所产生的极化效应使这些地区的经济发展形成良性循环，而其扩散效应又无法有效发挥，这样就会使区域之间经济发展的差距不断拉大，甚至在相当长的时期内都无法弥补，为了促进区域协调发展，我国需要加快引导中西部地区制造业的集聚。

参考文献

国家统计局工业交通统计司．历年．中国工业经济统计年鉴（1996年、2001年、2004年）．北京：中国统计出版社

国务院第一次全国经济普查领导小组办公室．2004. 中国经济普查年鉴2004. 北京：中国统计出版社

江激宇．2006. 产业集聚与区域经济增长．北京：经济科学出版社

金碚．2001. 经济全球化背景下的中国工业．中国工业经济，（5）：5～13

李小建．1999. 经济地理学．北京：高等教育出版社

刘友金．2004. 中小企业集群式创新．北京：中国经济出版社

王缉慈等．2001. 创新的空间：企业集群与区域发展．北京：北京大学出版社

魏后凯．2006. 现代区域经济学．北京：经济管理出版社

魏守华．2002. 集群竞争力的动力机制以及实证分析．中国工业经济，（10）：27～34

《中国统计年鉴》编辑部．历年．中国统计年鉴（1996年、2001年、2004年）．北京：中国统计出版社

Alonso-Villar O，Chamorro-Rivas J-M，Gonzalez-Cerdeira X. 2004. Agglomeration economies in manufacturing industries：the case of Spain. Applied Economics，（36）：2103～2116

Barrios S，Bertinelli L，Strobl E，et al. 2005. The dynamics of agglomeration：evidence from Ireland and Portugal. Journal of Urban Economics，（57）：170～188

Braunerhjelm P，Johansson D. 2003. The determinants of spatial concentration：the manufacturing and service sectors in an international perspective. Industry and Innovation，（10）：41～63

Devereux M，Griffith R，Simpson H. 2004. The geographic distribution of production activity in the UK. Regional Science and Urban Economics, (34): 533 ~ 564

Ellison G, Glaeser E. 1997. Geographic concentration in U. S. manufacturing industries: a dartboard approach. Journal of Political Economy, (105): 889 ~ 927

Maurel F, Sedillot B. 1999. A measure of the geographic concentration in French manufacturing industries. Regional Science and Urban Economics, (29): 575 ~ 604

Rosenthal S, Strange W. 2001. The determinants of agglomeration. Journal of Urban Economics, (50): 191 ~ 229

第十四章　中国房地产业发展

伴随着国民经济和城市化进程的快速发展，以及我国城镇住房改革的深化和房地产市场的不断成熟，房地产业已经成为我国现阶段的一个重要支柱产业。本章从制度层面重点分析了房地产业与城市化、国民经济的互动机制，总结了我国房地产业及住房制度改革的演进历程，并基于“十一五”时期“完善住房制度，促进房地产业健康发展”的目标，对我国房地产业发展的总体态势和未来发展方向进行了分析，以期对我国房地产业的可持续发展有所启示。

第一节　房地产业的内涵及特征

一、房地产的内涵

一般来讲，房地产是房产和地产的总称，是两者有机结合而成的统一体。由于房产与地产在物质形态上和经济形态上密不可分，人们通常将它们合称为房地产。从不同视角来看房地产的内涵也存在着差异。就宏观层面来看，房地产是指土地及附着于土地上的改良物，即不动产。从中观层面分析，房地产是指土地及其定着在土地之上的建筑物、构筑物和其他附属物的总称。与“不动产”相区别的是，这里“房地产”不包括“土地上的改良物，如树木等”。而在微观层面，房地产仅指房地产开发企业开发的房地产，这时房地产开发成本的主体内容大致占总成本的80%。此外，从法律层面分析，“房地产”是指建立在土地之上的房屋财产，它包括房产与地产。房产和地产在法律上既有联系又有区别。当土地上有附着物（房屋）时合称为房地产，当土地上没有附着物时则仅称地产。房产是指在一定的所有制关系下的房屋。此外，我国法律规定，土地所有权归国家所有，地产权只能转让使用权，不能出售所有权。因此“房地产”是房屋所有权与土地使用权的统一，“房地产”概念偏重于法律产权的范畴（图14-1）。

二、房地产业的内涵与特征

（一）房地产业的内涵

房地产业是指从事房地产投资、开发、建设、经营、租赁、抵押、信托、维修以及装饰等经济活动的产业部门，包括由各类经济组织、专业人员和行政管理部门所组成的房地产市场。从行业分类看，房地产业被列入第三产业中第二层次的服务部门，建筑业被列入第二产业。房地产业的活动领域主要包括：土地开发和再开发、房屋开发、土地经营、房地产经营、房地产中介服务、物业管理服务、房地产金融等。

（二）房地产业的行业特点

（1）房产与地产的不可移动性和不可分割性。房地产商品由房产和地产两部分组成，其中由建筑物构成的房产以地产的存在为基础，因而两者的交易具有不可分割的特征。此外，由于地产的不可移动性，与之密切相连的房产也具有不可移动的特征。

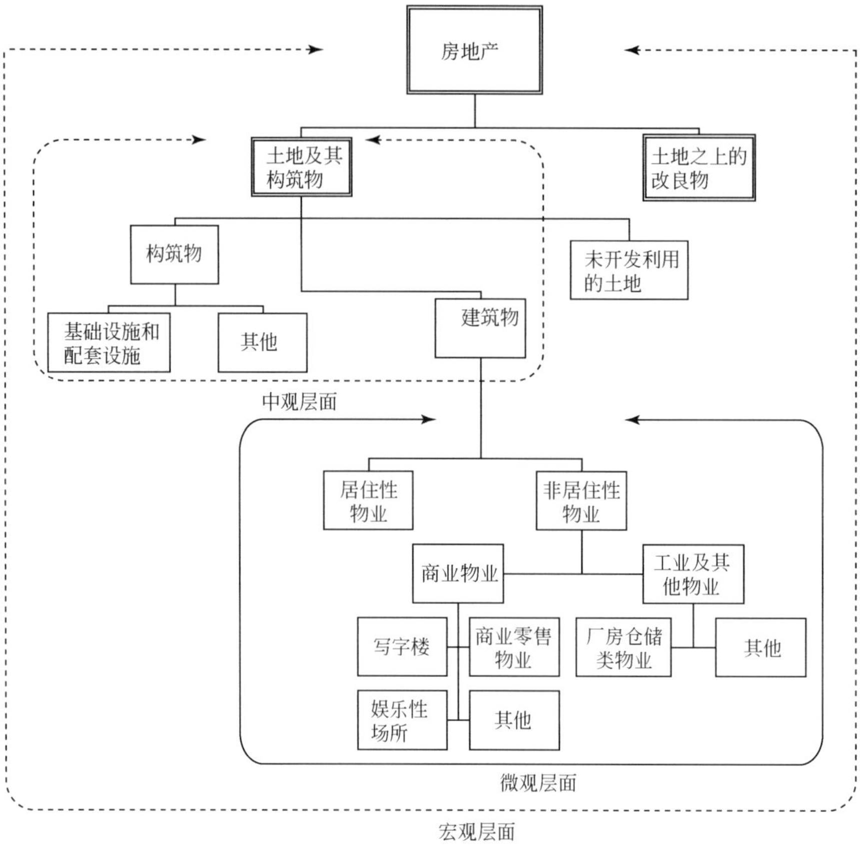

图 14-1 不同空间尺度的房地产内涵比较

（2）房地产价值的区域差异性强。不仅不同区域之间的社会经济发展水平存在较大差异，而且同一区域内部的各个城市之间也存在较大的发展差异，这就决定了每个区域房地产业发展水平及其房地产价格的差异和政策及管理方式具有差异。

（3）房地产业的“三高”特征。房地产业的开发投资周期较长，房地产商品的保值增值性强，这使它成为一个同时具有高投资、高风险和高利润特征的特殊行业。

（4）产业关联度高。房地产业是一个具有高度综合性和高度产业关联性的支柱产业，它的经营范围和所形成的产业联系广泛，包括生产领域、流通领域和消费领域的各种经济活动，涉及国民经济中的众多产业和部门，如建筑业、设备制造业、冶金、化工、机械、电子、仪表、通信以及家用电器、纺织、家具、园林、运输、商业等。

第二节 房地产业与城市化和国民经济发展的关系

一、房地产业与城市化进程的关系

房地产业发展遵循一般产业的发展规律，即需经历产业的形成期、成长期、成熟期和衰退期四个阶段。从图 14-2 中可以看出，房地产业的长期发展趋势曲线和城市化的 S 形曲线极为相似，二者均存在发展速度的拐点，以拐点为界，之前发展速度递增，之后发展速度递减。房地产业与城市化的相互促进关系决定了房地产业与城市化进程几乎同步的发展关系，即房地产业的形成期对应城市化的起步阶段，房地产业的成长期对应城市化的成长阶段，房地产业的成熟期对应城市化的成熟阶段，房地产业的衰退期对应城市化的衰退阶段（图 14-2）。

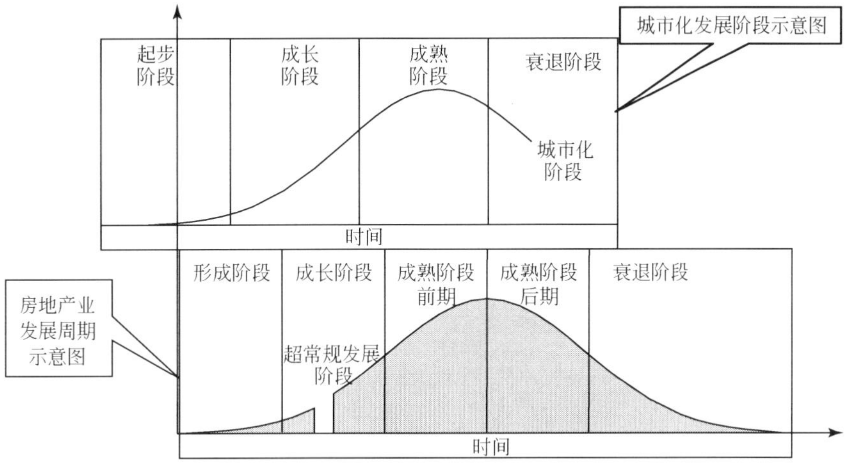

图 14-2 房地产业与城市化的互动发展机制

在城市化起步阶段，第一产业在国民经济中占有主导地位，但其所能提供的生产和生活资料不够丰富，国民经济总体实力薄弱。第二产业发展所需的社会资本短缺，城市化发展速度比较缓慢。与此相对应，房地产市场需求和房地产投资规模较小，房地产业处于一个缓慢的形成阶段。

随着在城市化进程的加速，以及科学技术的进步，农业的劳动生产率得到了迅速提高，释放出大量的农村剩余劳动力，城市化自下而上的推力加强，国民经济和社会资本的增长，使工业化规模扩大，城市可以提供更多的就业机会，城市化呈加速发展趋势。在此阶段，城市人口的急速增加以及城市经济的迅猛增长导致房地产市场需求的急剧扩大，在需求的引导下，房地产投资规模也迅速扩大，房地产业进入高速发展的成长期。

在城市化成长阶段，城市化进程比较快的地区主要集中在大城市和中心城市集中的地区。与此相对应，房地产资金投入也流向大城市和中心城市比较集中的地区，表现为大城市和中心城市的房地产投资规模迅速增长，房地产供需总量急剧扩大。

在城市化的中后期，城市人口一般都会超过总人口的一半以上，在城乡空间对流机制中，城市的扩散效应逐渐超过集聚效应。城市发展已经进入一个相对平稳的时期，城市人口增长相对减缓或停止，大规模的城市建设逐渐由小范围的城市更新所取代。由大规模人口增长带来的房地产市场需求也开始回落，房地产投资规模增长速度开始下降。从发展空间上看，房地产开发与城市化的发展阶段相适应，主要向中小城市和城市郊区及周边农村发展。当城市化发展速度进入相对衰退阶段，其相对应房地产市场需求日趋饱和，房地产投资规模呈下降趋势时，房地产业也进入一个相对的衰退期（表14-1）。

表 14-1 房地产业与城市化发展阶段的对应关系及其阶段特性

产业发展阶段	对应的城市化发展阶段	阶段特性
形成期	稍晚于城市化起步阶段	房地产业发展速度缓慢，此阶段主要是为后面的快速发展阶段打下基础
成长期	城市化成长阶段和成熟阶段前期	房地产业发展迅速，其发展速度大大超过了整个产业系统的平均发展速度，其市场的需求明显扩大，房地产业的产出在整个产业系统中的比重迅速增加
成熟期	城市化成熟阶段中后期和衰退阶段	房地产业发展速度将会放慢，其产出的市场容量相对稳定，房地产业在产业结构中的潜在作用基本得到了发挥
衰退期	城市化衰退阶段后的稳定阶段	市场需求容量有限，产业表现为周期性波动下降趋势

二、房地产业与国民经济发展的关系

房地产既是重要的生产和生活要素，也是一种非常重要的资产，房地产市场的各种活动都受到国民经济的影响，同时也对国民经济的发展有着深远的影响。房地产业和国民经济发展的关系可以通过房地产价格的变化对居民、企业和政府及金融机构产生的直接或间接影响来反映（张红，2005），进而通过消费、投资等影响整个国民经济的发展（图 14-3）。

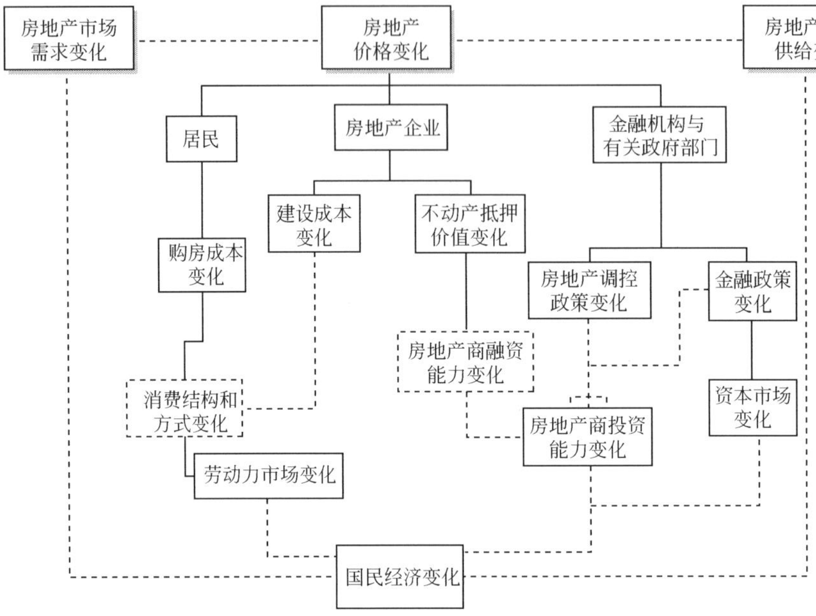

图 14-3 房地产价格与国民经济的相互作用机制

对于政府而言，房地产价格的上升在带动关联产业链快速发展的同时，也会影响到居民的消费承受能力，从而促使政府对房地产价格进行必要的调控，最终又可能影响到房地产业与其他相关产业链的关系。

房地产价格的变化对消费者具有双重效应。一方面，住房和土地价格的上升会刺激人们消费的增长，进而促进总需求的上升；另一方面，房地产价格的上升也会使包括住房在内的生活成本上升，引起其他消费的减少，从而改变居民消费结构。

房地产价格的变化对企业也具有双重效应。一方面，房地产价格的上升会直接引起企业生产成本的上升，同时居住成本的上涨会导致工人生活成本的上升，进而带来消费的减少；另一方面，房地产价格的上升会促进企业不动产抵押价值的上升，提高了企业的融资能力，从而促进企业投资潜力的提升。

另外，房地产价格的下降会导致以银行为主体的金融机构面对的违约风险增大，促使其减缩信贷份额，引起投资结构的变化。

综上所述，房地产价格的上升会促进总需求和总投资的上升，从而促进国民经济的增长。但是如果房地产价格的上升超过了一定的限度，则会引起社会总成本的上升，其对需求和投资的负面影响超过了积极影响，则会引起国民经济发展的衰退。

第三节　我国房地产业及住房体制改革的历程

一、我国房地产业的发展历程

我国房地产业是从 1978 年开始逐渐形成和发展起来的，是改革开放和住房商品化的结果。但房地产业的真正起步时间应该是在20世纪80年代初期，此前，由于实行土地公有制和无偿划拨以及住房福利分配制等原因，房地产市场逐渐萎缩以至消失。从我国现代房地产市场起步至今已有30年。在这30年时间里，我国房地产业在波动中发展，在不同时期表现出不同的特征（表14-2）。

表14-2 房地产业发展阶段及其特征分析

发展阶段		时间	发展特征
形成发展期	起步阶段	1978～1991年	起点低，规模小，水平低，发展速度快
	超常规发展阶段	1992～1993年	这个阶段我国部分沿海地区的房地产业以超常规的速度发展，以致到了失控的地步
	调整阶段	1994～1997年	投资速度、房价大幅度回落，土地供应量减少
相对成熟期	持续繁荣期	1998～2002年	房地产业及其相关产业呈现持续稳定发展的态势，不同区域房地产价格差异明显
	"新政"时期	2003～2008年	政府逐步理性调控房地产业，产业逐步向理性化方向发展

由表14-2可知，从总体上我国房地产业的发展可以归并为两个阶段：房地产业的形成发展期（1978～1997年）和相对成熟期（1998～2008年）。

（一）房地产业的形成发展期

1. 起步阶段（1978～1991年）

20世纪80年代初，随着改革开放政策的实行和经济特区的设立，外资和外商迅速涌入我国，我国市场经济开始起步，外商和国内的个体户等一些无法获得福利分房的群体的住房只能通过市场途径解决，这为房地产市场的形成和发展提供了最初的有效市场需求。同时，中国政府开始尝试的住房商品化政策和土地使用制度的改革探索也为房地产业的发展打下了基础。例如，1986年《中华人民共和国土地管理法》的出台和实施对房地产业的发展起了一定的促进作用。1987年，深圳经济特区率先进行国有土地使用权的有偿出让实践，使房地产业的发展突破了原有体制的限制，发展速度加快。1987年住宅建设投资总额为440亿元，1988年为579亿元，比上一年增加了139亿元，增幅达31.5%。但是1989～1990年，房地产业的发展出现了低谷。从投资上看，我国房地产业投资1989年为531亿元，1990年只有498亿元，1991年又回升到640亿元。总之，这个时期的发展特点可以归纳为：起点低、规模小、水平低、发展速度快。

2. 超常规发展阶段（1992～1993年）

这是一个非常特殊的阶段，在中国房地产业发展历史上有着特殊的地位和意义。这个阶段也是中国房地产业发展的第一次热潮，曾被称为"全民房地产阶段"。主要表现为房地产以超常规的速度发展，以致到了失控的地步，产生了严重的房地产泡沫，留下了至今没有治愈的后遗症，如大量的烂尾楼、低质量的商品房和混乱的城市建设等。这一现象主要集中在沿海的广东省、海南省和广西壮族自治区，尤以海口、广州、深圳、珠海和北海最为突出。

3. 调整阶段（1994～1997年）

为了防止房地产泡沫的继续扩散，规范房地产市场的交易秩序，国家于1993年下半年开始对房地产业采取了宏观调控措施，房地产市场进入调整阶段，具体表现为：投资增长速度剧降、房价大幅度回落、市场成交量急剧萎缩、空置房数量快速增加、土地供应量减少等。

（二）房地产业相对成熟期

1. 持续繁荣期（1998~2002年）

从1998年下半年开始，中国房地产业步入持续繁荣期，至2008年仍然保持高速增长。从上一阶段的萧条和调整，到持续高速发展，房地产市场状况发生了根本性变化。

从宏观层面上分析，以下两个因素促使了这种根本性变化的产生，并增加了市场有效需求和购买力。一是国务院出台的《关于进一步深化城镇住房制度改革加快住房建设的通知》（即国发［1998］23号）。该文件中要求各地从1998年下半年起，停止住房实物分配，实行住房货币化。二是大规模、大范围实行按揭贷款，使房地产金融迅速发展。

2. 房地产业的"新政"时期（2003~2008年）

作为对2002年8月26日建设部等六部委《关于加强房地产市场宏观调控促进房地产市场健康发展的若干意见》（建住房［2002］217号）在宏观货币政策方面的落实，2003年6月5日，中国人民银行颁布《关于进一步加强房地产信贷业务管理的通知》（银发［2003］121号）（简称"121号"文件）。这个文件的公布被视为房地产"新政"时期开端的标志。此后，包括两个"国八条"等，国家陆续出台了一系列金融和土地紧缩政策，实施了一系列理性的房地产调控政策。与房地产业前几个阶段的发展相比较，这一时期在房地产业发展的各个方面都具有新的宏观政策导向，归纳起来，主要有以下几方面：一是从产品结构和价格的自发形成到调整干预的引入；二是从单纯扩大需求和投资到控制住房消费导向；三是从大力引进房产外资到控制热钱进入炒房；四是从推进住房商品化向强调社会保障的转变；五是从粗放型的扩张发展向集约协调模式过渡。

（三）两次高速发展阶段的比较

如果把1992~1993年超常规发展阶段和1998年以后的持续繁荣阶段都称为房地产业的高速发展阶段，通过分析可以看到，前者暴涨暴跌，持续时间短，最后以泡沫破灭而告终；而后者在一定基础上高速发展，持续时间长，至今未见衰退迹象（表14-3）。

表14-3　我国两次房地产高速发展期的比较性分析

	第一次	第二次
背景	我国还处于改革开放的逐渐推进阶段，国家在房地产市场的政策制度和宏观调控还不完善，而制度性的缺陷一定程度上造成了房地产市场的无序发展	市场经济体制的不断完善，人民生活水平的提高和城市化进程的快速推进，房地产业的发展得到了有力的支持，使得房地产业呈现持续繁荣的景象
发展特征	（1）没有取消住房福利分配制，住房商品化程度低 （2）金融政策不配套，住房消费贷款政策没有启动 （3）居民收入水平相对较低，有效购买力不强 （4）资金来源单一，主要来源于银行贷款 （5）投资主体单一，以国有企业为主 （6）市场购买力以投机炒作为主，最终用户少 （7）市场处于发展初期，政府缺乏管理和调控经验	（1）住房制度改革取得突破，住房福利化制度终止，住房商品化初步实现 （2）住房消费贷款制度普遍实施；放大了市场购买力 （3）国民经济迅速发展，消费结构更新 （4）户籍制度逐步放松 （5）居民收入水平大幅度提高，有效需求大增 （6）投资来源多样化，自有资金比例大大提高 （7）投资主体以民营企业和外资企业为主 （8）市场逐渐成熟，政府管理和调控水平提高

二、我国住房体制改革的历程

住房制度改革是我国经济体制改革的重要组成部分（建设部课题组，2007）。在计划经济体制下，我国城镇实行住房产权公有、实物分配、低租金使用的福利性住房制度，政府和职工单位承担职工住房建设、管理和维护的全部责任；国有土地使用权行政划拨，无偿、无限期提供给用地者，不允许流转。从实践结果看，住房建设投资严重不足、住房供应短缺，城镇居民住房条件长期得不到改善，住房短缺日益加剧，成为严重的社会问题。

我国城镇住房制度改革的演进过程大致可以划分为四个阶段（表14-4）。

表14-4　我国住房制度改革发展阶段及其特征总结

阶段与时期	标志性文件	主要内容	阶段特征总结
起步阶段（1978～1993年）	1980年邓小平同志关于住房问题的讲话	提出了我国城镇住房制度改革的构想，指出住房要走商品化的道路	住房制度改革和土地使用制度改革为我国房地产业的形成和发展奠定了基础
	1980年国务院颁发了《全国基本建设工作会议汇报提纲》	宣布将实行住宅商品化的政策	
	1988年《中华人民共和国宪法》（修正案）	确立了以有偿使用为特征的土地使用制度	
	1991年国务院颁发了《关于继续积极稳妥地进行城镇住房制度的通知》	提出了分步提租、出售公房、新房新制度、集资合作建房等多种形式推进房改的思路	
综合配套、全面推进阶段（1994～2002年）	1994年《国务院关于深化城镇住房制度改革的决定》（43号文件）	建立与社会主义市场经济体制相适应的新的城镇住房制度，实行住房商品化、社会化；提出全面推行住房公积金制度、积极推进公房租金制度改革、加快经济适用房开发建设等具体政策措施	提出了建立和完善以经济适用房为主的多层次的住房供应体系；国家陆续出台了一系列刺激住房消费，鼓励、扶持住房需求的金融、税收等配套政策
	1998年《国务院关于进一步深化城镇住房制度改革加快住房建设的通知》（23号文件）	决定停止住房实物分配，逐步实行住房分配货币化；在43号文件的基础上，又实现了增量住房的商品化	
快速有序发展阶段（2003～2004年）	2003年《国务院关于促进房地产市场持续健康发展的通知》（18号文件）	坚持住房市场化的基本方向，不断完善房地产市场体系，更大程度地发挥市场在资源配置中的基础性作用；以需求为导向，调整供应结构，逐步实现多数家庭购买或承租普通商品住房；深化改革，加快建立和完善适合我国国情的住房保障制度；加强宏观调控，努力实现房地产市场总量基本平衡，结构基本合理，价格基本稳定	住房制度改革的深化和土地出让方式的逐步规范，促进了以住房为主的房地产市场的迅速发展，成为我国国民经济的重要支柱产业之一
	2004年《国务院关于深化改革严格土地管理的决定》（28号文件）	要求必须正确处理保障经济社会发展与保护土地资源的关系，完善符合我国国情的最严格的土地管理制度	
	2004年国土资源部、监察部发布了《关于继续开展经营性土地使用权招标拍卖挂牌出让情况执法监察工作的通知》	要求招标、拍卖、挂牌成为经营性土地的出让方式	

续表

阶段与时期	标志性文件	主要内容	阶段特征总结
理性调控、合理发展阶段（2005年至今）	2005年国务院办公厅转发《关于做好稳定住房价格的意见》（26号文件）	综合运用规划、土地、税收、信贷等经济、法律手段，进行供需双向调节，遏制投机性炒房，控制投资性购房，合理引导住房消费；提出了通过规划等手段增加普通商品住房供应的机制；明确了地方政府对房地产市场调控和低收入家庭住房保障的责任	国家加强和改善了对房地产市场的宏观调控，重点调整住房供应结构，稳定住房价格，规范市场秩序，保护中低收入家庭的住房权益，促进房地产业持续健康发展
	2006年国务院办公厅转发《关于调整住房供应结构稳定住房价格的意见》（37号文件）	落实建设节约型社会的要求，合理引导住房消费需求和消费模式；通过住房供应结构调整、重点发展与当地居民自住性需求相适应的中低价位、中小套型普通商品住房；建立了满足普通居民基本需求的住房供应保证机制，从机制上解决了发展房地产市场和解决群众住房问题的有机结合问题	

综上所述，随着社会主义市场经济体制的建立健全，住房制度改革与城镇国有土地使用制度、财税金融制度等多项改革相互促进，共同推动了房地产业的形成和发展。随着住房制度改革的深化，居民的住房状况得到了明显改善，基本建立了与经济体制改革进程相适应的住房新体制，逐步建立了各项配套制度。以住房为主的房地产市场迅速发展，房地产业已经成为我国国民经济的重要支柱产业之一。

三、经济适用住房制度的发展历程

经济适用住房制度是我国城镇住房制度改革和住房建设过程中一个重要的保障制度。在我国房地产行业的发展历程中，经济适用住房制度在推进住房制度改革、扩大居民住房消费、调整住房供应结构、稳定住房价格、改善居民住房条件等方面发挥了重要作用。在新一轮的宏观调控下，需要从建立符合社会主义市场经济体制要求的城镇住房新体制出发，改进和规范经济适用住房制度，继续发挥其积极作用。

经济适用住房制度伴随着我国城镇住房制度改革的深化和城镇住房市场化、社会化进程的快速推进，大致可以划分为三个阶段（表14-5）。

表14-5　我国经济适用住房制度改革发展阶段及其特征总结

阶段与时期	标志性文件	主要内容	阶段特征总结
政策形成期（1994～1998年）	1994年《国务院关于深化城镇住房制度改革的决定》	提出了建立以中低收入家庭为对象、具有社会保障性质的经济适用住房供应体系和以高收入家庭为对象的商品住房供应体系	明确了经济适用住房制度的保障功能。但职工住房仍以单位实物分配为主，而经济适用住房建设及其政策，主要体现于1995年开始实施的“国家安居工程”项目
快速发展期（1998～2003年）	1998年《国务院关于进一步深化城镇住房制度改革加快住房建设的通知》（23号文件）	要求建立和完善以经济适用住房为主的多层次住房供应体系	考虑到停止住房实物分配后多数家庭的住房支付能力，以及住房分配体制转轨过程中财政和社会各方面的承受能力，经济适用房在新的住房供应体系中的主体地位得以体现，有利于住房改革的平稳过渡

续表

阶段与时期	标志性文件	主要内容	阶段特征总结
调整和完善期（2003 年至今）	2003 年《国务院关于促进房地产市场持续健康发展的通知》（18 号文件）	要求把经济适用房定位为具有保障性质的政策性商品住房，要求控制建设标准、限定供应对象、落实优惠政策等	国家对经济适用住房的定位重新作出了界定，其商品性逐渐淡化，而保障性突显
	2004 年建设部等部门制定了《经济适用住房管理办法》	强化了经济适用住房的建设和管理，鼓励房地产开发企业建设用于出租的经济适用住房	
	2005 年国务院办公厅转发《关于做好稳定住房价格的意见》（26 号文件）和《关于调整住房供应结构稳定住房价格的意见》（37 号文件）	进一步强调要规范发展经济适用住房，完善经济适用住房制度，明确将经济适用住房群体定位为低收入家庭，确立了下一步经济适用住房制度的发展方向	

经济适用住房制度主要发挥的是引导住房由实物分配向货币化转变的政策性功能，目的是形成社会化的城镇住宅建设和消费模式，建立解决城镇居民住房问题的新体制。

在以上三个阶段，经济适用住房制度都立足于解决中低收入家庭的住房问题，在政策规定上是连续的。但与此同时，随着住房制度改革的深化、住房市场化进程的加快和住房供应体系的发展，国家对供应对象和享受经济适用住房的范围等作出了调整，其定位也从建立新的住房供应制度的试验，到住房供应体系的主体，逐步发展为保障性的政策性住房。

总体来看，经济适用住房制度在改革的不同阶段承担了不同的改革任务，保证了住房制度改革的顺利进行，对扩大居民住房消费、完善住房供应结构、改善居民住房条件等都发挥了积极的作用。

四、廉租住房制度的发展历程

廉租住房制度是我国住房供应和保障体系的重要组成部分，是目前解决最低收入家庭住房问题的重要途径。建立和健全廉租住房制度，是住房市场化改革的必然要求，对于城镇化进程和社会主义和谐社会建设都具有重要意义。

廉租住房制度作为新时期我国城镇住房制度的重点，其演进发展过程大致可以划分为两个阶段（表 14-6）。

表 14-6　廉租住房制度发展阶段及其特征总结

阶段与时期	标志性文件	主要内容	阶段特征总结
萌芽阶段（1998 ~ 2002 年）	1998 年《国务院关于进一步深化城镇住房制度改革加快住房建设的通知》	首次提出建立廉租住房制度	廉租住房制度的政策形成期，具体工作没有实质性的启动
	1999 年建设部颁发了《城镇廉租住房管理办法》	初步确立了廉租住房的政策框架	

续表

阶段与时期	标志性文件	主要内容	阶段特征总结
全面推进阶段 2003 年至今	2003 年《国务院关于促进房地产市场持续健康发展的通知》（18 号文件）	提出要强化政府住房保障职能，形成以发放租赁补贴为主，实物配租和租金核减为辅的保障方式	廉租住房制度的相关政策体系基本完善，部分地区已经开始启动廉租住房项目。低标准、低覆盖、发展不均衡成为这一阶段的主要特点
	2003 年建设部等部门修订并颁布了《城镇最低收入家庭廉租住房管理办法》	标志着廉租住房制度的基本建立	
	2005 年《国务院办公厅转发建设部等部门关于做好稳定住房价格工作意见的通知》	初步建立了城镇廉租住房的推进机制	
	2005 年建设部等部门联合下发了《城镇廉租住房租金管理办法》和《城镇最低收入家庭廉租住房申请、审核及退出管理办法》	进一步健全和完善了廉租住房制度	
	2006 年《国务院办公厅转发建设部等部门关于调整住房供应结构稳定住房价格意见的通知》	提出要落实廉租住房资金筹措渠道等政策要求	
	2006 年财政部等部门下发了《财政部、建设部、国土资源部关于切实落实城镇廉租住房保障资金的通知》	进一步扩展了廉租住房资金渠道的来源	

我国从 1998 年提出建立廉租住房制度至今，仅有 10 年的时间，而全面推进廉租住房工作则是从 2003 年开始的。因此，我国建立廉租住房制度与其他国家住房保障发展历程相比，时间短，体系尚不健全；与低收入家庭住房需求相比，仍不能满足基本需求，正处于全面起步阶段。

第四节　我国房地产业发展的总体态势和未来发展方向

一、我国房地产业发展的总体态势和运行特征

（一）居民对改善住房条件的客观要求构成房地产业发展的内需动力

按照我国“全面建设小康社会”宏伟目标的要求，到 2020 年 GDP 要比 2000 年翻两番，城市化水平要大幅度提高，家庭财产要普遍增加，人民生活更加富足，城乡人均住房条件得到显著改善。

1978 年改革开放以来，随着住房体制改革的深入和房地产市场的快速发展，我国居民人均居住面积有了显著的提高，居民对住房条件改善的要求成了推动房地产业持续发展的内需动力。其中，城市居民的人均居住面积从 1978 年的 6.7 平方米上升至 2005 年的 26.1 平方米，农村居民的人均居住面积从 1978 年的 8.1 平方米上升至 2005 年的 30.1 平方米（图 14-4）。

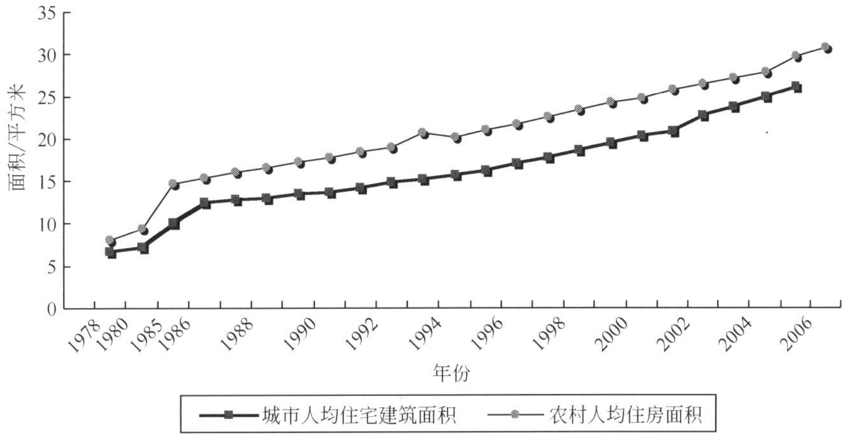

图 14-4　1978～2006 年城乡人均住宅建筑面积变化（国家统计局，2007）

此外，随着房地产市场的不断发展，我国城乡新建住宅建筑面积在 1978～2006 年也有显著增长，从 1978 年的 0.38 亿平方米上升到 2006 年的 6.30 亿平方米（图 14-5）。

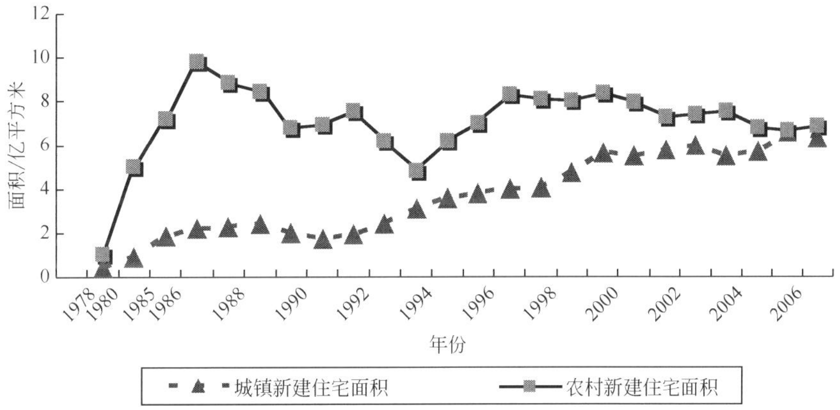

图 14-5　1978～2006 年城乡新建住宅建筑面积变化（国家统计局，2007）

（二）以住宅投资为主导的房地产开发投资持续增长

1997 年随着我国住房改革的深入，房地产业开始进入高速发展阶段，受市场供需关系的影响，房地产价格持续升高，促使了房地产开发投资也呈现出持续增长的态势。

从 1997～2006 年的整体发展态势上看，房地产业年投资额从 1997 年的 0.32 万亿元增加到 2006 年的 1.94 万亿元，增加了 6.11 倍。但从局部增长态势上分析，1998～2003 年，我国房地产开发投资年增长率一直保持了较高的水平，但 2004～2006 年，年投资额的增加受到国家宏观调控平抑房价的影响，年增长率开始下降，从 30% 下降至 20% 左右（图 14-6）。此外，由于房地产业作为国民经济的支柱产业，其总体上一直保持了较大的投资总量，因而房地产开发投资是全社会固定资产投资的重要组成部分，在 1999～2006 年，房地产开发投资额在全社会固定资产投资额中所占比例从 12% 左右增长到 14% 左右，呈现稳定增加的态势（图 14-7）。

在全部的房地产投资中住宅投资占主导地位，并且呈现逐年稳步上升的态势，从 1997 年的 48% 上升为 2006 年的 70%；相比之下，办公楼的投资比例最低，平均约为总投资的 9% 左右，并且各年之间的变化不大，但总体上呈现下降的趋势，从 1997 年的 12% 下降为 2006 年的 5%。由于受市场经济、社会发展等各方面的影响，商业营业用房的年度投资额，总体上也呈现下降趋势，1997～2006 年的发

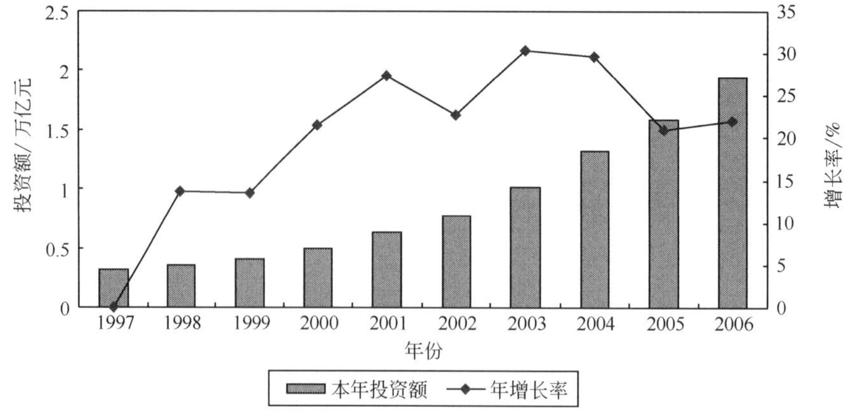

图 14-6　1997~2006 年房地产业开发投资及其增长情况（国家统计局，2007）

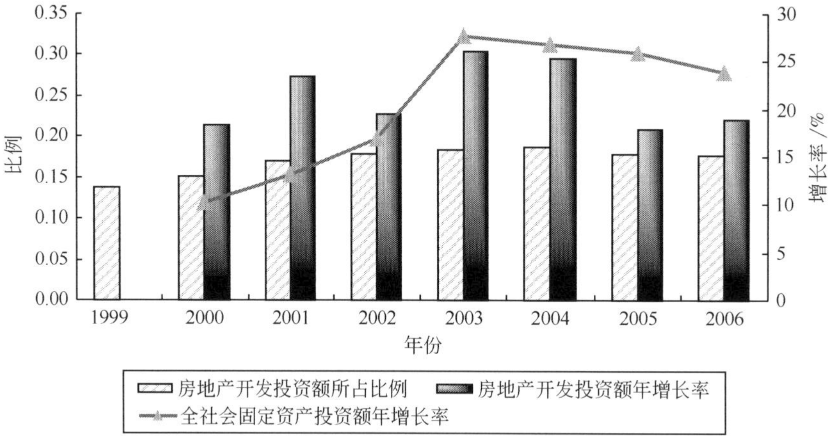

图 14-7　1999~2006 年房地产业、全社会固定资产投资及其增长情况（国家统计局，2007）

展过程中，其最高占总投资的 13%，最低占总投资的 12%（图 14-8）。

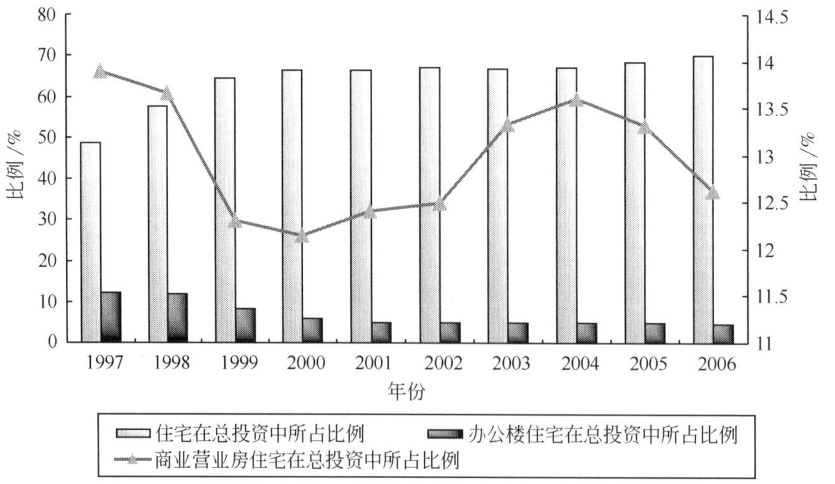

图 14-8　房地产投资各类物业类型所占比例及其发展趋势（国家统计局，2007）

(三) 房地产投资的区域梯度推移态势与产品结构的不合理倾向

房地产开发投资结构不合理主要表现为：投资区域的梯度推移状态以及房地产产品结构严重失衡，即高价位房多，中低价位房少的产品结构性问题突出。

第一，从房地产投资增长率的地区结构来看，东部投资占主导地位，中西部增速加快，但总量较小。统计数据显示，2006 年我国东部地区房地产投资占总投资的65%，中部地区占19%，西部地区占16%（图14-9）。

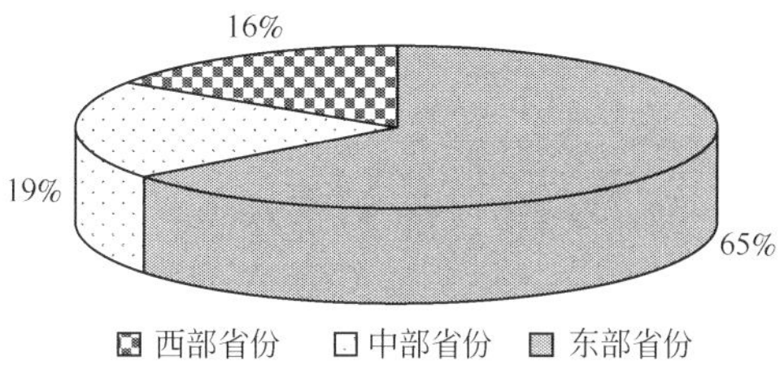

图14-9　2006 年房地产投资中三大区域所占比例（国家统计局，2007）

在我国房地产业迅速发展的2000~2006 年，东部地区在房地产投资中的比例平均约为67%，中部地区的比例平均约为17%，西部地区的比例平均约为15%；从发展趋势上看，中西部地区投资比例增速明显，而东部地区的投资比例呈现稳定状态，同时有一定的下降趋势（图14-10）。随着东部地区房地产市场的完善和市场供求的稳定，我国房地产业的开发投资方向已经出现了梯度推移现象，即由东部向中西部转移。

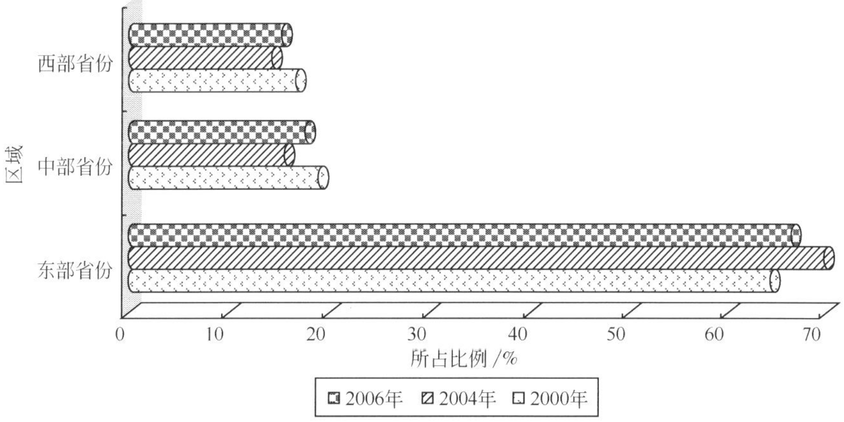

图14-10　2000~2006 年房地产投资中三大区域所占比例（国家统计局，2007）

第二，房地产产品结构不合理。主要表现为：中档商品房、经济适用房偏少。我国经济适用房的建设在1997~2000 年呈上涨趋势；主要表现为“安居工程”，但由于国家宏观调控政策的不稳定以及房地产开发企业的产品开发无序，造成在2001~2005 年经济适用房的建设面积呈现下降趋势，这对于整个房地产业的健康合理发展产生不利影响。随着2005 年国务院出台一系列政策刺激经济适用房的建设，其发展又出现从低谷中稳步回涨的趋势（图14-11）。

(四) 房地产建设规模继续扩大，住宅品质不断提高

房地产建设规模不断扩大。随着房地产市场的发展和人均消费水平的提高，我国在1997~2006 年新开工房屋面积逐年增多，其中，住宅的新开工面积占主导地位（图14-12）。

在以住宅物业占主导地位的房地产市场中，每年新开工住宅面积约占总面积的80%，并且在

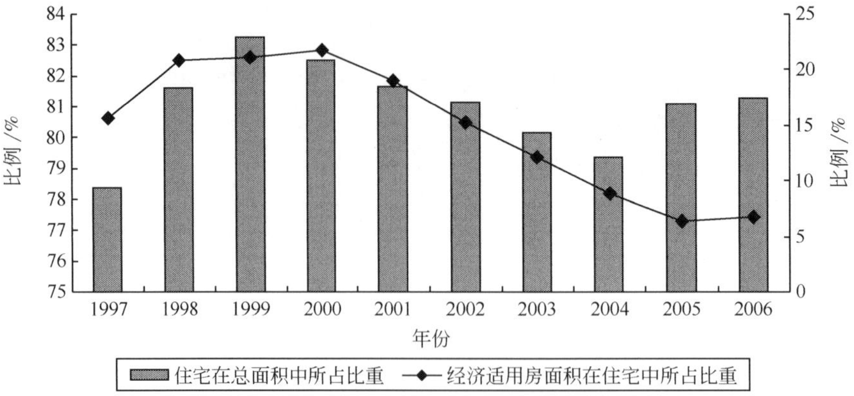

图 14-11　1997～2006 年经济适用房在整个新开工住宅建设中所占比例及其发展趋势（国家统计局，2007）

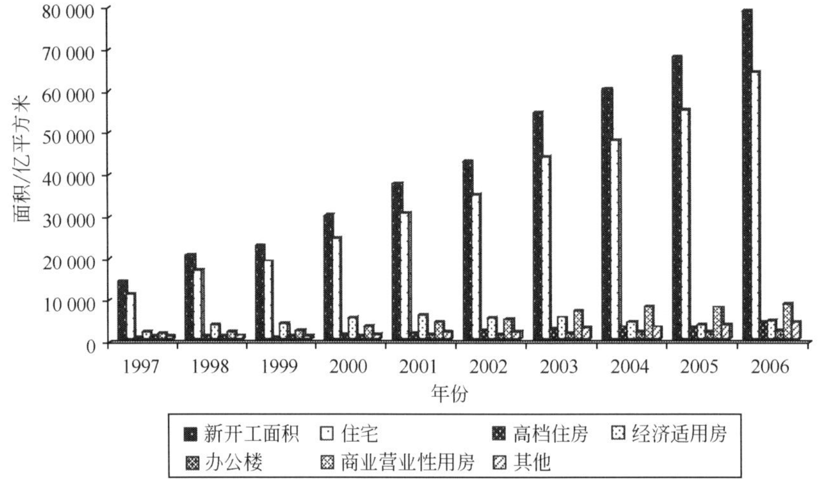

图 14-12　1997～2006 年新开工建设房屋面积发展趋势（国家统计局，2007）

1997～2006 年保持着稳定的发展趋势；而办公楼每年新开工住宅面积占总面积的 3%～4%，并且在 1997～2006 年保持着低水平的稳定下降趋势；商业营业用房每年新开工住宅面积占总面积的 9%～12%，并且在 1997～2003 年保持着稳定的上升趋势，而在 2004～2006 年中呈现下降趋势（图 14-13）。

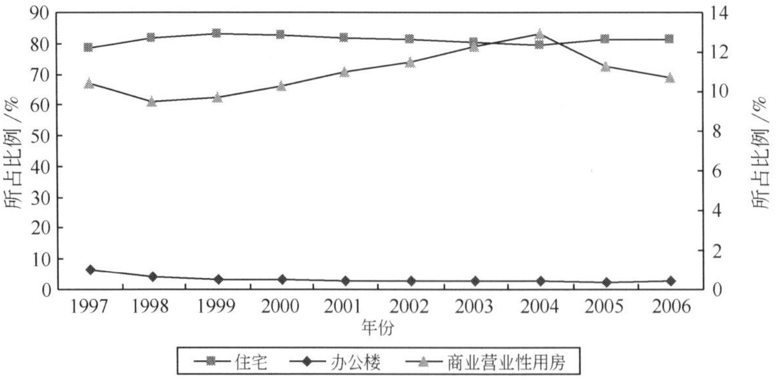

图 14-13　1997～2006 年新开工建设各种物业房屋面积所占比例及其发展趋势（国家统计局，2007）

另外，住宅的品质也在不断提高。住宅建设已开始从生存型向功能舒适型发展。住宅品质的提高主要表现在：一是住宅的功能空间设计更加合理。功能分区趋向细化，平面布局趋向合理（如将动区、静区分开，增强私密性等），面积控制更加理性化，超大客厅风光不再，超大户型也已不是发展的主流，而是力求在较小的空间内创造较大的舒适度，并出现了一些大开间、灵活隔断的住宅，且这些住宅更能适应消费者的需要。二是住宅的室内环境和物理性能得到改善。住宅结构、消防安全、保温、隔热、隔声、通风、采光与日照等物理环境不断优化。三是住宅的设施与设备水平不断提高。厨房、卫生间设施、采暖与制冷系统、智能化技术系统等的水平都有了较大提高。四是居住小区的环境与配套设施进一步改善，向着生态健全、生活方便、环境优美的方向发展。五是住宅新体系（如钢结构节能住宅体系、木结构节能住宅体系等）、新技术、新材料进一步得到广泛应用，住宅建筑的整体水平有了较大提高。

（五）以商品房销售为主导的房地产销售情况良好

我国房地产行业发展非常迅速，呈现快速增长的态势。整个商品房销售市场在1991～2006年呈现上升的态势，商品房销售面积从1991年的3025万平方米增加到2006年的6.18亿平方米。与此同时，商品房销售额也从1991年的237亿元增加到2006年的20 825亿元（图14-14）。

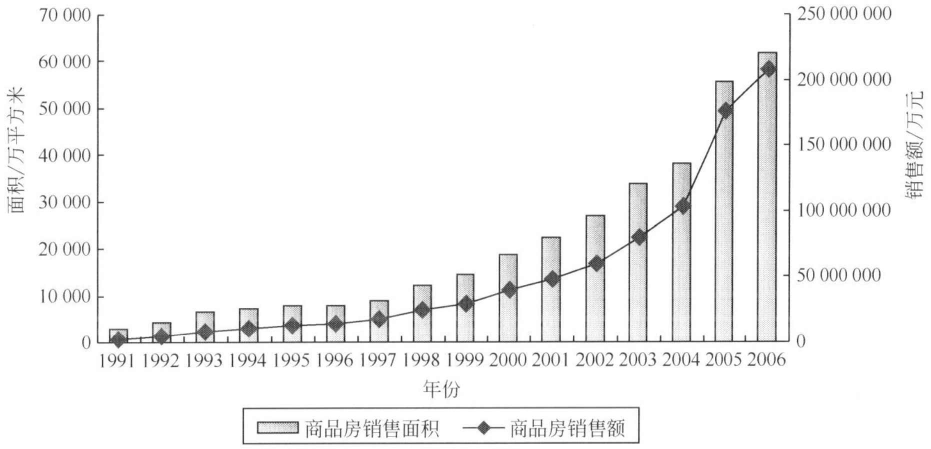

图14-14　1991～2006年商品房销售面积及销售额情况发展趋势（国家统计局，2007）

1997～2006年，我国各类商品房价格都在不断上涨，其中办公楼的单位价格最高，从1997年的4677元/米²上涨到2006年的8053元/米²，住宅的价格从1997年的1790元/米²上涨到2006年的3119元/米²，商业营业用房从1997年的3090元/米²上涨到2006年的5247元/米²。2006年全国70个大中城市商品房销售价格同比上涨5.5%。房地产销售价格呈现在震荡中不断上升的态势（图14-15）。

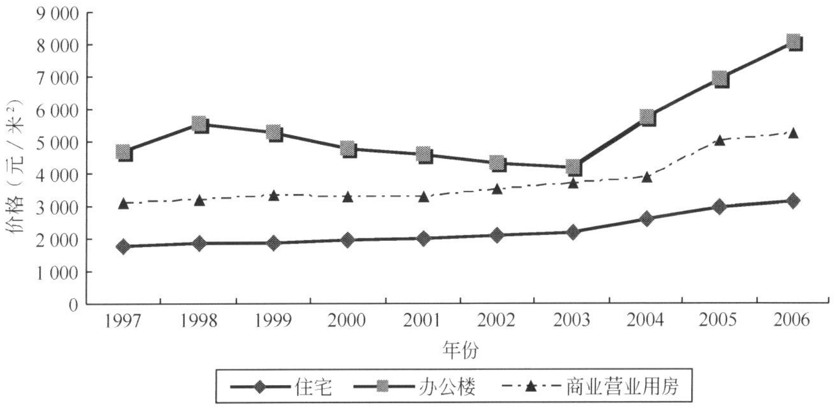

图14-15　1997～2006年各种商品房销售情况及发展趋势（国家统计局，2007）

（六）房地产企业个数与从业人数不断增加

1. 房地产业从业人数持续增加，呈现饱和状态

1997～2006年，房地产开发企业的从业人数有显著的增加（图14-16）。2006年的平均从业人数是1997年的2倍多。此外，内资企业、港澳台企业和外资企业的从业人数都有不同程度的提高。这反映了房地产业在快速发展的过程中增加了社会就业，在创造巨大经济效益的同时也具有很强的社会效益。

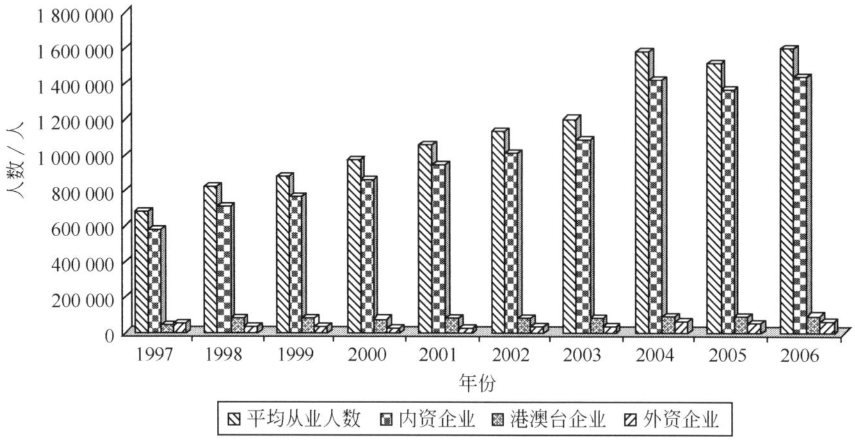

图14-16　1997～2006年房地产企业从业人数（国家统计局，2007）

2. 房地产业企业个数不断增加，企业构成逐渐集中

1997～2006年，房地产企业个数不断增加，从1997年的21 286家增加为2006年的58 710家，几乎增加了3倍(图14-17)。各种类型企业所占比例见表14-7。

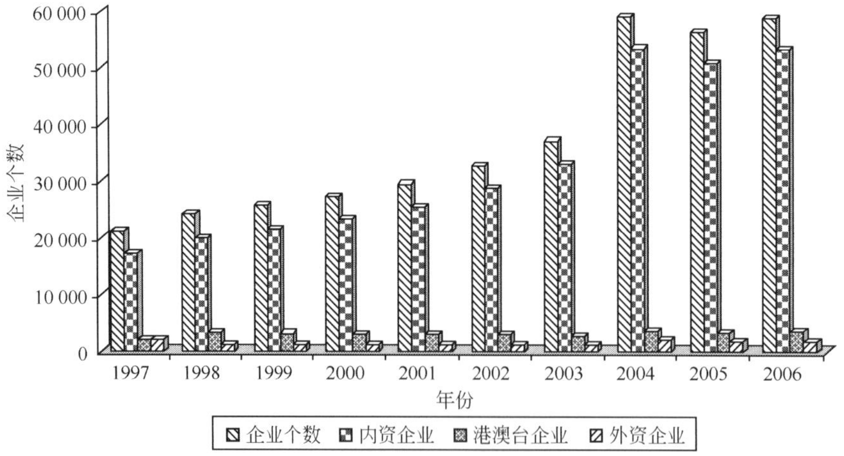

图14-17　1997～2006年房地产企业个数（国家统计局，2007）

表14-7　各种类型房地产企业个数所占比例　　单位:%

年份	内资企业所占比例	港澳台企业所占比例	外资企业所占比例
1997	81	9	10
1998	82	13	5
1999	83	12	5
2000	85	11	4

续表

年份	内资企业所占比例	港澳台企业所占比例	外资企业所占比例
2001	86	10	4
2002	88	9	3
2003	89	8	3
2004	90	6	4
2005	91	6	3
2006	91	6	3

资料来源：国家统计局（2007）。

从企业构成上分析，1997～2006年，尽管房地产企业个数在不断增加，但内资企业个数占有主导性地位，并且呈现持续增长的态势，1997年内资企业在整个房地产企业个数中占81%，2006年占91%；港澳台企业所占比例有所下降，从1997年的9%下降到2006年的6%。此外，外资企业所占比例有所增加，从1997年的10%下降到2006年的3%。这表明房地产企业构成也将呈现出集中发展的新趋势。

二、推动房地产价格持续走高的驱动机制分析

根据房地产经济学关于房地产价格的形成理论，房地产价格在市场供求关系的影响下，主要包括土地价格、房地产开发经营成本和开发利润三个部分。其中，房地产开发经营成本和开发利润相对稳定，不易受宏观调控政策影响，而土地价格受宏观调控政策影响较大，是导致房地产价格上升的主要内部因素。此外，市场供求关系的变化是影响房地产价格的重要外部因素。因此，房地产价格的变化主要受市场供求关系和土地开发成本的影响（中国科学院预测科学研究中心，2008）。

（一）房地产市场供求不平衡是推动房地产价格上涨的外部驱动机制

在计划经济时期，房地产行业处于被限制的状态，因而在1998年住房体制改革后，长期被抑制的住房消费需求迅速地增长。在这种社会历史背景下，一方面，房地产市场呈现出供不应求的状态；另一方面，由于住宅商品属于耐用性消费品，具有使用时间长的性质，既具有使用价值，也具有投资价值。因此，在追求利益最大化的原则下，房地产开发企业在房地产市场提供了不合理的产品供给结构，导致了房地产价格的升高。这两方面的原因共同推动了房地产价格的持续走高。

1. 房地产市场供不应求的状态导致房地产价格持续走高

从反映商品房供求关系的竣工销售比指标看，1997～2006年该指标从1.38下降到0.74，这表明全国商品房需求以快于供给的速度增加（表14-8）。

特别需要指出的是，2004年末国家调整了销售面积的统计口径，将预售面积也纳入销售面积的统计中（表14-8）。因此，2004年后竣工销售比值下降至1.0以下，2004～2006年，竣工销售比从0.91下降为0.74。

表14-8　商品房竣工面积、销售面积的年增长率与竣工销售比　　单位：%

年份	竣工销售比	商品房销售面积年增长率	竣工商品房建筑面积年增长率
1997	1.38		
1998	1.16	35	13
1999	1.21	19	25
2000	1.11	28	17

续表

年份	竣工销售比	商品房销售面积年增长率	竣工商品房建筑面积年增长率
2001	1.10	20	20
2002	1.06	20	16
2003	1.00	26	18
2004	0.91	13	3
2005	0.79	45	26
2006	0.74	11	4

资料来源：国家统计局（2007）。

我国商品房市场供小于求，而且这种供需不平衡的情况在不断加剧。1997～2006年商品房竣工面积的年增长率、销售面积的年增长率与竣工销售比的统计表明（表14-8），国家宏观调控的政策导致房地产业的竣工面积增幅过慢，致使供给的增速小于需求的增长，从而形成了市场供求不平衡的情况。

2. 房地产市场产品供给结构不合理导致房地产价格持续走高

从现实情况看，导致我国房价上涨过快的供给原因还应包括产品供给结构不合理（徐颠庆，2006）。这具体表现在三个方面：一是房地产存量市场和增量市场结构不平衡，二级市场发展严重滞后，新增房地产需求全部集中在增量房地产市场从而抬高了房价；二是房地产销售市场和租赁市场发展不平衡，使得租赁市场无法通过提供更多更好的租赁服务来分流购房者的购房需求，压力集中在房地产销售市场，导致房价上升；三是房地产产品结构不合理，不但满足中低收入阶层住房需要的户型和中低档住房供应不足，而且由于近年来各地经济适用房规模不断受到挤压，作为住房保障的经济适用房也供应不足。因此，房地产市场产品供给结构的不平衡也成为房地产价格持续升高的重要驱动力。

（二）土地开发成本的上涨是推动房地产价格升高的内部驱动机制

地价的升高是引致房价上升的内在驱动力。一般来说，影响地价的因素很多，既包括经济因素、社会因素、人口因素等一般因素，也包括区域因素和土地的个别因素。从房地产经济学的角度分析，引起我国地价上涨的原因主要有以下几个方面。

1. 土地供应方式的改变是引致土地开发成本上涨的政策原因

自2002年全国各地普遍实施城市土地储备制度以来，包括住宅建设用地在内的所有经营性用地只能通过招、拍、挂方式从土地储备供应机构取得，城市土地市场（一级市场）便成为只有一个供应方而有多个需求方的短边市场。作为垄断市场供应方的政府在经营城市的理念下也是市场的参与者，因此，土地“招、拍、挂”制度的客观现实推动了地价的上涨。

2. 城市土地供应总量的调整和土地供给成本的提高是引致土地开发成本升高的根本原因

由于我国城市工业化、城市化进程过快，加速了对土地需求的增长，因而造成城市建设用地日趋紧缺，国家于从2004年初开始实施“紧缩地根”的宏观调控政策，如冻结土地审批6个月、清理整顿开发区、减少土地供应量等一系列举措，引起土地价格的进一步上涨，从而推动了房地产价格的持续升高。

从土地需求市场分析，1997～2006年，房地产开发企业在土地开发上所花费的土地购置费用逐年增加，从1997年的247.6亿元增加到2006年的3318亿元。另外，土地购置面积从1997年的6641.7万平方米上升至2006年的36 573.6万平方米，呈现逐年增加的态势。然而由于国家自2003年后出台了一系列宏观调控政策来平抑房地产市场的过快发展，2003 年后土地购置面积的增长出现了下降趋势（图 14-18）。

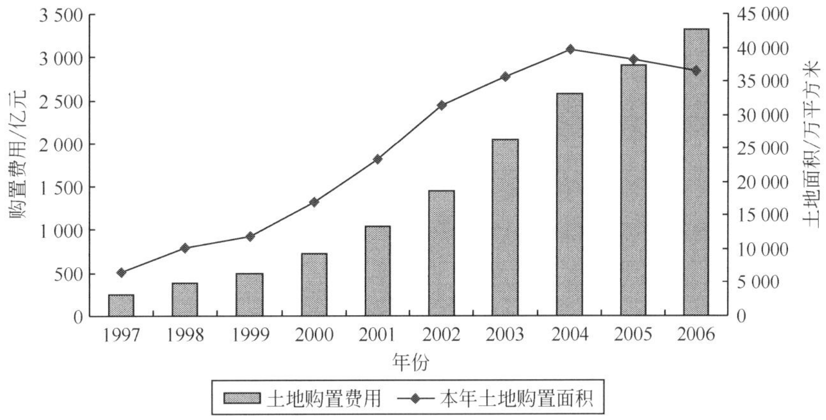

图 14-18　1997～2006 年土地购置费用和土地购置面积情况及其发展趋势
（国家统计局，2007）

从土地供应市场分析，1997～2006 年，我国土地开发和供应市场呈现逐步增加的趋势，从 1997 年的 7371.3 万平方米增加到 2006 年的 27 128.4 万平方米。但由于受到国家宏观调控对土地供应量的影响，土地开发面积的增长幅度从 2003 年开始出现振荡下降的波动状态，从而引起这一时期土地待开发面积呈现相应的波动态势（图 14-19）。

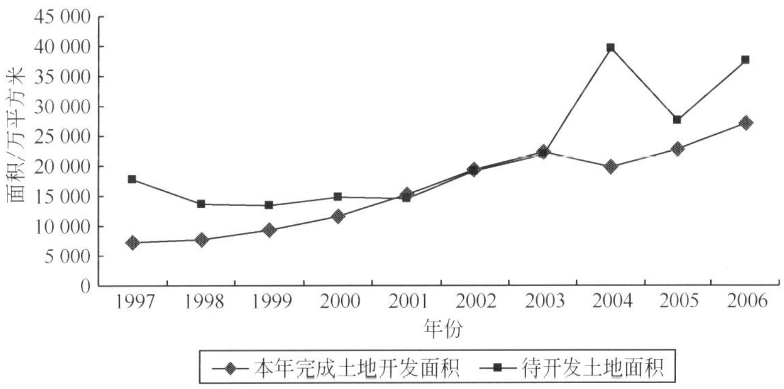

图 14-19　1997～2006 年土地开发和待开发面积情况及其发展趋势
（国家统计局，2007）

综上所述，一方面，由于土地资产经济稀缺性的存在，单位土地购置面积的土地价格不断上涨，造成了地产开发成本的增加；另一方面，房地产市场供不应求的现状又促使房地产开发建设的规模不断增加，于是房地产开发商将地产成本转嫁给最终消费者，表现为房地产价格不断攀升。这便是房地产价格持续上涨的内部驱动机制。

三、未来房地产业发展的政策导向

（一）规范土地出让市场的管理，增加“保障型住房”的市场供给

从 2001 年国务院颁发的 45 号文件《关于加强土地资产管理的通知》，到 2002 年国土资源部又相继颁发的 11 号令和 21 号令开始，全国已有 1258 个县市建立起土地储备制度，土地交易方式由以往的协议转让方式向公开招标、拍卖和挂牌交易转变，土地市场也由隐形市场向有形市场转变，由分散供

应向集中供应转变，由无序供应向有序供应转变。未来一个时期内政府将进一步规范土地出让市场的管理工作。国土资源部在2008年以后继续完善国有土地使用权出让的细化规定，并考虑将土地后期开发的时间进度等写入合同，以防止开发商囤积土地的行为。

此外，今后我国政府将倾注更大的精力和财力来解决“住有所居”的住房保障工程。具体而言，就是要通过健全经济适用房和廉租房的建设和开发来解决中等和低收入群体的保障型住房问题。

根据政府规划，到“十一五”末期，我国廉租房制度保障范围要由城市最低收入住房困难家庭扩大到低收入住房困难家庭。各地将根据经济社会发展水平等因素，通过统筹研究、科学确定、合理施工来确保廉租房的质量和保障标准。政府将通过新建、收购、改建及社会捐赠等方式多渠道和多方式的筹集房源，努力增加廉租房的有效供给。各地政府将通过提高土地出让净收益和公积金净收益用于扩大廉租房保障资金的比例，确保保障资金来源的畅通。

因此，从土地供给结构来看，为了进一步稳定房价，国家将继续加大对中小户型、中低价位商品房，经济适用房和廉租房的土地供应，严格控制大户型、低密度高档住宅的土地供应，继续停止别墅类用地的土地供应。

（二）住宅产业化将成为我国房地产业发展的新趋势

随着我国经济增长方式的转变和节能减排基本国策的确定，我国住宅建设正进入由“量”到“质”的转变时期。所谓住宅产业化，就是建筑商在工厂生产修建住宅所需的部件模块，然后运送到工地搭建。传统的住宅建筑方式以劳动密集为主，资源消耗较大。而房屋建造工业化可以提高工作效率3~4倍，工程周期缩减，人力成本降低，最多时现场工人可减少90%。更为重要的是，住宅产业化是住宅建设现代化的根本标志，并且将成为推进节能省地型住宅建设的重要手段。

建设部从2006年3月1日开始实施国家标准的《住宅性能评定标准》。该国家标准适用于我国城镇新建和改建住宅的各项相关的性能评定，而不是单纯的评优标准，反映的是住宅的综合性能水平，体现了新时期我国的节能、节地、节水和节材等的产业技术政策。建设部试点住宅产业化推广项目的相关统计资料表明：住宅的预置率一旦达到37%，就能节约用水36%，节约用电31%，同时降低噪声。钢模板等重复利用率大大提高，建筑垃圾减少83%，材料损耗减少60%，建筑节能50%以上。

因此，在今后一段时期内，国家将在扩大住宅产业化试点城市的基础上进一步加大我国住宅产业化的开发区域和建造面积，倡导一次装修，引导住宅开发和住房理性消费，鼓励我国节能省地型住宅的发展。

（三）房地产金融市场的不断规范和发展

为了规范房地产金融的发展，我国财政部颁发了《投资性房地产会计准则》的征求意见稿。该征求意见稿中明确了企业除了拥有自身长期使用的房产和短期内出售的房产外，还存在用于出租和长期持有获取增值收益的投资性房地产，并允许用公允价值模式核算投资性房地产，从而改变了过去统一按成本法核算投资性房地产的方式。

此外，2006年后银行业为了发展和经营的需要将加大对诚信度高和项目符合市场需求的房地产商的贷款规模，对诚信度和还款能力强的商品房购买者也将加大房贷的投资比率和提高消费者购买时的贷款比例。与此同时，2006年银行业上调房贷罚息的利率，逾期不还将实行“利滚利”的计息。这对于规范房地产金融业务，促进房地产金融市场的健康发展有着指导性的作用。

（四）引导房地产企业进行合理的产品开发战略

我国房地产开发暴利的时代已经成为历史，房地产企业今后要想在激烈竞争的市场中求得生存和发展，就必须按照《国务院关于促进房地产市场持续健康发展的通知》的精神，适应房地产市场发展的需要，调整市场供给结构，提高普通商品住房开发比例。

房地产企业应在国家宏观政策的引导下，进行合理的产品开发战略，至少应包括以下三点：一是要调整住宅与非住宅开发的比例结构，增加住宅的开发数量；二是要根据市场需求，采取有效措施，加快中低价位普通商品住宅开发，提高其在市场供应中的比例；三是要控制高价位中高档商品房建设，建立合理的商品房供应结构。

附录　我国房地产业相关法律法规汇总

房地产业是我国在新的发展阶段的一个重要支柱产业。正确引导和促进房地产业持续稳定健康的发展，有利于保持国民经济的平稳较快增长，有利于满足广大群众的基本住房消费需求，有利于实现全面建设小康社会的目标。

为了引导我国的房地产业持续健康地发展，国务院及有关部门近年来在调整住房建设和土地市场管理、加强城市规划和管理、合理控制拆迁规模和速度、整顿和规范房地产市场秩序等方面，出台了一系列房地产业及其相关的法律法规（表14-9）。

表14-9　近年来房地产业相关法律、法规和部门规章汇总表

编号	年份	法律（法规）名称	编号	年份	法律（法规）名称
1	1988	中华人民共和国土地管理法	29	2001	城市异产毗连房屋管理规定（第一次修正）
2	1989	中华人民共和国城市规划法	30	2001	城市房地产转让管理规定（第一次修正）
3	1989	城市异产毗连房屋管理规定	31	2001	城市房地产中介服务管理规定（第一次修正）
4	1989	城市危险房屋管理规定	32	2001	城市房地产抵押管理办法（第一次修正）
5	1990	中华人民共和国城镇国有土地使用权出让和转让暂行条例	33	2001	城市房屋权属登记管理办法（第一次修正）
6	1994	中华人民共和国城市房地产管理法	34	2001	建设项目用地预审管理办法
7	1994	城市商品房预售管理办法	35	2001	划拨用地目录
8	1995	中华人民共和国担保法	36	2001	征用土地公告办法
9	1995	城市房地产转让管理规定	37	2002	住房公积金管理条例（第一次修正）
10	1996	城市房地产中介服务管理规定	38	2002	住宅室内装饰装修管理办法
11	1997	中华人民共和国建筑法	39	2002	城市绿线管理办法
12	1997	城市房地产抵押管理办法	40	2002	招标拍卖挂牌出让国有土地使用权规定
13	1997	城市房屋权属登记管理办法	41	2003	物业管理条例
14	1998	城市房地产开发经营管理条例	42	2003	城市紫线管理办法
15	1999	中华人民共和国合同法	43	2003	城镇最低收入家庭廉租住房管理办法
16	1999	中华人民共和国招标投标法	44	2003	协议出让国有土地使用权规定
17	1999	住房公积金管理条例	45	2004	中华人民共和国土地管理法（第一次修正）
18	1999	已购公有住房和经济适用房住房上市出售管理暂行办法	46	2004	物业管理企业资质管理办法
19	1999	闲置土地处理办法	47	2004	城市危险房屋管理规定（第一次修正）
20	1999	土地利用年度计划管理办法	48	2004	城市商品房预售管理办法（第一次修正）
21	2000	建设工程质量管理条例	49	2004	房屋建筑和市政基础设施工程施工图设计文件审查管理办法
22	2000	建设工程勘察设计管理条例	50	2004	企业投资项目核准暂行办法
23	2000	房地产开发企业资质管理规定	51	2004	土地利用年度计划管理办法（第一次修正）
24	2000	房屋建筑工程质量保修办法	52	2004	建设项目用地预审管理办法（第一次修正）
25	2000	房产测绘管理办法	53	2005	房地产估价机构管理办法
26	2001	城市房屋拆迁管理条例	54	2005	民用建筑节能管理规定
27	2001	商品房销售管理办法	55	2005	城市黄线和蓝线管理办法
28	2001	建筑工程施工许可管理办法	56	2005	城市规划编制办法

参 考 文 献

国家统计局 . 2007. 2007 年中国城市统计年鉴 . 北京：中国统计出版社
建设部课题组 . 2007. 住房、住房制度改革和房地产市场专题研究 . 北京：中国建筑工业出版社 . 100 ~ 115
徐颠庆 . 2006. 房价与泡沫经济 . 北京：机械工业出版社 . 15 ~ 20
张红 . 2005. 房地产经济学 . 北京：清华大学出版社 . 419 ~ 423
中国科学院预测科学研究中心 . 2008. 中国房地产市场回顾与展望 . 北京：科学出版社 . 26 ~ 30

第四篇　大区域产业发展与规划

大区域的产业发展与我国经济发展格局、产业发展趋势紧密相关，因此大区域的产业发展和规划需要从全国产业发展的总体态势和我国产业发展的国际化背景等视角，进行综合评价和判断，确定产业发展定位、发展导向和空间引导方向等。本书重点介绍京津冀地区、珠三角地区、山东半岛和东北地区的产业发展和规划。

京津冀地区和珠三角地区是我国产业融入国际产业分工、参与国际产业竞争的主力军，在我国经济发展总体格局中，具有很重要的地位和影响力，也是我国的国家创新体系和现代服务业的中心，先进制造业和高技术产业的引领区。山东半岛是我国北方经济发展最活跃和最具有潜力的区域，也是我国北方重要的以机械、电子信息、医药化工和食品产业等产业为主体的现代制造业基地之一。东北地区是我国重要的老工业基地，在全国具有举足轻重的地位，未来产业发展以整合和创新为主线，优化产业结构、组织结构和空间结构，建设具有竞争力的新型产业基地，形成具有全国意义的精品原材料生产基地和具有国际竞争力的先进装备制造业基地；同时，要积极扶持和发展高新技术产业和现代服务业，推动农业产业化和农业基础设施的建设，巩固东北地区农业基础地位及国家重要商品粮基地的作用。

第十五章　京津冀产业发展和空间引导

京津冀都市圈是我国经济发达地区之一，但内部存在的差异较大，是典型的二元经济结构地区。产业发展水平与经济总体发展水平具有相似性，区域内部差异明显。为了更好地引导整个都市圈及其内部工业发展，促进工业空间集聚，把握各地区工业发展态势和重点，本章首先对京津冀都市圈总体及其内部的产业发展阶段、特征和存在的问题进行研究；其次，在此基础上，对都市圈的工业重点发展区域和工业类型区进行确定和划分，旨在引导工业的空间集聚方向，并按照区域功能定位和特征，制定支持、鼓励或限制不同工业在不同区域发展和集聚的政策；最后，按照“两点、三带、四区”的工业发展空间格局，对京津冀都市圈未来工业发展重点、空间引导进行论述。

第一节　产业发展现状特征与工业化发展阶段判断

京津冀都市圈主导产业特色明显，许多产业在全国具有引领作用。以电子信息和生物制药等为核心的高新技术产业和以金融保险、商务与信息服务、会展等为核心的生产者服务业在全国具有举足轻重的地位；以汽车、制药、食品和饮料行业等为主的现代制造业地位呈不断上升趋势；钢铁、石油化工等基础原材料产业对我国国民经济发展的支撑作用显著。京津冀都市圈也是我国重要的产业集聚区，京津塘高新技术产业带和以京石高速公路为依托的现代制造业产业带的雏形已经形成。随着国家和地区宏观产业政策的调整，京津冀都市圈的一些优区位地区，产业集聚的趋势将会进一步加强，而另一些地区，由于承担的主体功能的转变，产业发展类型和集聚方式将会发生根本性变化。

一、产业发展的现状特征

（一）京津冀都市圈第三产业在全国具有重要地位

从三次产业增加值在全国的地位来看，1978 年以来，京津冀都市圈三次产业的增加值占全国的比重都呈上升趋势，尤其是第三产业的上升趋势更加显著（图 15-1）。

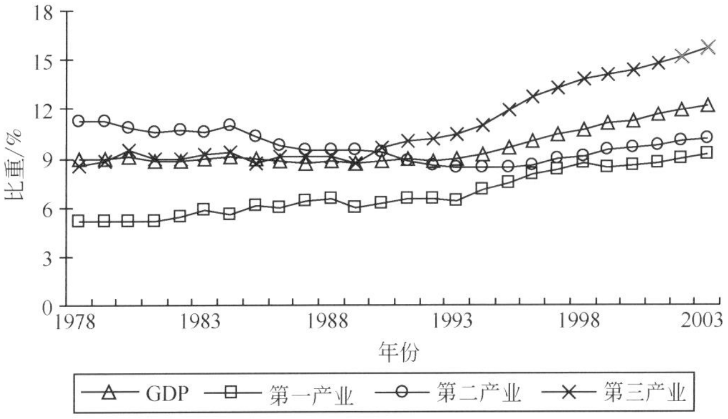

图 15-1　京津冀都市圈 GDP 及三次产业占全国比重的变化趋势（1978 年不变价）

以 1978 年不变价格计算，2003 年京津冀都市圈三次产业增加值的结构比例为 6.51 : 59.42 :

34.07，相比于全国8.09：66.97：24.94（1978年不变价）的产业结构，第三产业的增加值比重较高（表15-1）。按照京津冀都市圈内各城市按第三产业增加值占GDP的比重从小到大排序会发现，京津冀都市圈除唐山、石家庄和廊坊外，第三产业增加值占GDP的比重均高于全国24.94%的平均水平，其中，北京和秦皇岛的比重分别是全国平均水平的1.88倍和1.62倍。

以2003年的当年价格计算，可以更为明显地看出各城市第三产业增加值占GDP比重之间的差异。从图15-1中可以看出，北京三次产业结构比例与京津冀都市圈内其他城市的产业结构很不一样，第三产业增加值比重高达61.58%，是明显的“三、二、一”的产业发展格局。三次产业对经济增长的贡献率分别为0.93%、41.74%和57.33%。秦皇岛也是“三、二、一”的产业结构类型，第三产业增加值的比重达到50.29%。但秦皇岛的产业结构属于一种“虚高”现状，也就是在尚未完成工业化阶段，由于港口拉动了第三产业的发展，因此，它与北京产业结构相同，但存在实质性差异。

2003年，京津冀都市圈产业结构以城市单位从业人员计算为1.12：40.08：58.80，相比于全国城市单位从业人员就业结构5.08：42.61：52.31，第三产业的比重稍高一些。从各个城市来看，除天津市和唐山市以外，京津冀都市圈其余城市第三产业单位从业人员比重均高于全国城市的平均水平（表15-1）。

表15-1 2003年京津冀都市圈三次产业城市单位从业人员就业结构 单位：%

地区	第一产业	第二产业	第三产业
北京	0.59	35.32	64.09
天津	0.51	51.10	48.39
石家庄	0.60	42.83	56.57
唐山	5.20	51.25	43.55
秦皇岛	0.87	37.00	62.13
保定	0.66	39.05	60.29
张家口	1.89	42.20	55.91
承德	3.75	32.32	63.93
沧州	3.15	33.87	62.98
廊坊	0.89	26.76	72.35
京津冀都市圈	1.12	40.08	58.80
全国城市	5.08	42.61	52.31

注：所用数据为各城市全市单位从业人员年末人数，包括市辖区和市辖县。

资料来源：根据《中国城市统计年鉴2004》有关数据整理计算。北京市三次产业城市单位就业结构采用《北京统计年鉴2004》中的北京市城镇单位从业人员年末人数计算。

（二）都市圈及其内部产业结构呈现出高级化的趋势

京津冀都市圈经济结构变动趋势如下：第一产业增加值的比重持续下降，从1978年的16.13%下降到2003年的6.80%，下降了9.33个百分点；第三产业比重则持续上升，从1978年的22.77%上升到2003年的35.54%，上升了12.77个百分点，呈现出高级化的趋势。

北京市第一、第二产业比重分别从1978年的5.17%和71.14%下降到2003年的1.45%和51.74%，分别下降了3.72个和19.4个百分点，而第三次产业的比重从1978年的23.69%上升到2003年的46.82%，上升了23.13个百分点。

天津三次产业的比例比较稳定，产业结构变动趋势不大。第一、第二产业的比重分别从1978年的6.09%和69.61%下降到2003年的2.69%和66.72%，分别下降了3.4个和2.89个百分点，第三产业的比重则从1978年的24.31%上升到2003年的30.60%，上升了6.29个百分点。

石家庄第一产业增加值的比重持续下降，第二产业的比重不断下降，第三产业比重基本保持在23%左右，变动不大。从1978年到20世纪80年代中期，第一产业的比重一直稳定在20%～23%，第二产业的比重也基本在50%左右浮动；20世纪80年代中期到90年代中期，第一产业的比重从20%左右下降到10%左右，而第二产业比重则由50%左右一路上升到67%左右；1998年之后，第一产业增加值的比重都在10%以下，并且仍然呈现下降趋势，2003年只有7.08%，而第二产业增加值的比重也仍然在提高，到2003年达到70.17%。

从各城市三次产业增加值比例的变动看，20世纪80年代中期和90年代中期是两个重要的分界点，多数城市第一产业和第二产业比重关系从这两个时点开始发生变化，一般第一产业呈现下降趋势，而第二产业出现上升趋势，并且这种下降与上升趋势大多呈阶梯形，而不是连续的、平滑的上升或下降。除北京以外，其余各城市第三产业增加值的比重变化没有一、二产业比重的变化明显，呈现相对平缓的变动趋势。

（三）京津冀都市圈工业行业分工格局已具雏形

我们采用2003年各工业行业的工业总产值（1990年不变价格）指标进行区位商的计算，并以此分析京津冀都市圈及各城市的优势工业行业。

从全国层面看，京津冀都市圈最具竞争优势的行业是黑色金属矿采选业，区位商为2.80。都市圈内各城市除北京市以外，具有绝对竞争优势（区位商>2）的行业，基本上是以重工业中的采掘工业（如石油和天然气开采业、黑色金属矿采选业）和与采掘工业有关的加工工业（如黑色金属冶炼及压延加工业）为主（表15-2），即偏重于劳动密集型的原材料性工业行业。

表15-2　2003年京津冀都市圈各地区工业行业区位商

行业名称	北京	天津	石家庄	唐山	秦皇岛	保定	张家口	承德	沧州	廊坊	京津冀都市圈
煤炭开采和洗选业	0.60	0.05	0.45	2.80	0.12	0.08	1.57	1.31	—	—	0.49
石油和天然气开采业	—	2.45	—	0.38	—	—	—	—	28.41	—	1.83
黑色金属矿采选业	0.45	—	3.09	25.75	1.26	3.15	1.56	34.53	—	—	2.80
有色金属矿采选业	—	1.17	0.06	0.40	0.49	0.34	0.19	2.15	—	—	0.50
非金属矿采选业	0.16	0.49	0.67	2.20	0.19	0.05	1.95	2.28	2.15	0.17	0.58
农副食品加工业	0.50	0.55	1.32	0.48	5.55	0.48	0.54	0.76	1.17	3.30	0.79
食品制造业	1.23	0.79	3.48	1.23	0.55	0.75	1.53	1.71	0.75	2.90	1.32
饮料制造业	1.36	0.75	0.56	1.46	2.22	1.11	2.34	10.16	0.45	0.50	1.13
烟草制品业	0.23	0.19	0.98	—	—	0.97	12.63	—	—	—	0.45
纺织业	0.27	0.33	1.11	0.21	0.14	2.64	0.11	0.07	0.68	0.40	0.49
纺织服装、鞋、帽制造业	0.57	0.66	0.62	0.33	0.26	0.98	—	4.75	0.16	0.33	0.62
皮革、毛皮、羽毛（绒）及其制品业	0.07	0.40	4.55	0.02	0.09	1.03	0.15	0.03	1.45	0.26	0.75
木材加工及木、竹、藤、棕、草制品业	0.30	0.46	2.46	0.25	0.51	0.66	—	0.32	0.23	2.81	0.66
家具制造业	0.94	1.73	1.36	0.73	0.05	0.31	—	0.30	0.21	3.88	1.23
造纸及纸制品业	0.41	0.45	1.01	1.93	1.26	2.57	0.29	0.06	0.91	1.23	0.73

续表

行业名称	北京	天津	石家庄	唐山	秦皇岛	保定	张家口	承德	沧州	廊坊	京津冀都市圈
印刷业和记录媒介的复制	1.92	0.57	1.57	0.32	0.15	0.64	0.83	0.05	0.06	2.28	1.12
文教体育用品制造业	0.35	1.07	0.03	—	—	0.55	0.08	0.20	0.31	0.74	0.55
石油加工、炼焦及核燃料加工业	0.97	0.92	1.10	0.40	—	0.02	—	—	3.52	0.02	0.91
化学原料及化学制品制造业	0.92	1.05	1.71	0.68	1.01	0.92	1.36	0.52	1.93	0.98	1.07
医药制造业	0.92	1.01	7.01	0.33	0.29	0.37	2.55	0.79	0.22	0.37	1.51
化学纤维制造业	0.02	0.17	0.56	0.61	1.61	0.91	—	—	0.21	0.08	0.25
橡胶制品业	0.29	1.12	0.46	0.79	0.53	1.20	0.43	1.68	0.87	0.82	0.73
塑料制品业	0.41	0.72	0.77	0.49	0.51	3.33	0.10	0.04	0.71	1.06	0.70
非金属矿物制品业	0.74	0.33	1.44	2.36	4.20	0.61	1.00	1.00	0.96	1.42	0.87
黑色金属冶炼及压延加工业	1.13	1.47	0.96	9.27	1.66	0.15	5.21	7.29	1.24	3.63	1.95
有色金属冶炼及压延加工业	0.30	0.47	0.52	0.13	2.43	3.81	0.52	0.52	0.31	0.48	0.57
金属制品业	0.71	1.21	0.70	0.92	0.75	1.31	0.34	0.11	2.89	2.48	1.03
通用设备制造业	0.69	0.74	0.72	0.49	0.41	1.09	0.62	0.80	0.66	1.02	0.72
专用设备制造业	1.27	0.54	0.64	0.61	1.34	0.33	4.72	0.10	0.72	1.68	0.88
交通运输设备制造业	1.27	0.97	0.20	0.35	1.13	2.10	0.08	0.02	0.33	0.86	0.95
电气机械及器材制造业	0.62	1.21	0.21	0.11	0.73	1.06	0.07	0.06	1.35	0.44	0.77
通信设备、计算机及其他电子设备制造业	2.16	1.88	0.21	0.04	0.01	0.02	—	—	0.16	0.13	1.41
仪器仪表及文化、办公用机械制造业	1.74	0.86	0.12	0.07	0.03	0.47	0.03	0.69	0.34	0.16	0.94
工艺品及其他制造业	0.19	0.65	0.31	0.22	0.18	0.36	0.34	0.29	1.02	1.23	0.43
废弃资源和废旧材料回收加工业	—	1.04	—	—	—	0.28	—	0.54	—	—	0.39
电力、热力的生产和供应业	0.43	0.46	1.15	1.25	1.83	0.85	4.59	1.31	0.50	1.24	0.70
燃气生产和供应业	1.13	0.84	0.65	0.42	0.89	1.38	0.67	—	0.10	4.05	0.95
水的生产和供应业	1.08	0.39	0.84	0.42	0.97	1.07	0.92	0.77	0.54	0.49	0.72

注："—"表示城市没有该行业的统计数据；行业分类采用国标 GB/T4754—2002；数据指标采用2003年各行业工业总产值（1990年不变价格）。

资料来源：根据国家统计局《中国工业经济统计年鉴2004》数据整理计算。

从一般优势行业的选择看，北京以技术密集型工业行业为主，如专用设备制造业（1.27）、交通运输设备制造业（1.27）、仪器仪表及文化办公用机械制造业（1.74）等；天津在加工制造业及一些技术资金密集型的工业行业方面有优势，如黑色金属冶炼及压延加工业（1.47），金属制品业（1.21），电气机械及器材制造业（1.21），通信设备、计算机及其他电子设备制造业（1.88）等；而其余8个城市在农副食品加工业、饮料制造业、化学原料及化学制品制造业、电力热力的生产和供应业，以及煤炭和石油开采业等行业具有比较优势。

京津冀都市圈内部各城市之间在优势工业行业的选择和发展方面，基本上形成了一个产业分工的大概轮廓（表15-3）。北京的工业发展倾向于以高新技术为主导，尤其是通信设备、计算机及其他电子设备制造业和交通运输设备制造业的发展优势明显；天津工业体系完备，工业在经济发展中具有举足轻重的地位，工业发展特点是以通信设备、计算机及其他电子设备制造业等高新技术型工业和石油、化工、冶金等重化工业并重；河北8市的工业行业发展最突出的是黑色金属矿采选业、石油和天然气开采业、煤炭开采和洗选业等能源原材料开采业，以及黑色金属冶炼及压延加工业等重化工业和农副食品加工业、饮料制造业等农产品加工工业。但各个城市之间优势产业的选择仍然存在较为明显的雷同性，尤其是北京与天津之间、天津与河北8市之间制造业发展优势的互补性不强，没有形成具有层次结构和明确合理的分工体系。

表15-3 京津冀都市圈及各城市优势行业的选择

城市	绝对优势行业（$Q_{ip} \geqslant 2$）	一般优势行业（$1 < Q_{ip} < 2$）
北京	通信设备、计算机及其他电子设备制造业（2.16）	食品制造业（1.23）、饮料制造业（1.36）、印刷业和记录媒介的复制（1.92）、黑色金属冶炼及压延加工业（1.13）、专用设备制造业（1.27）、交通运输设备制造业（1.27）、仪器仪表及文化办公用机械制造业（1.74）、燃气生产和供应业（1.13）、水的生产和供应业（1.08）
天津	石油和天然气开采业（2.45）	有色金属矿采选业（1.17）、家具制造业（1.73）、文教体育用品制造业（1.07）、化学原料及化学制品制造业（1.05）、医药制造业（1.01）、橡胶制品业（1.12）、黑色金属冶炼及压延加工业（1.47）、金属制品业（1.21）、电气机械及器材制造业（1.21）、通信设备、计算机及其他电子设备制造业（1.88）、废弃资源和废旧材料回收加工业（1.04）
石家庄	黑色金属矿采选业（3.09），食品制造业（3.48），皮革、毛皮、羽毛（绒）及其制品制造业（4.55），木材加工及竹、藤、棕，草制品业（2.46），医药制造业（7.01）	农副食品加工业（1.32），纺织业（1.11），家具制造业（1.36），造纸及纸制品业（1.01），印刷业和记录媒介的复制（1.57），石油加工、炼焦及核燃料加工业（1.10），化学原料及化学制品制造业（1.71），非金属矿物制品业（1.44），电力、热力的生产和供应业（1.15）
唐山	煤炭开采和洗选业（2.80）、黑色金属矿采选业（25.75）、非金属矿采选业（2.20）、非金属矿物制品业（2.36）、黑色金属冶炼及压延加工业（9.27）	食品制造业（1.23），饮料制造业（1.46），造纸及纸制品业（1.93），电力、热力的生产和供应业（1.25）
秦皇岛	农副食品加工业（5.55）、饮料制造业（2.22）、非金属矿物制品业（4.20）、有色金属冶炼及压延加工业（2.43）	黑色金属矿采选业（1.26）、造纸及纸制品业（1.26）、化学原料及化学制品制造业（1.01）、化学纤维制造业（1.61）、黑色金属冶炼及压延加工业（1.66）、专用设备制造业（1.34）、交通运输设备制造业（1.13）、电力热力的生产和供应业（1.83）
保定	黑色金属矿采选业（3.15）、纺织业（2.64）、造纸及纸制品业（2.57）、塑料制品业（3.33）、有色金属冶炼及压延加工业（3.81）、交通运输设备制造业（2.10）	饮料制造业（1.11），皮革、毛皮、羽毛（绒）及其制品业（1.03），橡胶制品业（1.20），金属制品业（1.31），通用设备制造业（1.09），电气机械及器材制造业（1.06），燃气生产和供应业（1.38），水的生产和供应业（1.07）

续表

城市	绝对优势行业（$Q_{ip}\geq 2$）	一般优势行业（$1<Q_{ip}<2$）
张家口	饮料制造业（2.34）、烟草制品业（12.63）、医药制造业（2.55）、黑色金属冶炼及压延加工业（5.21）、专用设备制造业（4.72）、电力热力的生产和供应业（4.59）	煤炭开采和洗选业（1.57）、黑色金属矿采选业（1.56）、非金属矿采选业（1.95）、食品制造业（1.53）、化学原料及化学制品制造业（1.36）
承德	黑色金属矿采选业（34.53），有色金属矿采选业（2.15），非金属矿采选业（2.28），饮料制造业（10.16），纺织服装、鞋、帽制造业（4.75），黑色金属冶炼及压延加工业（7.29）	煤炭开采和洗选业（1.31）、食品制造业（1.71）、橡胶制品业（1.68）、电力热力的生产和供应业（1.31）
廊坊	农副食品加工业（3.30），食品制造业（2.90），木材加工及竹、藤、棕、草制品业（2.81），家具制造业（3.88），印刷业、记录媒介的复制业（2.28），黑色金属冶炼及压延加工业（3.63），金属制品业（2.48），燃气生产和供应业（4.05）	造纸及纸制品业（1.23）、塑料制品业（1.06）、非金属矿物制品业（1.42）、通用设备制造业（1.02）、专用设备制造业（1.68）、工艺品及其他制造业（1.23）、电力热力的生产和供应业（1.24）
沧州	石油和天然气开采业（28.41），非金属矿采选业（2.15），石油加工、炼焦及核燃料加工业（3.52），金属制品业（2.89）	农副食品加工业（1.17），皮革、毛皮、羽毛（绒）及其制品业（1.45），化学原料及化学制品制造业（1.93），黑色金属冶炼及压延加工业（1.24），电气机械及器材制造业（1.35），工艺品及其他制造业（1.02）
京津冀都市圈	黑色金属矿采选业（2.80）	石油和天然气开采业（1.83）、食品制造业（1.32）、饮料制造业（1.13）、家具制造业（1.23）、印刷业和记录媒介的复制（1.12）、化学原料及化学制品制造业（1.07）、医药制造业（1.51）、黑色金属冶炼及压延加工业（1.95）、金属制品业（1.03）、通信设备计算机及其他电子设备制造业（1.41）

（四）京津冀都市圈工业竞争力亟待提升

运用偏离份额方法，分析1999～2003年京津冀都市圈36个大类工业行业工业总产值的增长变化情况，计算结果见表15-4。从表中可以看出：京津冀都市圈36个工业行业均为增长性行业，其G_i值为正。

表15-4　京津冀都市圈工业行业总产值偏离份额分析表　　单位：亿元，%

行业类别	行业名称	总增长 G_i		全国份额 RS_i		结构偏离份额 PS_i		竞争力偏离份额 DS_i		总偏离量 TS_i	
		增长量	增长率	增长量	增长率	增长量	增长率	增长量	增长率	增长量	增长率
06	煤炭采选业	21.97	0.75	29.49	1.01	-8.91	-0.30	1.39	0.05	-7.52	-0.26
07	石油和天然气开采业	78.92	1.22	65.11	1.01	-42.59	-0.66	56.40	0.87	13.81	0.21
08	黑色金属矿采选业	31.86	1.23	26.00	1.01	4.81	0.19	1.05	0.04	5.85	0.23
09	有色金属矿采选业	11.56	1.48	7.86	1.01	-3.92	-0.50	7.62	0.98	3.70	0.47
10	非金属矿采选业	1.72	0.08	20.39	1.01	-11.71	-0.58	-6.95	-0.34	-18.66	-0.92
13	食品加工业	170.20	0.97	176.00	1.01	-33.16	-0.19	27.36	0.16	-5.80	-0.03
14	食品制造业	93.52	0.65	145.15	1.01	-20.29	-0.14	-31.34	-0.22	-51.63	-0.36

续表

行业类别	行业名称	总增长 G_i		全国份额 RS_i		结构偏离份额 PS_i		竞争力偏离份额 DS_i		总偏离量 TS_i	
		增长量	增长率	增长量	增长率	增长量	增长率	增长量	增长率	增长量	增长率
15	饮料制造业	60.76	0.50	122.34	1.01	-71.09	-0.58	9.51	0.08	-61.57	-0.51
16	烟草加工业	14.40	0.51	28.55	1.01	-24.01	-0.85	9.87	0.35	-14.15	-0.50
17	纺织业	74.73	0.33	226.32	1.01	-85.12	-0.38	-66.47	-0.30	-151.59	-0.67
18	服装及其他纤维制品制造业	36.92	0.28	134.06	1.01	-41.60	-0.31	-55.54	-0.42	-97.14	-0.73
19	皮革、毛皮、羽绒及其制品业	51.19	0.61	84.09	1.01	-12.57	-0.15	-20.33	-0.24	-32.90	-0.39
20	木材加工及竹、藤、棕、草制品业	26.57	0.95	28.02	1.01	-6.28	-0.23	4.83	0.17	-1.45	-0.05
21	家具制造业	28.09	0.67	42.38	1.01	9.54	0.23	-23.83	-0.57	-14.29	-0.34
22	造纸及纸制品业	48.41	0.51	95.50	1.01	-12.47	-0.13	-34.62	-0.36	-47.09	-0.50
23	印刷业、记录媒介的复制	40.81	0.71	58.16	1.01	-8.64	-0.15	-8.71	-0.15	-17.35	-0.30
24	文教体育用品制造业	6.46	0.17	37.47	1.01	-9.46	-0.25	-21.54	-0.58	-31.00	-0.83
25	石油加工及炼焦业	21.39	0.12	174.82	1.01	-38.96	-0.22	-114.47	-0.66	-153.43	-0.88
26	化学原料及化学品制造业	357.20	0.76	474.22	1.01	-69.87	-0.15	-47.14	-0.10	-117.01	-0.25
27	医药制造业	281.77	1.19	238.55	1.01	42.45	0.18	0.78	0.00	43.23	0.18
28	化学纤维制造业	0.81	0.02	37.19	1.01	-17.70	-0.48	-18.69	-0.51	-36.38	-0.98
29	橡胶制品业	13.28	0.18	73.82	1.01	-27.51	-0.37	-33.03	-0.45	-60.54	-0.82
30	塑料制品业	87.33	0.87	101.28	1.01	-14.11	-0.14	0.16	0.00	-13.95	-0.14
31	非金属矿物制品业	148.35	0.62	241.22	1.01	-74.80	-0.31	-18.07	-0.08	-92.87	-0.39
32	黑色金属冶炼及压延加工业	723.62	1.80	403.75	1.01	76.43	0.19	243.44	0.61	319.87	0.80
33	有色金属冶炼及压延加工业	72.65	0.88	83.33	1.01	-4.76	-0.06	-5.93	-0.07	-10.69	-0.13
34	金属制品业	124.14	0.61	205.55	1.01	-59.12	-0.29	-22.29	-0.11	-81.41	-0.40
35	普通机械制造业	181.96	1.04	176.03	1.01	28.04	0.16	-22.11	-0.13	5.93	0.03
36	专用设备制造业	96.87	0.52	188.74	1.01	-16.34	-0.09	-75.53	-0.40	-91.86	-0.49
37	交通运输设备制造业	590.12	1.45	410.11	1.01	215.21	0.53	-35.20	-0.09	180.01	0.44
39	电气机械及器材制造业	332.92	1.17	286.80	1.01	30.85	0.11	15.27	0.05	46.12	0.16
40	电子及通信设备制造业	1455.33	1.09	1339.07	1.01	970.69	0.73	-854.44	-0.64	116.26	0.09

续表

行业类别	行业名称	总增长 G_i		全国份额 RS_i		结构偏离份额 PS_i		竞争力偏离份额 DS_i		总偏离量 TS_i	
		增长量	增长率	增长量	增长率	增长量	增长率	增长量	增长率	增长量	增长率
41	仪器仪表及文化、办公用机械制造业	79.00	1.36	58.21	1.01	13.09	0.23	7.70	0.13	20.79	0.36
44	电力、蒸汽、热水的生产和供应业	55.04	0.52	106.08	1.01	-33.52	-0.32	-17.52	-0.17	-51.04	-0.48
45	煤气生产和供应业	4.41	0.49	9.05	1.01	-1.50	-0.17	-3.14	-0.35	-4.64	-0.52
46	自来水的生产和供应业	0.12	0.01	8.78	1.01	-6.51	-0.75	-2.15	-0.25	-8.65	-0.99

注：采用各行业全部国有及规模以上非国有工业企业的工业总产值（1990年不变价格）数据计算。

从产业增长偏离和竞争力偏离的情况看，可以将京津冀都市圈36个工业行业分为以下四类：

第一类是具有快速增长优势，并且竞争力也很强的行业，分别是黑色金属冶炼及压延加工业、电气机械及器材制造业、医药制造业、仪器仪表及文化办公用机械制造业、黑色金属矿采选业。

第二类是具有快速的增长优势，但缺乏竞争优势的行业，它们是通信设备、计算机及其他电子设备制造业（即电子及通信设备制造业），交通运输设备制造业，普通机械制造业（即通用设备制造业），家具制造业。

第三类是缺乏增长优势，但具备竞争优势的行业，它们是有色金属矿采选业，木材加工及竹、藤、棕、草制品业，煤炭采选业，塑料制品业，烟草轻工业，食品加工业，石油和天然气开采业，饮料制造业。

第四类是既没有增长优势，又缺乏竞争优势的行业，这类工业行业共有19个，占京津冀都市圈工业行业的一半以上，它们是煤气生产和供应业，有色金属冶炼及压延加工业，自来水的生产和供应业，印刷业、记录媒介的复制，文教体育用品制造业，非金属矿采选业，造纸及纸制品业，皮革、毛皮、羽绒及其制品业，专用设备制造业，化学纤维制造业，食品制造业，橡胶制品业，电力、蒸汽、热水的生产和供应业，石油加工及炼焦业，服装及其他纤维制品制造业，金属制品业，化学原料及化学制品制造业，非金属矿物制品业，纺织业。

总体来说，京津冀都市圈产业结构相对合理，但工业竞争力亟须提升。1999～2003年京津冀都市圈工业所涉及的36个工业行业中总偏离量为正值的只有10个行业，36个行业工业总产值的增长额累计为5424.41亿元，按照全国所有行业工业总产值的平均增长率，36个工业行业应该拥有的增长份额为5943.48亿元，产业结构优势带来的增长量为634.58亿元，但竞争力劣势引起的下降为1153.65亿元，竞争力偏离的负效应超过了行业增长对京津冀都市圈带来的正效应，总偏离量竟为负的519.07亿元。工业总产值的增长率比全国低9.88%，其中产业结构的贡献为-6.21%，竞争力的贡献为-3.67%，工业发展大大落后于全国，工业整体竞争力严重不足。最具代表性的是作为高新技术产业的电子及通信设备制造业和交通运输设备制造业，其工业总产值的增长量最大，分别为970.69亿元和215.21亿元，远高于其他工业行业的增长量，但其产业竞争力却严重不足，竞争力偏离量分别为-854.44亿元和-35.20亿元。

二、工业化发展阶段的判定

从国际比较看，衡量经济发展阶段的主要指标是具有内在联系的，而我国的相应衡量指标存在着较大差别。就现状而言，京津冀都市圈内部存在差异较大，总体大致处于中级阶段的初期，而北京市已经进入中级向高级的过渡阶段。因此，大力发展现代制造业、提升高新技术产业的比例、促进传统重化工业的升级、积极推进现代服务业是未来都市圈产业发展的重点。

（一）京津冀各地区收入水平差异较大

从人均收入水平看，京津冀都市圈处于工业化的初级阶段，北京、天津处于工业化的中级阶段，石家庄、唐山、秦皇岛、廊坊处于工业化的初级阶段，而保定、张家口、承德和沧州还处于初级产品生产阶段。

利用北京市、天津市以及河北省 8 个地市 1978 年以来的国内生产总值及国内生产总值指数（或按可比价格计算的生产总值发展速度）和户籍人口数据，计算出京津冀都市圈及圈内各城市 2003 年的人均 GDP，并将其折算为 1996 年不变价格的人均 GDP，进而以汇率和美国 GDP 的减缩指数换算成 1996 年和 1964 年的美元数据，计算结果见表 15-5。从表 15-5 中可以看出，按照 1996 年的美元数据，京津冀都市圈 2003 年的人均 GDP 只有 2027. 54 美元，只处于钱纳里等按人均收入水平划分的工业化的初级阶段；北京和天津 2003 年的人均 GDP 分别为 3384. 13 美元和 3084. 77 美元，处于工业化的中级阶段；石家庄、唐山、秦皇岛、廊坊处于工业化的初级阶段；而保定、张家口、承德和沧州还处于初级产品生产阶段，或称准工业化阶段。与全国情况相比，京津冀都市圈的发展阶段要高一个层次，而北京和天津的经济发展明显快于京津冀都市圈的平均水平。

表 15-5 2003 年京津冀都市圈及各城市人均 GDP 单位：美元

项目	北京	天津	石家庄	唐山	秦皇岛	保定
人均 GDP（1964 年）	545. 83	497. 54	303. 83	374. 4	302. 08	185. 69
人均 GDP（1996 年）	3 384. 13	3 084. 77	1 883. 75	2 321. 31	1 872. 89	1 151. 28
项目	张家口	承德	廊坊	沧州	京津冀都市圈	中国
人均 GDP（1964 年）	140. 32	123. 92	280. 88	196. 08	327. 02	176. 08
人均 GDP（1996 年）	869. 99	768. 33	1 741. 45	1 215. 69	2 027. 54	1 091. 67

资料来源：根据《北京统计年鉴 2004》、《天津统计年鉴 2004》、《河北经济统计年鉴 2004》及《中国统计年鉴 2004》有关数据整理计算。

需要注意的是：钱纳里等用以划分工业化阶段的人均 GDP 美元，是以汇率而不是用购买力平价计算的，以汇率换算计算的京津冀都市圈及各城市人均 GDP 的美元数，与以购买力平价换算的人均 GDP 美元数之间的差别比较大，后者是前者的 4 ~5 倍。

（二）产业结构发展阶段差异明显

从产业结构水平看，京津冀都市圈属于中高级阶段，其中，北京和秦皇岛处于工业化发展的高级阶段，天津、石家庄、廊坊处于工业化发展的中高级阶段，唐山、保定、张家口、承德和沧州处于工业化的中级阶段。

利用北京市、天津市以及河北省 8 个地市三次产业 2003 年当年价格和 1978 年不变价格的增加值数据以及 2003 年三次产业的从业人员数据，计算出京津冀都市圈及各城市 2003 年三次产业的产出结构和就业结构比例，计算结果见表 15-6。

表 15-6　2003 年京津冀都市圈及各城市三次产业产出结构及就业结构　　单位:%

城市	三次产业产出结构								三次产业就业结构		
	当年价格				不变价格*						
	第一产业	第二产业	工业	第三产业	第一产业	第二产业	工业#	第三产业	第一产业	第二产业	第三产业
北京	2.61	35.81	28.17	61.58	1.45	51.74	47.68	46.81	8.92	32.10	58.98
天津	3.66	50.88	46.42	45.46	2.69	66.72	64.57	30.59	16.28	42.95	40.77
石家庄	13.65	48.25	42.52	38.11	7.08	70.16	70.98	22.76	—	—	—
唐山	14.96	55.20	51.63	29.84	16.77	62.69	62.04	20.54	—	—	—
秦皇岛	10.05	39.66	33.34	50.29	5.21	54.45	54.59	40.34	49.29	21.88	28.83
保定	16.14	47.54	40.49	36.32	11.92	54.89	51.58	33.19	—	—	—
张家口	14.67	45.44	40.29	39.89	12.30	49.04	42.53	38.66	—	—	—
承德	18.53	46.72	38.18	34.75	15.86	49.37	49.56	34.77	57.83	21.07	21.10
廊坊	14.49	55.22	48.90	30.28	6.69	70.42	66.79	22.89	—	—	—
沧州	14.93	52.35	47.39	32.72	10.47	50.85	47.89	38.68	—	—	—
京津冀都市圈	—	—	—	—	6.51	59.42	57.06	34.07	—	—	—
中国	14.60	52.20	45.30	33.20	8.09	66.97	64.13	24.94	49.1	21.6	29.3

注："—"表示城市没有该产业的统计数据；*为 1978 年不变价格。#表示由于工业和第二产业历年地区生产总值指数变动的差异，导致某些地市计算的 1978 年不变价格的工业产值甚至高于第二产业的产值，但差别并不突出，在此仅作参考。

资料来源：根据《北京市统计年鉴 2004》、《天津市统计年鉴 2004》、《河北经济统计年鉴 2004》、《新河北五十年》有关统计数据计算整理。

以 1978 年不变价格计算的结果看，与全国三次产业的产出结构相比，京津冀都市圈第一产业的比重在 10% 以下，第三产业产值的比重比较高，为 34.07%，高于全国 9.13 个百分点，第二产业的比重虽然低于全国 66.97% 的水平，但仍然高达 59.42%，高于一般模式中工业化完成阶段的第二产业比重(表 15-6)。可以说，京津冀都市圈所反映的工业化阶段，已经处于工业化的中、后期，即工业化的高级阶段。从都市圈各城市三次产业结构的情况看，北京、秦皇岛第一产业比重均在 10% 以下，第二产业比重均在 50% 以上，而第三产业在 40% 以上，与钱纳里等研究的标准模式相比，大致处于工业化的高级阶段与发达经济的初级阶段之间。天津、石家庄、廊坊第一产业比重在 10% 以下，第二产业比重高达 60% 以上，高于一般模式中工业化完成阶段的第二产业比重，这标志着工业化进入了中、后期阶段。唐山、保定、张家口、承德和沧州第一产业比重为 10% ~20%，第二产业比重在 49% 以上，说明工业化已经进入中期阶段。

以 2003 年的当年价格计算，北京的第一产业比重在 10% 以下，第三产业比重都在 50% 以上，按照表 15-5 对应的人均 GDP（1964 年美元）在 1000 美元以上，说明正处于工业化的高级阶段与发达经济的初级阶段之间。天津的第一产业比重只有 3.66%，而第二产业比重达到 50.88%，第三产业比重为 45.46%，按照表 15-5 对应的标准，应该处于工业化的高级阶段。石家庄、唐山、保定、张家口、承德、廊坊、沧州三次产业结构与中国整体的情况基本吻合，第一产业比重为 10% ~20%，第二产业比重在 45% 以上，第三产业比重为 30% ~40%，这些城市大致处于工业化的中期阶段。

京津冀都市圈及各城市第二产业的比重较高原因是因为工业的比重比较高，以 1978 年的不变价格计算，京津冀都市圈工业增加值占 GDP 的比重达到 57.06%，也达到了一般模式中工业化结束阶段的水平。也就是说，京津冀都市圈工业或制造业在 GDP 中的比重所反映的工业化水平已经达到甚至超过了工业化完成阶段的水平。

需要注意的是：京津冀都市圈及各城市第二产业增加值的比重与国际水平比较偏高的现象，与中华人民共和国成立以来实行特殊的工业化政策有很大关系。1978 年改革开放之前的 26 年间，中国的工业化基本上是一种政府计划推动的内向型的工业化。由于受苏联模式的影响，特别是“赶超型”战略指导思想的失误，我国工业尤其是重工业盲目片面地发展。我国的工业化一直是在人均收入水平很低的条件下大幅度推进的，工业比重的迅速上升几乎与人均收入水平的变动失去了联系。这个工业比重提高与人均收入水平上升相分离的特殊现象，所带来的影响一直持续到现在。

同时，我国是在市场化落后的条件下迅速推进工业化的。市场经济国家在工业化开始时市场化已经得到较大程度的发展，第三产业的比重较高，随着工业化阶段的演进，市场化继续发展，第三产业的比重以低于工业化率的速度继续上升。而我国在工业化起点时市场化程度和第三产业比重相对较低，特别是在工业化迅速推进的过程中市场化没有得到相应发展，第三产业的比重没有逐步提高。改革开放之前的 26 年，GDP 结构中第二产业尤其是工业的比重大幅度上升，而第三产业的比重却有所下降，由 1952 年的 28.6% 下降为 1978 年的 23.7%，降低了 4.9 个百分点。市场化远远滞后于工业化进程的状况，导致改革开放初期产业结构中第二产业尤其是工业比重偏高而第三产业比重偏低的结构性偏差。改革开放以来，随着计划体制、价格体制和企业体制改革的推进，政府计划推动的工业化逐步向市场主导的工业化转变。特别是 20 世纪 90 年代以来，市场调节已经取代计划调节而在工业发展和工业结构变动中起着较大的作用，这也使得我国二、三产业的结构性偏差有所缓和。

在这种大的国家产业发展背景下，京津冀都市圈及各城市产业的发展也呈现出类似的比例结构，第二产业比重偏高，而第三产业比重偏低。以 2003 年当年价格计算，北京第三产业增加值的比重高达 61.58%，但以不变价格（1978 年价格）计算，只有 46.81%，仍然低于第二产业的比重（51.74%），说明第三产业比重的这种上升只是相对价格水平提高的结果。京津冀都市圈除北京外其他城市第三产业的比重仍然为 20% ~30%，只相当于工业化初级阶段的水平。

不论是以 2003 年当年价格计算，还是以 1978 年不变价格计算，京津冀都市圈及各城市第一产业增加值的比重均在 20% 以下，大致相当于工业化发展的中、后期阶段。但是，从三次产业的就业结构看，2003 年京津冀都市圈第一产业的就业比重仍高达 40% 以上，而第二产业的就业比重只有 20% 以上，与中国整体的就业情况差不多，这种就业结构水平所反映的工业化水平只处于一般模式中工业化的初级阶段。这种情况与人均收入水平所反映的工业化阶段是一致的。除北京和天津外，都市圈内其他城市三次产业的就业结构也与京津冀都市圈的就业比例类似。

（三）总体判断

综合来看，京津冀都市圈经济发展处于工业化中级阶段的前期；北京处于工业化高级阶段的前期；天津、石家庄、唐山、秦皇岛、廊坊处于工业化的中级阶段；保定、张家口、承德和沧州还处于工业化的初级阶段。

综合以上三个方面的分析，人均收入水平的变动决定着需求结构的变动，是工业化阶段演进的基本动因，因而人均收入水平反映的工业化阶段是一个较为客观的指标；而三次产业结构和工业内部结构的变动受到国家经济发展战略、结构导向机制（市场或计划），以及宏观产业政策的影响，其反映的工业化阶段往往包含了一定的主观因素，特别是我国产业结构偏差（工业比重过高）的特点使产业结构水平难以直接作为判断工业化阶段的依据。因此，如果以人均收入水平指标为主要依据，以产业结构水平和工业结构高度两个指标为辅助依据，来判断京津冀都市圈及各城市的经济发展进程，则京津冀都市圈目前大概处于工业化中级阶段的上半期，北京处于工业化高级阶段的上半期，天津、石家庄、唐山、秦皇岛、廊坊处于工业化的中级阶段，保定、张家口、承德和沧州还处于工业化的初级阶段。

第二节　重点产业发展区域的确定与划分

一、重点产业发展区域确定的基本原则

（一）比较优势原则

因地制宜、发挥优势是重点产业发展区域确定和选择的基本原则。重点产业发展区域的选择主要依据京津冀都市圈的区域产业比较优势，充分发挥两个直辖市和八个地级市各自发展特色产业的核心支撑能力。对于京津两市产业发展要重点突出其科教、人才、知识和交通优势等，大力发展知识密集、技术密集、高附加值的产业；对于生态环境制约比较大的北部地区要限制高污染和高耗能产业发展，发展生态环保型产业；对于北京、保定和石家庄等京石高速公路沿线的各级城市要发挥制造业基础和条件，重点发展现代制造业等；对于滨海地区要发挥港口作用和相对丰富的土地资源优势，发展临港型的重化工产业。

（二）区域一体化原则

统筹区域产业的整体发展，充分考虑产业发展与社会、自然的和谐统一，以区域产业整体效益最优为出发点，在一个整体空间范围内科学、合理地引导产业集聚，以期实现最大的综合效益。

产业布局和产业空间引导应遵循统筹区域发展的原则，打破区域分割体制，鼓励各种生产要素自由流动。按照区域经济一体化的思路，规划和设计能够使各产业产出效益最大化、社会效益最佳化的空间布局模式，形成都市圈内部真正意义上的合理分工。根据产业区位选择原理和产业集聚规律，引导不同类型的产业在都市圈内部合理布局。对那些承担都市圈重要生态环境屏障的地区，由于特定产业布局限制或调整而受损的，要通过财政转移支付等方式予以适当补偿。在市场机制下，鼓励都市圈内部产业发展所需要的自然资源、能源、人力资源、资金和技术等生产要素进行合理流动，为产业发展服务的大型基础设施要建立共享机制，避免各自配套和重复建设。

（三）现状与远景相结合原则

重点产业发展区域的确定和划分要立足于产业发展现状，面向区域产业发展的远景目标和发展趋势。在产业发展现状基础上，按照国家宏观产业政策指导为依据，更要着眼未来，把握产业中长期发展趋势，为都市圈未来10～20年的发展服务。根据产业发展的“点－轴”、产业集聚等理论，培育和壮大具有发展潜力、基础条件好、对都市圈带动作用明显的产业增长极和产业发展带。

（四）产业发展与空间控制相结合原则

重点产业发展区域的确定和选择要充分考虑生态环境、资源状况等对产业发展的限制条件和承载能力。对于生态环境相对脆弱的地区，在产业选择和发展重点上，要分析和评价生态环境对产业发展的承载能力，及其整个都市圈对区域发展的要求；对于生态环境相对好的地区，要分析产业布局可能带来的生态环境问题。

（五）一致性与差异性相结合的原则

对于产业发展方向和重点、产业结构相似的地区，或者产业发展支撑条件、面临的问题类似的地区，在遵循上述四个原则基础上，划分为同一种产业发展类型区域，但对于同一种产业类型区域也要强调其内部产业发展特色。

二、重点产业发展区域确定依据和划分的指标

第一，按照各地区的 GDP 规模（总量、产出密度）、产业规模（总量、产出密度）、就业结构、三次产业结构以及城市化水平等指标对产业发展的经济基础条件进行分析和判断。

第二，根据区位条件、产业发展用地评价指标、交通干线的分布、产业发展的生态环境制约等因子对产业发展的作用及其影响程度，调整重点产业发展区域。

第三，对于沿海地区重点突出港口对产业发展的带动和支撑作用，将港口条件的优劣作为重点产业发展区域选择的重要条件加以分析，并充分考虑产业用地潜力对产业的发展的限制和支撑作用。

第四，各种类型的开发区是都市圈产业发展的重要载体，在重点产业发展区域确定和划分中，充分考虑开发区的级别、空间分布、产业发展导向等问题。

第五，城市是产业发展的重要依托，根据都市圈城镇分布状况、规模等级等对重点产业带确定进行分析和调整。

三、重点产业发展区域确定和划分过程

（一）都市圈的重点产业增长极的确定

都市圈的重点产业增长极的确定，是根据国家和地方产业发展政策的导向，以及都市圈产业发展的区位条件、港口支撑条件、产业发展的用地限制和产业发展的国际化趋势进行分析和判断的，京津冀地区最后确定天津滨海新区和河北省曹妃甸工业区为京津冀都市圈未来发展的两大重要产业增长极。

1. 天津滨海新区产业增长极

滨海新区交通区位优越，接近东北亚地区的日本、韩国等国，是中国对东北亚地区对外开放的前沿，同时滨海新区处于京津冀都市圈与环渤海经济区核心交汇点，背靠三北、依托京津、面向东北亚，具有对内和对外双向开发的有利条件。天津港是我国最大的人工港，拥有各类泊位 140 余个，其中万吨级以上深水泊位 52 个，吞吐能力强大，已成为我国沿海对外贸易的重要良港。滨海新区拥有大量滩涂和盐碱荒滩，适宜于大规模的工业用地开发。这一系列的优势为滨海新区产业跨越式发展奠定了基础，也是确定产业重点发展区域的核心依据。

2. 河北曹妃甸工业区产业增长极

国家已经同意在河北省的曹妃甸建设我国最大的深水港，在 2010 年前建成 20 万 ~ 30 万吨级专业化进口铁矿石中转码头，并且原则同意在曹妃甸建设一个具有国际先进水平的钢铁联合企业作为首钢搬迁的载体。与此同时，河北省把曹妃甸项目列为河北省的“一号工程”，通过港口建设和临港产业发展，优化全省生产力布局，实现全省产业结构的战略性调整。因此，从国家和河北省的产业发展政策而言，曹妃甸工业区完全有可能成为京津冀都市圈的重要增长极。另外，曹妃甸工业区也具备大规模产业发展的优势，例如，适宜于产业发展的大量滩涂和盐碱荒滩，有利于原料和产品等大进大出的大型专用码头，后方相对雄厚的产业基础等。

（二）都市圈的重点发展产业带的确定

都市圈的重点发展产业带的确定，主要是根据都市圈的现有产业带的发展雏形，以及未来可能形成的产业带的潜力，从产业发展基础、发展潜力、产业发展的支撑条件和限制因素，以及未来产业发展的基本导向，确定京津塘、滨海地带和京保石为未来都市圈的三大重点产业发展带。

1. 京津塘高新技术产业带

京津塘高新技术产业带的确定重点是突出了各种类型的开发区级别和数量、高新技术产业的发展水平和规模、产业结构的相似性，以及支撑产业带发展的综合交通网络体系（图 15-2）。

图 15-2　京津塘高新技术产业带各类园区的分布

如图 15-2 所示，在京津塘高速公路两侧，从北京到天津滨海新区分布着众多的国家级、省级和地方级高新技术园区、经济技术开发区等园区，它们是构成京津塘高新技术产业带的重要载体。另外，京津塘高新技术产业带以电子信息、光机电一体化、新材料、生物医药等为支柱产业，这四大高新技术产业占高新技术产业总产值的 90% 以上。

2. 滨海临港重化工产业带

滨海临港重化工产业带的确定重点是突出五大港口的作用，以及适宜于产业发展的滨海滩涂资源。由北而南，滨海地带分布着五大港口，包括秦皇岛港、京唐港、曹妃甸港、天津港和黄骅港，其中，天津港是我国北方最重要的综合性枢纽大港，秦皇岛和黄骅港是我国最大的两个能源输出港，正在建设的曹妃甸港口是我国最大的铁矿石和原油出入港，京唐港是一个综合性的港口。五大港口的建设和发展，特别是功能的调整和提升为滨海地带大进大出的临港型产业发展提供了保障。另外，滨海地区丰富的产业用地资源（图 15-3）对重化工产业具有重要的支撑作用。

3. 京保石现代制造业产业带

京保石现代制造业产业带的确定重点是突出大中城市对产业发展空间、基础设施、产业配套等的支撑。如图 15-4 所示，从北京到石家庄沿线，除北京、石家庄和保定三大都市外，还分布着涿州、高

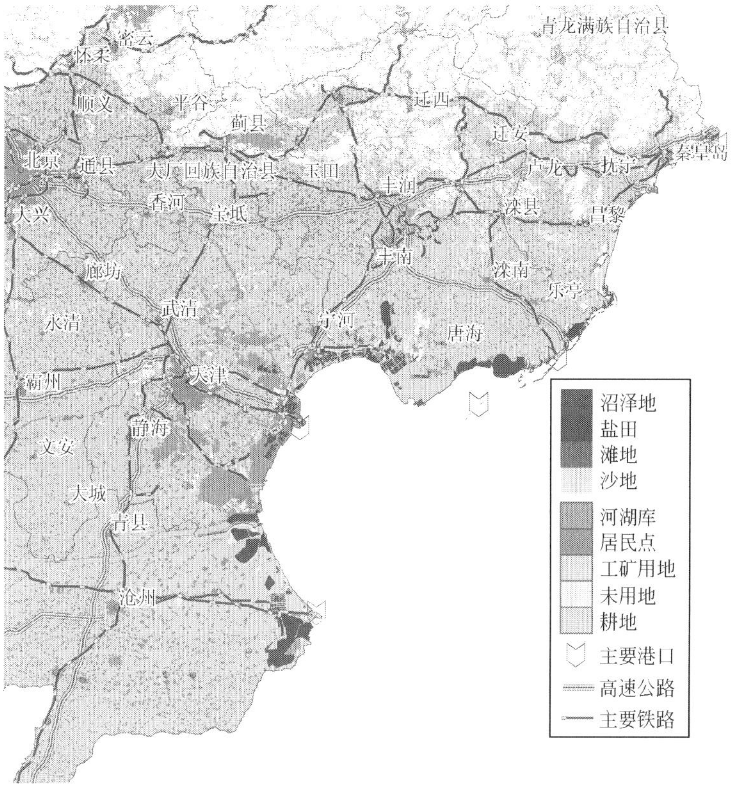

图 15-3　滨海地带主要土地利用方式和产业用地资源的分布

碑店、涞水、定兴、徐水、容城、满城、清苑、顺平、望都、唐县、定州、新乐、正定等众多的中小城市。从都市圈范围，甚至从全国来看，京保石沿线也是城市最为密集的地带之一。同时连接各城市间的交通网络体系也很完善，随着城际快速铁路的建设和高速公路的改建，产业带内部的联系将进一步增强。发达的城市和交通网络体系，对产业带内部分工和联系起到了重要的推动作用。另外，产业带以汽车、制药、服装纺织和农产品加工为核心的现代制造业在都市圈具有举足轻重的地位。产业带内部的分工和联系网络也正在形成，特别是在以汽车为核心的机械制造上，已经出现了相对紧密的产业分工网络体系。

（三）产业类型区的划分

产业类型区的划分立足于产业发展基础和特色、产业分工的现状和趋势、产业发展的制约因素，以及区域功能定位和区域产业政策导向等。

从图 15-5 显示的都市圈第二产业和第三产业的产值密度图中可以看出，第二产业形成了三大相对集中的高值区域，一是京津沿线区域（包括廊坊），二是石家庄周边区域，三是保定周边区域；唐山、秦皇岛和沧州形成了次一级的区域，张家口和承德则是更次一级的区域。第三产业以京津（廊坊），包括唐山市区附近为一个高值中心，石家庄为另一高值中心；秦皇岛、承德和张家口为次级区域，保定和沧州则为更次级的区域。因此，就二、三产业的空间密度来看，以京津（廊坊）为中心地带，石家庄为亚中心，东部唐秦地区为第二、三产业同时并重的较次级区域，南部保沧地区更加偏重第二产业，北部张承地区更加偏重第三产业，空间分异显著。

此外，从表 15-7 中的 2003 年河北 8 市就业人员的产业分异（区位商）来看，石家庄已经呈现产业发展的高级阶段，制造业和服务业具有优势；唐山则处在工业化中级阶段的初期，突出表现为较高的采掘业和制造业的优势；秦皇岛、保定和廊坊具有相似的产业结构特征，但考虑到 3 市的自然条件、

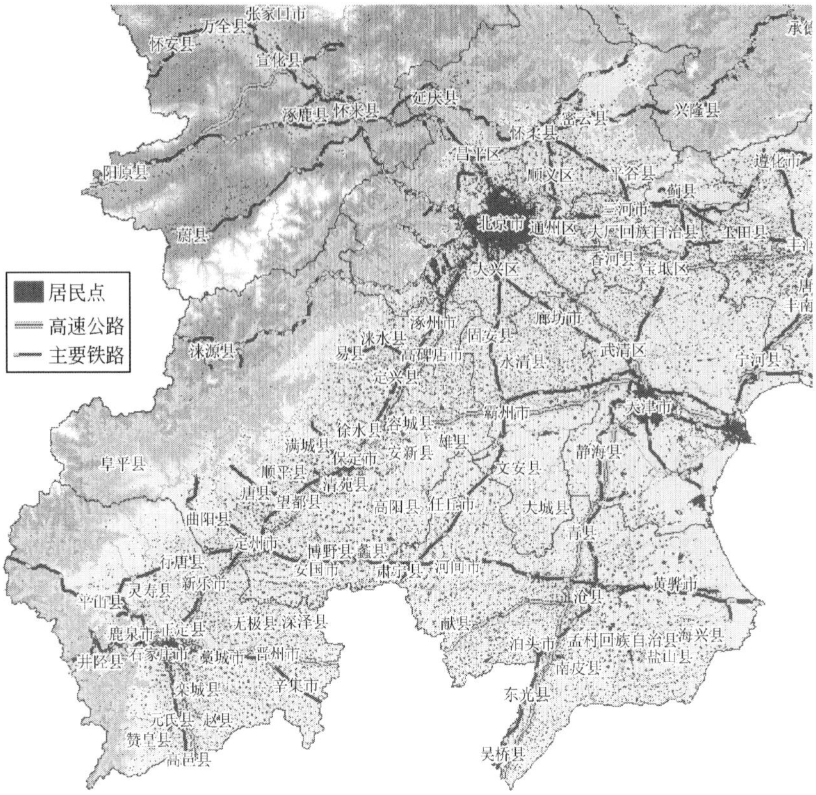

图 15-4　京石铁路沿线居民点的分布

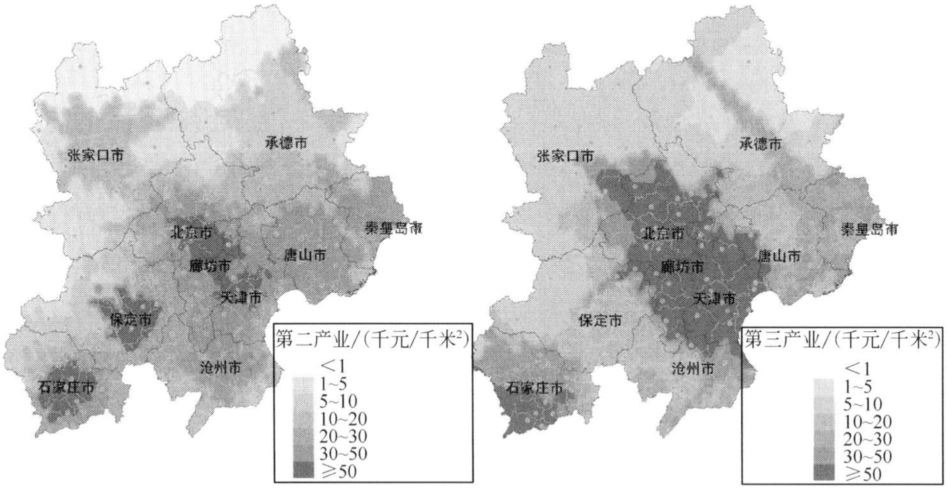

图 15-5　京津冀地区第二、三产业的产值密度

经济发展状况和区位特征，显然前者是以服务业为主要特征，后二者更能体现积极工业化的特征；张家口和承德显然处在产业发展的初级阶段，四大门类的比重相对平均；沧州则以较优势的农业为主要特征。

表 15-7　河北 8 市 2003 年就业人员的产业分异

城市	农林牧渔业	采掘业	制造业	服务业
石家庄	0.28	0.14	1.26	0.97
唐山	2.45	3.48	1.11	0.77
秦皇岛	0.41	0.25	1.00	1.06

续表

城市	农林牧渔业	采掘业	制造业	服务业
保定	0.31	0.10	0.84	1.14
廊坊	0.42	0.01	0.72	1.18
张家口	0.89	1.31	1.08	0.95
承德	1.77	1.41	0.78	1.04
沧州	1.49	0.43	0.68	1.14

根据以上分析，兼顾地域集中连片原则，将京津冀都市圈划分为四大产业发展区域（图 15-6）。

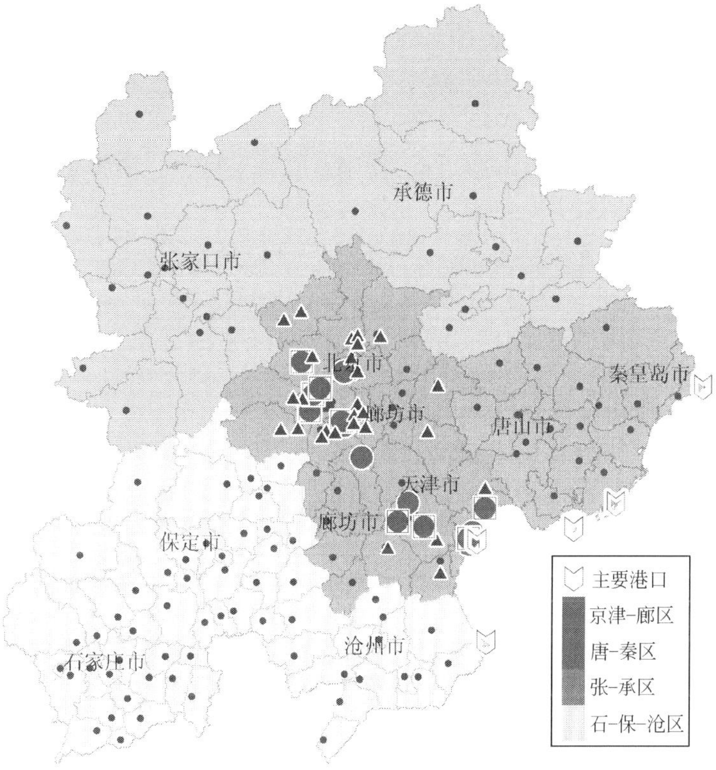

图 15-6　京津冀都市圈产业功能区划分

（1）北京、天津和廊坊地区，根据区域优势产业和未来产业分工，重点突出现代服务业和高新技术产业。北京和天津是都市圈和我国服务业和高新技术产业发展发达地区，今后也将是我国现代服务业和高新技术产业的核心集聚区。廊坊作为河北省与京津两市联系最为密切的城市，不仅产业发展与京津二市密切相连，而且也在京津二市，特别是北京市产业转移方面具有区位优势，因此，将廊坊也纳入京津产业发展类型区。

（2）石家庄、保定和沧州地区属于都市圈的南部地区，以石家庄这个京津冀都市圈的次级中心为重点，结合保定的第二产业，特别是制造业的良好的发展势头，以具有农业优势的沧州为背景，具备现代制造业的发展基础，因此，今后的产业发展重点是突出现代制造业，如机械、化工、制药、纺织和农产品加工等行业。

（3）唐山是都市圈的重化工业集中区，钢铁、建材、机械、电力在产业结构中，都位居重要的地位。同时，唐山和秦皇岛两市同时又兼具港口和临海优势，因此，二市更具有重化工业和临港工业的发展优势，从长远来看，今后应更多地注重重化工业的优化和升级。

（4）北部张承产业类型区的确定，更多是从区域功能考虑，突出生态环保产业作为未来该地区产业发展的重点。张家口和承德两个地区，具有很高的相似性，都是都市圈的重要水源地和生态屏障区，产业发展方向受到生态和环境的限制，因此，这两个地区具有相似的产业发展政策。

第三节　产业发展重点区域的引导

根据上述分析，京津冀都市圈正处于工业化的中级阶段向高级阶段过渡时期，从发达国家产业发展的经验来看，制造业和服务业将会成为区域的主导产业。根据波特的理论，这一阶段产业发展的核心驱动力是技术创新，而投资对产业发展的拉动将会逐渐减弱。在未来10～20年内，我们认为，京津冀都市圈现代服务业和高新技术产业将会成为产业发展的重点领域，特别是在京津塘地区；重化工业将由规模增长型向效率增长型转变，产业规模总量将会得到控制，内部结构和空间布局趋于合理，在滨海地区将会依托港口条件和大量滨海滩涂资源，形成现代化的临港重化工业产业带；生态和环保产业将会成为都市圈北部发展的重点，现代制造业将会有长足的发展，在一些地区会形成具有一定分工与联系的制造业产业链和产业集群。

基于产业发展的生态、环境和资源等条件的约束，立足全球化、国际化等背景条件，未来京津冀都市圈产业发展的目标是：通过培育“两大产业新增长极”，构筑“三大产业发展带”，形成“四大产业发展区”，使京津冀都市圈的现代服务业、高新技术产业、重化工业、生态环保产业得到快速、高效和有序发展，成为支撑京津冀都市圈发展的重要基础（图15-7）。

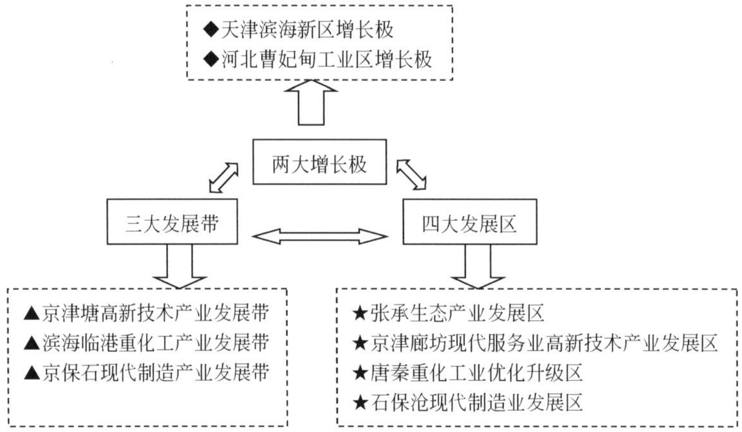

图15-7　京津冀都市圈产业发展模式

一、培育“两大产业新增长极”

从目前都市圈产业发展的趋势来看，特别是从国家宏观地区政策的指导方针而言，天津滨海新区和河北曹妃甸港区将会是都市圈产业发展最快的地区，也将会改变都市圈产业的空间格局。在未来10～20年，天津滨海新区和曹妃甸港区将会成为都市圈现代制造业、重化工产业和港口物流产业的核心。

（一）天津滨海新区产业增长极

充分利用天津大港的条件，以及适宜于工业发展的大量滨海滩涂资源，发挥现有的产业基础，加大对外开放力度，将天津滨海新区建设成为京津冀都市圈的重要现代制造业、物流业和高新技术产业化基地。

滨海新区位于天津市的东部临海地区，规划面积2270平方千米，海岸线153千米，包括天津港、天津经济技术开发区、天津港保税区三个功能区，塘沽区、汉沽区、大港区三个行政区和东丽区、津南区的部分区域。

1. 滨海新区产业现状和面临的问题

经过建区10多年的发展，滨海新区已经成为天津市最大的经济增长点和带动区域经济发展的引擎。在2002年，滨海新区生产总值占全市的40%，外贸出口占全市的50%。现代制造业基地的雏形已经出现，开发区电子工业基地、大港石油化工基地和海河下游现代冶金基地初步形成。2006年，滨海新区生产总值已经接近2000亿元，对天津市的经济增长贡献率超过50%。高新技术产业发展趋势良好，电子信息、生物制药、新材料和新能源等产业优势明显（图15-8）。以泰达创业中心、天大科技园、泰达生命技术、强芯半导体芯片、天保科技等为核心的高科技研发中心，对推进高新技术产业化的作用不断增强。

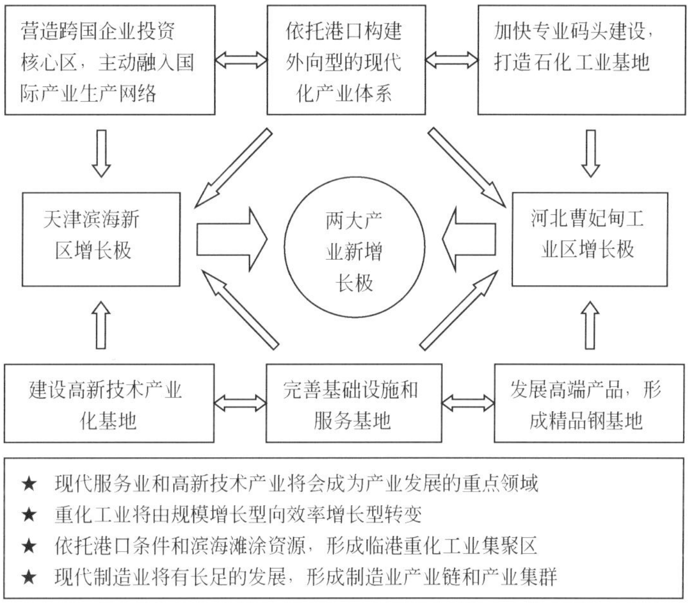

图15-8　京津冀都市圈两大增长极的发展重点

但滨海新区产业发展也面临着诸多问题：一是产业用地有限，对大规模的产业发展形成了制约。二是产业结构和布局不合理，产业发展过分依赖于电子信息业，加大了产业发展的风险；服务业规模太小，2005年仅占30%。三是行业布局分散，集中度不高，产业链短。四是企业自主创新能力差，国外跨国企业控制着核心技术和产品品牌。

2. 滨海新区具有发展成为新的产业增长极的基础条件

滨海新区具有发展成为新产业增长极的基础条件和优势。第一，政策优势明显。2006年5月国务院批准天津滨海新区为“全国综合配套改革试验区”，在金融改革和创新、土地管理改革和财政税收方面给予政策扶持，并同意设立天津东疆保税港区；党的“十七大”报告中进一步指出，要“更好发挥经济特区、上海浦东新区、天津滨海新区在改革开放和自主创新中的重要作用”，这表明滨海新区与经济特区、上海浦东新区一样，将发挥着示范和带动作用。第二，滨海新区具有产业发展的资源条件，如石油、天然气、原盐等；同时作为沿海地区，滨海新区在土地资源上具有其他地区无法比拟的优势，为规模化产业发展提供了用地支撑。第三，以天津港口为中心，铁路、公路、水路和空运相结合的集疏运交通网络体系，为利用外国和国内两种资源和两个市场，建立临海型的现代化工业体系提供了交通保障。第四，以塘沽、汉沽、大港为核心，已经形成电子通信、石油开采及加工、海洋化工、现代冶金、机械制造、生物制药、食品加工等主导产业，是我国重要的大型石化基地、冶金基地和IT制造业基地。电子信息、生物制药、光机电一体化、新材料、新能源、环保等高新技术产业发展势头良好，其中，电子通信在国内具有较强的竞争力。雄厚的产业基础为承接国内外产业和技术转移，培育具有国际竞争力的优势产业群，以及成为京津冀都市圈重要的产业集聚区奠定了基础。第五，滨海新区背靠京津，面向环渤海和东北亚，是我国北方地区对外开放的重要门户，也是华北和西北地区的最佳出海口岸，这一区位优势为依托京津等地区的产业、研发、资金、人才等资源，构建外向型产业体系和增强产业的辐射与带动作用提供了条件。

3. 以港口为依托，构建外向型的现代化产业体系

目前，天津港拥有各类泊位140余个，其中万吨级以上深水泊位52个，2004年，货物吞吐量达到2.06亿吨，集装箱吞吐量达到381.6万标箱。2007年货物吞吐量超过3亿吨，集装箱吞吐量达到710万标准箱。天津港已经形成以集装箱、原油及制品、矿石、煤炭为“四大支柱”，以钢材、粮食等为“一群重点”的货源结构。天津港与170多个国家和地区的300多个港口具有贸易往来关系，其直接经济腹地包括天津、北京、河北、山西、内蒙古、陕西等12个省市。随着港口功能和航道的完善，天津港的辐射能力将会进一步增强，港口作为滨海新区产业发展最重要的战略资源地位也会不断凸现，依托港口建立外向型临港产业体系将会是滨海新区未来产业发展的重点。

在现有的产业发展框架基础上，滨海新区在以下产业类型上应该有突破性的提升：一是石油及化学工业依托港口，积极利用国内和国外两种资源，在规模、效益和精深加工上出现质的飞跃，成为京津冀都市圈的最大集聚区。2020年炼油能力达到2000万吨/年，形成5～10套百万吨级石化下游生产项目。二是围绕海洋运输业，仓储、物流产业将会成为滨海新区的主导产业，对京津冀都市圈的辐射和带动作用也最为显著。三是以汽车及配件、环保机械、医药和绿色食品等为主的现代制造业是未来新区核心产业支撑，也是直接参与国际市场竞争的最具有潜力的产业。

4. 技术引进和创新相结合，建设高新技术产业化基地

滨海新区高新技术产业发展规模和水平位居全国前列，但是自主创新能力，核心技术和产品大都被跨国公司所控制，高新技术产业对当地相关产业的带动作用有限。因此，在技术引进基础上，率先实施科技体制创新，优化科技发展环境，构建以企业为主体的创新体系，提升企业自主创新能力和产业核心竞争力，把滨海新区建设成为全国科技创新的示范基地、高新技术研发转化基地和产业化基地。

具体思路：一是依托各种产业园区，积极引进领先技术、市场前景广阔的高新技术和先进适用技术项目，培育优势产业，重点发展电子信息、生物制药、新材料、新能源等高新技术产业，形成各具特色的产业聚集区。二是对具有发展潜力的高新技术企业给予资金、政策扶持，鼓励有条件的大中型高科技企业建立研发中心，推动科技成果转化力度和产业化水平。三是构建高新技术企业发展的平台，引进国内外具有市场竞争力的高新技术企业，在发挥园区支撑能力的基础上，使滨海新区成为跨国公司转移高科技高附加值加工制造环节、研发成果转化和各种服务外包业务的重要承接基地。

5. 营造跨国企业投资的核心区，主动融入国际产业生产网络

发挥土地资源和港口优势，积极营造适宜于跨国企业发展的投资环境，引进欧美、日韩和港台等国家和地区的企业，尤其要瞄准世界500强、大型跨国公司，加大招商力度，全力争取各个行业、各个领域国际领先的项目，使滨海新区成为跨国企业投资的核心区。

积极承接国外产业转移，主动融入国际产业生产网络，提高滨海新区的产业地位，勇于开拓国内市场，加强区域合作，提升滨海新区的区域产业核心价值，塑造产业国际竞争力。为此要重点发展四大核心产业链：一是发展以丰田汽车为龙头的汽车产业链，将生产、研发和销售等环节，尤其是汽车配件生产直接纳入丰田生产网络体系，提升汽车产业的规模和联动效应；二是继续完善和壮大以摩托

罗拉、三星等为核心的电子通信产业链，积极培育具有自主知识产权的企业；三是促进以顶新、可口可乐、雀巢为代表的食品饮料产业链的发展，增加就业机会；四是大力扶持生物技术和生物医药、新材料和新能源等高新技术产业链，围绕核心企业，加强研发和销售环节，吸引各类生产要素向滨海新区集聚，增强滨海新区产业的整体竞争力。

6. 完善产业支撑能力建设，促进产业的快速发展

首先，要重视滨海新区的盐碱荒地、滩涂等的开发和利用，在确保不破坏生态环境的基础上，赋予更加灵活的政策，为产业发展提供必须的空间支撑。其次，加强水资源的保障能力建设。通过利用海水资源淡化海水、采用节水技术、充分利用南水北调等综合措施缓解滨海新区用水紧张的局面。最后，加强能源保障能力建设，今后除了要在当地合适的地方建设电厂，满足当地不断增加的用电需求外，更重要的是加强大电网建设，在更广的地域范围内配置能源，加强输变电网路建设，充分利用内蒙古、山西、陕西等地丰富的煤电资源，为滨海新区的开发建设提供能源保障。

（二）河北曹妃甸工业区产业增长极

立足深水大港、大泊位以及后方滩涂土地资源优势，发展钢铁、石油化工等临港重化工业；同时配套发展大宗物流以及仓储、运输、信息等现代服务业，把曹妃甸建设成为我国北方现代化临港重化工业基地。

1. 加快港口专业码头建设，为重化工业基地的形成奠定基础

利用深水港址资源，建设专业化、大型化的进口矿石码头、进口原油码头、煤码头和 LNG 码头，为原材料工业的发展提供基础。

重点建设 2 个 25 万吨级泊位，形成接卸能力 3000 万吨的矿石码头；根据市场需求和产业发展政策，远期预留 2 个 40 万吨级泊位。目标是为大型钢铁基地建设提供充足的原料，同时服务于周边大型钢铁企业对进口铁矿石的需求。

规划分两期建设 2 个 30 万吨级原油泊位，形成年接卸能力 3800 万吨。近期重点建设 1 个 30 万吨级泊位及配套设施，年卸船能力 1800 万 ~ 1900 万吨。为大炼油煤炭码头，根据大秦线扩能分流需要，按年下水 2 亿吨能力，规划建设 16 个 5 万 ~ 10 万吨级煤炭泊位。其中一期建设 8 个泊位，煤炭下水能力 1 亿吨，投资 77 亿元。

在 LNG 码头建设方面，中石油计划建设 10 万吨级 LNG 码头及接收站、管线等配套设施，总投资约 80 亿元。

2. 利用首钢搬迁，形成精品钢生产基地

利用曹妃甸滩涂资源丰富、环境容量大、适宜发展重工业的自然条件，依托矿石码头，结合首钢搬迁和唐山钢铁工业重组，建设 1500 万吨/年的精品钢材基地。按照国家要求，采用新装备、新工艺，建设现代化、生态型的大型钢铁企业。主要生产汽车、造船、石油、建筑及结构、机电、机械制造等行业所需的热轧、冷轧、镀锌、彩涂、硅钢等国家长期依赖进口的高端和精品板材，弥补我国市场空缺。精品钢材基地年综合生产能力达到 1500 万吨，其中，一期工程到 2010 年完成，年综合生产能力达到 800 万吨。

3. 依托港口和海外资源，建设石化生产基地

抓住世界石油化工产业转移和中国石油化工产品市场快速增长的有利时机，利用唐山及周边地区产品市场发达、要素市场完善、临港资源丰富和基础设施条件的各方面优势条件，依托深水良港，从 2010 年开始规划建设 1000 万吨/年炼油，100 万吨/年乙烯大型炼化一体化联合项目，发展以乙烯为龙

头的石油化工生产基地。通过建设大型和具有世界竞争力的石油化工装置，为京津冀都市圈滨海地带的化工产业发展提供配套的基础化工原料和单体，并形成上下游一体化和优势互补的产业群体，延伸产业链条，体现上下游一体化所带来的协同效益和产业集群效应。

4. 完善基础设施和服务基地建设，推动产业健康发展

曹妃甸作为未来京津冀都市圈产业发展的增长极，尚需要加大基础设施和其他支撑体系的建设。近期要加快港口的集疏运体系建设，促进曹妃甸工业区对内对外道路交通的通畅，扩建青林公路、建设输港（矿石）铁路。搞好用地、供水、供电和通信工程规划和建设，近期确保矿石码头投产和钢铁厂建设的基本需要，远期保障重化工业基地发展对各项基础设施的需求。同时，要完善曹妃甸港工业区的后方服务基地建设，为港口和工业区提供完善的居住、办公、餐饮、金融和商贸等配套服务，建议工业区的主要服务基地布局在唐海县城。

二、构筑“三大核心产业发展带”

根据“点-轴系统理论”和产业空间集聚和演化规律，以及京津冀都市圈产业空间发展特征和趋势，在未来10～20年，京津冀都市圈将会形成功能特征、发展方向各异的三大核心产业带，即京津塘高新技术产业带、滨海临港产业带、京保石现代制造业产业带，完善和提升三大核心产业带对强化都市圈内部联系，提高都市圈整体发展水平和竞争力具有重要的意义。

（一）京津塘高新技术产业发展带

京津塘高新技术产业发展带是指沿京津塘高速公路，包括北京和天津的大部分区县，以及河北的廊坊地区（表15-8）。

表15-8　京津塘高新技术产业发展带

项目	京津塘高新技术产业发展带
空间范围	沿京津塘高速公路，包括北京和天津的大部分区县及河北的廊坊地区
发展现状	依托园区，高新技术产业带的基本格局已经出现 主导产业已经形成，跨国公司企业投资显著 科技创新资源不断转化为经济优势
存在问题	产业结构单一，外资比重过高 总体水平不高，处于产业链低端，核心技术严重依赖发达国家 开发区数量多，缺乏合作
发展方向	全国乃至世界一流的集高新技术研发、交易、推广和产业化于一体的高新技术产业集聚带 引领我国高新技术创新及产业化的核心地带
发展措施	增强高新技术产业带的核心支撑能力 突出中关村园区的地位，打造高新技术产业带的国家创新中心 重点扶持和发展北京亦庄、河北廊坊和天津经济技术开发区 整合产业带内部的各种产业园区，形成高新技术产业链

以各种园区为载体，快速综合交通走廊为纽带，科技创新为动力，市场为导向，促进生产要素的重组与高效配置，推动高新技术的产业化，形成全国乃至世界一流的集高新技术研发、交易、推广和产业化于一体的高新技术产业集聚带，成为引领我国高新技术创新及产业化的核心地带（图15-9）。具体发展构想如下：

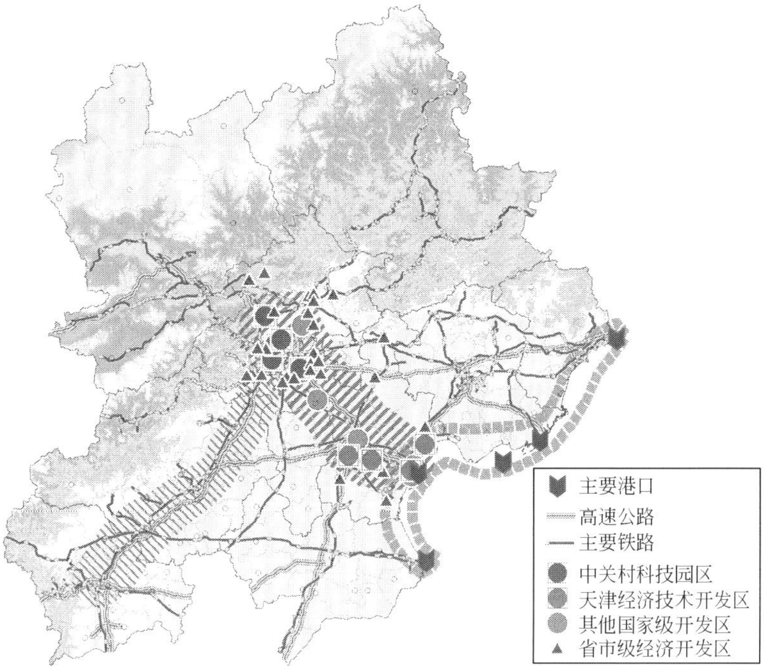

图 15-9　京津冀都市圈的三大产业发展带

一是突出中关村科技创新的龙头带动作用，将中关村建设成为产业带的科技研发、创新和交易中心。目的是进一步提升产业带的高新技术产业的国际竞争力和创新能力，并发挥对都市圈和全国高新技术产业的带动核辐射功能。

二是以北京亦庄、廊坊、天津经济技术开发区等核心园区为载体，使产业带成为我国高新技术成果转化和产业化基地，以及吸纳国际跨国公司投资的最佳区位点。目的是加快产业带高新技术企业集聚，构建产业带的核心支撑点，并使产业带能够成为融入国际高新技术产业生产网络的重要结点，促进我国高新技术产业的国际化进程。

三是整合产业带上的各种园区，使产业带内部形成多层次、网络化的分工和合作体系。目的是以市场为导向，在突出各园区特色和分工基础上，重点强化园区间的合作，加大园区间的整合力度，建立一个高效、集约的高新技术产业空间集聚区。

1. 京津塘高新技术产业带的雏形已经形成，但创新能力和经济实力尚需进一步强化和提升

（1）依托园区，高新技术产业带的基本格局已经出现。京津塘高新技术产业带是以中关村科技园区为科技创新龙头，以亦庄经济技术开发区、天津经济技术开发区、廊坊经济技术开发区等经济技术开发区为产业化基地，集中了京津冀都市圈的核心科技园和开发区，以及高新技术研发中心和高新技术企业。京津塘高新技术产业带是我国高新技术产业发展最快、水平最高的产业集聚带之一，也是我国高新技术产业创新的核心地带。

（2）已经成为都市圈高新技术产业的密集区，对地区的带动作用不断增强。在产业带上，布局了大小各种科技园、开发区和产业集聚区 40 多家，各类园区已经成为京津塘地区工业的主要载体。产业带上各类园区总面积约 1976.13 平方千米，以占京津冀都市圈 1.08% 的面积创造了 23.36% 的 GDP。2003 年，北京市各类开发区工业总产值为 2558.09 亿元，占北京市工业总产值的 64.3%。

（3）主导产业已经形成，跨国公司企业投资显著。京津塘高新技术产业带以电子信息、光机电一体化、新材料、生物医药等为支柱产业，四大高新技术产业占高新技术产业总产值的 90% 以上。在产业带上，已认定高新技术企业超过了 1 万家，已经形成联想集团公司、北大方正集团公司等民族高新技术骨干企业，也有诺基亚、摩托罗拉、三星等一批著名跨国公司落户于该地区，这些企业在高新技

术产业发展中起到了带动作用。

(4) 存在的问题不容忽视，对产业带的提升具有一定的制约。京津塘高新技术产业带尽管已经成为北京、天津、廊坊市最重要的产业集中区域，但也存在一些迫切需要解决的关键问题：

一是产业结构单一，外资比重过高。京津塘地区电子信息行业地位突出，占全地区高新技术产业总值的68.9%（表15-9）。这也造成京津塘高新技术产业的发展过分依赖电子信息行业，一旦电子信息行业产值下降，整个高新技术产业就会随之下降，风险过大。三资及港澳台经济占京津塘高新技术产业总产值的比重为68.4%，高新技术产业高度依赖外资。

表15-9　京津塘高新技术产业各行业状况

行业门类	总产值/亿元	所占比例/%
电子信息	1 934.46	68.9
光机电一体化	279.71	10.0
生物医药	269.95	9.0
新材料	199.65	7.1
新能源、高效节能	28.75	1.0
环境保护	5.26	0.2
航空航天	38.79	1.3

二是总体水平不高，处于产业链低端、核心技术严重依赖发达国家。京津塘地区高技术产业尚处于发展的初期，许多关键技术、核心部件对于发达国家（特别是美国）有很强的依赖性。在国际产业分工中，京津塘高新技术产业处于外围、下游、低附加值的位置；现阶段高新技术产业的发展主要是靠投资、出口拉动，而企业技术创新、机制创新的拉动较小。

三是开发区数量多，缺乏合作。目前，京津塘地区虽然建立了一大批高新技术产业园区、经济技术开发区和工业区，但这些园区大多只解决了“园区化”问题，离集群化的要求仍有较大差距。目前，京津塘产业带内企业布局较为分散，各类企业分布在众多的开发区中。大多开发区的产业规模都不大，造成了低水平的无序竞争状态，而没有形成相关产业集群，集群效应有待发挥。行政区域利益主体意识太强，地方政府对资源控制能力仍很强，条块分割比较严重，导致地区间经济协调成本过高。

2. 突出中关村园区科技研发地位，打造高新技术产业带的国家创新中心

以市场为导向，以中关村科技园为核心，构建政府、企业、高校和科研院所四位一体的高新技术产业创新平台，提升中关村高新技术创新能力，使中关村成为京津塘高新技术产业带的国家创新中心，提升产业带的高新技术产业的竞争力和辐射能力。

(1) 中关村园区具备成为国家创新中心的条件。创新机构丰富：中关村园区拥有包括39所国家重点大学在内的50余所高等院校，“211”工程高校占北京市79%；教育部高校重点学科（理工农医）有163个，占北京市学科总量86%，学科分布广泛；有213家国家级、市级科研院所；建有国家重点实验室42个，占北京市87%，占全国26.4%；有国家工程研究中心40个，北京市六成的市级重点实验室、四成的高技术实验室（研发中心）建在海淀，企业中建有13个国家级企业技术中心，33个市级企业技术中心，国内企业设立研发中心约140家，外资研发中心40家。创新人才众多：高新技术企业中有从业人员30万人，其中从事研发工作的11.87万人，占人员总数的40%；企业从业人员中博士以上学历占1.9%，硕士以上学历占11.4%，大学本科以上学历占57.7%。创新经费投入多：近年来科技经费筹集额平均占北京市一半以上。2003年仅海淀园企业实现的研究开发经费为98.52亿元，R&D投入占企业总收入的5.8%，远远超出全国企业平均水平和其他高新区水平。跨国公司的研发中心集聚：中关村园区是全国最早出现跨国公司研发中心聚集的地区，现在已经有IBM亚太研究院、微

软中国研究院、微软中国研发中心、甲骨文软件研究开发中心、松下电器研发中心、三星通信技术研究有限公司、朗讯科技贝尔实验室、诺维信（中国）研发中心、宝洁技术有限公司、NEC-中国科学院软件研究所、高通无线通信技术（中国）有限公司、SUN中国研究院等40多家。在芯片设计、移动通信、软件和生物医药领域的研发和创新上具有世界先进水平。

（2）中关村园区建设国家创新中心的目标设计。立足京津冀都市圈，面向全国和世界，以市场为导向，以企业为主体，构建以科技创新平台为支撑，政府、高校和科研机构为纽带的区域创新体系，加大技术创新发展力度，提升科技自主创新能力，用10～20年的时间，形成一批具有国内领先水平、国际化显著的研发基地，建成一批具有国际竞争力的科技创新机构，将中关村科技园建设成为世界研发和科技成果转化基地，国家创新中心。

（3）中关村园区建设国家创新中心的战略重点。一是整合创新资源，提高自主创新能力。依托北京市现代制造业和高新技术产业等主导产业发展，整合中关村园区的产、学、研优势资源，提高园区的自主创新能力。二是打造中关村国家创新中心核心区，辐射京津冀都市圈和全国各地。依托北京大学、清华大学等著名高校和中国科学院各科研院所的研发优势，发挥企业的自主创新能力，以中关村海淀园区为支撑，打造国家创新中心核心区，辐射京津冀都市圈和全国各地。三是依托产业园区和大学科技园，增强高端科技成果的转化水平。四是建立中关村园区与都市圈内部的长期合作机制，促进中关村科技成果向都市圈内部的转化和产业化水平，提升产业带高新技术产业的竞争力。

3. 重点扶持和发展北京亦庄、河北廊坊和天津经济技术开发区，增强高新技术产业带的核心支撑能力

为了尽快提升产业带的核心支撑能力，依据增长极理论和经济区位理论，优先发展基础雄厚、带动作用明显、区位条件好的园区，符合这些条件的园区主要有北京经济技术开发区、天津经济技术开发区和廊坊经济技术开发区等。

（1）落实“北京城市总体规划”，依托“北京经济技术开发区”建设亦庄新城，形成高新技术产业化的核心基地。截至2003年底，北京经济技术开发区入区企业总数已达到1346家，已有国家认可的规模以上的高新技术企业近300家，其中世界500强企业40多家。2003年，完成工业总产值417.82亿元，其中高新技术产业产值为367.1亿元，占总产值的87.9%。开发区初步形成了电子信息、生物技术与新医药、光机电一体化、新材料新能源和软件制造等五大主导产业集群（表15-10），已成为国内领先的、国际上具有相当影响力的高新技术产业园区。

表15-10　开发区主导产业及代表企业和机构

主导产业	代表企业和机构
电子信息	诺基亚、朗讯科技、中国数字电视联盟
光机电一体化	SMC、ABB、施耐德、CE
生物医药	拜耳、安万特、人类基因组北方中心、国家病毒生物中心
新材料、新能源	英纳超导、嘉捷恒信、大陆太极、中钞锡克
软件业	软件工程师学院

根据“北京城市总体规划”亦庄新城是京津产业及城镇发展走廊上重要的综合产业新城，引导发展电子、汽车、医药、装备等高新技术产业与现代制造业，以及商务、物流等功能。未来10年的发展思路是：充分依托北京经济技术开发区的政策和产业优势，以及接近中关村国家科技创新中心的条件，形成产业带内高新技术产业化最集中的核心区域，重点发展电子信息、生物技术和生物医药、光机电一体化、新材料和新能源等高新技术产业。

（2）依托北京高新技术的转化，呼应天津滨海新区开发，把廊坊经济技术开发区发展成为产业带

的核心支撑点。廊坊经济技术开发区是原国务院特区办确定的全国重点联系的9个开发区之一，规划面积27平方千米，已引进26个国家和地区的900多家企业进区投资。开发区产业特色明显，形成了机械电子、汽车零配件、轻化、纺织、新型建材、食品加工等六大主导行业。

廊坊经济技术开发区今后的发展思路：一是利用接近北京高新技术创新中心的条件，以及相对低廉的综合生产成本优势，形成北京高新技术的转化和产业化基地；二是积极与天津滨海新区开发相呼应，寻找发展机遇，主动融入滨海新区产业体系，提高自身产业水平。

（3）以滨海新区开发为契机，重塑经济技术开发区，成为产业带南部的龙头。2006年，天津开发区实现地区生产总值780.56亿元，实现工业增加值648.59亿元，完成工业总产值3030.16亿元，已经形成了电子通信、机械制造、生物医药、化工、食品饮料四大支柱产业，2006年四大支柱产业共完成工业总产值2819.40亿元，占全区工业总产值的93.0%。以移动通信、新型电子元器件、视像设备、汽车电子和微电子为主体的电子通信产业完成产值1861.73亿元，占全区工业总产值的61.4%，以汽车制造为主的机械产业完成产值709.63亿元，占全区工业总产值的23.4%。2006年，开发区高新技术产业实现产值1866.58亿元，占全区工业总产值的61.6%。

开发区作为滨海新区的核心组成部分，随着滨海新区综合实验区相应政策的逐步落实，开发区产业发展将会进入一个新台阶。开发区在未来10～20年，将会成为引领滨海新区快速发展的最大引擎和京津塘高新技术产业带的南部龙头。高新技术产业发展重点是以集成电路芯片、元器件为主体的微电子产业，以软件开发、硬件设计和装备类为主的电子信息产业，以及生物技术和医药产业。同时，要加大人才引进和创新能力建设，逐步形成特色突出、与优势产业相适应的自主研发体系，成为产业带研发转化的核心区。

4. 整合产业带内部的各种产业园区，形成五大高新技术产业链，提高产业带的整体竞争力

在京津塘高新技术产业带上，产业园区众多，级别、规模和发展水平差异巨大，按照科学发展观的理念，以建设高效、集约化的高新技术产业带为目标，加大产业园区的整合力度，提升产业带的单位产出效率。加强园区间的分工与合作，按照价值链分工，构建五大高新技术产业链，提升产业带的整体竞争力（图15-10）。

（1）产业带开发区数量过多，发展水平差距大。在北京、天津和河北廊坊市共有44个市级以上各类开发区，其中北京有27个开发区，天津有13个开发区，廊坊有4个开发区。这些园区大都集中在产业带上，但各园区之间各自为政，缺乏必要的合作。园区之间经济发展水平也相差巨大，既有国家级经济技术开发区和高科技园区，也有规模很小但占地面积较大的地方性园区。即使是属于国家级开发区园区，其发展水平差别也很大，如中关村科技园区2003年工业产值为1557.5亿元，而塘沽海洋高新技术开发区的工业产值仅有27.1亿元，其产值只有中关村科技园区的1.7%。这说明有些开发区的潜力没有充分挖掘出来，产业特色没有得到充分发挥。另外，园区之间分工不明确，产业结构同构化明显，造成园区间恶性竞争加剧。

（2）加大园区的整合力度，促进产业带向高效、集约化方向发展。树立科学发展观，转变增长方式，推进产业带向资源节约型、高效化、集约化方向发展。加大产业带内部园区整合力度，扶持国家级、省级重点园区和具有发展特色的产业园区。产业带的北京段重点发展中关村科技园和北京经济技术开发区，廊坊段重点扶持发展廊坊经济技术开发区，天津段则以武清新技术产业园区、逸仙国际工业区、北辰科技园区、塘沽海洋高新技术园区、天津经济技术开发区和天津保税区为重点发展园区。对其他省级和市级工业园区要加大整合和调整力度，限制在产业带内部以任何形式或名义增加产业园区。

（3）加强园区间的分工与合作，构建五大高新技术产业链。在产业带内部，要发挥各园区的优势，建设各具产业特色的园区，同时要加强园区间的产业联系与合作，按照产业价值链分工，在京津塘高新技术产业带内部构建五大高新技术产业链，即电子信息产业链、生物技术和生物医药产业链、

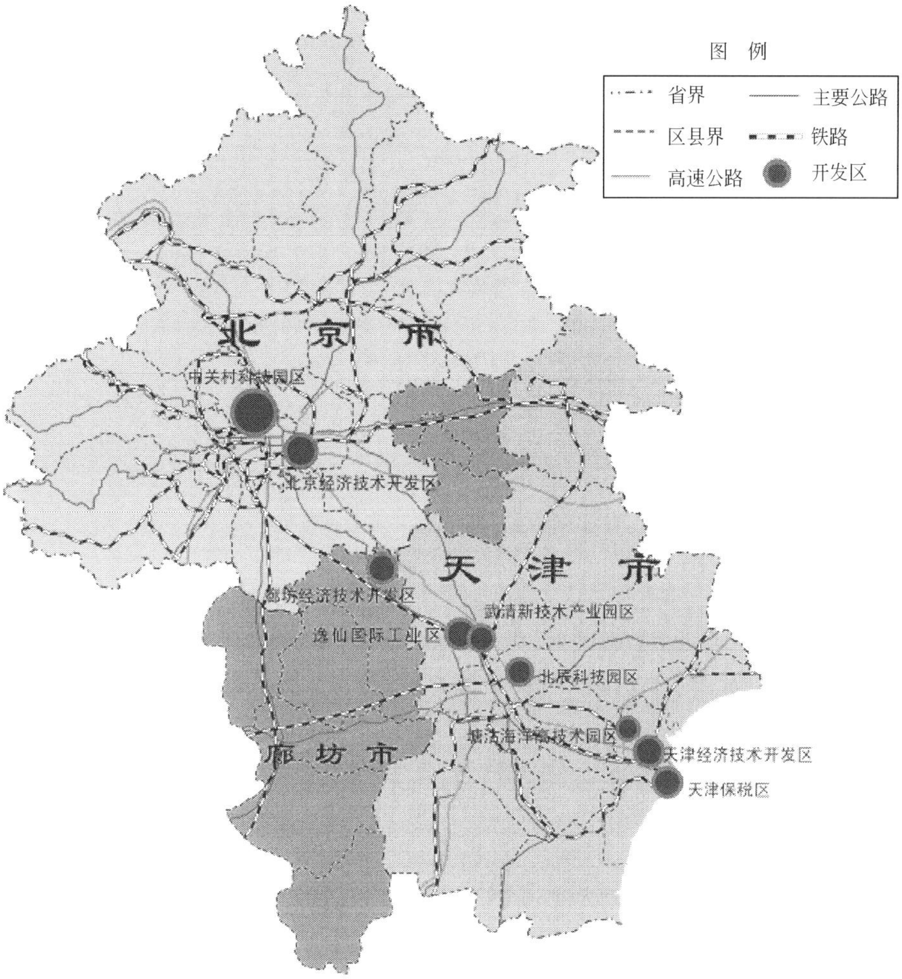

图 15-10　京津塘高新技术产业带重点发展园区分布示意图

光机电产业链、新材料产业链、新能源产业链。从分工来看，北京主要侧重于全部高新技术产业的研发和高端技术的产业化，天津以部分产业的研发为核心，重点以科研转化和产业化为主，廊坊主要承接京津两地高新技术产业的转移和高科技成果的产业化。

（二）现代化滨海临港重化工产业发展带

依托天津港、曹妃甸港、秦皇岛港、黄骅港和京唐港等五大港口，充分利用“两个资源和两个市场”，在协调好老城区与港区、产业园区或新区的关系基础上，积极推动产业布局向沿海地区转移，使都市圈的滨海地区成为现代化的临港重化工产业集聚区，成为都市圈内部产业发展最快、效率最高的地区，成为支撑未来 10 ~ 20 年都市圈经济发展的核心地带（表 15-11）。

表 15-11　现代化滨海临港重化工产业发展带

项目	现代化滨海临港重化工产业发展带
空间范围	依托沿海公路，以天津港、曹妃甸港、秦皇岛港、黄骅港和京唐港五大港口为核心，包括天津市与河北省的秦皇岛、唐山、沧州三市的沿海地区
发展优势	具有吞吐量大、国内外联系便利、功能完善的密集港口群 拥有大量的滩涂、盐碱荒地，适宜于大规模的工业用地开发 国家和地方区域政策的倾斜力度加大

续表

项目	现代化滨海临港重化工产业发展带
发展重点	建设我国北方最重要的化工产业基地 建设我国北方现代化钢铁工业基地 建设都市圈的重要电源点 建设现代化港口物流基地
发展措施	重点发展化工、钢铁、能源和港口物流业四大核心产业 突出各支撑点的特色，强化产业带内部分工与联系 完善各个产业支撑点的建设，提升产业发展的综合配套能力 加快各支撑点间的综合交通体系建设

现代化滨海临港重化工产业发展带依托沿海公路，以五大港口为核心，包括天津市与河北省的秦皇岛、唐山、沧州三市的沿海地区。

1. 都市圈的滨海地区，具有形成现代化临港重化工产业带的优势

京津冀都市圈已经进入由工业化中期向高级阶段过渡的阶段，重化工业是这一个阶段的重要发展主题，加之我国沿海经济的增长中心逐渐向环渤海地区转移，经济的快速发展带来对能源、原材料工业需求的持续增长态势。京津冀都市圈的沿海地带发挥大型港口群优势，发展“大进大出”的能源、重化工业，积极参与区域产业分工和合作，对带动整个京津冀都市圈经济快速发展具有重要的意义。

滨海地区具有发展成为现代化临港重化工产业带的诸多优势。一是具有吞吐量大、国内外联系范围广、直接和间接腹地大、功能完善的密集港口群优势，这也是建设滨海重化工产业带的最重要的战略性资源。二是在沿海地区拥有大量的滩涂、盐碱荒地，很适宜于大规模的工业用地开发，这是其他沿海地区无法比拟的优势。三是在滨海地带，围绕五大港口已经形成了一定规模和发展水平的重化工产业，为新一轮产业发展和空间布局调整奠定了雄厚的基础。四是天津及河北的唐山、沧州、秦皇岛均将把滨海地区发展，作为产业发展和空间结构调整的重点。天津的滨海新区开发已经成为国家区域发展战略重点之一，唐山沿海曹妃甸工业区的建设被列为河北省的“一号工程”，沧州黄骅港和秦皇岛港是我国最重要的两大能源输出港，同样纳入地区发展核心区域，这为滨海产业带的发展提供了重要的政策保障。

2. 发挥滨海港口群优势，重点发展四大外向型的核心产业

滨海临港重化工产业带的发展与五大港口的建设和改造密不可分。未来重化工产业的发展主要是依托港口，利用“两个资源和两个市场”，发展和壮大四大临港型核心产业，即化工（石油和天然气化工、盐化工、煤化工）、钢铁、能源和港口物流业等。

（1）依托天津滨海新区和沧州化工基地，把滨海产业带建设成为我国北方最重要的化工产业基地。天津滨海新区的大港区，要依托大港油田、大港石化基地、渤海石油、塘沽盐场和临港工业区，重点发展石油开采、石油化工、海洋化工等产业。天津滨海新区的汉沽区和开发区，重点发展精细化工、海水淡化、新型制盐业等高端化工产业，利用天津港口“大进大出”的优势，积极建设1000万吨的炼油、100万吨的乙烯和100万吨的聚酸等大型石化项目。经过10～20年的发展，把天津滨海新区建设成为都市圈最重要的石油化工、盐化工、海洋化工的生产基地。

发挥沧州化工产业的基础优势，重点发展石油和天然气化工以及盐化工两大化工产业链，提升化工产业的规模和附加价值，即重点围绕沧化集团、沧州大化集团、中石油华北石化和中石化沧州炼油厂等龙头企业，壮大炼油能力，重点打造化工产业链，形成由乙烯、丙烯等上游产品和聚氯乙烯、异氰酸酯、聚碳酸酯等中游产品以及精细化工、合成材料等下游产品构成的相互关联的完整产业链。把

沧州建设成为都市圈最大的综合石油化工生产基地。

唐山京唐港开发区应主要发展煤化工及其下游产品，唐山的南堡开发区主要发展盐化工及精细化工产业。

（2）以唐山曹妃甸工业区为核心，建设现代化钢铁工业基地。滨海产业带钢铁工业发展应重点集中在唐山曹妃甸工业区，严格控制在其他地区布局新的钢铁工业。

曹妃甸工业区主要是结合首钢变迁和曹妃甸港口大型进口矿石码头建设，利用国外进口铁矿石、海水淡化，加强与唐山市其他地区的钢铁企业的合作，构建产业配套和产品互补的钢铁产业链，把曹妃甸工业区建设成为滨海产业带最大的现代化精品钢材基地。

天津滨海新区是加快钢管公司扩能和改造工程，重点发展高端产品，建设以石油套管为主，油管、钻杆等高附加价值产品为辅的全国最大的精品钢管生产基地。京唐港开发区和秦皇岛可以适度发展镀锌板和冷轧薄板等产品。

（3）以沧州黄骅港和京唐港经济开发区为重点，布局都市圈新的电源点。随着石油化工、钢铁等基础原材料工业向滨海产业带的转移，以及确保都市圈未来 10～20 年经济发展对能源工业的需求，可在黄骅港和京唐港经济技术开发区布局大型电力工业。

充分利用朔黄铁路煤炭大通道，发挥海水资源、土地资源、交通枢纽及环京津、环渤海的区位优势，尽快完成黄骅港开发区仓东电厂一期工程，并积极建设二期 2×60 万千瓦机组工程，在 2010 年，形成 240 万千瓦的燃煤发电厂。主要满足京津地区，特别是 2008 年北京奥运会对能源的需求。

在完成唐山王滩发电厂 2×60 万千瓦机组的前提下，按照市场需求，特别根据曹妃甸工业区对能源的需求，可适当建设王滩电厂二期工程，形成总装机容量 240 万千瓦的发电能力。

（4）发挥五大港口的作用，发展现代化港口物流产业。现代化港口物流业是未来滨海产业带的重要产业，也是其他产业发展的依托和重要支撑。但由于港口的性质不同，物流业的发展方向也存在明显的差异。

围绕天津港在滨海新区重点建设五大物流基地，形成一个综合性的国际物流中心，即集装箱物流基地、散货物流基地、保税区海港物流基地、工业物流基地和商业物流基地。通过物流基地建设促进各类专业市场的发展，形成电子信息、石油化工、汽车及配件和钢材等集散、中转、储存和配送等网络体系，促进滨海新区第二和第三产业的发展。

围绕秦皇岛港和黄骅港，重点建设以煤炭为中心的大宗物资的储存和调配基地，确保晋煤外运、北煤南运的能源运输格局。

围绕曹妃甸深水大港，建设我国北方最大的大型进口铁矿石和原油仓储物流中心，辐射华北、西北和东北地区。

3. 突出各支撑点的特色，形成功能优势互补、相互联系的紧密型产业带

滨海产业带发展基础相对较弱，产业带内部各支撑点间缺乏必要的产业联系，产业结构同构化的问题也相对突出，但各支撑点发展态势良好。因此，在未来发展中，一是要重点突出天津滨海新区的龙头带动作用，同时要加快曹妃甸工业园区的建设，使滨海新区和曹妃甸工业区成为产业带发展的核心支撑点。二是通过市场机制和宏观产业政策调整相结合的手段，整合石油化工产业，促进滨海新区和沧州地区产业联合，形成相互联系和分工合理的产业链，共同打造国家级一流石化产业基地。三是促进产业带内部产业的集聚与扩散，除滨海新区和曹妃甸工业区外，滨海产业带的产业布局要向秦皇岛港口、唐山京唐港开发区、南堡开发区、沧州化工产业园区、黄骅港开发区等优区位点集中。但对于沧州市的滨海地区要最大限度地与天津滨海新区开发相结合，积极承接滨海新区产业，尤其是化工产业的扩展，唐山的京唐港开发区、南堡开发区和秦皇岛市要与曹妃甸工业区的开发紧密结合，积极发展钢铁、化工等的后续加工产业和各种生产和生活性配套产业。

4. 完善各个产业支撑点的建设，提升产业发展的综合配套能力

除天津滨海新区外，滨海产业带的其他支撑点产业发展的基础保障能力相对较弱，因此，加强各核心支撑点的基础设施建设，协调好各港区或开发区与老城区的关系，推进港区或开发区向城区或新城市方向发展，对支撑产业发展，特别是吸引高素质的产业劳动者具有重要的意义。

（1）协调好港区或开发区与老城区的关系，最终核心支撑点应向综合城区发展。滨海产业带的核心支撑点均存在着与老城区发展协调的问题，例如，天津滨海新区与天津中心城区的关系，曹妃甸工业区、京唐港开发区与唐山中心城区的关系，以及黄骅港开发区与沧州中心城区的关系。这些核心支撑点大都作为中心城区的产业发展区来建设。在发展的初期，利用各种政策优惠条件，在吸引外资、建立外向型的产业基地上起到了积极的作用。随着园区发展条件的成熟，以单一产业功能发展起来的开发园区，由于居住、商业、教育、文化娱乐等功能滞后，对高素质人口的吸引力不强，同时也制约了许多产业的布局和集聚。因此，对于滨海产业带的核心支撑点要向综合城区发展，支撑产业迈向新的发展阶段。

（2）加快各支撑点的基础设施建设，培育新的产业增长极。滨海产业带各支撑点不同程度都存在着基础设施建设滞后，供水、供电等能力相对较弱的问题。彻底解决产业和居民生活用水问题是滨海产业带的核心问题，因此，在积极寻找新的水源地和建设引水工程基础上，要加大利用海水的力度，建设节水型和海水资源利用示范型的产业体系。另外，完善各支撑点的道路、通信、污水处理等设施建设，对吸引国内外投资，配置新的产业增长极具有重要的意义。

5. 加快各支撑点间的综合交通体系建设，促进产业带内部的联系与合作

京津冀都市圈滨海产业带不同于我国其他沿海地区，在改革开放初期，甚至一直到现在都属于经济相对落后的地区。其原因是滨海地区大都是滩涂和盐碱荒地，人迹罕至，不适宜农业生产。另外，大多为泥质海岸线，也不适宜发展滨海旅游，建设港口需要大量的投资，在相当长时期内港口发展相对缓慢。

随着我国综合国力和地区经济发展水平的提高，京津冀滨海产业地带的开发和建设逐步提上议事日程。但目前来看，滨海产业带基本是以“点”的开发为主，即由老城区向滨海地区延伸和转移。各个“点”之间缺乏必要的交通体系联系，严重地制约着产业带内部的联系和合作。

为了促进滨海产业带的形成，要加大各支撑点间的综合交通体系建设。一是要加快建设滨海产业的高速公路，加强各支撑点间的联系，促进滨海产业带产业间的联系；二是加强五大港口间的联系与合作，通过港口合作，促进依托港口发展起来的产业间分工与合作；三是积极规划和建设滨海产业带内部的轨道交通，促进人流、物流的交流，构建真正意义的现代化滨海临港重化工产业带。

6. 保护产业带内滨海湿地和滩涂资源，建设生态和环境友好型产业带

在我国其他沿海地区经济高速发展时期，京津冀都市圈的滨海产业带大多处于发展的边缘区，正因为这样，也避免了滨海产业带生态和环境受到快速工业化和城市化的破坏。现在滨海产业带由南至北保留大片的滨海湿地和沿海滩涂，对调整区域生态环境具有重要的意义。

滨海产业带的发展仍然要强调以“支撑点”为核心，在各支撑点周围确保原有的自然生态环境状态不发生根本改变。在大规模产业开发过程中，要保护黄骅港开发区、天津滨海新区、曹妃甸工业区、京唐港开发区和秦皇岛之间大片湿地和滩涂等自然景观不受到破坏。构建产业园区或新城与大规模的生态环境区、生态廊道有机结合、相互交织，形成网络化空间格局，促进产业发展与自然、生态环境和谐发展。

按照循环经济理念，建设滨海产业带。全面推进循环经济与清洁生产方式，参照国际成功产业园区发展模式，建设生态产业园和循环生产体系，促进企业增强“减量、再用、循环”的生产意识，所

有支柱产业要按照循环经济模式，构建不同的产业生产环节，确保资源的高效利用和环境污染的严格控制，打造生态环境友好型滨海产业带。

（三）京保石现代制造业发展带

依托各大中城市，发挥现有产业基础的作用，促进北京市的产业，尤其是科技成果向保定、石家庄等产业带内部的转移和转化力度，积极发展先进的制造业和特色产业，构建机械、医药、纺织、食品等四大核心产业，使京保石现代制造业产业带成为都市圈，乃至全国重要的机械、医药产业的集聚带，北京产业转移和高新技术产业化的核心地带（表 15-12）。

表 15-12　京保石现代制造产业发展带

项目	京保石现代制造产业发展带
空间范围	以北京、保定和石家庄三大中心城市为核心，以京石高速公路和京广铁路沿线为纽带，包括沿线的各级中小城市
发展现状	已经形成全国具有影响的核心产业和产业基地 机械制造业、医药工业、食品和饮料工业、纺织服装业在全国具有重要意义
发展重点	建设全国重要的以汽车为核心的运输机械制造业产业基地 建设全国最大的医药生产基地 建设华北地区纺织和服装生产基地 建设华北地区食品和饮料生产基地
发展措施	促进北京市的产业、科技成果向产业带转移和转化 突出石家庄和保定两大城市的作用，建设产业带的核心支撑点 发挥产业带中小城市的产业支撑能力

京保石现代制造产业带是以北京、保定和石家庄三大中心城市为产业核心支撑点，以京石高速公路和京广铁路沿线为纽带，包括沿线的各级中小城市，以现代制造业为发展方向的产业带。

1. 产业基础雄厚，发展潜力巨大

京保石现代制造产业带依托北京、保定和石家庄三大城市，已经形成在全国具有影响的核心产业和产业基地。其中，以汽车及配件为主体的机械制造业，以化学合成药、现代中药和生物制药为主的医药工业，以农产品加工为核心的食品和饮料工业，以棉纺和服装为核心的纺织服装业在全国具有举足轻重的地位。

（1）以汽车及配件为核心的机械制造业发展基础雄厚，对产业带发展作用明显。以北京、保定为核心的汽车产业链发展相对完整，在整车制造、零部件生产、配套、经销、售后服务等各大环节均有较强实力。其中，在北京地区，汽车行业的企业有 280 多家，有整车生产资质的企业 10 家，有改装车资质的企业 44 家，零部件企业及与汽车配套相关企业 180 多家，科研院所 12 家，汽车经销企业 30 多家。全行业从业职工 6 万多人。北京现有汽车年生产能力 45 万辆，2003 年汽车产量达到 34.7 万辆。在保定市，汽车行业骨干企业有长城长安、中兴、风帆、凌云、立中等。2004 年，保定市汽车产销量 16 万辆，汽车工业占保定市工业经济总量的比重超过 1/5，是保定市的重要支柱产业。保定的皮卡、SUV、微卡在全国具有明显的优势。皮卡、SUV 分别占全国同价位汽车销售量的 75.2% 和 72%，皮卡出口占全国出口量的 85%。由此可见，汽车及配件为核心的机械制造业对产业带的支撑能力较强。

（2）医药工业位居全国领先地位，是产业带支柱产业。产业带的医药工业以石家庄和北京为核心，已经为全国医药工业的重要基地。2003 年石家庄市医药工业实现增加值超 42 亿元，石家庄是仅次于上海的全国最重要的医药产业基地。青霉素、链霉素、维生素 C、维生素 B12 等化学原料药产量

居全国第一位。另外，青霉素粉针、阿莫西林等10多种粉针居于全国领先地位。以华药、石药为核心的制药企业集团，是全国最大的抗生素粉针生产基地。北京在化学制药、中药和生物制药等方面位居全国中偏上水平，医药产业的研发力量相对较强，拥有生物工程和新医药方面的国家重点实验室13个，部门开放实验室30个，中试基地10个，科技从业人员2.3万人。目前，已经形成以双鹤药业、紫竹药业、四环医药科技、太洋药业、第二制药厂、万辉药业集团、北京诺华制药、拜耳医药保健和日本第一制药等为主的近50家化学制药企业；以同仁堂集团、中国药材公司，北大维信生物、绿色金可生物技术、华禾药药业、双鹤高科技天然药物、人卫中药饮片厂、双桥燕京中药饮片厂、北京长城制药厂为主的近50家中药制药企业；以天坛生物、双鹭（基因工程）、博奥（生物芯片）等为主的近30家生物制药企业。可以说医药工业是未来产业带发展的重要方向，对产业带的支撑作用也越来越明显。

（3）纺织服装工业是产业带的传统优势产业，发展基础雄厚。石家庄的纺织业是传统优势产业，现有重点企业50多家，综合实力位居全国前列，原料布生产在国内市场具有举足轻重的地位。2004年石家庄市共有规模以上纺织企业186家，拥有生产能力棉纺纱锭170万枚，布机2万台，印染能力5.8亿米/年，2004年完成工业增加值34.2亿元，实现销售收入110亿元，实现利税10.6亿元。保定市的纺织业发展基础也相对较好，以天鹅化纤和新兴的宝硕集团、高阳三利等企业为核心，纺织业占全市工业产业的30%左右。北京市是纺织和服装高档产品的设计和开发中心，对产业带纺织服装业发展水平的提升具有重要的作用。

（4）食品加工发展态势良好，对产业带的完善具有重要的促进作用。保定市依托丰富的农副产品资源和接近京津的优势，已经形成顺平汇源、天香乳业、麦迪奥鹿、八达啤酒为重点的食品行业。2004年，食品工业总产值为46.07亿元，占全市总量的7.98%。石家庄也初步建成了乳制品加工、粮食加工、啤酒和肉类制品为主的，以绿色食品为龙头的新型食品工业体系。2003年北京饮料制造企业达到65家，实现工业总产值80亿元，从业人员达到2.3万余人。北京包括奶业、酿酒业、软饮料制造的饮料制造业发展态势良好。

2. 重点发展机械、医药、食品和纺织等四大产业，构建产业带的主导产业群

京保石产业带要积极发挥产业带科教和人才，特别是市场优势，重点发展运输机械、医药、纺织和食品四大产业，构建都市圈的现代制造业产业带。

（1）依托北京市的顺义、亦庄、昌平、怀柔和保定市，发展以汽车为核心的运输机械制造业。以北京现代、北京吉普、北汽福田、保定的长城和长安等汽车制造企业为核心，形成以轿车生产为主，涵盖轻型越野车、载货汽车、皮卡、微型车、商用车、专用车等较为齐全的汽车生产体系。不断提高产业带汽车产业的整车制造和零部件生产配套能力，注重汽车研发能力和提高，抓住机遇开发自主汽车品牌，使汽车产业发展成为产业带的重要支柱产业。

北京重点建设顺义和亦庄两大汽车生产基地，其中顺义要依托韩国现代和北京吉普重点发展各种中低档家用和商务汽车，亦庄依托奔驰和北京吉普发展成为高档汽车生产基地。保定重点发展重皮卡、微型车、轻中型客车以及零配件，形成都市圈最大的轻型汽车和汽车零配生产基地。

（2）以石家庄和北京两大城市为核心，建设产业带医药生产基地。围绕把石家庄建设成为“药都”的目标，未来石家庄医药工业的发展方向为：一是生物制药要依托华药、石药等企业和研发机构，集中力量推进生物技术制品和中间体的产业化。加速推动产业集聚、产品延伸和技术升级，形成较为完整的生物技术和新医药产业链条和产业配套能力，石家庄建成具有国际影响力的国家生物技术及新医药产业基地。二是现代中药要依托神威、以岭、科迪等优势中药企业，重点发展治疗肿瘤、肝病、心脑血管疾病、免疫功能性疾病、病毒性疾病、老年性疾病等有中医药特色与优势的新药。三是化学制药要依托华药、石药两大集团，采用现代生物技术改造传统制药产业，重点推广国家一、二类新药的产业化，研究开发广谱、高效、低毒类抗生素新品种，实现三、四代头孢类药物的规模化生产和替

代进口，使抗生素、维生素原料的规模和水平在全国继续保持领先地位，成为国际药业分工中微生物发酵系列原料药的核心生产基地。

北京医药产业重点建立三大生产基地：以大兴为中心建立生物工程和医药产业基地，重点发展药品、中药研发生产、生物化学药物生产和研发、生物制药、医疗设备制造、医药产学研一体化和医药信息服务等生物医药产业链；在朝阳和怀柔两区分别建立两大医药保健品生产基地。

（3）以石家庄和保定为核心，建设产业带的纺织和服装生产基地。加快石家庄纺织基地建设，重点发展服装、装饰、产业用纺织品三大系列纺织品，引进具有国际先进水平的服装生产线，建设名牌服装、皮革服装生产项目。加快技术创新和产品结构调整步伐，以高档服装面料生产为突破口，带动和提升纺织、织造、服装和产品设计开发的全面升级，缩小与国际先进水平的差距；运用现代纺织、织造技术，基本实现无结纱、无结布、无梭布；重点发展多纤维混纺交织面料，高支高密纯棉织物，高档弹力织物，高档提花织物及天丝、天然彩色棉，大豆蛋白纤维，牛奶纤维等环保织物，宽幅装饰用布，具特殊功能的高档过滤布，土工布，汽车用布等系列产品，形成高档化、配套化、功能化、新颖化系列产品。保定市要依托依棉、天鹅集团、华强纺织、满城金水纺织集团等企业，重点发展棉纱、纺织面料、新型化纤、服装、产业用纺织品等产品，与石家庄共同打造都市圈的纺织和服装产业基地。

（4）以食品原料基地建设和龙头企业培育为核心，打造产业带的食品生产基地。京津冀都市圈是我国食品产业的最大消费地，而京保石产业带是重要的粮食、畜产品、乳产品和蔬菜生产基地，因此京保石产业带具有发展食品工业的优势。一是加快以保定、石家庄郊县和北京远郊县食品原料基地建设，形成专业化的食品原料生产基地，突出抓好保定和定州蔬菜、唐县食用菌、满城草莓、北京三元等奶业生产基地的建设。二是发展壮大龙头企业，促进京保石产业带食品工业的发展。重点扶持特色食品加工业、乳制品加工业、饮料和酒业、水果和蔬菜加工企业的发展，以汇源、三元、三鹿、燕京啤酒等为龙头企业，带动农业产业化和食品工业的快速发展。

3. 突出石家庄和保定两大城市的作用，建设产业带的核心支撑点

京保石现代化制造业产业带除了最大限度发挥北京市的龙头带动作用外，还要重点发挥石家庄和保定两大城市对产业带发展的支撑作用。京保石现代制造业产业带的产业支撑点的发展思路如下：一是要突出产业带南部龙头石家庄的地位，在进一步推动医药、食品、纺织等产业向石家庄市集聚的同时，也要壮大高新技术产业，特别是软件、生物技术、生物制药和精细化工等产业的发展。另外，要发挥石家庄作为华北地区的重要商埠和交通枢纽地位的作用，积极发展现代物流业，建设华北地区最大的医药物流产业基地、纺织和服装物流产业基地，以及农产品交易中心。二是保定市位于产业带的中间，其产业发展对整个产业带具有承上启下的作用。除发展汽车及配件产业、纺织和食品外，同时要重点发展能源设备制造业，如输变电设备、太阳能发电系统元件和成套设备、风力发电设备等，电子信息及软件产业也应该成为保定未来产业发展的重点。三是积极培育和扶持产业带上各级中小城市，如正定、新乐、定州、望都、清苑、徐水、定兴、高碑店、涿州和房山等中小城市的制造业发展，促进产业带的全面发展。

4. 加强产业带内部的联系，推动北京的产业和高新技术向产业带内部的转移和转化力度

（1）要加强产业带内部交通运输体系建设，促进各支撑点间的产业联系。京保石产业带内部综合交通运输体系相对完善，各产业支撑点间的联系也比较密切，但随着产业带进一步发展，尚需要对交通运输体系进行改造，为加强产业带内部产业分工与联系提供基本保障。

（2）推动北京市的产业向产业带内部转移，带动产业带各支撑点的发展。推动北京市的产业，如汽车配件、食品饮料、建材、服装、印刷、家具等劳动密集型产业向保定、石家庄和其他中小城市转移。尤其要发挥北京汽车产业的龙头地位，带动保定等中心城市汽车配件企业的发展。

（3）促进北京科研成果向产业带内部的转化，积极发展高新技术产业。由于北京市产业结构以高

新技术产业为主，农业和工业门类相对单一，且发展比例较低，因此，北京市尽管有许多科研成果和高新技术，但成果和技术转化水平较低。换言之，北京市产、学、研结合相对较差，究其原因是北京“研”与“学”缺乏相应的产业化空间。京保石产业带具有相对完善的产业结构体系，各种科研成果均有相应的产业与之相结合，可以说产业带为北京市科研成果转化提供巨大的市场空间。可重点依托各种科技园区，吸纳北京高新技术成果向产业带各支撑点转化，尤其要重点支持向石家庄市转移高新技术和科研成果。促进北京市作为高新技术创新中心的地位，发展头脑型产业，而产业带的其他支撑点则向高新技术产业化基地方向发展。

(4) 按照产业价值链分工的方式，促进产业带内部产业联系。按照价值链分工的方式，组建产业带内部的四大核心产业。就汽车产业而言，高端汽车和市场营销中心主要在北京市发展，其他环节如中低端汽车和配件要在保定、其他县市和开发区发展；医药行业的研发中心、销售中心主要在石家庄和北京发展，而产业基地要在石家庄、保定和其他郊县发展；纺织和服装的设计中心和市场营销主要依托北京，而产业化基地则在石家庄、保定和其他区县发展；食品工业的市场以北京和石家庄为主，生产基地以保定和各区县为主。

三、打造“四大产业发展类型区”

都市圈产业类型区的发展主要是体现都市圈的区域功能定位、区域产业政策导向、产业基础和特色、产业分工和联系等因素，张承地区主要是从区域功能出发，突出生态和环保产业这一发展主线；京津廊坊地区则是强调现代服务业、高新技术的区域优势和特色；石保沧地区是凸现现代制造业的发展；唐秦地区要突出重化工业的优化和升级。

(一) 北部张－承生态产业发展区

北部张承地区包括张家口和承德两个地级市，是都市圈的重要的生态功能区，从都市圈整体发展要求出发，产业发展核心思想要体现生态型、环保型、循环经济等基本理念，构建以“有机农业”、“生态工业”、“休闲旅游业”等为特色的生态产业体系。

张承地区是京津冀都市圈的重要生态屏障和水源保护地，是保证都市圈可持续发展的关键区域，是都市圈居民休闲游憩的最佳区域。目前，张承地区已经形成了以钢铁、机械、建材、能源、化工和食品加工等为核心的重型产业结构体系，与其在京津冀都市圈的功能定位存在一定的差距。张承地区作为京津冀都市圈的重要生态涵养区，今后在突出张承地区生态功能的基础上，要发展生态和环境友善型的农业、新型工业和旅游业。按照循环经济的理念，改造现有的传统重型产业结构，构建以生态产业为导向的新型产业结构体系。

1. 积极发展有机农业，建设生态农业生产基地

以京津地区为目标市场，发展有机农业，把张承地区打造成京津冀都市圈重要的生态农业生产基地和全国性的生态农业示范区（表 15-13）。

表 15-13　北部张－承生态产业发展区

产业定位	形成京津冀都市圈重要的生态农业生产基地和全国性的生态农业示范区；京津冀重要的清洁能源基地
产业发展方向	发展生态和环境友善型的农业、新型工业和旅游业，构建以生态产业为导向的新型产业结构体系
推动措施	发展有机农业，建设生态农业生产基地 逐步建立循环经济的生产方式 发展绿色食品和机械制造业，培育新的主导产业 进一步发展和壮大旅游产业
限制性产业	严格控制重化工产业发展

张承地区是京津冀都市圈的重要水源涵养地，而化学农药和肥料是造成水源面污染的重要因素。从长远发展而言，积极发展对劳动力需求量大、附加值高、对环境造成污染较低，但市场需求不断扩大的有机农业，有利于提升张承地区农业档次，也符合张承地区的特征。该区域今后农业发展思路：一是扶植一批具有品牌和核心技术力量的有机农业生产的龙头企业，重点发展葡萄等水果产业、奶牛产业、蔬菜产业、花卉等产业。以市场需求为导向，以合同契约为纽带，把企业与农户联合起来，形成“企业+农户”的农业生产体系。二是突出特色，推进有机农业生产认证体系建设，形成不同特色的生态农业生产基地。目前普通蔬菜需求量渐趋饱和，有机食品的生产还远远不能满足市场的需求，但由于缺乏统一的认证体系，有机农业市场比较混乱。因此，积极推进都市圈有机食品认证，发展各种有机和绿色食品，对张承地区生态农业发展具有重要意义。三是推广节水及设施农业，确保水资源的可持续利用。鼓励发展适应张承地区生态环境的农业生产技术，推广微灌、滴灌、喷灌技术，提高农作物水分利用效率。大力开发工厂化育苗、栽培、养殖和病虫害防治技术及装备，逐步实现农业技术设施和设备的产业化生产。集中建设一批规模化、标准化的农业设施生产示范基地。

2. 控制高污染的重化工产业的新增规模，逐步引导建立循环经济的生产方式

张承地区钢铁、化学工业有一定基础，能源工业发展迅速，总的来看，重化工产业具有进一步膨胀的趋势。从都市圈的整体利益而言，建设能源基地，发展钢铁、建材、化工等重化工产业的思路与张承地区的定位有较大的冲突，但从地方利益而言，适度发展一定规模的重化工产业，也是地区经济发展的需要。因此，我们认为：一是要严格控制重化工产业的新增规模，整合已有的中小企业，形成具有一定规模和效率的企业集团，提高现有企业“三废”处理水平，按照循环经济的生产方式构建产业链，建设环保、节能的生产模式。二是可适当发展风力发电等清洁能源工业，形成京津冀重要的清洁能源基地。三是按照一定补偿机制，逐步关闭或引导高污染型企业向区外转移，建设生态型的产业结构体系。

3. 大力发展绿色食品和机械制造业，培育新的主导产业

利用生物技术和电子信息技术改造食品工业，重点加强干燥脱水、防腐保鲜、无菌包装等新技术的推广普及和产业化应用，迅速提升张承地区食品加工水平，提高产品附加值。开发生产新型方便食品、保健食品和药膳食品，建立与现代农业和绿色农业相适应的现代食品加工工业体系。采用计算机技术进行设备改造，应用数控、数显等改造机床，提高产品的附加值；重点发展精密机械加工技术、冷加工技术，以质量和可靠性为中心的液体传动和气动元件等。

4. 发挥旅游资源优势，壮大旅游产业

张承地区旅游资源丰富，目前已经形成都市圈内集生态、避暑、冰雪、温泉四大特色为一体的重要旅游中心地区。今后要加强京津游客源地开发，建设完善冰雪旅游、避暑休假、森林浴、温泉药浴健身四项特色，做好交通、餐饮、住宿等配套设施建设，尤其是加强三星级宾馆建设，提高软件环境和专业人员水平，提升张承地区旅游业的知名度。加大区内高等级交通建设，尤其是重点景区到京津沿线的交通建设。提高旅游服务层次，建设会展、会议中心，积极推动会议和会展经济与旅游相互融合发展。同时，要重视开发国际旅游市场，促进张承地区旅游产业的国际化。

（二）中部京津廊坊现代服务业、高新技术产业发展区

京津廊坊地区包括北京、天津和河北的廊坊市，京津廊坊地区是我国产业发展水平最高的地区之一，在未来10~20年，产业发展核心将会由加工制造业向高新技术产业和现代服务业转移。届时，将会成为全国最大的电子信息、通信设备、生物技术、新材料、机电一体化等高新技术产业集聚区，同时也是金融、保险、企业总部、市场交易、咨询和信息等现代服务业的集聚区。

1. 北京重点发展科技创新和现代服务业，打造总部基地和高新技术创新中心

引导金融保险、中介咨询、文化产业及其他高级生产者服务业的集聚，打造总部基地；引导研发、高新技术产业的集聚发展形成全国科技创新中心（表15-14）。

表15-14　中部京津廊坊现代服务业和高新技术产业发展区

产业定位	全国最大的高新技术产业和现代服务业的集聚区
未来发展方向	总部基地和高新技术创新中心 物流产业和现代制造业
推动措施	重点发展科技创新和现代服务业 依托港口和滨海新区，建设外向型的现代产业体系
控制性产业	高耗水、高耗能、高污染的产业

具体发展方向：一是实现以知识生产、传播和应用为驱动的区域发展模式，构筑强大的知识经济体系，创建国际一流园区，加强知识产权保护，实施技术标准战略，抢占知识经济战略新高地，构建全球知识中枢，形成具有全球支配能力的以知识生产、传播应用为驱动基础的知识生产中心地区。二是完善产、学、研相结合的区域创新体系，充分调动和发挥驻区高校、科研院所的智力技术优势，广泛吸引国内外企业来区设立研发中心，支持科研院所转制、发展和壮大，支持留学人员和各类人才到本区创业，形成研发转化基地。三是加强潜力领域的技术储备，不断推动产品升级换代。抓住第三代通信技术应用、数字电视推广等潜在领域与市场机遇，在集成电路、软件与信息服务、第三代移动通信、数字电视、计算机及网络设备制造、汽车电子、生物技术药物、现代中药和天然药物、数控机床、医疗设备、激光技术及产品、电子信息材料、纳米材料、生物医用材料、新能源材料、环境保护服务等行业重点突破，不断推动产品的换代升级，形成高新技术的研发和产业化基地。四是发展现代服务业，形成世界范围内的总部基地。抓住奥运机遇，大力完善城市服务功能，提升以政府、国际代理、跨国公司总部等为核心的领导和控制功能，积极发展以银行、保险、会计、法律、广告、公关、管理咨询、建筑设计、土木工程、时装、室内设计等为核心的金融和商务服务等产业，促进以旅游、观光、会议和会展等为核心的休闲和商务旅游功能的完善，加快以现场表演艺术、博物馆和美术馆、印刷和电子媒体等为核心的文化和创意产业的发展。

2. 天津依托港口和滨海新区，建设外向型的现代产业结构体系

在经济全球化的大背景下考虑天津的发展方略，充分发挥港口和滨海新区的优势，有效集聚全球性的资源，构建外向型的产业结构体系。具体发展方向：一是抓住现代物流蓬勃发展的历史机遇，发挥天津港口的优势，把天津滨海新区建设成连接欧亚大陆和太平洋的中国北方国际物流中心。依托港口、铁路、航空交通枢纽建立大型物流中心、集装箱储运中心，支持第三方专业物流企业的发展。把天津打造成中国北方国际物流中心，京津冀都市圈产品进出口的主要通道，国内重要的物流产业示范区。二是发挥现有交通、工业基础、制度方面的诸多优势，吸引国内外投资，重点发展汽车、食品加工、电子、海洋石油、海洋化工等项目。继续加强汽车产业发展，打造汽车产业链，通过汽车产业链的发展，带动相关的电子、机械、钢铁等产业的发展。继续加强电子信息、生物医药工程、新能源新材料、环保产业等高新技术产业的发展，培育新的产业增长极。加大对外开放，支持和鼓励跨国公司在天津建立高科技研发中心、采购中心和国际化生产基地，同时要积极实施自主品牌出口战略，优化出口产品结构，进一步提升产品出口对经济增长的拉动作用。

3. 充分利用廊坊接近京津的区位优势，积极承接京津技术辐射

吸引京津高新技术产业向廊坊扩散，使廊坊成为京津高科技产业体系中的有机组成部分。利用京

津的技术、人才、资金、信息优势，重点发展以高新技术产业、教育科研产业、会展旅游为主的现代化产业体系，将廊坊建设成高新技术产业、科技中介服务和风险投资活跃的区域，成为京津产业技术辐射的核心区域。大力推进产、学、研联合与互动，推动大型科研单位向科研与生产一体化的高科技企业转化，形成科研、开发、产品生产、市场应用相互带动的良性循环。以清华科技、燕郊软件、国际履约环保等科技产业园为平台，不断优化投资环境，积极吸引外资和民间资本，培育以IT业、生物医药、新材料、环保产业为主导的高新技术产业群；支持三河汇福、明慧集团、福成五丰、梅花味精等一批食品加工企业，服务于京津两市的市场需求；鼓励美联、卢卡斯、展望集团等汽车零部件企业加强与国内外大集团、大公司的合作，拓展发展空间。

（三）唐－秦重化工业优化升级区

发挥曹妃甸、秦皇岛和京唐港的港口条件，重点发展现代化的重化工业，但钢铁、建材、化工等传统产业应适当控制规模扩张，重视产业的升级和调整，重点向环保型、节能型和高端产品发展，并且积极向沿海推进。

1. 依托曹妃甸和京唐港，推进重化工业的高端化和空间再布局

唐山作为全国重要的能源、原材料工业基地，随着资源和产品对外依赖程度的加强，唐山市重化工产业面临着升级和优化，以及空间的再布局。以曹妃甸工业区和京唐港开发区为核心，调整产业空间布局和提升产业结构，形成新的经济增长极，优化市域和中心城区功能，对促进唐山市再次辉煌具有重要的意义（表15-15）。

表15-15　唐－秦重化工业优化升级区

产业定位	重要的重化工基地
未来发展方向	优化和调整现有重化工业，发展先进的制造业和特色产业
推动措施	依托曹妃甸，推进重化工业的高端化和向沿海布局 整合区域内基础原材料产业，加强增量部分的引导和规划 支持企业实施重组整合战略 依托秦皇岛港口，构建临港型和生态环保型产业体系
控制性产业	适当控制钢铁、建材、化工等传统产业新增规模

该地区具体发展方向：一是推动重化工产业的高端化。提高重化工产业的产品档次和附加值，由能源、基础原材料工业为主的传统重化工产业向高附加值、高技术含量的高端重化工产业发展。采用新装备、新工艺，建设现代化、生态型的大型企业，构建精品钢材生产基地、先进的机械制造业生产基地等。二是引导新增、扩建、搬迁企业向曹妃甸工业区和京唐港开发区布局。曹妃甸工业区为唐山钢铁、建材和电力工业的结构调整创造了发展空间，通过建设大型钢铁、电力、建材和化工企业，推动现有企业的重组，淘汰不符合产业政策的中小企业和落后产品。

2. 整合区域内基础原材料产业，提高产业的整体竞争力

京津冀都市圈的原材料工业产业布局比较分散，没有形成规模化的产业集群。造成地域分割和自成体系，使得公共工程及配套设施建设投资大，利用效率低，企业产品互供程度低，运输成本高。钢铁、能源、化工、建材等基础原材料企业规模偏小，布局分散，从生产规模和装备上看，大部分原材料工业企业的生产能力没有达到经济规模。在整个京津冀都市圈范围内，钢铁产量超过500万吨规模以上的企业只有首钢、唐钢。唐秦地区拥有钢铁、建材、化工等一批在全国同行业中具有重要影响的国家级特大型和大型重化企业，促进重化工业升级的重点在于对增量部分的引导和规划。支持优势骨

干企业采取兼并、收购、互相参股、合资合作等多种形式，实施重组整合，提高基础原材料产业的集中度，降低成本，提高企业竞争力。

3. 发挥秦皇岛港口的优势，构建临港型产业体系

秦皇岛市已经形成了以粮油加工、葡萄酒为主的食品饮料工业，以玻璃、水泥、新型建材为主的建材工业，以桥梁、汽车配件、修船、电子品为主的机械工业和以钢材、铝材为主的金属延压工业。未来秦皇岛的产业发展在依托原有产业基础上，要发挥秦皇岛港作为全国最大的自动化煤炭装船码头，先进的原油、杂货集装箱码头等优势，发展临港型产业，推动基础性的重型产业向高端产业链发展。实施城港联动、以港兴市战略，完善港口功能，建设大物流、大市场、大重化，为区域经济发展提供经济推动力。

4. 走可持续发展道路，建立生态环保型产业结构体系

在唐秦地区建设生态环保型产业结构，积极发展耗能低、占地少、污染小、效益高的生态型、环保型项目，应该是唐秦地区产业发展的重要导向。在唐秦地区建立起可持续发展的生态产业体系，把唐秦地区建设成为京津冀都市圈乃至全国特点鲜明、经济发展水平较高、资源持续利用的首都圈生态产业区。用5～10年时间搞好唐秦地区生态产业的调整和充实。全面启动生态产业区建设，建立起生态经济基本框架；确立农业绿色生态品牌概念，有效治理环境污染。用10～20年时间，有效控制区域内重化工业的环境压力，形成具有鲜明区域特色的生态经济格局，树立以绿色优质资源、生态产业群、生态产品群为主要特征的生态产业结构，进入良性循环的生态产业发展轨道。

（四）南部石保沧现代制造业发展区

石保沧地区是京津冀都市圈重要的医药、机械、化学和食品工业基地，充分发挥三大城市的产业基础和城市综合优势，积极承接京津地区产业转移和科技成果转化，重点发展医药、化学、机械、食品和能源工业，建设都市圈南部现代化制造业基地（表15-16）。

表15-16　南部石保沧现代制造业发展区

产业定位	以医药、机械、化学和食品工业为核心的现代化制造业基地，京津地区产业转移和科技成果转化基地
未来发展方向	全国重要的医药制造业基地 轻型汽车生产基地和京津汽车产业零部件配套基地 化学工业基地
推动措施	依托京津，形成高新技术产业转化基地 对接京津产业，促进区域内制造业的发展 承接滨海新区的产业转移，壮大化学、能源、机械和食品工业 依托中小城市，培育地区特色的产业集群
控制性产业	高污染企业、冶金工业

1. 石家庄在医药、纺织、食品、电子等主导产业基础上，要发展成为京津高新技术产业转化基地

该地区产业发展方向：一是进一步加强医药、纺织、食品作为石家庄的主导产业的地位。石家庄已经形成全国重要的医药制造业基地，制药业正处于快速发展时期，仍然是石家庄新经济的重要增长点。围绕原料药规模化、新药产业化、中药现代化，强化石家庄市生物技术和新医药产业的优势地位，加速推动产业集聚、产品延伸和技术升级，形成较为完整的生物技术和新医药产业链条和产业配套能力，建成具有国际影响力的国家生物技术及新医药产业基地。二是促进石家庄纺织产业的升级和产品换代，高起点、大规模地实施行业技术改造，加大高端产品研发力度，积极开拓国际市场，形成高、中档

产品为主，高端产品品种齐全的产业产品结构。把石家庄市建设成为辐射全国的纺织高端化、高技术化示范基地和国际重要的纺织品生产、创新基地。三是重视绿色农业生产、农产品粗（精）加工、食品深加工三个主要环节，提升食品工业的竞争力。依靠资源和产业基础，整合资源，扩大食品加工企业的生产规模，积极培育一批绿色、特色、有机、无公害的知名食品品牌，形成立足京津冀都市圈，面向欧、美、日市场的大型食品加工企业。四是促进石家庄高新技术产业发展，使其成为京津高新技术产业转化基地。结合石家庄市高新技术产业的优势与潜力，以产业化为核心，优先发展医药产业、电子信息产业，努力培育新材料、现代农业和环保设备制造等新兴产业，使其成为石家庄市经济增长的支柱和产业发展的先导，成为京津高新技术产业转化基地。

2. 积极对接京津产业，促进保定的汽车、轻纺、食品和电子工业的发展

保定围绕汽车、机电、轻纺和食品工业已形成一定规模的产业基础，是河北省重要的科研和高教基地，是仅次于石家庄的科技教育中心及省级旅游城市。具体发展方向：一是继续加强汽车支柱产业，建设京津冀零配件基地。保定的皮卡、SUV、微卡在全国确立了明显的优势，发展重点是皮卡、微卡、商务车和轻中型客车。通过汽车工业园区建设整合现有零部件企业资源，强化以发动机、汽车底盘、汽车电子设备为重点的汽车零件配套产业的整体竞争能力，积极开发节能、环保和新能源的新车型。在立足于自主研发的基础上，加强与北京、天津大企业横向和纵向的合作联合，做大做强长城、中兴、长安整车品牌，形成华北地区轻型汽车的生产基地和京津汽车产业零部件配套基地。二是积极发展纺织业，与石家庄共同构建都市圈的纺织业基地。一方面纺织行业必须不断升级技术，开发新产品，开拓高端新市场，保持产业在国内外的竞争优势；另一方面发展与石家庄相关产业的横、纵向联合，通过资本重组和战略联合等方式扩大规模、调整利益分配。三是充分利用农副产品丰富的优势，积极发展农产品加工业。不断更新农产品品种，开发应用农产品深加工技术，提高农产品深加工、精加工比重，通过引进新设备，推广新技术、新工艺、新包装，提高初级农产品和加工食品在京津大市场的占有率。四是利用京津优势，积极发展电子制造业。发挥接近京津的优势，积极发展成套设备、配套设备研发能力，延长电子制造业产业链，着眼于推动形成专业产业集群，培育特色优势产品，建成华北重要的电子制造产业生产和研发基地。

3. 积极承接滨海新区的产业转移，壮大沧州的化学、能源、机械和食品工业

发挥现有产业基础和港口优势，打造以化工和能源为核心的现代化重化工产业体系。加强与天津港、曹妃甸港的分工与合作，加快化工、杂货、集装箱码头和地方港码头群建设，不断完善黄骅港港口功能，壮大与港口配套的物流产业。以县域特色经济、园区建设为突破口，推进城市化和现代化进程，带动沧州产业向沿海地区推进。产业发展方向：一是“构建三大产业链、形成五大产业集群”。即重点发展以盐化工、石油和天然气化工、煤化工为重点的三大化工产业链，提升产业的规模和附加价值，构建都市圈的化学工业基地；形成弯头管件产业、电线电缆产业、汽车模具及零部件产业、纺织服装产业和食品加工产业等五大产业集群，促进县域经济的发展。二是承接滨海新区的产业转移，发展临港产业。拓展以煤码头、杂货码头、液体化学品码头为依托的基础产业，以现代商贸、仓储、运输为重点的临港服务业，加快建设辐射港口腹地的区域性物流中心，规划建设好仓储区、出口加工区、转口贸易区及保税区等，建设煤炭、化工、建材、水产品等大规模专业市场。逐步培育和形成以石油化工、盐化工、海产品加工、海洋运输、电力工业、现代物流为特色的临港产业体系。三是加快产业集群发展，提高全市产业的发展水平。重点发展沧州市、任丘市的化工产业，孟村、盐山的弯头管件及管输设备制造业，泊头、河间、任丘的汽车模具及汽车配件制造业，东光、南皮、泊头、黄骅的五金制品、机械加工业，肃宁的裘皮和纺织服装业。通过各种产业集群的发展，推动全市产业全面提升。

4. 依托中小城市，培育地区特色的产业集群

围绕京保石三个核心城市的产业，在各中小城市中，培养经济活跃、分工细致、反映灵活的特色产业集群。

依托沧州肃宁，石家庄的正定，保定的高阳、定兴、蠡县等，积极发展纺织服装产业。发挥中小企业生产灵活、批量小、速度快的优势，通过与石家庄、保定的纺织企业加强联系，发展以中小企业为主的纺织面料和服装产业集群。联合纺织大厂和专业出口机构打开国际纺织品市场，积极参与世界纺织品流通体系，融入跨国企业全球采购体系。

依托保定的定州，沧州的泊头、河间、任丘等，积极发展汽车及汽车零配件产业，为都市圈的天津、北京、保定等汽车生产厂商提供零配件，形成立足都市圈，积极开拓全国汽车配件市场的产业集群。

依托保定涿州、定州、雄县、曲阳、徐水，沧州的黄骅市、肃宁县等，积极建设特色食品加工基地。以京津冀大中城市的净菜、加工食品、标准化农产品市场为目标市场，依托农产品生产基地，扩大食品加工企业规模和数量，发展通过严格质量体系认证、包装高档的食品加工企业。

第十六章　珠江三角洲地区产业升级和产业空间调整

未来20年，是珠江三角洲由工业化中期走向高级阶段的关键时期，建设先进工业化基地、大力发展高新技术产业、适度推进重工业化、加快现代服务业和现代农业的发展是未来珠江三角洲适应自身产业发展变化的需求以及应对外部区域与全球竞争的战略选择。珠江三角洲的核心区重点是要构筑具有国际水平的先进制造业和现代服务业集聚区，限制一般加工工业的布局和扩张，重点发展现代服务业、高新技术产业和精深加工的高附加值制造业。在珠江三角洲核心区的周边，要合理协调产业发展、重大基础设施建设与生态和环境保护间的关系，积极发挥该区域产业发展基础、区位条件、产业用地等比较优势，主动承接珠江三角洲核心区的产业转移，形成新的产业增长极。珠江三角洲的东西两翼沿海地带，在确保生态和环境不被破坏的基础上，要发挥其港口和相对丰富的土地资源等优势，按照循环经济理念，建设生态工业园，推进石油化工和钢铁等重化工产业的发展，建立重化工产业循环经济示范区。

第一节　产业发展现状及趋势判断

一、产业发展现状特征与发展态势

在全球化和信息技术推动作用下广东省产业发展经历了三个阶段，以九大产业为核心，已初步形成具有全球竞争力的产业集聚区（global industrial cluster district）和城市区域（city-region）。从经济全球化和区域竞争来看，以珠江三角洲为核心的广东省作为中国经济发展的窗口和经济发动机，面临着美欧、日韩、印度、东南亚等全球市场竞争和长江三角洲、京津冀等来自国内的区域竞争，产业的升级与优化已成为未来广东省提升竞争力的重要途径。但从广东省自身发展条件来看，土地、水资源、生态环境、能源等国土资源已经在较大程度上制约了广东省产业的发展和竞争力的提升。而核心技术创新能力较弱，区域之间产业竞争激烈、地区产业发展不协调，产业发展处于全球产业链的低端等产业现状以及未来产业升级与优化又将直接影响未来广东省产业格局。

（一）广东省处于产业升级阶段，在全国的产业地位快速提升

广东省产业发展大致分为三个阶段：一是起步阶段（改革开放到20世纪80年代中期）。这一阶段主要是以“三来一补”为切入点大力发展外向型经济，产业特征是以轻纺工业为主，同时大力发展商品农业，为第二、第三产业的发展积累启动资金（图16-1）。二是腾飞阶段（20世纪80年代中期到90年代中期）。这一阶段产业特征以轻纺、家电等为主，农村工业化和城乡一体化加快，外资企业和乡镇企业成为中坚力量，大规模进行基础设施建设，外来投资大幅增加，经济总量位于全国各省市的首位。三是以九大产业发展为核心的产业升级阶段（20世纪90年代中后期到现在），这一阶段的产业特征是大企业进入、高新技术快速发展和重型化产业发展。这段时期广东省产业逐步从劳动密集型向与资金技术密集型相结合转变，国际大企业、大财团到广东省投资明显增多，以IT产业为代表的现代制造业和高新技术产业迅猛发展，民营经济在与外资企业的协作配套中逐步成长，专业产业区、产业集聚区、产业集群、专业镇等多种产业组织方式成为广东省产业增长的显著特点，整体上形成了电子

信息、装备制造业、家用电器、石油化工、纺织服装、食品工业、建材工业、造纸工业、生物医药等九大产业，在产业发展格局上，形成了珠江三角洲、粤东、粤西和粤北四大产业发展区。

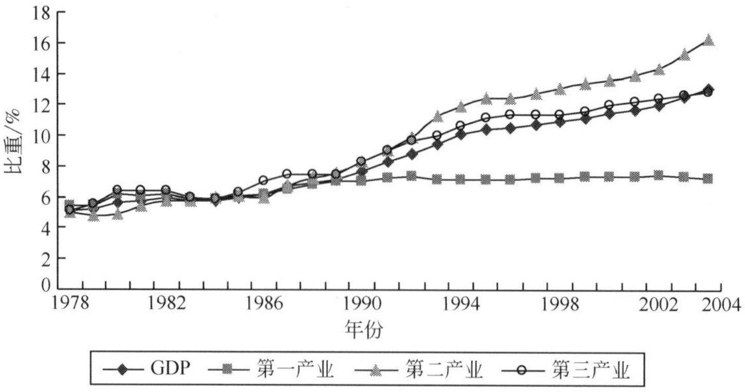

图 16-1　1978～2004 年广东省 GDP 及三次产业占全国比重的变化趋势（1978 年不变价）

2005 年广东省 GDP 产值为 22 366.54 亿元，位于全国前列，人均 GDP 为 24 438 元，按 2005 年人民币兑美元汇率 8.0702 计算，人均 GDP 为 3028 美元（超过 3000 美元），第一产业产值为 1395.23 亿元，第二产业产值为 11 339.93 亿元，第三产业产值为 9631.37 亿元，比例为 6∶51∶43。从广东省的产业发展历史来看，广东省产业在全国具有重要地位，按 1978 年不变价计算，近 30 年来广东省的 GDP 产值地位一直在提升，尤其是 1990 年以来，呈现加速提升趋势，2005 年对全国的贡献率约达 14%，第二产业和第三产业在全国的地位呈快速提升的发展趋势（图 16-1）。总体看来，广东省的产业发展在全国具有重要的地位，而且其产业贡献率仍保持上升趋势。

（二）珠江三角洲正在成为具有全球竞争力的产业集聚区

20 世纪 70 年代以来，资本主义生产方式由福特主义向后福特主义过渡，新劳动地域分工逐步形成，在经济全球化和新信息技术革命的推动下，“流的空间”（space of flows）代替“场的空间”（space of places）（Castells，1989），由核心城市及其腹地组成的、具有密切内部劳动分工的“城市区域”正在成为全球经济竞争的基本单元。大量国内外研究表明，以国际性“门户城市”为核心的城市区域（大都市经济区）是目前全球最具竞争力的地区，如大伦敦地区、东京都市圈等。在中国，以香港、广州、深圳为核心的珠江三角洲和以上海为核心的长江三角洲正在成为这样具有国际竞争力的城市区域。自 1978 年以来，以香港作为珠江三角洲初始的门户城市，资本、劳动力、技术、信息等生产要素流的快速转移与空间集聚，推动珠江三角洲产业创新网络（industrial innovative network）和产业集聚区（industrial cluster area）的形成。

经过 20 多年的发展，珠江三角洲形成了诸多如电子信息、家电、服装、制鞋、皮具、工艺礼品、陶瓷、家具家饰、小五金等具有较强国际竞争力的产业集群，并正在向一个具有全球竞争力的产业集聚区发展。珠江三角洲制造业的快速发展也推动了城市空间格局的转变，珠江三角洲城市空间格局由原有的香港作为门户城市发展为香港、广州、深圳为门户城市的大都市经济区，这种强化大城市集聚功能的城市区域又反过来推动珠江三角洲产业集聚区的发展。产业集聚区发展和升级，有利于形成产业配套优势，较易获得上下游产业和辅助产业的配套和支援，以及知识和信息的“溢出”（spillover）效应。

（三）产业发展判断

美国经济学家钱纳里关于地区（或国家）产业发展阶段的判断方法最具有代表性，且被大多数国家的经济学家所接受，他的划分标准如表 16-1 所示。考虑到外来人口的影响，按常住人口计算，2005

年广东省人均 GDP 为 24 438 元（GDP 为 22 366.54 亿元，常住人口为 9194 万人，按 2005 年汇率 1∶8，相当于 3028 美元），按 1990 年不变价格计算出广东省 2005 年的人均 GDP 为 12 840 元。以 1990 年的汇率（1∶4.7838）换算折合成美元，再以 1964 年为 1，美国 1990 年的价格指数为 3.939 折算成 1964 年的美元数据，最终换算为 681 美元。由此判断，广东省产业发展处于工业化中级阶段。同理计算出珠江三角洲 2005 年人均 GDP 相当于在 1964 年的 1468 美元，珠江三角洲处于工业化高级阶段(表 16-1)。

表 16-1　经济发展阶段与人均 GDP

阶段	人均 GDP（1964 年美元）/美元	人均 GDP（1970 年美元）/美元	发展阶段描述	
1	100～200	140～280	初级产品生产阶段	
2	200～400	280～560	工业化初级阶段	工业化阶段
3	400～800	560～1 120	工业化中级阶段	
4	800～1 500	1 120～2 100	工业化高级阶段	
5	1 500～2 400	2 100～3 360	发达经济初级阶段	发达经济阶段
6	2 400～3 600	3 360～5 040	发达经济高级阶段	

资料来源：钱纳里等（1989）。

美国哈佛大学教授迈克尔·波特曾提出经济增长方式与经济发展阶段之间存在着密切的对应关系理论。他把经济发展过程分为四个阶段，即要素推动的发展阶段、投资推动的发展阶段、创新推动的发展阶段和财富推动的发展阶段，分别对应于工业化的前期、中期、后期和后工业化社会。根据波特的理论，广东省所处的产业发展阶段的核心驱动力是投资和技术创新，而珠江三角洲地区开始步入技术创新和资本要素拉动的产业发展阶段。

（四）产业结构高级化和适度重型化趋势明显

广东省三次产业结构呈现“二、三、一”结构，广东省工业产业结构逐步优化和升级，产业发展以电子信息产业、装备制造业、家用电器、石油化工、纺织服装、食品工业、建材工业、造纸工业、生物医药等九大产业为发展龙头，产业结构得到进一步优化。2005 年全省轻重工业增加值比例为 43.68∶56.32，与 2000 年的 47.57∶52.43 相比，重工业比重明显增大。2005 年石化、钢铁、汽车等重型工业加快发展，潜力产业得到优化发展升级。石化、钢铁、汽车等重型工业的发展促使广东省适度重型化产业趋势明显。

二、产业发展的制约因素和约束条件分析

（一）土地资源对产业发展的约束

产业用地的有限性成为制约广东省产业发展的重要因素，未来产业的发展必须考虑到土地利用的优化与产业空间的有效配置。

广东省土地总面积 17.975 万平方千米，城市化水平为 48.7%。人口密度为 462 人/千米^2，人均占有耕地仅为 0.55 亩。人均耕地少，后备土地资源不足，人地矛盾尖锐。农用地面积连年下降，平均每年减少约 3 万公顷，建设用地增长迅速，平均每年增加 32 463 公顷，未利用地面积总量减少。在维持耕地保有量和基本农田前提下，未来建设用地规模在一定程度上将难于继续较大规模扩展，产业用地将成为制约产业发展的重要因素。

从区域空间格局分析来看，珠江三角洲地区土地需求矛盾最为突出，粤东与粤西地区受到珠江三角洲产业转移和经济发展的拉动作用以及随着交通区位优势的提升，用地需求将大大增加，粤北地区如清远、河源等也受到珠江三角洲地区产业转移的影响，产业用地需求增加，但该地区作为广东省生

态保护屏障和重要的水源保护地，产业发展与用地规模将受到控制。

（二）生态与环境因素对产业发展的影响

生态与环境因素对产业发展的影响较为严重，尤其是在珠江口地区和北部山区，主要存在三大矛盾，即水资源紧缺与产业适度重型化和产业空间优化的矛盾、环境污染与生态脆弱性和产业发展的矛盾、水源保护区与产业转移的矛盾。

广东省普遍存在不同程度的生活用水供应不足问题。韶关、深圳、佛山、湛江、茂名、梅州、河源、阳江、清远等9个地级市供水不足。其中以湛江市缺水最为严重，缺水为14.4亿立方米，主要是工业和农业供水不足，且主要是资源性缺水，这有可能限制该地区钢铁工业的发展。深圳则既存在资源性缺水，又存在水质性缺水；珠海、中山等市供水还受到咸潮的影响。这种水资源紧缺必然影响到珠江三角洲未来产业的升级与转移以及产业适度重型化。

水环境污染问题仍然严重，特别是流经城市的河段已经是严重污染。珠江三角洲河网区以广州河段最为严重，佛山、惠州等附近水系水源功能完全丧失。珠江三角洲生态环境恶化较为严重，表现为水体污染导致的水质性缺水；人为因素引发的水土流失、土壤污染严重；近海岸富营养化严重；废水、废气和固体废弃物污染严重等。粤东和粤西地区的生态环境问题主要表现在人为因素引发的水土流失；近海岸富营养化较为严重；废水、废气、固体废弃物污染较为严重、台风等自然灾害等，该地区产业的发展应避免生态环境进一步恶化。北部山区生态环境问题体现在自然因素引发的水土流失、土壤污染较为严重；废水、废气和固体废弃物污染较为严重等，作为广东省的生态保护屏障和水源地，该地区产业发展必须优先考虑生态环境的承载力和产业的适宜性。

（三）国家产业政策要求

充分重视国家产业政策导向，是地区经济可持续发展的必要条件。近年来国家对钢铁、石化、电力、焦化、电石、铜冶炼、机械、设备等具有明确的产业政策导向和要求。自2004年起，国家严控土地审批，加大了清理整顿开发区的力度。2005年8月，国家公布了《清理整顿开发区的审核原则和标准》，明确规定了对设立5年（1999年底以前批准设立）以上、入区企业少、开发面积不足已批准规划面积20%的开发区应予以撤销，对严重污染环境、破坏生态的开发区应予以撤销。

我国能源资源和生态环境压力形势严峻，为遏制高耗能行业盲目扩张，将继续从严控制新建项目特别是高耗能项目。2004年以来，我国对房地产、钢铁、电解铝等行业从土地和信贷两方面实行宏观调控。从2005年底开始，国家发展和改革委员会又对11个产能过剩抑或出现产能过剩迹象的产业加大了调控力度，陆续制定了铁合金、焦化、电石、铜冶炼、钢铁等行业准入条件，并严格了环保、安全标准。2006年出台了《国务院关于加快推进产能过剩行业结构调整的通知》和《国务院办公厅转发发展改革委等部门关于加强固定资产投资调控从严控制新开工项目意见的通知》，从严控制钢铁、电解铝、铜冶炼、铁合金、电石、焦炭、水泥、煤炭、电力等行业新上项目特别是高耗能项目。在专项产业政策上，我国出台了首部《钢铁产业发展政策》，从产品发展方向、企业组织结构、产业布局、技术门槛、企业门槛、钢材的生产和使用上全方位对行业的发展进行指导和要求。

除以上限制性产业政策外，国家还出台了《国家中长期科学和技术发展规划纲要（2006～2020年）》、《加快振兴装备制造业若干意见》、《促进产业结构调整暂行规定》、《产业结构调整指导目录（2005）》、《关于加快纺织行业结构调整促进产业升级若干意见的通知》等，进一步推进国家产业政策导向的新型工业化道路。

在国家产业政策的指导下，未来珠三角地区产业发展应积极调整产业结构，大力扶持发展高新技术产业和装备制造业，结合国家限制性产业政策，调整和优化建材、纺织、冶金等传统工业行业，有选择地发展电力、钢铁等重化工产业等。

三、产业发展的国际和国内背景分析

（一）国内外产业发展趋势

1. 产业全球化和重工业化对珠江三角洲地区产业发展的启示

产业革命以来的经济发展史表明，装备制造业是技术创新和生产率提高的主要源泉，装备制造业的发展及其内部结构升级是经济结构转型的基础，任何大国的经济都不可能逾越制造业这个发展阶段而直接进入以服务业为主的阶段。美国、日本、德国等世界强国仍然将制造业视为决定综合国力的“首席产业”，并将装备制造业作为制造业的支柱。由此可见，制造业发展阶段也是珠三角地区从工业化中级向高级阶段推进过程中所不可逾越的。

随着全球化的影响，越来越多的国家参与特定产品生产过程中不同环节或区段的生产或供应活动，并“通过空间分散化的形式形成跨区域或跨国性的生产链条或体系”。这种把“研发—生产—营销”原本一体化的企业基本活动流程分离，形成“产品内”国际分工格局，是发达国家在经济全球化浪潮中企业组织结构调整过程中出现的最重要现象，从而形成了国际产业转移和承接，以至于许多地区形成了以“国际代工”为特征的经济成长模式。

这种产业链的分工格局，容易形成以各环节在相应区域集聚发展为基础的协同发展网络。但这些地区在产业价值链中所处的地位并不相同。以电子信息产业为例，美国及部分欧洲国家处于产业价值链的高端，它们拥有品牌，负责标准制定和产品研发以及系统集成，控制着核心产品和新产品的生产；日本是世界电子信息产业的第二大国，是世界消费电子产品的霸主，在微电子、光电子产品以及计算机方面仅次于美国，并且具备较强的研发能力，尤其拥有精湛的生产工艺；韩国、新加坡以及中国台湾地区处于产业价值链的中端，经过积累，它们已具备较好的生产技术，正发展成为集成电路等部分关键元器件的生产基地，并生产部分高端产品和新产品；而具有劳动力比较优势的发展中国家和地区则处于产业价值链的低端，主要从事一般元器件的生产以及整机的加工和组装。

20 世纪 90 年代之后发达国家和地区的跨国公司出于比较优势的考虑，纷纷把一些处于低端的生产、加工、装配环节转移到中国经济发展环境较好的地区，特别是珠江三角洲和长江三角洲地区，这也导致珠江三角洲的产业处于国际产业分工“微笑曲线”的最低点。

在全球化浪潮下，国内外产业发展的一个重要趋势是中国迎来了新一轮重工业化时代。1999 年，中国重工业增长速度历史性地超过了轻工业，宣告了新中国第二次重化工时代的来临。此后重工业增长速度继续领先于轻工业。与此相配合，出现了一批以重工业为主体的高增长行业，国务院发展研究中心产业经济研究部的产业增长景气指数研究表明，从 2001 年底开始，高增长行业和低增长行业之间的景气差距开始不断加大，煤炭、汽车、钢铁、化工、机械等快速提高。在此利好诱导下，工业固定资产投资向重化工业集中，显示出未来几年中国重工业的增长仍是可持续的。

中国经济的热点地区环渤海、珠三角、长三角的重工业投资一浪高过一浪。继食品、纺织、建材三大传统产业的长足发展后，汽车、石化、船舶、装备工业在广东异军突起，重工业增长速度与轻工业增速的距离不断拉开，广州、珠海、惠州成为世界级汽车、化工巨头重兵布阵的场所。而长三角工业园的建设重点已从电子、食品、纺织、制药等转向重化工园区建设，从南京到上海的长江沿海，目前正在建设 8 个大型化工区。

根据发达国家重工业化过程的基本经验，中国的重工业化至少要持续 10 年，这也就意味着，在轻工业之外，中国工业化进程又启动了另一个增长引擎，而且未来工业和投资增长主要动力源泉将会是重化工业。

从以上国内外产业全球化和重工业化分析来看，未来珠三角产业发展既要巩固全球产业价值链所处的低端分工地位并向价值链中高端发展，抓住全球化的发展机遇，又要把握中国重工业化阶段的发展机遇，大力发展高新技术产业和现代服务业，同时在产业重工业化上纵深发展。

2. 国内外原材料工业发展的经验及其启示

1）国外原材料工业发展的经验

世界主要原材料生产国在发展原材料工业的过程中，为了提高企业的竞争力，都经过了采用新工艺、新技术、新设备淘汰落后设备的过程。以钢铁工业为例，在第二次世界大战后，尽管美国钢铁工业快速发展，但因忽视使用先进技术改造原有钢铁工业，20 世纪 70 年代中期以后，美国钢铁工业的竞争力和市场份额急剧下降。为此美国从 20 世纪 80 年代开始，一方面关闭了技术落后、设备陈旧的钢铁厂，淘汰了 7000 多万吨的落后产能；另一方面大力发展超高频电炉和薄板坯连铸连扎等先进技术，到 90 年代美国钢铁工业又得到了复苏。日本在 20 世纪 50 ~ 70 年代也对钢铁工业进行了三次改造，用先进技术装备钢铁工业，80 年代又采取了控制总量和“省力化、省能化和高档化”的发展战略，进一步淘汰和改造了一批技术落后的设备，保持了日本钢铁工业的国际竞争优势。

在原材料工业生产基地建设中，世界主要原材料生产国都通过建立原材料工业生产基地的方式来布局安排原材料工业生产。

日本利用第二次世界大战前的临海工业基础，将经济恢复和高速成长的基础寄托于环太平洋临海重化工业地带的建立。1945 ~ 1975 年的 30 年间，日本临海填海造陆近 12 万公顷，统一进行工业布局，将石油化工、钢铁等资源加工型大企业配置于沿太平洋带状工业地带上，使原料码头与产品码头成为工厂的一部分，减少了中转运输费用。这一做法不仅使能源耗量多的钢铁、水泥、有色冶金、发电和汽车业等成本下降，而且促进了这些部门以及造船、机械、建材与建筑等部门的发展，还使以石油为原料的石油炼制、石油化工、合成纤维、塑料制品、化学肥料等工业得到飞速发展。在空间开发上，日本除积极扩展原有临海工业带，如东京湾的京叶工业带、伊势湾的名古屋南部工业带、大阪湾的界泉北工业带外，还新规划建立了北海道的苫小牧工业区、茨城县的鹿岛工业区、冈山县的水岛工业区以及大分县的鹤崎工业区，从而形成了日本工业地域结构上特有的以京滨、阪神、中京、濑户内海、北九州等五大工业区为重心的太平洋带状工业带。经过这一时期的发展，占全国总面积 31% 的临海地带，汇集了全国 52% 的人口和全国 58% 的工业产值，显示出临海工业区在日本国民经济发展中的重要作用。

韩国在工业化和城市化进程中，在政府的强力主导下有选择地对关系到国家发展的基础原材料工业发展进行干预，采取以出口为导向的发展战略进行资源配置，并通过保护选定产业的发展和对重化工业等特殊产业发展目标进行大力支持，推动其产业结构升级。政府有计划地在条件良好的临海地带建立工业区，以发展钢铁、炼油、化工、造船以及汽车等重化工业的生产和出口。在布局上，韩国自 20 世纪 60 年代以来共有 236 平方千米的工业区得到开发，其中 1/4 的区位选择是由中央政府确定的，并充分利用其海岸线，分别发展以汽车、造船、石化为主的蔚山工业区；以钢铁工业为主的浦项工业区；以纤维、造船、钢铁、化工为主的釜山工业区等。20 世纪 60 ~ 70 年代以马山工业区为代表，包括东南沿海的大多数工业区基本上是以重化工业为主的大型专门化企业集聚区。重化工业的产出比重从 1961 年的 21.3% 上升到 1980 年的 55.6%。

新加坡裕廊工业区的建立是新加坡推进工业化进程的最好例证。裕廊岛及其附近岛屿的天然深水海港条件、便利的交通体系、良好的水源条件和相对丰富的土地资源，是裕廊工业区发展成功的基础条件，而宏观地理区位的优势以及世界整体经济环境的最有利时机，对新加坡在 20 世纪 70 年代成为世界重要的炼油和造船中心起到至关重要的作用。新加坡政府在本岛南部的 7 个小群岛上，用填海的方式连接成人工岛屿，建设了集中新加坡石化产业的裕廊化工岛。到 2003 年，已有 72 家石油、石化和特种化学品公司进驻，其中包括伊斯曼、杜邦、克洛达国际、塞拉尼斯、埃克森美孚、三井化学、旭化成等跨国公司。园区企业总投资价值达到 220 亿新元（约 130 亿美元），2004 年实现工业总产值 507 亿新元（约 312 亿美元），裕廊岛化工业产值占新加坡制造业总产值的比例在 2004 年达到 28%，同时也成为全球第三大石油炼制中心和全球十大乙烯生产中心之一。裕廊在发展工业的同时，还借鉴了欧洲和日本的临海开发区的经验和教训，在布局中十分注意重化工业过分集中布局的问题，综合开发，逐步形成一个轻重工业布局合理、公园和绿化带相得益彰的花园式城镇。

2）对广东的启示

对于广东原材料工业企业目前的发展状况来说，应借鉴发达国家的先进经验，利用自己的优势，积极开发具有自己工艺技术特点的产品，提高劳动生产率，大胆采用先进技术，重视科技进步和产品创新，不断提高企业的竞争力。在原材料工业发展布局中应充分把握好如下几方面：

第一，在产业发展规划上，充分考虑当地的水资源、土地资源和能源等要素的承载能力，适度集聚发展。原材料产业是用水量大、占地面积大、资源消耗高的产业，原材料产业发展一般要求有必要的资源保障，在产业的发展布局中须加以优先考虑。原材料工业是资源高消耗产业，需要进口大量的资源，面临的问题是市场风险高且威胁经济安全，在发展中需要综合考虑。

第二，原材料工业区的布局建设，应尽可能地靠近深水码头。亚太地区几乎所有著名的重化工业区，都是工业区与港口紧密结合在一起。原材料产业以港口为依托，港口以原材料产业为基础，形成相互促进共同发展的有机体——工业区内靠近岸线部分为港口作业区，中间为仓储物流区，内侧则为原材料生产区。这样的布局可以方便产业物料的大进大出，最大限度降低生产物流成本，增强产品的竞争力。同时，也使岸线资源得到充分利用。

第三，在产业发展中要注重环境保护，把环保问题贯穿先期规划和后期管制之中。

第四，在生产过程中，严格执行清洁生产和资源循环利用的措施。在原材料产业生产中，从源头到生产过程中的各个环节通过采用环境无害化技术和清洁生产工艺来减少对环境的排放，把化工厂的排放物作为下游厂的原料，并通过对废水和废弃物的统一处理和回收利用，形成一体化的清洁生产环境，使原材料产业集聚区达到生产与生态的平衡。

第五，要注重工业区与所在城镇的关系，大型原材料生产基地建设和城镇采取适当分离的布局方式。对于原材料产业区来说，适当远离城镇等人口稠密区是十分重要的。因为原材料工业生产、使用和储存的原料与产品大多具有易燃易爆和有毒的性质，且生产过程中大多采用高温高压操作，危险一旦发生，往往对周边环境会造成巨大的影响。

（二）国家宏观发展背景分析

1. 国家宏观经济发展格局对珠三角地区的要求

自改革开放以来，我国区域宏观发展格局逐步发生改变，形成了东部、中部和西部三大地带，构建了“T”字形空间结构战略，即以海岸地带和长江沿岸作为我国国土开发和经济布局的一级轴线的战略。广东省的经济总量一直保持在全国各省市的前列，珠江三角洲在中国经济发展中处于先导地位，是中国经济发展的重要龙头之一。

从宏观经济发展态势来看，我国经济进入稳定增长期。2005 年 GDP 为 182 321 亿元，经济总量超过法国、英国，成为仅次于美国、日本、德国之后的世界第四大经济体。未来我国仍处于居民消费结构升级和工业化、城镇化步伐加快的时期，经济增长的内在动力较强。但煤电油运供求矛盾尚未根本解决，部分行业产能过剩问题日益突出，投资与消费比例失衡的问题依然存在，经济运行的不确定因素进一步增加。

可见，未来中国的经济发展态势良好，对于广东省而言应保持较好的增长态势，在突破投资需求的同时，提升内需和外需的增长，加快产业升级，对产能过剩的部分行业加以控制，加速发展主导产业和潜力产业。

2. 国家宏观发展态势有利于珠三角地区原材料产业发展

第一，我国宏观经济持续快速发展的良好态势，为珠三角基础原材料工业发展提供了良好的环境。发达国家和地区的经验显示，如果经济增长7%，钢材需求可能会增加8%～10%；如果经济平稳发展，钢材需求可能会减少3%。而我国确定的到2020年国内生产总值实现翻两番目标的增长速度不低于7%，而且近20多年来我国经济发展速度一直在9%以上。由此可以预见，在今后较长一段时期内，我国国民经济的快速增长，必将对基础原材料工业产品不断提出需求。从整体上看，目前，我国还处于工业化的中期阶段，整个工业发展刚进入以汽车制造、船舶制造、成套机械设备制造、化工、冶金等为主的重化工业全面发展时期，对基础原材料工业产品仍将保持旺盛的需求。

第二，我国多层次的消费结构及其升级将为珠三角原材料工业发展提供难得的机遇。我国城镇地区在普及了家用电器等耐用消费品后，近几年已转向汽车、住房、通信等新的领域，家用轿车、商品房、移动通信设备已开始成为当今及未来一段时期的消费热点。同时，随着政府减轻农民负担、增加农民收入、改善农村消费环境和新农村建设等政策措施的实施，农村居民的购买力将逐步增强，农村地区家用电器等耐用消费品的需求将呈加速增长趋势。这种多层次的城乡居民消费结构变化及其升级，将成为我国经济持续增长的重要驱动力。首先，以汽车、造船和成套制造为主的机械工业、有机化工，以家用电器为主的耐用消费品工业、电力工业和房地产等热点行业成为我国的支柱产业，在国民经济中占有较大比重，它们的快速增长将对整体经济产生巨大拉动作用；其次，汽车、造船、家用电器等耐用消费品、房地产等行业的产业链长以及产业关联度高，它们的快速发展将带动钢铁、机械、化工、电子、建材等上下游产业的发展，从而为原材料工业发展提供各种机遇。

第三，从产业行业本身的发展要求来看，我国钢铁和石油化工等基础性战略产业所需要原料的对外依存度越来越大，具备良好港口交通条件的广东沿海地区是我国钢铁和石油化工等基础性战略产业布局的理想区位之一。

第四，今后一段时期我国经济快速发展要求原材料行业继续保持较快的增长势头，而珠三角作为我国华南（包括港澳地区）和西南原材料产品的最主要供应基地，其原材料工业发展规模需要进一步扩大。广东自身原材料产品消耗量很大，产品自给率较低，有进一步原材料工业规模的市场需求。

第五，广东作为我国对外开放的前沿地区，应该成为我国积极承接国际原材料工业转移的前沿基地。目前，国际发达国家产业转移已从轻加工行业转向重化工行业乃至高技术产业的低层次环节上。从20世纪90年代开始，国外重化工业巨头就开始加大在中国的投资力度；进入21世纪以后，受市场驱动，这种重化工业向中国转移的步伐进一步加快。其中，石化、汽车、机床制造和金属冶炼等行业增长势头更为迅猛，其中尤以石化工业进军中国的速度最快。

3. 珠三角自身发展需求对产业的影响

从国家产业宏观布局角度来看，珠三角所在的我国华南地区工业产业结构偏轻，适当发展重化工业有利于加强产业发展后劲，延长产业链，有利于巩固和提升广东作为我国制造业基地的地位，使广东在今后较长一段时期内，继续成为我国经济增长的引擎，带动我国经济持续快速发展。

从水资源条件和市场需求来看，珠三角地区发展钢铁和石油化工等基础产业条件良好，具备发展大型钢铁和石油化工的基础条件和市场条件。从水资源来看，珠三角是我国东南沿海地区少数几个淡水资源丰富的地区，发展原材料工业水资源的保证程度较高。在原材料工业产品市场方面，珠三角是我国原材料产品消耗最大的地区之一。以石油化工为例，目前珠三角主要石化产品产量中，本地生产远不能满足需求，乙烯消费和五大通用树脂消费的自给率都只有20%，工程塑料全部依靠进口，每年需从外省调入和进口成品油1100万吨，才能满足需要。

伴随国民经济的快速增长，珠三角市场对原材料工业产品，尤其对石油化工产品（燃料油和化工合成材料）和钢铁产品的需求高速增长，产能虽然在不断扩大，但缺口仍然较大，进口依赖度很高。

以石油化工产品为例，目前我国石化产品供不应求，产品自给率很低，需要大量进口。在大量进口的石化产品中，有六成以上的消费是在华南地区。巨大的供需缺口为珠三角原材料工业发展提供强烈的刺激，大力发展乙烯及其深加工项目和高精尖精细化工产品，必然成为珠三角原材料工业重点发展的行业。巨大而又快速成长的市场需求，成为推动珠三角原材料工业发展的强劲动力。

珠三角目前的工业正处于升级换代的关键时期，原材料工业已成为其产业发展主要增长部门，进一步发展基础原材料工业对于培育新的增长点，优化产业结构，提升产业层次等都具有重要的意义。不同于以往主导产业相对单一的情况，新一轮增长周期已经形成了一批主导产业和高增长产业群，高增长产业之间的关联作用加强（汽车、修造船、建筑、能源、基础设施建设对钢铁、建材和石油化工形成很大的需求），主导产业的集群效应促使它们相互强力增长。高起点发展原材料工业与新兴电子及通信设备制造业等资金、技术密集型产业，成为推动珠三角经济快速发展的新增长点。

从产业发展来看，珠三角的重化工业近几年发展较快，已形成较好的基础，具备进一步发展的潜力和条件，同时从实现规模经济、产业技术升级、结构调整和节能降耗出发，需要发展建设一批具有世界先进水平的原材料工业企业。

第二节　产业发展目标与战略选择

一、产业发展总体目标

为适应产业发展的全球化趋势，从国家整体经济和产业发展战略、珠江三角洲地区产业结构升级的要求，以及区域生产要素空间配置优化角度考虑，未来15年（至2020年）珠江三角洲地区产业发展的总体目标是：在充分考虑国际和国内市场供需状况，以及不同地区的资源、环境、生态的承载力基础上，推进重点产业发展与现代化、规模化、集约化的产业基地建设，实现产业发展与空间布局的整体优化，优先发展高新技术产业、适度发展现代重化工业、促进传统产业的升级与转型，大力发展现代农业和现代服务业，构建中国具有全球竞争力的产业集聚区，打造世界级的先进制造业基地和产品出口基地。

二、产业发展战略重点

优先发展附加值高和竞争潜力强的高新技术产业（包括电子信息、生物医药、新材料与新能源等主导产业）；适当推进对产业整体发展制约明显、对经济拉动作用强的重化工业（包括石油化工、钢铁等）；继续促进优势制造业（包括汽车、机械装备、纺织服装、食品饮料等优势产业）的升级，增强产业的核心竞争力；加速发展现代生产性服务业（包括现代物流、咨询服务、会展等主导产业）（图16-2）。

（一）优先发展高新技术产业

扶植作为未来优势产业的新兴高科技产业，以形成新的经济增长点。优先发展以电子信息产业为龙头的高新技术主导产业，拓宽新的产业领域，赋予主导产业新的内涵，有利于尽快发挥后发优势，以信息化带动工业化，实现珠三角产业结构的转型和升级。

1. 电子信息产业

珠三角的电子信息产品制造业自20世纪90年代以来呈高速增长势头，已成为该区域的第一大产业，产业规模和实力均居全区工业和全国同行业首位。电子信息产业的技术含量高、增长潜力巨大、产业集中度和关联度高，必须作为龙头主导产业优先发展。应密切跟踪新一轮国际IT产业转移的最新动态，以软件产业和集成电路产业为突破口，加大核心技术的研发力度，力争使珠三角由世界级电子

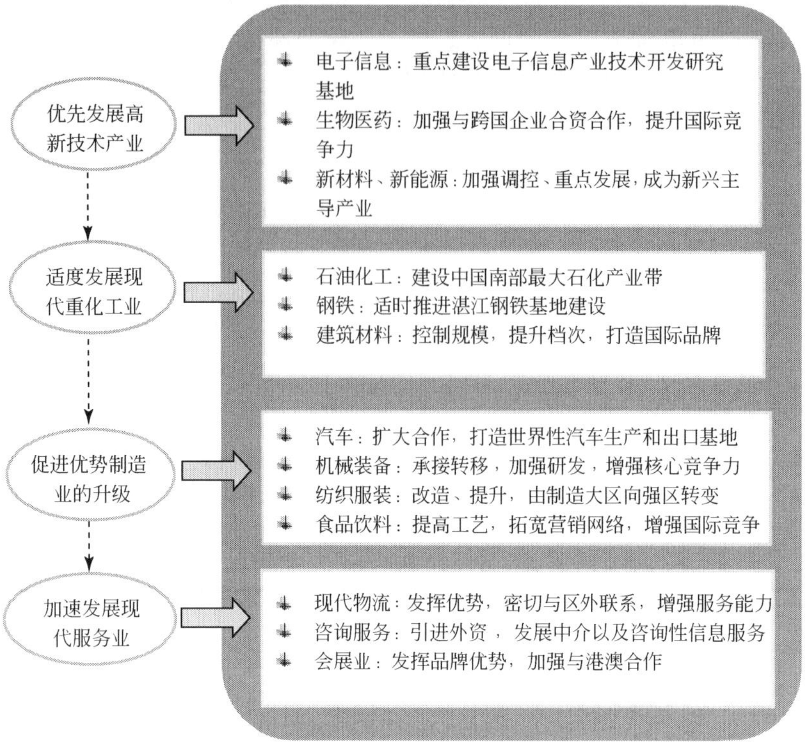

图 16-2　珠三角地区产业发展战略重点

信息设备制造业基地迈向电子信息产业技术开发研究基地，构筑珠三角具有国际竞争力的新型产业结构。

2. 生物医药产业

珠三角的生物医药产业居全国领先地位，生物工程产品产值每年以35%的速度增长，生物工程新药占全国批准上市的50%，已形成珠海、深圳、广州等生物工程生产基地。生物医药产业是21世纪新技术革命中最重要和最有前途的高新技术产业之一。珠三角应通过加强与跨国医药企业的合资合作，努力吸纳生物医药先进技术，增强生物工程新药的研究开发和创新能力，提高生物医药产品在国际市场的竞争力，加速发展这一增长后劲巨大的主导产业。

3. 新材料与新能源产业

新材料与新能源产业正在有力地推动世界新产业革命，逐步成为高新技术产业的主力军。珠三角的新材料与新能源产业已形成一定规模，但开发、应用和产业化程度不高，为此应该发挥政府的宏观调控职能，制定相关法规政策限制高能耗、高材耗的过时技术，重点发展超细粉体和纳米材料、功能陶瓷材料以及新型电池、太阳能利用、生物质生化发电等新技术及项目，使之成长为高新技术的新兴主导产业。

（二）适度发展现代重化工业

在传统轻工业制品的收入需求弹性相对下降的情况下，要保持珠三角的可持续增长，必须进行适应性的制造业结构调整，将产业发展重点向资本技术密集型的现代重化工业转移，提高珠三角产业的综合竞争力。

1. 石油化工产业

石化产业是技术含量高、产业链条长、市场前景广阔的行业，它还关系到资源、环境、能源安全等重大问题，应当作为具有战略性和全局性的主导产业来抓。要抓住世界重化工业转移的战略性机遇，依托现有炼油、乙烯的基础，进一步扩大规模，调整优化产品结构，力争形成中国南部最大的石化产业带。

2. 钢铁

我国钢铁生产所需要的原料对外依存度越来越大，具备良好港口交通条件的珠三角地区是我国钢铁产业布局的理想区位之一。通过韶钢与上钢企业合资的方式，利用国外资源，在湛江建设大型钢铁联合企业，生产国内市场紧缺的汽车板、硅钢片、管线板等高质量板材，对珠三角其他产业发展具有重要的支撑作用。

（三）促进优势产业的升级与转型

汽车、机械装备制造业、纺织服装、食品饮料、建筑材料等产业是珠三角的优势产业，目前已形成门类比较齐全、具有相当规模和水平的工业体系，居全国同行业的前列，保持着较强的竞争优势和一定的增长潜力，应当作为主导产业继续发展，运用产业政策的调控和高新技术的改造，拓展新的发展空间，使比较优势真正得以发挥。

1. 汽车产业

汽车产业是技术附加值高，产业关联度大、带动效应强的产业。应充分发挥市场优势，通过与跨国汽车企业巨头的合作，打造以广州为龙头的世界级汽车制造业基地，形成具有较强竞争力的完整汽车产业链。

2. 机械装备制造业

机械装备制造业是支撑珠三角经济持续增长的战略性主导产业，机械设备的配套能力和深层次的加工能力是建设制造业基地不可缺少的部分。珠三角既要积极承接世界装备制造业的产业转移，把国外先进技术和雄厚资本同当地装备制造业产业结构升级有机地结合起来，又要加强关键性核心技术的自主研发，提高装备制造业的核心竞争力。

3. 纺织服装

应积极利用高新技术改造传统的化纤、纺织、印染、服装等行业，加速珠三角纺织服装产业的结构升级，实现从纺织大省向纺织强省的转变。

4. 食品饮料

应着力引入生物工程、超临界流体萃取、微波杀菌、无菌包装等国际高新技术和先进适用技术，不断提高装备工艺与生产水平，拓宽国内外营销网络，有效增强食品饮料业的国际竞争力。

（四）加速发展现代服务业

物流、咨询、会展、教育、旅游、体育、文化、金融、保险等现代服务业是具有巨大发展潜力的无烟工业，这类新兴服务业的发展既有利于推进第三产业的优化升级，又有利于提高第二产业的效率，降低交易成本，对拉动经济增长的作用显著。其中，重点应发展现代物流业、咨询服务业和会展业三大主导产业。

1. 现代物流业

现代物流业对加速经济循环、降低成本和提高经济综合竞争力具有重要作用。珠三角应努力发挥商贸传统优势、区位优势和基础设施优势，密切与港澳及跨国物流企业的合作，特别要以为珠三角这一世界最重要的制造业基地服务为重点，创新经营模式，整合物流资源，力争尽快把现代物流业建设成为该地区的新兴主导产业。

2. 咨询服务业

在知识经济时代，作为智力产业主体的信息咨询业成为经济发展的新增长极。目前珠三角咨询业的规模偏小，应积极引进国际知名咨询企业的资本、技术和先进管理经验，重点加强管理咨询、投资咨询、法律顾问、财会服务、市场调查、技术培训等咨询性信息服务，努力发展人才、技术、贸易、工程等中介咨询服务，提升咨询服务业的主导产业地位。

3. 会展业

会展业作为影响面广、关联度高的特殊服务性行业，能创造可观的经济效益和社会效益，带动商贸、旅游、交通运输、信息服务等多种产业的发展，对地区经济增长产生巨大的拉动作用。应充分发挥"广交会"等知名会展品牌优势，加强与港澳的会展经济合作，为大珠三角世界最大的制造业中心的产品提供国际级的展示平台，形成新的经济增长点。

三、产业发展和升级路径选择

未来产业发展和升级须结合产业发展的需求与国土资源的发展态势，寻找有效的产业升级路径。我们认为，未来产业发展与升级路径选择主要有以下四大方面：①创新引领——新兴产业的扶持与发展；②集聚化发展——园区导向；③梯度转移——珠三角中心区与周边联手；④生态化模型推广——生产方式转变（图 16-3）。

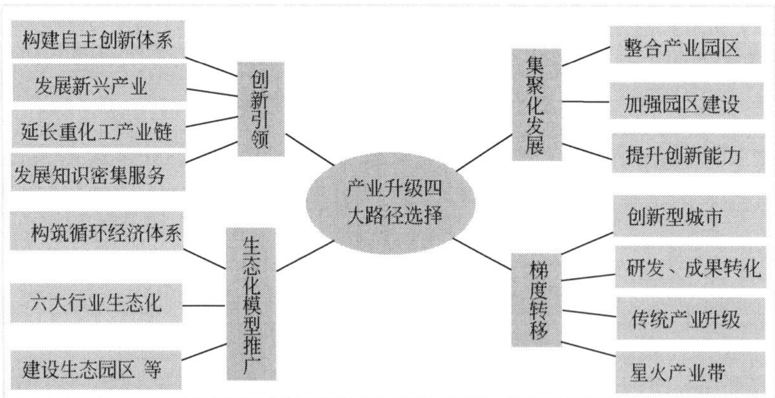

图 16-3 产业发展和升级路径选择模式

（一）创新引领——新兴产业的扶持与发展

未来珠三角产业发展与升级的路径选择之一是采取创新引领的战略，构建政府引导、以企业为主体的自主创新体系，加强官、产、学、研的合作，面向应用，加大研发投入和加强重大前沿技术与原创性创新研究。依托科学城、高新技术产业区、高等院校与研究所、重点实验室等，以创新引领突破三个重点领域：一是重点扶持与发展光机电一体化、生物制药、信息材料、生物医用材料、生态环境材料和新能源材料、环保、汽车电子、高科技农业、海洋产业等新兴产业，培育新的经济持续增长点；二是在适度发展重化工的基础上，延长上游或下游高附加值的产业链；三是在服务业中，强化研究开发，形成信息化、网络化、职能化的知识密集型服务业。

（二）集聚化发展——园区导向

以产业园区导向，推动产业集聚化发展，是珠三角产业升级重要的选择路径。依托各类高新技术产业开发区、经济技术开发区、产业集群升级示范区、产业转移园区等，通过空间同位优势、基础设施共享、产业集聚与转移等措施推动产业集群发展，形成产业发展的规模效应和集聚效应。未来应从三方面推动产业集聚化发展，一是整合产业园区，通过园区的功能、空间集聚特征、产业特征等对园区进行分类优化和功能提升，提供园区的承载能力；二是加强产业集聚引导和园区联动，推进产业集群升级示范区、产业转移工业园等园区建设；三是加强区域创新环境建设，提升园区的区域创新能力。

（三）梯度转移——珠三角中心区与周边联手

加快欠发达地区发展，推进珠江三角洲向周边地区实施梯度转移，实现区域协调发展。鼓励北部山区、东西两翼与珠江三角洲共建产业转移工业园区，未来的梯度转移要围绕中心城市、珠江三角洲、东西两翼和北部山区等四个区域进行空间引导。结合创新引领战略，中心城市重点发展广州、深圳两大城市，壮大其现代服务业和高新技术产业，将其发展成为该地区自主创新基地和创新型城市，支持其成为国家自主创新试点城市。珠江三角洲主要是把一些简单加工制造业转移出来，为精深加工等高附加值产业腾出发展空间，发展创新型产业集群，把珠江三角洲高新技术产业带建成自主创新技术研发基地和成果转化基地。东西两翼突出利用高新技术改造传统产业，促进产业优化升级，适度发展钢铁、石化等重工业。北部山区应用适用技术，加快形成星火技术产业密集区和星火产业带等。

（四）生态化推广——生产方式转变

构筑循环经济体系，加速产业和城市生态化进程，是未来产业生产方式转变的重要选择路径。产业生态化是指合理、充分、节约地利用资源，把工业产品生产和消费过程纳入生态系统中，运用现代生态化技术重组工业经济结构，实现产业与生态环境的良性循环与可持续发展。未来应抓住产业转型和新兴工业基地建设的机遇，着力构筑循环经济体系，实现电力、石油化工、钢铁、非金属矿物制品、造纸及纸制品和纺织印染等六个重污染行业的生态化转型。加强无公害农产品、绿色食品、有机食品生产基地建设，推动产业生态化、无害化。通过生态产业园区、生态示范基地和生态社区建设，以点带面，加快生态市（县）及生态省建设。

第三节　先进制造业基地的建设

一、现代制造业产业链与产业集群的构建

（一）交通运输机械制造业产业链

1. 发展定位

依托广州丰田、风神等龙头企业，加速发展广东省汽车产业，构建具有较强竞争力的完整汽车产业链，打造以广州为龙头的世界级汽车制造业基地（表16-2）。

表 16-2 广东省交通运输机械制造业发展规划

发展条件	优势：①在汽车整车和摩托车等市场具有较强竞争力；②初步形成“以轿车为龙头，零部件为基础，专用车和摩托车协调发展”的格局；③依靠珠江三角洲，具有市场优势 劣势：①企业众多，但规模普遍偏小，规模竞争力不强；②技术结构弱项太多，自主开发能力较差；③零部件企业发展滞后 挑战：①汽车等产业结构调整加快，外部竞争愈加激烈；②技术创新能力成为挑战；③全球采购、国际化、系统化、模块化、电子化等
发展定位	依托广州丰田、风神等龙头企业，打造以汽车为核心以广州为中心的交通运输机械制造基地，成为广东省重要的支柱产业和我国主要的汽车产业基地
发展重点	▲完善汽车产业支撑体系，重点打造汽车零部件产业集群和汽车产业链 ▲重点抓龙头和大项目，打造以广州为中心的汽车工业基地 ▲引导汽车零部件企业发展，培育汽车零部件产业集群 ▲大力发展汽车等相关配套服务业（销售、维修、金融、租赁等）和关联产业（石化、冶金、机械、电子），延长交通运输机械产业链 ▲加快整合客车和摩托车资源，提高摩托车的生产集中度和规模竞争力 ▲整合汽车零配件企业，跟随国际发展趋势，推动汽车零部件企业等构建“同步开发、全球采购、模块化、准时供货”发展框架 ▲加大研发投入，推动企业提高产品的开发能力和核心竞争力

2. 发展重点

完善汽车产业支撑体系，重点打造汽车零部件产业集群和汽车产业链，形成以广州轿车工业为龙头，汽车和摩托车及其零部件协调发展的格局。

重点抓龙头企业和大项目，打造以广州为中心的汽车工业基地；引导汽车零部件企业发展，培育汽车零部件产业集群。

大力发展汽车相关配套服务业（销售、维修、金融、租赁等）和关联产业（石化、冶金、机械、电子），延长交通运输机械产业链；加快整合客车和摩托车资源，提高摩托车的生产集中度和规模竞争力。

整合汽车零配件企业，跟随国际发展趋势，推动汽车零部件企业等构建“同步开发、全球采购、模块化、准时供货”发展框架；加大研发投入，推动企业提高产品的开发能力和核心竞争力。

（二）通用机械制造业产业链

该地区通用机械制造业总量规模较大，部分行业居全国前列，电机、输配电及控制设备、电线电缆、塑料加工机械、食品机械、模具、文化办公机械等行业在国内具有领先地位。通用机械制造业空间集聚特征突出，初步形成以广州、深圳和佛山为重点的机械装备工业核心区。同时该区通用机械制造业面临许多问题，装备制造业发展相对于江苏、浙江、山东三省偏弱，高附加值、高技术含量产品较少，重大装备、成套装备开发能力较弱，在新产品开发方面投入相对不足，技术创新能力不强（表16-3）。

表 16-3　通用机械制造业产业链发展规划

发展条件	优势：①总量规模较大，部分行业居全国前列；②电机、输配电及控制设备、电线电缆、塑料加工机械、食品机械、模具、文化办公机械等行业在国内具有领先地位；③空间集聚特征突出，初步形成以广州、深圳和佛山为重点的机械装备工业核心区 劣势：①高附加值、高技术含量产品较少；②重大装备、成套装备开发能力较弱；③新产品开发方面投入相对不足，技术创新能力不强 挑战：①装备制造业发展相对于江苏、浙江、山东三省偏弱；②面临长三角、国际相关产业的竞争
发展定位	结合广东省适度重型化与我国重点发展装备制造业趋势，依托大项目，延长通用机械制造业产业链条，发展装备制造业基地
发展重点	▲扶持与发展广州南沙、深圳、佛山三大机械装备工业核心区 ▲在通用机械制造业产业链上重点打造电气机械及器材制造、电子及通信设备制造业、环保、工程机械、轨道交通设备、数控机床和数字控制系统等具有优势的链条结点 ▲加大研发力度与提升自主创新能力，积极推动自主知识产权、自主品牌产品和高技术含量、高附加值的机械装备的发展

1. 发展定位

把握产业适度重型化发展趋势，构建通用机械制造业产业链，将装备制造业发展成为战略性产业，建设成为特色产品优势突出、配套较为完善的装备制造业基地。

2. 发展重点

结合该地区适度重型化与我国重点发展装备制造业的趋势，依托大项目，延长通用机械制造业产业链条，建设装备制造业基地。

扶持与发展广州南沙、深圳、佛山三大机械装备工业核心区。南沙重点建设造船基地、重型装备制造基地以及环保设备项目等一批重大项目，建设以广州南沙为中心的珠江三角洲造船、能源、环保、工程机械等装备制造基地。深圳重点发展电子及通信设备制造业、机电一体化机械设备及仪器仪表、医疗器械、精细化工制造业等，佛山重点发展输变配电设备、电工器材、机械装备、通用设备、模具等门类产品。以三大机械装备工业核心区为基础，带动珠三角装备制造业的发展，促进粤东汕揭轻工机械工业和粤北韶关机械工业的发展。

抓住国家扶持发展装备工业的机遇，加大技术改造和产品升级力度，在通用机械制造业产业链上重点打造电气机械及器材制造、电子及通信设备制造业、环保、工程机械、轨道交通设备、数控机床和数字控制系统等具有优势的链条结点。

加大研发力度与提升自主创新能力，积极推动自主知识产权、自主品牌产品和高技术含量、高附加值的机械装备的发展，并成为出口的增长点。

（三）纺织和服装制造业集群

1. 发展定位

大力推进纺织服装产业升级与转移，加强高新技术改造，建设具有较强国际竞争力的纺织服装产业基地（图 16-4）。

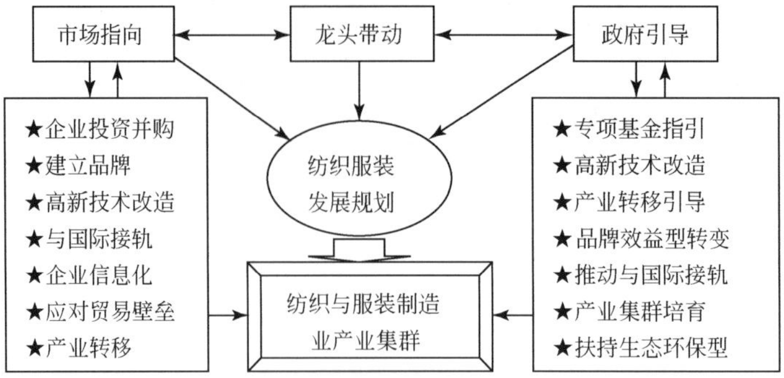

图 16-4　纺织和服装制造业集群发展规划

2. 发展重点

未来的发展重点是依托市场和龙头企业，以高新技术改造传统的化纤、纺织、印染、服装等行业，加速纺织服装产业的结构升级，建设纺织服装产业集群；以服装和家用纺织制品为龙头，以面料为突破口，按产业链配套扩大高质量高附加值产品的比重；推动纺织服装产业“规模化、品牌化、信息化、时装化”四化升级战略。引导纺织服装产业向粤东、粤西和粤北转移；引导企业采取国际化、多元化调整战略（表 16-4）。

表 16-4　纺织服装产业发展规划

发展条件	优势：①具有较强竞争力的产业区位优势；②纺织服装产业集群效应显著；③纺织服装产业出口量全国第一；④市场主导性强 劣势：①创新不足；②纺织服装业尚无一个国际品牌；③依赖劳动力成本优势、产品处于低水平的价格竞争、附加值低 挑战：①外部产业竞争愈加激烈；②纺织服装产业呈现低端向高端竞争趋势；③容易遭遇贸易摩擦
发展定位	大力推进纺织服装产业升级与转移，加强高新技术改造，建设具有较强国际竞争力的纺织服装产业基地
发展重点	▲以高新技术改造传统的化纤、纺织、印染、服装等行业，加速纺织服装产业的结构升级，建设纺织服装产业集群 ▲以服装和家用纺织制品为龙头，以面料为突破口，扩大高质量高附加值产品的比重 ▲推动纺织服装产业“规模化、品牌化、信息化、时装化”四化升级战略 ▲引导纺织服装产业向粤东、粤西和粤北转移 ▲引导企业采取国际化、多元化调整战略

（四）消费类电子产业集群

强大的消费类电子制造能力是珠三角地区电子信息产业最突出的优势之一，发达的消费电子产品成为经济最鲜明的特色。消费类电子产业包括家电、相关计算机产品、通信产品、数码娱乐产品等，在国内外具有较强的竞争优势。珠三角地区电子信息产业已成为全球产业链中不可缺少的一环，尤其是消费类电子产品，在全球市场拥有较大份额和较强竞争力。例如，东莞已成为全球重要的计算机生产基地，产业配套优势突出，加工制造计算机整机所需要的零部件，95% 以上可在东莞配齐。但消费类电子面临着一些问题。例如，规模大、产值大，但附加值低；企业竞争力不够强；拥有核心自主知识产权的产品少，核心竞争力和后劲不足；消费类电子产业链存在缺失环节，缺乏集成电路、新型显示器等技术含量高、附加值高的关键器件生产配套，在高端技术产品方面过多依赖进口等（表 16-5）。

表 16-5　消费类电子产业集群发展规划

发展条件	优势：①具有较强竞争力的产业基础；②已形成大型或超大型消费类电子企业集团；③是全国乃至全球最大的消费类电子生产基地与出口基地 劣势：①附加值低；②拥有核心自主知识产权的产品少；③缺乏国际品牌 挑战：①劳动力成本增加；②长三角消费类电子产业的竞争；③面临韩日系企业等国际竞争威胁
发展定位	加快消费类电子产业结构调整和技术创新，实施产业升级、转移和品牌三大战略，重点发展消费类电子产业集群，建设国际消费类电子产业基地和世界家电研发中心与营销中心
发展重点	★消费类电子产业升级战略 ★消费类电子产业转移战略 ★消费类电子产业品牌战略 ★消费类电子区域创新环境建设

1. 发展定位

加快消费类电子产业结构调整和技术创新，实施产业升级、转移和品牌三大战略，重点发展消费类电子产业集群，建设国际消费类电子产业基地和世界家电研发中心与营销中心。

2. 发展重点

消费类电子产业升级战略。以家电产品结构调整和技术进步为重点，逐步提高高技术产品比重。承接全球 IC 产业的转移，构建由广州科学城、深圳高新区、东莞东山湖高新区等及相关区域共同组成的国家电子信息产业基地，重点发展集成电路、通信、计算机和汽车电子产业；加快数字视听等关键技术的研发，建设消费类电子研发中心，促进数字家电等消费类电子产品升级与区域集聚，推动消费类电子产业发展。

消费类电子产业转移战略。结合消费类电子产业升级与研发中心建设，从土地集约利用与产业升级角度出发，消费类电子产业应采取珠三角核心，珠三角外围地区及粤北、粤东与粤西三个空间层次的产业转移，劳动力密集型产业与易于运输且运输成本相对较低的产业向外围地区转移，技术密集型与资本密集型消费类电子产业布局在珠三角核心区。

消费类电子产业品牌战略。加强消费类电子产业品牌建设，促进产业集群的发展和产业集中度的提高，做强做大消费类电子知名品牌企业集团，鼓励和支持企业的国际化发展，提高广东省消费类电子产品、产业的国际竞争力。

消费类电子产业区域创新环境建设。区域创新环境的培育与发展，是消费类电子产业集群发展的重要基础。一是通过国土资源配置，给消费类电子产业集群发展与升级提供良好环境；二是鼓励企业技术创新与研发，加快建设区域创新环境；三是提升第三方机构公共服务功能，承担起消费类电子技术中心、信息中心、交易平台等公共平台的作用，改善竞争的薄弱环节。

（五）农产品加工产业链

农产品加工产业支撑着珠三角地区传统支柱产业食品产业的改造与升级，同时又是支持东西两翼与北部山区农业发展的重要结点。珠三角地区在农产品加工产业上具有领先优势，饮料、调味品、软包装冷饮、焙烤食品等加工产业保持全国领先地位。同时农产品加工产业也存在许多问题：一是产业链条短，难于把该地区较强的农业基础与农产品深加工有机结合；二是加工企业规模不大，缺少龙头作用的大型企业集团，缺乏名牌产品；三是技术水平与技术装备落后，企业创新能力不足(表 16-6)。

表 16-6　农产品加工产业链发展规划

发展条件	优势：①支撑食品产业升级与农业生产的重要结点；②在农产品加工产业上具有领先优势，饮料、调味品、软包装冷饮、焙烤食品等加工产业保持全国领先地位 劣势：①产业链条短；②缺少龙头作用的大型企业集团；③企业创新能力不足
发展定位	加快农产品加工产业链建设，扶持农产品加工企业创新能力建设，促进农业生产与农产品深加工有机结合，发展成为我国重要的农业深加工基地和出口基地
发展重点	★以发展都市农业、海洋农业、食品加工业等推动多条农产品加工产业链的发展，建设农产品深加工基地 ★推动茂名、梅州、河源等农业种植区与广州、佛山、顺德、中山、肇庆等农产品加工区的生产互动，促进农产品加工产业链的有序链接 ★培育和发展一批具有知名品牌的现代食品工业企业集团，加快食品工业向品牌经济发展 ★加大力度扶持产品创新，培育发展具有核心竞争力的原创品牌

1. 发展定位

加快农产品加工产业链建设，扶持农产品加工企业创新能力建设，促进农业生产与农产品深加工有机结合，发展成为我国重要的农业深加工基地和出口基地。

2. 发展重点

结合大城市发展需求与出口优势，通过发展都市农业、海洋农业、食品加工业等推动多条农产品加工产业链的发展，建设农产品深加工基地。

推动茂名、梅州、河源等农业种植区与广州、佛山、顺德、中山、肇庆等农产品加工区的生产互动，促进农产品加工产业链的有序链接。

培育和发展一批具有知名品牌的现代食品工业企业集团，加快食品工业向品牌经济发展，提高产品质量和档次。

改造提升农产品加工产业，加大力度扶持产品创新，培育发展具有核心竞争力的原创品牌。

二、高新技术产业发展和规划

伴随着高新技术在原料加工、产品生产、销售及服务等环节的运用，产业配置结构的调整在改变增量要素投入的同时也将改变存量要素的分布，在动态变化中使要素的总体利用率得到提高，从而使产业结构趋于合理化和高级化。因此，优先发展高新技术产业、提高各次产业的资本技术密集度是促进珠三角产业结构优化升级的关键，也是珠三角实施新型工业化战略的必然选择。

（一）发展现状

珠三角高新技术产业形成了比较集中的生产基地，主要有以东莞等市为中心的计算机制造基地，以深圳等市为中心的通信设备制造基地，以深圳、惠州、中山等市为中心的家用视听设备制造基地等。围绕生产基地，各类产品的配套体系不断完善，最具代表性的如计算机整机的零部件配套率达95%。广州、深圳、珠海等地的高新技术产业开发区与经济技术开发区已形成高新技术产业的空间集聚特征。以开发区为空间载体的高新技术产业发展迅速，已成为珠三角新的经济增长点。

但同时还应当看到，目前高新技术产业的国际竞争力还不强，结构性矛盾还比较突出，支撑高新技术产业持续发展的科技基础比较薄弱，技术创新主体的实力有待加强。以信息设备制造为主的高新技术产业虽有了迅猛发展，已成为该区的第一经济支柱产业，但传统产业在经济中的主体地位仍未改变，70%以上工业产业仍为中低技术产业。即使是列入高技术产业的信息设备、电气机械两个行业，其生产方式仍主要属于原厂设备制造（OEM）类型，核心技术、关键元器件掌握在跨国公司手中，产业工艺、技术、装备水平不高，企业自主技术创新能力不高，技术、装备大量依靠引进。

（二）基本思路

以实现高新技术产业跨越式发展与提升区域创新能力为目的，通过整体布局、突出重点，加速用高新技术改造传统产业，并集中科技资源着力发展高技术战略产业；同时通过区域持续创新系统的建设以及高技术企业的培育与扶持分别解决宏观层面和微观层面的问题；通过改善资源要素供给、改善创新系统的内部结构、改善高新技术产业化过程，推进高新技术产业国际化，加快创新系统网络建设，为高新技术产业发展创造条件和提供有力支撑。

高新技术产业不能脱离传统产业而孤立地发展，传统的劳动密集型产业仍是珠三角的产业主体，即使是被列入高新产业的行业，其中占很大比重的仍然是劳动密集型的产品和工序。中国加入WTO后，有比较优势的行业将主要是有创新能力的传统产业。传统产业高新技术化的难度、代价和技术要求比纯粹的高新技术研发生产低得多，实践表明，高新技术产业发达的国家和地区，恰恰是那些把提高传统产业的技术水平和劳动生产率、降低成本和增强产品竞争能力作为高新技术产业发展目标的国家和地区。因此，珠三角高新技术产业化的基本目标定位应确立为：把对传统产业特别是传统制造业的改造、促进传统产品的技术升级作为高新技术产业化的首要目标，实现和带动传统产业技术水平的全面升级及产业结构的实质演进；以建立和发展独立的“高精尖”高新技术产业作为第二目标，建立和发展一批产业关联度大的高新技术产业群，抢占产业结构调整的制高点。

（三）发展模式

在开放的国际市场条件下，一方面由于自主性、原始性创新少，将会在由发达国家主导的国际产业分工中陷入被动地位；另一方面，工业化以外向型加工贸易为主，产业技术进步主要依靠外部引进及消化吸收，知识创造能力薄弱，具有较典型的“次生性经济特征”。主要基于上述两方面的考虑，并借鉴国际上同类型国家和地区发展高新技术产业的成功经验，我们认为，珠三角高新技术产业应采取“自主原始性创新—成型技术—产品开发—规模生产”和“引进—消化吸收—应用—二次创新—大规模产业化”双轮驱动的发展模式（图16-5）。

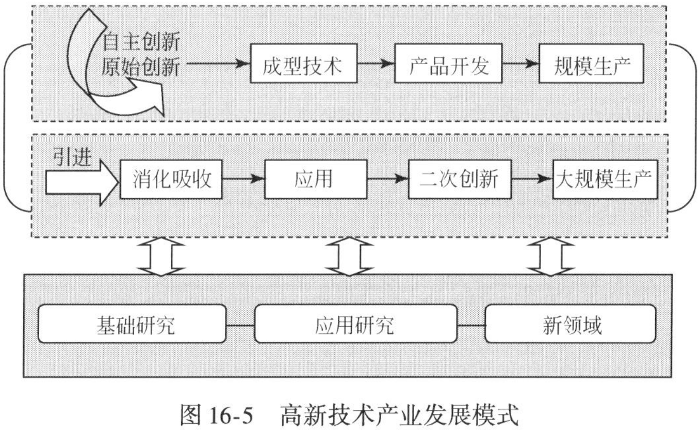

图16-5　高新技术产业发展模式

（1）直接切入高新技术产业化链条的最顶端，实行有限目标，将有限的科技资源集中到市场化前景非常明确、对产业结构提升关系重大的基础研究领域，运用政、企、研（学）一体化体制组织高强度的技术攻关，加大原始创新的R&D投入。在此基础上，在形成有自主知识产权、具有明确技术发展轨道和广阔市场前景的成型技术后，再进入产品开发和规模生产阶段。

（2）从应用研究、产品开发、成果中试甚至成熟技术批量生产等中间环节突破，加大技术引进和接受国际产业、技术、资金转移的力度，尤其要重视实现跨国公司和境外企业在珠三角地区R&D

本地化。在充分利用地区现有科研成果的同时，通过技术贸易、合作研究、联合开发甚至直接引进生产线和标准的产品制式规格等途径，加速适用性成熟性的软件技术、先进制造技术等高新技术的开发和应用，力求在短期内拿出具有一定竞争力的高技术产品；在省科技主管部门的主导和推动下，运用各种有效的方式、组织和手段，加速对引进的国内外核心技术的消化吸收，尽快掌握工程性技术要领并推陈出新，争取快速实现大规模高新技术产业化，跨越式地推进产业结构高级化。

(3) 注重培育新的产业增长点，抓住某些充满机会和活力的新兴产业领域，形成新的产业竞争优势。重点发展汽车电子、医疗电子、集成电路设计、生物基因、新材料、节能环保等相关产业，提升高新技术产品附加值、增强产业竞争力。

(四) 发展重点

高新技术产业具有投资大、风险高、领域宽的特点，因此，一个地区不可能在所有领域和环节都占据优势。同时，高新技术产业的发展与地区的基础结构紧密相关，任何脱离本地基础结构和优劣势条件而盲目的发展都是不现实的。珠三角地区在选择具体的技术与产业时，既要把握世界重大高科技领域的发展趋势，又要遵循双高（高附加值、高技术层次）、双大（产业关联度大、市场潜力大）、双低（低污染、低能耗率）、双优（能发挥本地产业和技术的现有优势；能在短期取得突破并形成市场优势）的原则。

珠三角地区高新技术产业的发展重点应包括三大方面：一是具有优势战略地位的电子信息产业（包括软件及信息服务业、集成电路设计制造业、计算机、通信设备及视听设备制造业、电子元器件制造业等）；二是具有长远性战略地位的生物医药产业；三是新兴的产业领域，包括新材料与新能源产业、节能与环保产业及海洋科技产业。

1. 优先发展具有优势战略地位的电子信息产业

电子信息产业是珠三角地区的第一大产业，具有很强的规模优势和竞争优势。优先发展产业关联度大、带动性强的电子信息产业，将推动珠三角地区建设成为全国乃至世界电子信息产品最重要的制造基地，为信息化带动工业化提供技术装备基础，加快以电子信息技术改造传统工业的步伐，促进珠三角地区产业素质的提高。

从珠三角地区电子信息产业现状来看，最大的弱点是OEM（委托加工）生产模式占很大比重，核心技术和关键元器件掌握在境外企业手中，软件业发展也严重滞后。要加速电子信息产业的发展由加工组装型向制造研发与服务型跃升，推动由OEM向ODM（委托设计制造）直至DMS（设计、制造、售后服务）转变，提高电子信息产业国际竞争力，尤需要将软件和集成电路产业作为主要突破口。

(1) 加速推动软件产业的发展与应用。软件产业是高技术、高智力密集型产业，是信息产业的核心和灵魂，被称为21世纪的“黄金产业”。从促进珠三角地区新型工业化进程的角度看，软件产业是基础性和战略性行业，广泛发展和应用软件技术是利用信息技术提升传统产业的核心之所在。目前，珠三角地区软件产业处于发展的关键时期，应该紧紧抓住传统产业信息化改造和电子信息产业结构升级的战略机遇，以产业应用软件为主攻方向，强化嵌入式软件竞争优势，大力发展软件服务业和网络内容服务业。争创名优软件产品，鼓励发展集成电路设计、系统及工业软件、信息安全产品软件，以及金融、保险、证券、税务、物流、电信、电力、交通、旅游、教育、电子政务与办公自动化、财务、企业资源管理等领域的应用软件产品。协调软件产业的布局，重点建设广州、珠海、深圳、南海软件园，吸引国内外软件企业和科技人员向园区聚集，形成集群优势。在现有软件园区基础上创建软件出口基地，组建软件出口联盟，积极承接跨国公司的软件外包业务，加大软件出口力度。

(2) 重点强化集成电路产业链体系的建设。集成电路（IC）作为信息产品的核心器件，战略地位日趋显著。珠三角地区集成电路的应用占全国的70%，但无论在产值、研发水平和企业规模方面，都落后于长三角和环渤海地区，成为珠三角地区电子信息产业持续发展的瓶颈。珠三角地区必须紧紧抓住IC产业新一轮全球转移的历史性机遇，整合政府、社会和市场的各种资源，尽快打造IC产业完整的产业链，促进珠三角地区IC产业跨越式发展。优先发展IC设计业，以消费电子和通信类专用芯片为重点，利用珠江三角洲芯片消费的巨大市场带动IC设计的发展，建立深圳、广州、珠海、东莞、惠州IC设计协作网，构建区域性IC设计大平台，加强IC设计企业与大型整机企业的合作，实现跨产业链的战略联盟。加快引进跨国IC企业设立研发设计中心和制造企业的步伐，特别是立足现有基础，加大元器件生产技术改造力度，促使其迅速达到规模经济水平；促进封装测试技术的进一步提高，加强集成电路设计公共服务平台、人才培养及配套材料和设备的支撑体系建设；力争形成集芯片设计、制造、封测及支撑业和服务业于一体的完整的IC产业链。

2. 大力发展具有长远性战略地位的生物医药产业

生物医药产业目前在广东仍处于起步发展阶段。从长远来看，该产业市场潜力大，具有快速增长的良好前景，对增强地区工业的发展后劲意义重大，是具有长远战略地位的潜力产业。

（1）努力发展高技术医药产业。以现代中药、生物制药、海洋药物、新型化学药物制剂、高新技术医疗器械、特色化学原料药为重点，争取实现跨越式发展；积极承接跨国医药产业转移，加强与粤港澳在医药科技、经贸等领域更紧密的合作；努力推行创新战略，应用高新技术开发新产品、新剂型，发展传统药物和天然药物，着重于系列产品的研制开发，并提高原料、中药材加工的技术水平和配套能力。以中成药制剂改革和生产规范化、现代化为主，加快全行业实施GMP、GSP、GLP、GCP、GB/T19000认证的步伐，发展一批名优产品，逐步使其开发的中药成为国际主流药物。

（2）积极发展生物技术产业。生物技术被看做未来新兴产业的基础技术。珠三角地区应在技术上与国际接轨，走外引内联的道路，跟踪国际生物技术发展的最新趋势，使产业实现国际化，并形成规模经济效应，把珠三角地区建成我国生物工程产业基地。重点发展国内市场紧缺的防预制品、国内外市场潜力大的基因治疗用品、药品和基因诊断试剂等产品。在技术方面向基因工程特别是农业基因工程方面发展，建设成为我国基因工程科研生产出口基地。在营销方面逐步向国际市场发展，争取成为东南亚地区生物制品的供应中心。

3. 积极拓展新兴的高技术产业领域

新材料、新能源、环保等新兴高技术产业蕴涵着广东经济持续、高速、均衡发展的潜在动力。

（1）新材料与新能源产业。新材料与新能源产业是高新技术产业发展的基础。珠三角地区的新材料与新能源产业应向着高速、高质、稳定的方向发展。大力促进新材料为高新技术产业配套，特别是为珠三角地区电子信息产业配套，提高新材料的附加值。既要强调新材料产业自身的技术配套与协作，也要强调新材料产业与其他高新技术产业以及传统产业的配套和协作；既要发展原材料，也要把原材料和后续加工结合起来。着重扶持该产业的重点企业，力争形成相关产品的产业基地。鼓励发展锂离子电池、锂聚合物电池、新型动力电池、电池原料、纳米陶瓷粉产品、PTC元件、防火铝塑复合板、液体注射加成型硅橡胶、黏合密封材料、新型墙体材料、可降解塑料等重点产品。

（2）节能与环保产业。发展节能与环保产业，加快资源节约和综合利用，注重生态建设和环境保护，有利于珠三角地区产业结构的调整，形成新的经济增长点，并实现经济与环境的协调发展。应鼓励节能与环保产业重点领域关键技术开发，吸引大型企业介入本行业，引进国外先进技术，充分利用珠三角地区本地的节能和环保市场，做强做大，使珠三角地区逐步成为全国重要的节能与环保产业基地之一。鼓励发展垃圾综合利用设备、废旧家电拆除设备、废电池处理设备、生活及工业污水高效处理装置、太阳能产品等重点产品，加强无组织源排放控制、高浓度有机废水处理回收工艺及黑液处理、有机废物综合利用、固体废物资源化和填埋处理技术的研究开发与应用。

（3）海洋科技产业。重点发展海洋生物利用、海水资源开发利用、海洋环保监测、海岸与海洋工程技术、海洋资源信息与服务系统五大高新技术领域；重点研究和开发基因组、细胞融合、染色体操作等海洋生物技术，抗肿瘤蛋白、多糖和基因药的研制和中试技术，抗癌、抗衰老、抗菌、抗病毒药物和保健药物的试验与开发技术，名优品种良种化技术，重大水产病害防治技术等高新技术。

三、重化工业的发展与规划

原材料工业发展的总体战略定位为：以科技进步为先导，以市场需求为导向，以效益为中心，以建设原材料工业强区为目标，以结构调整为主线，优化区域布局，适当扩大规模，重点提升产品的质量和技术含量，提高竞争能力，打造布局合理、装备先进、品质优越、效益良好、环境友好的世界一流石化中心，高端钢铁产品基地和综合建材基地。

（一）石油化学工业的发展目标与重点

从发挥地理区位、沿海深水大港和市场容量大的优势出发，紧抓住发达国家新一轮产业调整升级与转移的机遇，围绕石油化工产业进行结构调整、总量扩张和产业升级，发展以炼油乙烯为龙头的炼化一体化项目，延伸和拓展下游加工项目。推行清洁生产，促进石化工业进一步向园区化、规模化、集约化发展。合理布局大型炼油与乙烯项目，高起点建设沿海石化产业基地。

通过对现有石油和石化企业的结构调整，组建特大型石化企业，使它们成为拥有著名品牌和自主知识产权、主业突出、核心能力强、具有国际竞争力的大型企业集团。

立足于利用国外资源，利用国际、国内两个市场，大力发展进口替代型石化工业，使石油及石化产品不仅在产品数量和品种上，更要在产品质量上满足区内和国内市场需求，提高市场占有率。

通过引进、消化、吸收先进技术和自我创新，快速形成自有石化工业的核心技术和高新技术，利用高新技术改造和提升现有石化工业，实现石油化工高新技术化。通过节能降耗和集约化经营，使能耗、物耗显著降低，构建生态与环境友好型石化产业。

根据国内外油气资源状况和市场需求，2010 年炼油综合能力控制在 5000 万吨，2020 年控制在 8000 万吨，在滨海地区形成 3 个千万吨级炼油基地；根据产业发展和市场需求，2010 年乙烯生产能力控制在 300 万吨，2020 年控制在 400 万吨，重点是建设上下游相互配套、一体化的石油化工产业群。

炼油以结构调整为重点，以提高炼油企业的集中度和竞争能力为目标，提高油品质量，提高柴汽比，满足市场对化工轻油的需求；对规模小于 100 万吨/年的小炼油厂，要加强质量和环保的监督力度，按市场经济规律优胜劣汰，有条件的向“专、精、特、新”的方向发展；扩大重整烷基化、异构化、MTBE 等高辛烷值清洁汽油组分生产装置的能力，构建按国际产品标准组织的生产体系。

乙烯坚持改造与新建相结合，对现有乙烯围绕品种、质量、效益，实施以提高竞争能力和节能降耗为目的的技术创新。新建或扩建的大型乙烯项目要根据“品种、质量、效益”的原则，充分利用炼化一体化的优势，以经济效益为中心，优化乙烯原料。加快乙烯工业园区的建设，共享基础设施，同时鼓励现有企业采用独资、合资等不同形式，在同一区域集中建设大型乙烯装置和下游装置，形成石化工业园区。

基础化工原料，以发展和扩大基本有机化工原料、芳烃和烯烃类原料的生产规模为重点，积极发展石油化工下游加工产业，延伸和拓展石油化工产业链。

（二）钢铁工业的发展目标和重点

通过科学规划、统筹钢铁工业结构调整，加速淘汰落后的工艺、装备和产品。鼓励企业跨地区集团化重组，推动钢铁骨干企业与国内重点钢铁企业联合建设沿海高端钢铁产品基地。

严格控制低水平的产能继续扩张，到 2020 年生铁、钢和钢材的规模均控制在 3000 万吨以下。

通过淘汰落后的工艺设备，进行结构调整，提升钢铁工业的技术水平，主要生产技术装备水平达到国际先进水平，钢材品种基本满足区内市场需要。通过对广钢等实施环保搬迁改造，通过韶钢与国内重点钢铁企业的联合重组，推动钢铁工业向有建设深水码头条件的沿海地区集聚，争取在沿海地区建设规模在1000万吨级以上的特大型钢铁企业。通过抓品种、抓质量、抓整合和扶大压小、扶优汰劣，推动钢铁工业发展由粗放型向集约型转变，主要技术经济指标和污染物排放达标率达到国际先进水平，促进钢铁工业的可持续发展。推进钢铁工业发展循环经济，发挥钢铁企业产品制造、能源转换和废物消纳处理功能。

从钢铁工业产业基础、铁矿、煤炭及其他辅助材料资源条件和钢材消费市场容量来看，在全国具备建设大型钢铁基地区域中，广东发展钢铁工业条件算是比较好的，是国内少数几个具备方便利用国外资源布局建设特大型钢铁联合企业的地区之一。特别是在环保搬迁、淘汰落后产能的情况下，将使沿海成为发展大型临港钢铁工业的强有力区位。同时这样将不仅使本区钢铁工业生产技术装备、产品质量、品种结构和管理水平迈上新的台阶，而且使规模有所扩大，提升广东钢铁工业在全国的地位。

第四节　产业空间调整

调整国土产业空间的过程，是提升珠三角地区产业持续增长能力的重要途径。按照国土空间的区域功能定位，合理组织珠三角地区产业空间，形成高效和集约的国土产业空间；有序推进产业空间的转移与承接，培育新的产业空间；采用清洁生产方式和循环经济理念来组建工业园区，促进产业的生态化转型，实现国土空间的永续发展。

一、依托国土空间的区域功能定位，引导产业空间配置

为了实现国土空间永续发展，并最大限度地提高国土空间的利用效率，需要按照国土区域的功能定位，立足全球化和区域一体化的战略视角，高效、集约地配置未来的产业空间，形成以珠三角优化提升区为核心的国际化高端产业引领区，以珠三角优化发展区为重点的先进制造业集聚区，以东西两翼为支撑的适度重化工产业集聚区，以北部山区和珠三角周边广大地区为载体的绿色、高效农业生产区，促进全省生产空间的有序、可持续发展。

（一）珠三角优化提升区域，建设国际化的高端产业引领区

珠三角优化提升区域产业发展用地趋于紧张，资源和环境压力加大，提升产业结构是未来生产空间调整的重点工作。要限制一般加工工业的布局和扩张，把一些简单加工制造业转移出去，为现代服务业、高新技术产业和精深加工的高附加值制造业腾出发展空间，使珠江三角洲优化提升区域成为具有国际意义的科技创新区、现代服务业集聚区和广东省产业结构升级的引领区。

1. 发展生产者服务业，打造华南现代服务业中心

积极发展金融、贸易、物流、国际航运、会展、咨询、旅游、文化和体育等服务业，在该区域形成信息化、网络化、职能化的知识密集型服务业集聚区。广州重点发展国际会展、金融保险、贸易、旅游休闲、产品设计和开发、新闻媒体产业等为主体的现代服务业；深圳重点发展以国际航运、现代物流业、金融证券、创意产业等为核心的现代服务业。加强区域内各城市在服务业方面的分工和合作，通过广州和深圳的龙头带动作用，提升区域的现代服务业功能，实现区域国土空间的高效利用。

（1）发挥深圳和广州的资金优势，建设区域性金融证券中心。优化金融生态环境，吸引国际知名金融机构进驻深圳和广州，充分发挥两市的资金优势、金融管理优势，促进金融保险和证券等机构向两市的集聚。通过金融证券业的发展，进一步提升珠三角优化区域的集聚、辐射和引领作用，使金融证券与第二、第三产业良性互动、协调发展格局，把珠三角优化区域建设成为辐射华南地区等区域的现代金融服务中心。

(2) 依托广州和深圳两市的空港和海港优势，建设亚太地区重要的物流中心。依托广州白云国际机场、深圳国际机场，以深圳海港的优势，建设空港国际物流园区和海港国际物流园区，全面整合珠三角地区的物流资源；大力发展航空货运和航空快递业务，拓展航空货运代理功能和空港保税功能；完善物流交通枢纽服务网络，推动区域内物流产业的合理布局；大力发展国际采购、国际中转、国际分拨以及国际配送业务，建设亚太地区具有重要影响力的物流枢纽中心和国际供应链服务基地。

(3) 积极发展专业会展，提升会展产业档次。以广州国际会展中心、白云国际会议中心为重要基地，提升中国出口商品交易会、广州博览会、高技术人才交流会的规模和水平，努力扩大广州国际汽车展览会、珠宝首饰、机械装备、皮具、建材、花卉、茶叶等专业会展的影响力，鼓励同类型的展会结盟，打造具有行业特色和地方特色的专业会展品牌。

(4) 以广州、深圳、东莞等大中城市为依托，积极发展高端服务业。大力发展法律、会计、咨询、广告、设计、研发、策划、房地产中介、交易平台、汽车服务等专业服务和商务服务，进一步增强区域综合服务功能。加强深港高端服务业合作，积极承接国际服务业转移；鼓励和引导境外高端服务企业与国内高端服务企业通过采取合资合作、战略联盟、业务协作等多种形式，实现优势互补，全面提升珠三角优化提升区域高端服务业发展水平。以壮大规模、优化结构、突出特色、增强功能、提升服务为重点，把珠三角优化提升区域建设成为亚太地区重要的高端服务业活动中心。

2. 增强高新技术产业的竞争力，建设国际水平的科技创新区

提升企业的自主创新能力应成为未来产业结构调整、转变经济增长方式的中心环节。要依托广州、深圳、珠海、中山、东莞等大城市，加强官、产、学、研的合作，面向应用，加强重大前沿技术与原创性创新研究，积极发展电子信息产业、生物和医药产业、新材料等高新技术产业，带动全省制造业产业结构升级，形成全省自主创新基地和国家创新型城市示范点。

(1) 以东莞、深圳、广州等为中心，建设高新技术产业创新基地。鼓励企业发展自有品牌，扶持自有品牌制造企业，重点发展高附加值电子信息和通信产业。以广州、深圳、东莞和中山为中心，发展家用视听设备制造、新型数字视听产品与技术的研发中心，进一步提升核心区电子信息产业的研发和制造水平。以深圳、广州为中心，扶持华为、中兴通信等重点龙头企业，研发最先进的通信技术，并促进高新技术的产业化，扩大区域产业规模，加速产业配套企业集聚，建设通信设备研发和制造基地。发挥广州等城市的科研力量和产业化的作用，加大研发投入力度，大力发展生物和医药产业，建设具有华南特色的生物和医药产业生产基地。

(2) 以广州、珠海、深圳为核心，建设软件创新和生产基地。依托广州、珠海、深圳三大软件园区，大力发展面向广东先进制造业的实用软件和其他办公等软件。广州要大力发展应用软件、电子政务软件和信息服务；深圳要发挥大企业的带动作用，大力发展嵌入式软件和应用软件研发；珠海要提高软件的专业化和规模化水平，在医疗系统、多媒体软件、游戏软件以及教育软件等领域突破部分核心技术，建立软件培训基地。鼓励发展软件外包服务和软件产业的出口，把广州、珠海和深圳建设成为我国重要的软件创新、生产和窗口基地。

(3) 鼓励企业、行业自建或与科研机构合作建立技术创新中心，形成多元化的技术创新体制。鼓励大企业建立技术中心，形成以企业为主体的技术创新体系，提高企业的自主创新能力；鼓励企业与高等院校、科研院所等研发机构合作，促进科研成果的转化，提升产业的核心竞争力；鼓励企业和科研机构联合，建设区域性行业技术创新中心，为中小企业提供有偿技术服务，满足中小企业设计、技术、信息等方面的需要，增强中小企业的市场竞争能力。

3. 促进传统产业的优化升级，发展高附加价值的制造业

积极引导汽车、机械、纺织服装、消费类电子、食品饮料等传统优势产业的升级，将低端产业向周边地区转移，重点发展本行业的高端价值链部分，提高行业的研发和设计能力，成为全省制造业发

展方向的引领区和参与国际制造业分工的核心结点。

（1）构建共性技术公共平台，提升传统产业的技术水平。整合区域内传统产业研发和设计的各种资源，建设汽车、纺织服装、电子等行业技术研究开发中心，例如，在广州要建设国家级汽车技术开发中心、国家级摩托车检测中心，促进汽车等行业技术进步和技术研发能力，提升传统产业的创新能力和市场竞争力。

（2）重点发展高附加价值产业链环节，低端产业链环节要向周边转移。随着生产空间的不足和劳动费用的提升，珠三角优化提升区域已经不适宜进一步发展传统产业价值链的低端环节，需要向高附加价值链环节转移。如除汽车的整车中心、核心部件如发动机等仍可在广州发展外，其他零部件和相关配套行业则宜向周边地区转移。

充分利用广州的现有基础，重点发展装备制造业，包括输配电成套设备、电站设备、重型机械等重大技术装备业，如高电压等级输变电设备、城市生活污水处理成套设备、垃圾焚烧发电设备、盾构机、核电设备等。深圳重点发展机电一体化机械设备及仪器仪表、医疗器械、精细化工制造业、办公用机械、模具等行业。佛山重点发展输配电设备、电工器材、塑料机械、陶瓷机械、模具等行业。

纺织服装行业的设计、高档面料和高端服装产品可在该区域进一步发展，低端和劳动密集型的产品要逐步向周边转移，其他消费行业也类似。珠三角优化提升区域重点集中发展行业的高端价值链环节、研发和市场营销部分，其他环节向周边地区转移。

（二）珠三角优化发展区域，构建先进制造业集聚区

珠三角优化发展区，要合理协调产业发展、重大基础设施建设与生态和环境保护间的关系，积极发挥该区域产业发展基础、区位条件、产业用地等比较优势，主动承接珠三角优化提升区的产业转移，构建先进制造业的核心区。

1. 发挥区域比较优势，形成先进制造业的生产基地

珠三角优化升级区是各类先进制造业的引领区，而该区域重点是发展各制造业的中下游产业链环节，要构筑不同的产业集群，成为交通运输机械制造业、纺织和服装制造业、消费类电子产业、农产品加工产业、建材产业、家具等产业的生产基地，与珠三角优化提升区相呼应，形成具有世界水平的先进制造业基地（表 16-7）。

表 16-7　不同产业空间的发展导向

	发展定位	发展重点	限制性产业
珠三角优化提升区域	具有国际意义的科技创新区、现代服务业集聚区	①发展金融、物流、国际航运、会展、咨询、旅游、文体等服务业；②壮大高新技术产业；③发展高附加价值的制造业	①限制一般加工工业的布局和扩张；②控制重化工业的进一步集聚
珠三角优化发展区域	承接优化提升区的产业转移，构建全省先进制造业的核心区	①发展特色产业，建设新兴制造业生产基地；②形成不同类型的产业集群区	控制高耗能和占地大的工业集聚
两翼沿海重点开发区域	建立重化工产业循环经济示范区	①湛江-茂名地区建设临港型重化工基地；②潮汕揭地区发展石化产业基地	限制污染性产业发展

续表

	发展定位	发展重点	限制性产业
韶汕阳适度发展区域	生态和环境友好型产业集聚区	调整产业结构，培植新的产业增长点；依托产业转移园区，吸引珠三角的产业转移	限制污染性产业发展
农业重点发展区域	重要的生态农业生产基地	发展特色农业、绿色农业和无公害农产品	限制污染性产业发展
北部限制开发区域	重要的水源涵养地和生态功能保护区	适度发展环境友好型的产业	限制冶炼、化工、建材等产业的发展

（1）发挥区位、土地和人才等优势，建设新兴制造业生产基地。发挥珠三角优化发展区域的区位条件、生产用地、人才和产业基础等方面的比较优势，进一步完善基础设施和产业配套能力，吸引机械行业、纺织服装业、消费类电子行业、建材和家具等行业由珠三角优化提升区域逐步向该区域扩散和转移，形成新兴制造业基地，以确保广东省在先进制造业上的竞争优势和持续发展能力。

（2）围绕核心产业，发展特色产业。围绕汽车、机械、纺织和家具等核心产业，积极发展下游和配套产业，形成以优化提升区为中心，该区域为支持的产业链，促进区域间的产业合作与分工，推动全省汽车产业、机械制造业、纺织服装和家具行业的持续发展，在不同的城市形成各具特色的优势制造行业。

2. 积极承接珠三角提升区的产业，形成不同类型的产业集群区

充分利用珠江三角洲优化提升区产业转型的契机，依托肇庆、惠州、清远等中小城市，整合区内资源，积极承接产业转移，形成相对合理的产业价值链分工体系。

在靠近广州、东莞、佛山和中山等城市的周边地区培植先进制造业承接基地，形成不同类型的产业集群，如肇庆、惠州和清远等的一些城镇可形成汽车配件的集群、电子信息产业某些行业的集群、建材集群、服装集群、陶瓷集群等。与深圳、东莞毗邻的博罗、惠阳、增城等县市，围绕电子信息、通信等产业要发展各种特色产业集群，形成新的电子信息生产基地。

在区位和港口条件比较好的惠州地区，要积极利用国际资源，适度发展重化型制造业。可围绕大石化，发展下游产业集群和精细化工产业集群。

在一些传统农业区，如博罗、台山、恩平等地区要重视和鼓励发展特色农业、生态农业、精品农业生产和农产品精深加工产业。

（三）两翼沿海重点开发区域，建立重化工产业循环经济示范区

东西两翼在确保生态和环境不被破坏的基础上，要进一步发挥其港口优势和相对丰富的土地资源等优势，按照循环经济理念，建设生态工业园，推进石油化工和钢铁等重化工产业的发展，构筑新的产业空间。

1. 湛江-茂名地区建设临港型重化工基地

湛江-茂名地区要加强两市重大基础设施的共建和共享，建设临港型石油化工和钢铁基地。发挥茂名石化产业基础优势，建设大型石化基地；积极利用东海岛良好的用地条件、较大的环境容量和适宜建设深水大港的有利条件，利用国外资源，适时建设湛江大钢铁生产基地，解决国内市场紧缺的汽车板、包装材，以及家电用板等碳钢高端板材。

湛江-茂名除适当发展临港型重化工业外，要利用该区域土地、人力等成本较珠三角地区低的优势，积极发展家用电器、汽车配件和建材等劳动密集型产业。

2. 潮汕揭地区发展石化产业基地

潮汕揭地区要在加强区域间通道建设、资源的综合开发与利用，以及协调好产业发展与生态和环境的关系基础上，重点发展合成树脂、化纤原料、精细化工等石化下游产业，根据资源条件和市场需要，通过引进资金与技术适时新建大型炼油项目和乙烯项目，把本地区建成广东东部地区石油化工生产基地。

（四）韶汕阳适度发展区域，形成生态和环境友好型产业集聚区

韶汕阳适度发展区域是珠三角以产业为主体的生产空间向周边生态空间的过渡性区域，总体而言，要适当限制产业空间的大规模集聚，保留一定的绿色空间，重点发展生态和环境友好型产业，确保大区域的国土空间永续发展。

1. 调整偏重工的产业结构，培植新的产业增长点

阳江和汕尾地区是广东省重要能源基地，韶关则是广东省的钢铁工业基地，因此，要加强对电力和钢铁工业的环保监控，建立循环经济园区，最大限度减少产业发展对环境的影响。

阳江要积极发展五金刀剪、食品医药、机械电子、木材家具、机电等具有地区竞争力的产业集群。

汕尾在发展电力工业基础上，要积极发展电子信息产业、现代渔业和效益农业、特色农业、农副产品加工业和旅游产业。

韶关重点发展机械、制药、玩具、金属制品、建材、汽车配件等产业集群。逐步调整三地区的偏重型的产业结构，形成新的产业增长点。

2. 依托产业转移园区，吸引珠三角地区的产业转移

发挥阳江、汕尾和韶关三地区的产业转移园区的政策和体制等优势，积极吸引珠三角地区的产业转移。

阳江要搞好中山火炬转移园建设，积极发展食品医药、机械电子、木材家具、石化等产业集群。

汕尾积极与珠三角地区的电子信息产业、纺织服装等产业对接，发展电子电器、电子信息、纺织服装、皮革制鞋和食品产业集群。

韶关要加快与珠三角地区的汽车、装备、医药等产业对接，利用现有的基础，深化改革，调整结构，加大体制创新和技术创新的力度，培育和发展汽车零配件、水力发电设备、农业机械和医药产业集群，促进传统优势产业的结构升级，提高竞争力。

（五）农业重点发展区域，建设生态农业生产基地

该地区是我国光、热、水资源最为丰富的地区，有着养殖水产、畜禽和种植水果的明显优势，要发挥自然条件优势，进一步加强农业的基础地位，积极建设以亚热带经济作物为主、多种经营的生态农业基地。

1. 发展特色的农产品包括花卉、无公害蔬菜、南药、珍稀畜禽、优质水产品等

粤西、粤东发挥水热和土地资源优势，重点发展南亚热带水果、蔬菜和花卉等；北部山区发展反季节蔬菜和畜禽养殖；梅州地区发展各种水果和蔬菜。粤西地区要重点提高水果、蔬菜的品质和调整品种结构，加大果蔬采后贮运加工力度，使果蔬业由数量效益型向质量效益型转变，更适应国内外市场需求。沿海地区重点发展优质鱼、虾、贝、藻和海珍品精深加工，在低值鱼类、贝类、藻类加工及综合利用方面取得突破。发展水产品精深加工，开发高附加值产品，积极开发速冻方便食品和小包装即食产品。

2. 加强无公害农产品、绿色食品、有机食品生产基地建设，推动产业生态化、无害化

通过生态产业园区、生态示范基地和生态社区建设，以点带面，加快生态市（县）及生态省建设。加大生态修复，因地制宜，把生态旅游与生态农业有机结合，推动该区域生态旅游、无公害绿色食品、有机食品等生态型农业生产基地的建设。

（六）北部限制开发区域，严格控制各类产业的集聚

北部限制开发区属于重要的水源涵养地和生态功能保护地区，不适宜产业的进一步集聚和发展。

1. 严格限制产业的集聚

北部限制开发区域以山地和丘陵为主，是全省重要的生态屏障和水源涵养区，对珠江三角洲和港澳地区的可持续发展具有重要意义。这一区域大规模建设比较少，且存在着区位条件和地质条件较差的问题，不适宜大规模的人口和产业集聚。因此，该区域要严格限制对环境污染和生态破坏比较明显的产业发展，如冶炼、化工、建材等污染比较严重的重化工产业的发展。

2. 适度发展环境友好型产业

要严格限制污染型企业向北部山区的转移，但可以重点发展无公害农业，包括亚热带水果、反季节蔬菜、珍稀禽类等，以及观光农业和生态旅游业。在确保国土空间不受到破坏的前提下，为当地经济可持续发展提供新的发展途径。

二、有序推进产业空间的转移与承接，培育新的生产基地

最大限度地发挥国土空间的利用效率，促进产业空间按照价值链分工，形成不同产业布局形态。

（一）确保国土空间的健康发展，有序推进产业的空间转移

在珠三角产业转移中，要避免简单地把那些污染重、层次低的产业，不加改造地转移到广东北部和东西两翼，而应是引导其在提升产业层次的基础上进行转移，既使北部和东西两翼地区的生态环境不受到破坏，又使当地经济得到快速、健康发展。

1. 承接产业转移不能影响国土空间的健康发展

要限制把珠三角地区淘汰的、落后的企业和污染严重的企业向周边地区转移，将不破坏生态和环境作为承接产业转移的硬指标和前提条件，要鼓励承接环境友好型产业、市场发展潜力大和有地方特色的产业，使产业转移不仅能够提升承接地经济发展水平和全省产业发展的持续竞争力，也能够确保全省国土空间的健康、有序发展。

2. 选择区位条件好和生态环境承载力大的区域承接产业转移

产业转移不宜在珠三角周边地区全面铺开，应该选择一些条件相对较好的区域、城镇或乡镇重点发展。对于一些生态环境相对脆弱和基础条件较差的地区要按照产业发展规律，有序推进产业转移，且要选择好要承接的产业与当地经济、社会和生态环境的融合程度，不宜简单或无选择地承接。

3. 承接的产业应具有一定的技术层次

各地区要承接的产业应该具有一定的技术含量，不应该不加改造，简单地将落后企业异地搬迁。要确保产业转移后，对当地经济发展具有一定拉动力，且能够促进当地产业结构的调整和升级。

（二）东西两翼选择重点区域，承接产业转移

东西两翼地区工业布局不宜全面开花，要选择区位条件、基础设施相对好的地区，形成相对集聚的态势，使之有利于促进城市群和人口产业集聚区的形成。东西两翼在劳动密集型产业上具有发展基础和潜力，未来要依托湛江、阳江、潮州、汕头、潮阳、揭阳等大中城市，在树立行业品牌、提升产品档次、延伸产业链、发展特色产品、完善配套、重视龙头企业培育等方面加大力度，形成产业发展的新增长点。

1. 西翼依托港口和区位条件优势承接产业转移

完善湛江-茂名的港口、道路和其他基础设施，积极吸引石化、钢铁等重化工业的布局，把茂－湛地区建设成为广东省临港重化工业基地；同时要充分发挥大型项目的辐射带动作用，延长产业链，带动中下游及相关工业发展，积极发展物流产业、汽车配件、轻纺、五金、食品、医药、海洋产业等，构筑西翼产业承接基地。

湛江要发挥港口优势重点吸纳石化、钢铁、农海产品加工、饲料、纺织服装、电器机械等产业的转移，建立重化型工业为主的产业承接基地。

茂名要发挥重化工产业基础较好的优势，重点承接石油化工、农产品深加工和矿产资源深加工等产业，构建临港型重化工产业承接基地。

阳江要发挥其特色产业五金、食品、纺织服装、家具等优势，以大品牌和大企业为龙头，促进强强联合，积极发展五金刀剪、食品加工、纺织服装产业；同时，要依托开发区和产业转移承接园，积极吸引和承接电子信息、光机电、生物和海洋等产业的转移，培育新的产业增长点。

2. 东翼依托潮汕揭等城市承接产业转移

发挥港口和原有的产业基础，积极吸纳珠三角的化工、电子、医药、机械类产业的转移，逐步形成各具特色的优势产业群，并带动东翼的发展。

汕头要发挥港口资源和区域中心城市优势，在扩大化工等临港型产业和海洋产业基础上，要依托产业园区，积极吸纳电子信息、化工塑料、机械装备、纺织服装、工艺玩具、食品医药、印刷包装、音像制品等产业的转移，形成东翼产业发展的龙头。

潮州重点要承接电子信息、包装印刷等产业的转移，并不断提升陶瓷、服装、食品及农产品深加工等传统产业的竞争力。围绕产业转移，搞好特色工业承接园区建设，通过承接珠三角产业转移和自身发展，构建新兴产业发展体系。

揭阳要发挥纺织服装、食品饮料、机械装备、电子信息、化工材料等产业的优势，通过产业承接和产业分工，逐步壮大自身的龙头骨干企业，并鼓励优势行业向产业集群化方向发展，建设纺织服装、食品饮料、模具、医药、塑料制品、五金不锈钢等产业集群，提升产业的整体竞争力。

汕尾重点要承接电子电器、服装产业转移，并逐步壮大农林海产品深加工等特色产业。

（三）北部山区选择核心城镇承接产业转移

在北部山区要选择核心城市，培育产业增长极，促进北部山区经济发展。但在承接产业转移时，要严禁污染严重的企业在北部山区布局。

1. 选择条件较好的城镇承接产业转移

在区位条件、基础设施等比较好的核心城镇，如始兴、翁源、曲江、乳源、英德等县镇，建立具有特色的产业转移承接基地，可适当发展一些劳动力相对密集的行业，解决当地劳动力就业的问题。在承接产业转移中，要协调好转移承接产业园区与原材料工业等大型工业基地布局的空间关系，以及

工业园区和产业基地、城镇的布局关系。最大限度地利用现有基础条件较好的城镇或工业园区，作为产业转移承接的核心载体，减少土地资源浪费。同时，在承接产业转移时，要注意企业规模不能太小，设备和产品的水平不能太低，要有一定的稳定性，尤其要重视环境问题，目标是实现北部山区国土空间的可持续利用。

2. 限制污染性行业的迁入

北部山区在承接珠三角产业转移过程中，除要选择核心城镇作为产业承接地外，对所承接的产业也要有严格的筛选。要限制重化工等环境污染类企业的迁入，对生态破坏严重的采石、建材类企业也要加以控制。

三、依托开发园区和基地，集中布局产业空间

产业空间的拓展和新建要依托现有的开发区和产业基地，以其为载体，形成不同类型的产业空间和集聚形态，实现产业空间的高效和集约化布局。

（一）依托园区，促进产业空间集聚

发挥各类产业园区、高新技术产业园区、产业转移园区等的优势，加强产业集聚引导和园区联动，促进产业集群的发展。通过集聚型、优化型和培育型等园区发展模式，使园区成为产业进一步集聚的核心空间载体。

1. 发挥国家级园区综合优势，提高产业集聚度

以国家级高新区和经济技术开发区以及部分省级的高新区为依托，发挥园区内产业集群基本成熟、产业规模基础好、产业配套和辐射能力强的作用，进一步吸纳国内外大企业的集聚，提升园区的产业层次和国际竞争能力。

2. 完善产业链和产业集群，提升园区的产业集聚水平

以各类园区为载体，完善园区内产业的配套能力，促进园区内企业间在设计、加工、仓储、运输和销售等环节的分工与合作，提升企业间业务和技术关联水平，形成分工与合作相结合的特色产业集群，以进一步吸纳关联产业和大型企业向园区的集聚。

3. 建设产业承接园，形成新的产业集聚空间

结合珠三角核心地区产业升级与结构调整的趋势，在珠三角外围地区，选择经济发展条件好、产业承载能力强的地区，培育引导新的产业承接工业园区。在保护好环境和节约资源的前提下，吸纳珠三角地区的产业转移，形成新的产业集聚空间。

4. 加强园区建设，形成紧凑型布局格局

园区建设以集约利用土地、节约利用土地为原则，园区内企业要紧凑布局，鼓励建设多层标准厂房，减少厂区内部绿地和生活服务配套等，最大限度地提高土地利用效率。

（二）发挥不同产业基地的优势，促进产业空间的相互协调

加强产业空间之间的协调，在分工与合作中，逐步完善老的产业基地，同时积极培育和壮大新的产业空间，提高全省产业发展的持续竞争力。

1. 进一步提升原有生产空间的地位

进一步完善和提升原有产业基地在产业发展和空间引导方面的作用和功能，珠三角核心区仍然要承担未来广东省的高新技术产业、先进制造业、现代服务业、传统工业和农业等行业的发展任务。

2. 积极培育和发展新的生产空间

新建产业基地要在港口和区位条件比较优越以及城市基础条件较好的地区建设，近期重点考虑在东西两翼的港口条件较好的沿海地区，以及北部地区的中心城市建设若干重化工业基地、先进制造业基地、产业转移基地和农业生产基地。

参考文献

钱纳里等 . 1989. 工业化和经济增长的比较研究 . 上海：上海三联书店

第十七章　东北地区产业振兴与空间发展

东北地区是我国重要的产业基地，在全国具有举足轻重的地位。其产业发展是东北老工业基地振兴的核心，是解决东北老工业基地问题的关键。在未来10～20年，东北地区的产业发展要以整合和创新为主线，优化产业结构、组织结构和空间结构，建设具有竞争力的新型产业基地。其中，基础原材料工业应本着“优化存量、深化加工、集聚发展”的思路，调整企业的规模结构与空间结构，形成具有全国意义的精品原材料生产基地；装备制造业要从产业结构和组织结构调整入手，提高自主开发能力和当地配套能力，形成具有国际竞争力的先进装备制造业基地；同时，要积极扶持和发展高新技术产业和现代服务业，提升高新技术产业对东北地区产业结构调整的引领作用以及现代服务业对第二、第三产业的带动和促进作用；继续巩固东北地区农业基础地位及国家重要商品粮基地的作用，推动农业产业化和农业基础设施的建设，加快东北地区新农村建设步伐；通过土地、税收和金融等政策手段，引导产业向两大产业带、五大产业集聚区以及若干产业发展增长点集聚，实现东北地区产业空间布局的优化。

第一节　产业发展现状和竞争力评价

一、产业发展现状分析

（一）东北地区产业在全国具有重要地位

从三次产业增加值在全国的地位来看（图17-1），1978年以来，东北地区的产业在我国产业体系中一直占据重要的地位，对全国的GDP的贡献率保持为10%～15%。1978年到20世纪90年代中期，东北地区对全国的GDP贡献率处于下降趋势，到1995年达到一个低谷，1995年之后有所恢复。

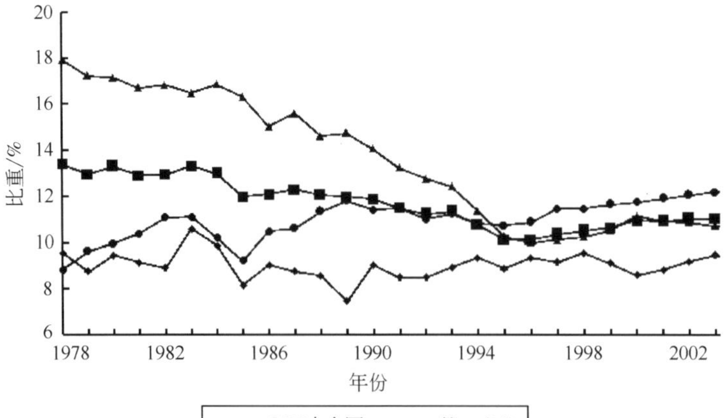

图17-1　1978～2003年东北地区GDP及三次产业占全国比重的变化

从三次产业结构的演变来看（图 17-2），东北地区的第一产业自 1978 年以来，一直保持着重要的地位，对全国的贡献一直保持在 8% ~10% 的水平，第二产业的发展起伏对于东北地区影响很大，1978 年第二产业占全国的比重为 18%，是 20 多年以来最高的比重；1978 ~1995 年，东北地区的第二产业在全国的比重经历了急速下降的过程，跌至 10% 的水平；1995 ~2004 年第二产业开始复苏性增长。第三产业在全国的比重增长较为显著，从 1978 年约 8% 的水平增长至 2004 年的 12%。

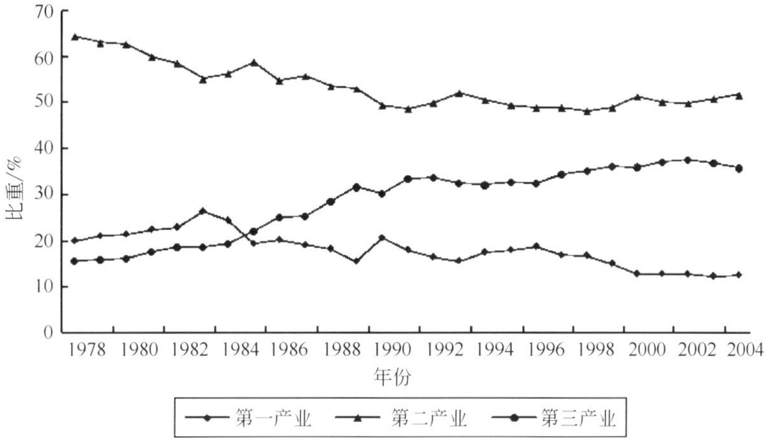

图 17-2　1978 ~2004 年东北地区产业结构变动趋势

总的来看，东北地区产业在全国仍具有重要的地位。第一产业依然保持着 8% ~10% 的比重，第二产业经历了地位下降到开始上升的过程，第三产业保持着地位持续上升的水平。

（二）资源密集型产业仍然是东北地区的优势产业

东北地区的资源密集型产业不同程度都面临着资源枯竭的困扰，加之企业负担沉重、体制相对僵化、市场应变能力不强、职工技能单一等原因，造成产业发展滞缓、地位相对下降等问题。

但是东北地区的资源密集型产业在全国的地位仍然显赫。一些关系到国计民生的资源密集型产业的发展，如石油开采和加工、钢铁工业的发展不仅关系到东北地区经济的发展，而且对全国经济的发展也具有重要的支撑作用。例如，2005 年东北地区石化工业资产总额 4159 亿元，约占全国的 16%；实现销售收入 5619 亿元，约占全国的 17%；实现利润 1073 亿元，约占全国的 29%，工业增加值 1377 亿元，占全国的 18.4%。东北地区石化工业对地区经济的贡献率高于全国平均水平近 1 倍，达到 9.4%。2005 年东北地区重点钢铁企业完成工业增加值 458 亿元，分别占东北三省工业增加值和 GDP 的 7.18% 和 2.67%；上交税金 143 亿元，占东北地区财政收入的 12%。2005 年，生产铁 3694 万吨、钢 3764 万吨、钢材 3917 万吨；重点钢铁企业板管带比为 60%，板带比为 57.3%，均高出全国重点钢铁企业平均水平约 14 个百分点。

另外，经过改革开放 30 年的发展，东北地区工业优势仍然集中在资源型产业上。如表 17-1 所示，2005 年东北地区三省经济实力处于前三位的工业行业，除吉林和辽宁省的交通运输设备制造业以外，其余 7 个行业都是明显的资源密集型产业。蒙东地区则以煤炭开采、电力工业和农产品加工为主。

表 17-1　东北三省经济综合实力指数排名前 10 位的工业行业（2005 年）

黑龙江	吉林	辽宁	蒙东地区
石油和天然气开采业	交通运输设备制造业	石油加工，炼焦及核燃料加工业	煤炭开采和洗选业
石油加工、炼焦业	化学原料及化学制品制造业	黑色金属冶炼及压延加工业	电力、热力的生产和供应业

续表

黑龙江	吉林	辽宁	蒙东地区
电力、热力的生产和供应业	农副食品加工业	交通运输设备制造业	食品制造业
农副食品加工业	黑色金属冶炼及压延加工业	通用设备制造业	医药制造业
交通运输及器材制造业	石油和天然气开采业	化学原料及化学制品制造业	木材加工及竹等制品业
通用设备制造业	医药制造业	通信设备和计算机设备制造业	农副食品加工业
煤炭开采和洗选业	电力、热力生产和供应业	电力、热力的生产和供应业	化学原料及化学制品制造业
食品制造业	非金属矿物制品业	石油和天然气开采业	通用设备制造业
医药制造业	木材加工及竹等制品业	农副食品加工业	非金属矿物制品业
化学原料及化学制品制造业	饮料制造业	非金属矿物制品业	黑色金属冶炼及压延加工业

（三）装备制造业在全国具有一定竞争力

东北地区工业总体发展水平相对下降，但装备制造业仍然在全国居于重要的位置，是我国装备制造业的科研和生产基地（表17-2）。尤其是交通运输设备制造业、普通机械制造业和专用设备制造业等行业的总产值、增加值、销售收入和就业人口等在全国占有重要的地位。

表17-2　东北地区装备制造业占全国比例（2005年）

项　目	企业单位数/万家	工业总产值/亿元	工业销售产值/亿元	利润总额/亿元	从业人员/万人
规模以上金属制品业	4.38	4.09	4.06	1.61	4.47
规模以上通用设备制造业	8.10	7.92	7.71	5.46	8.84
规模以上专用设备制造业	8.05	6.87	6.88	4.83	9.11
规模以上交通运输设备制造业	9.57	16.10	16.19	10.36	12.75
规模以上电气机械及器材制造业	4.95	3.34	3.37	2.62	4.08
规模以上通信设备、计算机及其他电子设备制造业	3.06	1.95	1.94	0.13	2.23
规模以上仪器仪表及文化、办公用机械制造业	5.57	2.72	2.70	3.04	4.90
装备制造业加总（除军工行业）	6.45	6.34	6.33	4.40	6.75
全部工业企业	6.23	7.77	7.77	11.40	7.68

资料来源：国家统计局（2006）。

东北地区生产的大量装备制造业产品畅销全国各地，为我国制造业产品升级换代提供了支撑。如大连市的水轮机、冷冻机、冶金工业设备、微电机，沈阳市的金属切削机床、环保机械和计算机整机，长春市和吉林市的轿车、载重汽车、轨道车辆，哈尔滨市的电力设备和船舰动力装备，齐齐哈尔市的重型机械设备、大型机床等，这些产品在全国均占有举足轻重的地位。

东北三省是我国重要的装备制造业基地，成套设备、船舶、智能化仪器仪表、汽车、数控机床等支撑国民经济技术升级的重大装备制造业及零部件工业，都在全国占据重要地位，并成为东北地区的支柱产业。但是，由于体制、机制和市场环境等因素的影响，自20世纪80年代中期以来，东北装备制造业发展相对滞后，竞争力下降趋势明显，主要面临以下几个问题：一是，企业创新能力不足。由于地区经济效益的减少使企业对技术投入不足，同时地区未能获得足够的国家资金和外商投资，企业自主研发和创新能力较弱。企业研发的重点停留在解决短期技术问题层面，核心技术和关键装备对外依赖性较大。二是，产业组织结构不合理。近年来，虽然东北装备制造业进行了大规模技术改造，但是生产专业化分工水平较低，为装备制造业主导企业配套的元器件、零配件企业成长缓慢，区域内大中小企业之间、各类开发区和工业园区之间的分工协作体系没有形成。大型企业与地方配套企业脱节，专业化协作程度较低，资源未能得到有效组合与利用。这些都需要从产业结构和组织结构方面进行调整突破。

（四）农业在全国地位突出

东北地区具有发展农业和畜牧业的优势，现在仍然是我国重要的粮食基地和农牧产业深加工基地。其中以粮食、畜产品为主的大宗农产品，在全国占有较大份额，具有明显的比较优势。从分品种的全国比较来看，东北地区具有优势的大宗农产品主要是稻谷、玉米、大豆、畜禽产品、奶类和水产品等。2005 年东北地区粮食产量 8936 万吨，占全国总产量的 18.5%；肉类产量 1088 万吨，占全国总产量的 14.1%；奶类产量 701 万吨，占全国总产量的 28.0%；水产品产量约 500 万吨，占全国总产量的 10%左右。

（五）新兴产业已成为产业结构调整的重要方向和地区经济发展的新动力

东北地区依托原有工业基础和长期被忽视的非矿产性资源优势，通过技术、资金引进以及体制创新等方式，发展起来一批在全国具有较强竞争力的新兴产业，如医药产业、农产品加工业、家具制造、电子通信、机械配件等。

由于丰富的“北药”资源，吉林省在中药材和中成药加工上居于全国前列；黑龙江省除中药外，化学原料药生产也具有一定竞争力，医药制造业成为东北地区制造业中发展最快的行业之一。农产品加工特别是绿色、特色农产品加工和制造业，如大豆、玉米、乳制品、绿色食品等的生产和加工已形成了一批企业，对地方经济发展起到了重要的支撑作用。另外，围绕原有工业基础，汽车、化工、机械、木材采伐等行业，孵化和发展了一批中小企业集群，如汽车配给企业集群、机械加工企业集群、精细化工企业集群、家具制造企业集群等。这些新兴产业的发展对改变东北地区资源型为主体的产业结构和中小城市的发展具有重要的意义。

（六）新的产业增长点不断形成

近年来，东北地区已经在企业创新、新兴产业培育和重点产业空间发展上取得了重大成绩。大城市围绕城市改造和发展，重点构建了有利于企业发展的平台。例如，哈尔滨市围绕医药行业的发展，建立了利民工业园区，目前以民营为主的医药企业达 25 家；长春市围绕汽车建立的汽车工业园，已经形成保险杠、燃油箱、车灯、密封件等 40 多家高水平、大批量、专业化的汽车配套企业群；大庆在石化总厂周边建立了化工园区，重点围绕精细化工中小企业生产配套设施，进行园区环境建设，吸引了 30 多家民营精细化工企业。通过企业发展环境建设，各大城市的产业园区已经成为重要的产业集聚点。

在产业集聚的同时，产业的空间扩散也促进了大城市周边中小城市产业的发展。如哈尔滨市周边的阿城、肇东、呼兰、双城已经成为机械，特别是汽车配件、医药、农产品加工的重要基地；长春周边的德惠、九台、公主岭等围绕“一汽”轿车、轻型车等形成了配件企业集群和农产品加工基地。由于中小城市产业的快速发展，产业空间发展由大城市为核心的“点状集聚”向“带状扩散”发展，东北三省的产业集聚带正在形成。

二、东北地区工业化发展阶段的判定

从国际比较来看，衡量经济发展阶段的主要指标是具有内在联系的，但我国的相应衡量指标存在着较大差异，因此，东北地区的经济发展阶段需要结合区域的实际情况进行判定。

（一）基于人均GDP衡量，东北地区即将步入工业化的中期

辽宁省处于工业化的中期，而黑龙江省和吉林省处于工业化的初级阶段，从东北地区主要的城市来看，大连市和沈阳市处于工业化的后期，长春市和哈尔滨市还处于工业化的中期。

利用辽宁省、吉林省、黑龙江省以及大连市、沈阳市、长春市和哈尔滨市1978年以来的国内生产总值及国内生产总值指数（或按可比价格计算的生产总值发展速度）和总人口数据，按1990年不变价格计算出东北地区及四大主要城市2004年的人均GDP，按1990年的汇率（1∶4.7838）换算折合成美元，再以1964年为1，美国1990年的价格指数为3.939折算为1964年的美元数据。计算结果表明（表17-3），按照1964年的美元标准，东北地区2004年的人均GDP只有395美元，处于钱纳里等学者按人均收入水平划分的工业化初级阶段的末期，即将步入工业化的中级阶段。辽宁省2004年人均GDP为501美元（1964年美元标准），处于工业化的中级阶段，而黑龙江省和吉林省人均GDP分别为325美元和332美元，均处于工业化的初级阶段。从东北地区主要城市的发展水平看，大连和沈阳处于工业化的高级阶段，而长春和哈尔滨处于工业化的中级阶段。与全国的经济发展状况比较，东北地区工业化发展水平强于全国的平均水平。辽宁省的经济发展阶段领先于东北其他地区，大连市和沈阳市的经济发展明显快于其他主要城市。

表17-3　东北地区及其各省市与主要城市2004年人均GDP换算　　单位：美元

项　目	东北地区	辽宁	黑龙江	吉林	大连	沈阳	长春	哈尔滨	全国
人均GDP（1964年美元标准）	395	501	325	331	1 063	834	642	406	277
人均GDP（1990年美元标准）	1 558	1 975	1 281	1 304	4 189	3 285	2 530	1 597	1 092

（二）基于三次产业结构衡量，东北地区处于工业化中期

利用辽宁省、吉林省和黑龙江省及大连市、沈阳市、长春市和哈尔滨市2004年三产数据，计算东北地区及其主要城市2004年三次产业的产出结构和就业结构，结果表明（表17-4），与全国三次产业的产出结构相比，东北地区的第一产业比重在10%左右，第三产业的比重比较高，为35.69%，高于全国约4个百分点，第二产业比重尽管低于全国52.9%的水平，但仍然在50%以上，高于一般模式中工业化完成阶段的第二产业比重。可见，东北地区所反映的工业化阶段处于中期向后期发展的过渡阶段。

表17-4　东北地区三次产业结构及其就业结构（2004年）

项　目	三次产业结构/%			三次产业就业结构/%		
	第一产业	第二产业	第三产业	第一产业	第二产业	第三产业
东北地区	13.5	48.5	38	41.93	21.40	34.67
辽宁	11.20	47.70	41.10	34.40	28.00	37.60
吉林	18.96	46.63	34.41	46.10	18.60	35.30
黑龙江	11.08	59.50	29.42	48.30	21.20	30.50
蒙东地区	—	—	—	—	—	—
沈阳	5.60	49.50	44.90	—	—	—
大连	7.80	50.10	42.10	1.76	49.29	48.95
长春	10.94	48.34	40.72	—	—	—
哈尔滨	16.40	38.30	45.30	36.70	28.10	35.20
中国	15.2	52.9	31.9	46.9	22.5	30.6

注：部分资料未收集。

但是由于我国是在市场化落后的条件下迅速推进工业化的，导致工业化推进过程中市场化没有得

到相应的发展，出现产业结构尤其是工业比重偏高而第三产业比重偏低的结构性偏差，这种特征在东北地区尤为突出，所以仅用第二产业的比重去对应钱纳里等研究的工业化阶段模式，容易造成研究结果偏高。除了结合第一产业的比重和第三产业的比重分析以外，从产业就业结构可以进一步矫正由于我国产业结构性偏差带来的工业化发展阶段的判别误差。从产业就业结构来看，东北地区三次产业就业结构为41.93:21.40:34.67，根据经济发展水平和对应的产业结构，可知，由于第三产业发展滞后，东北地区的经济发展仍处于工业化中期阶段，而不是工业化的中后期阶段。

（三）基于工业内部结构衡量，东北地区处于工业化中期

从当前东北地区轻重工业产值的比例分析，重工业仍然占据非常重要的地位。2004年轻重工业比例达到18:82，而在20世纪80年代是30:70，由此可见，近些年重工业的地位在东北地区仍得到了进一步的提升。而且重工业中钢铁、机械、能源、化工等资源型工业占据举足轻重的地位，保持着增长趋势。从产业发展历史来看，新中国成立以来，东北地区一直强化发展重化工业，石油、冶金、机械和化工成为东北地区产业的四大部门。80年代以来轻工业有所发展，但东北地区的轻工业是以农副产品为原材料生产的，重工业中采掘业和原材料工业产值之和仍超过加工工业。上述固有的特征延续至今，表明东北地区资源开发产业在区域经济中的基础地位仍未改变，而东北地区的高新技术产业发展缓慢，技术密集型加工工业比重较低。这种工业结构所反映的工业化水平，表现出较明显的工业化中期阶段特征。

从各省市来看，辽宁省轻重工业比例为16:84，高新技术产品增加值对GDP的增长贡献度为18.9%，比2001年提高了12个百分点，形成了以新材料、光机电一体化和电子信息为主的高新技术发展态势。2005年辽宁省规模以上的工业企业高新技术产品产值主要集中在交通运输设备制造业、化学原料及化学制品制造业、通信设备、计算机及其电子设备制造业、石油加工、炼焦及核染料加工业、电气机械及其器材制造业、通用设备制造业和黑色金属冶炼及延压加工业①。可见，辽宁省经济发展已经具有工业化中后期的发展趋势。黑龙江省和吉林省的轻重工业比例均为19:81，重工业为绝对优势的工业特征在两省非常明显。吉林省交通运输设备制造业的高加工装备工业比重占绝对地位，工业产值排名靠前的化学原料及化学制品制造业、农副食品加工业分别是交通运输设备工业产值的1/4和1/10左右，产业结构较为单一，2004年规模以上工业企业高新技术产业占GDP的2%。黑龙江省2004年高新技术产业增加值占GDP的4%，黑龙江省的工业以石油和天然气开采业、石油加工业、电力、农副食品加工业、交通运输及器材制造业等为主，资源依赖和劳动密集的产业特征突出。由此可见黑龙江省和吉林省处于工业化中期阶段。

综上所述，东北地区经济发展处于工业化中期阶段，辽宁省处于工业化中后期，黑龙江省和吉林省处于工业化中期，蒙东地区处于工业化初期，处于大规模开发阶段。

三、东北地区产业竞争力评价

（一）行业竞争力的差异

从全国层面来看（图17-3），东北地区工业的竞争力可分为以下三类：

第一类是具有绝对竞争力的行业（区位商≥2）。主要包括石油和天然气开采业（2）、石油加工及炼焦业（16）、交通运输设备制造业（28）。

第二类是具有一定竞争力的行业（2 > 区位商≥1）。黑色金属冶炼业（23）、木材加工业（12）、医药制造业（18）、食品加工业（5）、通用设备制造业（26）、电力（32）和化学原料制造业（17）。

第三类是缺乏竞争力的行业（区位商 < 1）：主要包括专用设备制造业（27）、煤炭采选业（1）、食

① 数据来源：辽宁省科技统计信息网。

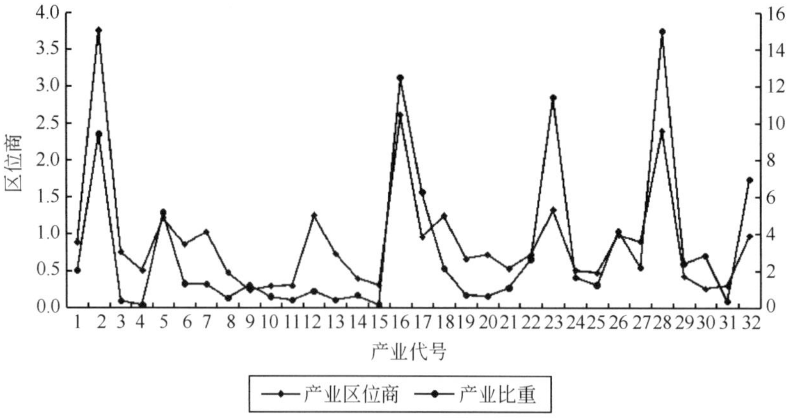

图 17-3　东北主要制造业在全国的区位商比较

注：产业代号表示如下。1. 煤炭开采业；2. 石油开采业；3. 有色金属矿采选业；4. 非金属矿采选业；5. 农副食品加工业；6. 食品制造业；7. 饮料制造业；8. 烟草加工业；9. 纺织业；10. 纺织服装制造业；11. 皮革等制品业；12. 木材加工业；13. 家具制品业；14. 造纸及纸制品业；15. 印刷业；16. 石油加工工业；17. 化学原料制造业；18. 医药制造业；19. 化学纤维制造业；20. 橡胶制品业；21. 塑料制品业；22. 非金属矿物制品业；23. 黑色金属加工业；24. 有色金属加工业；25. 金属制品业；26. 通用设备制造业；27. 专用设备制造业；28. 交通运输制造业；29. 电气机械制造业；30. 通信设备制造业；31. 仪器仪表制造业；32. 电力

品制造业（6）、有色金属矿采选业（3）、家具制品业（13）、橡胶制品业（20）、非金属矿物制品业（22）、化学纤维制造业（19）、塑料制品业（21）、有色金属加工业（24）、非金属矿采选业（4）等。

（二）综合评价

以超过整个工业产值5%比重作为确定支柱产业指标，东北的支柱产业是交通运输设备制造、石油加工及炼焦业、黑色金属冶炼、石油和天然气开采、电力、化学原料和食品加工业等七大产业，产业比重分别为14.98%、12.46%、11.40%、9.40%、6.96%、6.26%和5.16%。

从全国层面来看，东北地区最具竞争力的工业行业是石油和天然气开采业、石油加工及炼焦业、交通运输设备制造业，其区位商分别为3.76、2.61和2.40，而这三大工业行业也是占东北地区工业比重较大的产业，所占工业比重分别为9.4%、12.46%和14.98%，均为东北地区的支柱产业。较具竞争优势的工业行业是黑色金属冶炼、木材加工等制品业、医药制造业、食品加工业、普通机械制造业、电力和化学原料制造业，区位商处于1和2之间。由此可见，东北地区产业竞争力偏重于石油和天然气开采业等能源原材料开采业、石油加工及炼焦业、化学原料、电力与黑色金属冶炼业等重化工业、交通运输设备制造业和普通机械制造业等装备制造业、木材加工等制品业和食品加工业等劳动密集型加工工业、医药制造业等六大产业方向，与东北支柱产业高度相关。

可见，东北地区支柱产业和产业竞争力仍然集中于资源密集型产业和装备制造业，资源依赖型产业竞争力突出，而电子信息、生物工程等高新技术型产业发展较弱。

第二节　产业发展目标与产业结构转型方向

一、产业总体发展目标

（一）总体态势

东北地区正处于工业化的中期阶段，从发达国家产业发展的经验来看，基础原材料工业、制造业和服务业将会成为区域的主导产业。这一阶段产业发展的核心驱动力是投资和技术创新。因此，在未来10～15年内，东北地区的基础原材料工业、制造业和高新技术产业将会成为产业发展的重点领域，但基础原材料工业将由规模增长型向效率增长型转变，产业规模总量将会得到控制，内部结构和空间布局趋于合理；先进的装备制造业会有大幅度发展，成为我国大型、成套装备制造业的核心区，在一些地区会形成具有一定分工与联系的制造业产业链和产业集群；大连、沈阳、长春、哈尔滨等四个特大城市产业转型速度将会加快，先进制造业、高新技术产业、农产品加工业和现代服务业会成为其未来发展的主导产业，并成为引领东北老工业基地产业转型的先导城市；农业的基础作用和作为国家重要商品粮基地的地位不会动摇，农业产业化、基地化也会是重要发展趋势。

（二）总目标

利用东北老工业基地振兴的契机，加大产业结构调整力度，构建创新型、集约型、节约型和生态型的产业发展模式，增强东北地区产业的综合竞争力和可持续发展能力，形成具有竞争力的新兴产业基地是东北地区产业发展的总目标。

围绕新兴产业基地建设的总目标，具体要以精品原材料工业为基础，现代装备制造业为龙头，高新技术产业为先导，推动东北地区第二产业的升级，形成具有全国意义的精品原材料基地和具有国际竞争力的先进装备制造业基地；加大农牧业投入力度，推动农业产业化和规模化经营，确保粮食生产在全国的地位，巩固东北地区作为国家商品粮基地的作用，建设具有全国意义的农产品深加工基地；积极发展现代服务业，提升现代服务业在全国的地位，形成三次产业协调发展的新格局。

通过产业结构调整和企业技术创新能力提升，形成一批优势产业集群，促进第二产业内部结构的优化，积极发展现代服务业，尤其是生产性服务业，提升第三产业的比重，重视农业基础地位，巩固第一产业的地位。第一、第二、第三产业增加值比例由2005年的13.5:48.5:38，调整到2010年的11:49:40。

转变经济增长方式，走科技含量高、经济效益好、资源消耗低、环境污染小、人力资源优势得到充分发挥的新型工业化道路。其中，高新技术产业占GDP的比重大幅度提高，到2010年高新技术产业增加值占GDP比重提高到10%以上，R&D经费支出占GDP的比重达到2.0%；万元工业增加值用水量降低25%，万元工业增加值的能耗下降20%；工业和生活排放的主要污染物排放总量减少10%以上，重点行业污染物排放强度明显下降。

产业空间发展重点是“两大产业发展带”、“五大产业集聚区”和若干个产业发展的新增长点，把它们建设成为东北老工业基地振兴的核心区。

二、产业发展阶段目标和方向

（一）近期目标

建设具有全国重要意义的精品原材料基地、装备制造业基地和粮食生产基地。我国已经进入工业化中期，对钢铁、石化等基础原材料大规模的需求仍然将持续下去，这为东北地区原材料产业在发展过程中进行结构调整提供了新的机遇。近期东北地区产业发展重点应是促进基础原材料工业由规模扩张向效率增长型转变，合理调控总量，优化行业内部结构和空间布局，形成具有国际竞争力的两大精品原材料基地，即石油化学工业生产基地和精品钢生产基地，增强基础原材料工业的竞争力，巩固石化和钢铁工业在全国的优势地位。加大装备制造业结构调整力度，建立各种研发中心和产业化基地，支持企业提升自主创新能力，围绕核心产业，培育当地配套能力，带动中小城市产业的发展。发挥水土资源优势，建设以玉米、大豆、水稻为优势的粮食安全基地、绿色农产品生产基地和畜产品基地。

（二）中期目标

建设具有国际竞争力的现代装备制造业基地和重化工业基地，高新技术产业和服务业大幅度提升，实现老工业基地振兴目标。扶持研发中心和自主品牌企业的发展，提升企业技术创新能力，通过延伸产业链、培育产业集群等方式，增强企业当地配套能力和辐射带动能力，鼓励企业间的整合，加大组织结构调整，通过信息化带动产业和产品结构升级，建设具有国际竞争力的装备制造业基地，到2015年左右成为第一主导产业。

在今后的近10年中，巩固、提高装备制造业在东北工业结构中的比重，形成东北地区交通运输设备、成套设备研发—生产—销售等大协作的网络体系，推动重工业结构从基础工业型向基础与加工并重型转变。积极发展石化产业下游产品、农牧产品深加工业、现代物流业、商贸、信息和咨询服务业、旅游业等产业，实现老工业基地振兴的目标，确立东北地区在全国产业布局中的战略地位（表17-5）。

表17-5　东北地区产业发展阶段目标和方向

项　目	近　期	中　期	远　期
时间跨度	2005～2010年	2011～2015年	2016～2020年
发展目标	形成具有全国重要意义的精品原材料基地、装备制造业基地和粮食生产基地	形成具有国际竞争力的现代装备制造业基地和重化工业基地，服务有大幅度提升，实现老工业振兴目标	在装备制造业和重化工业基础上，高新技术产业、现代服务业和轻工业全面发展，形成引领全国产业发展的“第四极”
产业发展重点	石油化工、钢铁、汽车、船舶、成套设备、农产品加工业、物流业、旅游业、金融和保险、高新技术产业等	装备制造业、石化产业下游产品、高新技术产业、农产品加工业、现代物流业、商贸、信息和咨询服务业、旅游业、创意产业等	高新技术产业、现代物流业、信息和咨询服务业、创意产业、中介服务业、金融业、机械制造、精细化工等

（三）远期目标

在发展装备制造业和重化工业基础上，大力发展高新技术产业、现代服务业和轻工业，形成引领全国产业发展的“第四极”。着眼于未来20年，东北地区应改变目前重工业过重的状况，实现工业结构向轻重工业并重的结构转换。实现工业结构向高新技术产业、装备制造业、精品原材料工业和轻工业全面发展的结构转型。大力发展具有资源优势的食品加工、医药工业、家具制造业等轻工业，以及与精品原材料工业和装备制造业配套的电子、智能化仪器仪表等高新技术产业，构筑轻重工业协调发展、生产链条相对完整的产业体系。鼓励发展高新技术和现代服务业，培育未来产业发展的主导产业，加大电子信息、生物工程、现代中药、新材料等领域的研发和产业化支持力度，以高新技术产业园区和产业基地为基础发展电子信息产业和新材料产业，以医药、食品、服装等为核心培育新兴制造业，同时要大力发展以生产者服务业为主体的现代服务业。

第三节　工业发展重点

建设一个具有重要战略地位、结构相对完整的现代工业体系。充分发挥石化和钢铁工业的比较优势，以高新技术为基础，以节能降耗精深加工为方向，发展高技术含量、高附加价值产品的原材料工业，由资源加工型转变为技术加工型。重点支持钢铁、石化等优势产业的结构调整，形成精品原材料基地。

一、基础原材料工业发展方向与重点

基础原材料工业发展方向是建设具有全国意义的两大精品原材料基地，即石油化学工业生产基地和精品钢生产基地。在对东北原材料和装备制造业发展基础、现状问题、市场前景的分析后，我们认为，基础原材料工业要由规模扩张向效率增长型转变，重点应合理调控总量，优化行业内部结构和空间布局，形成具有国际竞争力的两大精品原材料基地，即石油化学工业生产基地和精品钢生产基地。

（一）建设全国精品石油化学工业生产基地

1. 东北地区石化产业现状和在全国的地位

作为东北地区的支柱产业之一，发展石化产业具有比较好的基础条件。东北地区已经建立了相对完善的石化产业体系，石油化学工业的健康发展对东北经济振兴将起到十分重要的作用。

第一，东北地区是我国最大的原油生产基地。2004 年，东北地区石油产量 6539.59 万吨，约占全国的 37.4%，仍然是全国最大的原油生产基地。其中，大庆油田生产 4640 万吨，吉林油田生产 500 万吨，辽河油田生产 1283 万吨，二连油田生产 80 万吨。2004 年天然气产量 35.53 亿立方米，约占全国的 8.71%；原油和天然气的消费量为 7621.67 万吨和 37.41 亿立方米，分别占全国的 24.74% 和 9.59%（表 17-6）。因此，从原油和天然气产量和消费量来看，东北地区均在全国占有重要位置。

表 17-6　2004 年东北各地区原油与天然气的产量与消费量

地区	原油产量/万吨	原油消费量/万吨	天然气产量/亿立方米	天然气消费量/亿立方米
黑龙江	4 640.03	5 216.67	20.3	15.81
吉林	505.52	799	4.93	4
辽宁	1 283.19	1 606	10.3	17.6
蒙东	110.85	—	—	—
东北总计	6 539.59	7 621.67	35.53	37.41
全国	17 470	30 806	408	390

注：表中部分资料未收集。

第二，东北地区是我国最大的石油加工基地。从原油开采、炼油、乙烯到化工产品已形成了较完整的产业链，有八家企业排全国化工行业前 20 位，包括抚顺石化、大连石化、吉林石化、大庆石化总公司、大庆炼化、锦西石化、锦州石化和辽阳石化等。2005 年，东北地区的原油加工能力已经超过了 9000 多万吨，是我国最大的石油加工基地，现约占全国炼油能力的 37% 以上。目前，达到或超过 1000 万吨/年规模的大型炼油企业有大连石化、抚顺石化、大连西太平洋石化三家，其中，大连石化的加工能力已超过 3000 万吨/年。另外，大庆炼化、大庆石化、锦西石化、锦州石化、辽阳石化和吉林石化分公司的炼油能力也都超过了 500 万吨/年（表 17-7）。

表 17-7　2004 年东北地区石油加工能力与原油加工量

地区	企业	常减压能力/（万吨/年）	2004 年原油加工量/万吨
辽宁省	抚顺石化分公司	1 150	900.00
	大连石化分公司	2 000	1 200.11
	大连西太平洋分公司	1 000	752.60

续表

地区	企业	常减压能力/（万吨/年）	2004年原油加工量/万吨
辽宁省	辽阳石化分公司	750	403.10
	锦西石化分公司	600	613.67
	锦州石化分公司	650	610.72
	鞍山炼油厂	250	86.32
	辽河石化分公司	410	270.58
吉林省	吉林石化分公司	700	641.97
	前郭石化分公司	330	97.39
黑龙江省	大庆炼化分公司	800	538.80
	大庆石化分公司	600	590.30
	哈尔滨石化分公司	330	230.19
东北合计		9 570	6 935.75
全国合计		23 248	—

注：表中部分资料未收集。

资料来源：中国石油天然气集团公司（2005）。

第三，东北地区是我国重要的石油化工下游产品生产基地。目前，已经形成五个炼化一体化的大型石化企业，包括抚顺石化、大庆炼化、吉林石化、辽阳石化和大连石化。2004年乙烯生产能力143万吨，产量156.2万吨，分别占全国乙烯生产能力和产量的25.6%和25.5%。一些石油化工的下游产品在全国位置突出，在乙烯等有机原料基础上，已经或正在形成具有地方特色的石油化工、有机化工、精细化工一体化的深加工产业链，其中乙烯、丙烯、C_4、C_5、天然气化工和聚烯烃深加工地位突出。

主要有机化学原料产品在全国也具有一定竞争力。除乙烯外，丁醇、辛醇、苯酚、氨基苯等有机原料在全国占有重要的地位（表17-8）。另外，吉林石化14万吨/年丁二烯装置以及ABS、乙二醇、苯胺、丁辛醇、醋酸、醋酐、苯乙烯、乙醇、乙丙橡胶10套装置为全国规模最大；抚顺石化的石蜡产量和出口量均居全国第一，并为亚洲最大的合成洗涤剂原料基地，约占全国48%的市场。

表17-8 2004年东北地区主要有机原料产量 单位：万吨

地 区	企业	乙烯	丁醇	辛醇	环氧乙烷	醋酸	苯酚	苯乙烯	烷基苯
辽宁	抚顺石化	17.5	—	—	6.44	—	—	4.77	19.49
	大连石化	—	—	—	—	—	—	—	5.55
	辽阳石化	14.18	—	—	6.43	—	—	—	—
吉林	吉林石化	58.05	10.45	6.75	6.19	12.67	7.99	16.20	—
黑龙江	大庆炼化	45.6	3.57	5.29	—	7.51	—	—	—
东北合计		135.33	14.02	12.04	19.06	20.18	7.99	20.97	25.04
全国		626.6	17.84	27.07	—	115.16	32.73	79.07	40.22

注：表中部分资料未收集。

资料来源：中国石油天然气集团公司（2005）；中国石油化工集团公司（2005）。

但是，在东北地区石化产业中，三大合成材料（合成树脂、合成纤维、合成橡胶）在全国的地位不高，如聚丙烯和合成纤维产量分别只占全国总量的8.58%和1.10%左右（表17-9）。

表 17-9　2004 年东北地区合成树脂和合成纤维产量　　单位：万吨

地　区	企业	聚乙烯	聚丙烯	合成纤维
辽宁	抚顺石化	11.91	8.73	—
	大连石化	—	17.58	0.5
	辽阳石化	8.60	4.92	7.44
吉林	吉林石化	28.99	—	—
黑龙江	大庆炼化	38.26	9.55	6.60
东北合计		87.76	40.78	14.54
全国		441.3	474.88	1313.96

注：表中部分资料未收集。

第四，东北地区已经形成比较合理的石化产业空间分布格局。经过几十年的发展，东北地区的石化产业的分布格局已经形成，以抚顺石化、大庆石化、吉林石化、大连石化、大连西太平洋、大庆炼化等 17 家重点骨干企业为主，构成了东北地区石化产业的核心企业群；以大连、大庆、抚顺、锦州、吉林等城市为依托形成了五大炼油生产基地；以大庆、吉林、抚顺、辽阳等为载体形成了四大化工产业下游生产基地。

2. 石油化工发展目标

实施以扩能降耗和提高竞争力为主的改扩建方式，采用"基地化、大型化、一体化、专业化"的发展模式，加快石化产业的结构调整和产业升级。以资源最优化、产品市场化、投资节约化和效益最佳化为原则，依托大连石化、抚顺石化、大庆石化、吉林石化等一批特大型企业，建立一批大石化产业基地和一批精细化工产业基地，形成较完整的石化产业深加工产品链，提升石化产业对振兴东北老工业基地的作用（表 17-10）。

表 17-10　2010 年和 2020 年东北地区的原油加工能力与乙烯生产能力规划　　单位：万吨

地　区	2004 年		2010 年		2020 年	
	原油	乙烯	原油	乙烯	原油	乙烯
辽宁	6 800	44	7 000	200	8 000	300
吉林	1 000	53	1 000	80	1 000	100
黑龙江	1 700	48	2 000	100	2 000	100
蒙东	—	—	—	—	—	—
东北地区	9 500	145	10 000	380	11 000	400

注："—"表示资料未收集。

根据国内外油气资源状况，采用"基地化、大型化、一体化、专业化"的发展模式，调整现有石化企业的结构，建立大型炼油基地。到 2010 年使东北地区的炼油综合能力达到或接近 1 亿吨/年，形成 4～5 个千万吨级炼油基地；用 10 年的时间使乙烯产量达到 400 万吨以上，提高合成树脂在三大合成材料中的比例，建设上下游相互配套、一体化的石油化工产业群。

3. 石油和化学工业基地建设方向和重点

第一，控制新增炼油能力，总体炼油能力不应超出 1 亿吨/年，未来发展重点是调整规模结构和空间结构，建立 4～5 个千万吨/年的炼油基地。

目前，东北地区有抚顺石化、大连石化、吉林石化、大庆炼化等 13 家 250 万吨/年以上规模的炼厂，原油一次加工能力已达到 9000 万吨/年，远远超过东北地区的原油产量和成油品消费量。根据我国炼油工业未来发展态势，建议控制东北地区原油加工能力的增长，总体炼油能力控制在1亿吨/年。未来主要是扩大企业生产规模，通过炼厂的规模结构和空间结构调整，实现加工能力在企业间的重新优化配置。在未来5～15年内，压缩500万吨/年以下的炼厂，形成4～5个千万吨/年的炼油基地，重点建设大连（3000万～4000万吨/年）、抚顺（1000万吨/年）、大庆（2000万吨/年）、吉林（1000万吨/年）、锦州（1000万吨/年）、锦西（1000万吨/年）和辽阳（1000万吨/年）等大型和超大型炼油基地（表17-11）。

表17-11　2010年和2020年东北地区石化企业炼油能力规划　　单位：万吨

炼油能力	辽宁省	吉林省	黑龙江省	三省合计
≥2 000	1个（大连石化）	—	—	1
≥1 000	5个（抚顺石化、大连西太平洋、锦西石化、锦州石化、辽阳石化）	1个（吉林石化）	2个（大庆石化、大庆炼化）	7

第二，发挥各自优势，建设分工合理、各具特色的石化生产基地。石化产业是东北地区的优势和主导产业，在“十一五”规划中，很多城市把石化产业作为未来发展的重点产业，新一轮石化产业竞争态势已经出现。但东北地区各城市在发展石化产业上，不仅仅是竞争关系，也存在着明显的互补性。因此，在发展重点上要突出各自的优势，形成相对合理的分工体系。

在未来10～15年，大连、抚顺、大庆和吉林的发展目标是建成具有世界级规模的千万吨炼油、百万吨乙烯及下游产品全面发展的综合性石化生产基地；锦州、锦西则应该以建成国内一流、在国际上占有重要地位的特大型炼油和原油储备基地为目标；辽阳重点发展化纤及化纤原料基地；盘锦则建成国内最大的重交沥青和环烷基润滑油生产基地。

第三，大力发展精细化工，构建“两带五点”的精细化工空间发展格局，发达国家在20世纪60～70年代就提出加快发展精细化工，在80年代则开始有计划地进行战略转移，现在已经完成了化学工业的产业结构和产品结构的重大调整，精细化工产值占化学工业总产值的比重（精细化率）已由80年代的50%～53%上升到90年代的55%～63%。其中，美国的精细化工率已超过53%，德国为50%，日本为60%，法国为63%。当前全球石油和化学工业的总销售额中，有20%以上来自精细化工。目前，我国精细化率约为40%，而东北地区不到30%，且存在着品种少、总量不足、产品质量差、企业集中度低、资源配置效率低等问题。因此，大力发展精细化工是提升东北地区石化产业效益和综合竞争力的重要途径，也是带动东北地区轻工业发展的基本保障条件。

东北地区的精细化工发展应依托现有产业基础，在炼化厂、乙烯加工集中点及周边形成一批有较强竞争力的精细化工企业群，构建“两带五点”的精细化工产业空间发展格局，即以沈大高速公路沿线城市和沿海沿线城市为依托，建设若干个具有地区和产业特色的精细化工基地，形成两条精细化工产业带；依托大庆石化公司、大庆炼化公司建设大庆精细化工集聚区，依托吉林石化分公司建设吉林精细化工集聚区，依托抚顺石化、辽阳石化、大连石化建设抚顺、辽阳、大连精细化工集聚区。到2010年东北石化工业精细化率由2003年的29%提高到40%以上，使东北地区精细化工产业达到国内先进水平。

第四，推动炼油化工一体化，发展乙烯及下游产品，延伸石化产业链。东北地区石油化工产业的发展一直低于全国平均水平，炼化一体化程度相对较弱，直接影响到石油工业的整体效益以及对东北工业经济的带动能力。因此，应进行战略性调整，主要是做大乙烯装置，扩大石油化工产品的份额，为东北地区发展轻工业、实现工业结构转型创造条件。

乙烯成本随着装置规模的增大会有较大幅度的降低，100万吨/年与50万吨/年规模的乙烯装置相比较，可降低成本约25%。但目前东北地区5家乙烯生产企业年总生产量不足150万吨，平均规模只有30万吨/年，远低于世界平均50万吨/年的生产规模。乙烯是石化深加工产品的主要原料，市场需求潜力大，扩大乙烯生产规模、提升乙烯在东北地区石化工业中的地位是优化调整石化产业结构的重要途径。

东北地区乙烯发展重点是支持抚顺、大连、大庆和吉林的石化企业的炼油化工一体化进程，建设4个百万吨的乙烯项目，在未来10～20年内，东北地区乙烯产能要达到400万吨以上，其中辽宁达200万吨以上。

除乙烯深加工外，重点壮大和培育六大石化产业工链条，延伸石化产业的深加工（表17-12）。

表17-12　东北地区六大石化产业链及产品

六大石化产业链	主要产品
乙烯深加工产业链	乙二醇、苯乙烯、聚苯乙烯、乙酸乙烯、聚乙烯醇、树脂（PVC、PVB）、聚萘二甲酸、乙二醇脂等
丙烯深加工产业链	高吸水树脂、环氧树脂、丙烯乙酸、苯酚丙酮、双酚A、聚碳酸酯、环氧丙烷、二醇醚、涂料等
C_4 深加工产业链	ABS、甲基丙烯酸甲酯、聚甲基丙烯酸甲酯、丁二醇、聚四氢呋喃、氨纶、聚对苯二甲酸丁二醇酯、丁基橡胶等
C_5 深加工产业链	氢化石油树脂、共聚石油树脂（DCPD）、环戊烷、异戊二烯及环戊二烯、聚异戊二烯（TPI）等
天然气化工产业链	甲醇、乙酸乙烯、乙酸酯、甲醛、聚甲醛、酚醛树脂、甲醇蛋白、氢氰酸、己内酰胺、二甲醚、PVC树脂等
聚烯烃后加工产业链	聚乙烯管材及双壁波纹管、钢骨架聚乙烯复合管、聚丙烯透明片材、无纺布、双向拉伸聚丙烯、改性塑料等

其中，聚乙烯、聚丙烯、聚氯乙烯、聚苯乙烯、ABS树脂等作为树脂类的发展重点；聚酯、尼龙和丙烯腈作为合成纤维单体的发展重点。另外，以市场需求为导向，鼓励民营经济进入精细化工行业，发展高档新型染料及有机颜料、节能环保新型涂料等新产品，黏合剂、表面活性剂、塑料助剂、橡胶助剂、纺织印染助剂、水处理剂、油品添加剂等新兴领域的精细化工产品，以及汽车、船舶等专供石化材料。

第五，应用高新技术和现代生产理念改造石化产业，提升石化产业的综合竞争力。通过引进、消化、吸收和技术创新，快速形成自主知识产权的石化产业核心技术，加快利用高新技术改造和提升现有石化产业的进程，实现石化产业的高新技术化。通过节能降耗和集约化经营，使能耗、物耗显著降低，构建生态与环境友好型石化产业。大力推进生物技术、纳米技术等现代技术在化工领域中的应用，促进石化产业向精细化、系列化、专业化和功能化方向发展，提高产品附加价值。

第六，开辟陆上和海上原油进口渠道，拓展原油和油品市场空间。为了确保东北地区石化工业的健康、稳定发展，必须积极开辟原油供给市场，调整原油来源结构。一是积极利用俄罗斯进口原油，弥补或替代本地产石油减产造成的缺额；二是在沿海港口城市建设大型原油接卸码头和LNG接卸码头，利用海上通道增加原油和天然气的进口量。

4. 煤化工及基地建设方向和重点

东北地区褐煤资源储量丰富，且具有一定的化工产业基础优势，鉴于国际原油、天然气价格上涨的趋势，以及国内油气资源不足、国际进口量逐年增长的态势，应依托本地煤炭资源优势，将能源、化工技术相结合，本着“统一规划、集中布局、规模适度”的原则，适度发展新型煤化工产业，形成煤炭－能源－化工一体化的新兴产业体系，合理进行产业组织与空间布局。

在发展思路上，应在分析国内与国际煤化工产品市场的前提下，以国家产业政策为指导，制定东北地区煤化工的统一规划，确定地区煤化工发展主导方向、合理规模以及上下游相关产业的配套发展设施；协调不同地区的利益关系，防止地方盲目上马项目。

具体而言，在产业组织上，应实施产业集团化与产业链条化战略。充分发挥黑龙江和蒙东地区发展煤化工的优势，鼓励规模大、资金雄厚的煤化工企业按地域或产业链组建联合集团，兼并生产规模不达标的小煤化工企业，实现煤化工产业的集中化、规模化经营。另外，积极与国际煤化工发展方向接轨，以清洁能源为主要产品，建立配套的上下游煤化工产业链条。实现能源－化工一体化，以合成气－甲醇－烯烃产业链、煤气化－甲醇－碳化工产业链、煤焦化－焦油深加工产业链、煤制合成氨－精细化工产业链四大产业链为主线，拓展产业链条，实现煤化工产业的循环经济。

在空间上，实行基地化产业布局，重点建设蒙东和黑东两个煤电化基地。根据地区煤炭资源、水资源基础条件与产业基础，蒙东地区重点建设呼伦贝尔和锡林郭勒盟煤电化基地，以伊敏、大雁、乌拉盖为依托，发展煤液化、煤制甲醇等化工；黑龙江东部地区以双鸭山、七台河、鹤岗、鸡西煤矿为基础，以黑化、牡丹江石化、哈尔滨气化公司为依托，发展煤转焦、合成氨等化工。

（二）建设全国精品钢生产基地

根据国内外市场需求、东北地区发展钢铁的基础条件和优势，未来东北地区钢铁工业的基本发展定位是形成具有国际先进水平的钢铁生产基地，包括建设具有全国意义的精品板材、特钢生产基地和具有区际意义的新型建筑钢基地（表 17-13）。

表 17-13　东北地区钢铁产业发展规划

发展现状	绝对产量在扩大，但相对水平不断下降 钢铁工业产量大，但主要集中在辽宁省 资源型的布局格局没有发生根本性改变 资源逐渐成为钢铁工业发展的制约因素
发展优势	最佳资源组合条件，为东北地区发展精品钢生产基地提供了保障 具有良好的运输系统，为原料和产品集散提供了广阔的市场空间 东北地区装备制造业的发展需要大量的精品钢材 全国钢铁消费市场结构性短缺仍然存在，高端钢需求量很大
发展目标	▲总体发展目标： 建设北方精品钢材生产基地 ▲三大重点发展目标： 建设具有全国意义的精品板材生产基地 建设全国最大的精品特钢生产基地 建设具有区际意义的新型建筑钢材生产基地
发展重点	加快组织结构调整，组建年生产能力 3000 万吨以上的大型企业集团 根据市场需求，加速产品结构优化升级 推进钢铁工业向沿海港口城市适度转移 重点建设三大精品钢生产基地

1. 东北地区钢铁工业的发展现状和地位

2005 年年底中国钢铁生产能力达到 4.1 亿吨，钢产量达到 3.5 亿吨，已连续 10 年居世界第 1 位，是排名第 2 ~4 位的日本、美国和俄罗斯三国钢产量的总和。我国已是世界上最大的钢铁生产和消费国，成为钢铁投资最集中的地区。东北地区钢铁工业绝对产量与全国一致且在逐年上升，但在全国的相对地位不断下降，且钢铁企业主要集中在辽宁省，属于典型的资源型布局模式，近年来，钢铁工业的发展也不同程度受到资源的限制。

第一，绝对产量在扩大，但相对水平不断下降。改革开放以后，市场机制逐渐发挥作用。在钢铁工业快速发展中，受国内资源不足和钢材市场需求变化的影响，我国钢铁工业发展重心向经济发展迅速、钢材需求旺盛和利用进口矿石方便的沿海地区倾斜。从表 17-14 中的数据可以明显看出，东北地区钢产量占全国比重急剧下降，而华北和华东地区大幅度增加。从 1980 年到 2005 年，东北地区的钢产量从 981 万吨增加到 3768 万吨，同期钢产量占全国比重从 26.4% 下降到 10.7%，而华北地区由 1980 年的 21.5% 增加到了 2005 年的 33.0%。

表 17-14　各地区钢产量占全国的比重　　单位:%

地区	1970 年	1980 年	1990 年	1995 年	2000 年	2005 年
东北	37.4	26.4	20.9	16.2	14.2	10.7
华北	19.9	21.5	22.7	25.8	25.8	33.0
华东	23.7	24.7	27.6	30.2	31.9	32.3
中南	13.6	15.1	16.6	15.4	15.8	14.7
西南	4.5	10.4	9.4	9.3	8.9	6.0
西北	0.9	1.9	2.8	3.1	3.4	3.3

第二，东北地区的钢铁工业产量大，但主要集中在辽宁省。2003 年，东北地区有 5 家钢铁企业进入中国 500 强企业，辽宁 4 家，包括鞍山钢铁集团公司、本溪钢铁（集团）有限责任公司、东北特钢、凌源钢铁集团有限责任公司；吉林 1 家，为通化钢铁集团公司。

钢铁工业是辽宁省的支柱产业之一，2005 年钢产量仅次于河北、江苏和山东，居全国第四位，成品钢材产量仅次于河北、江苏居第三位。目前全省共有钢铁企业 200 余家，其中大型钢铁企业有鞍钢、本钢、东北特钢、北台、凌钢、新抚钢 6 家企业，其生产规模占全行业的 96.6%。其中，热轧板生产能力 1375 万吨，冷轧板生产能力 260 万吨，镀锌板生产能力 70 万吨，均排在全国第二位。特钢生产能力 180 万吨，全国排名第三。到目前为止，辽宁已建成以鞍钢、本钢为主体，大中小结合，普、特钢协调，原、辅材料基本配套自给的钢铁工业生产体系，在全国占有十分重要的位置。

吉林和黑龙江的钢铁行业规模较小。吉林省钢铁企业主要有通化钢铁集团有限公司，是吉林省最大的国有企业和唯一的大型钢铁联合企业，2004 年通钢钢产量达到 252 万吨。黑龙江省现有钢铁企业 20 余家，以西林钢铁公司为主，西林钢铁公司是黑龙江省唯一具有从矿山到轧材全部冶金生产工序的钢铁联合企业，是黑龙江省建筑钢材的生产基地，年生产能力 120 万吨（表 17-15）。

表 17-15　2004 年东北区主要钢铁企业产品产量　　单位：万吨

钢铁企业	钢产量	生铁	钢材	中、(特)厚板	冷轧薄板	镀层板	无缝钢管
鞍山钢铁集团公司	1 133.33	1 156.97	1 082.79	217.75	70.26	71.44	38.35
本溪钢铁	549.42	506.73	454.87	25.75	41.67	33.24	—
北台钢铁	284.38	369.17	200.21	—	—	—	—
东北特殊钢	180.03	—	143.95	0.03	0.03	—	—
陵源钢铁	201.38	184.03	195.88	—	—	—	—
抚顺新抚钢	140.03	135.64	26.46	1.20	—	—	—
通化钢铁集团	252.67	220.84	252.89	—	—	—	12.33
西林钢铁集团	120.08	60.15	108.82	—	—	—	—
东北地区总计	3 240.52	3 008.49	3 226.76	317.65	126.86	104.68	60.85
全国总计	27 279.79	25 185.05	29 723.12	2 673.06	579.09	526.65	866.34

注：表中部分资料未收集。

资料来源：中国钢铁工业协会（2005）。

第三，资源型的布局格局没有发生根本性改变。东北地区铁矿资源丰富，但当地铁矿石产量仍然不能满足需求，2004年进口1244万吨铁矿石，其生铁产量占地区产量的28%。东北地区钢铁企业比较集中，产能增加基本是依靠几个大中型企业规模扩张来实现的。总体来看，东北地区钢铁工业主要是采用以自有资源为主的资源型布局发展模式。

第四，资源逐渐成为制约钢铁工业发展的重要因素。全国钢铁工业的快速发展，原材料、燃材料及外部条件开始紧张，有的已经成为瓶颈问题。自2003年以来，铁矿石、焦炭、焦煤价格持续上涨并震荡，海运、陆路交通运输紧张，对大进大出的钢铁产业造成了很大影响。近几年，我国铁矿石原矿产量基本保持2.6亿~3.1亿吨水平，2004年铁矿石进口量达到2.08亿吨，国内铁矿石自给率不到50%。东北地区尽管铁矿资源相对丰富，但2004年仍然进口了1244万吨铁矿石（表17-16）。

表17-16　中国生铁和进口矿的变化情况

年份	生铁产量/万吨	进口矿量/万吨	进口矿冶炼生铁产量比例/%
1991	6 765	1 904	18.15
1992	7 589	2 517	21.40
1993	8 738	3 302	24.38
1994	9 741	3 734	24.73
1995	10 529	4 115	25.21
1996	10 721	4 387	26.40
1997	11 511	5 511	30.89
1998	11 852	5 177	28.18
1999	12 533	5 527	28.45
2000	13 101	6 997	34.46
2001	15 554	9 230	38.29
2002	17 075	11 149	42.12
2003	20 231	14 813	48.00
2004	25 185	20 808	55.00

因此，铁矿石资源也逐渐成为东北地区钢铁工业发展的主要制约因素，随着对进口矿和其他原材料区外依存度的提升，未来东北地区的钢铁工业的空间布局将会由资源型向沿海港口布局型转变。

除黑龙江省外，东北地区焦煤资源少，钢铁企业用焦煤主要来自山西，随着全国性焦煤、焦炭资源紧缺，加上铁路运力的制约，东北地区钢铁企业用焦煤将成为长期难以解决的问题。

2. 东北地区建设全国意义精品钢生产基地的优势

东北地区具有发展钢铁工业的良好条件，尤其在资源、运输、市场等方面优势明显。

第一，最佳资源组合条件为东北地区发展精品钢生产基地提供了保障。东北地区具有发展钢铁工业的良好资源条件，鞍山、本溪地区已探明铁矿石储量80亿吨，占全国已探明总储量的1/4左右。除了少数富矿需要外地调入，鞍钢所需绝大部分铁矿石均可以就地供应。本钢是东北地区第二大钢铁冶炼中心，本钢所需的原料主要来自周围南芬、歪头山、北台以及弓长岭铁矿山。除铁矿资源外，鞍钢和本钢的周边地区，也是钢铁生产所需要的燃料和各种辅助原料的产地。东北地区的黑龙江省有丰富的炼焦煤，目前累计查明储量246.9亿吨，保有资源储量224.5亿吨。铁矿石按2010年规划钢产量5000万吨计，不考虑品位、品种，不依赖进口矿石可供开采50年，是目前国内铁矿石资源保证程度最高的地区。

第二，具有良好的运输系统，为原料和产品集散提供了广阔的市场空间。钢铁工业是运输大户，一般每吨钢产生的外部运输量为5~8吨，东北地区2010年按规划钢产量以5000万~8000万吨/年计算，仅钢铁产生的外部运输量为2.5亿~4亿吨，这无疑给交通运输业带来巨大的压力。总体而言，东北地区的交通运输等基础设施与其他大区域相比较，海运、铁路、公路运输体系齐全，运输能力强大，铁路、公路运距相对较短，完全可以满足钢铁工业大进大出的需要。

特别是大连港和营口港25万吨级矿石接卸码头的建成，为东北地区的钢铁发展在利用国外原料上，提供了非常便利的条件。另外，锦州港、丹东港、葫芦岛港等作为必要的钢铁原料和产品集散的补充，对确保东北地区钢铁工业的发展无疑具有重要的意义。

第三，东北地区装备制造业的发展需要大量的精品钢材。在东北老工业基地振兴中，装备制造业是发展的重点。东北地区的装备制造业有别于我国其他地区，属于大量消耗不同钢材的行业，如汽车、船舶、机床、成套设备等。因此，东北地区自身对精品钢的需求量很大，如鞍钢现在生产的钢铁，辽宁省内约消耗一半，东北三省合计约消耗2/3，其余1/3向其他各大区输出。随着装备制造业及相关配套企业的成长，预计东北地区自身对精品钢的需求量仍然会持续增长，这无疑对建设具有国际先进水平的精品钢基地有巨大的拉动作用。

第四，全国钢铁消费市场结构性短缺仍然存在，高端钢需求量很大。根据《钢铁工业中长期发展规划》预测，我国热轧薄板（含热轧商品材和冷轧板原料）2010年和2020年的需求量分别为8500万吨和11 000万吨，冷轧薄板（包括冷轧商品薄板及涂镀层板用原料）2010年和2020年需求分别为5300万吨和7600万吨（表17-17）。从总量而言，产能已经过剩，2004年，我国钢铁工业生产能力已达到3.6亿吨，2005年达到4亿多吨。但结构性短缺仍然存在，目前，冷轧薄板、镀锌板、彩涂板、不锈钢板、冷轧硅钢片等高端产品生产能力严重不足，市场占有率只有30%~60%，尚需依靠大量进口解决。

表17-17　2010年和2020年全国高端钢产品需求预测　　单位：万吨

年份	热轧薄板	冷轧薄板	镀锌板	硅钢片	不锈板
2003	5 600	3 200	800	342	420
2010	8 500	5 300	1 200	500	600
2020	11 000	7 600	1 800	600	800

因此，应积极发挥鞍钢、本钢、东北特钢的优势，在中厚板、热轧薄板、冷轧薄板、棒材等的发展基础上，围绕东北地区的汽车、船舶、机车车辆、机床、成套设备等用钢，发展汽车板、不锈板、石油管、电站用钢等高端产品。

3. 东北钢铁工业的发展目标

东北钢铁工业的总体发展目标是建设北方精品钢材生产基地，具体有三大重点发展目标：一是建设具有全国意义的精品板材生产基地；二是建设全国最大的精品特钢生产基地；三是建设具有区际意义的新型建筑钢生产基地。

到2010年，形成2~3家具有国际先进水平的大型钢铁企业，钢铁生产量达到5000万吨，成品钢材达到5500万吨，精品板材产量达到3000万吨，精品特钢产量达到300万吨，建筑钢达到500万吨，使钢铁工业成为东北地区的支柱产业，在振兴东北老工业基地过程中发挥率先带动作用（表17-18）。

表17-18　2010年东北地区的钢铁产量规划　　单位：万吨

地区	钢材	板材	特钢	建筑钢	其他
辽宁	4 000	2 500	200	300	1 000
吉林	1 000	300	—	200	500

续表

地区	钢材	板材	特钢	建筑钢	其他
黑龙江	500	100	100	100	200
蒙东	0	0	0	0	0
东北地区	5 500	3 000	300	600	1 600

注：表中部分资料未收集。

4. 东北钢铁工业的发展方向和重点

积极推进企业组织结构调整，鼓励企业间重组和联合，建立2～3家具有国际竞争力的大型钢铁联合企业；采用先进技术和现代企业生产理念，改造传统生产模式，促进企业产品结构调整，提升企业自主创新能力和综合生产效率；跟踪市场需求的变化，立足东北地区发展钢铁的优势，重点发展精品板材、特钢和新型建筑钢，形成具有东北地区特色的精品钢铁生产基地。

第一，加快组织结构调整，组建年生产能力3000万吨以上的大型企业集团。东北地区钢材资产重组和结构调整将是东北地区钢铁工业发展的关键环节。钢铁企业之间的重组联合不仅使企业规模做大，竞争力增强，也有利于实现区域钢铁工业的合理布局。

从世界钢铁企业的发展趋势来看，出现了钢铁企业的重组浪潮。例如，德国蒂森和克虏伯合并后，钢铁产量达到了1700万吨；日本钢管和川崎钢铁公司合并后生产能力近3000万吨，超过新日铁；法国的于齐诺尔钢铁公司、罗森堡的阿尔贝德集团和西班牙的阿西雷利亚公司合并组成Arcelor集团公司，产能达到了4600万吨。国务院通过的《钢铁产业发展政策》明确提出："支持钢铁企业向集团化方向发展，通过强强联合、兼并重组、互相持股等方式进行战略重组，减少钢铁生产企业数量，实现钢铁工业组织结构调整、优化和产业升级。到2010年，形成两个3000万吨级，若干个千万吨级的具有国际竞争力的特大型企业集团。"

因此，从世界钢铁企业的发展趋势以及我国钢铁工业发展政策来看，东北地区应进一步加大组织结构调整，瞄准国内外的需求，通过市场的力量，逐步淘汰和优选现有的中小型钢铁厂，并通过行政和市场手段，促进现有大中企业的重组。近期，重点推进鞍钢和本钢两大企业的重组，使其生产规模超过3000万吨，形成具有国际水平的一流钢铁生产联合企业。同时，鼓励和支持各类非公有制企业从事冶金深加工，发展建筑钢结构、工程焊管、冷弯型钢、涂镀层薄板、精密带钢、预应力棒线材等钢材深加工产业。

第二，根据市场需求，加速产品结构优化升级。巨大的国内需求为东北地区产品结构调整提供了契机，今后应当加快发展市场需求量大且附加价值高的板带材深加工产品以及汽车、机械、军工发展所需的高质量特殊钢材品种。板材生产企业要重点开发轿车面板、集装箱板、造船板、石油天然气管线钢、高档家电板、电站用板、桥梁板、压力容器板、冷轧硅钢片、不锈板等。特钢企业要重点发展轴承钢、不锈钢、工模具钢、汽车齿轮钢、弹簧钢、高温合金以及国防军工用特殊合金钢材料。建筑钢材生产企业要重点发展热轧H形钢，铁路、电力、桥梁、建筑用型钢，新Ⅲ级以上螺纹钢筋，预应力钢丝、钢绞线及其他钢材深加工产品。

以鞍钢、本钢为依托，重点发展宽厚板、热轧薄板、冷轧薄板、涂镀层板，建设精品板材基地；以东北特钢集团为依托，建成六大特殊钢精品基地和10条特殊钢精品生产线，建设优质特殊钢生产基地；以北台、凌钢、新抚钢为依托，重点发展优质棒线材、热轧H形钢，建设新型建材基地。

第三，推进钢铁工业向沿海港口城市发展。从水资源、运输条件、市场、原料和生态环境等角度而言，钢铁工业在辽宁中南部地区大规模的扩张将受到一定控制。按照吨钢用水10立方米计算，到2010年，钢铁用水量将达到5亿～6亿$米^3$/年，这无疑使用水已经紧张的辽中南地区压力加大；届时，钢铁工业产生的外部运输量也将达到2.5亿～3亿吨，另外，随着东北地区钢铁消费市场空间向关内和海外的拓展，现有布局模式将会进一步加大运输成本。目前铁矿石主要来自于辽宁省，但2004年东北地区进口1244万吨铁矿石，随着钢铁企业规模的扩大，进口优质矿石的规模将会逐年增加。因此，要控制在内陆新建钢铁企业，并适当限制现有企业新增能力的扩张，未来钢铁工业布局，要充分发挥沿海港口城市的土地资源地势和方便的水运条件，特别是营口港的25万吨大型铁矿石接卸码头的作用，在营口港口附近，建设大型临港钢铁工业，促进钢铁工业布局向沿海港口推进。

第四，重点建设三大精品钢生产基地。依托鞍钢和本钢建设精品板材生产基地，围绕东北特钢重组后的产品结构调整，重点建设特种钢生产基地，发挥通化钢铁、凌钢、北台、新抚钢、西林钢铁的各自优势，以满足东北地区建设需要，建设新型建筑钢生产基地。

建设具有全国意义的精品板材生产基地。目前，我国板材生产能力相对不足，东北地区发展板（带）材符合我国钢铁工业产品结构调整的主要方向。2004年，我国生产板带比为33.7%，而消费为38.3%，两者相差4.6个百分点，板带材生产不足，只能依赖进口解决，同年净进口板带近2000万吨，大部分是高端产品。随着我国制造业，特别是东北老工业基地装备制造业的发展，板（带）消费将呈快速增长趋势，因此，东北地区发展板（带）材是今后钢材产品发展的主要方向。

依托鞍钢、本钢，重点发展热轧及冷轧薄板、涂层薄板，建设具有全国意义的精品板材生产基地。鞍钢重点发展热轧板、冷轧板、镀层板等产品，扩大汽车板、造船板的市场份额。本钢重点发展热轧板、冷轧板及深加工产品，生产热镀锌板、彩涂板和无取向硅钢片。

到2010年，使热轧薄板、中厚板生产能力达到3000万吨，约占全国板材总量的20%，居全国第一位。

建设具有全国意义的优质特钢生产基地。以东北特钢集团为依托，重点开发不锈钢、轴承钢、工模具钢、汽车齿轮钢、弹簧钢、高温合金，以及国防军工用特殊合金钢材料，形成具有全国意义的优质特殊钢生产基地。抚顺特钢以汽车用中小型特殊钢材为主，发展锻压模块、大圆材、模具扁钢、高合金特色产品，形成全国重要的汽车用特钢生产基地；大连特钢重点发展不锈钢、轴承钢、合金弹簧钢、银亮材、钢丝制品等；北满特钢重点发展轴承钢、汽车钢、齿轮钢、弹簧钢、工模具钢、冷轧辊、无缝管等。

到2010年，东北特钢集团的优质特殊钢生产能力达到300万吨，特殊钢产能居全国第一位。

建设具有区际意义的新型建筑钢生产基地。以通化钢铁、凌钢、北台、新抚钢、西林钢铁为依托，建设具有区际意义的新型建筑钢材基地。促进建筑用钢向规模化、低合金化、高强度化方向发展，质量达到国内先进水平。重点开发热轧H形钢，铁路、电力、桥梁、建筑用大、中、小型钢，建筑用新Ⅲ级螺纹钢筋，预应力钢丝和钢绞线，钢结构等深加工产品。

到2010年，优质建筑钢材产能达到600万吨，实现型、棒、线材配套、产品规格系列化。

二、现代装备制造业发展方向与重点

提升企业技术创新能力，通过延伸产业链、培育产业集群等方式，增强企业当地配套能力和辐射带动能力，建设具有国际竞争力的装备制造业基地，力争用10年左右的时间使其成为东北地区的第一主导产业（表17-19）。具体思路：一是围绕具有全国意义的产业和企业，鼓励和扶持建立研发中心或技术创新中心；二是围绕装备制造业培育和发展当地配套企业；三是鼓励企业间的整合，加大组织结构调整，形成具有国际竞争力的企业集团；四是通过信息化和技术创新带动产业和产品结构的升级。

表17-19　东北地区现代装备制造业发展规划

发展定位	建设具有国际竞争力的装备制造业基地 整合交通运输设备制造业，使其成为东北地区老工业基地振兴的主导产业 10年左右成为东北地区第一主导产业

续表

发展重点	大力调整产业结构，提高装备制造业竞争力 大力发展基础设备与成套装备制造业，提高自主开发能力和成套水平 巩固和壮大军事装备制造业，构筑先进的国防科技工业体系 围绕具有全国意义的产业和企业，鼓励和扶持建立研发中心或技术创新中心 围绕装备制造业培育和发展当地配套企业 鼓励企业间的整合，加大组织结构调整，形成具有国际竞争力的企业集团 通过信息化和技术创新带动产业和产品结构的升级

（一）大力调整产业结构，提高装备制造业竞争力

整合发展交通运输设备制造业，保持国内领先地位。以汽车及零部件、船舶、轨道交通设备、飞机及零部件为依托，进一步加强政府协调和政策引导，扶持和提升企业的自主研发创新能力，整合和壮大东北地区的交通运输设备制造业，使其成为东北地区老工业基地振兴的主导产业。

1. 汽车工业

依托“一汽”汽车综合制造的产业优势，充分发挥市场机制的作用，加大吉林、黑龙江和辽宁三省汽车产业的整合与重组力度，以轿车为重点，以轻型车、大中型客车、专用车、农用运输车为补充，以发动机、关键零部件及配套产品为依托，通过合资合作、技术改造、资产重组等多种途径，进一步拉长产业链，带动汽车零部件、物流等相关产业的发展，形成整车和汽车零部件产业群，建成全国最重要的汽车综合制造及汽车零部件制造基地（表 17-20）。

表 17-20　东北地区汽车工业发展规划

发展定位	全国最重要的汽车综合制造及汽车零部件制造基地 建立 4 ~ 5 个具有自主研发能力的国家级技术研发中心，提升自主研发能力 国家级汽车零部件出口基地
发展重点	依托一汽等企业龙头，整合东北地区汽车整车及零部件生产 突破自主品牌的整车和发动机等关键零部件的研制技术，全面提升企业的自主研发能力 支持一批具有自主知识品牌企业的发展，以一批汽车基地建设为基础，引导产业的发展 培育和发展汽车零部件产业集群，加快发展拥有自主知识产权的汽车发动机、关键总成及零部件 重视和引导汽车贸易与服务配套产业发展，进一步壮大和延长汽车产业链

积极扶持汽车产业的研发，突破自主品牌的整车和发动机等关键零部件的研制技术，全面提升企业的自主研发能力。东北地区汽车工业技术来源虽然仍处在技术引进为主的过程中，但主导企业均拥有一批自主知识产权的产品，具备相当的技术开发能力和进一步发展的基础。未来应建立 4 ~ 5 个具有自主研发能力的国家级技术研发中心，提升自主研发能力，突破一批整车和发动机等关键零部件的研制技术，改善汽车的环保、节能与安全性能，提高企业设计、生产、营销、管理的信息化水平，增强企业应对国内外市场的快速反应能力。技术支撑政策向零部件企业和模具设计制造企业倾斜，重点支持零部件企业进行大规模、专业化生产，促进整车企业和零部件企业同步开发新产品。

支持一批具有自主知识品牌企业的发展。以一汽、华晨集团、金杯汽车、哈尔滨航空工业集团、哈尔滨轻型车等骨干企业为依托，以轿车为重点，大力发展重型车、商务车和微型车，积极发展经济型轿车和节能、环保、新型燃料汽车，以汽车基地建设为基础，引导产业的发展。

大力发展汽车零部件，培育和发展汽车零部件产业集群，加快发展拥有自主知识产权的汽车发动机、关键总成及零部件。重点发展车身内外饰、底盘、环境、转向及传动、车轮、发动机附件、电子电气等七大系统模块。跟随国际发展趋势，推动企业构建东北地区汽车零部件“同步开发、全球采购、

模块化、准时供货”发展框架，引导企业实施质量认证国际化战略，提升国际竞争力。积极建设产业集群创新网络，以优质的创新环境吸引更多的汽车零部件企业落户。加大汽车零部件研发，扶持有实力的零配件企业发展，促进汽车配件企业间的整合，推动整车企业与零部件企业间建立战略伙伴关系。

重视和引导汽车贸易与服务配套产业发展，进一步壮大和延长汽车产业链。以汽车整车为龙头，引领汽车产业链的发展，推进汽车销售、汽车维修、汽车金融保险业等相关配套产业发展。加强采购网络和营销网络建设，促进汽车产业的储运、批发、零售等物流业发展，建设1～2个全国性的汽车物流集散地。鼓励发展汽车金融保险业，扩大汽车消费信用贷款规模，开发汽车超市、租赁和二手市场等。

依托重点骨干企业和重大项目布局，加强汽车产业空间组织与引导，构建具有国际竞争力和较为完整、特色鲜明、多系列、规模化的东北汽车制造体系。吉林省重点建设长春汽车产业开发区和吉林市汽车产业基地，发展整车、专用车、客车、汽车零部件及汽车相关支撑产业。辽宁省重点建设沈阳汽车工业制造基地，扶持发展丹东市成为具有一定国际竞争力的汽车和零部件制造基地，加快大连、沈阳、丹东、锦州市等汽车零配件产业集聚区建设。黑龙江省重点建设哈尔滨微型汽车和汽车发动机生产基地。

2. 船舶工业

结合大连东北亚国际航运中心建设，加大船舶技术的研发扶持，提升船舶工业自主研发创新能力，船舶工业以高技术含量、高附加值的高端产品为重点，做强造船主业，加快发展修船业和船用配套产业，形成以大型造船企业为核心，大、中、小企业以及造船、修船和配套产业协调发展的产业格局，保持船舶工业在全国的领先地位，建设具有世界级规模的造船基地（表17-21）。

表17-21　东北地区船舶工业发展规划

发展定位	保持船舶工业在全国的领先地位，建设世界级规模的造船基地 加大船舶技术的研发扶持，船舶工业以高技术含量、高附加值的高端产品为重点，做强造船主业
发展重点	扩大造船能力，重点建设大连、葫芦岛两大造船基地 推进大连船舶重工、渤海船舶重工和中远工业新建30万吨级造船项目以及中远船务大型船坞及配套设施项目建设 未来东北船用设备的重点研发方向是在消化吸收的基础上提高船舶配套设备的国产化率，实现船舶配套产业的跨越式发展 加快建设大连、营口、锦州等地的船舶配套产业群，重点发展船用动力系统、电子仪表设备、船用机械三大配套产业，积极承接日本、韩国及欧洲等国际知名船舶配套企业向东北地区的转移 坚持造船与修船相结合，做强做大修船业，建设具有国际化形态的大型现代化修船基地

进一步扩大造船能力，重点建设大连、葫芦岛两大造船基地，加快推进大连船舶重工、渤海船舶重工和中远工业新建30万吨级造船项目以及中远船务大型船坞及配套设施项目建设。加快转化造船模式，提高生产效率，降低造船周期。重点发展大型海洋石油工程装备、海上浮式生产储油轮、30万吨矿石和原油运输船、8000箱以上集装箱船、大型液化天然气船、专用汽车滚装船、新型客滚船、不锈钢舱化学品船等高技术、高附加值船，建设具有世界级规模的造船基地。

未来东北船用设备的重点研发方向是：在消化吸收的基础上提高船舶配套设备的国产化率，实现船舶配套产业的跨越式发展。船用设备开发的重点包括中、高速柴油驱动装置，大马力船用柴油机曲轴，船用辅机（发电机组泵、锚机、舵机、污水消毒和净化装置等），航行自动化系统（微机控制中心、自动操舵仪、自动定位仪等），机舱自动化系统（遥控、监测报警装置、电站自动控制设备等）和装卸自动化系统等。

加快建设大连、营口、锦州等地的船舶配套产业群，重点发展船用动力系统、电子仪表设备、船用机械三大配套产业，积极承接日本、韩国及欧洲等国际知名船舶配套企业向东北地区的转移。依托大连柴油机、大连重工·起重集团、大连推进器、辽海器械、锦州航星、沈阳鼓风机等企业，发展船用大功率柴油机、曲轴、推进器、阀门、导航设备、船用安全设备、舱室机械等产品，建设大连、营口等船舶配套加工园区，支持鞍钢在大连建设船用钢材配送中心。实现船用配套产品生产的专业化和规模化。

坚持造船与修船相结合，做强做大修船业，建设具有国际化形态的大型现代化修船基地。加强修船基础设施建设，提高修船技术水平，壮大修船业。积极支持大连中远船务工程有限公司建造30万吨VLCC修船船坞和营口鲅鱼圈港15万~20万吨级修船厂建设，积极承修国内外大型油轮、海洋工程船等高技术含量船舶。丹东、锦州、葫芦岛等港口城市利用沿海优势发展修船和拆船产业。

3. 轨道交通设备制造业

围绕国家“两高、两快、一重”（高原铁路、高速铁路、客运快速、货运快速、货运重载）和城市轻轨建设的要求，依托轨道交通设备制造业骨干企业，重点发展高速重载铁路货车、高速列车、新型地铁车辆、城市轻轨车辆和内燃机车，建成全国最大的铁路客货车研发、制造基地和出口基地（表17-22）。

表17-22 东北地区轨道交通设备制造业发展规划

发展定位	建成全国最大的铁路客货车制造基地和出口基地 重点发展高速重载铁路货车、高速列车、新型地铁车辆、城市轻轨车辆和内燃机车等
发展重点	围绕国家“两高、两快、一重”和城市轻轨建设的要求，依托轨道交通设备制造业骨干企业，发展轨道交通设备制造业 依托齐齐哈尔铁车辆集团、长春客车厂、大连机车、沈阳机车等骨干企业，大力发展铁路机车和城市轻轨机车，推进机车车辆装备现代化建设 加大轨道交通设备制造业研发投入，研制一批符合我国铁路运输需求的机车车辆系列产品

依托长春客车厂、大连机车、齐齐哈尔铁车辆集团、沈阳机车等骨干企业，积极推动大连机车车辆产业园区和沈阳提速货车制造基地的建设，保持敞车、棚车、平车、铁路起重机、长大货物车、漏斗车、特种车及车辆配件等产品国内领先的优势，大力发展铁路机车和城市轻轨机车，重点发展适应铁路提速要求的高速旅客列车、重载铁路火车、大型铁路起重机、干线大功率机车等，推进机车车辆装备现代化建设。

加大轨道交通设备制造业研发投入。铁路客货运输装备突破客运高速、货运重载提速的设计、制造和工艺技术，研制一批符合我国铁路运输需求的机车车辆系列产品。

4. 航空工业

以航空工业骨干企业为龙头，巩固和壮大军事装备制造业，构筑先进的国防科技工业体系，在吸收国外先进技术的基础上，提高直升机、支线飞机及飞机发动机等核心部件的设计制造能力，大力发展民用客机、支线客机、新型多用途飞机和直升机，把东北地区建设成为全国主要的民用航空产业基地（表17-23）。

表17-23 东北地区航空工业发展规划

发展定位	全国主要的民用航空产业基地 重点发展民用客机、支线客机、新型多用途飞机和直升机

续表

发展重点	以沈飞公司、沈阳黎明等企业为龙头，在引进和吸收国外先进技术的基础上发展民用客机 以哈尔滨航空工业（集团）有限公司为依托，加快发展支线客机、新型多用途飞机和直升机，建成亚洲最大的直升机生产基地 继续加大航空工业的研发投入，提高直升机、支线飞机及飞机发动机等核心部件的设计制造能力

以沈飞公司、沈阳黎明等企业为龙头，加强与波音、空中客车等企业的合资合作，在引进和吸收国外先进技术的基础上发展民用客机。引进国际通用飞机设计和制造技术，积极推进沈飞公司与捷克埃维特公司联合开发轻型飞机项目、沈飞公司与美国赛斯那联合开发小型公务机和多用途飞机项目的实施，开发和制造通用飞机，促进我国通用航空工业发展。支持企业根据市场需求引进、开发和生产小型公务机、轻型直升机和固定长翼长航时无人机等特种飞行器，尽快形成具有独立自主知识产权的飞机发动机产品，积极争取更多的飞机和发动机零部件制造、维修、试验、装配、试车等市场份额，通过补偿贸易和风险投资等方式，扩大同美国波音公司、加拿大庞巴迪公司等飞机零部件转包生产，以提高航空工业研发能力和国际竞争力。

以哈尔滨航空工业（集团）有限公司为依托，坚持型号开发与改进改型相结合，加快发展支线客机、新型多用途飞机和直升机，建成亚洲最大的直升机生产基地。

未来应继续加大航空工业的研发投入，要在吸收国外先进技术的基础上，提高直升机、支线飞机及飞机发动机等核心部件的设计制造能力。重点是在继续做好军用航空、民用航空预先研究和关键技术研究的同时，加强航空工业基础科研能力建设，加大对航空工业基础、共性技术的投入力度，在吸收国外先进技术的基础上研制一批具有自主知识产权的新产品，提高直升机、支线飞机及飞机发动机等核心部件的设计制造能力。

（二）大力发展基础设备与成套装备制造业，提高自主开发能力和成套水平

大力发展基础设备和成套装备制造业，重视基础产品和关键性装备与中间产业的发展，提高自主开发能力，提高系统集成能力和水平，扶持对国家经济安全和国防建设有重要影响、对促进国民经济可持续发展有显著效果、对结构调整和产业升级有积极带动作用的重点企业，建设东北地区数控机床生产基地和成套装备基地（表 17-24）。

表 17-24　基础设备与成套装备制造业发展规划

发展定位	▲总体发展目标： 建设东北地区数控机床生产基地和成套装备基地 ▲四大重点发展目标： 建设国际知名的中国最大的数控机床开发制造基地和普通机床出口基地 建成具有国际竞争力的重型机械装备制造业基地 建成具有先进技术的国内环保设备研发和制造基地 我国重要的航天航空、铁路、汽车、矿山冶金等轴承生产基地
发展重点	大力发展以机床为代表的基础设备，建设数控机床生产基地 依托大型骨干企业和重点工程，提高通用机械行业的装备成套能力和国产化水平 输变电与发电设备重点突破一批高端产品的研究、设计、制造技术 发展具有国际竞争力的重型机械装备制造业 重视环保设备行业发展，做大做强一批专业化环保设备制造业 发展大型、高精度、高可靠性的先进控制系统及精密检测和计量仪器 积极发展基础件行业，发展精密、高速、重载、低噪声轴承和高可靠性液压件 机器人及自动化成套装备产业要在产业化生产和应用上取得更大突破

1. 大力发展以机床为代表的基础设备，建设数控机床生产基地

在全国机床工业中，东北地区机床行业占有极为重要的位置，仅6家主要企业（大连、沈阳、齐一、齐二、哈量、哈一工）年产品销售收入就占到全行业总销售收入的15%以上，其中，沈阳、大连两大机床集团年数控金切机床产量占到全国数控金切机床总量的10%以上。

在全国机床行业中，大连、沈阳两大机床集团的产品销售收入位居第一和第二，齐齐哈尔第二机床大型数控镗铣床占有全国市场份额的50%以上，大型机械压力机也位居全国第二。齐齐哈尔第一机床厂为电站行业提供的车镗床专机，最近开发的为造船工业提供的数控多轴联动重型车床、核燃料的处理装备都是国内自主品牌。

广泛开展与国际机床业的合作，强化技术创新能力，实现经营国际化、产品数控化、制造规模化，继续保持国内领先地位并积极参与国际竞争。支持沈阳机床和大连机床、齐重数控公司、齐齐哈尔二机床集团公司等骨干企业和沈阳新松机器人、营口冠华机床、辽阳锻压机床等专业厂家，重点发展高速数控车床、数控镗铣床、高速立式加工中心、龙门五面体加工中心、多轴联动加工中心、车铣中心和柔性自动线、柔性制造系统、智能制造系统等数控技术集成产品，促进开发式数控系统、伺服驱动系统和伺服电机等功能部件产业化。

建设国际知名的中国最大的数控机床开发制造基地和普通机床出口基地。金属切削机床、大型机床、数控机床和精密机床等基础机械工业，在全国占有明显优势，其中数控机床的产值、产量和市场占有率都位居全国之首。基础机械今后的发展重点是数控机床及数控系统：以沈阳、大连和齐齐哈尔生产数控机床主机为龙头，以数控系统为核心，集中力量发展高性能的基础零部件（轴承、液压、气动和密封等通用零部件及低压电器、机床电气、仪表元件等），逐步形成数控机床开发和批量生产的综合能力。

2. 依托大型骨干企业和重点工程，提高通用机械行业的装备成套能力和国产化水平

依托大型骨干企业，坚持自主创新和引进技术相结合，实现自主系统设计、成套供应、关键总成或部件自主制造，加强工程系统设计、开发制造、安装调试、售后服务等领域资源的整合，提高通用机械行业重大装备能力和国产化水平。鼓励一重集团、沈阳鼓风机、中国一重大连加氢反应器制造公司、抚顺机械公司、沈阳水泵、大连冰山、锦西化工机械等企业重点发展大乙烯、大化肥、大炼油所需的1000万吨炼油装置及配套设备、100万吨级乙烯、PX、PTA、聚酯成套设备，6万立方米空分装置用离心压缩机组及制冷设备、大型天然气长输管线增压站及大流量空分装置，高效调速大流量输油管线泵，以及往复式压缩机、PVC成套装置、大型高温高压容器及换热器、煤液化工程配套1250KN压缩机、大型煤化工成套设备。依托沈阳鼓风机、沈阳矿山、鞍山环保设备、丹东水处理所等骨干企业，加快发展污水处理设备、除尘设备、城市垃圾处理等大型环保设备。

3. 输变电与发电设备重点突破一批高端产品的研究、设计、制造技术，提高成套设计制造能力

加快输变电及发电设备制造企业的联合重组，依托特变电工沈阳变压器、新东北电器、大连电瓷、抚顺华泰电瓷电气等骨干企业，加强超高压输变电设备的研发制造业能力。重点发展500千伏级交直流和750千伏输变电成套设备，加快研制开发1000千伏特高压交流、±800千伏级直流输变电设备，提高成套能力和水平。

东北发电设备制造业的技术支持要以哈电集团为核心，全面改进现有产品的效率、容量、能耗、成本、自动化等性能和参数，研制一批高端产品，使我国发电设备的研究、设计、制造达到或基本达到世界先进水平。

水电和火电设备依托哈尔滨电站设备集团、大连重工·起重集团、鞍钢重机、沈阳鼓风机等骨干企业，重点开发大型抽水蓄能机组、大型高效低污染火电机组、60万～70万千瓦大型混流式机组、大

容量贯流式电机组、大型轴流式水轮机等，形成自主设计制造能力。消化吸收600兆瓦级超临界和1000兆瓦级超超临界火电机组关键技术，掌握核心技术设计和制造技术，实现国产化。消化吸收300兆瓦级大型循环流化床锅关键技术，实现国产化。开发推广300兆瓦、600兆瓦空冷汽轮机和200兆瓦空冷汽轮发电机。加强煤气化联合循环发电设备的研究。

核电设备通过与国外联合设计、引进技术、合作生产和国内关键技术科研试验等途径，掌握1000～1500兆瓦半转速汽轮机，核岛主设备蒸汽发生器、稳压器，常规岛汽水分离器、冷凝器、高低压加热器和除氧器等关键设备及发电机的设计和制造技术，并逐步形成百万等级核电机组及核电主设备的设计、制造能力。

新能源发电设备重点发展风力机组，开发完成600千瓦到2000千瓦等级的风力发电机组，形成批量生产能力，形成风电机组的规模化、产业化。

4. 提高重型机械设备行业自主开发和成套设备水平，发展具有国际竞争力的重型机械装备制造业

以中国第一重型机械集团公司、大连重工·起重集团、沈阳重型、沈阳矿山和鞍钢重机等龙头企业为依托，瞄准世界当代先进水平，为冶金、矿山、核电、石化、军工、汽车等行业提供大型装备，瞄准国家重点工程建设急需的和可实现替代进口的重大装备，加强研发和创新能力，积极发展核心主机设备和配套辅机，提高成套水平。重点发展新一代短流程大型薄板连铸连轧成套设备、百万吨级大型乙烯成套设备、大型热壁加氢反应器、大型发电设备铸锻件、电站辅机成套设备、全断面掘进机、大型起重设备、大型水泥成套设备、大型烧结成套设备、大型矿山设备、港口装卸设备、大型冶金成套设备、大型煤矿设备等，努力掌握核心技术和关键技术，实现重大装备国产化，建成具有国际竞争力的重型机械装备制造业基地。

重型机械设备行业要全面提升设计技术和制造工艺的信息化水平，研制一批高端产品和成套设备。重型机械设备行业研发技术改造将集中于以下几个方面：大型、连续、自动化的金属冶炼、轧制设备的开发，全断面掘进机研制与开发，高产高效的采煤设备技术，港口码头大型集装箱装卸搬运成套设备技术，矿山、码头散料装卸运输系统成套设备技术，大型自动化立体仓储成套设备及城市大型自动化立体停车设备技术，重型精密成型设备技术，轿车锻造线和冲压线设备技术，大型建筑材料压力设备技术，人造板连续热压成套设备技术。

5. 重视环保设备行业发展，做大做强一批专业化环保设备制造业

环保设备制造业是具有发展潜力和比较优势的产业之一，要加快提升产业规模和产品技术水平，做大做强一批专业化环保设备制造企业，提高环保设备的综合成套能力，促进环保产业的快速发展。应支持辽宁燃烧工程技术中心、沈阳环科所、丹东北方环保、鞍山机电环保等企业，重点发展城镇污水处理和工业废水治理设备，燃煤电厂脱硫、脱硝设备，汽车尾气净化及污染治理设备，城市垃圾资源化处理和工业固体废弃物的收集、分选、预处理及焚烧设备，环境保护在线监测仪器等设备，建成具有先进技术的国内环保设备研发和制造基地。

6. 发展大型、高精度、高可靠性的先进控制系统及精密检测和计量仪器，推进仪器仪表产业化进程

依托沈阳仪表科学研究院、哈尔滨量具刃具有限责任公司、哈尔滨第一工具有限公司、丹东奥龙射线仪器、丹东东发集团、鞍山热工仪表、丹东东方测控、营口冠华和鞍山力德电子电力等企业，重点开发电力、冶金、石化、机械制造、医药卫生、环境监测及国防建设等领域所需的大型、高精度、高可靠性的先进控制系统及精密监测和计量仪器，发展具有自主知识产权的数字化精密量仪、超大齿轮测量仪、精密复杂刀具、高速切削刀和工具系统等。推进沈阳仪表科学研究院MEMS压力传感器与相关智能仪表产业化，丹东东方测控智能化非接触式在线检测设备产业化、鞍山市电子电力光纤测控系统产业化、

朝阳市加华光电传感油罐参量检测计量系统等一批项目的实施，推进仪器仪表产业化进程。

加强仪器仪表技术研发，要改进产品的数控水平和稳定性、可靠性，提升行业骨干企业的研发能力和装备水平。东北地区仪器仪表重点支持大型齿轮测量中心、齿轮分选机、视觉测量仪、数控并联加工中心、数控刀具及高档量刃具等高新技术产品，以及半导体（有机）照明关键技术、平板彩色液晶显示核心技术的研发，全面推进仪器仪表系统的数字化、智能化、网络化，鼓励自动化仪表从模拟技术向数字技术的转变。同时，加快发展仪器仪表元器件产业，尽快开发出一批适销对路、市场效果好的元器件和产品，形成一批专业化协作配套企业。

7. 积极发展基础件行业，重点发展精密、高速、重载、低噪声轴承和高可靠性液压件

以哈尔滨轴承集团公司、瓦轴集团为依托，重点发展具有国际先进水平的数控机床用组合单元精密轴承、具有国内领先水平的航空航天等军工轴承和民用航空轴承、准高速及高速铁路客车轴承、提速重载铁路货车轴承、重大型高精度低噪声深沟球轴承、高精度圆锥滚子轴承、新型调心滚子轴承以及等速万向节和高精密滚珠丝杠以及支线导轨等。鼓励大连液压件厂、沈阳液压件厂、阜新液压件厂等企业，发展液力耦合器、液压调节阀、柱塞泵、高压齿轮泵等高可靠性液压件，提升东北地区机械基础件的整体实力。积极开发第三、四代汽车轮毂轴承等汽车轴承，建成我国重要的航天航空、铁路、汽车、矿山冶金等轴承生产基地。

8. 机器人及自动化成套装备产业要在产业化生产和应用上取得更大突破

引导和促进制造企业加大研发投入力度，突破一批机器人共性技术，并朝着智能化和多样化方向发展。鼓励沈阳新松机器人自动化股份有限公司等龙头企业发展，工业机器人重点发展点焊、弧焊、喷漆、切割机器人；特种机器人，包括仿人机器人、水下机器人、医用机器人、军用机器人、特殊用途机器人及自动化控制设备、汽车车身生产自动化成套装备。加快工业机器人及成套设备产业化项目的实施，提高产业化规模。

（三）巩固和壮大军事装备制造业，构筑先进的国防科技工业体系

巩固和壮大军事装备制造业，构筑先进的国防科技工业体系，建立北方军事装备制造基地。加强航空工业基础科研能力建设，提高直升机、支线飞机及飞机发动机等核心部件的设计制造能力。依托哈尔滨建成集团有限公司、黑龙江华安工业集团公司、齐齐哈尔建华有限公司、哈尔滨风化有限公司等企业，以及哈尔滨工业大学、703研究所等大专院校和科研院所，加大军品开发力度，增强军品核心研制能力，发展高新技术武器装备，形成武装直升机和多用途军用飞机、舰船动力系统、压制武器、航空弹药、电子装备、新概念武器基础、军用新型材料和基础件、轻武器及警用装备等八大军品研制基地和产业集群，同时提高民品创新能力，加快民品开发。

三、新增长点的培育和发展重点

“培植新的增长点”是指积极发展以电子信息、生物工程与制药、新材料、新型装备制造产业等为主体的高新技术产业，以医药、食品和家具等为核心的新兴制造业，以民营企业为核心的中小企业集群，其目的是促进东北老工业基地的产业结构调整。

（一）扶持以电子信息、生物工程与制药、新材料、新型装备制造产业等为主体的高新技术产业发展

发挥高新技术开发区的辐射带动作用，促进东北高新技术产业发展。做好电子信息、生物医药、新材料、新型装备制造产业等重点领域的国家高技术产业化示范工程、国家工程研究中心和企业技术中心建设，为东北老工业基地的产业技术升级和结构调整提供强有力的技术支撑。培育发展一批主业

突出、具有国际竞争力的企业集团，使之成为东北地区工业结构优化升级的主导力量，建设若干个技术水平国内领先、产业特色鲜明的高技术产业基地，建设全国重要的、在若干领域具有特色的高技术研究开发、产业化和出口基地（表 17-25）。

表 17-25 东北地区高新技术产业发展规划

发展定位	建设全国重要的、在若干领域具有特色的高技术研究开发、产业化和出口基地 建设若干个技术水平国内领先、产业特色明显的高技术产业基地
发展重点	重点扶持以电子信息、生物工程与制药、新材料、新型装备制造产业等为主体的高新技术产业发展 加大电子信息、生物工程与制药、新材料、新型装备制造产业等领域的研发和产业化支持力度，优化工业部门结构 以重点高新技术产业园区和产业基地发展电子信息产业、生物工程、新材料、新型装备制造产业等产业，促进产业结构的高级化 带动发展海洋新兴产业、航空航天产业和新能源产业 构建四大中心城市为核心、哈大交通干线为主轴的高技术产业增长带

1. 加大对电子信息、生物工程与制药、新材料、新型装备制造产业等领域的研发和产业化支持力度，优化工业部门结构

加强高等院校、科研院所与企业的产、学、研合作，促进企业成为技术创新的主体。建立一批特色产业基地，形成产业链和产业体系，逐步实现优势高技术产业集群，形成若干高技术产业增长点。加强技术创新服务体系建设，加快科技成果转化。在有优势的领域建设和完善国家工程中心、国家工程实验室、国家重点实验室和企业技术中心，支持建设若干科技基础平台，实施一批重大科技项目，加大关键技术的攻关力度。

电子信息产业方面，依托哈尔滨工业大学、哈尔滨工程大学和大连理工大学建设电子信息和制造业信息化国家工程研究中心等，重点发展光电子信息产业，应紧跟国际光电子信息产业的发展步伐，开发新型人构改性半导体材料（异质结构、量子阱和超晶格材料），加强光电集成化技术和红外探测器阵列技术的研究与开发，研制光电子集成芯片。在光显示和光存储领域，重点加强蓝光 LED 技术的开发与产业化，完善平板液晶显示技术，为争夺高清晰度显示屏市场提供技术支撑。进一步完善光纤通信和光子连接技术，注重微电子与光电子的结合技术研发，开展大规模、多功能、高速化、大容量的光电子集成电路和高性能半导体激光器、新型光电系统集成技术的研发。

在生物工程与制药方面，要加大北药开发力度，增强自主开发能力，强化知识产权保护，发展特色医药，促进化学制药和生物制药逐步从仿制转向创新，加强中药创新研究，强化原料药优势，加大制剂新剂型的研发力度，重点攻关基因工程药物技术的研究与开发，新型疫苗的研究与开发，继续加强化学合成药、生物药等创新药物研制。在新产品研发领域，重点攻克中药新产品研究开发和植物提取物技术，新型释药系统和中药制剂关键技术。

瞄准国内外先进水平和发展趋势，选择行业急需且具有前瞻性、带动性和系统性的关键、共性技术，集中发展面向中小企业的综合自动化系统，实现模块化设计；发展开放式多媒体数控系统、伺服系统、实时补偿等工业自动化控制技术；发展集成化、系统化产品快速开发系统；发展外形构件复杂、变化快的产品快速经济制模技术。提高重大技术装备、大型基础装备成套能力，提高核心技术自主创新能力。重点抓好汽车、船舶及机车、机电装备、石化重矿装备、轻纺专用机械、电子通信及自动化装备等产业领域，建设好沈阳、大连两个基地。

2. 依托重点高新技术产业园区和产业基地，发展电子信息产业、生物工程、新材料等产业，促进产业结构的高级化

以重点高新技术产业园区和产业基地促进高新技术产业化，形成一批有特色的高新技术产业集团，

孵化一批具有较强创新能力的科技型中小企业。集中力量对具有优势的高新技术领域进行深入开发，形成生物工程、新材料、电子与信息和先进制造业技术等四个高新技术产业群。

以沈阳、长春、哈尔滨和大连高新技术产业园区为主要载体，重点发展以软件产业、计算机及外部设备、光学仪器、通信及网络产品、数字化音视频产品及医学影像设备等为主体的电子信息产业，以及加大新材料成果转化和产业化方面的科技支持力度，促进新材料产业的快速发展，重点在新型高分子材料、纳米材料、光电子材料、新型能源材料（电池正、负极材料）、耐热合金等特种金属材料、氟材料、镁质材料、特种陶瓷材料（碳化硼，碳化硅）等新材料领域开展联合技术创新活动，建立相应的新材料产业基地。另外，开发大庆、吉林、抚顺、本溪、辽阳等在新型合成材料、耐高温合金材料、新型涂料、精细化工、高强度合金材料及新型复合材料、新型工程塑料及精细化工、芳烃及合成纤维材料延伸加工和深加工材料等领域的优势和发展潜力。

以医药园区和骨干医药企业为重点，推进医药企业规模化、集群化发展。重点发展现代中药、抗生素、生物制药、化学药品、新型药物制剂和制药器，建成我国“北药”生产基地和现代化中医药研发化学平台，推进医药现代化产业建设。

依托沈阳、大连、长春和哈尔滨等特大城市，东北地区已形成以新型合成材料、新型工程塑料、单晶硅和化合物半导体材料、高温超导材料、燃料电池等为主的新材料产业。

3. 积极发展海洋新兴产业、航空航天产业和新能源产业

在重点发展上述四大高新技术产业的基础上，以电子信息、生物工程、新材料、先进装备制造领域的相关技术为基础，有选择地发展具有东北优势和特色的海洋新兴产业、航空航天产业、新能源产业。

加快发展海洋新兴产业，一是发展海水养殖高技术育种和健康养殖，运用现代生物技术，培育名贵品种，发展海水养殖污染物的降解和生物修复技术；二是海洋生物工程制品，以海洋生物活性物质提取为突破口，开发系列新型海洋药物和保健型、功能型海洋食品，海洋环保监测仪器及系统等。

航空航天产业充分发挥东北地区已形成的研究开发、设计制造、飞行试验等较为完备的航空产业体系的优势，重点发展支线飞机及直升机，推进通用飞机、无人机的产业化，重点研制大涵道比发动机、直升机传动系统及大型运输机配套辅助动力装置等。

扶持新能源和可再生能源产业发展，重点发展先进电池、大型风力发电技术、新型电站辅机、现代配电技术、高效可靠烟气余热回收和发电技术、工业炉窑洁净煤燃烧技术、空调蓄冷技术、生物质能的高品位转化技术等。

4. 构建四大中心城市为核心、哈大交通干线为主轴的高新技术产业增长带

加强东北地区高新技术产业空间引导，建设若干个技术水平国内领先、产业特色鲜明、具有相当规模的高新技术产业基地，形成以沈阳、大连、长春、哈尔滨四个中心城市为核心，哈大交通干线为主轴，基地、开发区为支点的哈大高新技术产业增长带。

（二）以医药、农产品加工、服装等为核心，培育新兴制造业

在全国具有一定竞争力的新兴产业的不断出现，已成为东北老工业基地产业结构调整的重要方向和地区经济增长的亮点，如医药产业、农产品加工业、纺织和家具制造等。这些新兴产业的发展对改变东北地区资源型为主体的产业结构和促进中小城市的发展具有重要的意义。

依托本地区丰富的药物资源，在中药材和中成药以及化学原料药方面培育具有一定竞争力的企业和医药产业群，发展具有全国竞争力的医药基地。东北地区医药制造行业产值占全国的12%以上，成为东北地区制造业中发展最快的行业之一。吉林省利用丰富的“北药”资源，在中药材和中成药加工上居于全国前列；黑龙江省除中药外，化学原料药生产也具有一定竞争力；辽宁省在化学原料药、维

生素生产和医疗器械上具有较强的竞争力。

医药、农产品加工、纺织和家具等新兴产业的发展对改变东北地区以矿产资源的开采和加工为主体的产业结构和发展中小城市具有重要意义。东北三省是我国北方药材的主产区，发展现代中药科技产业具有独特优势和良好条件。在未来的一段时期内，要逐步建立起以现代中药及生物制药为主的医药工业体系，最终把东北地区建设成为我国和东北亚地区现代中药及生物制药研发、生产和贸易的区域发展中心。东北地区的食品工业近些年来也得到了快速发展。作为我国著名的农产品基地，发展粮食、肉类的深加工对于解决“三农”问题具有不可替代的重要作用。未来应当把东北建设成为全国重要的绿色食品工业基地，重点建设全国最大的乳制品和玉米、大豆深加工基地，保持竞争优势；加快建设位于全国前列的水稻、薯类深加工、肉制品和啤酒饮料及山特加工基地，培育新优势。另外，依托地缘优势，承接日本和韩国轻工业转移以及结合东北地区轻工业调整，发展纺织工业仍然大有可为，重点发展亚麻行业、化纤行业和服装行业。

（三）以非国有企业为核心培育中小企业集群，推动大型国有企业改制，增强经济发展活力

作为计划经济实施时间最长的地区，东北地区长期以来非公有制经济发展滞后，直接影响区域竞争力的提升。中央直属大型国有企业在地区国民经济体系中占有重要地位。如辽宁省中央企业占国有企业数量的29%，利税的80%，GDP的70%。中央直属大型国有企业面临的最大困境是企业负担沉重，下岗再就业压力大。另外，虽然中央直属大型企业在地区经济中占据主体，但其由中央管理控制的独立生产配套体系导致地方经济与企业经济的联系脱节。主导产品及其相关零部件和配套产业的发展都集中在企业生产配套体系内部，不能对地方经济形成很好的扩散和辐射，对地方经济的带动能力较弱。因此，提高东北地区的经济活力，尤其是装备制造业的生产活力，必须一方面转变政府职能，营造非公有制经济发展的社会环境，加强对非公有经济的扶持力度；另一方面要鼓励与大型企业生产配套的中小企业集群的发展，调整地区产业组织结构。

为提升东北地区的经济活力，未来的重点是结合大型国有企业发展态势，以非国有企业为核心培育中小企业集群，以产业集群带动民营经济增长，把民营经济发展作为东北地区未来产业发展的重要方式，推动国有经济和非国有经济相结合，大型企业和中小型配套企业发展相结合，调整地区产业组织结构，提高产业生产活力和组织效率。

首先，鼓励民营经济的发展。要拓宽非公有制经济的经营领域，引导民营企业和外资企业在装备制造业、新兴产业投资创业，鼓励有条件的企业做大做强。推动非国有企业围绕原材料和装备制造业建立配套、合作和承包等不同类型的企业集群。

其次，支持中小企业的发展，尤其是支持为大型企业进行生产配套的中小企业集群发展。打破计划经济体制造成的不合理的产业联系，按照市场化的方式进行重新塑造。建立企业与地方在重大产业政策、城市发展、环境建设等方面的合作机制，把地区经济和社会发展作为企业生存发展和提升竞争力的核心。地方要围绕中直大企业的上下游产品建立配套型企业集群或服务型企业集群，使中直企业的发展能够促进地区经济的发展。

第四节 农业发展与基地建设

东北地区是我国农业生态环境和水土资源组合条件最好的地区之一，也是我国21世纪粮食增产和粮食供给潜力最大的地区。作为我国重要的商品粮战略基地，东北地区粮食生产在全国占有极其重要的地位。无论是粮食商品率和商品量，还是粮食人均占有量和调出量，都占据全国首位，每年为国家提供300亿~350亿千克商品粮。近年来，由于农业结构的战略性调整和退耕还林、还草、还湿等政策的实施，粮食生产由南方向北方、由东西部向中部等耕地资源富裕地区转移。全国粮食生产格局的

变化，进一步突出了东北农业的战略地位。

以农业产业化和基地规模化为主要特色的现代农业，是东北振兴的重要部分和新的经济增长点，也是东北地区农业发展的方向。要发展现代农业，必须利用东北农业资源的综合优势，运用现代科技和现代工业装备农业、用现代管理手段经营农业，进一步强化东北农业在国家发展中的三个主要功能，把东北建成为我国最大的粮食安全生产基地、最大的粮草结合型精品畜牧基地和绿色农产品生产加工基地。

一、东北地区农业发展潜力与基础

（一）农业发展与基地建设的条件优越

1. 较好的水土资源禀赋

东北地区属温带大陆性季风气候，跨暖温带、中温带和寒带，夏季温暖多雨，主要农业区≥10℃，积温2200～3600℃，平均年降水量400～1000毫米，光照资源丰富，适合于多种农作物生产。东北地区是我国北方水土资源都相对较丰富的地区。全区耕地面积2541.5万公顷，约占全国耕地的1/5，人均耕地0.2公顷多，高于全国平均水平一倍以上，且耕地中质量较好的一等耕地占59%，高出全国平均值20个百分点，三等地与不宜农耕地占7.3%，是我国一等地比重最高、三等地比重最低的地区。全区（不包括锡林郭勒盟）多年平均降水深515毫米，降水总量6410立方米，地表水总量1701亿立方米，地下水总量680立方米，扣除两者重复量394亿立方米，多年平均水资源总量1987亿立方米，约占全国大陆水资源总量的8.2%。从水土资源空间配置上来看，明显优于西北、华北地区，是我国北方水土资源匹配较好的地区；从区域内部水土资源匹配特征来看，东北东部优于东北西部，农区优于林区。中部区域黑土带土壤肥沃，是我国重要的粮食基地和饲料、甜菜、薯类等农产品基地。土地后备资源丰富，农业开发潜力大。西部松嫩平原和呼伦贝尔草原是我国温带草原生产力最好，改良条件最好和最合适饲养肉类家畜的天然草地。丰富的自然资源和良好的生态环境为区域农业发展提供了有力支撑，为建设国家粮食安全基地、绿色农产品基地和精品农牧业基地提供了保障。

2. 良好的农业生产基础

东北地区作为国家农业综合开发的重点区域，在长期的发展过程中逐渐形成以开放型、规模型、专业型和特色型为基本特征的现代农业发展格局，是我国重要的粮食生产基地和农产品生产加工基地。优势农产品进一步向优势产区集中，一批专业化和规模化水平较高、具有比较优势和竞争优势的农产品生产基地不断稳固和形成。国有农场是我国现代农业发展的前沿阵地，对我国现代农业的发展具有重要的引领和示范作用。东北国有农场无论在农场数量、农场面积，还是农场经营规模上，在全国都处于领先地位。

3. 粮食增产潜力大

经过几十年的农业综合开发，东北地区已经成为我国粮食市场“稳压器”和“国家粮食安全的后备战略基地”。粮食综合生产能力达7500万吨，粮食年均产量占全国的13%左右，其中优势农产品玉米年均产量约占全国玉米总产量的30%，大豆年均产量约为全国的35%，水稻约为全国的7%。

该区中低产田面积约1374.8万公顷，占耕地面积的64.6%，多分布于中西部平原地区，辽、吉、黑三省中低产田面积占耕地面积比重分别为63.8%、60.1%和67.0%，多为渍薄、渍涝、盐渍和风沙型土地，中低产田地改造的粮食增产潜力十分巨大。按有关研究预测，东北地区粮食单产增产潜力为1.04万千克/公顷，而目前的单产仅为气候潜力的40.4%，东北地区粮食单产潜力未能充分发挥，限制了东北地区粮食综合生产能力的提高。通过品种改良与技术改造，对中低产田进行综合治理与改造，东北地区粮食单产有望提高750～2250千克/公顷，可增产粮食100亿千克，该区也将可能成为21世纪我国粮食增产潜力最大的地区。

4. 畜牧业发展优势明显

东北地区畜牧业在全国占有重要位置，畜牧业生产水平指标高于全国平均水平，牛羊肉类、奶产品等优势产品在全国有较大的市场占有率。畜产品生产正向着规模化、集约化、品牌化、区域化方向发展，畜牧业的增长方式正由传统牧业向现代牧业、由粗放经营向集约经营转变，形成了一批具有一定规模的畜牧业生产加工基地和畜产品名优品牌。其中，2005年末，黑龙江省肉、蛋、奶产量分别达到306.3万吨、102.7万吨和440.2万吨，牧业产值占农业总产值的比重由2000年的28.1%上升到40%，拥有各类饲料加工企业785家，产能达到890万吨，创产值127亿元。吉林省肉、蛋、奶总产量分别达到310万吨、100万吨、30万吨。肉类人均占有量连续6年居全国第一位，禽蛋人均占有量跻身于全国前五名。

（二）农业发展与基地建设的制约因素

1. 农业基础设施建设滞后

东北地区水利设施大部分年久失修，欠账严重。灌区设施老化，灌溉能力下降；机电井数量少，设施不配套；大马力拖拉机不足，农机具老化。黑龙江省有效灌溉面积213.33万公顷，占耕地的20%，仅相当于全国平均水平的一半；全省有552座病险水库，占87%；农业用水保障能力不足，地表水截留能力不足20%，地表水调控能力只有7%，远低于全国平均水平。全省节水灌溉面积只有44万公顷；中小河流防洪标准低，只有3～5年一遇标准，抗灾能力十分低下。全省现有80马力以上的大型拖拉机1.7万台，其中近半数服役15年以上，全省还有2500多个无机村，近一半的耕地不能按标准化进行生产。

2. 农业增产与农民增收矛盾

农民收入增长受自然灾害的发生、生态环境的变化、人和动物疫病的暴发、经济社会的突发事件等因素的影响较大，实现增收的基础不牢固。农业生产资料价格居高不下，如果国家施行燃油税，农用柴油价格将有很大幅度的上涨，水电价格也有上升的势头，农业生产成本继续增加。而粮食价格受国际国内市场供求影响，起伏不定。因此，靠粮食增产来促进农民增收难度很大。长期形成的城乡二元经济结构的束缚，影响农民增收的一些根本因素仍未消除，促进农民增收的长效机制尚未形成。

3. 农业生态环境退化

东北东部山区泥石流和山体滑坡等地质性自然灾害还时有发生，西部地区土地“三化”严重，水资源短缺，人均水资源量低于全国平均水平，地下水位下降严重。一方面，由于近年来工业化进程的加快，以及城镇建设、生态建设的推进，使耕地数量刚性减少；另一方面，自然灾害也是威胁耕地的一个重要因素。据普查，黑龙江省水土流失面积为1133.33万公顷，其中耕地流失面积500万公顷，占耕地总面积的55%，黑土层已由开垦之初的50～80厘米减少到20～30厘米。据有关研究分析，如不采取措施抓紧治理，再过40～50年，黑土层将流失殆尽。土壤板结，犁底层坚厚，蓄水保墒能力差；部分耕地出现了沙化、碱化现象。现有草原沙化、碱化面积206.67万公顷，占草原总面积的48%。内蒙古东部地区沙化土地面积占东北地区沙化土地面积的85%左右，浑善达克、科尔沁、呼伦贝尔等沙地是东北风沙危害的主要沙源地。保护和建设好内蒙古东部地区森林、草原、湿地，加强对沙化、退化草原的治理，对保障东北地区农业生产具有重要意义。

（三）农业生产现状

1. 东北地区粮食生产基本形成了以玉米、大豆、水稻为主的生产能力格局

东北地区历史上盛产大豆、小麦和高粱。近30年来，玉米发展迅速，成为区域产量最大的粮食作物，而小麦和高粱粮食作物的地位和作用持续下降，已经没有规模优势，东北地区粮食生产也形成了玉米、大豆和水稻为主的生产能力格局。总体看来，东北地区粮食作物产量和播种面积明显向玉米、大豆、水稻集中，三种作物产量和播种面积在东北地区粮食生产中的比重提高较快，分别由1985年的74.7%和64.9%提高到2002年的89.3%和83.5%。而小麦、高粱、谷子产量和播种面积比重之和分别由1985年的21.3%和28.8%下降到21世纪初的5.1%和6.0%（表17-26）。

表17-26 东北地区粮食作物产量和播种面积结构变动　　单位:%

年份	玉米		水稻		大豆		小麦		高粱		谷子	
	产量	面积	产量	面积	产量	面积	产量	面积	产量	面积	产量	面积
1985	45.1	33.3	16.9	8.9	12.7	22.7	10.8	15.8	6.7	5.7	3.8	7.3
1990	57.0	40.9	16.7	11.6	7.9	20.6	7.3	13.9	4.9	4.8	1.4	3.1
1995	58.6	44.5	17.1	12.3	9.1	22.4	6.3	9.7	4.4	4.0	0.9	1.6
1998	57.9	44.5	23.0	17.1	7.6	20.5	4.8	8.1	3.1	3.0	0.6	1.3
2000	43.8	35.9	33.7	18.3	11.6	26.4	2.8	5.6	2.4	3.0	0.5	1.4
2002	52.6	42.5	24.8	18.4	11.9	22.6	1.6	2.2	2.9	2.6	0.6	1.2

2. 从省域尺度看，粮食产量高的基地县主要分布在黑龙江和吉林两省

在高于地区商品粮基地平均水平的40个基地县中，辽宁只有昌图、新民、海城、庄河、东港、大洼6个，而吉林和黑龙江分别为17个，这两个省的基地数量共占85%，粮食产量占57.3%。其中辽宁省水稻产量高于平均水平的基地县14个，产量占24.58%，吉林和黑龙江分别为12个和14个，产量分别占28.85%和27.08%；玉米产量高于平均水平的基地县辽宁有4个，产量占6.10%，吉林和黑龙江分别为15个，产量分别占38.98%和26.12%；而辽宁省所有的商品粮基地县的大豆产量均低于平均水平，在高于平均水平的基地县中，吉林和黑龙江分别为11和27个，大豆产量占15.37%和59.07%（表17-27）。由此看出，东北区粮食生产主要集中于吉林省和黑龙江省，总体表现为水稻分布较为均衡，玉米集中于吉林和黑龙江，大豆集中于黑龙江的省际空间格局。这也说明东北商品粮基地粮食生产的专业化和区域化趋势明显，大宗粮食作物进一步向产粮大县集中，榆树、农安、五常、双城、扶余、德惠、梨树等大型商品粮基地县在东北区粮食生产中的地位非常突出。

表17-27 东北三省商品粮基地及粮食生产的分省情况　　单位：个，%

项目	高于平均水平基地数/粮食比重			低于平均水平的基地数/粮食比重		
	辽宁	吉林	黑龙江	辽宁	吉林	黑龙江
粮食	6/7.44	17/29.05	17/28.25	35/16.58	16/7.84	19/10.85
水稻	14/24.58	12/28.85	14/27.08	27/7.07	21/8.96	22/9.55
玉米	4/6.10	15/38.98	15/26.12	37/15.38	18/8.34	21/7.61
大豆	0/0	11/15.37	27/59.07	41/9.63	23/7.81	8/4.79

3. 粮食生产格局总体表现出由中部平原地区向周边递减的趋势

东北地区90%以上的商品粮基地县年均粮食生产能力在1亿千克以上，松嫩平原中部地区的榆树、农安、五常、双城、扶余、德惠等基地县年均粮食产量大于10亿千克。粮食生产形成以松嫩平原中部黑土区、辽河平原和三江平原为重心，由此向东、西递减的分布格局。玉米集中分布在松嫩平原中部地区，并由此向周边逐级递减，其中农安、榆树、双城、梨树、公主岭、扶余、九台、昌图、德惠、呼兰和长岭等11个基地县年均产量在5亿千克以上，产量大于1亿千克的基地县占全部基地县的58.2%，产量占89.2%。大豆生产布局相对比较分散，高于平均水平的基地县主要分布于松嫩平原的北部地区及三江平原的中部地区，产量超过1亿千克的基地县主要包括黑龙江的讷河、富锦、海伦、克山、嫩江、巴彦和吉林的榆树。其次是松嫩平原东部地区和三江平原南部和北部。水稻生产相对集中于辽河平原南部、松嫩平原东部和三江平原，其他地区商品粮基地县相对分散，年均产量超过1亿千克的基地县占整个商品粮基地县的38.2%，水稻产量却占75.2%。

二、加强粮食生产基地建设

（一）优化商品粮基地空间布局，促进粮食可持续发展

根据东北地区水土资源条件、各地区粮食生产潜力以及商品粮基地县的社会经济条件等，重新划分不同类型的商品粮基地县。在建设布局模式上，国家和地方联合投资，重点建设和批次建设相结合，投资向商品粮产量大和增产潜力大的县倾斜，优先建设一批示范性的商品粮基地县和优势农产品布局区域，通过其示范和辐射作用带动周边商品粮基地县的建设。在此基础上，加强普通商品粮基地县的投资建设，形成以点串线、以线带面的空间布局结构，实现商品粮基地空间布局优化和可持续发展。

1. 主要粮食作物基地空间布局

以优势产区为重点，扩大优质、专用粮食品种的种植面积，以玉米、大豆、水稻等优势农产品区域布局规划为指导，建设具有区域比较优势的专业化、规模化商品粮生产基地。优质大米生产基地包括五常、绥化、农安、通化、榆树、大洼、东港、德惠、舒兰等生产大县；玉米生产基地包括昌图、农安、榆树、梨树、公主岭、扶余、九台、通化、德惠、长岭、双城、龙江、呼兰等产量大于5亿千克的生产大县；高油大豆基地包括讷河、富锦、海伦、克山、嫩江、巴彦、五大连池、莫力达瓦旗、阿荣旗、扎赉特旗、科左后旗等生产大县。

2. 商品粮基地市的空间布局

以辽河流域、嫩江流域、松花江流域（含三江平原）为主体的中部平原区作为重点区域，转变以县为基本单元的建设布局模式，实施以地级市为基本建设单元的布局模式。选择生产能力大，社会经济基础好和生产潜力大的市作为商品粮基地建设布局的重点。采用国家级商品粮基地建设标准，加大基础设施投资力度，发挥大型商品粮基地的粮食生产和商品粮供给能力，向专业化、区域化、规模化方向发展，主要地区包括沈阳、铁岭、大连、辽阳、长春、四平、松原、吉林、哈尔滨、绥化、齐齐哈尔、佳木斯、牡丹江和通辽等。发展大兴安岭沿麓优质强筋小麦带，主要布局在呼伦贝尔市的牙克石市、鄂温克旗、陈巴尔虎旗、额尔古纳市4个旗市及海拉尔农管局。

在黑龙江省建设全国最大的粳稻生产基地（图17-4）。基地布局主要以哈尔滨的五常、方正、尚志、依兰、通河、延寿6个县市为建设重点；佳木斯区域的富锦、桦南、桦川、汤原、宁安、同江和郊区等7县区及宝泉岭、红兴隆、建三江等分局农场为建设重点；绥化市的庆安、北林、绥棱、海伦、肇东、望奎等6个县市为建设重点；鸡西的密山、虎林、鸡东等3个县市及农垦牡丹江分局农场为建设重点。

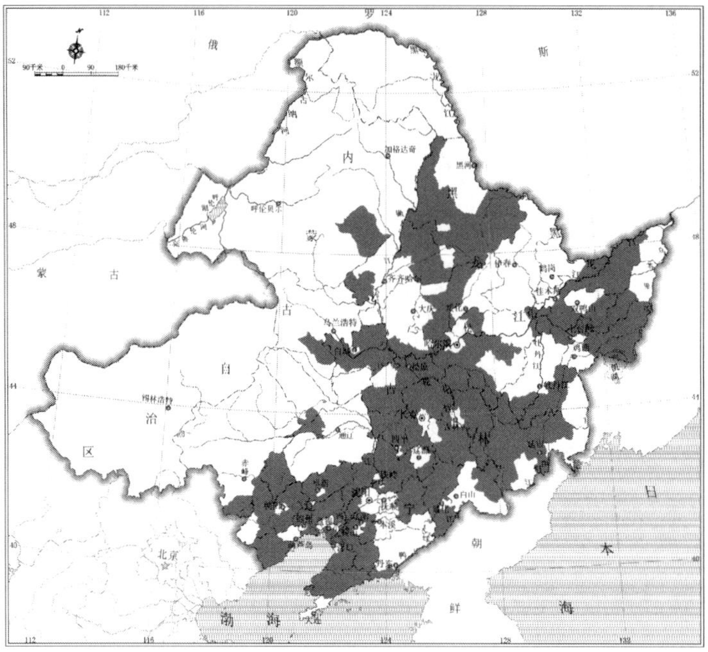

图 17-4　东北地区商品粮基地县布局图

（二）加大中低产田改造力度，提高粮食综合生产能力

依据东北地区粮食生产实际和水土资源状况，粮食单位产量≥6000 千克/公顷的为高产田，粮食单位产量在 3000～6000 千克/公顷为中产田，粮食单位产量≤3000 千克/公顷为低产田的标准，东北地区中低产田比重约占耕地面积的 2/3，中产田集中成片分布于松嫩平原和中部辽河平原区，低产田主要集中分布在北部（东部）山地丘陵区和三江平原地区。随着东北地区农业综合开发的深入，中低产田总面积呈减少趋势。其中，中产田面积呈持续扩大，由中部平原区向周边山地丘陵区扩张的趋势，而低产田不断减缩，呈现由南部向北部推进的趋势。

总体来看，东北地区中低产田面积广，改造难度较大，但是改造后粮食增产潜力巨大。作为我国最为重要的粮食主产区和保障国家粮食安全的战略性基地，东北地区在未来国家粮食安全格局中将承担更为重要的任务。在耕地面积扩大有限和城市化高速发展的背景下，以扩大粮食作物播种面积来提高粮食产量的外延式增长空间有限。提高东北地区粮食单产水平将会成为东北地区未来粮食增产的主要途径和战略重点。因此，在东北地区未来农业发展的过程中，应加大中低产田改造力度，走内涵式粮食增产的道路。

面向国家粮食安全战略需求，以挖掘东北地区中低产田粮食增产潜力，提高农业综合生产能力和增加粮食主产区农民收入为根本目标。在现有的经济和技术条件下，结合区域实际，选择增产潜力大的中低产田作为改造的重点，加大耕地质量建设力度，配套建设不同类型的土肥新技术集成转化示范基地，使项目实施区的中低产田耕地基础地力提高一个等级。

以松嫩平原黑土区、三江平原地区、松嫩平原西部区和辽河平原东北部区这 4 个区域作为近期中低产田改造的重点区域，利用大型灌区工程、土地修复与培肥工程、小流域综合治理工程等重大工程，依据不同区域特点研究选择适宜的中低产田治理模式。松嫩平原黑土区土地资源丰富、土壤肥力较高，是东北地区粮食单产增长最有潜力的区域，也是我国玉米和大豆的主产区，在保障国家粮食安全方面具有极其重要的意义，该区以水土流失治理和土壤培肥为重点；三江平原地区土地后备资源丰富，粮食单产的增长潜力较大，是我国优质水稻和绿色农产品生产基地，在面临湿地保护的背景下，该区以渍涝型和瘠薄型中低产田治理为重点；松嫩平原西部区土地荒漠化、盐碱化问题突出，生态环境脆弱，水资源成为瓶颈，中低产田改造难度大，但很迫切，该区以盐碱土改良与风沙土地修复为重点；辽河平原东北部区水土资源较为丰富，农业生产条件相对较好，但中低产田比重大，该区以渍涝和盐碱改造与治理为重点。

（三）建设以乳制品和肉类为主的精品畜牧业基地

1. 发挥畜牧业的资源组合优势，建设全国优质畜牧业基地

中部农区要发挥秸秆资源和玉米－大豆等饲料粮生产优势，走规模化畜牧业发展之路；以发展乳制品工业为龙头，促进玉米带－奶牛带的整合发展。优化农业种植结构，发挥农区种草的比较效益，建设“舍施养殖”基地。该地区粮食饲料和秸秆饲料资源极为丰富，应大力发展肉牛、奶牛、生猪、肉鸡产业。以扩大优质牧草和饲料作物种植为主要任务，适时引导和鼓励中部农区利用耕地实行草田轮作，引草入田，积极发展草产业，为牧业发展提供优质、高产、高效的饲草饲料来源。

西部天然草地以草甸草原为主体，自然条件优于国内其他地区，利用草场改良和发展人工草地的契机，重点建设家庭牧场，发展草地畜牧业。以优质肉制品企业为龙头，建成西部肉牛、细毛羊和肉羊生产基地。西部地区是传统的牧业生产基地，由于受自然条件的影响，特别是草原管理体制改革滞后，草原沙化、碱化、退化日益严重，不仅使草原牧业的发展条件恶化，而且给当地的生态环境带来了严重的问题。要以天然草原恢复项目建设为契机，加强草原生态建设，立草为业。全面落实草原承包责任制，搞好退耕还草，加强“三化”草场的综合治理，转变传统的放牧方式，实行半饲半牧，划区轮牧，把草原生态保护与牧业发展有机结合起来。

东部山区，主要包括长白山地、大小兴安岭地区。山区林下野生饲料资源、草山草坡和蜜源植物十分丰富，应重点发展肉牛、绒山羊、蜂、犬、兔。

黑龙江省应在确立奶牛、肉牛、生猪三大主导品种的基础上，通过政策支持和产业聚集，加快壮大滨洲沿线奶牛带、中部农区生猪带和东部肉牛产业带，积极培育北部特色产业和生态牧业产业带。

吉林省应重点建设包括松原、白城、四平等地区的西部松嫩草原牧业生产区，建设包括长春、四平、辽源等地区为主的中部松辽平原牧业生产区，建设包括通化、白山、延边、吉林等地区的东部长白山牧业生产区。

辽宁省应重点建设沈大、沈山两个肉鸡和蛋鸡饲养带，辽西朝阳、锦州、阜新全国优质肉羊优势区，辽东绒山羊优势区，辽东北铁岭、抚顺全国优质肉牛优势区，辽西北葫芦岛、锦州、阜新、铁岭、沈阳优质生猪优势区，大中城市郊区奶牛优势区。

内蒙古东部地区重点建设科尔沁草原肉牛生产区、牛奶优势产区、肉羊优势产区和优势细毛羊区。

2. 加大畜牧产品安全体系建设力度，扩大畜牧基地区“无规定动物疫病示范区”的范围

加快“无规定动物疫病省”骨干项目建设，在完成省级动物疫病控制中心建设的基础上，再建设区域性动物疫病控制中心，形成覆盖全省城乡的集检疫、防疫、控制、反应与应急为一体的动防体系，确保一、二类传染病达到稳定控制或消灭标准，建成国内最大的无规定动物疫病区，为加快与国际兽医卫生惯例接轨奠定法律基础。通过无规定动物疫病区项目建设，提高动物防疫工作水平，降低畜禽疫病死亡率，控制口蹄疫、禽流感、猪瘟、炭疽、狂犬病等动物疫病。

（四）建设东北绿色农产品基地与农副食品加工基地

1. 建设绿色农产品基地

东北地区具有发展全国大型绿色农产品生产、加工的生态与环境优势。绿色食品产业在东北地区

现代农业发展中具有重要作用，东北各省在农业发展规划中也均把绿色食品产业作为地区支柱产业规划。加大绿色食品产业的发展力度，强化东北农产品安全管理，促使农业自然生态优势转化为农业经济效益优势，把东北地区塑造成我国及东北亚地区的绿色生态产业基地。绿色农产品生产基地建设要以国际食品安全要求为前提，依托地区特色资源，在重点地区建立一批高标准的国家和省级绿色农业基地，开创东北绿色农产品品牌，增强东北农产品的国际竞争力。

依托三江平原大面积的湿地生态资源，建设大型优质安全水稻生产基地；利用中部平原区充裕的粮食资源，发展以淀粉和豆类制品为主导产品的粮食规模化加工业；依托丰富的山地森林生态优势，开发利用林特产资源，加大食用菌、人参、林蛙、蜂等林特名牌产品的培育与开发。面向大中城市的市场需求，在城市郊区开发无公害大宗蔬菜、新特菜。依托独特的生态环境条件，在辽东半岛和辽西及丘陵地区发展绿色水果生产基地。

黑龙江省重点发展三江平原和松嫩平原绿色水稻基地，在长白山地和小兴安岭东部发展长白山中药材、山野菜、食用菌和蜂等特产品，在齐齐哈尔市和绥化市地区建设马铃薯和甜菜生产基地。

吉林省重点发展东部长白山中药材、山野菜和林特产品，中部松辽平原玉米、水稻、大豆、畜产品和西部杂粮、油料、畜产品。

辽宁中部地区重点发展设施蔬菜产业，辽南地区要重点发展设施特色蔬菜、花卉、水果，辽东地区要发展食用菌、中药材等林特产品，辽西地区重点发展设施蔬菜、名优水果、特色杂粮，辽北地区推进肉牛和生猪等养殖业的发展。建设辽宁沿海海产品基地。

内蒙古东部地区重点建设西辽源流域向日葵生产基地，建设呼伦贝尔地区双低油菜子产区，蓖麻籽重点布局在通辽市，针对俄罗斯出口的蔬菜生产主要布局在呼伦贝尔的扎兰屯市、牙克石市、阿荣旗三个旗市；重点发展针对京津沈等大城市夏淡季蔬菜市场以及通辽市的红干椒生产。

2. *农副产品加工基地*

在东北振兴的项目规划中，应当统筹工业与农业关系，把农业产业化项目纳入到老工业基地振兴项目实施方案中，有必要安排更多的专项资金和项目，支持农产品加工业及其配套基地、设施、服务体系和法律法规建设。以中小城市为主，布局农业产业化项目，通过农业产业化带动农村工业化发展，促进农村城镇化，缓解城乡二元结构的矛盾。完善多元化投入机制，鼓励民营经济参与农业产业化的投资建设。

推进农业产业化经营，通过做大做强现有龙头企业，外引内联名牌企业，以及培育和发展带动能力强、科技含量高、有基础、有优势、有特色和前途的农产品加工企业这三种途径壮大龙头企业。以粮食、畜产品、林产品、水产品、水果、蔬菜和特产品加工为重点，按照区域化布局、专业化生产、一体化经营、企业化管理的产业化经营模式，建设产销一体、农工贸一体相结合的企业或企业集团，形成扶龙头、建基地、带农户的产业化经营发展格局和多类型的农业产业化体系。

黑龙江省重点发展的农产品行业龙头有北大荒米业等水稻加工企业，有镜泊湖农业集团、华冠科技、肇东成福、青冈龙凤、华润酒精等玉米加工企业，有九三油脂、大豆日月集团等为主的大豆加工企业，有完达山乳业、双城雀巢、大庆银锣乳业等乳品加工企业，有呼兰正大为主的肉鸡加工企业。

吉林省重点发展的龙头企业：玉米重点发展大成公司等龙头企业，牛肉加工重点抓好皓月、金昌等龙头企业，鸡肉加工重点抓好德大公司等龙头企业，猪肉加工重点抓好华正、九台金锣等龙头企业，奶制品重点抓好广泽乳业、新希望集团等龙头企业。

辽宁省要积极培育大型龙头企业，在辽东重点发展特产品加工基地，在辽西重点发展畜产品加工基地，在辽北重点发展粮牧并举加工基地，在南部建设水产、水果以及其他出口型农产品加工基地。

内蒙古东部地区也要大力发展龙头企业，尤其是要重点建设牛肉、牛奶、羊肉等加工企业，发展羊毛加工企业，适当发展粮食加工。培育壮大蒙牛乳业乌兰浩特分公司、扎兰屯淳江油脂公司、通辽科尔沁牛业、通辽梅花味精、通辽万顺达玉米淀粉和通辽通华蓖麻化工有限公司、赤峰草原兴发、锡林郭勒盟伊盛肉羊等农畜产品加工龙头企业。

（五）建设东北地区现代农业园区及示范基地

根据东北地区不同区域特点，突出地方特色，采用政府引导、企业运行、农民受益的运行模式，建立不同类型的现代农业园区。

1. 现代都市农业示范基地

在都市周边地区建立现代农业示范园区有利于发挥都市区技术、资金优势。发挥农业示范基地的引导、带动作用，积极研发具有前瞻性的农业技术，带动农业生产和生产者技术水平的不断提升，解决农业生产中现存的问题，改善生产条件、提高农民收入。积极发挥政府的宏观调控职能，通过“公司＋基地＋农户”的途径，公司以订单形式负责农产品回收、产业化加工及销售等，基地向农民提供品种和技术，并进行产前、产中、产后的指导，农户利用基地产业链的延伸，进行专业化生产。同时，充分利用都市区的区位优势，发挥农业示范园区科普教育、观光旅游等职能，实现现代农业示范园区生态效益、社会效益、经济效益的结合。

2. 农区型现代农业示范基地

东北地区是我国重要的农畜产品生产基地，在东北振兴战略中，农畜产品加工产业基地是东北地区重点建设的六大基地之一。立足东北经济区是粮食主产区的区域特色，变产量优势为经济优势，大力发展农产品加工业，拉长产业链，既可以加快解决“三农”问题，也会增加工业对农业、对粮食的反哺能力；积极发挥东北地区生态环境较好的比较优势，建设面向国内外的绿色产品基地，使之成为新的经济增长点；按照农业基础、自然条件和市场需求，培育绿色食品加工基地、农副产品基地、土特产业基地等。在农区建立示范基地，以科学技术为先导，以企业化管理为手段，集试验、示范、推广、生产、经营、培训等多种活动为一体，实现农业的高产、稳产，探讨广大农区农业发展的政策、生产组织形式、资金投入方式和市场机制作用等。

3. 农业政策试验区

东北地区是传统的粮畜产品产区，“三农”问题突出，并且具有一定的代表性，当前国内农业发展面临的诸如经营体制、分配机制、土地制度等问题在东北农区发展中都得到体现。为此，需要国家给予东北地区农业发展以特殊政策，建立“农业政策特区”。在试验区开展政策性农业保险试点，组建农业保险公司，建立生产资料储备基金，并在财政上给予支持；支持区内农业龙头企业和农业基地建设；需采取国家参股等多种形式，加大田间道路、农田整治、中低产田改造及水利设施等农业基础设施建设力度，改造更新现代农机装备，以增强抗灾能力、提高生产效率，挖掘土地生产潜力。

三、农业发展与基地建设的途径及对策

（一）加强生态环境治理，促进水土资源可持续利用

东北地区农业开发历史较晚，生态环境总体状况较好。但是由于20世纪50年代以来大规模的工业化、城市化和农业开发，资源环境发生了巨大变化，成为全球范围内具有短时限人地关系高强度作用特征的典型地区之一，农业生态环境退化严重。以生态省建设为契机，加强中部黑土区水土流失治理、大江大河等流域治理和西部沙化盐碱化治理。东北黑土区以其肥沃的土壤、优越的气候条件、多样的环境和雄厚的农业科技条件而成为我国重要的农业区。目前的水土流失、环境退化问题应予以重视，加大保护与治理力度。松花江、辽河、嫩江及大凌河等是东北地区农用水的主要来源，流域水污染严重制约农产品品质的提高。应采用生物工程措施加大生态环境脆弱区水土涵养和水土保持，切实

改善流域水质和生态环境。西部地区土壤沙化、盐碱化面积大，生态环境脆弱，应利用生物修复技术、农业节水灌溉技术、土壤培肥和深翻松根技术等手段涵养水分，保持土壤肥力，改善生态环境。

在合理生态退耕、还林、还草和还湿地的基础上，控制耕地非农化规模，以基本农田保护和改造为出发点，加强土地整理和农业节水技术，通过技术改造把治水与土壤培肥、农田排水、保水和高效用水结合起来，因地制宜探索水土资源高效利用模式，建立区域水土资源利益补偿机制，对工业和城市发展挤占的农业水土资源给予公平合理的补偿，保障农业水土资源的可持续利用和农民的利益。

（二）大型灌区建设与修复，发展节水农业，提高机械化水平

加强水库、水渠及防洪坝的修复，以三江平原、松嫩平原和辽河平原为重点区域，加快水利枢纽工程建设，缓解水资源区域不平衡和供需矛盾。在嫩江、松花江、乌苏里江修建水利控制性工程，加强流域水资源的调控能力及防灾减灾能力。加大中低产田改造力度，通过技术改造把治水与土壤培肥、农田排水、保水和高效用水结合起来，提高中低产田的粮食生产能力。全面推进各类水库除险加固工程建设，提高蓄水能力和安全度汛能力；启动节水型社会建设项目，促进水资源节约和有效利用；加快大型灌区节水续建配套项目以及节水灌溉示范工程建设，提高灌溉水有效利用水平；狠抓小型农田水利建设，重点建设田间排灌工程、小型灌区和非灌区抗旱水源工程。推广农业节水技术，发展节水农业，提高灌溉水利用率。提高农业机械化水平，包括大中型拖拉机、农用运输车、机电井、农用水泵，提高农田有效灌溉面积和机电排灌面积，保证农村用电量。

（三）发挥科技优势，打造区域农业发展创新平台，建立农业科技示范基地

现代农业科技园区是农业生产力发展新的制高点、农业现代化建设新的生长点、农业科技引入生产过程的切入点。东北区内高等学府、科研院校云集，科研力量雄厚。同时东北地区内的知识储备、智力密度、科技产业等优势比较明显。黑龙江省分布有全国最大的国有农场群，代表了国内农业规模化、机械化的最高水平，垦区建立了专门的农业科研机构，为实现垦区及周边地区农业可持续发展提供了强有力的技术支持。依托农垦系统的科研机构及科研力量，经过多年的科技攻关，培育出了适宜的优质、高产水稻及大豆品种，基本形成了适应区域特点的农作物高产栽培模式等。在发挥现有科技优势的基础上，进一步加大东北农业科技投入，整合东北地区农业科技的创新主体，聚集高技术等高等生产要素，发展农业高新技术产业，建立农业科技示范园区，从整体上研究农业结构调整的合理分工与合作互补，打造东北现代农业发展的创新技术平台，形成东北地区农业科技的整体竞争力，既是推动东北农业快速发展的必要条件，又是建设东北地区现代农业的根本要求。

（四）加快发展农业循环经济，控制农村面源污染

大力发展立体养殖、营养物质循环利用、草畜结合及绿色养殖等现代生产模式，在草原牧区积极推进封区育草、草畜平衡、划区轮牧等基本制度，在恢复松嫩草原生机的同时，保护利用好三江草原，积极发展生态养殖和绿色产业。集中规划建设一批“五统一”的畜禽养殖小区，支持现代化养殖园区和现代化牧场建设，尽快提高规模养殖比重，全面实现人畜分离。逐步向专业化饲养转变，尽快降低散养散放的比重。大力发展专业养殖大户、规模化牧场和规范化小区，特别是对股份制牧场和规范化小区建设予以积极扶持，在用地、规划、技术、信息和销售等方面做好指导和服务，促进专业大户、规模化牧场和规范化小区的快速发展。

随着规模化饲养业的发展，动物排泄物、废弃物和有毒有害物对环境造成的污染问题越来越严重，要统筹产业发展与环境保护的关系。结合农村新能源开发利用和有机农业发展，建设牧场、小区和村屯畜禽粪便收集处理与资源化利用工程，使零排放、无公害、资源化利用比率由目前的20%提高到50%以上，基本解决人畜混杂、粪尿满街、空气污浊的问题。

严重“三化”的草原实行全年禁牧，加快草原植被恢复；中度“三化”的草原实行休牧，实行草

畜平衡，采草场在牧草收割后，允许合理放牧利用；继续扩大舍饲总量，不断提高舍饲率。棚舍建设与牧业小区建设紧密结合起来。建设若干个标准化饲养园区，使养殖业远离居民区，推行种、养结合的生态模式，推行饲料作物养畜—畜粪化沼气—废料作为有机肥还田的循环模式。

（五）大力发展农业经济合作组织，建立有序农业生产经营机制

适应市场经济要求，推进农村组织制度创新，培育和发展各类农村合作组织和协会，包括农业专业化合作组织、农产品行业协会、农村专业合作社、股份公司等。在信贷、税收等方面制定和实施优惠政策，对农产品加工、流通企业间纵向和横向联合实施较为宽松的产业组织政策。重点扶持和推广专业合作社、公司加农户、专业协会、股份合作经营等方向性的创新形式。通过立法加以规范和引导，规范行为，引导农民参与市场竞争，实现农民小规模经营与大市场的有效连接，提高农业生产经营的内外部经济性。

第五节　现代服务业发展方向

大力发展现代服务业，提升第三产业在东北地区的地位。重点发展电子商务、金融保险、物流、房地产业等现代服务业；构建现代物流、国际金融、对外开放、国际商务等生产性服务功能平台；整合区域旅游资源，建设相互延伸的旅游线路，实现旅游资源共享（表17-28）。

表17-28　东北地区现代服务业发展规划

发展现状	服务业发展水平低，对其他产业的作用不明显 东北老工业基地振兴，需要大力发展现代服务业
发展定位	大力发展现代服务业，提升第三产业在东北地区的地位 成为促使东北地区企业恢复活力、促进地区产业结构升级、转变经济增长模式以及统筹社会经济发展的重要支撑
发展重点	加强东北信用体系建设，依托四大核心城市，构建东北金融网络体系 以四大城市为核心，构建东北物流体系 大力发展文化创意产业，构建新型服务业 积极发展旅游业，构筑一体化的旅游网络体系

一、现代服务业发展现状

（一）服务业发展水平低，对其他产业的作用不明显

目前东北地区服务业总体规模偏小，2005年东北地区服务业增加值仅占GDP比重的38.5%，不仅大大低于世界中等收入国家50%以上的水平，同时也低于世界低收入国家40%以上的水平，与国内的长三角（39.5%）、珠三角（42.3%）和京津冀地区（44.2%）相比有较大差距，低于全国平均水平1.8个百分点。东北地区的服务业主要以传统服务业为主，生产性服务业发展水平较低，导致东北地区服务业缺乏创新能力和市场竞争力，无法对地区产业结构升级和投资环境改善提供必要支撑。服务业科技总体水平不高，信息网络系统建设滞后，信息化程度和信息共享程度较低，现代技术在服务业中的应用还不广泛，服务方式和手段比较原始和单一，传统技术在服务业中仍占主体地位。

（二）东北老工业基地振兴需要大力发展现代服务业

东北老工业基地振兴对发展现代服务业提出了需求。第一，老工业基地振兴的过程本质上就是现

代生产性服务业加深与制造业融合的过程，需要加快技术创新服务、金融支撑服务、现代信息服务、物流配送服务等现代生产性服务业的发展；第二，老工业基地振兴的过程客观上与服务业领域的体制创新密切相关，服务业领域的体制僵化问题已经成为制约东北老工业基地振兴的重要障碍；第三，就业问题在东北老工业基地较为突出，需要加快发展服务业，缓解就业压力，为创建和谐社会建立基本的民生环境；第四，“以人为本”科学发展观的提出和构建和谐社会的要求，需要尽快建立与之相适应的基本公共服务体系和社会保障体系，这不仅是东北的民生要求，也是推进东北老工业基地结构调整与升级的必要步骤；第五，促进经济增长方式转变，需要加快东北服务业等软产业的建设，改善产业结构，提高产业竞争力。总之，发展服务业，尤其是发展以生产者服务业为主体的现代服务业，是促使东北地区企业恢复活力、促进地区产业结构升级、转变经济增长模式以及统筹社会经济发展的重要支撑。

二、依托四大核心城市构建东北金融网络体系

（一）加强信用体系建设，发挥金融对东北老工业基地振兴的作用

加强信用制度和信用体系建设，以“信用东北”建设为切入点，完成企业和个人信用数据库的建设，实现信用评价与客户数据资源共享。建立东北地区信用担保体系，营造诚信环境。配合中央金融监管部门，建立金融系统风险预警机制，建设金融安全区。

（1）健全金融体系，完善服务功能，发展多种所有制形式的中小银行以及融资租赁公司、基金管理公司等非银行金融机构，扩大外资银行进入东北地区的范围，加快外资银行进入东北的速度；积极发展面向企业的融资和信贷，完善支付结算体系，提高支付清算效率；健全金融市场的登记、托管、交易、清算系统；拓宽保险服务领域，发展养老、医疗保险，推进东北地区社会保险区域一体化。

采取资产置换、促进企业兼并重组、不良资产证券化等灵活手段加速处置不良贷款。加快农村信用社管理体制和产权制度改革，促进农村信用社法人治理结构的完善和经营机制的转换。

（2）大力发展资本市场，提高直接融资比重。建立覆盖东北地区的产权交易中心，大力支持具备条件的企业特别是发展较快的部分民营企业发行企业债券。设立产业投资基金和创业投资基金，支持重点产业的发展。

（3）加快发展保险业，形成多渠道、多形式、多层次的保险业务体系。健全对农业、农村和农民的支持保护体系。拓宽保险服务领域，提高保险服务质量，积极发展责任保险、农业保险、信用保证保险，发挥商业保险在社会保障体系中的作用，推进东北地区社会保险区域一体化。

（二）依托四大核心城市，构建东北地区金融网络体系

发挥四大核心城市的辐射与带动作用，建立以大连为核心的东北地区金融中心，沈阳、哈尔滨和长春为分中心的省级金融中心网络体系。确立大连全国商品期货中心，中国北方保险业中心，东北地区资金、国际结算、外汇交易、投融资与金融服务中心的地位，在此基础上将大连建设成为立足大连、面向东北三省的区域金融中心。

发挥大连的优势，建设东北区域性金融中心。大连是我国加入世界贸易组织后首批金融对外开放城市，现已有外资金融机构22家，其中外资银行8家，代表处7家；外资保险公司2家，代表处5家。在外资银行中，7家获准开办人民币业务，4家开办全面外币业务，外资银行业务经营已延伸至整个东北及内蒙古地区。东北地区2家外资保险公司均设在大连，其中日本财产保险是全国首批获准升格为法人总部的2家外资保险公司之一。国际货币基金组织全球第四个、国内唯一的培训基地已在大连建成。大连各银行国际业务规模不断扩大，与150多个国家和地区的近4000家银行建立业务代理关系。中国银行、进出口银行、中信实业银行、出口信用保险等十几家中资机构的地区总部设在大连。“十一五”期间，大连市将有400多个重点项目开工建设，并将建设商品期货交易中心，在大连星海湾

建设金融商务区，形成以大豆、玉米为核心的农产品期货品种体系，成为亚洲重要的期货交易中心。

三、依托四大核心城市构建东北物流体系

现代物流建立在信息网络平台基础上，对各种物流资源进行整合和优化配置，最大限度地降低物流成本，提高物流效率，满足客户需要，实现物流活动的区域化（全球化）、信息化、标准化、系统化和社会化，在现代物流运营中形成新的供应链、产业链，开发新的利润源泉，促进经济和社会快速发展。

（一）整合现有物流资源，积极建设物流基础设施

通过新建改造配套，高标准规划建设好东北物流综合交通运输体系，使各种运输方式高效运作，有效联结各物流结点，为物流业发展提供全程无缝链接服务，全面提升物流运输的一体化、网络化、现代化水平。

1. 以口岸城市为核心，建设陆路国际物流结点

以满洲里、阿尔山、二连浩特为主，建设针对俄、蒙的国际物流结点。以黑河、同江（富锦）、绥芬河、珲春、图们、丹东等沿边口岸为核心，建设针对俄罗斯、朝鲜为主的国际物流结点。

依托港口城市，建设出海物流通道。依托大连、营口、葫芦岛等港口，加强陆海运输一体化，建设出海物流通道。

2. 完善物流通道干网的建设，促进东北地区内部物流基础设施的发展

以哈大线和京沈线为重点，并随着哈大客运专线的建设及客货分线运营的实施，规划建设相应物流基础设施，提高通货能力。东部通道主要建设沟通抚远—牡丹江—图们—通化—丹东—大连的通道，是黑龙江、吉林和辽宁三省沿中俄、中朝边境以铁路为主的南北通道。西部通道主要是建设沟通齐齐哈尔—白城—通辽—赤峰—北京的通道，通道途经东北地区重要的粮食种植区，沿线矿产资源丰富，形成一条粮食和矿产资源物流通道。绥芬河—满洲里的通道是重要的国际物流通道，连接我国东西两大对俄口岸，该通道沿线资源丰富，工业发达，是我国木材、石油、粮食、畜产品供应基地，主要是提高该通道的通行能力，完善通道物流功能。珲春—图们—吉林—长春—白城—乌兰浩特—阿尔山通道是一条国际物流通道和能源物流通道，是蒙东地区向东北三省运送煤炭的重要横向通道。丹东—沈阳—通辽—霍林河通道是东北地区南部横向的能源通道和出海通道。锦州—朝阳—赤峰—锡林郭勒通道是蒙东地区的出海通道以及煤炭运输通道。进出关通道主要建设通过沈阳—盘锦—锦州—葫芦岛—秦皇岛—北京的通道，是东北与关内地区客货交流的主要通道。

（二）依托四大核心城市，构建物流网络结点体系

沈阳、大连、长春、哈尔滨为全区综合物流中心城市，辐射和集聚全区其他物流结点，形成完整的物流网络结点体系。综合考虑四大中心城市经济总量、区位条件、发展潜力等因素，以及在东北地区物流体系中承担的不同作用，四个核心城市有明确的物流发展分工。

1. 沈阳——东北地区物流中心

沈阳是东北地区物流中心城市，是全区综合辐射功能最强的城市，在内陆具有区位优势、产业优势和物流集散优势；沈阳市处于东北地区经济、文化、金融、信息的中心地理位置，是铁路、高速公路交通枢纽；沈阳市是辽中城市群的龙头，具备雄厚的现代产业基础，是大规模的商品市场和重要的生产资料集散地。发展定位为东北区域物流中心、东北物流信息中心，重点发展机械制造、钢铁、日用消费品、高新技术产品、建材等行业物流，重点建设区域性物流园区、区域性物流中心和区域分拨

中心。

2. 大连——东北地区国际物流中心

大连市是全区的国际物流中心城市，具备优越的港口地理位置、雄厚的产业基础，东北地区的国际货物主要从大连中转，是东北与东南沿海地区海上运输的主枢纽。物流量较大，物流基础设施比较完备。发展定位为东北国际物流中心、沿海经济带物流中心。重点发展粮食进出口、化工、机电制成品、汽车及零部件、水产品等国际国内物流；重点建设国际性物流园区和物流中心。

3. 哈尔滨——东北地区区域物流中心

哈尔滨市是东北地区北部综合物流中心城市，对该省及吉林东部地区、内蒙古东部地区的物流具有较强的辐射带动作用，在对俄国际贸易物流中发挥南北纵向及东西横向的枢纽作用。发展定位为东北北部区域物流中心，对俄国际物流中心；重点发展粮食与农副产品、装备制造业、医药、石油化工、能源、木材等行业物流和边境口岸物流；重点建设区域性物流园区和物流中心。

4. 长春——东北地区区域物流中心

长春市是该区中部的物流中心城市，主要对该省物流发挥辐射带动作用。发展定位为东北中部区域物流中心；重点发展粮食与农副产品、汽车与零部件、化工、高新技术产品的行业物流；重点建设区域性物流园区和物流中心。

（三）发挥地区优势，发展五大专业物流体系

结合东北老工业基地振兴战略，从东北经济区的经济规模、产业结构和物流产业发展的实际出发，围绕与农业、工业和服务业的互动式发展，选择东北地区重点优势产业，建设五大专业物流体系。

1. 以哈尔滨、长春、大连和通辽等为重点，建设东北粮食专业物流体系

东北地区粮食基地建设及粮食物流体系建设是我国粮食安全体系建设的主要内容。以哈尔滨、长春、大连和通辽等为中心，形成粮食集散中心，建设铁海联运和公路与海运联运的粮食专业物流体系。

2. 发展齐齐哈尔、哈尔滨、沈阳、大连的装备制造业物流体系

开辟重大装备制造物流绿色通道，构建以专业化为基础的社会化物流服务体系，积极与国际、国内大型物流企业合作，在全球范围内构建装备制造业物流网络。

3. 以一汽集团为龙头，建设汽车及零部件的专业化物流体系

以一汽集团为龙头，整合哈飞汽车和沈阳金杯、华晨、中顺汽车，建设长春、哈尔滨、沈阳汽车物流中心，建立东北地区的汽车及零部件的专业化物流体系，形成统一的物流网络，考虑汽车进出口的需要，选择将大连建设成以汽车及零部件进出口为主的国际汽车物流中心。

4. 以大连和大庆为核心，建设东北地区石油及制品的物流体系

要充分利用东北地区已经形成的石油及制品物流优势，整合物流资源，加强管道运输流向调整和技术升级，提高管道运输效能，以大连和大庆为核心，建设东北地区石油及其制品的物流中心。

5. 以鞍钢、大连和营口为中心，建设钢材和铁矿石物流体系

利用钢铁企业生产资源整合的契机，整合钢铁企业物流资源，建设以大连港和营口港为主的钢材和矿石供应物流系统，以鞍本钢材生产基地为依托建设钢材加工配送中心和以沈阳、大连、长春、哈

尔滨为中心的钢材物流系统。

四、大力发展创意产业，构建现代服务业

创意产业（creative industry）是一种在全球化消费社会的背景中发展起来的产业，推崇创新、个人创造力，是强调文化艺术对经济的支持与推动的新兴的理念、思潮和实践，主要包括的行业为：广告、建筑设计、艺术和文物交易、工艺品、设计、时装设计、电影、互动休闲软件、音乐、表演艺术、出版、软件、电视广播。在新经济时代，文化艺术与互联网的结合，解决了工业经济时代传统方式无法处理的问题，如创意产业通过核心门类（如设计业、广告业）和传统的制造业之间建立起了日益广泛的联系，极大地提高了传统制造业的文化附加值。作为老工业基地的东北地区，其产业升级、城市竞争力的提高迫切需要创意产业支持。

（一）创意产业是振兴东北新的产业增长点

创意产业的发展就是充分发挥知识经济的优势，从促进产业结构、提升区域竞争力、有助于进行体制和机制改革、增加就业等方面为振兴东北提供一个新思路。

1. 发展创意产业，促进产业结构升级

东北地区产业结构中，重工业过重，轻工业过轻，并且投入多，产出少，综合经济效益低，有些地区和城市产业结构存在单一化趋势，有的甚至显得偏畸，因此进一步推动三次产业特别是高科技支持的创意产业的发展，是十分必要的。创意产业的知识密集型、高附加值、高整合性，对于提升东北产业发展水平、优化产业结构具有不可低估的作用。创意产业在经济结构中的可融性功能极强，提高其他产品的附加值，却很少与其他产业发生资源冲突，如它与制造业的结合能提高产品的外观设计，提高制造业产品的附加值。另外，创意产业立足于个人的创造性活动，启动资金较小，商务成本低，占用空间较少，引发环境污染的可能性小，是一条可持续发展的产业道路。这对于以消耗大量自然资源和严重破坏生态环境为代价获得发展的东北地区，是值得提倡的。因此，创意产业能够为产业体系的整体发展提供长远的影响力和推动力，它的兴起和发展对于促进东北产业结构升级具有一定意义。

2. 发展创意产业，提升区域竞争力

研究表明，创意产业的创新性、高附加值性、强融合性、辐射性、渗透性等特征，能直接或间接推动城市各行各业的发展，增加就业机会，促进区域发展，提升区域知名度，从而提升区域竞争力。

3. 发展创意产业有助于进行体制、机制改革

深入进行体制、机制改革是振兴东北的第一要务，归根结底，振兴东北老工业基地，完善社会主义市场经济体制，不仅要靠深化改革开放，更应注意在思想观念、政府角色和市场机制等软环境方面的改变。政府推动创意产业发展，不仅要提供公共服务、运输、电信、建设园区方面的支持，而且要提供研发设施、风险投资、知识产权保护和吸引创造性人才的愉悦宜人而充满文化享受的生活环境。因此，创意产业的发展和东北地区体制、机制的改革能相互促进。

4. 发展创意产业，增加就业

东北的振兴，有诸多问题和矛盾亟待解决，其中最重要的问题之一就是失业与再就业。这就需要寻找新的增长点。创意产业能直接或间接地推动各行各业的发展，增加就业机会，缓解就业压力。

（二）东北地区有条件发展创意产业

大连作为东北地区对外开放的窗口和经济发展的龙头，具有环境优美、交通便利、商贸活跃、国

际交往频繁、对外文化交流广泛、文化的吸纳和辐射空间广阔等独特区位优势；会展业发展潜力巨大，目前已有服装、车展等国际大型会展10余种；距离动漫大国韩国和日本近，大连加工和开发动漫产业的商务成本较低，并将逐步建成中国最大的动漫产业集群；同时大连已成为国家软件产业基地，软件产业具有一定规模，并具有人才优势。

沈阳是服务于东北甚至全国的现代服务业中心，又是一座历史文化名城，有着悠久历史和深厚的文化底蕴，拥有“一宫两陵”世界文化遗产和众多的历史文化遗迹，可大力发展广告、艺术和文物交易、音乐、出版行业；同时沈阳有望成为国家级数字娱乐产业基地，可大力发展互动休闲软件行业。

长春市发展创意产业具有多种优势。长春市拥有全国最大的电影基地、电影娱乐城及汽车生产基地，这不仅是创意产业发展的依托，同时也为创意产业发展提供了市场空间。另外，与创意产业发展比较好的日韩两国有着地理上和文化上的联系。

哈尔滨市是东北亚的交通枢纽，这将为创意产业的发展提供广阔的对外交流平台。同时哈尔滨市拥有深厚的文化底蕴，欧陆文化、音乐文化、冰雪文化等诸多文化彰显出这座城市的无穷魅力，这些多元文化的积淀为创意产业的发展提供了广阔的空间。

（三）积极发展创意产业

东北地区创意产业的现有基础，一定程度上存在着“散、小、弱”的现象，这就需要结合振兴老工业基地，发展创意产业，把发展创意产业放到产业经济整合之中来运作。

打造大连市会展业及软件业基地。利用已有优势，大力发展面向国际的会展业，并通过关联效应和扩散效应，带动艺术与文物交易、电视广播、音乐、广告、表演艺术等创意行业的发展。依托现有软件业的基础和紧邻韩国、日本的区位优势，大力发展软件业和动漫产业，形成以会展业为媒介的交流中心和以软件业为龙头的高新技术中心，促进东北地区产业结构升级。

发挥沈阳作为东北地区文化中心的作用，发展广告、文物交易、音乐、出版行业，打造“东北创意产业中心”。采取“政府引导、多元化投资、市场化运作”的方式，加快建设“创意产业园区”，从完善创意产业链和优化资源配置出发，依托东北大学、鲁迅美术学院、沈阳音乐学院等大专院校，发展广告、文物交易、音乐、出版行业。

以电影城、长春电影制片厂为主体打造长春影视基地，并加快培育影视、演艺、展览、动漫制作、创意设计等产业关联度高的文化产品。依托汽车制造业基地的优势，发展汽车设计。

哈尔滨形成了以欧陆建筑艺术为主的城市特色，可依托哈尔滨工业大学等科研机构进一步发展建筑行业。利用与俄罗斯接壤的地缘优势，制造具有异国风情的工艺品。并逐步依托江畔旅游资源、冰雪资源以及中西合璧的文化资源，形成广泛延伸的高附加值创意产业链。

五、积极发展旅游业，构筑一体化的旅游网络体系

（一）发展旅游业对促进东北地区发展具有重要意义

东北老工业基地的振兴不只是简单地对传统工业产业的技术升级和改造，而应包括社会、文化、科技等现代新兴产业的全方位发展。旅游业作为一个产业关联度很强的产业，在老工业基地振兴中具有特殊的重要作用。东北老工业基地作为我国的重工业基地，产业结构不合理，传统产业比重过大是制约经济发展的主要原因，在加强第一产业、提高第二产业的同时，加快发展以旅游业为主要内容之一的第三产业，是推动产业结构调整和优化、解决资源枯竭型城市发展出路、改善区域人居生活环境的重要途径。

旅游资源是东北地区具有突出优势的资源，并在全国占据重要地位。东北地区是我国冰雪旅游资源最丰富的地区，冰雪旅游产业链粗具规模；是我国边境口岸旅游的重要区域，通过边境口岸赴俄、赴朝出境旅游已经成为东北地区最有吸引力的旅游项目；是我国森林、湿地生态旅游资源的重要分布

区，森林休闲度假旅游已经成为提供林区劳动力再就业岗位、增加林区居民经济收入的重要途径；拥有我国最典型的草原旅游区，草原旅游正成为我国新的热点旅游产品；是我国北方地区滨海旅游带的重要组成部分，海滨旅游带是整个东北地区旅游接待量最大、旅游资源开发程度最高的区域；河流水体资源丰富，界河观光旅游发展迅速，一条沿边境的旅游产业带雏形已经出现（图 17-5）。

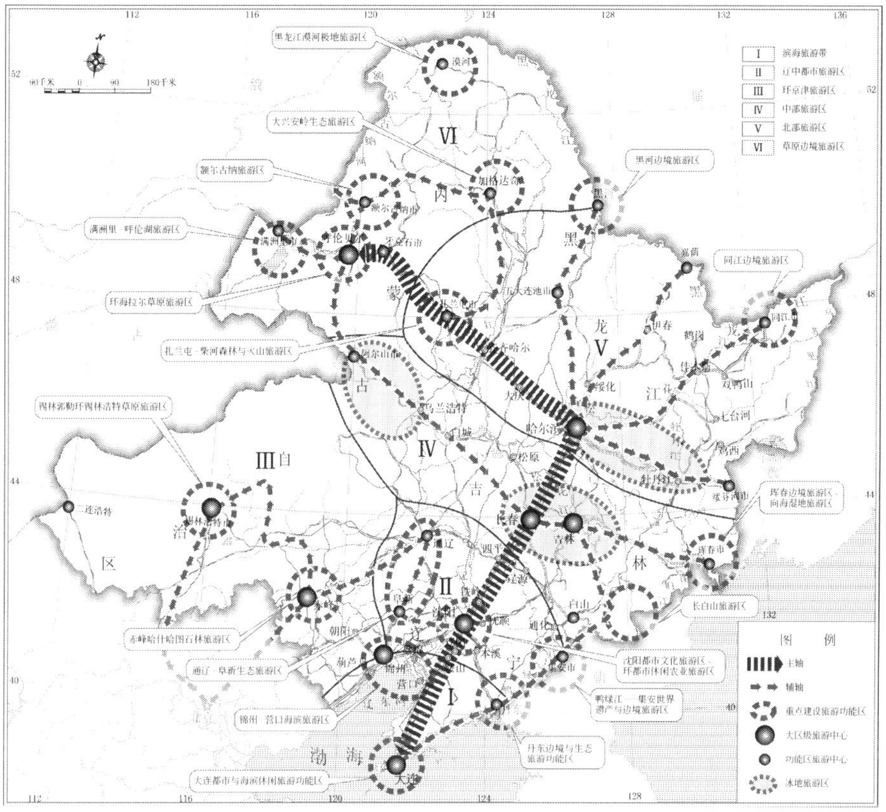

图 17-5　东北地区旅游功能布局图

虽然东北地区旅游资源优势突出，但东北地区旅游业起步较晚，旅游资源开发程度较低，旅游产品品质不高，旅游基础设施薄弱，旅游发展总体滞后，不能适应目前旅游消费升级的要求。同时由于旅游产业发展处于分散化、小型化、初级化的发展阶段，对区域经济发展的贡献十分有限。东北地区旅游业发展应以旅游业产业素质提升，完善基础设施配套、优化整合旅游资源和旅游产业要素、强化区域旅游协作、建设完善的旅游协作网络为目标，通过旅游精品线路建设，旅游中心城市建设、旅游交通网络建设，使得旅游产业发展模式实现从粗放式向集约化转变，从以规模扩张为主向质量提升转化。

（二）建设以大城市为核心的旅游服务和协作体系

以沈阳为中心的辽中都市旅游圈，以大连为中心的滨海旅游带，以长春、吉林为中心的中部旅游圈，以哈尔滨中心的北部旅游圈，以海拉尔为主中心的草原、边境旅游区、环京津的锡林郭勒、赤峰、锦州旅游区等六大区域是东北地区旅游发展的基本框架。要以这六大区域的核心城市为中心，形成辐射周边的区域旅游网络。沈大高速公路重新开通以后，大连、沈阳、长春、哈尔滨各城市之间能在 3 个小时内依次到达，为大城市之间实现客源互送提供了条件，能在大连、沈阳、长春、哈尔滨等核心城市建立旅游客流集散中心，实现城市间的客源互送。

（三）以线路的科学组织为核心，形成精品旅游线路

依托核心资源，从快速旅游交通干线建设入手，建设连接重要旅游区的旅游精品线路，形成拳头旅游产品，如连接长白山旅游区和集安世界遗产地两大世界级旅游区的水陆联运旅游精品线路，连接海拉尔草原旅游区和满洲里边境口岸旅游区的旅游线路。提升冰雪观光旅游产品的文化内涵，在继续强化哈尔滨冰雪之城观光旅游产品的同时，建设海拉尔、长春、吉林、牡丹江四大新的城市冰雪旅游区，以此带动区域性冬季冰雪旅游的发展。

（四）大力发展特色旅游城镇

将特色旅游城镇建设作为东北城镇体系建设的重要内容，包括口岸旅游城镇、森林旅游城镇、矿泉度假旅游城镇等不同类型的特色旅游城镇。强化满洲里、黑河、绥芬河、同江、二连浩特、丹东6个旅游出入境口岸城市的旅游服务功能；结合林区产业结构调整，建设为森林旅游服务的森林旅游城镇，包括牙克石、根河、阿尔山、白山等森林生态旅游城市，以及莫尔道嘎、柴河等专业化的森林旅游小城镇；充分挖掘东北地区具有特殊地理区位城市的建设，重点建设北极镇漠河、我国最东端的抚远镇、“鸡鸣三国”的珲春市三个具有特色地理位置的旅游城镇；依托丰富的矿泉资源，建设康体疗养、休闲度假型城镇，包括黑龙江五大连池市、通辽热水镇、赤峰经棚镇等城镇。

（五）建设联系区内外的旅游交通网

将发展支线航空交通作为推进区域旅游开发的途径，建设一个联系区域内外的旅游交通网，形成以哈尔滨、长春、沈阳、大连、海拉尔为核心，以齐齐哈尔、牡丹江、延吉、佳木斯、黑河、满洲里等机场为网络的区域航空交通网。建设大兴安岭林区、边境地区支线机场，解决这些区域旅游线路长、交通不便的问题。通过连接重要旅游区的线路建设，形成网络化的黄金旅游线。发展黑龙江、额尔古纳河、鸭绿江等界河区域的水陆联运交通线，形成独具东北区域特色的旅游交通网络。重视界江观光旅游产品的基础设施配套建设，针对界江旅游区普遍位置偏远、基础设施条件差、旅游设施不配套等问题，大力改善额尔古纳河、黑龙江、鸭绿江、乌苏里江等界江旅游区的基础设施条件。

第六节　产业空间组织

近年来，东北地区中心城市及其周边中小城市工业发展充满活力，区域经济增长极不断生成，产业空间集聚和扩散效应开始显现出来。除哈（尔滨）-大（连）产业带外，东北地区的沿海地带正在形成一个新的产业发展带，而且它将会是融入环渤海，面向东北亚，接轨全球产业分工的重要产业增长带。另外，长（春）-吉（林）、哈（尔滨）-大（庆）-齐（齐哈尔）、辽中、大连等四大现代产业集聚区的雏形已经形成，蒙东地区作为东北地区产业发展的能源、农牧产品和基础原材料产品的保障基地地位在逐渐提升，未来五大产业集聚区将会成为支撑东北老工业基地改造和发展的核心，也是未来东北工业发展的重点区域。

一、两大产业发展带

根据东北地区现有产业带的发展状况，以及未来可能形成产业带的潜力，从产业发展基础、发展潜力、产业发展的支撑条件和限制因素，以及未来产业发展的基本导向考虑，除哈大产业发展带外，东北沿海产业发展将会对东北老工业基地的振兴发挥越来越重要的作用。

（一）哈（尔滨）-大（连）产业发展带发展重点

以大连、沈阳、长春和哈尔滨四个特大城市为产业发展的核心支撑点，以哈大铁路、高速公路等

交通通道为产业联系纽带，包括沿线各种等级的中小城市，是东北地区发展的核心地带。

1. 哈-大产业带的发展定位

哈-大产业带的发展定位是成为全国产业空间发展格局最为重要的地带之一，成为全国精品原材料、先进装备制造业、重要的粮食安全和保障以及绿色农产品生产和加工的核心地带，同时要发展成为东北地区高新技术产业、现代服务业的集聚地带，为东北老工业基地振兴和东北地区成为全国经济发展的"第四级"提供强大的产业支撑（表17-29）。

表17-29　哈（尔滨）–大（连）产业发展带

空间范围	以大连、沈阳、长春和哈尔滨四个特大城市为产业发展的核心支撑点，以哈大铁路、高速公路等交通通道为产业联系纽带，包括沿线各种等级的中小城市
发展定位	全国产业空间发展格局最为重要的地带之一 全国精品原材料、先进装备制造业、重要的粮食安全和保障，以及绿色农产品生产和加工的核心地带 东北地区高新技术产业、现代服务业的集聚地带 为东北老工业基地振兴和东北地区成为全国经济发展的"第四级"提供强大的产业支撑
发展重点	发挥大连在产业发展带中的龙头带动作用，促进产业带的国际化 以企业规模和产品结构调整促进基础原材料产业向效率增长型转变 将技术引进和自主创新相结合，升级产业带传统产业和高新技术产业 依托四个特大城市，积极发展现代服务业，促进产业结构的调整 通过延伸产业链和培育产业集群的方式，促进产业的空间扩散，提升中小城市对产业带发展的支撑作用

根据东北地区产业发展目标和产业带发展定位，未来10～15年内，哈-大产业带发展重点和思路是：

一是提升大连的地位，发挥大连在产业带中的龙头作用，赋予大连更多的职能，使产业带能够直接接轨东北亚乃至国际产业价值链，促进东北地区加快融入世界经济网络体系中。

二是通过企业规模和产品结构调整，促进基础原材料产业由规模扩张型向效率增长型转变，在优化存量基础上，适当控制规模扩张，适应石化和钢铁产业的国际发展趋势，向大型化、规模化、集中化发展，促进石化产业向下游产品发展，钢铁工业向精品钢材和特殊钢发展。

三是哈-大产业带需要改变在原产业基础上的规模扩张，未来哈-大产业带要成为我国的重要科技创新带之一，发挥引领东北地区产业高级化，提升自主创新能力的作用。因此，通过技术引进和自主创新能力的建设，提升产业带内传统产业的升级和高新技术产业的发展水平是增强产业带国内外竞争力的关键。

四是哈-大产业带除第二产业外，同时要加快第三产业的发展，通过发展现代服务业，尤其是生产者服务业进一步提升第二产业的发展水平。因此，以四个特大城市为核心，加快发展现代服务业，对东北地区产业结构的调整具有重要意义。

五是哈-大产业带的核心支撑能力高度集中在几个特大城市和大城市，大量的中小城市产业水平很低，缺乏具有一定竞争力的主导产业。未来哈-大产业带的发展重点是需要通过延伸产业链和培育产业集群的方式，促进产业的空间扩散，带动中小城市产业带发展。

2. 发挥大连在产业发展带中的龙头带动作用，提升产业带的国际化水平

充分利用大连港的条件，以及适宜于工业发展的大量滨海滩涂资源，发挥现有产业基础的作用，加大对外开放力度，将大连建设成为东北地区重要的先进制造业、现代服务业、高新技术产业基地。

第一，大连具有成为引领哈大产业带升级的龙头地位的条件。大连具有发展成为哈-大产业带龙头的基础条件和优势。首先，以大连港口为中心，铁路、公路、水路和空运相结合的集疏运交通网络体系，为东北地区利用国内国外两种资源和两种市场、建立面向东北亚的国际化产业体系提供了交通保障；其次，大连具有强大的产业发展基础，大连已经形成了石油化工、先进装备制造业、船舶制造业、电子信息及软件等主导产业，是我国最大的大型石化基地、重要的船舶基地和电子信息及软件产业基地，雄厚的产业基础为承接国内外产业和技术转移、培育具有国际竞争力的优势产业群以及成为东北地区重要的产业集聚地奠定了基础；最后，大连背靠东北地区，面向环黄渤海和东北亚，是我国北方地区对外开放的重要门户，是东北地区的最佳出海口岸，这一区位优势为依托东北地区的产业、研发、资金、人才等资源，构建外向型产业体系和增强产业的辐射与带动作用提供了条件。

第二，建立保税港区，扩大东北地区的对外开放度，促进外资的引进。国家明确提出要把大连建设成东北亚重要的国际航运中心，就是要更好地发挥大连在东北老工业基地振兴中的牵动和辐射作用。保税港区建设的可进一步扩大区港联动的试点范围，提升港口功能，增强口岸辐射力，更好地发挥大连作为东北地区最重要出海口的不可替代的作用。因此，随着保税港区的建设，重点发展国际中转、配送、采购、转口贸易和出口加工等业务，为东北地区产业发展提供更加广阔的市场空间。另外，东北地区与珠三角、长三角、山东半岛和京津地区相比较，在吸引外资和利用“两种资源”和“两种市场”上相差巨大，整体开放程度较低。保税港区可以进一步提升大连作为东北地区的对外联系和合作的窗口作用，为东北地区吸引外资提供便捷的对外通道。

第三，构建与东北地区门户城市相适应的产业体系，提升大连对东北地区产业的引导和整合能力。一是发挥大连市装备制造业的优势，通过延伸产业链，加强产业内部分工，整合东北地区相关产业。大连对全国产业发展贡献大的产业是基础机械、数控机床及功能部件、重型装备、发动机、机车、石化通用装备等。因此，未来要着力支持和促进机床的数控系统、大型成套设备系统的设计与研发、船舶主要部件的配套，以及风力发电设备的研制等，形成一批具有自主知识产权的关键技术，努力提高产品的成套、配套能力，提高全行业信息化水平和自主创新能力，延伸产业链条，加快重组联合，成为国家先进装备制造业的重要基地。二是利用大连作为国家级软件产业基地，尤其是软件外包基地的作用，营造良好环境，继续引进国内外高科技企业，以较高层次承接国际电子信息产业转移。吸引更多的国际IT龙头企业来投资，全力推进旅顺南路软件产业带发展，扶持具有自主知识产权的软件产品研发，在软件外包的基础上，争取发展一批具有自主知识产权的软件产品，努力提高软件出口能力和软件服务水平。以集成电路项目为突破口，发展高附加值的电子产品，加快电子信息制造业由组装加工型向制造与服务协调发展型转变。加强电子信息产业对传统装备制造业的改造力度，带动装备制造业的整体升级。三是抓住世界石油化工产业转移和中国石油化工产品市场快速增长的有利时机，利用临港资源丰富和基础设施条件的各方面优势，依托深水良港，建设东北地区最大的原油储用基地和原油进口基地，为东北地区的石化产业提供保障。通过建设大型和具有世界竞争力的石油化工装置，为东北地区的化工产业发展提供配套的基础化工原料和单体，并形成上下游一体化和优势互补的产业群体，延伸产业链条，体现上下游一体化所带来的协同效益和产业集群效应。四是利用大连对外窗口和交流中心地位，构建以大连为中心的东北地区企业总部基地，鼓励东北地区大型企业和跨国公司在大连设立企业总部或研发、营销中心等对外联系的窗口，为东北地区产业发展提供决策、信息等综合服务。五是以建设东北亚重要航运中心为目标，通过大连港的全面发展，整合营口港、锦州港、葫芦岛港、盘锦港和丹东港，形成以大连港为核心的东北地区港口组群，促进港口间的分工和合作，推动东北地区物流产业和以港口为中心的交通运输业的整合与调整发展。六是发挥大连作为东北地区旅游中心的地位，以大连为中心整合辽中南和辽宁滨海旅游资源，形成以大连为中心的滨海旅游线路和东北地区特色城市旅游线路，进一步提升东北地区旅游业的发展。

第四，建设与东北亚航运中心相匹配的职能体系，促进大连航运中心对东北地区产业的带动和辐射作用。一是构建与国际航运中心功能相适应的市场体系，促进完善船代、货代等中介服务体系的发展。进一步发挥航运交易市场的作用，使之成为结算中心和信息、展示中心，为产业发展提供中介和信息服务。二是加快港口综合体系建设，为东北地区产业发展提供基础保障。建设专业化、大型化的进口原油码头、进口矿石码头，为东北地区原材料工业的发展提供基础。在现有的30万吨级原油接卸码头基础上，到2010年再规划建设一个30万吨级原油接卸码头，形成年接卸能力5000万吨，建设全国重要的原油储备基地，确保东北地区石化产业发展需求。重点建设1～2个25万吨级泊位，形成接卸能力3000万吨的矿石码头，为东北地区大型钢铁基地发展提供充足的原料。三是积极培育和发展海洋运输业、仓储、物流产业，增强对东北地区的辐射和带动作用。依托港口，以及与东北内陆地区联系的便捷交通网络体系，建设一批石油及石油制品、粮食、汽车、矿石、机电、农副产品等辐射面广、流量大的优势货品及集装箱物流基地，形成一批各具特色的物流中心、分拨中心、配送中心；促进东北产业的对外联系，针对优势行业，如装备制造业、汽车、化工、造船、钢铁、粮食加工工业等需要的物流服务，建立相应的物流基地。

第五，大力发展生产者服务业，提升大连对东北地区的服务功能。适应市场经济规律和经济全球化的趋势，积极把大连培育成为充满活力的“门户城市”，为东北地区经济发展承担综合服务的功能。一是把大连建设成为东北地区的大型企业和跨国公司的总部基地。大连作为全国最早的14个沿海开放城市，在东北地区是改革和开放的最前沿，在引进外资、对外进出口贸易和对外交流方面也位居东北地区的最前列。大连是东北地区外资银行、跨国公司办事机构最集中的城市，东北地区的一些大型企业也正在把公司的研发机构、营销中心、对外联系机构等设在大连，因此，从长远发展来看，大连完全有可能成为东北地区的企业总部基地。二是把大连建设成为东北地区的银行、保险、期货、证券、信托等金融业中心和资产交易中心。从国际金融中心发展历程来看，其形成和壮大都与发达的交通运输和产业紧密相连，如纽约、伦敦、巴黎、东京作为国际金融中心都具有非常完备的航空运输、港口运输、高速公路等综合交通体系，同时也是重要的经济中心。大连是我国北方三大港口城市之一，也是东北地区外资银行最集中的城市。大连商品交易所的大豆期货交易量位居亚洲第一、世界第二，大连已具备成为区域性金融中心和资产交易中心的条件。三是大连依托海港和空港、高速公路网和烟大轮渡工程等交通网络体系，形成全方位的对外联系和合作渠道。未来目标是建设矿石、石油、粮食、钢材等专业物流中心。四是建设国内外会展和旅游中心。积极与国内外有关机构联合举办大型专业展会、高层次会议和大型经贸文化、体育赛事等活动，使大连成为沟通国内外的著名贸易、旅游、文化城市。五是建设中介和信息服务中心。重点发展中介咨询、信息服务等附加价值高、对东北具有前瞻性和先导性影响的知识密集型服务业。六是发展设计研发等与东北主导产业关联度高、支撑与综合带动效应好的生产性服务业。

3. 通过企业规模和产品结构调整，促进基础原材料产业由规模扩张型向效率增长型转变

在未来哈-大产业的发展中，基础原材料产业不宜进一步扩大生产规模，重点是调整产业结构，向下游和高端产品发展，提升产业的整体竞争力。石化产业要向乙烯及其下游化工产品发展，钢铁工业向精品板材、精品不锈钢和高端建筑钢材发展。

4. 以技术引进和自主创新相结合，提升产业带的传统产业的升级和高新技术产业的发展水平

充分利用沈阳、大连、长春和哈尔滨的科技、人才和现有主导产业优势，加强不同领域、不同来源的技术引进和集成，并重点培育和提升产业带内部企业的自主创新能力，把哈-大产业带建设成为全国装备制造业自主创新的示范基地、高新技术研发转化中心和产业化基地。一是整合资源，突出优势，把沈阳、大连、长春、哈尔滨建设成为产业带的知识和技术创新源头和产业化基地，使哈-大产业带成为全国装备制造业的研发中心和高端产品的基地。二是发挥产业带内部众多高等院校、国家级研究院所、技术中心的研发能力，以及不同级别的高新技术产业园区的产业化作用，重点发展软件、光电子、电子信息、生物技术和新材料产业为主体的高新技术产业，形成各具特色的高新技术产业聚集区。三

是利用和集成产业带内部不同行业和规模企业的各种要素和资源，紧密结合国有企业改革，引导企业提高创新意识，按照市场经济规律和企业发展的内在要求，尽快建立企业技术创新体系及有效运行机制，逐步形成一批具有国际竞争能力的大公司和企业集团。四是构建高新技术企业发展的平台，引进国内外具有市场竞争力的高新技术企业，在发挥各中心城市园区支撑能力的基础上，使产业带成为跨国公司转移高科技产业，以及研发成果转化和各种服务外包业务的重要承接基地。尤其要利用东北地区在东北亚的地缘优势，积极吸纳日本、韩国为主的外资企业，改造国有企业，推动大型跨国公司加强与国企的合作技术开发，以此带动和提高产业带的产业升级和技术升级。

5. 依托四个特大城市，积极发展现代服务业，促进产业结构的调整

未来哈-大产业带需要加大产业结构的调整力度，尤其四个特大城市不能仍然过度依赖现有的传统基础原材料产业和装备制造业等第二产业，应重点发展现代服务业，为第二产业内部结构调整提供研究、咨询、信息、物流、市场营销、培训等综合服务。

沈阳围绕商贸、物流、金融、研发、中介服务等，建设东北地区现代化商贸物流中心，包括商品集散和贸易中心、商贸物流中心、商业资本聚集中心、区域性经济活动管理与控制中枢和高度发达的商务中心。长春要发挥科研、教育、文化等优势，发展咨询、信息、培训、创意等产业，提升服务对汽车、医药、农产品加工业的带动作用。哈尔滨市要发挥其作为东北亚重要国际经贸城市和黑龙江省的政治、经济、商贸、文化、交通中心的作用，强化物流、信息、咨询和研发等职能对全省乃至内蒙古地区的辐射作用，成为东北地区的一个重要现代服务业中心城市。大连重点发展国际航运、物流、总部经济、金融保险、咨询和信息等，增强城市对东北地区的带动作用。

6. 通过延伸产业链和培育产业集群的方式，促进产业的空间扩散，提升中小城市对产业带发展的支撑作用

提升哈-大产业带在全国的地位关键是要增强产业带内部中小城市的产业发展水平，因此，未来产业带的发展重心需要由特大城市、大城市向中小城市转移，提升中小城市对产业带发展的支撑作用。一是依托产业带中小城市的基础条件，培育和发展特色产业；二是通过产业链的延伸，带动产业带内部中小城市产业发展，推动中小城市的产业发展；三是与产业带的大中企业相结合，培育各种具有地方特色的产业集群。

（二）东北沿海产业发展带

东北沿海产业发展带以大连、丹东、营口、锦州、盘锦、葫芦岛 6 个沿海城市为依托，包括东港市、庄河市、普兰店市、瓦房店市、长海县、盖州市、大石桥市、大洼县、盘山县、凌海市、兴城市、绥中县等 12 个沿海县（市），长约 1400 千米、宽约 50 千米的沿海地区，是东北地区唯一的沿海区域。东北沿海产业带是东北地区未来经济发展的重点地带（表 17-30）。

表 17-30　东北沿海产业发展带

空间范围	以大连、丹东、营口、锦州、盘锦、葫芦岛 6 个沿海城市为依托，包括东港市、庄河市、普兰店市、瓦房店市、长海县、盖州市、大石桥市、大洼县、盘山县、凌海市、兴城市、绥中县等 12 个沿海县（市），长约 1400 千米、宽约 50 千米的沿海地区
发展定位	融入环渤海，面向东北亚，接轨全球产业分工的重要产业增长带 引领东北地区产业升级的先导地带 东北地区港口物流产业、高新技术产业、先进制造业、临港重化工产业和海洋产业的集聚地带

续表

发展重点	依托开发区，构建具有地区特色的产业集聚区 发挥沿海港口群优势，重点发展四大产业，构建外向型的沿海产业带 围绕港口，发展物流和仓储服务业 加强产业带内部综合交通体系建设，促进产业带内部的联系与合作 保护沿海产业带生态环境，建设循环经济产业

1. 发展定位

东北沿海产业带是东北地区未来发展最活跃、增长最快的地带，因此，东北沿海产业带要成为融入环渤海，面向东北亚，接轨全球产业分工的重要产业增长带，引领东北地区产业升级的先导地带，东北地区港口物流产业、高新技术产业、先进制造业、临港重化工产业和海洋产业的集聚地带。发展重点：首先，要发挥沿海港口群优势，突出五个产业增长点，发展外向型的产业链。其次，围绕港口，发展物流和仓储服务业。再次，加强产业带内部综合交通体系建设，促进产业带内部的联系与合作。最后，保护沿海产业带生态环境，建设生态友好型产业体系。

2. 依托开发区，构建具有地区特色的产业集聚区

应进一步做大做强现有沿海开发区，形成现代化工、先进装备制造、造船、新材料、电子、软件信息服务、生物制药、农产品加工、物流、纺织服装等产业群。进一步发挥国家级开发区的龙头、窗口与辐射作用，使其成为临港产业集聚地，集研发、孵化、辐射于一体的高新技术产业发展核心区和全省外向型经济的先导和示范区。省级开发区要全面提升发展水平，坚持“布局集中，用地集约、产业聚集”的思路，积极培育支柱产业，成为产业壮大的载体和沿海经济带的重要支撑点。同时要加快发展沿海 30 个特色产业园区，形成各具特色、功能突显、后劲较强的专业园区，成为临港沿海的新兴工业区、产业集中成长区和支撑区域发展的增长点。

3. 发挥沿海港口群优势，重点发展四大产业，构建外向型的沿海产业带

发挥沿海五大港口优势，面向国内和国外市场，重点发展临港产业、现代服务业、高新技术产业和现代农业，构建现代化的外向型沿海产业带，促进东北地区产业结构调整和产业空间布局调整。

第一，适当发展临港型重化工产业。重点发展原油加工、乙烯、合成材料和有机材料。把大连建设成为具有世界级规模的千万吨炼油百万吨乙烯炼化一体化生产基地，盘锦建设成为中国最大的重要沥青和环烷基润滑油生产基地以及我国重要的化肥、聚烯烃、炼化生产基地，锦州湾建设成国家级炼化生产基地，构筑一批精细化工产业群。

以鞍钢鲅鱼圈新区、五矿营口中板为龙头，重点发展宽厚板、冷（热）轧薄板、不锈钢板带、船用板等，延伸钢铁深加工产业链，建设精品钢材区。营口建设成千万吨级钢铁产业基地，大连、锦州、丹东要承接国际钢铁工业的转移，在重点区域发展钢铁精深加工。要依托葫芦岛有色集团、锦州铁合金等企业，构建环锦州湾有色金属及新材料产业集群。

建设大连国家先进装备制造业重要基地及丹东汽车零部件、大中型客车、专用车生产基地。营口应构筑重型装备和专用设备、交通运输设备及部件等产业集群。锦州、盘锦、葫芦岛进一步壮大汽车零部件、化工机械、石油开采专用设备制造等优势产业。

发展壮大大连、锦州湾船舶修造基地及大连、营口、锦州、葫芦岛等船舶配套产业基地，保持大连船舶重工造船全国第一、中远船务修船全国最大的地位。到 2010 年，造船能力达到 800 万载重吨，本地配套率达到 60%。

第二，积极发展现代服务业。优先发展与第一、第二产业相配套的现代物流、金融、中介等生产性服务业。构建大连大孤山半岛、锦州渤海、丹东鸭绿江、葫芦岛临港和营口口岸五个重点物流产业园区，建成国内最大的仓储集散地、国际物流园区或东北综合物流园区。加大力度吸引国内外金融机构落户，建设东北地区外汇交易与结算中心、离岸金融中心和国际性期贸中心，建成适合现代临港产业发展所需的金融服务体系。引进和培育各类中介组织，加快发展企业咨询、国际合作、职业介绍和技术培训、科技研发和转化等领域的中介服务。开发滨海旅游业，建设沿海旅游产业带。

第三，重点支持和发展高新技术产业。通过科技创新，促进经济结构调整，创造更多自主知识产权，培育更多的知名企业和品牌，着力打造具有技术、产业和资源优势的软件、半导体照明材料、数控机床、精细化工、通信及网络产品、汽车电子、镁质深加工材料及产品等高新技术产业集群。重点发展机床数控系统、船用曲轴、燃料电池、LED芯片及产品、系统智能化集成产品、多媒体动漫、第三代移动通信、高性能镁质材料加工、太阳能电池材料等重大关键技术，重点实施大连国家软件产业基地和软件产品出口基地、大连英特尔芯片、大连路明半导体照明材料、大连光洋和大森数控系统、大连港信息化、营口镁质深加工产业基地、锦州新日硅太阳能用单晶硅片等重大高技术产业化项目，全力打造高技术产业发展新优势。

第四，促进现代农业的发展。通过对各类生产要素的合理配置，重点建设平原优质大米生产加工基地，丘陵优质水果生产加工基地和蔬菜、花卉重要供应地。建成辽南沿渤海（营口至大连）、辽南沿黄海（大连至丹东）、辽西沿渤海（盘锦至葫芦岛）三条绿色高新农业产业带。建设一批沿海鸡蛋、肉鸡、肉牛、生猪、奶业生产出口加工基地和营口全国最大的绒山羊养殖基地。抓好大连、营口、盘锦、锦州、葫芦岛等海、淡水渔业生产及海珍产品养殖加工。发展海洋渔业、海洋生物制药和功能食品出口加工，同时发挥沿江、沿海和湿地水产养殖优势区，重点建设贝类淡水鱼稻田、苇田渔业等生产基地。

4. 围绕港口，发展物流和仓储服务业

围绕大连东北亚国际航运中心建设，以大连港为核心，以沿海港口群为主要载体，完善口岸通关、航运代理、口岸信息、海运结算与保险、船舶修缮、后勤补给、海事支持等航运中心综合辅助服务功能，重点发展国际生产与加工、国际商品贸易、国际金融与财务服务、国际信息交换、国际人才交流与服务和国际旅游，把大连建成东北亚区域中心城市。

依托大连港，建设五大物流基地，形成一个综合性的国际物流中心，即集装箱物流基地、散货物流基地、保税区海港物流基地、工业物流基地和商业物流基地。通过物流基地建设促进各类专业市场的发展，形成石油化工、汽车及配件和钢材等集散、中转、储存和配送等网络体系，促进产业带第二和第三产业的发展。依托营口港，建设大型进口铁矿石物流基地和煤炭集散中心；围绕锦州和葫芦岛港建设原油仓储物流中心；围绕丹东港建设杂货和煤炭等物流中心。

5. 加强产业带内部综合交通体系建设，促进产业带内部的联系与合作

为了促进沿海产业带的形成，应加大各城市和港口间的综合交通体系建设。一是应以建设大连东北亚国际航运中心为核心，加快建设一批集装箱、进口原油、进口矿石、汽车和内贸集装箱等大型专业化码头，全面提升辽宁沿海港口的总体功能和吞吐能力；二是优化港口资源配置，完善沿海港口布局，努力打造以大连港为中心，营口、丹东、锦州、葫芦岛为两翼，布局合理、层次分明、结构优化、各港分工合作、优势互补的大连国际航运中心组合港口集群；三是应加快建设沿海产业带的高速公路，加强各城市间的联系，促进沿海产业带产业间的联系；四是加强港口间的联系与合作，通过港口合作，促进依托港口发展起来的产业间分工与合作。五是积极规划和建设沿海产业带内部的轨道交通，促进人流、物流的交流，构建真正意义的现代化沿海产业带。

同时，连接各城市间的交通网络体系也很完善，随着城际快速铁路的建设和高速公路的改建，产业带内部的联系将进一步增强。发达的城市和交通网络体系，对产业带内部分工和联系起到了重要的推动作用。

6. 保护沿海产业带生态环境，建设循环经济产业

按照循环经济理念，建设沿海产业带。全面推进循环经济与清洁生产方式，参照国际成功产业园区发展模式，建设生态产业园和循环生产体系，促进企业增强“减量、再用、循环”的生产意识，所有支柱产业要按照循环经济模式构建不同的产业生产环节，确保资源的高效利用和环境污染的严格控制，打造生态环境友好型沿海产业带。

二、五大产业集聚区

长（春）-吉（林）、哈（尔滨）-大（庆）-齐（齐哈尔）、辽中、大连等四大现代产业集聚区的雏形已经形成，蒙东地区作为东北地区产业发展的能源、农牧产品和基础原材料产品的保障基地的地位在逐渐提升，未来五大产业集聚区将会成为支撑东北老工业基地改造和发展的核心，也是未来东北工业发展的重点区域（图 17-6）。

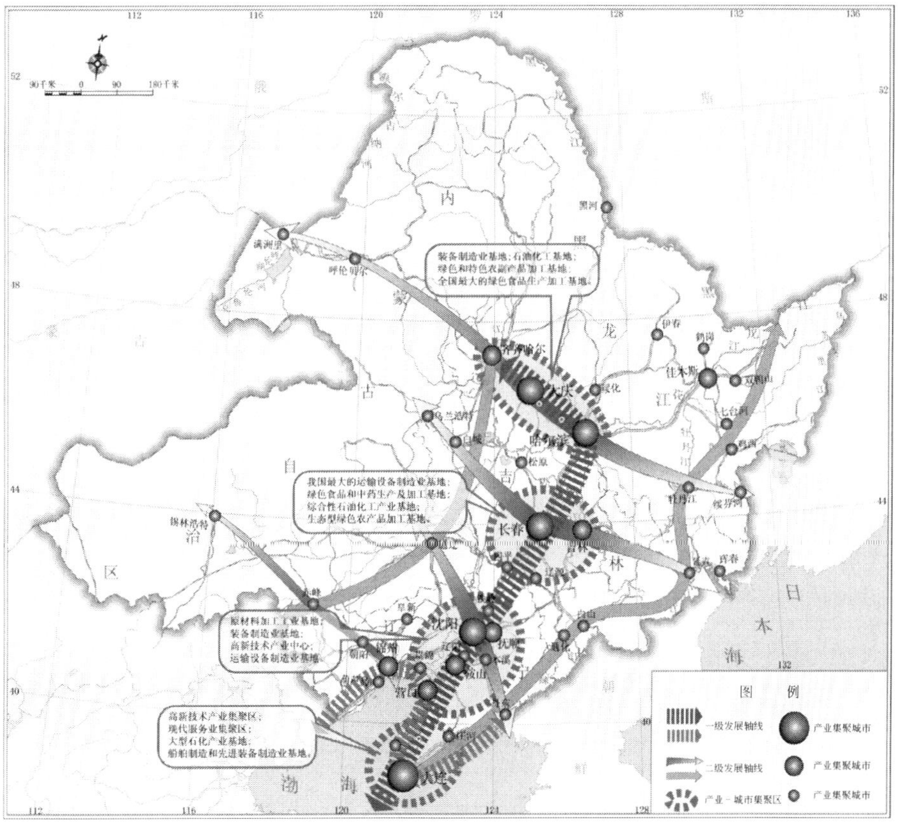

图 17-6　东北地区产业布局规划引导图

（一）哈（尔滨）－大（庆）－齐（齐哈尔）产业集聚区

哈－大－齐产业集聚区是以哈尔滨为核心，以大庆和齐齐哈尔为主要依托，包括沿线肇东、安达等市在内的产业集聚区（表 17-31）。

表 17-31 哈（尔滨）–大（庆）–齐（齐哈尔）产业集聚区

空间范围	以哈尔滨为核心，以大庆和齐齐哈尔为主要依托，包括沿线肇东、安达等市在内的产业集聚区
发展定位	我国最重要的以电站成套设备、重型机械装备、重型数控机床为特色的装备制造业基地 以大庆为中心的石油化工基地 依托丰富的农产品资源和生态优势，打造北方最大的绿色和特色农副产品加工基地
发展重点	积极发展装备制造业，提高机械装备技术含量和产品附加价值 促进石化工业向生产规模化、技术高新化、加工精细化、经营国际化方向发展，建设一批大型石化及下游产品加工项目，延长石化产业链 加大“北药”开发力度，重点发展具有资源、技术和后发优势的中药、抗生素和生物制药 建成全国最大绿色（有机、无公害）食品生产加工基地 建立以哈尔滨为中心，联结齐齐哈尔、大庆的东北北部地区国际物流网络体系

1. 发展定位

哈（尔滨）-大（庆）-齐（齐哈尔）产业集聚区，应在充分发挥资源优势和产业优势的基础上，将其建设成为我国最重要的以电站成套设备、重型机械装备、重型数控机床为特色的装备制造业基地和以大庆为中心的石油化工基地；依托丰富的农产品资源和生态优势，打造北方最大的绿色和特色农副产品加工基地。

2. 发展重点

第一，积极发展装备制造业。依托哈尔滨和齐齐哈尔现有的装备制造产业基础，发挥现有企业技术中心的作用，增加研发投入，提升企业自主创新能力，提高机械装备技术含量和产品附加值。重点发展成套设备、汽车、数控机床等支撑国民经济技术升级的重大装备制造业及零部件工业，将哈–大–齐建设成为全国重要的现代装备制造业集聚区。

第二，建设石化基地。充分利用大庆石油资源、石化产业发展基础，使石化工业向生产规模化、技术高新化、加工精细化、经营国际化方向发展，建设一批大型石化及下游产品加工项目，延长石化产业链，把哈–大–齐地区建设成为国家重要的石化工业基地。

第三，做大做强医药产业。加大医药产业的科技研发投入，逐步建立以企业为核心的技术创新机制，扶持医药企业做大做强。依托技术创新，加大“北药”开发力度，重点发展具有资源、技术和后发优势的中药、抗生素和生物制药。

第四，建设绿色食品生产与加工基地。发挥农业资源优势，推进绿色食品产业的科技开发，实施绿色技术，建立绿色食品销售网，按照围绕龙头建基地、依托市场建基地的原则，大力推进绿色食品基地建设，以农业产业化经营为载体，壮大龙头企业，构建一体化经营机制，建成全国最大绿色（有机、无公害）食品生产加工基地。

第五，打造物流基地。适应经济全球化和我国加入 WTO 后的新形势新要求，充分发挥独特的地缘优势和交通优势，大力引进和采用先进的物流组织、物流技术和物流管理经验，培育发展有强大竞争力的物流产业群，整合现有资源，形成物流体系，建立以哈尔滨为中心，依托交通通信网络，规划和建设若干个物流园区，形成联结齐齐哈尔、大庆的现代物流格局，逐步建立东北北部地区国际物流网络体系。

此外，积极创造条件，加强与俄罗斯的合作，建设合作平台，建设中俄合作的基地。

（二）长（春）-吉（林）产业集聚区

长（春）-吉（林）产业集聚区以长春为核心，以吉林、四平和松原为主要依托，包括周边各等级的中小城镇（表17-32）。

表17-32　长（春）–吉（林）产业集聚区

空间范围	以长春为核心，以吉林、四平和松原为主要依托，包括周边各等级的中小城镇
发展定位	我国最大的以汽车、轨道车辆制造和相关配件为主的运输设备制造业基地 我国重要的绿色食品和中药生产、加工基地
发展重点	以一汽集团为龙头，整合现有零部件企业资源 重点培育吉林、四平、白城、辽源等中小城市的汽车配套能力，形成汽车电子、发动机附件、底盘、转向及传动等产业集群 以吉化为核心，积极发展精细化工、高性能合成材料和特种材料，建设我国重要的综合性石油化工产业基地 构造以现代中药、生物药、光电子信息及软件、新型材料、现代农业技术为主的长春–吉林高新技术产业带 建设我国重要的中药生产与加工基地 加大玉米和大豆精加工、畜禽乳产业化能力，建设我国重要的生态型绿色农产品加工基地

1. 发展定位

长-吉产业集聚区应发展成为我国最大的以汽车、轨道车辆制造和相关配件为主的运输设备制造业基地，同时也是重要的绿色食品和中药生产、加工基地。

2. 发展重点

以一汽集团为龙头，在整车发展的基础上，整合现有零部件企业资源，重点培育吉林、四平、白城、辽源等中小城市的汽车配套能力，形成汽车电子电气、发动机附件、底盘、转向及传动等产业集群。长吉产业集聚区还应以吉化为核心，积极发展精细化工、高性能合成材料和特种材料，建设我国重要的综合性石油化工产业基地；整合、提升玉米和大豆精加工、畜禽乳产业化能力，建设我国重要的生态型绿色农产品加工基地；依托药材资源的开发，建设我国重要的中药生产与加工基地。

第一，汽车产业基地。加强以整车、零部件、专用车、客车等为主的汽车产业发展，壮大长春、吉林汽车产业基地，发展四平、辽源汽车零部件产业群，构造集汽车和零部件的制造、研发、服务贸易与出口为一体的长春-吉林-四平-辽源汽车产业带。

第二，延伸石化产品链。促进石化产业链向下游的延伸，壮大吉林、松原两大基地，构造以新型化工材料和精细化工快速成长为主的吉林-松原-辽源化工产业带增长极。

第三，巩固提升农产品加工产业。加强以玉米、大豆和畜禽为主的农产品加工重大项目建设，做强长春大成、德大、皓月、松原华润、四平天成、辽源裕龙等一批龙头企业，构造以玉米化工产业和各类粮食、畜禽乳食品深加工为主的中部农产品深加工产业带。

第四，积极发展高技术产业。加强长春、吉林高新技术产业基地建设，推进自主创新和引进技术的消化吸收再创新，以具有自主知识产权新产品的开发与产业化为前导，构造以现代中药生物药、光电子信息及软件、新型材料、现代农业技术为主的长春-吉林高新技术产业带。

第五，大力发展农区畜牧业。发展规模化的优质玉米、大豆、绿色水稻种植和精品肉猪、肉牛、肉鸡、肉鹅等畜禽养殖，发展环城反季节果蔬、花卉、奶牛等工厂化种植养殖，构建以优质高产稳产的粮食、畜禽生产基地和环城特色园艺产业为主要支撑的农业经济带。

（三）辽中产业集聚区

辽中产业集聚区包括沈阳、鞍山、抚顺、本溪、辽阳等。随着东北老工业基地振兴战略的实施，将会成为我国重要的能源、原材料基地，装备制造业和重要国防战略产业基地，是东北地区的产业核心区（表17-33）。

表17-33 辽中产业集聚区

空间范围	包括沈阳、鞍山、抚顺、本溪、辽阳等
发展定位	我国以石化和钢铁为主的原材料加工工业基地 我国乃至世界重要的以机床和大型装备制造业为主的装备制造业基地 以软件和计算机辅助配件为主体的高新技术产业中心
发展重点	重点发展先进的装备制造业，大力发展以机床为代表的基础设备，建设数控机床生产基地 提高重大技术装备的成套能力和水平，建设成套装备基地 发展高加工度原材料工业，建设具有国际先进水平的大型石化生产基地 加快发展汽车、机车、民用飞机等，建设运输设备制造业基地 积极发展高新技术产业，围绕电子信息、生物工程与制药、新材料和环境技术等领域，大力推进高新技术产业化 以中心城市沈阳为依托，以抚顺、本溪、鞍山、辽阳为支撑点，积极构建现代服务体系

1. 发展定位

建设成为我国以石化和钢铁为主的原材料加工工业基地，我国乃至世界重要的以机床和大型装备制造业为主的装备制造业基地，以及以软件和计算机辅助配件为主体的高新技术产业中心。依托各城市优势产业和龙头企业，重点推进经济区内装备制造业、汽车工业、钢铁工业、石油化纤和精细化工等产业整合，加强产业链接，增强配套能力。

2. 发展重点

要充分发挥沈阳中心城市的带动作用，通过实施区域经一体化战略，努力建设成为我国先进装备制造业基地和高加工度原材料工业基地，辽宁乃至东北的高新技术产业和农产品加工示范区、辐射和服务于整个东北地区的现代化商贸物流中心。

第一，建设先进装备制造业基地。重点发展先进的装备制造业，大力发展以机床为代表的基础设备，建设数控机床生产基地。依托沈阳机床、自动化所、计算所等企业和科研单位，加快数控系统和关键功能部件产品的研发制造。重点推进沈阳机床数控机床及成套生产线整体改造等一批项目，大力发展高速加工中心、多轴联动加工中心、模具加工中心、大吨位精密成型机床、高档数控系统等产品。

第二，大力发展成套装备。提高重大技术装备的成套能力和水平，建设成套装备基地。发展输变电及高效清洁发电设备：依托特变电工沈阳变压器公司、新东北电器、抚顺华泰电瓷电器等骨干企业，进一步加强超高压输变电设备、超临界和超超临界火电机组与核电机组的配套产品的制造能力。发展冶金矿山重型成套设备：依托沈阳重型、沈阳矿山和鞍钢机总等骨干企业，重点发展电站辅机成套设备、大型起重设备、大型水泥成套设备、大型烧结成套设备、大型矿山成套设备、港口装卸设备、大型冶金成套设备、大型煤矿设备、城市垃圾处理等大型环保设备。发展工程机械：依托沈阳远大、沈阳北方交通、沈阳三洋重工、沈阳矿山、鞍山一工、抚顺挖掘机等一批重点企业，加大行业结构调整和重组力度，优化行业产品结构和企业组织结构。

第三，建设高加工度原材料工业基地，建设具有国际先进水平的大型石化生产基地。以抚顺石化、辽阳石化为依托，推进炼油改造项目，促进原油加工、乙烯及三大合成材料、有机化工原料、精细化工、橡胶制品的协调发展。以鞍（本）钢铁集团为依托，加大结构调整力度，重点发展进口替代产品及市场短缺的精品钢材，推进鞍（本）钢铁集团建成世界级钢铁联合企业；以辽宁特钢集团为依托，重点发展特钢产品；加快辽宁特钢、北钢、新抚钢等企业结构调整，进行合理的产品分工，实施产品多元化、区域特色化的发展目标。依托沈阳、辽阳等民营企业，大力发展钢、塑、铝和节能环保材料等新型建材。加快沈阳、辽阳和本溪等地传统建材工业改造，重点发展高标号的新型干法水泥；以加速改造玻璃生产工艺为重点，发展平板玻璃深加工。积极发展建筑卫生、陶瓷、新型墙体材料和非金属矿产品。

第四，巩固提升运输设备。加快发展汽车、机车、民用飞机等，建设运输设备制造业基地。以华晨汽车集团、上海通用沈阳北盛汽车公司、辽宁曙光汽车集团、沈阳中顺汽车有限公司等企业为重点，加大整车的整合力度，鼓励和支持国产车的发展。汽车零部件要面向国际国内两个市场，发展发动机、曲轴、安全气囊、变速箱等核心汽车零部件。建设沈阳南部民用航空整机制造、维修基地，沈阳北部的民用航空零部件制造、仓储物流基地，沈阳市中心核心区域的民用航空服务基地。

第五，重点发展高新技术产业。围绕电子信息、生物工程与制药、新材料和环境技术等领域，大力推进高新技术产业化。以高新技术园区为载体，重点发展软件产业；开发和批量生产计算机及外部设备、通信及网络产品、数字化音视频产品及医学影像设备；研发和生产柔性生产单元和柔性生产系统及工业机器人；新材料产业重点发展纳米材料及改性材料、新型合成材料、新型工程塑料，单晶硅和化合物半导体材料、高温超导材料、燃料电池、新型碱性耐火材料等高新技术产品。充分利用抚顺、本溪、辽阳和铁岭等经济技术开发区的条件，发展各具特色的高新技术产业。抚顺重点发展新型合成材料、耐高温合金材料、新型涂料、精细化工及新型洗涤材料等；本溪重点开发中药，高强度合金材料及新型复合材料；辽阳重点发展精细化工、芳烃及合成纤维材料延伸加工和深加工材料；逐步形成以沈阳为核心区，以其他市为支撑点的高新技术产业布局。

第六，积极发展现代服务业。以中心城市沈阳为依托，以抚顺、本溪、鞍山、辽阳为支撑点，积极构建现代服务体系。一是以沈阳为核心的区域物流中心，组建物流公共信息平台，发展包括沈阳鞍山、抚顺、本溪等物流配送基地，发展第三方物流配送企业，构筑现代物流网络体系。二是加快建设现代信息服务网络体系，搭建区域数字城市基础平台框架，首先以沈阳和鞍山为重点先行一步，推进城市公共信息系统、社保网络服务系统、政务信息系统、电子商务等信息网络服务业务。三是以沈阳为依托，建设区域性金融中心，吸引一批有实力的境外金融机构落户沈阳，积极拓展证券、基金和保险市场。四是打造旅游精品路线，充分发挥区域自然和人文景观特色，大力发展沈阳、鞍山、本溪及抚顺自然景观、历史遗迹，特别是世界文化遗产等旅游产品。

（四）大连环黄渤海产业集聚区

大连环黄渤海产业集聚区包括大连市区、庄河市、瓦房店等城市，该地区是东北地区产业发展水平最高的地区之一，也是未来引领东北地区产业发展的核心区（表17-34）。

表17-34　大连环黄渤海产业集聚区

空间范围	包括大连市区、庄河市、瓦房店等城市
发展定位	东北地区最大的电子信息、通信设备、生物技术、新材料、机电一体化等高新技术产业集聚区 东北地区最大的金融、保险、企业总部、研发、市场交易、咨询和信息等现代服务业的集聚区
发展重点	加快发展现代服务业，增强大连市的服务功能 建设电子信息及软件基地 依托临港优势，建设大型石化产业基地 建设船舶制造和先进装备制造业基地

1. 发展定位

促进产业发展重点由加工制造业向高新技术产业和现代服务业转移，把该产业集聚区建设成为东北地区最大的电子信息、通信设备、生物技术、新材料、机电一体化等高新技术产业集聚区，以及金融、保险、企业总部、研发、市场交易、咨询和信息等现代服务业的集聚区。

2. 产业发展重点

第一，加快发展现代服务业，增强大连市的服务功能。重点发展金融保险、商贸流通业、旅游会展业、信息咨询及中介服务业，增强大连对东北地区辐射带动作用。以大连商品交易所为核心，做大做强期货业，拓展交易规模，争取增加钢材、石油等新品种，完善市场功能，促进国际航运中心建设和区域经济发展。大力引进外资金融机构，提升国际结算、外汇交易、离岸业务市场功能，发展总部经济，增强区域辐射能力。充分发挥大连保险业基础优势，借助试点城市的有利条件，不断创新、完善保险服务。促进银行、证券、信托及金融中介等各行业的协调发展，形成完善的金融组织体系和金融服务体系。进一步扩大对外开放，加快与国际经济的融合，调整优化产业结构和布局，实现整体提升，使大连成为面向东北和国际销售网络和服务网络的重要支撑点，沟通国内外市场商品流通的区域集聚中心、配送中心、交易中心、购物中心。充分利用大连区位、口岸、资源、环境和基础设施的优势，建设牵动作用大、服务功能强的旅游会展骨干项目。积极与国际著名展览公司联合办展，开办多种大型海内外、专业名展和各类高层次会议、大型经贸文化活动，成为东北与国内外交流的重要窗口。

第二，建设电子信息及软件基地。充分利用大连已形成的产业基础和比较优势，建设数字化视听、专用集成电路设计开发、汽车电子、光电子与显示器件、通信与网络设备、医疗电子等产业，形成技术支撑、产业规模化和提升传统产业三个层面相互衔接、相互促进的格局；选择和实施光电子与显示器件、GPS通信导航、移动通信、集成电路产业化、汽车电子等市场容量大、技术含量高、产业链条长、带动性明显的重大专项，推动重点项目的建设，催生并促进其成熟，增强产业的发展后劲。要大力发展软件业，加快建设旅顺南路软件产业带。

第三，依托临港优势，建设大型石化产业基地，要充分发挥大连深水泊位优势，以石油深加工和精细化工为方向，走新型化、集约化、大型化的发展道路，把大连建成全国重要的石油加工和石化工业基地。依托中石油大连石化公司的基础设施和配套条件，规划建设石油后续加工产品的石化工业区。在大连西太平洋石化公司周边地区规划设立石化工业区，发展以化纤原料、农药及中间体等为主精细化工产品。建设炼油、乙烯及石化下游产品加工业，实现石化产业的集聚效应。按照海洋化工、煤化工、生物化工、特种高分子材料等行业特点，规划建设若干个临海精细化工区。

第四，建设船舶制造和先进装备制造业基地。以大型油轮、新一代集装箱船、海洋工程等高技术含量、高附加值产品为重点，进一步做大规模，增强实力。积极发展船舶配套产业，如船舶配套加工业、船舶配套物流业。继续开发和生产内燃机车、电力机车和城市轨道车辆三大系列产品，扩大整车生产规模，进一步做大机车产业。发展数控机床，航天、航空军工用多轴联动机床、轴承，石化通用设备、电瓷等机械产业，保持国内领先地位。发展重型机械设备，如矿山港口机械、大型冶金设备、环保设备、制冷设备等产品的开发生产。

（五）蒙东地区若干特色产业集聚区

1. 发展定位

蒙东地区由于特殊的自然环境条件和生态环境状态，产业发展应以“点状”集聚为主，不宜大面积拓展。未来重点是以五市（盟）核心城市为依托，在正确处理保护与发展的基础上，适度发展能源重化工业，重点发展特色农畜产品深加工业、旅游业，形成东北地区重要的大型煤电及化工生产基地、绿色农畜产品生产加工基地、有色金属生产加工基地和全国重要的旅游目的地（表17-35）。

表 17-35　蒙东若干特色产业集聚区

空间范围	蒙东地区由于特殊的自然环境条件和生态环境状态，产业发展应以“点状”集聚为主，不宜大面积拓展。未来重点是以五市（盟）核心城市为依托，形成若干特色产业集聚区
发展定位	东北地区重要的大型煤电及化工生产基地 绿色农畜产品生产加工基地 有色金属生产加工基地 全国重要的旅游目的地
发展重点	通过农畜产品深加工转化，延长大豆、小麦、玉米产业链条，发展绿色无公害农畜产品生产和加工基地 适时建设霍－白－胜和呼伦贝尔能源重化工基地 发挥蒙药和中草药资源优势，发展现代中蒙药和生物制药产业 发挥蒙东资源优势，建设全国性旅游基地 围绕口岸城市的转口贸易，大力发展地产产业和外向型产业

2. 产业发展重点

第一，发展绿色无公害农畜产品生产和加工基地。通过农畜产品深加工转化，延长大豆、小麦、玉米产业链条，实现增值增效。培育壮大蒙牛乳业乌兰浩特分公司、扎兰屯淳江油脂公司、通辽科尔沁牛业、通辽梅花味精、通辽万顺达玉米淀粉和通辽通华蓖麻化工有限公司、赤峰草原兴发、锡林郭勒盟伊盛肉羊等一批农畜产品加工龙头企业，形成农畜产品深加工产业链。

第二，适时建设霍－白－胜和呼伦贝尔能源重化工基地。霍－白－胜能源重化工基地以霍林河、白音华、胜利、平庄等煤田为基础，重点发展煤电、煤化工产业集群，建设大型煤电化联合生产企业，并适当发展可再生的风力发电。加快建设呼伦贝尔市扎赉诺尔、宝日希勒、大雁、伊敏四个区域的大型煤炭产地，适时规划和建设能源重化工基地，发展甲醇、合成氨等煤化工产品生产；培育建设西拉沐沦河流域和集通铁路、赤大白铁路、省际通道境内沿线的能源和煤化工产业带；把锡林郭勒盟打造成东北地区重要的煤化工基地，积极发展煤制油，形成煤基烯烃、煤制油、煤制甲醇等产业。

第三，发挥蒙药和中草药资源优势，发展现代中蒙药和生物制药产业。蒙东地区是我国重要的蒙药和中草药资源集中区，依托现有的中蒙药生产企业，如呼伦贝尔市的生物制药业、通辽市中蒙药、赤峰市生物制药、兴安盟生物化学制药等企业，推进现代中蒙药、生物制药、保健药品和农药、兽药的研发和生产，形成具有地方特色的产业集群。

第四，发挥蒙东资源优势，建设全国性旅游基地。充分利用蒙东的草原、森林、冰雪、温泉、湖泊、河流、火山遗迹、北方少数民族文化和俄罗斯、蒙古异域风情等旅游资源优势，打造满洲里—海拉尔—阿尔山、锡林浩特—克什克腾—喀喇沁—通辽等精品旅游线路，加快旅游服务设施建设，提升旅游景点档次，提高旅游服务水平。形成全国重要的草原和特色精品旅游基地。

第五，围绕口岸城市的转口贸易，大力发展地产产业和外向型产业。依托满洲里、二连浩特等大型陆路口岸，通过引进原材料等方式，大力发展轻工产品，形成以轻工为主体的产业链，提高当地的就业水平。另外，借助进口资源，适当发展资源加工型产业。

参考文献

国家统计局 . 2006. 中国经济普查年鉴 . 北京：中国统计出版社
中国钢铁工业协会 . 2005. 中国钢铁工业年鉴 . 北京：中国钢铁工业出版社
中国石油化工集团公司 . 2005. 中国石油化工集团公司年鉴 . 北京：中国石化出版社
中国石油天然气集团公司 . 2005. 中国石油天然气集团公司年鉴 . 北京：石油工业出版社

第十八章　山东半岛制造业基地发展与规划

山东半岛包括青岛、烟台、威海、潍坊、日照、东营、淄博、济南8个设区城市和22个县级市，面积7.3万平方千米，人口3900万。发挥山东半岛整体优势，以青岛、烟台、威海为主体，突出结构调整这一主线，依靠科技进步，培育壮大制造业产业群，促进制造业的升级换代，推动全省经济超常规、高速度、跨越式发展，积极参与国际产业分工，壮大半岛制造业整体国际竞争能力，是建设山东半岛制造业基地的基本宗旨。

第一节　现状评价与分析

经过改革开放30年的发展，山东半岛已经成为我国经济发展最快和最活跃的地区之一。以青岛、烟台和威海为核心的半岛制造业基地的雏形已经出现，而且发展潜力巨大。从全省和山东半岛经济发展整体水平来看，需要整合半岛人才、技术、资金和已经形成的产业优势等，加快发展和建设具有全国意义的半岛制造业基地。

一、发展条件评价

山东半岛在第二产业领域已经形成具有一定竞争力的行业，如交通运输设备制造业、电子信息和家电产业、纺织服装产业、化工医药和食品饮料产业等，未来发展需要把握国际和国内产业发展的诸多机遇，发挥自身的区位、交通、市场优势、环境等优势，将其建设成为我国北方最具活力的制造业基地之一。

（一）区位优势是半岛发展制造业的基本条件

山东半岛是欧亚大陆桥的东部出海口，与日韩两国具有很好的承接性，地缘优势显著。山东半岛北接辽东半岛，西临京津唐地区，南接长江三角洲，是中国环黄渤海地区的核心区域，又是环渤海经济圈与长江三角洲的交汇点，具有较好的地缘优势。

山东半岛位于20世纪80年代“沿海地区发展战略”的主轴线上，是中国“三个地带”发展战略中最具活力的地区。20世纪90年代国家实施地区协调发展战略，山东半岛成为环黄渤海经济圈发展不可或缺的核心之一，是中国“T”字形经济宏观布局中重要的发展轴线。

另外，半岛制造业基地与周边省市在产业布局上具有明显的比较优势和合理的分工机制，山东半岛在家电、电子产业基地建设上具有重要的地位，与东北老工业基地、京津冀在产业发展重点上存在明显的错位发展态势。

（二）资源优势是半岛发展制造业基地的基础

山东半岛丰富的资源优势是制造业基地建设的基础。山东省已发现各类矿产128种，占全国已发现矿产种类的78%。在已探明储量的74种矿产中，有30多种储量居全国前十位。其中居第一位的有黄金（岩金）、自然硫（占全国储量90%以上）、石膏（占全国储量70%）；居第二位的有石油、金刚石等。山东半岛是全国重要的能源基地之一，胜利油田是中国第二大石油生产基地。

同时，山东半岛的海洋资源和农业资源也具备国家层面上的竞争力，海洋资源得天独厚，虾、扇贝、鲍鱼、刺参、海胆等海珍品的产量均居全国首位。山东半岛是我国重要的农产品生产区，小麦等粮食产量居全国前列。

（三）良好的人居环境为高科技产业发展提供了条件

以青岛、烟台、威海为龙头的山东半岛不仅经济发展水平高，而且是山东甚至是我国人居环境最佳的城市，这对吸引高技术人才具有极大的魅力。

青岛、烟台、威海三城市都是我国著名的滨海旅游城市，分别荣获过“联合国人居奖”、国家卫生城市、园林城市等荣誉。总之，以青岛、烟台、威海为龙头的山东半岛能够为创业者提供广阔的发展空间和良好的居住环境。另外，高新技术产业的发展不仅需要高素质的人力资源，也需要清洁、优美的自然环境，半岛制造业基地的核心城市都具备了良好的自然环境和舒适的人居环境。

（四）雄厚的产业实力是制造业发展的依托

目前，半岛制造业的产业比较优势和特色比较明显，已经形成家电、化工橡胶、纺织服装、食品等优势产业，创出了一批国内或国际知名的企业和品牌，拥有较强的技术开发能力，具备了加速发展的基础；汽车、船舶、石化、新材料、电子信息、医药虽尚未形成明显优势，但也形成了较大规模，代表了全省同行业发展的最高水平，极具发展潜力和较强的辐射作用。立足现有基础，兼顾前瞻性和长远性，以上述优势产业为重点，在半岛地区形成具有全国或国际意义的产业群，势必会促进全省现代制造业的发展，实现产业结构的优化配置（表18-1）。

表18-1　半岛城市群要素禀赋和产业优势

城市	要素禀赋的基本特征	产业优势
青岛	国有大公司总部密集；金融发达、资本信息密集、交通较发达、基础设施较完善、环境优越	电子信息、家电、石化橡胶、食品饮料、车辆船舶、纺织服装、旅游
烟台	较好的农业基础；基础设施条件优越；商贸流通、交通运输、金融保险日趋活跃；良好的投资环境	汽车、新材料、船舶制造、食品化工、黄金、电子信息、生物制药、新型材料、纺织
威海	较丰富的劳动力资源和产业用地、较好的工业基础和海洋资源	船舶、食品加工、机械、电子、化工、纺织、医药
潍坊	农业资源丰富，农业基础较好，农业产业化发展较好；重要商贸物资集散地；较好的投资环境	纺织服装业、海洋化工、机械 电子信息、生物与新型医药、环保与节能设备、高分子产品与新型材料、食品饮料、建材
日照	生态优势明显、港口优势明显，较好的城市发展基础	特色农业、车辆制造、五金机械、建材、化工、食品、电子、纺织、家具制造、旅游
东营	能源工业基础扎实；较好的自然资源优势；特有专业人力资源和智力优势，公路交通发达	石油化工、精细化工、盐化工、机械电子、制药、造纸、建材、农副产品
淄博	资源丰富、重要的商品集散地和贸易中心、较好的工业发展基础	医药、石油化工、建材、新材料、机械、电子、纺织、电子信息
济南	科教资源基础条件较好、城市基础设施较好、省会城市的综合优势比较明显	电子信息、交通设备、机械设备、生物工程、旅游、环保设备、医药、冶金、石油化工、建材

（五）交通基础条件为制造业的发展提供了支撑

山东半岛构建的高速公路、铁路通道、海运、航运网络为山东半岛制造业基地发展提供了便利的基础条件。山东公路以密度大、质量好著称，全省公路通车里程7万多千米，其中高速公路2000多千米。拥有17处沿海开放港口，具备多条远洋航线，拥有济南、青岛、烟台、威海等机场，并且以济南、青岛国际机场为枢纽的空中运输通道日趋完善，已开辟国内外航线300多条。

二、山东半岛发展制造业的机遇

（一）中国经济发展重心转移的机遇

经济发展中心的空间转移是世界性的规律，中国也不例外。改革开放以来，中国经济发展空间格局发生了巨大变化。如果说20世纪是珠江三角洲和长江三角洲各领风骚10多年，那么在21世纪，京津唐、山东半岛、辽中南、长江中游甚至西部地区都有可能成为中国经济发展的重心。在机遇与挑战同时存在的背景条件下，山东半岛能否适时把握机遇，建立符合自身特征的发展战略，将会直接影响其在中国经济格局中的地位。

（二）日韩产业新一轮转移的机遇

20世纪80年代后，随着日本经济的衰退、日韩两国企业生产成本的提高以及其他供求因素的变化，日韩产业开始向中国内地转移。20世纪80年代，珠江三角洲在发挥政策优势基础上，成为承接日本产业转移的主要载体；90年代，长江三角洲利用雄厚的产业配套能力和充满活力的市场机制，成为日韩企业特别是日本企业投资的重点区域。进入21世纪，日韩企业进入新一轮投资高峰，产业转移的力度也不断加强。据日本经济新闻社和日经研究所在2001年7月进行的调查显示，在东京证券市场上市的1143家公司中有一半以上的企业准备在今后三年内将生产线移往海外，而其中71%的企业将中国作为首选基地。韩国企业也看好中国市场，加强了与中国企业的联系与合作。在这种背景下，山东半岛如果能够发挥接近日韩两国的区位优势以及已经构建的产业基础优势，完全有可能成为日韩产业新一轮转移的重点区域。

（三）在华日韩企业的空间再选择机遇

20世纪80年代，日韩企业在华投资的主要动机是利用中国廉价的劳动力和政策优惠带来的成本下降，向本国或第三国输出产品，投资重点以劳动密集型行业为主；90年代，日韩企业在华投资开始重视在中国建立生产网络体系，对投资区域的产业配套能力和技术工人的要求加强，投资重点逐步转向资本密集型行业；从21世纪开始，日韩在华投资的动机转变为占领中国市场，因而构建市场或营销网络成为企业投资决策的重要因素。在这种背景下，投资区域的多元化、投资空间的再选择成为很多企业的重要决策内容。比如，日本松下电器在华投资企业共有20多家，除1家在深圳外，其他都集中在大连市，出现投资区域失衡的现象。目前企业已开始调整发展战略，重新选择投资区域，并开始在青岛市投资。因此，山东半岛一定要抓住日韩企业重新选择投资空间的机遇，建立专门面向日韩企业的产业园区，吸纳日韩企业。

（四）外资新一轮投资高峰的机遇

较低的劳动力成本和巨大的市场潜力以及历史发展机遇，使得外国投资和跨国企业大量涌入。2002年，中国取代美国成为世界吸引外资最多的国家。跨国公司在华企业的产品，除满足中国市场外，越来越多地向国际市场出口。据统计，中国有近一半的出口来自外资企业或合资企业。跨国公司已经成为全球经济、贸易、投资与科技创新活动的重要力量，它们来华投资带来的贸易、技术创新、生产革新、管理理念等都会对国内制造业产生深远的影响，山东半岛如能够抓住这些机遇，依靠与跨国企业的合作，争取跨国企业的投资与资金支持，将有可能提升山东半岛的制造业设计、生产、营销、物流等水平。

三、山东半岛制造业发展面临的问题

山东半岛制造业发展面临着诸多问题，如周边国家和地区竞争的压力，自身产业发展的问题，特别是掌握高技术或熟练技术人才的引进和培育问题等，需要政府和企业密切关注，积极应对。

（一）国外竞争的问题

日本北九州的加速开发虽然给山东半岛制造业发展带来了机遇，同时也可能带来挑战。先进的技术、广泛的销售网、高收入水平以及低投资风险成为北九州制造业较山东半岛吸引外国投资的优势。

韩国制造业优势在于其先进的生产和加工技术以及较大国内市场，其人才优势也比山东半岛明显。

山东半岛产业正处于劳动密集型和资源密集型阶段，资源、市场技术和资金现象明显，与韩日竞争处于相对劣势地位。日本“雁行转移投资”的东南亚老牌制造业国家由于原有的制造业基础所具有的实力，以及新兴的制造业国家越南、印度制造业的快速发展，对山东半岛的制造业发展也有一定威胁。

（二）产业配套能力的问题

日本企业选择长江三角洲作为重点投资区域的重要原因，是那里不仅具有良好的基础设施，还具有相对完善的产业配套能力。同样，日本以大连为中心，重点投资机械产业的原因是，辽中南城市群的产业基础和技术水平符合日本机械产业的发展要求，能够形成互相依存的产业网络。

山东半岛尽管拥有一批知名的大企业群，如海尔、海信、青啤、澳柯玛等，但缺乏类似长江三角洲地区那样具有专业竞争力的中小企业集群，例如，全青岛市最有优势的家电产业在本地的配套率也仅为20%，对地区经济的依存度低。

韩国企业在华投资战略仍然以追求成本最低为目标。山东半岛应该利用接近韩国的区位优势，使山东半岛制造业基地继续成为韩国企业投资的主要区域。但随着韩国企业投资战略的改变，山东半岛制造业基地能否保持优势就取决于制造业基地能否培育起适合韩国产业转移的专业化产业集群。

（三）与日韩两国空间接近性的问题

人和物的空间联系程度是反映城市经济实力和活力的重要指标。仅就与日韩之间的空间接近性来看，制造业基地所在的半岛地区与京津冀和辽中南地区相比有一定的差距。比如，大连市与日本的7个城市，即东京、大阪、名古屋、福冈、富山、广岛、仙台等有直达航班，一周内由大连到日本的航班有42个，仅飞往东京的航班就有15个，平均每天有2个航班；而青岛开通日本的航班只有3个城市，即东京、大阪和福冈，一周仅有11个航班，是大连的1/4。

对空间接近性的评价，直接影响企业家的投资取向。山东半岛这一特点也决定了其与辽中南城市群和京津冀地区在参与日韩产业协作区的竞争中处于劣势。

（四）承接日韩产业转移人才培育的问题

山东半岛制造业基地在承接日韩产业转移中，严重缺乏能够与日韩企业沟通的人才，或者说缺乏懂专业的日语和韩语人才。

以青岛和大连两市为例，在大连有6所大学开设了日语专业，其中，大连外国语学院是中国重要的日语人才培育基地，大连理工大学、大连水产大学等是日语专业人才培养基地；而青岛只有4所大学设有日语专业，且没有一所外语或者外贸大学。其中，一个地级市仅有6名日语专业人才，而且水平也要大打折扣。事业的成功在于沟通，这一常常被忽视的问题，也是影响吸纳日韩企业投资的重要障碍。

第二节　日韩相邻地区产业的发展和启示

一、日本九州地区发展和启示

（一）九州制造业结构的变化

九州是日本现代重化学工业的发源地。在19世纪末，其利用当地筑风煤田、高岛煤田等煤炭资源和中国、朝鲜的煤、铁资源发展钢铁工业，1901年建立的八幡钢铁厂是日本历史上第一座现代化钢铁联合企业。从此，北九州发展成为日本四大工业地带的重要成员，产业结构以钢铁、化学、造船为代表的重厚长大型工业中心。石油危机后，九州抓住世界性产业结构大调整的有利时机，大力发展资本、技术密集型产业，特别是以半导体和汽车制造业为中心的组装加工型产业。

由于处于成长阶段的加工组装型产业部门发展迅速，九州在全国工业中的地位逐渐得以恢复，到2000年，其制造业产值占全国的比重已提高到6.7%。

（二）九州产业发展的引擎——半导体和汽车产业集群

在九州的工业中，产值超过1万亿日元的工业产品有三个：一是半导体；二是汽车及摩托车；三是钢铁，产值规模遥遥领先于其他产品（表18-2）。正是由于这三大产品制造业的坚实发展，电气机械、钢铁和运输机械成为九州最重要的三大主导产业部门。

表18-2　九州主要工业产品的产值　　单位：亿日元

产值规模	行业	产值
1万亿日元以上	半导体	15 848
	汽车及摩托车	15 190
	钢铁	10 952
1 000亿~1万亿日元	造船	4 987
	汽车部件、配件	3 982
	生混凝土	2 383
	啤酒	21 25
	汽车轮胎	2 075
	木制家具	1 919
	医药品	1 682
	烧酒	1931
	水泥	1 669
	半导体制造装置	1 165
	其他水产食品	1 629
1 000亿日元以下	陶瓷器	737
	清酒	425
	产业用机器人	453

资料来源：九州经济产业局（2003）。

1. 半导体——世界著名的“硅岛”

半导体是日本具有很强的国际竞争力的产业部门。在市场规模方面，日本占全球的近1/4；在生产规模上，在整个20世纪90年代，由于美国的卷土重来和韩国的奋力追赶，日本在全球的份额从80年代末期的近1/2下降到如今的1/4左右。1999年，全球半导体生产格局是：美系企业占54%，日系企业占26%，欧洲系企业和亚洲系企业各占10%。

在日本国内，半导体产业已形成首都圈、近畿圈等大城市圈集中企业中枢管理职能（总部）、研究与开发职能和设计职能，生产中的上游工程（掩膜制造和扩散工程）主要分布在太平洋带状工业地带及其周边地区，下游工程（封装）向北关东、东北和九州等地方分散的区域间等级分工体系。特别是劳动密集型的下游工程，寻求稳定的电力、纯净的地下水、清洁的空气、廉价而充足的工业用地、低工资的年轻劳动力等，自20世纪70年代起纷纷向地方分散。远离大城市圈的不利因素，则利用半导体产品的高价值重量比和航空运输予以克服。这便是九州——“硅岛”、南东北——“硅公路”形成的背景。

最早到九州落户的是三菱电机的半导体工厂（1969年）。此后，大型综合性电机企业如NEC、东芝、富士通、索尼、冲电气、雅马哈、日本TI（美德州仪器）等电子企业的半导体工厂纷纷来到九州，形成世界著名的半导体集聚地。早在20世纪80年代IC产值就占全球10%以上，在国内所占比重也高达30%，由此而获“硅岛”之美誉。

图18-1表示的是九州在全国经济和产业中的地位。九州的人口规模、GDP、制造业附加值和从业人员数量在全国所占比重大约为10%，故有“一成经济”之称。与之相比，半导体及其关联产业在全国的地位相对较高。

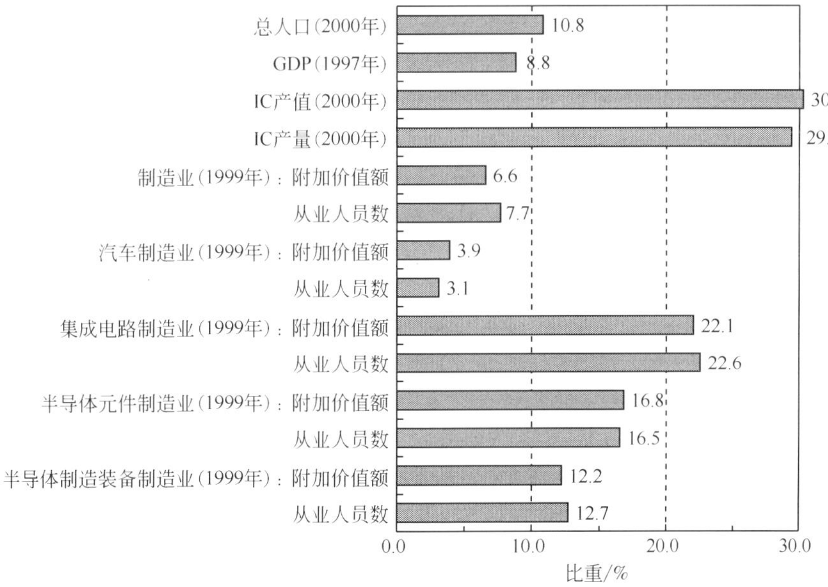

图18-1　九州的半导体及其关联产业在全国的地位

资料来源：从Kyushu Semiconductor Industries Technology Innovation Association提供数据整理所得。

在21世纪初，九州的半导体产值波动较大，自1998年和1999年连续两年急剧下降后，2000年创下了最高峰，达1.4万亿日元，而2001年由于受到美国IT产业景气衰退等影响又回落到1万亿日元，下降幅度高达35%。即使如此，九州作为日本国内重要的半导体生产基地的地位仍未改变（图18-2）。

九州的半导体生产在产品结构上出现了由DRAM等通用产品向系统LSI和等离子显示等高附加值产品升级的趋势。图18-2很清晰地反映了这一事实，从九州在全国半导体生产中的比重来看，产值比

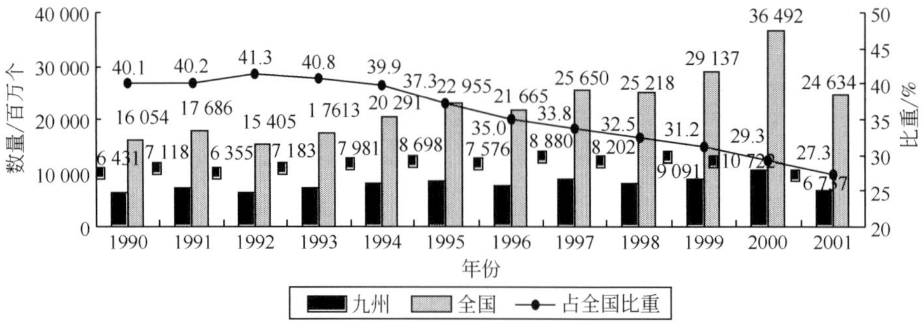

图 18-2 九州的 IC 生产规模（数量）

资料来源：据九州经济产业局调查资料绘制。

重要高于数量比重。

经过近 30 年的发展，九州已形成较大规模的半导体产业集群。以大型企业的全工程、上游工程工厂为核心，集聚了从事下游工程的 IC 封装厂、半导体制造装置厂商、部件和资材厂商等关联企业。特别是为了寻求九州地区已积累的微细加工、精密加工等高技术，半导体制造装备企业相继迁移到九州，从而进一步加深和拓宽了九州半导体产业集群的发展空间。

九州半导体产业集群的发展，一方面表现在该领域企业数量的增加上，另一方面也体现在当地企业参与率的提高上。例如，1990 年，九州的半导体关联企业有 230 家，而到 1999 年则达到 437 家，增加了 207 家；同一期间，当地企业的比率也由 63.0% 提高到 78.0%（表 18-3）。

表 18-3 九州的半导体关联企业的集聚与当地企业比率 单位：家

地区	1990 年				1999 年				增减数量（1999～1990 年）		
	当地企业	外来企业	合计	当地企业比率/%	当地企业	外来企业	合计	当地企业比率/%	当地企业	外来企业	合计
福冈县	49	16	65	75.4	153	17	170	90.0	104	1	105
佐贺县	8	9	17	47.1	12	12	24	50.0	4	3	7
长崎县	6	3	9	66.7	6	3	9	66.7	0	0	0
熊本县	25	23	48	52.1	64	28	92	69.6	39	5	44
大分县	22	11	33	66.7	43	14	57	75.4	21	3	24
宫崎县	6	8	14	42.9	19	11	30	63.3	13	3	16
鹿儿岛县	29	15	44	65.9	44	11	55	80.0	15	-4	11
合计	145	85	230	63.0	341	96	437	78.0	196	11	207

资料来源：九州经济产业局（2003）。

除生产职能外，研发职能也在增强。在半导体产业发展初期，九州的区位魅力在于水、妇女劳动力、机场等地理要素，吸引的是下游工程工厂，因而一度被称为“无头脑的‘硅岛’”。然而随着当地企业的广泛参与和半导体材料、制造装备等关联产业的发育，部分研发职能也正在向九州转移。换句话说，集群的形成以独特的区位魅力吸引着该领域产业的高级职能。具有划时代意义的是，2002 年索尼公司将半导体部门的总部职能移到福冈。半导体风险企业也正在进入福冈市和北九州市。日立公司设立了超 LSI 系统九州开发中心。当地大学为提高对区内半导体产业的参与度，正在积极加强该领域的研究力度，例如，九州大学已设立系统 LSI 中心，并成功地引入了早稻田大学的信息系统系，进而多方位地开展半导体相关研发项目，并且频繁召开以半导体为主题的国际会议。九州正在成为总部设在东京的半导体企业的第二个“平台”。

2. 汽车制造业

九州是日本汽车工业企业为适应新的经营环境而兴建的新型生产基地。20 世纪 80 年代急剧膨胀的日本汽车工业遇到劳动力供给短缺、汽车市场需求向个性化、多样化转变的新课题，于是采取技术革新和区位调整相结合战略来应对新的挑战。具体来说，就是全面推动生产工程的自动化、模块化和柔性化，通过建立柔性生产系统（flexible manufacturing system，FMS）来实现多品种少量生产，并把具备上述新技术的生产线建在劳动力资源供应相对充足的区域。九州、山口汽车工业生产基地便应运而生。

九州现有日产九州工厂和丰田九州工厂（均在福冈县）两家整车生产厂家，均为技术最先进、设备最精良的生产线，分别为两大汽车公司的主力工厂。2001 年生产汽车 67.8 万辆，创历史新高，占全国汽车总产量的 9.9%。在全国汽车产量因低迷的国内需求而呈负增长（-2.2%）的情况下，九州却因良好的对北美市场出口支撑而创下了比上一年增长 13.3% 的高增长率（图 18-3）。

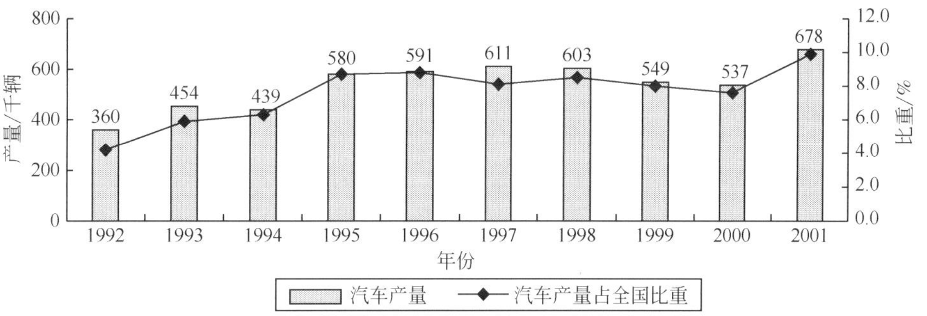

图 18-3　九州的汽车产量及其占全国的比重

资料来源：据九州经济产业局《九州经济概况 2003》整理。

建于 1975 年的日产九州工厂为日产的国内生产基地中生产规模最大的工厂，拥有 4700 名员工，2001 年产出 41 万辆，截至 2003 年 1 月，该工厂累积生产汽车突破 900 万辆。该工厂目前生产 10 个车型，在日产汽车的国内总产量中占 30% 左右，产品的近 60% 销往以北美为中心的海外市场。丰田九州工厂于 1993 年正式投产，生产两种车型，2001 年产量约 27 万辆，约占丰田总产量的 10%，所产轿车的 90% 左右销往以北美为中心的海外市场。位于熊本的本田技研虽以生产摩托车为主，但也制造汽车发动机。九州的摩托车产量占全国比重高达 32.2%。

整车组装厂商的进入，带动了与之相关产业的发展。随着汽车产量的扩大，汽车产业集群不断深化，九州的汽车关联产业机构数在最近 10 年间增加了 2 倍多。汽车和摩托车产值在 1999 年达到 1.5 万亿日元。汽车零部件产值在最近 10 年间也增加了 2.6 倍，2000 年达 4850 亿日元。

在九州，汽车产业组织呈“金字塔”形，形成等级式的企业间网络：日产和丰田等整车厂商占据塔的顶端；位于第二层的是生产重要总成的一级转包商，是从区外追随整车厂商而进入的；二级转包商及其以下多为九州本地企业，是在汽车产业起步后，从机械加工工业转产的。在九州的汽车零部件产业中，当地企业所占比例大约为 1/2。

由于汽车产业发展历史短、区内市场规模小等原因，当地配套厂商发育程度远不如关东、东海地区，三大汽车厂商的区内部件供给率目前只有 50%，即使一级转包商，向区内二级部件转包商的发包率也并不高。九州的汽车零部件产值占全国比重也只有 2% 的水平。这样一来，九州的汽车产业在研究与开发、试制、设计职能及关键零部件方面，仍依赖于关东、东海等传统的汽车产业中心。在区内供给的零部件多为重量大、体积大（车座、消音器、散热器、空调等）的部分，而重量轻的功能部件如汽车电子部件、发动机部件等则由区外供给。由此可见，九州当地企业需要在品质、成本、交货期等方面进一步提高竞争力。

在区位上，汽车及其关联产业主要集中于北九州地区，特别是福冈县和熊本县。零部件厂商围绕着日产、丰田和本田，落户于周围的工业园区内，也有部分工厂为寻求劳动力而向农村地区转移。

（三）面向亚洲的国际化战略

在日本的八大地方中，九州距离亚洲大陆最近。在第二次世界大战结束前，九州曾充当了日本向亚洲大陆扩张的桥头堡，其现代产业的起步是与亚洲分不开的。随着世界经济的增长中心向东亚转移的大背景，九州利用邻近亚洲大陆得天独厚的地理位置优势以及加工组装型产业集聚的产业结构特点，积极发展与东亚特别是韩国和中国的经济联系。

九州经济产业局从九州与海外的人流、商品流、资本流、信息流等方面，采用姊妹城市、在留外国人数、国际航空线路、进出口额以及海外投资企业等指标，计算了九州的“亚洲度”① （图 18-4）。如图 18-4 所示，在上述所有指标中，九州同亚洲的各项联系程度均高于全国平均水平。同 10 年前相比较，除“入境外国人数”和“日本人出国数量”等人际交流指标保持稳定外，诸如“海外投资企业数量”和“出口额”均有较大幅度的提高（图 18-5）。

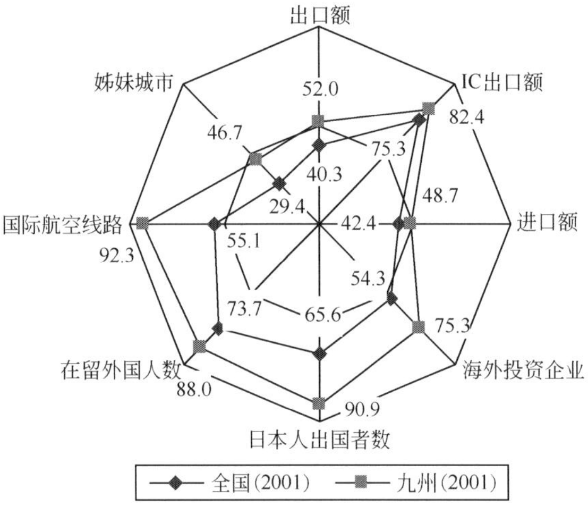

图 18-4　九州同全国的“亚洲度”比较

资料来源：经济产业省，九州经济产业局（2002）

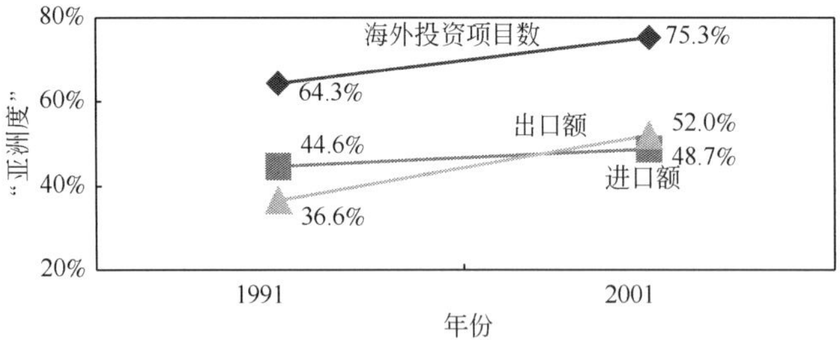

图 18-5　近 10 年间“亚洲度”的变化

资料来源：经济产业省，九州经济产业局（2002）

1. 偏重于韩国的贸易联系

2001 年，九州的对外贸易额为 6.1 万亿日元，其中出口额为 3.1 万亿日元，比上一年减少 6.8%。

① 例如，出口贸易的“亚洲度”，是用“对亚洲的出口/对全世界出口 ×100”来计算的。

从出口商品结构来看，电气机械、运输机械、一般机械、化学品和钢铁五大门类商品占了全部出口额的近80%，特别是电气机械和运输机械，两部门所占比重已超过50%，基本上反映了九州的制造业结构特征。另外从全国出口中的地位来看，地位较高的依次有：轮胎及里带（43.0%）、船舶（29.4%）、集成电路（16.7%）食品（12.3%）、钢铁（10.6%）等。受世界IT产业不景气和美国经济增长减速以及由此而导致的东亚景气后退等影响，2001年上述各类主要商品的出口均有较大幅度的下降。

从出口的地区构成来看，亚洲占52.0%（1.6万亿日元），北美占22.4%（6991亿日元），两个地区合占九州出口总额的近3/4。同日本全国的出口地区构成相比较，九州明显向亚洲倾斜（亚洲占日本出口总额的40%）。在亚洲国家中，同韩国的贸易结合度较高是九州的一大特征，在出口中韩国所占的比重为全国同一比重的2.7倍。在九州的主力出口商品中，电气机械、一般机械、钢铁和化学品均以韩国为第一大出口对象国（表18-4）。

表18-4 九州的主要出口商品及其国家构成

主要出口商品	构成比重/%			主要出口对象及比重/%	
	1999年	2000年	2001年	第一位	第二位
①电气机械	23.3	26.2	26.4	韩国（21.0）	新加坡（8.1）
半导体等电子部件	16.6	18.6	15.9	韩国（21.9）	新加坡（11.6）
②运输机械	27.4	24.5	24.6	美国（34.5）	巴拿马（18.3）
汽车	13.0	11.4	11.6	美国（57.4）	澳大利亚（6.9）
船舶	11.6	10.0	9.7	巴拿马（46.4）	里比利亚（11.5）
③一般机械	12.8	14.5	13.3	韩国（23.9）	美国（23.7）
④化学品	15.0	9.6	9.4	韩国（20.4）	美国（19.5）
⑤钢铁	6.7	6.3	5.6	韩国（9.1）	美国（9.1）
⑥橡胶制品	5.9	5.0	5.1	美国（25.5）	澳大利亚（7.0）

资料来源：九州经济产业局（2003）。

2001年，九州的进口额近3万亿日元，占全国的7.0%。石油、煤炭等矿物性燃料、机械类和食品类三大门类商品占全部进口额的70%以上。特别是矿物性燃料，为九州第一大进口商品，仅此一项就占全部进口额的四成，而且在全国的同类产品进口中也占较高比重（13.2%），这与九州境内多石油储备基地有关。在全国地位较重要的其他进口商品还有钢铁工业用金属原料（16.4%）和鱼贝类（13.3%）。

从进口的地区构成来看，居首位的是东亚（包括东南亚），金额为1.4万亿日元，在进口中所占比重达48.7%；其次为中东，占23.9%（7000亿日元），北美居第三，占9.6%（2855亿日元），三个地区合占九州进口总额的4/5（表18-5）。

表18-5 九州的主要进口商品及其国家或地区构成

主要进口商品	构成比重/%			主要进口对象及比重/%	
	1999年	2000年	2001年	第一位	第二位
①矿物性燃料	28.5	37.0	37.9	沙特阿拉伯（19.9）	阿拉伯联合酋长国（19.9）
原油及其制品	18.7	26.8	26.7	沙特阿拉伯（26.3）	阿拉伯联合酋长国（20.6）
天然气	5.0	6.3	6.2	印度尼西亚（36.9）	澳大利亚（21.34）
②机械机器	19.6	17.4	17.2	韩国（41.4）	中国内地（16.8）
电气机械	12.8	11.4	10.7	韩国（43.6）	中国内地（19.2）

续表

主要进口商品	构成比重/%			主要进口对象及比重/%	
	1999 年	2000 年	2001 年	第一位	第二位
半导体等电子部件	7.4	5.4	5.1	韩国（54.4）	中国台湾（16.1）
③食品	18.9	15.9	16.6	美国（26.4）	中国内地（21.3）
鱼贝类	8.0	7.2	7.3	韩国（25.5）	中国内地（23.2）
④金属原料	8.2	5.2	5.2	澳大利亚（32.9）	智利（17.8）
⑤纤维制品	6.3	5.4	4.8	中国内地（60.1）	韩国（30.5）
成衣及服装配件	5.2	4.5	4.0	中国内地（65.3）	韩国（29.4）

资料来源：九州经济产业局（2003）。

从国家看，中国内地和韩国为九州最主要的进口贸易对象国，在进口额中所占比重分别为15.8%和14.2%。但同日本全国的进口地区构成相比较，九州更偏重于韩国，如对韩进口占九州进口总额的比重为全国平均水平的3.6倍。相比之下，中国内地所占比重则比日本全国平均水平低2.7个百分点。进口中韩国的地位较突出的是以半导体等电子部件为代表的机械类产品领域，而中国则主要在服装等纤维产品领域上占有很高的比重，这说明九州同韩国的国际分工更多地围绕着资本、技术密集型产业领域进行，而中国则主要集中于劳动密集型产品领域，分工水平上有一定差距。

2. 向中国和韩国倾斜的对外直接投资

截至2001年，九州企业（总部设在九州）的海外分支机构数达531家，其中，2001年当年新增海外投资件数达18件。如表18-6所示，九州企业的海外直接投资在20世纪90年代中期达到高峰，特别是在1993～1996年，每年的投资都在50件以上。但自从亚洲金融危机爆发后，海外投资锐减，近几年在20件左右徘徊。

从对外直接投资的地区构成来看，对亚洲投资最多，占75.4%，其中仅中国内地就占36.0%，东盟10国22.4%；北美居第二位，占14.5%。特别是中国环黄渤海地区3市4省（天津市、北京市、上海市和辽宁省、河北省、山东省和江苏省）和韩国就占了九州对外直接投资的约1/3（34.1%）。与日本全国的对外直接投资的地区构成相比较，比重高于全国平均水平的只有亚洲地区，尤其是中国和韩国所占比重很高（表18-6和图18-6）。

表18-6　九州企业的海外直接投资状况

项　　目	九　　州						全国平均	
	1986～1990年		1991～1995年		1996～2001年		(2001年)	
	/件	/%	/件	/%	/件	/%	/件	/%
亚洲	79	14.9	199	37.5	122	23.0	12 630	54.3
中国内地	20	3.8	123	23.2	48	9.0	3 560	15.3
中国环黄渤海地区	18	3.4	90	16.9	40	7.5	2 709	11.6
中国香港	8	1.5	9	1.7	10	1.9	1 303	5.6
中国台湾	8	1.5	8	1.5	11	2.1	1 085	4.7
韩国	10	1.9	11	2.1	12	2.3	660	2.8
东盟10国	33	6.2	45	8.5	41	7.7	5 607	24.1
其他亚洲	—	—	3	0.6	—	—	415	1.8
韩国+中国环黄渤　海地区	28	5.3	101	19.0	52	9.8	3 369	14.5
北美	27	5.1	28	5.3	22	4.1	4 383	18.8

续表

项　　目	九　　州						全国平均	
	1986～1990 年		1991～1995 年		1996～2001 年		(2001 年)	
	/件	/%	/件	/%	/件	/%	/件	/%
EU	7	1.3	17	3.2	10	1.9	3 506	15.1
其他	8	1.5	7	1.3	5	0.9	2 735	11.8
世界合计	121	22.8	251	47.3	159	29.9	23 254	100

资料来源：九州经济产业局，九州的经济概况，2003。

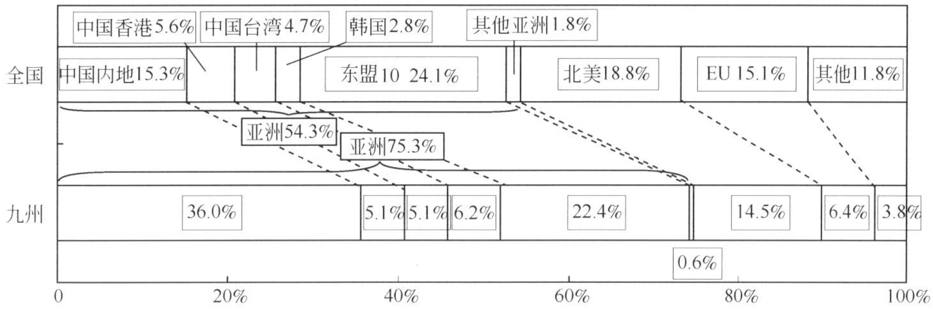

图 18-6　九州与全国企业对外直接投资的地区构成比较

资料来源：九州经济产业局（2003）

九州企业在不同国家和地区的投资战略，主要从其制造业企业海外分支机构所具有的职能比较入手。据资料显示，具有生产职能的海外分支机构所占比重最高的是东盟 10 国，占 84.0%；其次为中国，占 80.3%，远远高于欧美等发达地区，说明设在东盟四国和中国的海外分支机构在公司的全球战略中主要扮演生产者（加工厂）的角色。特别是中国，2/3 的九州企业的分支机构只具有生产职能，这一事实从另一侧面折射出中国尚未成为九州有魅力的销售市场。

评价海外分支机构的经营环境和企业海外投资的动态变化，可以借助于新增投资、继续投资和撤资情况的分析。从 2000～2003 年的情况来看，无论是新增投资、继续投资还是撤资，均以中国为第一位，由此不难判断中国为九州制造业企业的投资热点。但比起新增投资和继续投资，在撤资中中国所占份额相对更高，占总撤资案件的近一半（图 18-7）。据有关部门调查，撤资的分支机构在中国的平均经营时间平均为 7.2 年，也就是说，这些企业多为在 1993～1996 年的对华投资高潮期间进入中国市场的。撤资的主要理由有两点：一是经营环境存在问题，如缺乏关于交易对象的信息等；二是企业本身能力有限，很多中小企业普遍缺乏海外经营经验，人才储备不够。

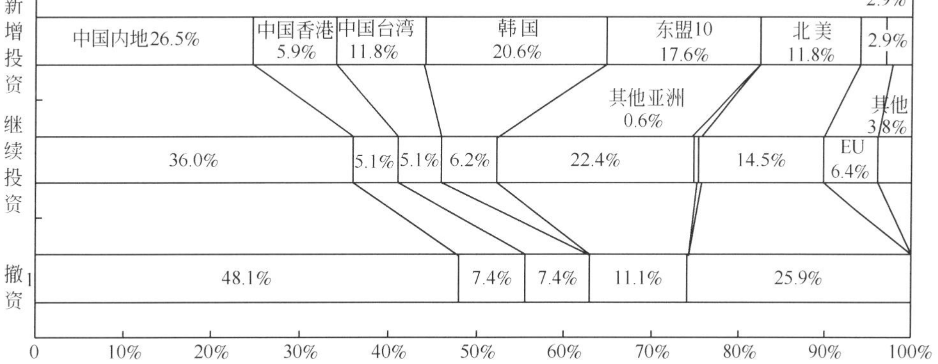

图 18-7　九州企业的新增海外投资、继续投资、撤资的区域间比较

资料来源：九州经济产业局（2003）

(四) 对山东半岛制造业发展的启示

九州地区与中国、韩国的贸易和投资等经济联系正在不断发展，而其内在的推动力量无疑来自相互间产业关联的深化。以下就以九州、中国和韩国在世界生产中占有较高份额，并且相互间产业合作潜力较大的两大部门——半导体（占世界27.7%）、汽车（占世界8.7%）为例，深入分析九州、中国和韩国间的产业联系状况。

1. 半导体产业国际网络化发展及山东半岛面临的机遇

日本、韩国、中国台湾地区是世界著名的“半导体走廊”，以上海为中心的中国东部沿海地区正在加入这一走廊，新兴的中国东部沿海地区成为这一走廊中的新生力量，山东半岛沿海产业布局也在逐步加入到该“半导体走廊”的国际化生产网络中。

有世界“硅岛”之称的九州一方面逐渐向系统LSI、微型机等高附加价值产品领域升级，另一方面从韩国进口国内生产已缩小的汽车导航系统、传真、打印机用DRAM，将其用于终极产品的组装上，或从韩国进口已经过前工程处理的DRAM，在国内完成后工程后提供给电气机械企业等。九州与韩国之间基于半导体的功能和特性的水平分工正向深度发展。

中国在近几年外资半导体企业和计算机企业进入后，建立了上海贝岭、首钢日电、上海飞利浦、上海华虹NEC、上海先进、江苏华晶等中外合资企业，在上海和苏南地区形成了半导体的一大集聚地。受此吸引，九州的三井高技术、阿斯卡可公司等半导体关联、计算机辅助设备企业也开始进入中国，欲与迅速兴起的中国半导体产业建立关联。九州与中国间的半导体贸易正在迅速扩大。

从环黄渤海地区半导体产业的未来版图看，中国因素将是改变该地区乃至世界半导体产业未来版图的最重要变量。中国在PC、家电产品、手提电话、宽带市场等大量需要半导体的产业领域持续着高达40%～60%的增长率，受此推动，中国的半导体需求量也以年40%的速率在扩大。如果世界市场景气好转，这一速率将进一步提高，但目前中国国内供给率只有15%～20%。巨大的潜在市场吸引着世界半导体投资的30%强。

由于国内市场持续低迷，九州作为日本半导体“第一工厂”的地位正在下滑。工厂的开工率有大幅度下降的趋势。大企业、中等规模企业纷纷走向海外，特别是中国和东盟国家。

环黄渤海地区半导体产业的竞争力格局可以这样描绘：①中国将以上海为中心形成半导体产业集群，在吸收大量外资基础上就规模经济显著的半导体产品领域形成比较优势。另外，以北京为中心将形成设计、开发基地。②韩国在规模经济显著的半导体产品领域已树立起综合竞争力，其他领域同日本的综合实力差距在不断缩小。③日本九州地区的半导体产业在批量化生产领域不具备成本优势，但在精密部件和精密处理领域仍保持强劲的技术优势。

总之，过去在亚洲建立的日本（九州）—韩国、中国台湾地区、东盟之间的垂直分工关系正在发生重大变化，以韩国、中国台湾地区综合实力的提高以及中国内地这一巨大的新兴市场和新生产者的加入为背景，各方将以各自的比较优势为基础形成错综复杂的水平分工关系。而这一水平分工网络必将是面向世界巨大市场的供给网络（图18-8）。

2. 汽车产业对外联系及山东半岛面临的机遇

环黄渤海地区的汽车产业联系，主要围绕着中国开展。在中国加入WTO后，中国的汽车关税由80%～100%降低到25%，汽车零部件关税则由23.4%降低到10%。为了抢占未来巨大的汽车市场，继本田、大发、马自达之后，日本汽车巨头日产和丰田也采取重大举措。九州的汽车零部件企业也开始在华设立合资公司，一方面以本土生产本土供应的方式积极开拓中国市场；另一方面从全球最佳供给战略角度，增加对华汽车零部件贸易。

汽车零部件的贸易，在一定程度上可以反映九州同韩国和中国的汽车产业联系状况。2000年，九

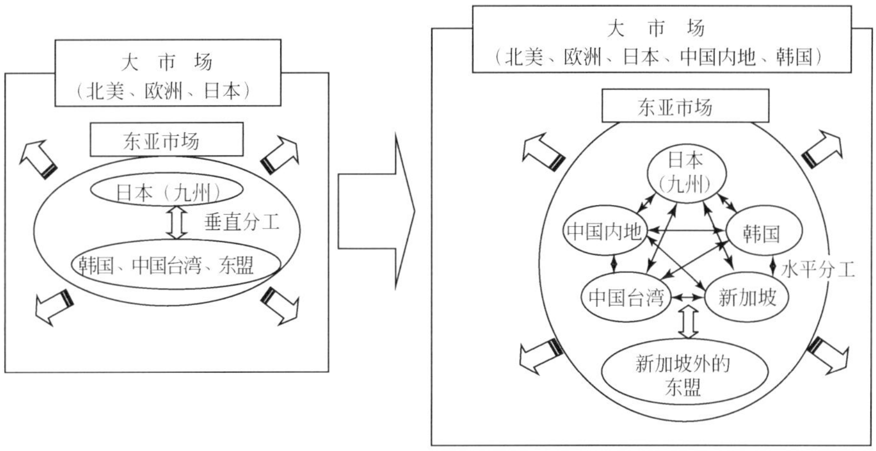

图 18-8　包括环黄渤海地区在内的东亚半导体产业分工格局的变化示意图

州、中国内地和韩国之间的汽车零部件贸易额达 96.9 亿日元，虽然金额并不大，但却是 1998 年的 3.9 倍（24.8 亿日元）。其中特别是中国内地向韩国的出口增长近 9.1 倍（图 18-9 和图 18-10）。

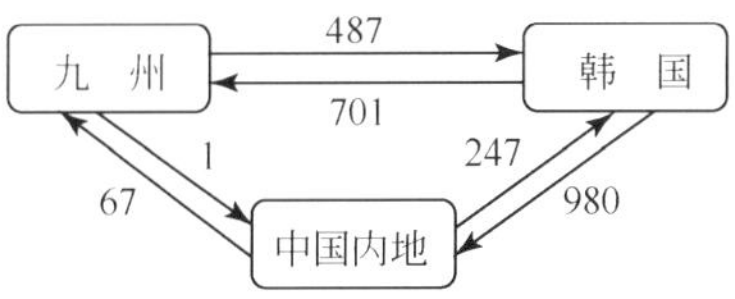

图 18-9　汽车零部件贸易联系图（1998 年）
（单位：百万日元）

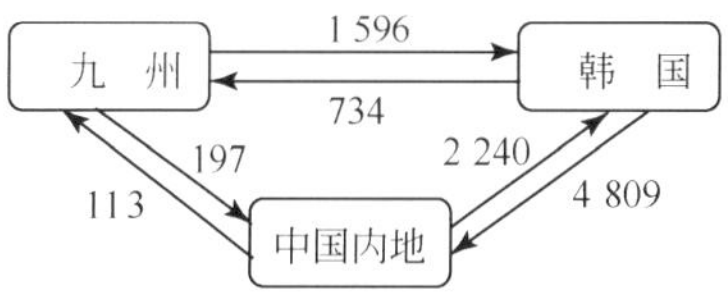

图 18-10　汽车零部件贸易联系图（2000 年）
（单位：百万日元）

资料来源：日本海关统计，JETRO 调查 。

2000 年，九州向韩国和中国出口汽车零部件约 16.0 亿日元和 2.0 亿日元，在九州出口总额中所占比重不到 1%，进口总额中的比重也不足 1%，也就是说，汽车零部件贸易还停留在低水平上。然而以九州汽车零部件厂商的对华直接投资和世界性的汽车产业重组为背景，九州向中国的出口在 20 世纪 90 年代中期以来有很大幅度的增长——2000 年为 1999 年的近 7 倍（表 18-7）。

表 18-7　九州与中国、韩国的汽车部件贸易　　单位：百万日元

项目	国家	1995 年	1996 年	1997 年	1998 年	1999 年	2000 年
出口	韩国	545	331	520	487	1 429	1 596
	中国	15	49	69	1	29	197
出口	韩国	560	429	671	701	890	734
	中国	0	0.4	8	67	105	113

资料来源：日本海关统计。

九州向韩国输出的汽车零部件主要为安全带和方向盘（2000 年出口额分别为 13.2 亿日元和 1.7 亿日元），而进口主要为方向盘（3.3 亿日元）、变速箱（1.6 亿日元）、车轮（1 亿日元）和车体（0.8 亿日元）等。九州同韩国的汽车零部件水平分工度从 1998 年的 143.9% 变化为 46.0%，说明九州向韩国的出口大幅度增加。

随着九州向在华日系整车厂商和中国零部件厂商的零部件出口迅速增加，九州同中国的水平分工状况也有较大的进展，2000 年水平分工度已达到 57.4%。

韩国和中国间的汽车零部件贸易情况为韩国呈出超结构，水平分工度由 1998 年的 25.2% 进展为 2000 年的 46.6%，这是其对中国进口迅速增长的结果。

总体而言，同九州汽车制造业的产值相比，其汽车零部件贸易额尚很小，2002 年仅占汽车制造业总产值（约1万亿日元）的5%左右。而且，进出口贸易均以美国为中心——2002 年美国占出口总额的62.3%和进口总额的48.1%，韩国和中国在九州的汽车零部件出口中所占比重均低于10%——韩国8.6%、中国4.8%，在进口中分别占27.9%和0.9%。

展望未来，九州同韩国和中国汽车工业间的产业联系有广阔的发展前景。得出这一结论的主要依据有以下几点：首先，日本国内的汽车市场持续低迷与中国汽车市场的飞速扩张呈鲜明的对比，中国对包括九州在内的日本、韩国企业产生强烈吸引，从而引发进一步的对华直接投资；其次，随着中国汽车产业规模扩大和技术水平的提高，日本的汽车厂商基于全球最佳筹供战略的零部件进口会大幅度增加，围绕汽车零部件的水平分工不断深化；最后，九州的汽车零部件产业在较长一段时期仍将保持竞争优势，特别是在微细加工和精密加工等基础技术领域，并以此为基础利用直接投资和出口方式继续拓展中国和韩国的市场（表18-8）。

表 18-8　九州积累的汽车部件制造加工技术

工程	基础技术	利用基础技术的加工
车体工程	剪断，冲压，电焊，喷涂，塑性加工	钢板的剪断，冲压成形 冲压成形品的塑性加工、电焊、喷涂 模具、树脂模的制造
发动机工程	铸造，消除加工	发动机预制件的铸造，精密加工 切削，钻空，电子装置件的安装
变速箱工程	锻造，消除加工，处理加工，表面电镀	模具、树脂模的制造，钢材的锻造成形 锻造成形品的切削、研磨、电镀、热处理
控制系统	电子，系统	电子仪表，电子控制设备
组装工程	装配	车体，发动机，变速箱

资料来源：汽车业界。

二、韩国西海岸地区发展和启示

（一）韩国西海岸是韩国国土新的成长轴

韩国西海岸是其国土新的成长轴，同时也是韩国的制造业基地，制造业产值占全国的58.99%，沿西海岸排列着始华、牙山、群山、群长、大佛等五个产业基地，以及大田、全州、光州等三个高新技术产业基地。从传统产业来看，西海岸在韩国具有重要地位的产业有：服装、石油化工、钢铁、机械和汽车等。其中，首都圈在成衣和机械类等专业化分工较高的产业中地位突出，西海岸南部则在钢铁、石油化工等资源和资本密集型产业中占有重要地位。从新兴的知识密集型产业来看，西海岸的地位更突出，特别是半导体、生物和环境产业分别占全国的73%、64%和49%，其他高新技术产业占30%~40%。

（二）西海岸制造业结构演变

韩国经过40年的工业化进程，制造业取得了长足的发展。制造业结构在相继经历了劳动密集型轻纺工业→资源、资本密集型重化学工业→资本、技术密集型组装机械工业的发展阶段后，已进入技术、知识密集型工业大力发展时期。如今，韩国在钢铁、汽车、造船、家电和半导体等部门已确立了较高的国际竞争力。

按韩国的标准产业分类及其附加价值标准分析，目前韩国的制造业以电子部件及通信设备、汽车、石油化工和其他机械与装备工业为中心，食品饮料业也占较大比重，而这些行业同时也都是劳动生产率高的部门。从各行业近些年的增长情况来看，有两个行业的增长格外引人注目，即计算机和办公设备制造业，在 1995 ~ 1999 年增长了 265.5%；其次为电子部件及通信设备制造业，同期增长了 116.8%。然而由于计算机及办公设备制造业的规模尚小，因此尽管创下了最高增长速度，其在全部制造业中所占比重只有 1.8 个百分点。衰退较严重的产业也有两个，一是成衣、毛皮业，二是鞋袜、皮革业，两者均为劳动生产率最低的劳动密集型行业，反映了韩国的制造业结构的高度化进程。

西海岸地区的制造业结构可以从以下两方面来分析：

第一，从圈域角度看，三个圈域（其中忠清圈包括了不属于西海岸地区的忠清北道部分）共同的特点是，食品饮料业、化合物与化学制品及汽车均进入五大行业之列，这一点与全国制造业结构类似（表 18-9）。电子部件与影像、音响与通信设备在首都圈和与之邻近的忠清圈制造业中均占 1/5 比重而成为各自圈域内最大的行业，其重要度也大大超过该行业在全国的平均地位，这说明这两大圈域在韩国制造业结构的 IT 化进程中走在前面。

表 18-9　西海岸三大圈域的制造业结构（1999 年，按附加值计）

圈　域	前五大行业	比重/%
首都圈	电子部件与影像、音响、通信装备	22.55
	其他机械与装备	7.61
	化合物，化学制品	7.2
	食品饮料	7.20
	汽车	7.15
	小 计	51.83
忠清圈	电子部件与影像、音响、通信装备	20.00
	食品饮料	13.88
	化合物，化学制品	13.39
	其他电气机械及电气变换装置	9.61
	汽车	7.00
	小计	63.88
湖南圈（69.53%）	化合物，化学制品	22.90
	金属冶炼与轧制	16.54
	食品饮料	12.81
	汽车	10.81
	非金属矿物制品	6.47
	小计	69.53

资料来源：据韩国《矿工业调查报告书》有关资料整理。

第二，各道市主导产业在区内和全国的地位。从表 18-10 中可以看出以下特点：①对主导产业的依赖程度最高的是全南（两大部门合占全道制造业总产值的近 60%），其次为光州、全北和首尔，其余道市的主导产业并不突出；②主导产业在全国地位最高的是首尔，其次为京畿道。尤其首尔，其第一主导产业和第二主导产业在全国的地位均在 70% 左右，反映了作为首都和全国最大消费中心对此类产业（属于城市区位型）的巨大吸引力。

表 18-10　西海岸地区各市、道主导产业的增长、衰退状况（按产值计算）　　单位：%

首尔	第一主导产业：出版，印刷		第二主导产业：服装、毛皮	
	区域内比重	全国比重	区域内比重	全国比重
1988 年	9.2	76.2	17.0	55.8
1999 年	20.5	71.9	18.1	67.7
仁川	第一主导产业：汽车		第二主导产业：其他机械	
	区域内比重	全国比重	区域内比重	全国比重
1988 年	24.3	14.6	24.3	12.8
1999 年	13.8	9.2	13.3	12.4
京畿道	第一主导产业：影像、音响、通信设备		第二主导产业：办公机械、计算机	
	区域内比重	全国比重	区域内比重	全国比重
1988 年	42.8	47.7	2.6	18.6
1999 年	21.8	40.6	10.6	66.0
大田	第一主导产业：橡胶、塑料		第二主导产业：其他机械	
	区域内比重	全国比重	区域内比重	全国比重
1988 年	9.6	4.7	3.4	0.9
1999 年	17.4	5.6	11.4	2.1
忠清南道	第一主导产业：化学		第二主导产业：汽车	
	区域内比重	全国比重	区域内比重	全国比重
1988 年	12.5	2.4	0.5	0.1
1999 年	16.8	11.1	12.7	8.5
光州	第一主导产业：其他机械		第二主导产业：汽车	
	区域内比重	全国比重	区域内比重	全国比重
1988 年	17.0	4.0	22.3	5.3
1999 年	25.1	6.0	17.6	3.0
全罗南道	第一主导产业：化学		第二主导产业：炼油	
	区域内比重	全国比重	区域内比重	全国比重
1988 年	33.6	17.7	33.1	35.3
1999 年	32.2	19.3	26.7	24.2
全罗北道	第一主导产业：汽车		第二主导产业：食品、饮料	
	区域内比重	全国比重	区域内比重	全国比重
1988 年	0.0	0.0	19.0	4.7
1999 年	22.8	7.3	19.3	7.8

注：区域内比重指的是，将该区域制造业产值设为 100 时主导产业部门所占的比重。而占全国比重则指，将该部门全国产业设为 100 时，该区域同部门在全国所占比重。

资料来源：统计厅各年度《矿工业调查报告书》。

第三，从主导产业的成长、衰退状况来看，除仁川明显衰退外（仁川由于大宇汽车公司的原因，区域产业整体遭受巨大打击），其余道市的主导产业在域内和全国的地位基本上呈现上升趋势。此外，在西海岸的四市、四道中，京畿道和全罗南道的产业富有活力，这是因为其主导产业属于在过去的 20 世纪 90 年代发展最为迅速的产业（表 18-11）。

表 18-11　制造业各部门的平均增长率（1993～1999 年）　　单位：%

行业	产值增长率	行业	产值增长率
计算机，办公用设备	27.1	组装金属制品	6.9
其他运输机械	16.7	出版，印刷	5.8
焦炭，炼油	15.3	汽车	5.7
影像、音响与通信设备	12.7	其他机械装备	5.2
化合物，化学制品	12.2	纤维制品	3.2
金属冶炼与轧制	10.4	非金属矿物制品	2.4
纸浆，纸制品	9.3	烟草	1.1
其他电气机械	8.9	家具，木制品	-1.0
食品，饮料	8.4	成衣，毛皮制品	-1.2
橡胶，塑料	8.1	皮革，皮包，鞋袜	-1.4
医疗设备，精密仪器，光学仪器	7.4	全部制造业	8.8

资料来源：据统计厅各年度《矿工业调查报告书》有关资料整理。

（三）西海岸产业集群培育

最新的区域经济发展理论表明，产业集群既是经济全球化时代一国、一地区在激烈的国际、国内竞争中得以获取竞争优势的保障，也是竞争的基本单位。为更进一步把握韩国西海岸地区产业特色，本书引用韩国国土开发研究院的有关研究成果，分析西海岸地区产业集群发育状况。

该项研究把产业分为以下两大类 18 个行业：一类是现有主导产业，包括纺织、成衣、鞋袜、炼油、石油化工、钢铁、机械、家电、汽车与造船工业等 9 大部门；另一类是成长性的知识密集型产业，包括电子与信息设备、半导体、机电、精密化学、生物、精密机械、新材料、环境以及宇宙航空等 9 大产业。作为区域单位选择全国 232 个二级行政区——市、郡、区。集聚区的评价标准有以下三项：第一为专业化程度标准，1999 年产值和从业人员在全国同行业中所占比重超过 1%，机构数量必须超过 5 个；第二为生产率标准，以从业人员人均附加值超过全国平均为标准；第三为集聚区的成长性标准，1995～1999 年增长率要超过全国平均。根据上述标准，把全国的产业集聚区划分为代表性集聚区、成长性集聚区和一般集聚区三大类型。具体含义和评价标准如表 18-12 所示。

表 18-12　现有制造业及知识密集型制造业产业集聚区类型

项目	含义	评价标准	评价方法
代表性集聚区	在所在产业中具有全国意义，产业集聚度高，与其他地区相比具有显著的竞争力	空间上包含可评价为同一集聚区的相互邻近的市、郡和区，其产值或从业人员在全国同行业中所占比重超过 10% 从业人员人均附加值超过全国平均值 最少有 5 个以上机构	同时满足三项评价标准的区域
成长型集聚区	集聚程度虽不高，但在迅速成长，有进一步发展的前景	满足集聚形成最低条件（从业人员或产值在全国同行业中所占比重均超过 1%） 1995～1999 年产值增长率超过全国平均水平	同时满足两项评价标准的区域 在代表性集聚区中不能满足机构标准的区域
一般性集聚区	—	满足集聚区最低条件，但生产率和成长性不高的所有集聚区	—

韩国代表性集聚区①基本上集中于现有最大国土轴，即连接首都圈和岭南圈的京釜轴线上。从区域角度看，产业主要集中分布于以首尔为中心的首都圈、地方广域市以及有大企业区位的城市。

从西海岸的情况来看（表18-13和表18-14），在现有九大主导产业中西海岸的地位较突出的行业有成衣、石油化工、钢铁、机械和汽车。其中，首都圈在成衣和机械类等专业化分工要求较高的产业中，西海岸南部则在钢铁、石油化工等资源、资本密集型产业中分别占重要地位。与现有主导产业相比较，西海岸地区在新兴的知识密集型产业集聚中的地位似乎更加突出，西海岸地区的代表性集聚区和成长性集聚区在半导体、生物和环境产业中分别占全国的73%、64%和49%，除宇宙航空产业外，在其他部门中的比重为30%～40%。但在新兴的知识密集型产业的集聚中，首都圈之外的西海岸地区除邻近首都圈的忠南榜上有名外，其余地区微不足道。这在某种程度上说明，西海岸南部地区在新产业的诞生、发展方面基础薄弱，未来产业发展前景并不乐观。

表18-13　现有主导产业的空间集聚状况

产业	代表性集聚区		成长性集聚区	
部门	西海岸地区	其他地区	西海岸地区	其他地区
纤维	—	大邱市西区、北区、达西区、达成郡 庆北龟尾、永川、庆山、七谷	首尔市城东区 京畿龙仁 忠南天安	釜山市海云台区 蔚山市南区
成衣	首尔市中区等	釜山市金正区	首尔市道峰区 仁川市富平区	—
鞋袜	—	釜山市釜山镇区、沙上区、金正区、沙上区 庆南金海市	首尔市城东区 大田市大德区 京畿城南市	—
石化	全南丽水市	蔚山市南区、蔚州郡	忠南瑞山	庆北龟尾
钢铁	全北光阳市	庆北浦项市南区	忠南唐津郡	釜山市沙上区 蔚山市南区、蔚州郡 庆南阳山
机械	仁川市南东区 京畿安山、始兴、群浦	庆南昌原市	仁川市南区、南东区等 京畿富川、安山、华城 忠南天安、牙山	庆南阳山市
家电	光州市光山区	庆北龟尾市 庆南昌原市、马山市	仁川市南区、南东区等 京畿富川、安山、华城 忠南天安市、牙山市	庆南阳山市
汽车	仁川市南东区、富平区 京畿光明、平泽、安山、始兴、华城	蔚山市北区、蔚州郡	忠南天安、牙山 全北群山、完州	大邱市达西区、达城郡 庆南昌原市
造船	—	蔚山市东区 庆南巨济市	全南灵岩郡	釜山市影岛区 庆南镇海市

注：“—”表示该产业尚未在该区域内形成集聚。

① 产业向代表性集聚区的集中程度因行业而异，从现有九大主导产业部门来看，空间集聚度最高的是造船，两个代表性集聚区集中了全国造船工业产值的约80%，集聚度相对较低的是纤维和机械，这两个行业的代表性集聚区在全国同行业总产值中所占比重均在1/3左右，其余行业都为50%～70%。

表 18-14　新兴知识密集产业的空间集聚情况

产业部门	代表性集聚区		成长性集聚区	
	西海岸地区	其他地区	西海岸地区	其他地区
电子信息设备	京畿水原市（八达区）、平泽、安山	庆北龟尾市	首尔市金川区 忠南天安市	蔚山市蔚州郡 庆南马山市
半导体	京畿龙仁、利川 忠北清州市弘德区	—	仁川市溪阳区 忠南天安、牙山等	—
机电	仁川市南区、南东区等 京畿水原、安养、安山、始兴、华城、利川等	庆南昌原市	首尔市金川区 忠南天安市	庆北庆州市 庆北龟尾市 庆南马山市
精密化工	大田市大德区 京畿安养、安山、始兴、郡浦、龙仁 忠南天安市	蔚山市南区、东区、蔚州郡	仁川市南区、南东区、西区 京畿阳州、华城	大邱市达西区 忠北清州、忠州、镇川、阴城
生物	京畿安养、安山、始兴、郡浦、龙仁、华城 忠南天安、牙山	—	—	忠北镇川、阴城
精密机械	京畿安山、平泽、乌山、华城、城南、富川	庆南昌原、马山	首尔市城东区、金川区 仁川市南东区、富平区 大田市大德区 忠南天安、牙山	江原洪川郡 忠北清原、镇川 庆北龟尾市
新材料	仁川市西区、南东区	釜山市沙上区、南区 庆北浦项市	光州市光山区 京畿安山、始兴、华城 全南顺天、光阳	大邱市达西区 庆南昌原、镇海、阳山
环境	仁川市南东区、西区 京畿道安山、始兴、华城、龙仁、金浦、安城、阳水	—	全罗北道群山、益山等	釜山市沙下区、沙上区 庆北浦项市南区 庆南昌原、镇海、阳山
宇宙航空	—	釜山市江西区 庆南昌原、泗川	忠清南道瑞山、天安	

注：“—”表示该产业尚未在该区域内形成集聚。

（四）对山东半岛制造业发展的启示

韩国对华投资是以韩国的资本、技术、商品市场与中国的劳动力、资源和市场相结合的形式出现的。韩国对华投资的主体是大型企业，是韩国对华直接投资的主要承担者，但投资规模以中小项目为主。

与韩国的产业结构相一致，韩国对外投资的重点是制造业，产业集中于小吨位造船、汽车零配件、钢铁、化工、电子通信等领域，韩资企业已在这些领域形成了比较完备的产业链。韩国在华企业的5个最大投资行业分别是电子及通信设备、金属制品、服装、纺织品、电气机械。其中，电子通信设备、金属制品、服装、纺织品在韩国本国企业投资中的比重都高于日资企业及全部外资企业的同类比重。总体上看，韩国企业在华投资主要集中在机械、金属制品、纺织品服装三个领域，饮料制造、木材家具、医药制造业等是韩国企业投资较少的行业。

韩国企业将制造业转移到中国，首要考虑的并非是中国的市场，而是想利用中国劳动力成本低的优势，韩国企业在中国生产的产品80%都是出口到中国以外的市场。到20世纪90年代末，韩国对华投资已从初期的侧重于劳动密集型的中小型出口加工项目，逐步转向资本密集型和技术密集型项目。韩国2002年对外投资额的48.6%集中在制造业，其次为批发零售业（33%）和服务业（9.3%）。

在投资区位选择上，韩国西海岸将中国视为主要投资地区；在投资产业上，电子、化工产业维持竞争优势，且优势持续增加；在投资策略上，韩国大财团如三星企业，不仅将中国视为生产加工基地，而且将最先进、新开发技术，同步移往中国，并以高附加价值产品为切入中国市场的攻击型投资策略。

韩国企业集团对中国投资采取经营正常化、规模大型化、技术与人才本土化的策略，同时积极在中国设立研发中心等。另外在产业结构配套方面，在中国的韩国商会已经达到30家，这些为韩资企业服务的商会大都以会员形式存在。目前最大的青岛韩国投资协议会拥有近530多家会员单位。在山东，连比较偏远的德州地区也成立了韩国商会。

从韩国西海岸的未来发展趋势来看，中国将成为韩国企业投资的首选国。韩国企业的投资规模优势主要集中在服装纺织品等劳动密集型行业和金属制品等传统产业，IT相关领域投资主要适应占领中国国内市场的需要。所以，韩国企业对华制造业投资具有趋同化趋势，但是目前仍然具有一定的分工和互补特征。韩国业界人士说，韩国大企业目前正把中国作为“第二个产业前沿基地”。

《韩国企业的东亚投资动向报告》显示，65%的企业表示将扩大对中国的投资，58%的企业称在企业投资转移时首先考虑向中国转移，韩国企业对中国的投资热潮还在持续。由此可见，随着韩国产业的转移升级，将给山东半岛产业发展带来机遇，与此同时，该机遇已经发生了作用，韩资成为山东半岛最为重要的外商直接投资（FDI）。

综上所述，从区位条件、交通运输条件、产业基础、园区发展和对外贸易等视角对胶东半岛进行深入的剖析可知，以青烟威为核心的胶东半岛是山东半岛制造业基地的领头雁，同时也是承接日本、韩国及欧美产业转移的主要载体。因此日韩产业转移对山东半岛产业发展具有以下三个重要的影响：

一是，环黄渤海经济圈已经发展成为半导体、汽车和钢铁等的世界生产基地，山东半岛要充分利用“天时、地利、人和”的优势，加强环黄渤海经济圈间的合作，这将有利于山东半岛承接日韩产业的转移。

二是，日本北九州地区是日本重要的制造业基地之一，自1990年以来，加工组装型产业不断向外转移，但半导体和汽车产业的优势仍然很明显。因此，山东半岛要在半导体和汽车等行业密切与日本北九州地区的合作，这将有利于半岛制造业基地的建设。

三是，韩国西海岸地区自20世纪80年代末起，已成为韩国国土开发的重点对象，在第三次国土综合开发计划期间（1992～2001年），建设了许多产业园区，在2000年制定的第四次国土综合开发计划中，西海岸地区开发仍然备受关注。由此可见，韩国西海岸将会成为韩国国土轴中最有前景、最富成长性和现实性的经济发展轴，因此，山东半岛加强与其合作无疑具有很大的发展空间。

第三节　山东半岛制造业发展目标与定位

经济全球化、跨国公司活动的流动、日韩产业的转移给山东半岛发展带来了巨大机遇和发展空间。而作为山东半岛上层的经济大区，中国环渤黄海地区被称做中国经济发展的“第三极”或者是“第三台发动机”，但是由于种种原因，并没有形成一个经济增长中心，中国北方缺乏一个像珠江三角洲、长江三角洲一样的跨越发展的产业增长区。山东半岛的发展则有可能填补这一发展空间的空白。

一、山东半岛制造业发展的基本理念

（一）积极承接日韩产业转移，做大做强半岛制造业

培育山东半岛优势制造业，壮大优势产品，创造良好的投资环境，积极开展招商引资，主动承接

日韩产业转移。

（二）建立“产业链－产业群－产业基地”的发展思路

依靠山东半岛制造业优势，对制造业产业链上中下游产品实施“扁平化”发展，即跨越日韩产业的垂直分工，梯度发展和跨越式发展相结合，劳动密集型、技术密集型和资本密集型产业协调发展，建立“产业链－产业群－产业基地”的发展思路。

（三）树立全面完整的空间发展观，整合半岛优势

山东半岛建设半岛制造业基地，要考虑周边的辐射区域。也就是说，把半岛制造业基地置于更大的区域背景下，探讨城市间的产业分工与合作，在发展战略层面上，必须考虑跨行政区域的产业布局和协调发展，以及资源共享等问题。

（四）以生产、制造催生日韩“产业协作区”

以外向型经济发展为基础，积极参与国际分工与合作，以制造业基地催生日韩“产业协作区”，积极在中国率先构建面向日韩的自由贸易区。

（五）以制造业基地整合半岛的相关优势产业

以制造业基地发展带动港口产业发展，促进交通等基础产业的发展，推进生产性服务业特别是现代物流业和金融业的发展；以制造业基地促进半岛优势产业的整合，如交通运输设备制造业、电子信息和家电产业、纺织服装产业、化工医药和食品饮料产业等，以产业带动人流、资金流、信息流和信用体系的建设，最终促进山东半岛优势产业和产业发展环境的提升。

（六）以制造业发展推动区域、企业、政府、产业、市场联动发展

以制造业为发展主线贯穿山东半岛整个区域发展，以政府和市场为主导，推进人口、资金、物资、技术、信息的加速集聚和交流，通过规划和总体统筹，建立区域协调发展机制，把山东半岛作为一个整体来发展，构建基础设施共享、技术知识溢出、产业互补配套的协作平台，促进企业创新和发展，带动区域联动发展。

二、山东半岛产业发展总体目标定位

山东半岛要想成为中国北方的制造业基地，必须在更广阔的视野范围内，以胶东半岛为核心，充分发挥潍坊、东营、济南、日照、淄博等城市较为完好的基础设施和产业配套能力，积极承接日韩和欧美产业转移，形成以半岛城市群整体为基础的区域合作和产业协调机制，以半岛制造业基地的综合优势参与国内和国际竞争，打造我国具有重要影响力的制造业基地。

山东半岛产业总体发展定位是：以制造业为基石，以半岛都市群为依托，通过参与日韩产业协作，构建面向日韩的中国北方具有国际竞争力的现代制造业基地。这个目标定位既是山东半岛产业总体发展定位与目标，也是山东省经济在今后20年实现区域社会经济创新发展的重大战略抉择之一。

这一思路也是符合山东省构建山东沿海和胶济铁路沿线的济南、青岛、烟台等八个城市与日韩“产业协作区”，承接日韩产业转移，建设国内外有影响的加工制造业基地的发展思路。

建设面向日韩的中国北方具有国际竞争力的现代制造业基地，是在青岛、烟台、威海、潍坊、日照、东营、淄博、济南八个城市构成的“山东半岛城市群”范围内考虑产业的合理分工尤其是产业价值链分工，确定半岛都市群内各主要核心城市的地位与职能分工，通过半岛都市群主要城市的网状高速通道以及信息网络等基础设施的建设，促使半岛都市群从目前的多核分散型结构向双核紧密型结构转变，带动全省社会经济的全面协调发展，使山东半岛成为中国具有巨大增长力的经济区域，成为继

长江三角洲、珠江三角洲之后一个崭新的经济增长极，一个高度发达、充满活力的中国北方制造业基地。

三、山东半岛产业发展方向

根据日韩产业转移特点、山东省“十一五规划”以及山东半岛各个城市发展特点，山东半岛现代制造业基地重点发展以装备制造业基地为核心的“五大产业链、八大产业集群、五种国际产业价值链分工模式”。

装备制造业基地：重点发展汽车、船舶和机械工业。依靠日韩产业转移，以及自身发展基础和国内高速发展的汽车市场，发展重型车、摩托车、轿车和零部件；利用临港工业，发展船舶工业；利用原有发达的机械工业基础，包括济南机床厂、济南重型汽车集团、潍坊柴油机厂、烟台经济型轿车厂等一大批国家级、省级大中型企业，重点进行技术改造和引进重大工程项目，提高设计和制造水平，推进机电一体化，成为中国北方重要的装备机械工业基地。

五大产业链：是指电子信息和家电产业链、交通运输机械产业链、化工和医药产业链、食品产业链、服装和纺织产业链。

八大产业集群：是指青岛家电产业集群、烟台汽车制造业集群、济南软件产业集群、淄博医药产业集群、青岛纺织产业集群、威海轮胎制造业集群、烟台食品产业集群、潍坊光电子产业集群。

五种融入国际产业价值链分工的模式：一是国际企业本地化供应链建设与本地品牌相结合的模式；二是跨国公司的本地化品牌制造模式；三是本土品牌的国际化模式；四是研发、制造、营销、服务网络全球化模式；五是本土企业的国际代工模式（OEM）等。

四、山东半岛各城市发展方向

中国北方具有国际竞争力的现代制造业基地建设离不开半岛城市群的建设发展。同样，城市群的发展也离不开制造业的支撑。根据八大城市要素禀赋和产业优势，以制造业发展为切入口，把山东半岛建设成为中国北方联系最为紧密、发展最具活力的城市群和现代制造业基地。

（一）青岛市发展方向——中国北方现代制造业基地和半岛城市群的龙头，半岛制造业基地中心，具有强大竞争力的国际大城市

港口是青岛制造业发展的基本动力，是制造业改造升级的基础，应大力建设东北亚国际性港口。以港口和海洋为发展点，构建电子家电、石油化工、汽车机车船舶集装箱制造、新材料四大工业基地，发展高新技术，使高新科技产业成为青岛的增长点。加强企业研发中心建设，发展生产性服务业，重点发展物流业和金融业，建立国际性物流中心和区域性金融中心。实施“走出去”战略，扶植一批企业开拓海外市场。把青岛建成内外贸易、现代仓储、先进工业、高新技术、金融和信息产业等多功能的国际性大都市。

（二）济南市发展方向——中国北方现代制造业基地，现代化中心城市，省会城市群经济圈的中心

济南市工业应发展五大主导产业群，即电子及通信设备制造业（尤指电子信息产业）、生物医药制造业（尤指生物技术产业）、普通机械制造业（尤指机电一体化产业）、交通运输设备制造业、电气机械及器材制造业。从目前来看，对济南工业起主导支柱产业作用和即将起主导作用的新兴产业已经确立。一是以电子计算机、社会化网络信息设备、自动化控制设备、软件产品为主要内容的电子信息产业；二是以摩托车、重型汽车、改装汽车为主要产品的交通设备制造业；三是以洗衣机、电视机为主要产品的家用机器制造业；四是以数控机床、循环流化床锅炉、电子衡器、试验机等基础机械和基础器件为主要产品的机械工业；五是以白细胞介素-2、人工红细胞生长素、人体表皮生长因子、基因

重组链激酶素、干扰素与禽用生物疫苗为主要产品的生物医药工程产业。

（三）烟台市发展方向——国际化工业港口城市，现代制造业中心，半岛制造业基地核心之一

以园区为平台，以上海通用东岳汽车、高精度新型铝合金项目、大宇数控机床等重大项目为契机，建设东起养马岛西至三山岛200千米的滨海产业隆起带。加大对张裕、万华、南山、丛林等骨干企业和上海通用东岳汽车、浪潮LG、泰信电子等新兴企业的引导扶持力度。以传统产业高新化和高新技术产业化为重点，加快机械制造、纺织服装、食品加工、黄金四大传统行业改造，促进电子信息、新型材料、生物制药等新兴行业发展。加快商贸物流和金融业、第三方物流等第三产业的发展。

（四）威海市发展方向——国际化生态型港口城市，半岛制造业基地核心之一

以园区工业和技改投资为重点，发展食品加工业、普通机械制造业、橡胶制造业、黑色金属冶炼业、电器机械等传统产业，加大高新技术发展力度，通过技改提升电子、通信、医药制造、船舶制造等的水平。把高新技术产业培育为威海未来的支柱产业核心，将机械及汽车零部件、微电子和软件、海洋生物、医药、新材料等行业发展成为威海的优势产业。

（五）东营市发展方向——区域性制造业中心、国家级石油开采基地、黄河三角洲的区域性中心城市

巩固和发展石油采掘业，大力发展以食品、纺织、造纸、皮革等轻型制造业为主的主导产业，有步骤、有重点地发展化学原料与制品、医药、精细化工、电气机械和专用设备制造业。以东营港为中心，发展港口经济，建设东营服务型经济。

（六）日照市发展方向——现代化港口城市，新亚欧大陆桥东方桥头堡和临港制造业基地

依托日照、岚山两个天然良港，发展资源型临港工业，大力培植以冶金、粮油加工、液体化工、木制品加工为主的临港工业，以森博浆纸、黄海粮油等大项目为发展基础，改造机械、食品、建材、纺织服装等传统产业，并加快培育高新技术产业。积极发展转口贸易和港口服务业，成为现代化港口城市建设的重要增长点。积极培育中小企业和民营企业。

（七）潍坊市发展方向——现代化工业城市、半岛制造业基地之一

壮大机械装备、纺织服装、海洋化工、造纸包装、食品加工五大骨干行业，加快发展电子信息、生物医药、新型材料、环保节能四大高新技术产业。以海化集团、晨鸣纸业、潍柴动力集团、亚星集团、巨龙化纤集团等大企业为首，积极与跨国企业合作，在半岛制造业基地创出多项领先优势项目或品牌，在国内国际形成较强影响力。

（八）淄博市发展方向——现代化区域性中心城市、国家新材料产业化基地和区域性制造业中心

以园区建设为切入口，抓好高新区、齐鲁化工区、新华医药国际工业园和新材料产业化基地。以新材料为发展突破口，培育新材料、精细化工、医药三大产业成为国内一流、国际上有较强竞争优势的主导产业。积极发展纺织服装加工、建材研发生产和机电装备制造业，使其成为具有区域影响力的制造业。培育一批具有国际品牌、市场竞争力和技术含量的制造业企业，成为带动制造业中心发展的龙头。

第四节　空间发展和引导

未来山东半岛产业发展将依托半岛都市群，明确中心城市的地位与职能，对内构建合理的产业链

分工，对外积极参与日韩产业协作，建成中国北方的现代制造业基地，其空间引导重点分别为以下三个方面：一是“双核先导、两廊带动”，形成半岛城市群整体优势的空间战略；二是构筑城市分工体系，承接日韩产业转移的城市合作战略；三是面向未来的自由贸易区，强化空间联系的开发战略。

一、“双核先导、两廊带动”，形成半岛城市群整体优势的空间战略

以“双核先导、两廊带动”的空间发展战略，连点串线，以线带面，把半岛城市群建成中国北方重要的加工制造业基地和吸纳日韩产业转移的核心地带。

双核先导是指通过济南和青岛两大中心的带动和示范效应，推动半岛城市群的发展，形成参与日韩产业协作区的分工与合作的首脑。双核青岛和济南在积极发展现代制造业的同时，要强化第三产业、高新技术产业在城市经济中的作用。青岛要着力加强港口建设，发展临港产业，依靠“两港”建设区域性国际化中心城市、北方最大的国际航运中心和物流中心。济南要发挥省会城市的中心作用，充分利用交通枢纽中心、科教文化中心、经贸流通中心的综合优势和巨大潜力，支撑和带动中部与东部地区一体化发展。

两廊带动是指通过胶济城市走廊和沿海城市走廊促进半岛城市群的发展，打造半岛城市群的核心制造业轴线，提升半岛城市群的整体产业竞争力，成为参与日韩产业协作区的主体。

胶济城市走廊以济南、淄博、潍坊、青岛四大中心城市为核心，包括不同规模等级的中小城市。该轴廊要充分发挥其历史上已有的工业经济优势，吸引日韩产业，同时要积极调整自身产业结构，建立优势产业，参与日韩产业协作区的竞争。胶济沿线制造业相对集中，产业基础好，比较优势明显，发展后劲足，有条件把制造业特别是战略优势产业做大做强。要以四大中心城市为支撑，以各类工业园区为依托，以大型骨干项目为支撑，积极吸引机械装备、运输设备、石油化工、纺织服装、食品加工等项目进园布点，使之成为山东半岛的核心加工制造业产业带。

沿海城市走廊包括日照、青岛、威海、烟台、东营等城市。该地带是山东省的另一条重要核心轴线，是半岛城市群面向日韩产业协作区的最前沿地带。沿海城市走廊经济发展水平，已经形成了青烟威产业高度集中区，该走廊要充分发挥现有工业基础、对外开发的经验、海洋资源等优势，以青烟威200千米滨海产业带为核心，带动东营至日照3000多千米海岸线上的20个大中小城市、25个港口，形成以沿海高速公路、铁路、港口相联结的现代化组团式城市带，建成以现代制造业、电子信息业、海洋生物工程为重点的高新技术产业带，以及半岛城市群面向日韩产业协作区的前沿制造业核心地带。

二、构筑城市分工体系，承接日韩产业转移的城市合作战略

半岛城市群以青岛和济南两大城市为顶点，与烟台、潍坊、淄博等大城市和威海、日照、东营等中等城市，以铁路和高速公路相互连接。从产业布局来看，山东省是以胶济沿线、新石沿线、德东沿线等三个铁路沿线为中心，形成产业集聚，在三大轴线中，胶济线成为山东省的核心经济发展轴。

韩国西海岸地区的空间结构是由仁川和首都圈南部地区，沿西海岸排列的始华、牙山、群山、群长、大佛五个产业基地，大田、全州、光州四个尖端产业基地构成的。与联结南北相比，这种产业基地更侧重与腹地城市的首尔、水原、大田、全州、光州等的横向发展。西海岸高速公路的完工将使得沿岸城市间的联结更密切地展开。西海岸开发的主要内容集中于产业基地、公路、港湾等交通基础设施，其龙头仁川的作用极为重大。在仁川建设国际机场，其与京釜高速铁路工程一起，不但对西海岸的发展，而且对全国的发展都是极具影响力的。西海岸的开发战略与山东省沿线的开发战略基本上是相同的概念，但西海岸开发战略较注重于机场、港湾、高速公路等交通基础设施建设。

韩国西海岸地区和山东省的关系，从产业合作的部门来看，此地区将形成电器电子、石油化学、汽车产业的垂直、水平的系列化，并具备统筹的生产体系。进一步发展，韩国和山东间的分工也会直接受到企业内的分工化和系列化的影响。企业内或企业间分工化和系列化的发展意味着山东省和西海岸地区的产业生产网络的构筑。生产网络同基础设施网络、商业网络，成为构成地区网络的重要因素（图18-11）。

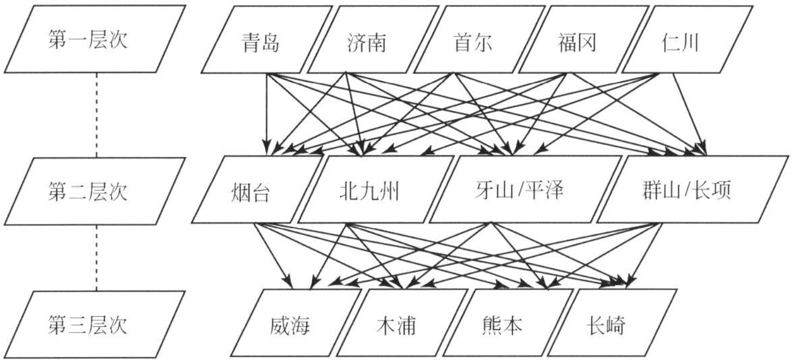

图 18-11　承接日韩产业转移的山东半岛城市合作网络体系

第一层次的城市是青岛、济南、首尔、福冈、仁川。青岛、仁川、福冈是东北亚的物资据点，是环渤黄海经济圈的中枢城市。随首仁川国际机场和仁川港口扩充工程的完工，则可以名实相符地发挥东北亚物资据点城市的作用。今后重点是扩充三大城市的物资流通功能和交易功能、调整产业结构等问题。通过高新技术产业和临港产业的发展，使青岛、福冈、仁川成为东北亚经济合作的中心，推动整个地区经济的发展。

第二层次的城市是烟台、北九州、牙山/平泽、群山/长项。在规模和功能的综合性上，这些城市属于第一层城市的下一层。烟台在功能方面，主要表现为制造业和港口的专门化，主要产业是机械、汽车、纺织、电子等，今后将会具备更多样的产业基地。牙山和平泽、群山和长项主要担当生产基地的作用，牙山和平泽位于韩国首都圈南部，是韩国电子、汽车、化学等产业的生产基地，群山和长项以汽车和电子产业为主。北九州是日本九州地区的重要城市，在传统产业和高新技术产业等领域具有重要的地位。山东半岛的城市尤其是烟台可以与日本的九州、韩国的牙山和平泽、群山和长项等形成密切的产业分工，相互促进地区经济发展。

第三层次的城市是威海和韩国的木浦，日本的熊本、长崎。威海具有部分制造业生产基地和港口优势，另外其秀丽的自然环境为重要固有资产，谋求向观光和疗养方向转变。木浦是历史悠久的港口城市，但因其腹地势力不足，而只限于一般商业港和渔港。若今后临近的大佛工业园地和全南地区的经济得到快速发展，木浦的地位将会不断提高。从长远来看，木浦市有潜力成为山东半岛的贸易基地。日本的熊本、长崎等在电子、船舶、机械等产业也具有一定竞争力，从发展的眼光来看，这两个城市与山东半岛城市群的合作前景广阔。

三、面向未来的自由贸易区，强化空间联系的开发战略

构建促进内外交流的交通和通信网络体系，加快建设半岛城市群之间的快速交通通道，以及与日韩主要城市之间的交通网络设施，构建半岛城市群内外联系的网络型交通体系，是确保半岛制造业基地发展的基础。近期重点是建设“两点、两线”，即通过济南和青岛国际机场的改扩建，形成面向日韩为主体的对外联系的中心，实现济南到青岛“一线”快速城际轨道化和沿海“一线”高速公路化。通过半岛都市群网状快速通道的建设，促使半岛都市群从目前的多核分散型结构向双核紧密型结构转变，带动全省社会经济的全面协调发展，使半岛制造业基地成为中国具有巨大增长力的经济区域。

山东、日韩的新的国际分工，具体地说是构筑产业网络。实际上，韩国大企业主要的地区投资是以电器电子、汽车、化学为中心展开的，而且生产体系上的网络化正在进行。

首先，在青岛、仁川等主要城市间，可以形成战略上的合作关系。这种港口城市的合作机构，从互相学习和共有新的城市管理政策，到社会基础设施事业的合作、共同城市销售、追求国际社会和东北亚地区内的共同利益等，可以达成多种合作活动。从韩中两国所处的经济状况来看，尤其是社会基础设施的合作，正符合两国的共同利益。

为强化城市间的空间联系，在构筑交通通信等基础设施上，民间和政府之间的合作极为必要。尤其是韩国大企业对山东和环渤海地区内物资流通的基础设施建设的关心和投资，是十分必要的。扩充和新建机场、港口设施是必需的，应该通过经济圈内地方政府间的合作，摸索回避重复投资的方式。尤其是对联系渤海沿海主要城市的高速公路、主要港口和内地城市的高速公路的扩充建设，对地区经济的发展有不容忽视的作用。

应该扩大目前仁川－威海以海运线客运为主的运送方式，为产业区的形成创造更好的交通运输环境。

群山－烟台的海上联系，应充分活用两城市生产基地的作用，在汽车、机械等主要产业上，向强化分工体系的方向发展。

日韩产业协作区的弱点之一是没有强大的金融中心城市。强化日韩产业协作区内的产业、城市开发、社会基础设施的建设，金融功能必须先行。我们认为，仁川、青岛、福冈等城市在互相协议后，以共同出资形式来设立“中日韩产业协作区开发银行”是一个可以讨论的方案。

产业网络的构筑，应该强化城市间功能和空间的联系。尤其是为了构筑产业网络，需要三国间生产基地和设施的共享，并且制定互惠的措施。建议在青岛、烟台成立中日韩产业开发区，针对韩国、日本企业需求等采取相应的政策和设施，形成日韩产业集聚区。

第五节　产业发展方向

山东半岛应培育和提升产业集群，增强半岛制造业融入国际产业链的分工机制，推动城市间的产业联系，增强城市群的整体竞争力，成为承接日韩产业转移的现代化制造业基地和推动山东发展的核心产业带。其产业发展重点为：一是打造特色产业集群和产业链，夯实制造业基础；二是建立半岛制造业的国际产业价值链分工与合作；三是立足“两个核心区”的国际化战略。

一、打造特色产业集群和产业链

按照“产业链－产业群－产业基地”的产业发展理念，以产业链和产业群的发展促进产业基地的形成。未来山东半岛制造业基地的发展，将突出特色产业集群和产业链的打造，以此夯实制造业基础。山东半岛产业重点扶持发展“八大产业集群和五大产业链”，在空间布局上，以园区引领产业集聚，构建产业园区优势，吸纳日韩产业。

国内产业链发展的焦点主要是围绕拉长和延伸产业链，推进产业链的发展。山东半岛的大企业发展在全国居于重要的地位，围绕大企业积极发展具有地方特色的产业集群具有重要的意义。因此，目前重点是培育和发展家用电器、电子信息、机械制造、食品、建材、服装等产业集群，形成强有力的生产与配套能力，在培植民族企业的同时，积极吸纳日韩企业的投资，夯实制造业基础。

（一）八大产业集群的发展重点

山东半岛产业基础较好，通过打造特色的产业集群，进一步增强半岛制造业基地的增长能力，强化半岛制造业基地的整体优势。通过产业园区和企业的集聚发展，推进创新环境的建设，扩大产业和企业合作空间，重点吸引日韩中小企业，吸引大项目和大企业，以产业集群发展促进日韩产业转移。

青岛家电产业集群：促进大企业的引领，推进家电产业的国际化发展，增强国际知名企业的引入和中小型配套企业的地方化，融入国际产业价值链分工与合作中，以青岛经济技术开发区为基地建设家电产业集群。

烟台汽车制造业集群：依托上海通用东岳汽车，建设以烟台开发区和福山开发区为核心的汽车产业基地，整合汽车零部件产业，协调用地和做好配套服务，培育和提升整车与零部件共同发展的汽车产业集群。

济南软件产业集群：以大企业引领，依托省会城市的区位优势和丰富的高校资源，结合本地强势电子信息企业的关联推动，促进电子信息软件企业的集聚和合作，增强软件企业的对外联系与合作，打造有序发展的软件产业集群，将齐鲁软件园打造成为中国华北最为重要的软件产业基地之一。

淄博医药产业集群：推动新华制药等核心企业发展，建设和完善医药产业链，扶持和发展医药技术研究和开发能力，增强医药产业集群的核心竞争力。

即墨纺织产业集群：该集群是被中国纺织行业协会认定为38个中国纺织服装产业集群之一，形成了纺、织、染、缝相配套的格局，拥有针织内衣、针织外衣、绒布、针织床上用品及绣品、针织童装、亚麻纱等产品生产，未来发展重点是加强政府和行业协会有效的引导能力，积极向上下游产品延伸，升级改造，提升品牌价值，同时加强区域合作，融入半岛纺织服装产业体系。

威海轮胎制造业集群：围绕三角、成山两大国内知名的轮胎企业，吸引其他轮胎企业的集聚，增强技术开发与合作，形成轮胎以及橡胶产品的集聚群。

烟台食品产业集群：充分挖掘和发挥烟台市农业的优势资源潜力，加快农业产业化步伐，以食品深加工发展带动整个农业产业链条，重点发展在全国层面上具有强大竞争力的葡萄酒产业集群和果蔬产业集群。并在此基础上，培育和壮大水产业、粮油加工业、肉禽加工业、乳制品业等四大食品加工产业集群，形成六大食品加工产业集群。

潍坊光电子产业集群：围绕以激光照排而知名的核心企业青鸟华光，正在成为国际化开放性的国际专业电子代工厂和潍坊市最重要的信息产业基地，带动集文化传媒、技术支持、电信运营于一体的高科技IT企业的形成和集聚。

（二）五大产业链的发展重点

电子信息和家电产业链：以济南国家软件基地、青岛国家电子信息产业基地为依托，充分发挥名牌企业和地域优势的聚集效应，以海尔、海信、浪潮、中创、鸿富泰、浪潮LG等企业为龙头，打造电子信息和家电产业链，重点发展高性能计算机及外围设备、网络与通信产品、集成电路和软件、数字家电和汽车电子等系列产品。家电产业重点采用数字、环保、节能新技术改造提升传统产品和配套产品，加快开发数字影视新产品，提高市场占有率。

交通运输机械产业链：重点发展汽车、船舶产业链，加快推进关键技术创新和系统集成，汽车产业链重点建设重型车、轿车、微型乘用车、越野车、改装车、特种车等整车生产中心和与之相配套的零部件生产中心。船舶产业链依托青岛、烟台和威海造修船中心，着力发展现代化总装造船，提高产业集中度。

化工和医药产业链：完善半岛制造业基地的化工和医药产业链条，加大研发投入，以大型化、集约化、精细化为方向，重点发展石油化工、海洋化工、煤化工、精细化工、橡胶和海洋生物药物、基因工程药物、植物药物等。

食品产业链：依托张裕、鲁花、青啤等龙头企业，推动以农副产品加工为主的食品产业链。加强蔬菜、水果、花卉和啤酒、葡萄酒、果汁饮料、食用油、肉禽蛋奶制品等生产基地建设，发展啤酒、海洋食品加工、粮油加工、葡萄酒、果汁饮料、肉类加工、蔬菜加工、酿酒、饲料工业等农产品深加工产业链，发展外向型农业和食品加工产业。重点提升食品加工深度，提高其在全国的地位和日韩市场的占有率。

服装和纺织产业链：加大传统产业的改造，促进服装和纺织产业链产品的品牌化和高端化，突出原料、面料和服装三个环节，以优势产品和企业为依托，努力开发差别化、异型化、功能化纤维，加快印染工艺改造、技术装备更新和新型面料开发，不断提高服装设计和制作水平，加大市场营销力度，打造知名品牌。

（三）依托产业园区和基地，促进产业空间集聚

以中心城市、经济园区、大型企业和重大项目为龙头，发挥各类产业园区、高新技术产业园区等的优势，加强产业集聚引导和园区联动，促进产业集群和产业链的发展。通过集聚型、优化型和培育型等园区发展模式，使园区和产业基地成为产业进一步集聚的核心空间载体。发展重点是：发挥国家级和省级园区综合优势，提高产业集聚度；完善产业链和产业集群，提升园区的产业集聚水平；加强园区建设，形成紧凑型布局格局。

二、形成国际产业价值链分工与合作模式

随着生产技术要求的提高，以及后福特时代（post-fordism period）个性化生产和即时（just-in-time，JIT）生产的普遍要求，产业价值链分工与合作逐渐显示出全球化的趋势。跨国公司纷纷加强在投资东道国建立研究与开发机构，与之相应的是建立或者利用本地化的供应与采购体系，实现采购与营销的全球化。另外，在资本运营、人才培训等方面也出现了全球化的趋向。

对于未来山东半岛制造业的国际产业价值链分工，本文总结出五种融入国际产业价值链分工的模式；一是国际企业本地化供应链建设与本地品牌相结合的模式；二是跨国公司的本地化品牌制造模式；三是本土品牌的国际化模式；四是研发、制造、营销、服务网络全球化模式；五是本土企业的国际代工模式等。下面将结合案例分析未来山东半岛制造业的国际产业价值链分工与合作的发展。

（一）国际本地化供应链建设及其与本地品牌结合模式

以三洋电机的价值链建设以及与海尔的合作为例。

三洋电机在中国投资与发展简历：三洋电机于1979年设立“三洋电机贸易株式会社北京办事处”，1983年在深圳成立“三洋电机（蛇口）有限公司”，成为最早在特区建立独资企业的日本跨国公司。20世纪80年代初期，日本三洋在深圳蛇口投资电机、电子行业；90年代开始北上大连、沈阳，又陆续在苏州、合肥、上海、天津等城市新建生产与销售基地，并继续在珠江三角洲地区（深圳、东莞、佛山、广州）扩大投资；1995年在北京设立具有投资管理职能的三洋电机（中国）有限公司，对在华的关联公司提供财务会计、法律、信息、宣传公关、销售等方面的协助。

三洋电机与海尔的合作方式：三洋电机株式会社和中国海尔集团达成合作协议，在中国青岛市经济技术开发区（黄岛区）海尔国际工业园内建立小型压缩机制造与销售公司，在提高海尔冰箱的市场占有率和扩大三洋集团压缩机生产的同时，也将其作为三洋电机全球化专业化生产和贸易基地。

三洋电机在中国投资的价值链基本类型：①内地制造－国际销售，如在深圳特区独自生产，通过其设在中国香港地区的贸易公司进行全球销售；②内地制造－内地销售，包括后来的大量电机、电子产品制造业，开始面向中国内地市场销售；③在注重全球和全国专业化生产的同时，开始为当地国内品牌企业或者国际品牌的中国分支企业代工；④在投资集中区形成互补式和规模化的地方化三洋制造业集群。

（二）跨国公司的本地化品牌制造模式

以通用汽车家族在烟台的经济型轿车生产为例。

上汽集团、通用汽车中国公司和上海通用汽车有限公司共同出资收购山东烟台车身有限公司，生产通用经济型轿车（赛欧）的案例，从跨国公司全球化战略角度分析，成为美国通用、上海通用、通用大宇等通用家族共同构筑的全球价值链中一个重要结点，成为跨国公司全球本地化（中国烟台）品牌生产（通用的“赛欧”品牌）的一个典型。

（三）本土品牌的国际化制造模式

以济南轻骑集团为例。

中国轻骑集团有限公司（以下简称轻骑集团）是中国最早生产民用摩托车的企业，始建于1956年，现为国有特大型企业集团，是山东省重点扶持的八大企业集团之一，也是摩托车行业首家通过ISO 9001国际质量认证的企业。济南轻骑集团经营领域包括摩托车、汽车及电动车、发动机的开发生产和销售，房地产开发、国际贸易等。

该集团注重技术研究与开发，拥有国家企业技术中心一个，企业博士后工作站1个，是国家级技术创新试点单位之一。同时，注重以本土品牌产品为核心的国际化，轻骑集团主导产品拥有12大系列200余个品种的摩托车和助力、电动自行车，有轻骑/木兰、轻骑铃木、新世纪、金马、先锋、世纪风、恺撒等10多个品牌，其中“轻骑”被国家认定为驰名商标，居国内摩托车行业首位，轻骑产品销往欧亚非美五大洲80多个国家和地区，产销量居世界第一，并初步实现了国际化制造，在巴基斯坦、印度尼西亚和尼日利亚建有分支制造工厂。

（四）研发—制造—营销—服务网络的全球化模式

以海尔为例，海尔在1984～1998年，经历了OBM和多元化阶段。1999年，它实施了新的国际化战略（表18-15）。到2002年海尔已形成了国际化的框架，包括具有竞争力的贸易、设计、生产、分销和售后服务网络，现在共有18个设计机构，10个工业园（美国1个，巴基斯坦1个，青岛5个，合肥1个，大连1个和武汉1个），50家工厂，56个贸易公司，58 800家销售代理商和11 976家售后服务机构。海外业务成为海尔全球战略必不可少的一部分。海尔在美国和一些欧洲国家通过本地化设计、生产和销售，其产品已进入欧洲前15家连锁超市中的12家，美国前10家中的8家。随着全球战略的推进，海尔吸引了许多跨国企业（日本的三洋和美国的爱默生）来青岛建立专门的零配件供应分支机构。

表18-15 海尔国际化扩展的主要阶段

阶 段	战 略	管 理	国内扩张	国际扩张
1984～1991年	品牌化发展（OBM）	从全面质量管理（TQM）到OEC*	本地扩张	引进日本和德国的技术和管理方法
1992～1998年	多元化发展	外部兼并	建立国内工厂和研发中心	对外（东南亚）投资设厂
1999～2002年	国际化	以市场链为导向的业务流程再造	国内扩张与布局；全球价值链建设	全球研发、营销、采购和服务；在美国和欧洲实行本地化

* OEC：overall；every day，everything，every one；clean and control.

与其他企业国际化相比，海尔以研究与开发的国际化为先导和支撑，其制造业的国际化更具有竞争力。对作为发展中国家的正在进行全球扩张的企业来说，海尔实施研发国际化先于其他方面（如获得先进技术并管理方法等），在早期阶段海尔从德国和日本引进先进技术并采用国际质量认证体系（ISO 9000），这为海尔产品出口到美国和欧洲国家打下了基础。从1994年开始国际化的海尔研发网络有力地推动了企业的整体国际化。到20世纪90年代末，信息化的全球研发网络变得非常发达和巨大，包括海尔中央研究院（青岛），5个国际设计中心（洛杉矶、阿姆斯特丹、里昂、蒙特利尔和硅谷），10个国际信息中心（香港、纽约、首尔、悉尼、洛杉矶、阿姆斯特丹、东京、里昂、台北和蒙特利尔），还有许多同国际著名公司（如微软、菲利普、Martz、松下和三菱重工等）结成的技术联盟。在一定程度上，海尔在国际市场上的竞争力主要来源于它巨大的全球研发网络。海尔努力把全球设计、信息中心和其他研发资源进行整合，通过内部网络和因特网达到平行设计；同时，海尔还采用了远程无间断设计模式，并取得了令人满意的效果。

（五）本土品牌企业的国际代工模式

北极星、双星、澳柯玛等案例都是本土品牌企业通过国际代工模式发展壮大的。以澳柯玛集团为例，澳柯玛集团现拥有自己的中国驰名商标“澳柯玛”（AUCMA）品牌，主营冰柜、冰箱、空调、洗衣机、热水器、锂离子电池、自动售货机，拥有全球最大的无氟冰柜生产基地，冰柜产销量全国第一，空调器规模也跻身国内同行十强。产品涉及大部分白色家电和部分黑色家电的200多个系列800多种规格型号。同时，该集团于2002年加强与GE、联合利华、开利、家乐福等世界500强企业的合作，在“全球供应链”与“全球营销链”思路的指导下逐步融入整个国际市场，GE指定澳柯玛股份公司OEM（贴牌生产）冰柜，澳柯玛股份公司获得了GE公司颁发的“质量奖”，签订了80万台的贴牌合同等。

三、立足“两个核心区”的国际化战略

立足“两个核心区”是指山东半岛近期产业合作的重点是日本的九州地区和韩国的西海岸地区，随着区域经济联系程度的加深以及产业分工的密切，合作空间要拓展为以日韩为主体的整个东北亚地区。

山东半岛重点加强与日本九州地区和韩国的西海岸地区的产业合作，不仅在空间接近性上具有优势，而且产业具有很大的互补性。如青岛可以重点与日本福冈和韩国的首尔拓展电子信息领域的合作空间；烟台可以与韩国的仁川、忠清南道，以及日本的福冈加强汽车及其零配件的合作。

（一）产业合作战略

针对山东半岛制造业与日韩的产业互补性进行分析，山东半岛应与日韩重点进行四大产业合作：机电、食品、纺织服装、旅游，发展重点如下（图18-12）。

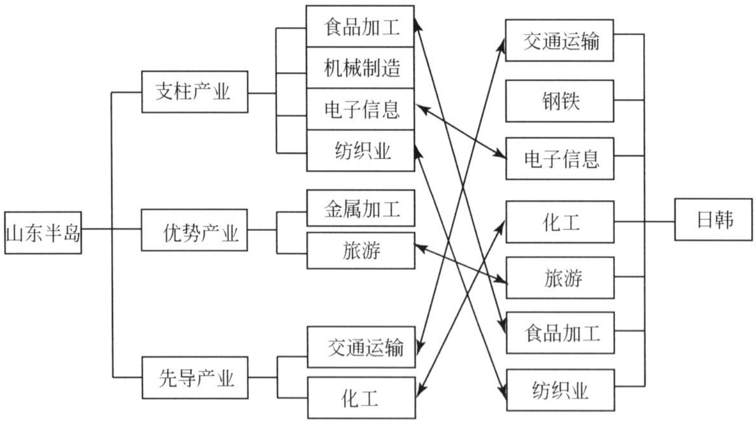

图18-12　山东半岛承接日韩产业转移的产业发展战略图

（1）扩大机电产品和成套设备出口。努力扩大制冷设备、挖掘机、船舶、刹车盘、齿轮箱、农用机械等一批具有较强竞争优势的产品和企业，开发符合国际技术标准的机电产品，发展高新技术机电产品，重点突破与日韩半导体产业和汽车产业的合作。

（2）出口食品加工业。山东半岛第一产业的发展应重点瞄准日韩市场需求，进行农业结构调整，实现传统产业高新化，延长产业价值链，按照国际标准组织生产、经营和销售，以龙头企业引领，带

动水果、蔬菜、水产、食油、面食及肉食制品等出口食品的发展，形成国内对日韩出口的重要基地，建成立足日本、韩国，面向东南亚国家和地区的“菜篮子”。

(3) 调整纺织服装出口结构。针对日韩纺织品市场，提高纺织服装出口档次，实施名牌战略，努力提高山东半岛纺织服装出口产业的技术创新开发能力。选择一些有发展潜力的企业、品牌，大力开拓国际市场，保持和扩大山东半岛纺织服装出口的国际市场份额。

(4) 与日韩合作，携手发展旅游业，推动环黄渤海旅游圈的构建。山东半岛应同天津、大连，韩国的仁川、釜山、蔚山，日本的北九州、福冈、下关等中心城市，在旅游资源的互补基础上构筑“环黄渤海大旅游圈”。

(二) 港口等基础设施的共享战略

港口等基础设施的共享战略的提出，是立足“两个核心区”，逐步走向整个东北亚的国际化的重要条件。通过港口、航空、海上运输、陆路快捷通道等建设与共享，推进山东半岛制造业基地承接日韩产业转移的可达性和便捷性，推进山东半岛制造业的国际化进程。基础设施的共享战略具体分以下几个方面实现：

一是构筑以港口为核心的空间通达战略。以青岛等港为龙头，实施港口组群式开发，提升山东半岛的海上通达性，发展面向日韩的港口综合物流园和港口商贸中心。

二是发展近海快速运输。尽快完善由国家枢纽大港、区域性重要港和地方中小港口有机配合的山东半岛港口群体系，优先发展以港口、航道和海洋运输为主体的海上现代交通运输业，构建山东半岛便捷、高速的海上运输网络。近期发展与韩国西海岸和日本北九州的近海快速运输。

三是机场整合。山东半岛城市群地区共有7个机场，其中青烟威潍城市区有4个（每城市都有机场），除青岛、烟台机场的吞吐量较大外，其他机场的利用率不高，民航干线和支线、大中型和小型飞机比例不协调，各机场相互之间的合作不多，区域内机场资源未能充分利用，制约了区域航空枢纽的形成。未来需合理协调青岛、烟台、威海三地机场的功能。以青岛机场、济南机场为枢纽机场，以烟台莱山机场为干线机场，以威海、潍坊等机场为支线机场，形成既有分工，又有竞争的网络功能结构。实现与东南亚地区的直飞航班，形成与日本、韩国的“一日交流圈”。

四是陆路快速交通通道。建设半岛城市群之间的快速交通通道，实现沿海“一线”高速公路化，青烟威城际轨道化，形成烟青威一个半小时交通圈。连接胶济与新石两大铁路干线，沟通青岛、烟台两大港口与日照、陇海沿线的铁路联系，形成海陆联运；以大莱龙铁路为基础，建设龙口—烟台—威海的铁路，形成环渤海铁路大通道，沟通半岛与陕西煤炭基地的联系，加强与威海的联系。

参考文献

经济产业省，九州经济产业局. 2002. 九州国际化报告. 2
九州经济产业局. 2003. 九州的经济概况. 13

第五篇　地区产业发展与规划

地区产业发展和规划要突出区域特色，从国家或大区域的视角，明确产业发展定位、发展方向和空间布局。长吉平地区在东北老工业基地中，具有较好的产业发展基础，产业结构特征在东北地区也具有很强的代表性。未来要在做强汽车、石化、农产品三大产业基础上，积极发展医药、电子信息、旅游等优势产业，并培育现代物流、新材料、文化创意等具有发展潜力的产业，为东北老工业基地产业结构调整提供示范和带动作用。银川市位于河套平原，是我国西部地区的重要城市，工业基础较好，农业发展水平较高，在能源、农产品加工、医药、旅游等产业发展上优势明显。因此，银川市产业发展对我国西部地区城市具有示范作用。烟台是山东半岛近年来产业发展最快的城市，在山东省仅次于青岛。烟台市已经形成了机械制造、电子信息、黄金和食品加工制造四大支柱产业体系，成为山东半岛承接日本、韩国及欧美产业转移的核心地区和引领山东省经济持续发展的主要增长极。

第十九章　长吉平产业发展与规划

以长春、吉林、四平为代表的东北中部长吉平地区，是东北经济发展较好、工业水平较为发达的地区，其产业结构特征在东北地区具有很强的代表性。在国家振兴东北老工业基地的政策背景下，长吉平地区产业的规划与发展，关系到整个东北地区产业结构改造升级、经济振兴的大局，是东北老工业基地振兴改造的重点之一。

第一节　产业发展特征分析

长吉平地区主导产业明显，以汽车、石化和农产品深加工等为主，产业主要集聚在长春和吉林两市区，各类园区是产业发展的重要载体。但该地区产业结构单一，外向度相对较低。

一、产业结构特征明显

（一）第二产业地位突出

长吉平地区呈现“二、三、一”的产业结构，第二产业比重一直较大。2005 年长吉平地区第一产业产值比重为 16.9%，第二产业产值比重为 45.18%，第三产业产值比重为 37.92%，由此看出长吉平地区服务业不很发达，第三产业产值所占比重较小。长吉平地区的从业人员和生产总值主要集中在农业、工业、建筑业、交通运输仓储及邮电业、批发零售业、教育和社会保障、社会管理事业，尤以农业和工业所占比例最大。

（二）工业以汽车、石化、农产品加工三大行业为主

长吉平地区已经形成以汽车、石化、农产品加工三大产业为主导、新兴产业竞相发展的产业格局，拥有以生物、信息等技术为主要支撑的农产品加工、现代中药及生物药、光电子信息等高新技术产业基地。主导产业优势明显，地位突出，加工制造业优势显著，吉林省是全国重要的加工制造业基地，加工制造业在全省工业增加值中的比重达 90%；一汽是中国汽车工业的摇篮，现拥有重、中、轻型卡车、吉普车、轿车等六大系列产品的研制开发和生产能力；吉化公司是全国重要的化工原料生产企业；电子信息等高新技术产业发展势头强劲；玉米深加工潜力巨大，玉米加工龙头企业如大成、黄龙、赛力斯达等，已跻身全国同类企业前列。

二、区域产业分工格局初步形成

（一）产业高度集中在长春与吉林

长吉平地区产业高度集中在长春与吉林两市，从从业人员所占比重来看，除农林牧渔业和采矿业以外其他产业两市合计占全地区比重均超过 60%；从国内生产总值来看，两市各个产业相对全地区所占比重，除农林牧渔业（52.04%）以外比重均超过 80%。

（二）产业区域分工明显

从市县产业布局来看，高附加值的产业集聚在城市，低附加值产业分散在县域。具体来说，汽车产业主要集聚在长春、吉林、四平和松原，农副产品加工遍布所有城市，石油化工主要分布在吉林市；中医药主要分布在长春、吉林，旅游资源松原居多（表19-1，图19-1）。

表19-1　长吉平地区市县产业布局现状

市县	汽车	农副产品加工	石油化工	中医药	光电信息等高新技术	商贸、物流	旅游	其他
长春	√	√		√	√	√		
九台		√		√				
榆树		√						畜牧业
德惠		√				商品粮基地		建材、服装、机械
农安		√						
吉林	√	√玉米酒精	√	√			√	
舒兰		√	√	√				建材、能源
磐石						商品粮基地		钢铁、电解铝、建材
永吉	√	√	√	√				建材
桦甸						商品粮基地		采金、采煤、发电
蛟河			√				√	能源、轻纺
四平	√	√	√		√	√		机械加工
公主岭	√零部件	√			农业科技开发区			
梨树		√玉米酒精						机械、建材、轻纺
伊通		√酒精、食用醋、肉牛加工	√轻纺				√	天然气、建材、矿产
双辽		√						能源
辽源		√	√	√				袜业、新材料
东丰	√	√		√				冶金、建材、养鹿业
东辽		√柞树蛹蛋白、玉米糖浆				商品粮基地		电缆、纺织、机械
松原	√	√	√				√	
前郭		√大豆蛋白	√炼油				√	
乾安		√						石油开采
扶余		√					√	矿产、建材
长岭		√畜产品加工						

注：有“√”表示该地区有此类产业，无“√”表示该地区无此类产业。

资料来源：东北师范大学城乡规划设计院，吉林省建设厅．2006．吉林省中部城镇群规划（2005～2020年）

（三）以工业园区为依托的产业集聚初步形成

围绕长春、吉林两个中心城市，汽车、石油化工、光电子、医药等产业的集聚特征已经显现。以长春高新、长春经开、吉林高新、松原经开等开发区以及大成工业园等为主要集聚地，聚合了光电子信息产业园、软件园、生物医药园、现代中药园、玉米深加工产业园等相关产业集群；发展壮大了吉

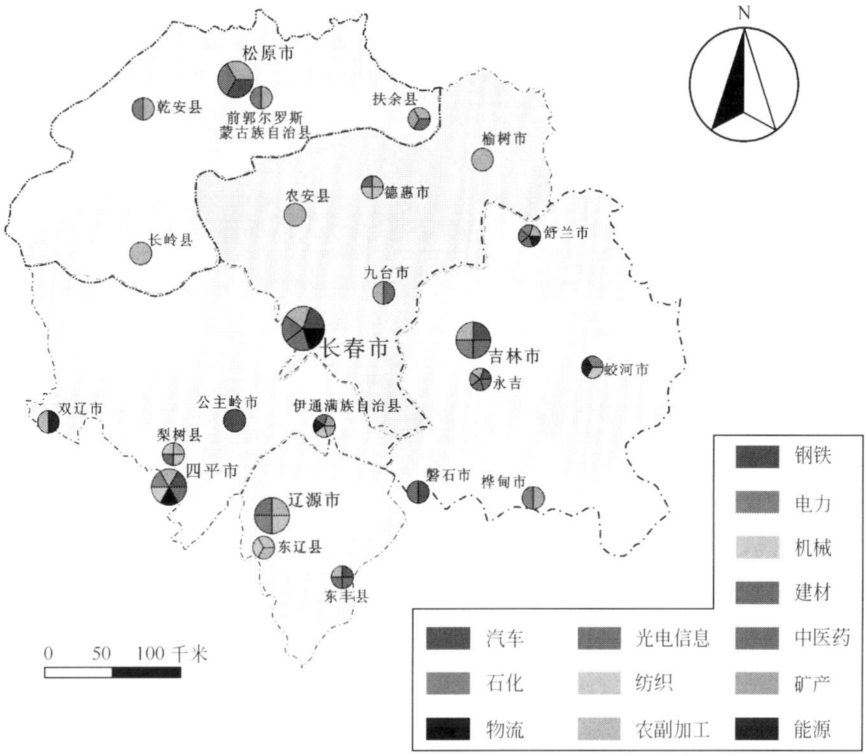

图19-1　长吉平区域市县产业布局现状

林华微、吉林修正、大成玉米、燃料乙醇、华润生化等一批大型企业集团；培育了一汽启明、长春华信、长春金赛、百克药业、博泰生物等一大批中小型高新技术企业。

三、产业发展存在的问题

（一）工业化滞后，县域产业发展较弱

长吉平地区的县域产业发展较弱，突出表现为：第一，整体水平偏低，与全国和先进省市相比差距明显。2003年全国百强县（市）主要分布于长三角地区，其中仅浙江省百强县就占30%，是全国拥有百强县最多的省，而长吉平地区没有一个进入百强县（市）。无论是从经济总量、人均CDP、人均财政收入还是从产业结构方面来看，长吉平与先进省、市相比都存在较大差距。第二，工业化、农业产业化进程滞后。工业是国民经济的主要财源，吉林省正处于工业化中期的加速阶段，工业化程度在全国处于中游水平。由于历史和现实的原因，工业化进程很不平衡。中心城市工业化程度较高，长春已成为全省经济增长极，长春的汽车工业又是长春乃至全省工业的增长龙头，而其他地区和工业内部其他行业，如以农副产品为原料的轻工业等，却明显发展滞后，县域工业化进程缓慢。农业产业化以布局区域化、生产专业化、服务社会化和管理企业化为标志，经营的实质是以农产品加工企业为龙头，把工业的社会化大生产方式导入农业生产。长吉平地区县域工业，特别是农产品加工业发展滞后，发挥带头作用的龙头产业不多，多以生产初级产品为主，缺乏深加工的下游终端产品生产，加工能力和带动能力都较弱，阻碍了农业产业化的进程。第三，产业结构趋同，特色经济不明显。县域产业内部结构趋同，一产比重均较大，且一产内部种植业结构大同小异。而乡镇企业、民营经济均不可避免地出现低层次过度竞争所带来的小而散、产品结构趋同等现象。

（二）产业结构单一，抗市场风险能力差

长吉平地区工业以重化工业为主，经济结构表现出明显的重工业化特征。特别是汽车、石化行业

比重大，2005 年以运输设备、化学原料、化纤制造业、石油加工为代表的汽车、石化产业的增加值占制造业的 50.7%。该区长春和吉林两个特大型城市产业结构也出现一强独大的现象，吉林市有 50% 以上的工业总产值来源于石化行业，而长春汽车行业产值则占工业总产值的 70% 以上。新兴产业比重较小，比如，2004 年吉林省电子信息产业工业增加值占 GDP 比重为 0.29%，全国排名第 23，低于天津（9.56%）、福建（6.01%）、广东（5.9%）、上海（5.9%）等发达省市（中国科技发展战略研究小组 2005）。同时该地区形成了复杂产品制造与初级产品加工并重和“三多三少”的局面，即：原材料和中间产品多，终端产品少；粗加工产品多，精加工产品少；低级产品多，高档产品少。产品的单一化、低端化使该地区经济受市场的影响较大。长吉平地区国有企业较多，企业社会负担较重，竞争力不强。具较强辐射能力与带动作用的骨干企业较少，而且民营中小企业发展缓慢、数量较少，产业集聚度低，难以获得集聚带来的各种效益。

（三）利用外资与进出口水平不高，产业的外向度较低

改革开放以来，长吉平地区外向型经济有了长足发展，实际利用外资额和外商直接投资额都有所增长，但是，相对于全国，经济外向程度仍较低，主要有以下几个问题：①实际利用外资比例较低。2004 年和 2005 年，实际利用外资比例仅占全国的 1.55% 和 1.80%，与沿海发达区域相差甚远。②进出口规模偏低，增长缓慢。2005 年吉林省进出口总值 652 837 万美元，比 2004 年减少了 3.9%。长吉平地区进出口总值占全国进出口总值不足 1 个百分点，表明在全国进出口规模扩大的同时，长吉平地区与其他省市的进出口规模差距在拉大。③外贸依存度偏低，融入世界经济的进程缓慢。2005 年，长吉平的外贸依存度只有 14.6%，远远低于全国平均水平。长吉平在开放程度上的不足，直接导致外需对 GDP 总量的贡献为负值，制约经济快速增长。④进出口产品结构有所改善，但总体结构仍然存在问题。近年来，长吉平地区出口靠玉米、进口靠汽车零部件的进出口产品结构有所缓解，但总体结构仍然存在问题，初级产品出口占主导，且工业制成品中，高新技术产品未成为出口贸易的主导产品。从吉林省与日本的贸易情况来看，吉林出口的商品为农产品和初级加工品，而进口商品多为制造品。

第二节　产业发展目标和战略

一、发展目标

长吉平地区的产业规划应遵循科学发展、循序渐进的原则，分近、远期分步进行。

近期要大力扶持企来研发中心和拥有自主品牌的企业发展，提升企业技术创新能力。通过延伸产业链、培育产业集群等方式，增强当地企业配套能力和辐射带动能力，鼓励企业间的整合，加大组织结构调整，通过企业信息化，带动产业和产品结构升级，将该区域建设成为具有国际竞争力的汽车、农产品加工和石化工业基地，全国的新型工业和现代农业基地，以及东北老工业基地振兴的三大经济发展核心区之一。

远期要提升和整合主导产业，做强优势产业，积极发展潜力产业，延长产业链条，向产业链上、下游发展，加大研发投入，增强区域的创新能力，增强该区域的产业配套与服务能力，提高产品的附加价值，将该区域建成国际性的汽车、石化产业、农产品出口加工、高科技产业基地以及文化创意产业等的研发和创新基地，成为全国最具活力的产业发展区之一。

二、产业发展战略

长吉平地区作为吉林省的发展核心区，是东北亚经济圈的重要组成部分。其自身产业的发展是实现吉林省、东北老工业基地振兴的关键，也是我国加快产业发展，增强与周围地区产业联系的重要内容。面对自身的问题与外部的挑战，长吉平地区要采取“大整合、大提升、大开放”的发展战略，加快区域

内部的产业调整与整合，提升自身的整体实力，积极融入全国经济快速发展以及经济全球化的环境中。

（一）大整合战略

1. 加快产业整合，避免资源浪费

在产业上，鼓励和引导有能力的企业向区域其他城市发展，增强与其他城市相关产业、相关企业间的联系与沟通，实现信息流、技术流、人流、物资流的高效流动。各城市要根据自身资源、区位条件、产业现状，明确自身的产业发展方向及产业发展重点，对重复产业则通过市场竞争实现资源的优化配置。

2. 增强空间引导，向三类地区聚集

由于长吉平地区正处于工业化中期以及快速城市化阶段，各大城市的产业集聚形态逐渐向“点-轴”集聚方向发展（曹传新等，2005），因此有必要对区域内的产业布局进行合理的空间引导。积极引导产业向中心城市、中心镇集聚，完善产业布局体系。同时要依托长春高新技术产业开发区、长春经济技术开发区、吉林高新技术产业开发区以及空港开发区等园区，引导产业向开发区集聚，以便于综合利用区内有限的水、交通、土地等资源与设施，实现规模经济效应。加强轴带集聚，以哈大线吉林段以及各城市间的交通干线为依托，积极发展沿线中心城镇，促进产业向交通沿线集聚，充分利用交通设施的便利性，形成纵向立体的空间发展格局。转变单纯向中心点集聚，由中心点辐射带动的格局，实现“中心辐射、轴线带动”更高层次的空间发展格局（图 19-2）。

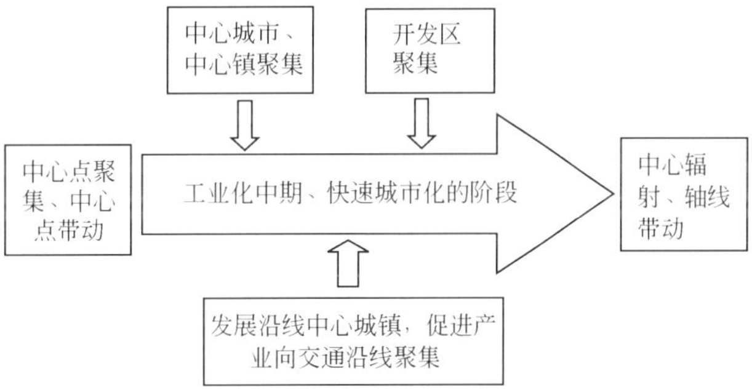

图 19-2　优化区域产业布局

（二）大提升战略

1. 加快产业发展，提升长吉平地区的产业地位

长吉平地区是东北及东北亚的交通、产业联系枢纽，利用这一优势，变区域几何中心为经济中心；优化产业结构，加强现代农业基地建设，大力发展主导产业、优势产业，增加产品的科技含量，提高产品的附加值；增强与区外的联系，积极参与区域间的竞争与合作，改善投资环境，吸引国内外的各种投资；提升长春的区域地位，发挥长春的人力资源优势，将长春打造成为东北、东北亚的创新中心、研发中心；鼓励企业向“大型化、集团化”方向发展，引导企业间的联合与兼并，走“品牌化”的发展战略，打造具有区域、全国影响力的大品牌、大企业，塑造吉林企业的群体形象（图 19-3）。

2. 优化产业结构，提升产业竞争力

优化产业结构、增强企业活力是加快本地区经济、社会持续发展的内在动力，也是提升该地区整体地位的基础。要巩固农业的基础地位，大力发展现代农业，提高集约化、机械化和产业化水平，稳步提高农业综合生产能力；继续实施“工业先导”战略，积极建设新型制造业基地。对汽车、石化等

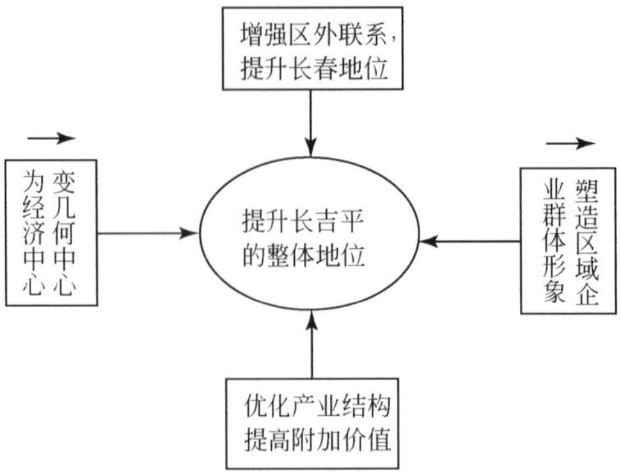

图 19-3　提升整体地位

主导产业，促进产业链条向上、下游方向的延伸，在大力增强产业的科技实力和自主研发能力的同时，加强产业在市场信息、售后服务、零部件等方面的配套能力，增强企业的核心竞争力。利用该地区的人才与科研优势，发展一批拥有自主知识产权的高新技术企业，充分发挥高新技术产业对其他产业的渗透和带动作用，使各产业在升级的基础上形成新的发展；围绕已有产业积极发展现代物流业、金融业、信息业、文化创意产业等现代服务业，为该地区企业的发展提供资金、信息、物流等方面的保障。同时要大力扶持以民营资本为主的中小企业，充分发挥中小企业灵活的特点，增强区域经济活力，提升产业竞争力。

3. 加速城镇化进程，完善城市产业功能

大力发展民营经济、集体经济等具有较强灵活性的中小型企业，加快农村工业化进程，增强城镇化的原动力；继续推进第三产业的发展，增强城镇吸纳劳动力的能力，促进劳动力向第三产业转移；进一步完善城市等级体系，推进长春、吉林两座特大城市的发展，增强其辐射带动能力，同时要大力发展大、中城市，完善区域城市等级体系，提升其对城市化的拉动能力。加快现代物流、金融、信息咨询、批发零售等第三产业的发展，完善城市功能，增强城市对区域的带动能力。

（三）大开放战略

利用区域产业结构调整和新一轮全球生产要素优化重组、产业转移的重大机遇，利用国际国内两个市场、两种资源，增强该地区参与区域产业合作与竞争的能力（图 19-4）。

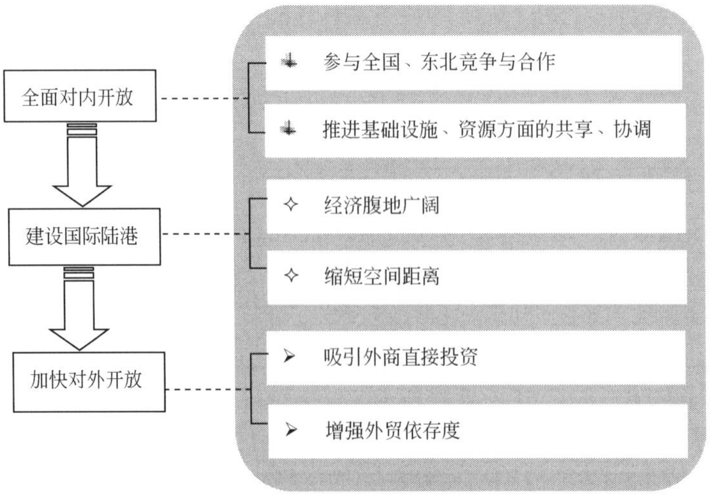

图 19-4　大开放战略

1. 实施全面的对内开放，增强与全国其他地区的产业联系

推进市场化改革，打破地区分割与行政壁垒，把该区的产业发展纳入全国整体产业链和价值链中去；抓住中央实施振兴东北老工业基地战略的契机，吸引东部沿海发达地区的投资，加快本地经济发展；推进优势产业积极参与东北以及国内的竞争与合作，鼓励一汽等有能力的企业对区域内的产业进行整合；推进该地区与其他省区，尤其是辽、黑两省在交通、通信等基础设施方面的协调与共享，共同加快东北地区市场一体化建设，加强在利用水资源、旅游资源、农业资源及保护生态环境等方面的协调；加强该地区与全省其他地区的联系，引领全省发展。

2. 积极建设国际陆港，加快该地区产业发展步伐

国际陆港是在内陆中心城市的铁路和公路交会处，依照有关国际公约或法律设立的对外开放商港，是沿海大型国际中转港口在内陆地区的支线港口。长春作为吉林省经济中心，对外交通联系方便，向南可达营口港、大连港，向北可直达黑龙江，经济腹地广阔。通过在长春建立沿海港口内陆港务区，可以大大缩短长吉平与沿海港口的经济距离，使之成为经济意义上的沿海地区，带动该省区的对外贸易、外来投资尤其是外商直接投资的增长，增强经济发展的动力，同时也会极大地方便哈尔滨、大庆、齐齐哈尔等地的对外贸易与联系。该区国际陆港建设，对吉林省加快发展、东北老工业基地振兴及东北亚区域经济合作具有重要意义。

3. 加快对外开放步伐，积极参与经济全球化

抓住新一轮全球生产要素优化重组和产业转移的重大机遇，充分利用国际资源，积极推进该地产业进入跨国公司全球生产体系。创造良好的投资环境，吸引日本、韩国和欧美地区的外商直接投资，更多地引进先进技术、管理经验和高素质人才，注重对引进技术的消化吸收和创新提高，积极引入战略投资者。调整优化出口商品结构，提高商品质量和附加值，依靠区位优势努力扩大外贸进出口，增强外贸对经济的拉动力。

第三节　产业发展方向与重点

长吉平作为吉林省发展的重要区域，产业发展要以整合和创新为主线，优化产业结构，加强产业间的联系，提升主导产业，做强优势产业，培育潜导产业，同时要建立一系列具有区域和全国影响力的产业基地。

一、提升三个主导产业

汽车、石化、农产品是长吉平产业集聚区的主导产业，在全国具有明显的优势和竞争力，要进一步提升产业水平，成为东北地区的引领性产业。

（一）汽车产业的发展

1. 发展现状

汽车产业依托一汽集团已成为国内规模最大，具有相当实力的汽车制造基地。2003 年完成工业总产值 1248 亿元，销售收入 1175 亿元，利润 97.5 亿元，分别占全省的 46.9%、44.5%、61.2%，汽车产业已成为吉林省的龙头产业，对全省经济的带动作用突出。长吉平地区已经形成了较为完善的整车制造体系，能够生产重、中、轻、轿、微及客车等六大系列 500 多种整车产品，配套企业已发展到 300 多家，已有相当一批企业的产品水平与生产规模在国内处于领先水平。汽车研发实力不断增强，拥有

一汽长春汽车研究所、吉林大学汽车学院、国家汽车产品质量监督检验中心等多家汽车行业权威机构，并建立了两个国家级技术中心。

2. 发展方向与重点

以一汽为依托，在加强整车生产能力的基础上，积极向汽车产业上下游链条发展，全面提高中重型车的开发能力，逐步建立起自主开发轿车的平台，使零部件的自主开发能力、专用车的开发能力得到全面提升。要加强企业技术中心建设，建立健全企业技术开发机构，促进企业与大专院校、科研机构结合，培育和完善为中小企业服务的支撑体系；积极发展汽车贸易和服务业，发展汽车金融、保险、销售代理、维修、美容等服务业，支持发展汽车信用消费，积极发展汽车租赁和二手车市场，推动汽车消费。

轿车要抓住机遇，大力培育自主品牌，扩大市场规模；中重型车要按需求进行结构调整，向重型化、专用化方向发展；轻微型车要按中低端产品自主开发、高端产品引进的思路，优化产品结构，逐步形成多元化产品优势；客车要充分利用该区已有的客车底盘和整车基础，引进新的合作者，扩大产业规模（图19-5）。

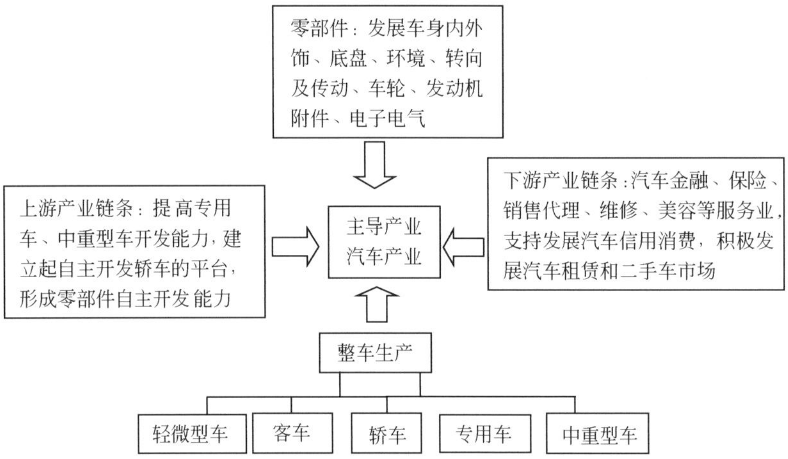

图 19-5　长吉平地区汽车产业发展重点

推进汽车零部件产业的发展，紧跟国际零部件产业发展趋势，突出零部件的模块化发展方向，重点发展车身内外饰、底盘、环境、转向及传动、车轮、发动机附件、电子电气等七大系统模块，形成系统化、专业化的零部件生产，提高集成化制造水平。特别要跟踪马自达、红旗等新的轿车增长点，催生一批新的零部件产品，使该区零部件大量进入马自达平台，提高配套量和配套水平。同时，积极促进相关产品整合，形成专、精、特产业链。

汽车产业要以长春市为核心，整合吉林、四平、辽源、公主岭等地的整车及零部件企业，形成国际水平的汽车产业基地。长春市大力发展汽车研发、汽车设计以及汽车金融、保险、销售代理、维修、美容等产业链，同时要发展轿车、特种车、专用车以及汽车电子、发动机等汽车零部件；吉林市重点发展经济型轿车、轿车发动机、轻微型汽车、商务用车和汽车配套产业；四平、辽源、公主岭等地市，要发挥为一汽等国内主厂配套的优势，抓好汽车零部件和专用车的发展，不断提高参与市场竞争的能力。

（二）石化产业的发展

1. 发展现状

以吉林油田为基础，以吉林石化为龙头，长吉平地区已形成包括石油和天然气开采、石油化工、合成材料和精细化工等在内的完整的生产体系，是我国重要的综合性石化产业基地之一。目前，该地区共有化工生产企业数百家，其中规模以上企业100多家，年原油加工能力600多万吨，乙烯年生产能力50多万吨，化工总生产能力500万吨。其中，ABS、乙丙橡胶、有机硅、聚乙烯、丙烯酸及脂、丁苯橡胶等重要化工产品的生产能力均居全国前列。

2. 发展方向与重点

依托吉林石油、吉林石化，建立石化产业基地。扩大产业规模，增强炼油能力以及乙烯生产能力；大力发展精细化工，实现原料多元化、产品多样化、结构多极化；延伸产业链条，发展与汽车产业相配套的行业，增强产业联系度，使石化工业朝着规模经济化、技术高新化、加工精细化、经营国际化方向发展。以吉林市、松原市为重点把长吉平地区建设成为国家重要的石化工业基地（图19-6）。

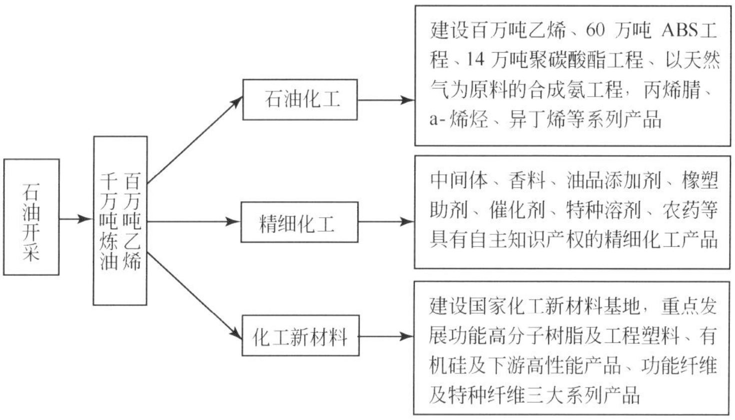

图19-6　长吉平地区石化产业发展重点

围绕乙烯生产基地的建设，重点培育石油化工、精细化工和化工新材料三大板块。石化原料要加快实施千万吨炼油、百万吨乙烯工程，全力推进建设60万吨ABS工程、14万吨聚碳酸酯工程和以天然气为原料的合成氨工程，大力发展丙烯腈、a-烯烃、异丁烯、甲醛、化工助剂、表面活性剂等系列产品；精细化工要依托原料优势，延伸产业链条，大力发展中间体、香料、油品添加剂、橡塑助剂、催化剂、特种溶剂、农药等具有自主知识产权的精细化工产品；化工新材料要积极争取政策支持，规划建设国家化工新材料基地，重点发展功能高分子树脂及工程塑料、有机硅及下游高性能产品、功能纤维及特种纤维三大系列产品。

（三）农产品加工业的发展

1. 发展现状

该区是我国重要的商品粮基地，发展农产品加工业具有得天独厚的优势。2005年该区各类农产品加工企业4000多家，农产品加工业销售收入突破1000亿元，达到1002.9亿元，上缴税金总量达到30多亿元，形成了大成、德大、皓月、华正、红嘴等一大批龙头企业，有力地带动了农业和农村经济的发展。同时还形成了大成、赛力斯达、吉安生化、吉林燃料乙醇等玉米精深加工企业，加工产品逐步由淀粉、酒精等初加工产品向发酵产品、淀粉糖及其衍生物、石油化工能源产品和精细化工产品过渡。

2. 发展方向与重点

长吉平地区农产品工业发展要充分利用现有的基础优势和资源优势，立足特色，打造品牌，延伸产业链；健全农产品质量检验检测体系，确保农产品加工业的持续健康发展；做大做强农产品加工企业，培育一批产品有竞争力、技术有牵动力、对行业有较强辐射带动能力的大型企业集团；要以粮食深加工、禽畜产品加工为重点，加大与科研院所的合作力度，提高农产品加工业的科技含量；推进农业产业化经营，鼓励企业与农户建立稳定的合作关系，加快生产、加工、销售一体化进程。

延长玉米加工链条，大力发展玉米精深加工。积极发展淀粉衍生物、变性淀粉、赖氨酸、味精、山梨醇、燃料乙醇、工业酒精等各种玉米深加工产品，形成以长春为中心，辐射其他地区的集研发、信息、人才、加工为一体的“吉林玉米谷”。

积极发展禽畜产品加工业，发展冷切肉、分割肉和直接食用的各类熟肉精制品加工。实现规模经营，建成生猪、肉牛、肉鸡、羊加工基地和出口加工基地。综合利用畜禽内脏、肠膜及毛、骨、血资源，发展生物制品生产。

依托大成、黄龙、赛力斯达、吉林燃料乙醇、吉安生化等玉米深加工企业，建立包括长春、吉林、松原、四平四地市的玉米精深加工集聚区；积极建设以扶余—榆树—德惠三角地区为核心，辐射其他地市的全国重要的禽畜产品加工集聚区。

二、做强三个优势产业

在提升和整合主导产业的同时，要利用自身的优势和资源，把医药、电子信息（光电子）、旅游等产业发展成为东北地区或全国的优势产业。

（一）医药产业的发展

1. 发展现状

该地区是我国生物技术产业的发源地和生物工程制药的生产基地之一，以现代中药及生物制药为主的医药产业已成为发展速度最快、效益最好、前景广阔的优势产业。

2. 发展方向与重点

围绕生物制药、现代中药两大制药产业，借助长春、吉林两地在技术、人才及产业方面的比较优势、科研院所的科技优势以及建设“长春生物谷”的契机，建设国家级医药产业集聚区。

要加大生物制药和现代中药的研发力度，研制出一批具有国际先进水平的新药、特色药，增强医药行业的科技竞争力；打破小而全、各自为战的局面，对行业进行战略重组，鼓励有能力的企业对区域内的企业进行整合，重新配置企业资源，形成一个或几个具有国际竞争力的大公司和企业集团；引导医药公司总部和研发部门向长春集聚，积极利用长春在人才、技术、信息等方面的优势，增强集聚效应；加强市场营销力度，努力培育具有全国、国际影响力的品牌。

（二）电子信息产业的发展

1. 发展现状

该地区现已形成以光电信息产品研发与制造为重点，包括汽车电子以及应用软件开发的电子信息产业。目前，光电信息产品制造业产值超过43亿元，企业200多家，软件业产值15亿元以上，产品300多种。同时该地区在发展电子信息产业方面具有得天独厚的优势，科研优势明显，有全国最早、最大的专业研究所——长春光学精密机械与物理研究所，有在光电子研究方面具有较强实力的吉林大学和全国唯一的光学电子专业学校——长春理工大学，同时还拥有3个国家级光电信息技术重点实验室，30个省部级实验室，1个国家级光学机械质量监督检测中心。

2. 发展方向与重点

以光电信息技术为依托，重点开发光显示和汽车电子两大产业链条，重点发展光电器件与材料、光电仪器仪表与设备、软件三大领域，着力打造“长春光谷”，建成集研究开发、生产制造、品质检测、贸易物流、综合服务为一体的国家级光电信息产业基地。

光显示要重点发展以TFT-LCD、LED、PLED等为主的显示系统产品、控制模块及相关系列产品。

汽车电子重点发展汽车控制单元电子系列产品，汽车传感、车载通信、行车数据采集分析终端系列产品。

光电器件与材料重点发展激光器、光电编码器、光电传感器、光通信模块等产品，光学玻璃、发光材料、稀土材料等材料。

光电仪器仪表与设备重点发展频谱分析仪、生化仪、夜视仪、电子产品精密加工设备、精密机械医疗等（图19-7）。

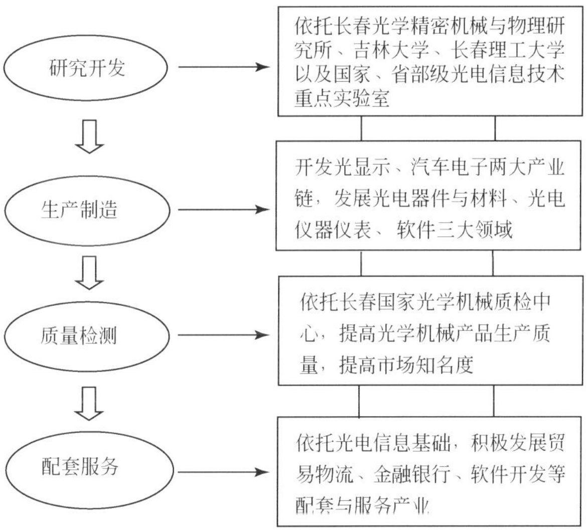

图19-7 光电信息产业发展重点

软件技术和产品要重点发展生物特征识别、信息安全认证等多领域的特色应用软件，开发嵌入式软件外包市场，推进对外软件外包，促进软件产业与其他产业的联系。

（三）旅游业的发展

1. 发展现状

长吉平地区旅游资源丰富，区位优势明显，旅游业发展潜力巨大。2005年长吉平地区共接待国内外游客2000多万人次，现已形成以长春净月潭国家级森林保护区、吉林松花江三湖自然保护区、查干湖旅游度假区为主的自然生态旅游和以伪满皇宫博物院八大部、四平革命烈士纪念馆、长影世纪城等为主的文化旅游以及冬季冰雪为主题的冰雪旅游。同时，该区的餐饮、住宿、休闲、娱乐、交通、通信等各种配套设施较为发达，能为该地旅游业的发展提供全面的配套服务（表19-2）。

表 19-2　2005 年长吉平地区各地市旅游情况

地区	入境旅游者人数/人次	国际外汇收入/万美元	国内旅游人数/万人次	国内旅游收入/亿元
长春市	110 003	5 103.28	1 218.38	116.13
吉林市	35 182	831.84	814.67	48.89
四平市	1014	29.2	55.11	3.45
松原市			42.5	2.55
辽源市			75.4	4.57
总计	146 199	5 964.32	2 206.06	175.59

资料来源：根据 2006 年吉林省统计年鉴数据计算整理。

2. 发展方向与重点

增强市场营销力度，借助各种国际、地区性活动积极地宣传区域旅游品牌，增强区域旅游的国际和国内知名度；整合区域内的各种自然、人文旅游资源，加强区域内地区间的合作与协调，联合打造一批具有较强知名度的精品旅游线路和旅游品牌。同时要加强与省内其他城市以及外省市的合作，积极建立区域旅游联合体，增强区域旅游的整体合力；大力发展餐饮、住宿、休闲、娱乐等各种配套设施与服务，同时要完善区域内的交通、通信等基础设施，增强区域的通达性，缩短各旅游景区、景点的时间距离。

以自然生态旅游、文化旅游、冰雪旅游为重点，整合区域旅游资源，打造区域旅游品牌。

自然生态旅游：以长春净月潭国家级森林保护区、吉林松花江三湖自然保护区、查干湖旅游度假区、拉法山旅游风景区为主，同时积极建设生态旅游示范区，形成独具特色的休闲游、生态游。

文化旅游：依托长春汽车工业园、长影世纪城、长春国际雕塑城、各地古迹以及民族旅游资源，打造独具特色的汽车文化旅游、影视文化游、萨满文化游、辽金文化游等文化旅游项目与品牌。

冰雪旅游：利用该区域特殊的地理位置以及丰富的冰雪资源，大力开发该区域的冰雪旅游资源（图 19-8）。

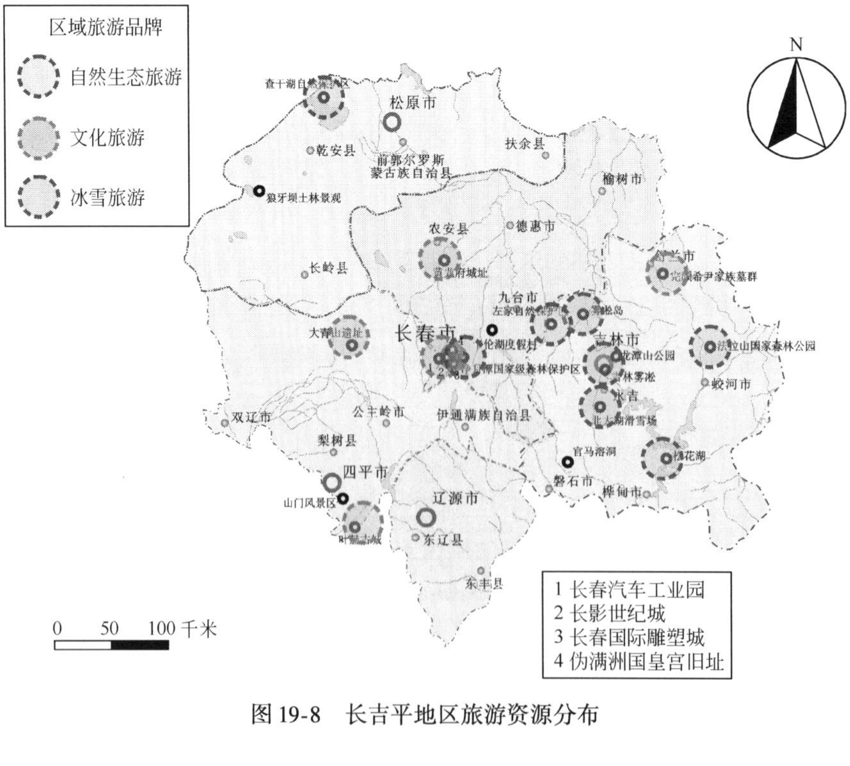

图 19-8　长吉平地区旅游资源分布

三、培育三个潜力型产业

着眼于未来，积极培育现代物流、新材料、文化创意等潜力产业，为吉林省培植新兴产业发展的增长点。

（一）现代物流业的发展

长吉平地区已形成四通八达的铁路、公路、航空等交通网络，对内、对外联系方便。同时该区作为我国汽车、石化、农产品生产基地，也需要方便、快捷、高效、低成本的物流体系，发展现代物流业具有得天独厚的优势。

加强信息化建设，积极引进新的物流技术和手段，提高传统生产制造业的物流管理水平；整合区域内的仓库、车辆、铁路专用线路等基础设施，提高基础设施的利用率；依据区域产业现状，完善消费品配送体系、工业物资流通体系、农业生产资料和农副产品流通体系以及生产制造业流通体系等四大物流体系；加快空港保税物流园区、汽车国际物流园区等重大项目建设，推动现代物流业跨越式发展。

（二）新材料产业的发展

在科技部、财政部和国家税务总局发布的无机非金属、有机高分子等十大类新材料中，该地区产业涉足九大类上百个品种。在光电材料、特种合成纤维材料、高性能特种合金材料、复合材料、新型建筑材料、有机高分子材料、超导材料、纳米材料等各种新材料上，该地区产业具有一定优势和发展潜力。

围绕长春、吉林等地已有的科研与产业基础，加大科研投入，加速新材料科技项目和成果的吸收、消化；大力扶持辽源得亨、麦达斯铝业、利源铝型材等中小企业，鼓励中小企业与科研院所结合，增强企业发展的动力；鼓励吉林石化积极发展化工新材料，形成我国重要的化工新材料基地。

（三）文化创意产业的发展

长吉平地区作为我国的汽车研发基地以及影视产业基地，在发展汽车设计、汽车文化以及影视文化等创意产业方面具有一定优势。依托该地区的影视文化、汽车文化、民族文化以及人力资源优势，积极发展文化创意产业。培育影视出版、文化娱乐、汽车设计、媒体广告、文化演出、竞技体育等文化创意产业群，举办国际性文化、会展、体育等大型活动，推动区域文化创意产业的发展。

参考文献

曹传新，张全等. 2005. 长春都市地域“点-轴”产业圈层化空间结构整合调控. 地理科学，25（10）：556 ~ 560

中国科技发展战略研究小组. 2005. 中国区域创新能力报告（2004 ~ 2005）. 北京：知识产权出版社

第二十章　银川市产业发展与规划

银川市是中国西部地区的一个重要城市，它坐落于肥沃的河套平原上，工业基础相对较好，农业发达，城市经济影响力涉及陕甘宁蒙四省区，其中能源、农产品、医药、旅游等产业，在西部地区中具有较强的竞争力。

第一节　区域产业竞争力判断

一、产业发展现状

在宁夏经济发展中，银川市具有十分重要的作用。2005 年，银川市 GDP 占自治区的比重为 37.7%，以占自治区 23.6% 的人口创造了占全区 1/3 的国内生产总值。

2005 年年底，银川市实现国内生产总值 228.50 亿元，其中第一产业实现国内生产总值 19.32 亿元，占全市国内生产总值的 6.7%；第二产业实现国内生产总值 130.07 亿元，占全市国内生产总值的 45.1%；第三产业实现国内生产总值 139.11 亿元，占全市国内生产总值的 48.2%（表 20-1）。第三产业在国内生产总值中所占比重高于第二产业所占比重，一、二、三次产业在国内生产总值中的比例为 6.7:45.1:48.2，显示了第三产业在银川市国民经济发展中举足轻重的地位。

表 20-1　银川市三次产业增加值和结构的变化

年份			第一产业		第二产业		第三产业	
	总量/亿元	增长率/%	增长率/%	结构比例/%	增长率/%	结构比例/%	增长率/%	结构比例/%
1978	3.27	—	—	15.9	—	56.9	—	27.2
1980	3.80	3.6	15.4	19.8	0.1	53.1	3.4	27.1
1985	8.21	10.2	14.9	24.4	7.6	47.3	11.2	28.3
1990	20.86	11.2	8.1	21.1	7.9	40.7	18.1	38.2
1995	59.34	13.2	6.7	15.7	14.8	43.6	14.7	40.7
2000	95.78	9.7	2.7	11.3	9.8	43.8	11.9	44.7
2001	104.82	9	5.5	10.9	7	43.0	11.8	46.1
2002	133.46	11.4	2.8	11.65	13.8	43.98	11.4	44.36
2003	201.59	20.6	-5.3	7.3	26.6	42.6	20.6	50.1
2004	250.85	24.4	18.8	7.0	29.1	44.2	21.3	48.9
2005	288.50	15.0	10.5	6.7	17.4	45.1	13.5	48.2

注：GDP 总量按当年价格计算，增长率按可比价格计算。

2005 年银川市实现农业增加值 35.10 亿元。从农、林、牧、渔占农业总产值的比重来看，农业所占比重下降，林、渔业比重上升。在 1995 年农林牧渔业总产值中，农业占 68%，林、牧、渔业分别占 0.5%、26.2% 和 5.3%；到 2005 年，农业所占比重下降到 59.4%，林、渔业分别增长到 1.5% 和 7.7%。农业内部结构调整力度不断加强。

2005年年底，第三产业中交通运输、仓储和邮政业完成国内生产总值21.86亿元，批零贸易餐饮业完成国内生产总值18.40亿元，金融保险业完成国内生产总值23.27亿元，房地产业完成国内生产总值12.36亿元，与1995年相比均大幅增长。“运输、仓储和邮政业”、“房地产业”在其他第三产业中的比重分别由1995年的17.4%和2.4%上升到2005年的15.6%和8.7%，充分体现了银川市商贸业、邮电通信业和房地产业的发展潜力和活力。

2005年年底，第二产业中工业完成增加值104.30亿元，建筑业完成国内生产总值25.77亿元，分别比上年同期增长20.5%和4.4%。在第二产业中，工业和建筑业的比例由1990年的87.1:12.9转变为2005年的80.2:19.8，一方面反映了银川市建筑业的快速发展，另一方面也说明工业在银川市国民经济中的地位不断下降。

二、产业特征分析

（一）产业结构“虚”高级化

2005年年底，银川市实现国内生产总值288.50亿元，一、二、三次产业在国内生产总值中的比例为6.7:45.1:48.2。仅从三次产业的比例来看，银川市已经进入了产业高级化阶段，即产业结构出现了Ⅲ＞Ⅱ＞Ⅰ的发展状态。但如果深入分析就会发现，银川市第三产大于第二产业和第一产业的结果是由于第二产业发展严重滞后所致，工业增加值相当于沿海发展地区的乡镇水平。也就是说，银川市产业结构是没有完成工业化过程的一种虚高级化。

（二）资源加工型产业结构

银川现在形成的优势产业，如石油天然气化工、生物医药、食品加工、新型建材等均属于资源加工型产业。重工业强于轻工业，重工业中资源依赖型的原材料工业又大大强于加工、组装工业，反映出银川市加工工业发展不足，新兴产业、高新技术产业发育较慢，高新技术企业较少。

（三）“嵌入式”工业发展模式

20世纪50年代和60年代中期，按照国家关于沿海工业要支援内地工业建设，扶持和发展民族地区经济的政策，先后从我国东北大连、上海等地搬迁来许多机械、仪表、化工等骨干工业企业，这些企业为银川工业发展奠定了基础。

这种工业发展模式的优点在于可以尽快赶上发达地区相关行业的发展水平，提升当地产业层次；问题是与当地产业关联度低，对当地企业发展的带动作用极其有限，属于“飞地型”企业，这种模式对于制造业企业自身发展影响也很大。由于缺乏产业配套和协作能力，以及相关行业发展的信息，将会造成企业生产成本和营销成本等的提升。

三、产业发展的SWOT分析

（一）优势（strength）

1. 资源优势是银川市产业发展的基本支撑

农业资源优势明显。银川平原水、土、气候资源配合良好，适宜于特定农副特业产品的培育和生长。肥沃的土壤，加之便利的引黄灌溉优势，使银川平原成为全国重要商品粮生产基地和农区畜牧产品生产基地，特别是成为我国西部优质小麦、水稻、玉米、酿酒葡萄和中药材的最佳生长区域之一。

中药材资源丰富，除天然中药材外，人工栽培的药材种类多、品种全，已形成商品药材基地。其中，高质量的枸杞、甘草、苦豆子、麻黄、葫芦巴等药用原料已经在国内外医药市场占有重要的地位。

银川市具有发达的畜牧业和水产养殖业，是西北地区牛羊肉、乳制品、水产品的重要生产基地。

煤炭和非金属资源具有区际意义。银川矿产资源丰富，主要有能源矿、冶金辅助原料矿、化工原料矿、建筑材料及其他非金属矿等，已探明储量的矿产22种，煤、石灰岩、硅石、白云岩、建筑砂岩、贺兰石等非金属矿和建筑矿类资源丰富。

银川市地处宁夏能源基地的中心，具有良好的能源供应条件。在距银川90千米半径的范围内，储藏着丰富的煤炭资源，年产量达1500万吨~1600万吨，是我国重要的煤炭生产基地，有国家重要的煤炭基地——石嘴山矿区和灵武矿区。其中，灵武市煤炭探明保有储量209.45亿吨，占宁夏总储量的67.9%。煤炭品种为不黏结煤，具有低灰、低硫、低磷和发热量较高的特点，是优质动力煤，也是气化和生产活性炭的最佳原料。灵武煤矿区还具有煤层厚、埋藏较浅、地质构造与水文地质条件简单、开发技术条件好的优势。矿区处于荒漠草原地带，开采基本不占农田。矿区区位交通条件优越，距离银川市区不足1小时车程，有国道主干线GZ35高速公路和大（坝）古（窑子）地方铁路通过，规划中的太原—中卫（银川）铁路经过矿区。

银川石油、天然气尽管储量很小，不足以保证银川市的发展需求，但位于银川附近的陕西靖边和内蒙古鄂尔多斯市的天然气田是我国最大的整装气田，探明储量达1万亿立方米，银川与气田距离近，修建输气管道的地形地貌和工程地质条件好，目前已建成靖边—银川输气管道，年输气能力6亿立方米，2001年供气总量4.6亿立方米。现正规划修建第二条靖边—银川输气管道。西气东输工程穿越宁夏中卫、中宁等县，有条件修建中宁—银川输气支线。可见银川市本身虽无天然气资源，但由于就近输入方便、价格较低，发展天然气化工和民用天然气工程的条件十分优越。

资源组合优势突出。在银川市及其附近除蕴藏着丰富和高质量的煤炭、石油、天然气外，银川市在西北地区最大的优势还在于拥有相对充沛的水资源，黄河流经银川市，过境长度78.4千米，年平均流量315亿立方米。除地表径流量外，银川平原具有丰富的深层地下水和浅层地下水，每平方千米资源量22.3万立方米，是西北地区地下水资源最丰富的地区之一。相对丰富的水资源为煤炭、石油、天然气等资源优势转变为经济优势提供了重要的支撑。

2. 区位优势是产业发展的保障

银川作为陕甘宁蒙接合部最大的城市，为第三产业，特别是为商贸、旅游业的发展提供了市场保障。银川市不仅是宁夏回族自治区的政治、经济和文化中心，而且是陕甘宁蒙接合部10万平方千米范围内最大的城市和经济社会发展的“龙头”和“窗口”。这一优势为银川的产业发展，特别是商贸业的发展提供了巨大的市场空间。另外，银川也是周边地区重要的旅游目的地和旅游中心，如内蒙西部旅游资源开发的重要依托点就是银川（表20-2）。

表20-2 银川市产业发展环境诸因素综合评价

环境诸因素		评价因素	评价值
硬环境支撑体系	资源状况	农业资源	★★★
		矿产资源	★★★
		水资源	★★
	基础设施	地价	★★
		电力	★★☆
		电信	★★
	产业支撑能力	产业基础	★★
		产业配套能力	★☆
		交通条件	★★
	城市环境	区位条件	★★☆
		自然环境	★★★
		居住环境	★★★

续表

环境诸因素		评价因素	评价值
软环境支撑体系	政策环境	国家政策优惠	★★★
		制度灵活性	★☆
		政府工作效率与作风	★★
	市场环境	市场规范化	★★
		信息获取程度	★★
		产业发展氛围	★★
	人力、技术环境	科技劳动力的获取	★☆
		一般廉价劳动力的获取	★★★
		技术支撑条件	★☆

★★★ 很好；★★☆ 较好；★★ 一般；★☆ 较差；★ 很差。

银川市位于资源富集区的核心，为第二产业，特别是资源加工型产业发展提供了原料保障。银川市是距离陕西靖边和内蒙古鄂尔多斯市的天然气田、陕西长庆油田最近的大城市，这为银川市发展石油天然气化工提供了保障。

银川市位于西部大开发一级发展轴线呼包—包兰—兰青经济带的中心地段，为产业的发展提供了更广阔的发展空间。银川处于包兰线的中心地段，对于沟通西北地区内部的联系具有重要的作用，在产业发展上，可以建立起与兰州、包头之间的分工与合作关系，形成区域间产业链条。

3. 悠久的历史和民族文化为旅游业和民族特色产业的发展奠定了基础

银川市是宁夏回族自治区的首府，具有悠久的历史，西夏王陵是全国著名的旅游景点，银川市具有发展民族和地方特色的旅游业的条件；银川市也是伊斯兰文化中心，保存下大量的伊斯兰文化和建筑，这为扩大和加强与中东伊斯兰国家的经济、政治、文化交流创造了条件。在银川市，伊斯兰的建筑风格、清真食品、生活必需品、传统工艺品具有鲜明的区域特色，为旅游业和民族特色产品的发展奠定了基础。

4. 移民文化为吸纳人才和创业提供了自由的空间

根据人口普查资料推算，银川市现有城市人口中约有70%是外省区迁入的人口及其后代。外来人才已经成为银川经济社会的主体，这种开放的“移民文化”氛围，对吸引国内外高质量的科技人才和企业家发挥的作用将会越来越重要。

5. 优良人居环境是房地产业和新型高科技产业发展的基础

银川市是周边地区气候条件最好的城市，有“塞外江南”之美誉，适宜人居，对发展房地产业和高新技术产业具有独特的优势。

（二）劣势（weakness）

1. 产业发展基础弱

银川平原垦殖历史悠久、土地肥沃、灌溉条件便利，农产品生产具有比较优势，是西北地区重要的粮食、羊肉等畜产品和水产品生产基地。但由于土地面积有限，生产规模相对较小，特别是随着水资源的限制，进一步扩大的可能性越来越小。

第二产业的经济总量很小，而且发展水平较低。2005 年全市仅完成现价工业总产值 349. 34 亿元，相当于东部沿海一两个乡镇的水平。

第三产业发展相对较快，但主要以传统型为主体，新兴第三产业，如生产性服务业发展严重滞后。

2. 交通对产业发展的制约明显

银川市已形成公路、铁路、航空相交织的立体运输网络。公路有四条国道、省道通往全国各地，铁路有包兰铁路、中宝铁路与全国铁路网相连。但总的来看，银川属于通道或过境性交通体系，没有形成如兰州、西安那样的交通枢纽中心；与东部沿海经济发达地区的联系，受到周边省区的竞争，如与京津的联系远不如内蒙呼和浩特、包头方便，与江苏、上海、山东等地的联系也明显差于陕西的西安、宝鸡，以及甘肃的兰州。因此，加快高等级公路建设，积极促进太中（银）铁路的尽早开工，拓展航空运输线路，对银川获取外部信息，扩大经济联系具有重要的作用。

3. 科研和人才对产业的支撑力度不强

银川市作为宁夏的政治经济文化中心，教育和科技发展水平居于自治区之首，但严重缺乏高新技术、机械、化工等专业人才，以及具有一定科研开发和创新能力的科研机构。

4. 缺乏地方中小企业集群

产业集群是一种高度分工与协作的企业网络在空间上的集中，它主要由一批相互竞争的企业以及与其相关的能够提供包括零部件和服务在内的一组上、下游企业、互补产品的生产商以及提供相关服务的机构组成。在经济全球化趋势日益发展的今天，产业集群已经开始成为构成一个国家产业竞争力的基础。银川“嵌入式”工业发展模式造成产业配套严重依赖于外部企业，除医药行业产业集群发展具有一定的基础外，其他相关产业集群发展很不完善。

5. 外向度低，外资投资很小

经济的外向度低，出口创汇规模小，外向型经济对银川市经济的拉动力弱，2005 年全市进出口贸易总额 5.26 亿美元，工业企业销售收入主要是在国内市场实现；吸引外资力度小，到 2005 年全市利用外资 19 个项目，实际利用外资 5322 万美元。

（三）机遇（opportunity）

1. 西部大开发的重点中心城市

加快自然资源开发、培育特色经济、改善基础设施、保护生态环境、缩小地区差距是西部大开发的主要目标。银川市作为西部一级开发轴西陇海—兰新线上的重要城市，是沟通呼包鄂城市群和兰州—白银城市群的重要关节，具有巨大的发展潜力。

2. 东部产业发展空间的转移

世界制造业中心转移的重点区域逐步由我国的沿海地区向内地推移，有一部分东部成熟的工业项目也将会向西部进行梯度转移和扩张，为银川市承接这种转移，加速劳动密集型产业的发展创造了机遇。

3. 跨国企业在华投资区位的再选择

目前世界经济正在经历新一轮的产业结构调整，产业转移的主流是发达国家制造基地的外迁。庞大的市场、低廉的成本、数量众多的优秀人才等有利条件使得我国对于吸纳发达国家转移出来的制造业极具吸引力。银川在西北地区的独特地位，加以巨大的市场辐射力、完善的基础设施、良好的产业发展条件，在吸引跨国公司投资方面具有较强的优势。随着投资环境的不断优化，将会进一步吸引国际资本、技术和人才，这就为银川进一步发展高新技术产业提供了良好的机遇。

4. 大银川战略提出

建设“大银川”，加快城市化进程，实施中心城市带动战略，这一战略是自治区、银川市两级政府的共同目标。宁夏回族自治区提出了实施中心城市带动战略，把银川市建设成为现代化的区域中心城市的战略部署；银川市委、市政府积极行动，提出了开发建设银川新区、改善城市交通状况、建设生态园林城市的战略；各县区积极配合，如临武市主要建设项目就紧密围绕建设“大银川”的战略展开。总之，各级政府对建设大银川发展战略的重视，是银川市城市经济和产业发展的重要保证。

（四）威胁（threat）

1. 周边省区的竞争压力

随着西部大开发战略的实施和深化，银川市周边地区的经济发展态势良好，如内蒙古的包头市、鄂尔多斯市、乌海市等地区在某些产业发展速度和规模上远远超过银川市。另外，银川的产业结构，特别是主导产业与周边地区具有同构化的特征，受到周边地区的直接威胁，如煤炭电力工业受到来自内蒙古鄂尔多斯市的竞争，而石油、天然气化工受到兰州的竞争（表20-3）。

表 20-3　银川市与周边地区产业发展比较

地区	1990 年				2005 年			
	GDP	第一产业	第二产业	第三产业	GDP	第一产业	第二产业	第三产业
银川	1.00	1.00	1.00	1.00	1.00	1.00	1.00	1.00
西安	5.59	3.16	5.91	6.58	3.80	3.11	3.81	3.88
兰州	3.73	0.97	5.31	3.58	1.75	1.15	1.92	2.12
包头	2.16	1.12	3.12	1.72	2.78	1.64	3.32	2.43
西宁	—	—	—	—	0.61	0.55	0.67	0.55
石嘴山	0.59	0.44	0.90	0.33	0.31	0.42	0.44	0.18
乌海	0.31	0.07	0.48	0.26	0.43	0.10	0.61	0.32
吴忠	0.94	1.59	0.92	0.60	0.40	0.96	0.48	0.25

注：以银川为 1.00 比较，吴忠包括灵武市。

2. 市场竞争日趋激烈，竞争格局粗具雏形

中国加入 WTO 后，企业的竞争已经不单纯是本地竞争，更多的是全球竞争，并且竞争日趋激烈。跨国公司不断蚕食中国市场，选择“中国制造”已经成为国际大型跨国公司获取全球竞争力的重要战略。银川市产业发展除受到国内相关企业竞争的压力，也必将面临来自国外企业竞争的挤压。

第二节　核心产业的选择

一、主要工业行业的比较优势分析

在市场经济条件下，由于激烈的市场竞争、利润的激励及亏损的惩罚，以追求利润最大化作为行为准则的千千万万投资者和厂商，总是在那只看不见的手的引导下，在空间上寻找最佳的生产区位，并形成一个各区域拥有专业化方向、输出凝聚本地丰裕（本地价格低廉）要素的产品、换取本地稀缺

(本地价格昂贵)要素的产品、地区间存在分工并相互贸易的空间格局。

(一)主要工业行业优势分析

本节主要采用区位商、份额变化等方法来识别、分析银川市的产业比较优势及其竞争力(表20-4)。

表20-4 银川市主要工业行业结构及比较优势(1995~2005年)

行业分类	位次			占工业总产值的份额/%			对全国的区位商		
	2005年	1995年	变化	2005年	1995年	变化	2005年	1995年	变化
电力、蒸汽、热水的生产和供应业	1	4	3	23.9	5.5	18.4	3.38	0.59	2.79
石油加工及炼焦业	2	2	0	15.4	18	-2.6	3.23	1.5	1.73
纺织业	3	3	0	8.8	16.1	-7.3	1.75	0.31	1.44
化学原料及化学制品制造业	4	1	-3	8.5	24.9	-16.4	1.3	2.59	-1.29
橡胶制品业	5	9	4	5.7	2.6	3.1	6.5	22.03	-15.53
通用设备制造业	6	10	4	5.6	2.5	3.1	1.33	3.74	-2.41
煤炭开采和洗选业	7	—	—	—	—	—	1.79		—
医药制造业	8	15	7	3.7	1.7	2	2.19	0.98	1.21
农副食品加工业	9	—	—	—	—	—	0.88	—	—
非金属矿物制品业	10	20	10	3.4	0.7	2.7	0.93	0.67	0.26
前十大行业小计				75.00	72.00	3.00			

银川市的主要工业行业及其在全国的比较优势如表20-4所示,从中可以看出:

(1)主要工业行业的比较优势总体上变化较大。在1995~2005年,银川市前十大工业行业的门类变化较大,1995年时的前四大行业在2005年时仍位居前4位,但顺序发生了变化,电力、蒸汽、热水的生产和供应业由第4位升到了第1位,而化学原料及化学制品制造业由第1位下降到了第4位。变化最大的行业为非金属矿物制品业和饮料制造业。

(2)除农副食品加工业、非金属矿物制品业之外,银川市的主要工业行业在全国的区位商都大于1,具有一定的比较优势,尤其以橡胶制品业,电力、蒸汽、热水的生产和供应业,石油加工及炼焦业的比较优势更为显著,2005年它们在全国的区位商分别高达6.50、3.38、3.23。

(3)2005年橡胶制品业相对于全国的区位商尽管高达6.50,但与1995年相比下降了15.53,这说明该行业在全国的绝对优势地位在动摇,应引起重点关注。

(4)电力、蒸汽、热水的生产和供应业,煤炭开采和洗选业,医药制造业,纺织业,石油加工及炼焦业等行业的地位提升较快,其区位商10年来分别增长了2.79、1.79、1.21、1.44、1.73,这说明银川市具有发展煤电行业、医药和纺织行业的优势。

(二)主要工业行业生产竞争力和市场竞争力

以下从银川市主要工业行业相对于全国总体水平的生产竞争力和市场竞争力来分析银川市产业的优势(表20-5)。生产竞争力根据各地区各主要工业行业的成本费用利润率①、全员劳动生产率②、工业增加值率③等指标,与全国平均值相比得到相对值求和平均。市场竞争力的评价指标包括市场效益

① 成本费用利润率反映工业投入的生产成本及费用的经济效益,同时反映企业为降低成本所取得的经济效益,计算公式为:成本费用利润率=利润总额/成本费用总额。成本费用总额为产品销售成本、销售费用、管理费用、财务费用之和。

② 全员劳动生产率反映企业的生产效率及劳动投入的经济效益,计算公式为:全员劳动生产率=工业增加值/全部职工平均人数。

③ 工业增加值率则用于反映降低中间消耗的经济效益,计算公式为:工业增加值率(%)=工业增加值(现价)/工业总产值(现价)。

优势[①]和市场规模优势[②]两方面，计算方法也是与全国平均值相比得到相对值再求和平均。

表 20-5 主要工业行业（2005 年工业总产值前十位）在全国的竞争力分析

行业分类	生产竞争力	市场竞争力	综合竞争力
电力、蒸汽、热水的生产和供应业	0.61	2.25	1.43
石油加工及炼焦业	0.47	0.31	0.39
纺织业	1.47	1.39	1.43
化学原料及化学制品制造业	0.37	1.20	0.79
橡胶制品业	0.61	4.71	2.66
通用设备制造业	0.26	1.12	0.69
煤炭开采和洗选业	0.47	1.40	0.94
医药制造业	0.59	1.54	1.06
农副食品加工业	0.85	0.69	0.77
非金属矿物制品业	0.61	2.25	1.43

（1）从生产竞争力来看，只有纺织业在全国具有一定竞争能力，其他行业均不具有明显的竞争优势。

（2）主要工业的市场竞争力均比较明显，尤其是橡胶制品业，高达 4.71，非金属矿物制品，医药制造，煤炭开采和洗选，化学原料及化学制品制造，纺织，电力、蒸汽、热水的生产和供应等行业的市场竞争力也较强。

（3）由于各行业生产竞争力比较差，除电力、蒸汽、热水的生产和供应，纺织，橡胶制品，医药制造，非金属矿物制品外，其他行业综合竞争力也相对较弱。

二、主导产业选择的总体思路

（一）主导产业选择与资源优势相结合

在依托优势资源的基础上，以市场需求为导向，按照专业化、特色经济和市场化的要求，使主导产业的选择和发展能够充分与当地资源优势相结合。通过资源的深加工，延长产业链，增加产业的附加价值。

银川市应当依托资源优势和初级产品的比较优势，通过市场化运作，大力引进技术、资金和人才，努力延长相关产业链，增加产品品种，提升产业深加工力度，培养以资源为基础、扩大中间产品和最终产品的比例，形成具有特色的产业链。努力创造银川市特有的产品和品种，不断提高质量，以独具特色和质量可靠的产品积极参与全国市场乃至世界市场的竞争。

（二）主导产业选择与科研开发创新能力相结合

技术进步是推动产业发展和优化升级的根本动力，也是将地区资源优势转化为产业竞争优势的决定性因素。培育出技术先进、有市场竞争力的优势产业是主导产业选择的重要思路之一。要加快运用先进适用技术改造现有产业的步伐，不断完善技术创新的激励机制，鼓励发明，保护知识产权，增强

---

① 市场效益优势包括产销率比和销售收入成本比。产销率反映工业产品已经销售的程度，是分析工业产销衔接情况、研究工业产品满足社会需求的指标，计算公式为产品销售率 = 工业销售产值（现价）/工业总产值（现价）。销售收入成本比反映市场销售扣除成本后的毛利，体现产品的获利情况，计算公式为：销售收入/成本 = 产品销售收入/产品成本。

② 市场规模优势用销售收入比来反映。销售收入比反映某一工业行业销售收入在全部工业销售收入的规模，计算公式为：某一行业销售收入比 = 该行业销售收入/某地区工业行业全部销售收入。

企业技术进步的积极性和投入能力，促进产品质量不断提高，成本不断下降，为银川市产业的竞争优势建立坚实的技术基础。

（三）主导产业选择与可持续发展相结合

在产业结构调整中必须注重生态环境保护和建设，走可持续发展之路。要防止只顾眼前经济效益而牺牲生态环境效益的倾向，有效治理和限制高污染、高消耗行业的发展，禁止对资源进行掠夺式的、破坏环境式的开采。有些资源宜作为战略储备保护起来，这比急于开采更符合可持续发展的要求。大力开展节水节能降耗活动，推广清洁生产，提高资源的综合利用率，建立生态型产业结构体系，实现银川市社会、经济与资源、环境的协调发展。

（四）主导产业选择与现有产业相结合

主导产业的选择要与当地现有产业相结合，能够充分利用已经形成的产业基础。目前，银川市已初步形成一些优势产业，如煤炭和能源重化工、医药、特色农产品加工等，因此，未来主导产业的发展必须与已有产业相结合，最大限度地利用当地的产业基础和优势。

（五）主导产业选择与园区建设相结合

充分发挥园区的各种优势，科学规划、合理布局园区，使各类园区成为产业发展的主要载体。

第三节　产业发展重点与规划导向

根据银川市产业发展演化过程、主导产业选择的原则和总体发展思路，在未来10～20年内，银川产业发展重点思路为：以创新为动力，资源为基础，重点改造和培育五大产业链，把银川建设成为全国重要的以煤化工、石油和天然气化工为主体的能源重化工基地；西部特色旅游中心城市和旅游产品开发和加工基地；西北地区制药、绿色清真农产品、羊绒加工生产基地。

一、能源－重化工业产业链发展与规划

依托当地和周边省区丰富、优质的煤炭石油、天然气资源优势，重点发展能源、石油化工、天然气化工、煤化工及相关的精细化工产业，将能源重化工业发展成为具有全国影响力的产业。重点打造“煤炭化工产业链”和“石油、天然气化工产业链”。

（一）煤炭化工产业链

银川代管的灵武市煤炭探明保有储量209.45亿吨，占宁夏总储量的67.9%。煤炭品种为不黏结煤，具有低灰、低硫、低磷和发热量高的特点，是优质动力煤也是气化和生产活性炭的最佳原料。因此，银川具有发展煤炭采掘、电力、煤化工业的资源基础（表20-6）。

表20-6　煤炭化工产业链

项　目	内　　容
产业定位	●以“煤炭间接液化”、“煤基二甲醚”等大型煤化工项目为重点，最终建成我国现代化的煤炭、电力、煤化工基地
资源状况	●煤炭资源优势突出——探明可采储量273.14亿吨 ●较好的水资源优势——与华北、西北大部分省区相比，水资源优势明显，40亿立方米的黄河水用量 ●土地资源丰富——能源重化工基地位于荒坡地带，不占耕地
市场需求	●通过煤化工产业，以煤为原料获得液体燃料和制取乙烯、丙烯、甲醇等化工产品，缓解国内石油供需矛盾，国内外市场空间很大

续表

项　目	内　　容
发展条件	• 技术——21 万吨/年二甲醚示范工程拟先引进国外开发的技术 • 交通——包兰、宝中铁路与京包、陇海两大铁路干线连通，规划中的太中（银）线将连通能源重化工基地 • 人才——需要在人才培养和引进方面做大量工作 • 资金——建议与国内大型能源企业成立股份制企业，引进资金 • 政策——属于国家能源战略项目和自治区优势产业之一，符合国家西部大开发的总体方针
发展思路	以煤气化为龙头，气体合成为核心，以市场需求的洁净能源和石油化工替代品为产品发展方向，在 10 ~ 15 年内逐步建成为经济效益好、环境友好的现代煤气化产业基地
发展阶段	• 近期，完成“煤间接液化”、“二甲醚（21 万吨/年）”工程项目的前期工作。建成“煤间接液化”一期（80 万 ~ 160 万吨/年）、“甲醇和二甲醚”（30 万 ~ 60 万吨/年）工业示范工程及供水、供电、交通运输等配套工程，基本形成能源重化工基地中煤化工产业雏形 • 中期，建成“煤间接液化”二期（总生产能力达到 320 万吨/年）、“甲醇和二甲醚”（100 万 ~ 120 万吨/年）产业化工程 • 远期，煤化工总产品达到 1000 万吨/年，形成大型能源化工产业基地

1. 产业链发展的条件分析

（1）煤炭资源优势突出。宁东煤田主要位于宁武市辖区，探明可采储量 273.14 亿吨，为我国西部神府、宁东、华亭三大动力煤煤田之一，也是至今尚未大规模开发的煤田。该煤田共划分为碎石井、鸳鸯湖、横城、冯记沟、积家井、石沟驿、萌城、韦州 8 个矿区。碎石井矿区煤田储量 22.1 亿吨，含煤面积 189 平方千米，设计规模 1040 万吨/年，已建成 285 万吨/年能力；羊肠湾煤矿、枣泉煤矿、鸳鸯湖矿区均在加快开发建设，其中鸳鸯湖矿区为规划中能源重化工基地原料煤基地之一，矿区面积 150 平方千米，探明储量 63.62 亿吨，控制储量 29.91 亿吨，规划建设规模 1295 万吨/年，服务年限为 80 ~ 140 年。

（2）具有较好的水资源优势。与华北、西北部分煤炭富集省（区）相比，宁夏在水资源方面具有相对的优势，是发展大型煤化工产业绝好的有利条件。在国家每年分配给宁夏 40 亿立方米的黄河水用量基础上，近年来，自治区大力推行节水灌溉，节水率达到约 40%。因此，目前宁夏尚余 8.35 亿立方米的黄河水资源量，加上节水后剩余的近 20 亿立方米，完全可以保证工业发展对水的需求。

（3）土地资源丰富。宁夏回族自治区境内尚有大量的戈壁荒地，其中，待开发的荒地有 1000 多万亩。规划和建设中的宁东能源重化工基地就位于荒坡地带，地形为低缓丘陵，土地平整成本较低，项目建设占用荒地享受自治区政府的优惠政策，不收取土地占用费及租金，为重化工业的发展提供了重要的保障。

（4）产品市场空间大。宁东能源重化工基地煤化工产业发展以生产发动机液体燃料（汽油、柴油等）、含氧替代洁净燃料（二甲醚、甲醇等）、石油替代化工原料（丙烯、乙烯等）等能源化工品为主。通过煤化工产业，以煤为原料获得液体燃料和制取乙烯、丙烯、甲醇等化工产品，均有缓解国内石油供需矛盾、减少对进口依赖程度的作用，国内外市场空间很大。

2. 发展战略定位及基本思路

银川（宁夏）煤化工产业发展战略定位：建成具有国际先进水平、国内大型现代能源煤化工产业基地，形成支撑区域经济发展的支柱产业。

煤化工产业发展总体思路：充分发挥丰富、优质煤炭资源优势，以煤气化为龙头，气体合成为核心，以市场需求的洁净能源和石油化工替代品为产品方向，通过水、电、交通、土地等资源优化配置与共享，结合石油、天然气、电力、热力、建材等产业发展，引进国外先进技术与国内自主知识产权技术相结合，高起点、规模化建设，在 10 ~ 15 年内逐步建成经济效益好、环境友好的现代煤气化多联产产业基地。

3. 发展重点

为适应银川市经济社会加速发展的需求，逐步建成我国西电东送北通道的电源核心，从“十五”开始，用20年左右时间，建成我国西北重要的沿黄电源基地，发电装机容量达2000万千瓦左右。2010年前建成灵武电厂一期240万千瓦、大坝电厂三期240万千瓦，争取开工建设灵武电厂二期120万千瓦，沙沟电厂360万千瓦，古窑子电厂360万千瓦。届时银川市将会有更充裕的电力供应，并向华北电网送电。

从“十五”开始，建设宁东能源重化工基地，包括枣泉矿(500万吨/年)、鸳鸯湖矿(1295万吨/年)等，在2010年前形成年产3000万吨原煤大型矿区、4×60万千瓦电厂一座、年产500万吨油品和化学品的煤炭间接液化厂一座。

(二) 石油、天然气——化工产业链

1. 现状分析

距银川较近的陕甘宁气田是我国目前已发现的最大的整装气田，已探明储量约5000亿立方米。目前已建成由靖边到银川年输气10万立方米（设计年输送量为6亿立方米，对该管道进行加压改造，可达到10亿立方米）的输气管道，为银川天然气化工基地建设提供了资源保障。

宁夏回族自治区的石油化工产业主要集中在银川市，核心骨干企业包括中石油宁夏大元炼化股份有限公司、中石油宁夏石化分公司和银川橡胶厂三大企业。橡胶制品、炼油和天然气化肥是银川市的特色优势产业和产品，在自治区乃至全国都占有重要地位。2005年，银川市合成氨产量为75.16万吨，汽油产量53.52万吨，柴油73.47万吨，轮胎产能304.56万套，在全国居于前列。

位于宁夏境内的长庆油田第三采油厂（厂部在盐池县，生活基地在银川），2001年原油产量166.8万吨（其中多数油井在陕西榆林市境）。原油由输油管输送至包兰铁路石空站，再分别运至银川和兰州。大元石油加工能力为225万吨，目前油源严重不足。

2. 产业发展定位

利用石油天然气资源，把银川市建设成为以化肥和有机合成材料、有机化工、精细化工等为主的西北地区重要的石油天然气化工生产基地，以及西北地区最大的轮胎生产和销售基地（表20-7）。

表20-7 石油、天然气——化工产业链的发展战略

项　目	内　　容
产业定位	利用石油、天然气资源，把银川市建设成为以化肥和有机合成材料、有机化工、精细化工等为主的西北地区重要的石油、天然气化工生产基地，西北地区最大的轮胎生产和销售基地
发展条件和基础	• 靠近我国最大的整装气田（储量约5 000亿立方米）；已建成由靖边到银川年输气10万立方米的输气管道；靠近长庆油田（2001年原油产量166.8万吨） • 已经形成具有一定市场竞争力的企业——中石油宁夏石化分公司、宁夏捷美丰友化工有限公司、宁夏大元炼油化工有限公司、宁夏宝塔石化有限公司
制约因素	• 石油原油供给不能满足炼油能力 • 受到来自兰州的竞争压力
发展重点	• 天然气为原料，生产甲醇、二甲醚及烯烃 • 合成氨、尿素 • 油品、有机合成材料和化工、精细化工 • 重交沥青项目和油品催化裂化项目 • 全钢载重子午胎

3. 发展重点

依托中石油宁夏石化分公司、宁夏捷美丰友化工有限公司、宁夏大元炼油化工有限公司、宁夏宝塔石化有限公司等，使银川成为利用天然气生产大化肥的生产基地；以天然气为原料，发展甲醇、二甲醚及烯烃等产品；提高原油加工能力，改造重油催化裂化装置，开发石油系列产品，促进石油化工产业升级。

发挥现有基础优势，重点建设和改造化肥生产设备，将银川建设成为利用天然气生产300万吨大颗粒化肥的生产基地。

积极探索以石油、天然气为原料生产甲醇、二甲醚及烯烃等具有明显技术优势和经济优势的深加工产品，完善宁夏大元炼化公司150万～200万吨/年的原油加工能力，抓紧建设2万吨氢氧化钾、1.5万吨甲烷氯化物、4万吨丙烯酸及其酯类、3000吨氯化聚丙烯项目和30万吨加氢精制装置，形成原油加工、有机合成材料、有机化工、精细化工等多种产品的技术密集型复合集团。

橡胶行业重点是搞好银川橡胶厂100万套/年全钢载重子午胎工程的分期规划和建设，使银川橡胶厂成为我国西部地区最大的轮胎生产企业。

在空间发展上，以灵武重化工业基地为依托，近期重点进行宝塔石65万吨的油品项目、100万吨重交沥青项目和25万吨的油品催化裂化项目的建设，远期可以考虑将重化工业企业陆续搬迁到灵武重化工业基地，发挥企业集聚效益，同时也可避免中心城区环境污染和用地紧张等问题。

二、现代农业——农产品深加工产业链的发展与规划

用工业化理念经营农业，重点是要做大做强农业产业化龙头企业，发展绿色农业、精品农业、旅游观光农业、创汇农业，推进传统农业向现代农业转变。立足市场观念，对银川市现有农产品进行整合，打造知名品牌。

（一）农业产业化发展的现状

目前，银川市及周边地区已经形成一批具有地方特色的农业产业化龙头企业，这些企业对银川市农业产业化和现代化起到了重要的作用。在玉泉葡萄酒厂等企业带动下，银川市葡萄种植面积已经发展到5.3万亩；中药材依托启元制药有限公司、多维制药有限公司、千禧药厂、麻黄药业有限公司，各种中药材的种植面积已经有3.4万亩，包括甘草、麻黄草、苁蓉、杜仲、银杏、葫芦巴等，为银川市发展中药和医药保健品产业提供了优质和丰富的原料；以玉米原料为主的龙头企业涉及制药、食品、饲料等，除启元和多维药业等企业大量消耗玉米外，宁夏谷氨酸厂、宁夏味精厂、贺兰乳酸钙厂、京星玉米淀粉厂等食品公司，以及饲料加工企业如宁夏饲料总厂、银川饲料公司、永宁县饲料厂等对玉米种植业的发展也具有重要的拉动作用；以养殖业为主的益利兔业集团，以及夏进乳业、维维北塔乳业、北方乳业、金河乳业等畜产品和乳制品生产企业对银川市和周边地区畜牧业发展起到了积极的作用。

但就总体而言，银川市农业产业化程度仍然较低，缺乏知名品牌和大型龙头企业的带动，因此，培育和引进具有全国意义的农业产业化龙头企业，对银川市农业的现代化和市场化具有重要的意义。

（二）农业产业化发展的条件

银川市发展农业的水、土、气等资源配合良好，是全国重要商品粮生产基地和农区畜牧产品生产基地，特别是我国西部优质小麦、水稻、玉米、酿酒葡萄和中药材的最佳生长区域之一。丰富和优质的农产品为农业产业化提供了保障。

银川市及周边地区中药材资源丰富，除天然中药材外，人工栽培的药材种类多、品种全，目前已成为我国西北重要的商品药材基地。特别是枸杞、甘草、麻黄草、苁蓉、杜仲、银杏、葫芦巴等药材在国内外医药市场上占有重要的地位，这一优势条件为银川市中药材产业化提供了基础。

畜牧业和水产养殖业在西北地区占有重要的位置。银川市及其周边地区尚待开发的荒地资源丰富，可开发利用的草场近4000万亩，是我国的重要天然牧场之一，特别是肥沃富饶的银川平原是农牧业发展的重要基地。

（三）主要农业和农产品产业链设计和发展战略

充分发挥银川市农业和农产品资源、经济、市场和技术优势，依托优势农产品专业化生产、特色农产品和畜产品加工业，逐步形成农畜产品生产和加工产业链，实现农畜产品加工与原料基地的有机结合。在提高农畜产品综合加工能力的同时，逐步延伸农畜产品产业链条，由初级加工向精深加工转变，由传统加工业向采用适用技术转变，将银川市建设成为我国具有地区特色的农畜产品加工基地（图20-1）。

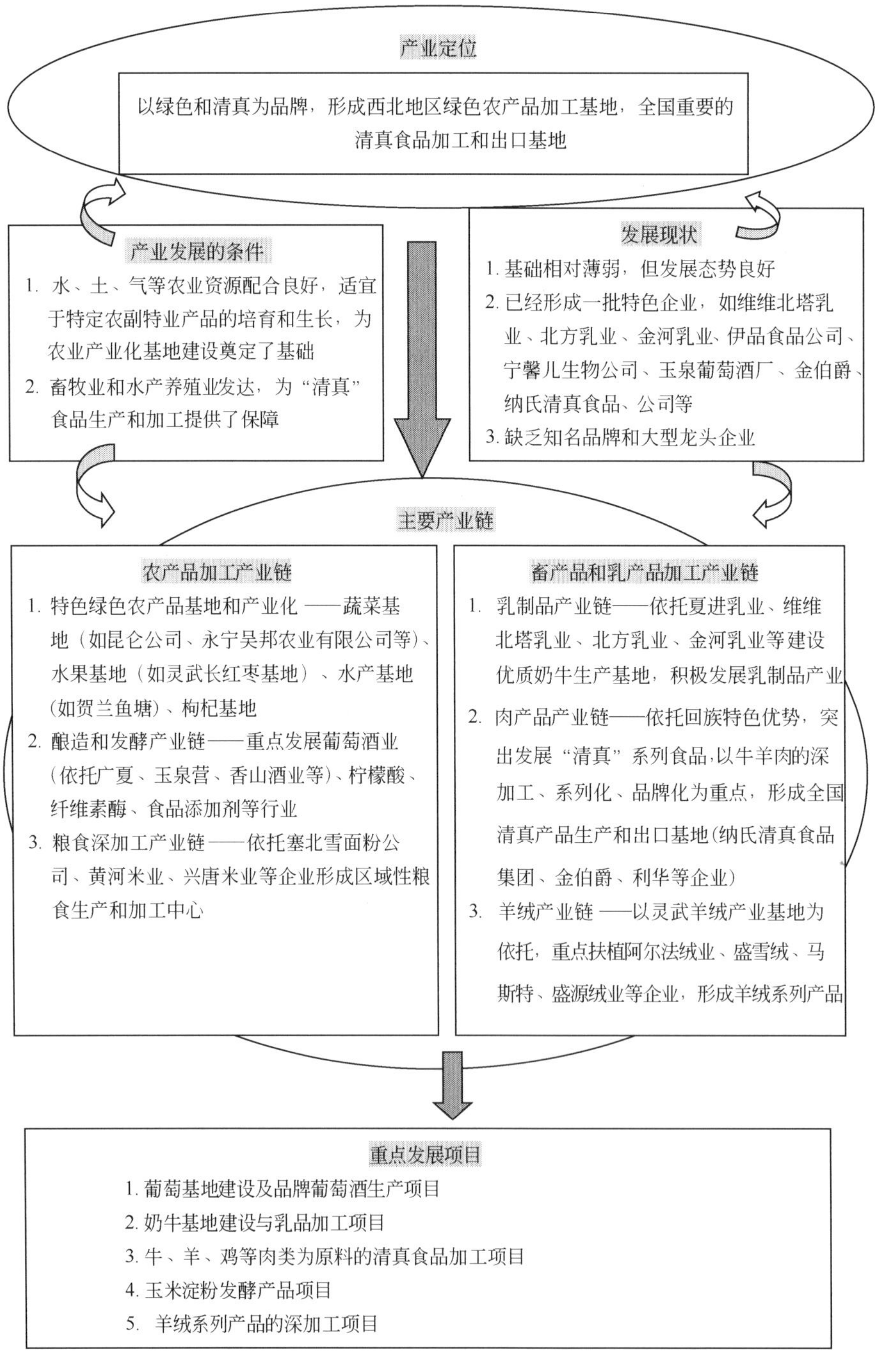

图20-1　银川市现代农业——农产品加工产业链发展战略

1. 农产品加工产业链

根据银川市农产品市场需求、农业资源状况、技术水平和消费习惯等，银川市现代农业和农产品加工产业链主要发展方向为：一是依托当地农业生产环境条件的优势，建立绿色农产品生产基地，形成特色农产品加工产业链；二是利用当地气候条件和特种农产品优势，建立酿造与发酵产业链；三是依托银川及周边地区优质商品粮基地优势，建立粮食深加工产业链。

1）特色绿色农产品生产基地和产业化

银川平原素有“塞上江南”之美称，黄河两岸在西北地区是最适宜于农牧业生产的地区，加之这一地区的环境几乎没有受到污染，为无公害、天然绿色农食品的生产提供了条件。

产业发展定位是依托资源和品质优势，形成全国重要的枸杞和长红枣生产基地和西北地区最大的无公害蔬菜和水产生产基地。

产业发展思路是以“天然”和“绿色”为品牌，通过构建市场营销网路组织以及企业化运作模式，带动农产品基地建设。

产业发展重点是搞好四大农产品基地建设，形成全国重要的枸杞和长红枣生产基地和西北地区最大的蔬菜和水产生产基地；培育龙头企业，促进农产品的产业化进程。

2）酿造和发酵产业链

银川具有发展酿造和发酵业的各种资源优势：一是当地的气候条件适宜于酿造和发酵产业的发展；二是用于酿造和发酵产业发展的特种农产品产量大、品质优良；三是已经形成一批技术水平高，市场占有能力强的龙头加工企业；四是农业产品基地化生产和标准化管理的模式在当地已经初步建立，因此，银川市具有做强和做大酿造与发酵产业链的基本条件。

产业发展定位是充分发挥各种资源优势，积极开拓市场，打造具有西北地方特色的酿造和发酵产业，形成全国著名的酿造葡萄生产基地和葡萄酒产区。

产业发展思路是立足市场，以技术和品牌为核心，重点扶植几家龙头企业，通过龙头企业的发展，带动基地建设，延伸产业链。

产业发展重点是以品牌为突破口，构建银川市酿造业的核心竞争力，重点扶持和发展龙头企业，并以龙头企业带动葡萄种植基地的发展；引进现代生物发酵技术，以食品添加剂和淀粉为产业突破口，积极发展发酵行业。

3）粮食深加工产业链

银川是我国重要的商品粮基地，人均粮食产品位居全国前列，粮食的品质优良，属于无公害粮食的重要产区。每年有大量的商品粮销往全国各地，有条件成为我国北方地区优质、无公害小麦和水稻深加工产地。

产业发展定位是充分利用银川商品粮基地优势，以优质水稻、小麦等原料，扶植“珍珠米”、“塞北雪”等知名品牌，形成具有北方特色的无公害小麦和水稻深加工基地。

产业发展思路是以知名品牌为核心，整合现有粮食加工企业，在扩大企业生产规模的基础上，突出“无公害”和“清真”特色品牌，形成与基地相结合的粮食深加工产业链。

产业发展重点是近期扶植塞北雪面粉、米业等粮食加工龙头企业；指定和扶持绿色标准化粮食生产基地；加大清真食品的开发力度，促进粮食加工产业链的延伸。

2. 畜产品和乳制品加工产业链

根据银川市畜产品市场需求、草场和畜产资源状况，以及当地居民畜产品的消费习惯等，银川市畜产品加工产业链的主要发展方向：一是依托当地奶业发展的客观优势条件，积极引进国内知名奶业品牌，建立奶牛养殖和乳产品加工产业链；二是以“清真”为品牌，建立肉产品产业链；三是发挥银川和周边地区羊绒流通控制作用，做大做强羊绒产业链。

1）乳制品产业链

产业发展定位是依托当地企业，积极引进和挂靠名牌企业，通过乳制品企业与奶源基地相结合的模式，延伸乳制品产业链，形成具有全国竞争优势的乳制品产业，同时促进奶牛养殖业地位的提高。

产业发展思路是以引进和挂靠国内业界大企业为核心，提升银川市乳制品产业的整体实力，同时积极建设奶源基地，确保乳制品产业的持续竞争力。

产业发展重点是尽快规划好银川饲草基地和优质奶牛基地，投入专项资金建设好奶源供应基地；重点扶持和发展具有一定竞争能力的乳产品生产企业；以发酵型酸奶为中心，建立年产20万吨的发酵酸奶，形成银川市自有品牌。

2）肉产品产业链

清真肉类产品是银川食品产业的优势和特色，目前已经形成一定的生产规模，但与其资源优势和品牌优势不对称，发展潜力没有充分挖掘出来。从长远发展态势来看，银川市肉产品加工产业具有成为我国清真产品的生产和出口基地的能力。

产业发展定位是发挥回族特色和民族风俗习惯，突出“清真”品牌，促进牛羊肉产品的深加工、系列化和品牌化，把银川市建设成为我国清真产品生产和出口基地。

产业发展思路是以“清真”牛羊肉为品牌，搞好养殖基地建设，扶植龙头企业，促进清真肉类产品的产业化和基地建设。

产业发展重点是扶持纳氏清真食品实业集团和金伯爵有限公司等清真食品企业，大力发展以牛、羊肉为主要原料的清真食品（包括分割肉、香肠、火腿等肉制品和其他穆斯林食品），建议以大型肉产品加工企业为龙头，建设大型肉牛基地、羔羊基地和鸡鸭等家禽基地。

3）羊绒产业链

银川市羊绒产业起步于原绒的收购和销售，羊绒产业化步伐相对较慢，近年来发展比较快。羊绒产业主要集中在灵武市，但主要以初加工为主，大部分企业以无毛绒生产为主。羊绒产业链发展处于低端阶段，发展潜力较大，但面临的竞争压力也较大。

产业发展定位是发挥银川市和周边地区原绒流通控制地位，近期重点发展原绒初加工，包括无毛绒和绒条的生产，远期以引进国内外知名品牌，如鄂尔多斯羊绒企业，向羊绒深加工产业链发展，形成我国最大的原绒和无毛绒集散和生产基地以及羊绒产品的加工基地。

产业发展思路是依托原绒流通控制能力和灵武羊绒产业园区，近期重点发展原绒和绒条，远期向纺纱、面料和成衣发展。

产业发展重点是积极推进银川市羊绒产业的深加工，近期重点发展绒条加工，远期向纺纱、面料和成衣发展；引进国内外知名企业，做大做强羊绒产业。

三、医药产业链发展与规划

（一）现状分析和评价

银川市医药产业总量、企业规模和市场份额小，急需做大做强；产业链发展不完善，多数环节在全国处于中下游水平。研发环节需要加强，力争成为我国特色中医药产业的创新源头。原料基地建设初具规模，但尚需进一步发展。生产环节在全国处于中游水平，中药和生化制药是发展重点。

（二）产业定位

银川市医药产业已具备重点扶持、快速发展的条件，今后应增加产业倾斜和重点企业的扶持等政策，把银川建设成为全区研发和生产制药中心，药业生产、加工、销售基地（图20-2）。

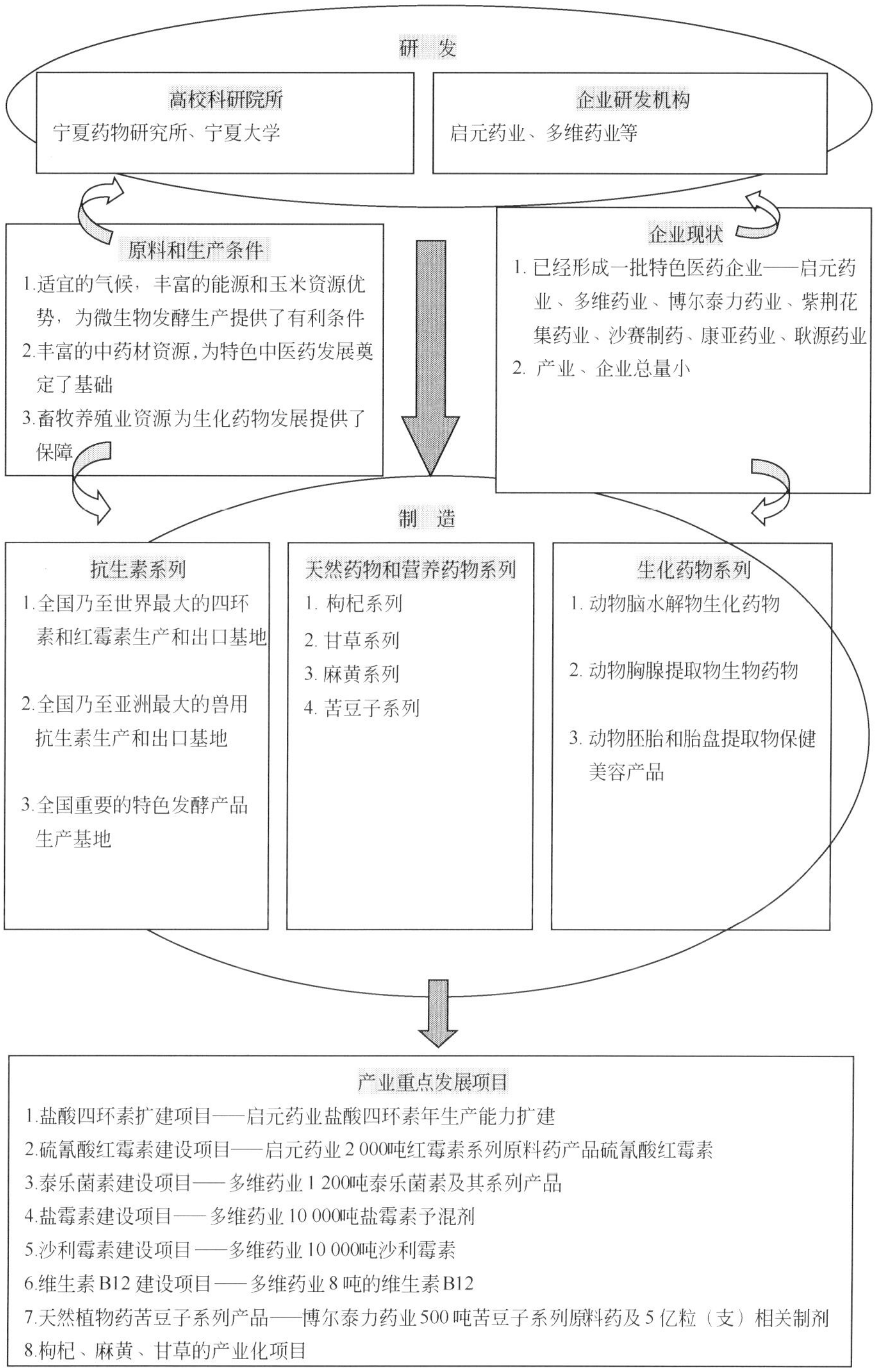

图 20-2　医药产业链发展与规划

（三）产业发展思路

1. 利用独特的地理区位优势，发展人、兽用抗生素系列产品

银川市干燥的气候，再加上当地的能源和玉米资源优势，为发展微生物发酵生产抗生素系列产品提供了得天独厚的有利条件：一是建设全国乃至世界最大的四环素和红霉素生产和出口基地；二是建设全国乃至亚洲最大的兽用抗生素生产和出口基地；三是选择和建设其他具有优势的发酵产品新增长

点和生产基地。

2. 发挥和利用药用植物资源优势，发展天然药物和营养药物

银川市及其周边地区拥有丰富的药材资源，为发展天然药物和营养药物提供了有利条件。发展重点：一是发展枸杞系列天然药物和营养药物产品；二是发展甘草系列天然药物产品；三是发展麻黄系列天然药物产品；四是发展苦豆子系列天然药物产品。

3. 发挥和利用畜牧养殖业资源优势，有选择地发展生化药物

畜牧养殖产业是实现农产品转化增值、促进种植业发展、带动农产品加工业的重要环节。猪、牛、羊的养殖是自治区畜牧业重点发展的三个重要领域。畜牧业的发展为生化药物的发展提供了可靠的原料来源。根据畜牧业发展的进程和规模，适当发展生化药物产品：一是发展动物脑水解物生化药物；二是发展动物胸腺提取物生物药物；三是发展动物胚胎和胎盘提取物保健美容产品。

（四）产业发展重点

根据银川市医药产业发展的现状和基础，考虑到银川市区位优势和资源优势，医药产业的发展重点：一是重点支持和继续发展人、兽用抗生素系列产品；二是积极发展天然药物和营养药物，支持枸杞、天然植物药苦豆子、麻黄等中药材的种植、产业化开发，形成我国重要的中药材生产和出口基地。

四、以数控机床为突破口，推进现代制造业和高新技术产业的发展

发展装备制造业，并在技术上处于领先地位，是体现国家或地区产业竞争实力的重要表现。数控机床是装备制造业的主力，数控机床的拥有量及其技术水平，也是衡量制造业水平的重要标志。发展数控机床，提高数控机床的生产能力和技术水平，是提升制造业和高新技术产业的重要手段（表20-8）。

表20-8　银川市机床发展战略

项　目	内　容
产业定位	利用现有的基础条件，成为面向国内外市场的西部重要的数控机床产业化基地，以数控机床为突破口，带动现代制造业和高新技术产业的发展
发展现状	拥有中日合资宁夏小巨人机床有限公司、长城机床厂、大河机床厂、中日合资长城须崎铸造股份有限公司和西北轴承等企业
市场需求	我国机床市场消费额超过美国，成为世界第一机床消费大国，同时成为世界机床第一进口大国。主要需求行业：一是汽车、摩托车产业；二是以航天航空和IT产业为代表的高新技术产业；三是模具制造业；四是传统产业的技术改造
发展思路	• 产业的聚集规模——2010年数控机床产量控制在2000台 • 优势主导产品——以数控车床、立卧式加工中心和复合加工机床为主 • 研发中心——与国外企业、国内沿海企业和高等院校广泛开展合作，形成高起点的技术研发中心
发展战略	• 差异化战略——以普及型数控车床为基础，大力发展车削中心，进而发展复合加工机床；与此同时加快立、卧加工中心的发展 • 品牌战略——大河、长城、小巨人等 • 技术创新战略——获取新技术，构建国际化的高新技术产业链

（一）产业发展现状和优势

银川市是我国西部地区主要的机床制造基地之一，拥有中日合资宁夏小巨人机床有限公司、长城

机床厂、大河机床厂、中日合资长城须崎铸造股份有限公司和西北轴承集团有限公司等企业。

银川市发展数控机床的基础条件优越，其中，长城、大河两机床厂是国内较早生产数控机床的厂家，其主导产品数控车床、加工中心具有较好的市场信誉；小巨人机床有限公司是目前国内机床制造业中，第一个智能网络化工厂，其硬件设施（生产装备）和管理软件都处于领先地位。

（二）产业发展定位

利用现有的基础条件，加快数控机床产业化基地的建设步伐，建成面向国内外市场的数控机床产业化基地。

数控机床是决定制造业水平的主流装备，是技术密集型高新技术产业。因此，以数控机床为突破口，用先进的数控机床改造和提升银川市制造业和高新技术产业具有重要的意义。

（三）产业发展思路

银川市建设数控机床产业化基地，必须以制造技术和信息技术为结合点，把数控机床作为主导产品，依托与国内外企业的合作、与高等院校的合作，不断吸取先进技术，提高产品的技术水平。

（四）以数控机床为突破口，带动制造业和高新技术产业的发展

以数控机床为核心，带动银川市现代制造业和高新技术的发展。

一是数控机床的发展需要电子信息等高新技术产业的支撑，因此，银川市电子信息产业，特别是计算机和应用软件的发展，要与数控机床的发展紧密结合。

二是数控机床是提升传统制造业的关键，因此，银川市制造业，特别是机械制造业要广泛采用先进的数控机床，提升产品的质量和档次。

三是数控机床市场需求广泛，汽车、摩托车及其他机械制造业都离不开数控机床的支撑，因此，银川市也要发展一些广泛利用数控机床的制造业。

四是围绕数控机床发展一些配套产业，如西北轴承股份公司可以围绕数控机床生产电主轴和精密轴承，为数控机床企业及国内相关企业进行配套生产。

五、稀有金属产业链发展与规划

银川市及周边地区具有丰富的电力资源，为发展稀有金属提供了能源保障。在其周边城市中，石嘴山市已经形成以钽铍铌为核心的稀有金属生产和加工基地，为银川市进一步的产业化生产提供了原料、技术等支撑，银川市大学和科研机构的研究和开发力量，为稀有金属的深加工和高新技术产业化发展提供了研发力量。

（一）产业发展态势

宁夏东方有色金属集团是我国最大的铍钽铌生产和研发企业，集中了大量的科研技术人才和开发能力，在银川市的产业化生产中具有极强的实力和发展前景。

（二）产业发展定位

重点发展钽铍铌稀有金属深加工产品，钽铌晶体棒、钽电容器、铌电容器等高附加价值稀有金属加工工业，形成特种稀有金属高新技术产业化基地（图20-3）。

（三）产业发展思路和重点

发挥东方有色集团的各种优势，在高新技术开发区建立产业化基地，形成研发和产品市场开发紧密结合的产业链。

依托宁夏钽粉、钽丝及铌粉的资源优势，利用国家科技型中小企业创新基金和国家“863”项目成果，将片式钽、铌电解电容器做大做强。积极推进技术进步，降低产品成本，不断开发新产品，提高市场竞争力。

重点发展钽铌晶体棒、钽电容器、铌电容器等高新技术产品。

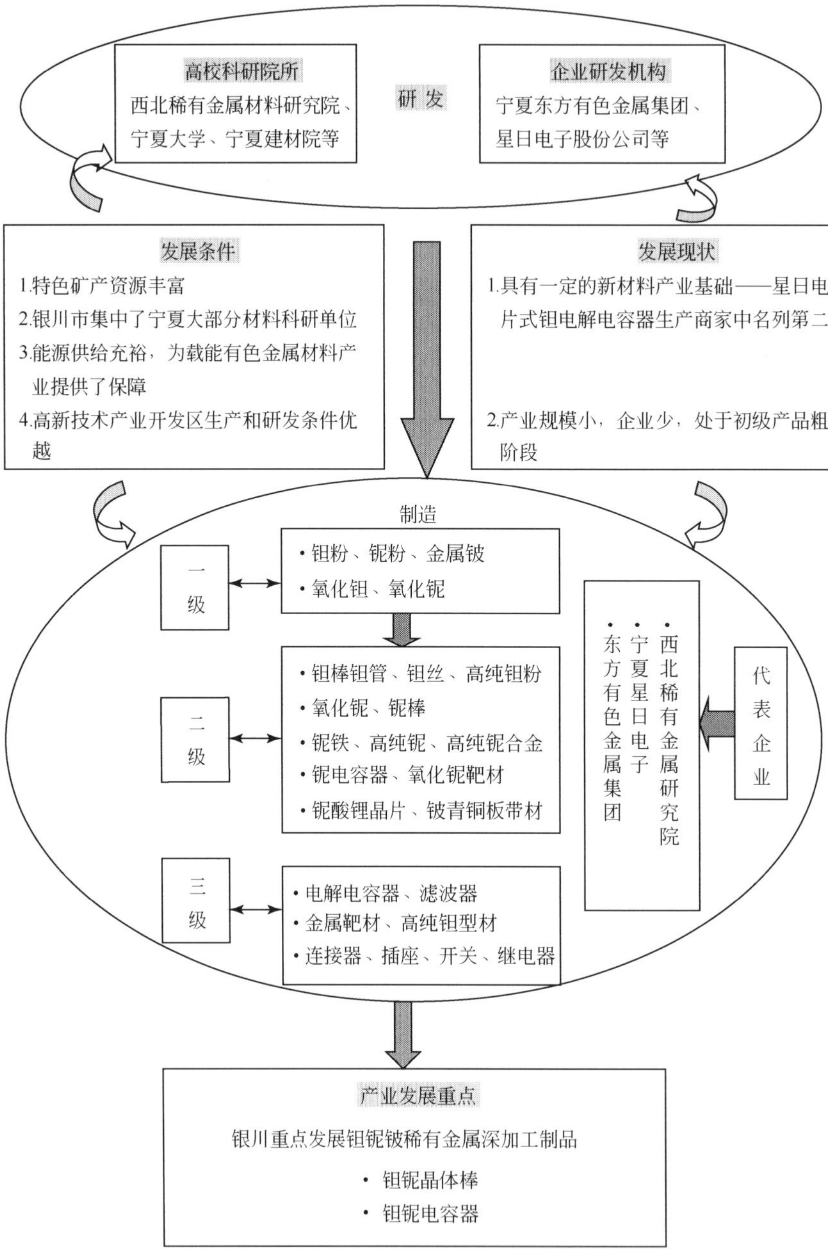

图 20-3　稀有金属产业链规划与发展

第二十一章　烟台市制造业发展与规划

以现代发展理念和科学发展观为准则，把握国家区域空间战略调整中带来的机遇，尤其是山东省赋予烟台市的重要战略地位，充分发挥烟台综合优势，把烟台市建设成为我国北方沿海地区具有较强产业竞争力和辐射带动作用的现代化区域产业基地，形成山东半岛承接日韩产业转移的核心城市以及胶东半岛制造业基地的重要支撑点。

第一节　烟台市制造业发展整体评价

2007 年烟台市完成国内生产总值 2878 亿元，第二产业实现增加值 1755 亿元，第三产业实现增加值 884 亿元，三次产业结构为 8.30:60.99:30.71，烟台市已成为引领山东省经济持续发展的重要增长极。

一、制造业实力水平较高

烟台市制造业实力强劲，创造的工业产值位居青岛市之后，排在山东省第二位，成为山东半岛承接日本、韩国及欧美产业转移的主要核心地区。2007 年烟台市第二产业增加值为 1755.79 亿元，居山东省第二位，产值增长率为 17.8%。2007 年烟台市规模以上制造业总产值为 1563.6 亿元，比上年增长 21.55%，实现主营业务收入 6444.1 亿元、利税 628.3 亿元、利润 474.9 亿元，分别增长 29.4%、27.7% 和 29.5%。上述四项指标绝对额均居山东省第二位，具有较强的制造业发展基础。

二、四大支柱产业作用较强

烟台市已经形成机械制造、电子信息、黄金和食品加工制造四大支柱产业体系（图 21-1），2007 年四

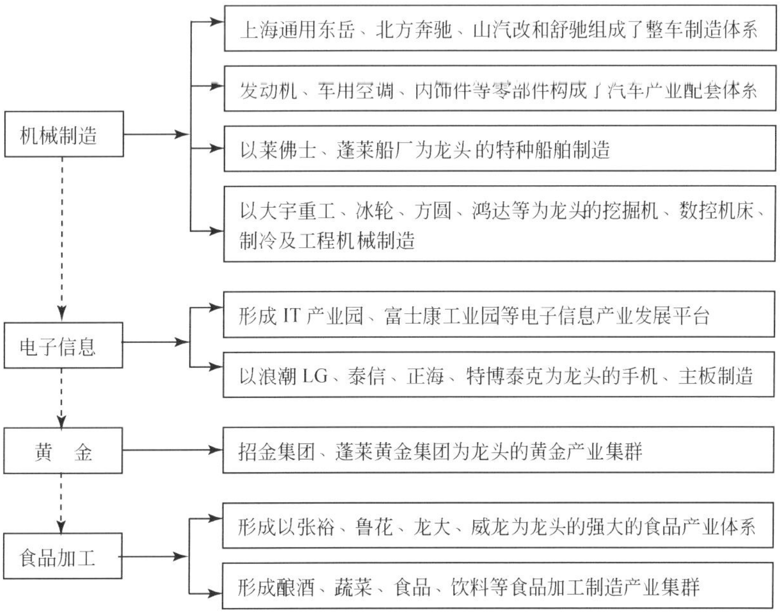

图 21-1　烟台市四大支柱产业发展体系

大支柱产业的制造业贡献率为56%，明显拉动烟台经济发展。张裕葡萄酒、东岳汽车、鲁花、龙大食品、招远黄金、龙口粉丝、蓬莱旅游、长岛海鲜产品等都是烟台市经济发展中重要的产品形象代表。

三、县域产业特色明显

蓬莱、龙口、莱州、莱阳等县级市经济发展快速，特色经济明显，具有较强的竞争力。龙口市的汽车零部件加工业以及强大的民营企业集团、蓬莱的旅游业和港口工业、莱阳市的农产品加工业、招远市的黄金冶炼加工业、莱州市的石材加工业、海阳市的毛衫加工业等都已经形成了各自的特色经济。

四、制造业发展模式具有推广性

（一）资源依赖型动力模式

依靠资源优势发展形成的产业群，主要包括农产品加工、果品加工、葡萄酒、建材、黄金冶炼等产业群，形成了在全国层面上具有强大竞争力的张裕、鲁花、龙大、山村果园、威龙、招金集团、蓬莱黄金集团等龙头企业。

（二）市场带动型动力模式

利用市场带动能力，带动整个区域相关产业的发展，如蛇窝泊果品市场的形成带动了烟台苹果产业化的发展。

（三）龙头企业带动型动力模式

东岳、南山集团、丛林集团、张裕集团等龙头企业带动了汽车产业、铝型材加工、葡萄酒加工等产业的发展，也带动了龙口市、烟台经济开发区等区域的跨越式发展。

（四）产业集群带动型动力模式

以产业集群的发展模式带动整个产业的发展，如莱州石材加工业、海阳毛衫加工业、烟台开发区和福山开发区的汽车零配件产业集群等。

（五）区位优势发展型动力模式

利用现有的区位优势和港口优势发展起来的制造业，如烟台开发区电子信息产业群，蓬莱、龙口和莱州的港口工业，这些成为对接日韩制造业转移的重要产业基地。

五、外向型经济特征明显

外向型经济特征突出，外向型产业成为烟台产业发展最为重要的组成部分，2007年，烟台市进一步突出对外开放在经济社会发展中的“龙头”和统领地位。烟台市2007年进出口总额约200亿元美元，约占山东省1/5。对外贸易增速居首批14个沿海开放城市首位，外贸依存度达到60.4%，提高11.5个百分点，占山东省对外贸易总额的19.5%，同比提高3.7个百分点，其外贸依存度高于山东省外贸依存度，但低于全国外贸依存度和青岛外贸依存度。

虽然烟台市外贸外资增长幅度大，但因其国际化水平较低，其潜在的外向型经济能力仍未能发挥出来。

第二节　制造业竞争力分析

烟台市经过改革开放30年的发展，特别是近5年的发展，已经形成机械制造、电子信息、食品和黄金等四大优势产业，在全国和省内具有较强的竞争力。

一、优势工业行业分析与选择

在区域经济分析中，常用区位商来衡量某一区域某行业在更高层次区域中的地位和作用，或某行业在区域经济中的专业化程度。本节利用区位商的分析方法，依据《1998～2003 年中国统计年鉴》、《山东省统计年鉴》和《烟台市统计年鉴》，就限额以上的 27 种制造业在全国和山东省的地位和专业化程度进行了分析。

（一）主要制造业在全国的竞争力分析

从全国层面来看（表 21-1 和图 21-2），烟台市制造业的竞争力可分为三类，即具有绝对竞争力的行业、具有一定竞争力的行业和缺乏竞争力的行业。

表 21-1　烟台市制造业相对于全国的区位商分析

工业行业	区位商	工业行业	区位商
有色金属矿采业	19.01	塑料制品业	0.97
橡胶制品业	2.82	化学纤维制造业	0.93
食品制造业	2.43	交通运输设备制造业	0.75
非金属矿采选业	2.42	文教体育用品制造业	0.74
食品加工业	2.22	印刷业、记录媒介的复制	0.70
饮料制造业	2.01	木材加工及竹、藤、棕、草制品业	0.70
普通机械制造业	1.78	皮革、毛皮、羽绒及其制品业	0.57
有色金属冶炼及压延加工业	1.67	造纸及纸制品业	0.54
专用设备制造业	1.65	仪器仪表及文化办公用机械制造业	0.50
纺织业	1.50	家具制造业	0.46
金属制品业	1.29	黑色金属冶炼及压延加工业	0.43
非金属矿物制造业	1.17	医药制造业	0.37
化学原料及化学制品制造业	1.14	服装及其他纤维制品制造业	0.36
电气机械及器材制造业	1.05	电子及通信设备制造业	0.34

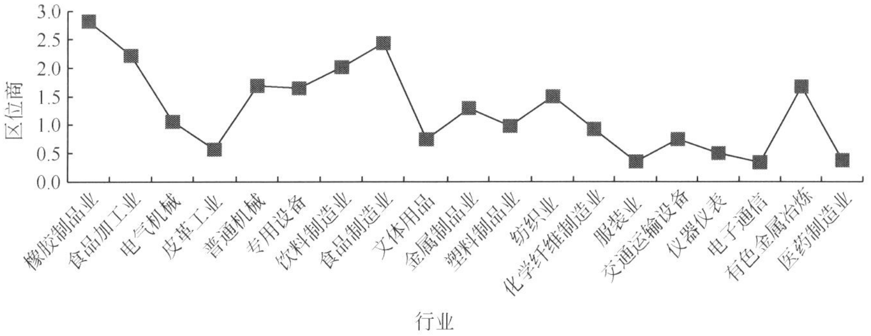

图 21-2　烟台市主要制造业相对于全国的区位商比较

1. 具有绝对竞争力的行业

这些行业的区位商大于等于 2，主要包括有色金属矿采业（黄金）、橡胶制品业、食品制造业、非金属矿采选业、食品加工业和饮料制造业。

2. 具有一定竞争力的行业

这些行业的区位商大于等于1，但小于2，主要包括普通机械制造业、有色金属冶炼及压延加工业、专用设备制造业、纺织业、金属制品业、非金属矿物制造业、化学原料及化学制品制造业和电气机械及器材制造业。

3. 缺乏竞争力的行业

这些行业的区位商小于1，主要包括塑料制品业，化学纤维制造业，交通运输设备制造业，文教体育用品制造业，印刷业、记录媒介的复制，木材加工及竹、藤、棕、草制品业，皮革、毛皮、羽绒及其制品业，造纸及纸制品业，仪器仪表及文化办公用机械制造业，家具制造业，黑色金属冶炼及压延加工业，医药制造业，服装及其他纤维制品制造业和电子及通信设备制造业。

（二）主要制造业在山东省的竞争力分析

从山东省层面来看（表21-2和图21-3），烟台市制造业的竞争力也可分为三类，即具有绝对竞争力的行业、具有一定竞争力的行业和缺乏竞争力的行业。

表21-2　烟台市制造业相对于山东省的区位商分析

工业行业	区位商	工业行业	区位商
有色金属矿采业	7.72	木材加工及竹、藤、棕、草制品业	1.08
有色金属冶炼及压延加工业	3.80	橡胶制品业	0.94
饮料制造业	1.96	食品加工业	0.93
食品制造业	1.80	化学纤维制造业	0.90
金属制品业	1.64	电子及通信设备制造业	0.90
印刷业、记录媒介的复制	1.62	电气机械及器材制造业	0.89
非金属矿采选业	1.49	专用设备制造业	0.89
普通机械制造业	1.48	非金属矿物制造业	0.88
塑料制品业	1.29	黑色金属冶炼及压延加工业	0.71
仪器仪表及文化办公用机械制造业	1.22	皮革、毛皮、羽绒及其制品业	0.64
交通运输设备制造业	1.19	服装及其他纤维制品制造业	0.61
纺织业	1.14	医药制造业	0.56
化学原料及化学制品制造业	1.10	家具制造业	0.52
文教体育用品制造业	1.09	造纸及纸制品业	0.33

1. 具有绝对竞争力的行业

这些行业的区位商大于等于2，主要包括有色金属矿采业、有色金属冶炼及压延加工业。

2. 具有一定竞争力的行业

这些行业的区位商大于等于1，但小于2，主要包括饮料制造业，食品制造业，金属制品业，印刷业、记录媒介的复制，非金属矿采选业，普通机械制造业，塑料制品业，仪器仪表及文化办公用机械制造业，交通运输设备制造业，纺织业，化学原料及化学制品制造业，文教体育用品制造业和木材加工及竹、藤、棕、草制品业。

3. 缺乏竞争力的行业

这些行业的区位商小于1，主要包括橡胶制品业，食品加工业，化学纤维制造业，电子及通信设备制造业，电气机械及器材制造业，专用设备制造业，非金属矿物制造业，黑色金属冶炼及压延加工业，皮革、毛皮、羽绒及其制品业，服装及其他纤维制品制造业，医药制造业，家具制造业，造纸及纸制品业。

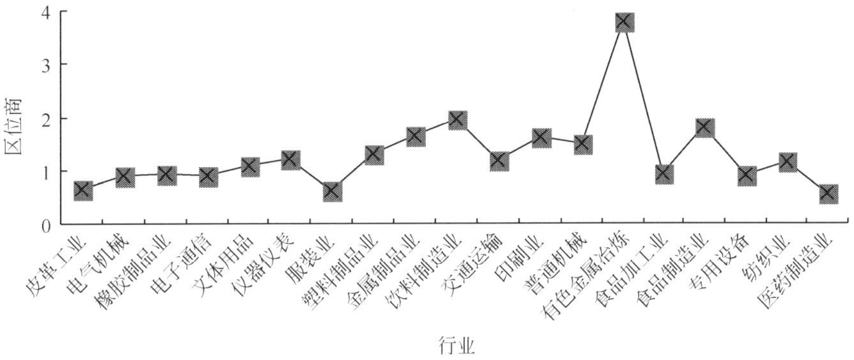

图21-3　烟台市主要制造业在山东省的区位商比较

二、主要制造业增长优势和竞争优势分析

（一）制造业发展动态分析

根据双S分析方法，从动态角度分析烟台市工业增长与工业经济结构，从而判别各个城市工业机构的优劣和存在的问题，寻求未来的发展方向。在1997～2002年这5年间（表21-3），除建材工业以外，烟台市主要的制造业都是增长性工业，其中食品加工业、纺织业、化学原料增长迅速，而这三大产业又处于烟台市2002年工业总产值的前列，同时采掘业中有色金属矿采选业增长迅速，将会助长冶金工业的发展，由此可知烟台市制造业整体增长势头很好。烟台市的纺织业、化学原料、交通运输、食品制造业、有色冶炼、饮料制造业、医药制造业，其中纺织业增长最为快速。电气机械、建材工业、服装业等发展速度慢于全省，说明这些制造业可能竞争力趋弱，地位处于下降状态。

表21-3　烟台市主要制造业双S分析

序号	制造业	b'_{ij}	$b_{ij0}-b'_{ij}$	r_{ij}	R_j	$r_{ij}-R_j$	G_{ij}	N_{ij}	P_{ij}	D_{ij}	S_{ij}
1	食品加工业	5 944	-119	1.26	1.17	0.09	7 347	6 960	-140	526	387
2	纺织业	5 843	-2 586	2.64	0.62	2.02	8 591	3 606	-1 596	6 581	4 985
3	有色矿采选	645	4 242	1.24	1.00	0.24	6 083	647	4 256	1 180	5 436
4	化学原料	4 290	-525	1.71	0.97	0.75	6 451	4 147	-508	2 812	2 304
5	普通机械	3 128	1 765	0.92	0.84	0.08	4 505	2 631	1 485	389	1 874
6	电气机械	3 808	1 027	0.67	1.15	-0.49	3 218	4 386	1 183	-2 351	-1 169
7	交通运输	2 811	-177	1.95	1.11	0.84	5 135	3 107	-196	2 224	2 028
8	建材工业	4 510	2 129	0.00	0.51	-0.51	-1	2 316	1 094	-3 411	-2 317
9	食品制造业	1 445	36	3.01	1.07	1.94	4 465	1 553	39	2 873	2 912
10	专用设备	3 750	-521	0.79	0.57	0.22	2 542	2 137	-297	701	405
11	有色冶炼	701	1 078	2.04	0.85	1.19	3 636	596	917	2 123	3 039
12	金属制品业	1 787	1 467	0.62	0.63	-0.01	2 021	1 135	931	-45	886

续表

序号	制造业	b'_{ij}	$b_{ij0}-b'_{ij}$	r_{ij}	R_j	$r_{ij}-R_j$	G_{ij}	N_{ij}	P_{ij}	D_{ij}	S_{ij}
13	饮料制造业	2 057	-225	1.73	0.13	1.60	3 170	265	-29	2 934	2 905
14	电子通信	1 464	-9	2.28	2.31	-0.03	3 312	3 374	-21	-41	-61
15	橡胶制品业	1 547	-114	1.60	1.32	0.28	2 297	2 043	-150	403	253
16	服装业	1 153	-167	0.32	0.69	-0.37	314	793	-115	-364	-479
17	医药制造业	1 161	-631	1.09	0.53	0.55	576	620	-337	293	-44

资料来源：《烟台市统计年鉴》（1998 年，2003 年）。

（二）主要制造业增长优势分析

从产业的增长优势（图 21-4）可将烟台市主要制造业划分为以下三类：

第一类是具有增长优势且对工业总增量贡献大的行业：纺织业（2）、有色矿采选（3）、食品制造业（9）、有色冶炼（11）、饮料制造业（13）；

第二类是具有增长优势但对工业总增量贡献小的行业：食品加工业（1）、化学原料（4）、普通机械（5）、交通运输（7）、专用设备（10）、金属制品业（12）、橡胶制品业（15）；

第三类是缺乏增长优势的行业：电气机械（6）、建材工业（8）、电子通信（14）、服装业（16）、医药制造业（17）。

（三）主要制造业竞争优势分析

从产业的竞争优势（图 21-5）可将烟台市制造业划分为以下四类：

第一类是基础好，竞争力很强的行业：食品制造业（9）、有色冶炼（11）、有色矿采选（3）和普通机械（5）；

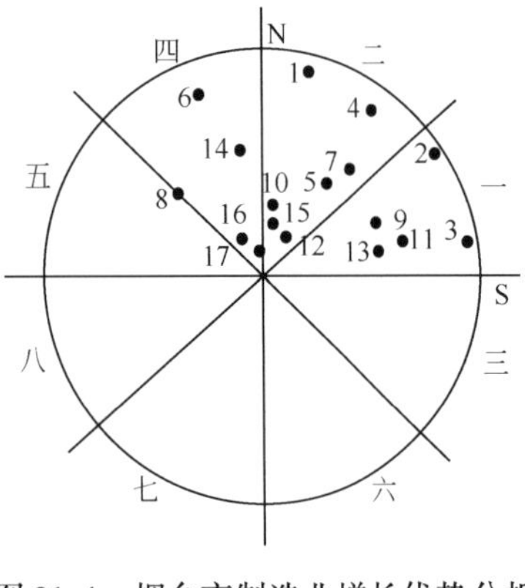

图 21-4　烟台市制造业增长优势分析

注：在烟台市制造业增长优势分析图中，N 为份额分量，表示的是烟台市制造业在山东省所具有的份额大小，坐标值越在上面，表示在山东省的份额越大，在山东省就可能具有一定行业地位；S 为增长分量，表示的是与山东省比较的增长速度，坐标值越在右边，表示的增长速度越强。一般看来，所占份额大增长、优势明显的产业是未来区域可能重点发展的产业，一般落在第一、二扇面，增长处于劣势的一般落在第四、五扇面。

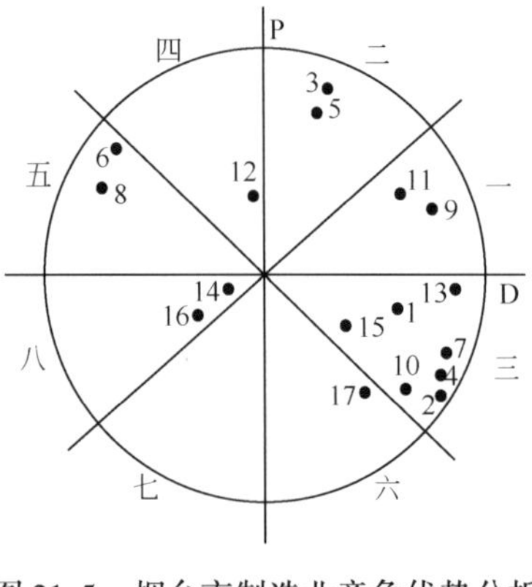

图 21-5　烟台市制造业竞争优势分析

注：在烟台市制造业竞争优势分析图中，P 为基础分量，表示的是在这 5 年里该制造业在山东省的产业基础，坐标值越在上边，表示该制造业在山东省的产业基础越好；D 表示竞争分量，表示的是与山东省比较产业所具有的竞争力优势大小，坐标值越向右，其产业所具有的竞争力越强。一般来看，基础好、竞争力强的产业是该区域未来重点发展的产业，一般落在第一、二扇面，较差的产业落在第七、八扇面。

第二类是基础较好，竞争力减弱的行业：电气机械（6）、建材工业（8）和金属制品业（12）；

第三类是基础较差，竞争力上升的行业：食品加工业（1）、纺织业（2）、化学原料（4）、交通运输（7）、专用设备（10）、饮料制造业（13）和橡胶制品业（15）；

第四类是基础较差，竞争力减弱的行业：电子通信（14）、服装业（16）和医药制造业（17）。

（四）产业发展导向

产业基础好，竞争力强，增长优势明显的行业，且对工业贡献大的制造业，如食品、有色冶炼、机械、有色矿采选、纺织等，要进一步加大扶持力度，形成产业集群，直接参与国际竞争。

产业基础较好，竞争力强，增长优势不明显的行业，如电气机械、建材工业和金属制品业等，需要加强技术改造或者延长产业链等。

产业基础弱，竞争力不断增强，增长优势明显的行业，如化学原料、交通运输、专用设备、饮料制造业和橡胶制品业等，需要大力培育，在税收、土地等政府可调控的资源上加大扶持力度，使其成为烟台市制造业发展的新增长点。

产业基础差，竞争力在减弱，缺乏增长优势的行业，如服装业、医药制造业、电子通信等，需要寻求新的突破点发展或者逐步推出市场竞争。

第三节　烟台市制造业发展战略

根据烟台市制造业的发展现状和特征，并考虑其在国家层面和山东省所应发挥的作用，本节提出了烟台市产业发展的总体战略是形成五大支柱产业、建设八大产业集群和构建五大产业链的发展方向。

一、制造业选择与发展的基本理念

（一）以全面完整的空间发展观，整合烟台市制造业优势

跳出烟台看烟台，从山东半岛制造业基地发展层面、山东省的层面、东北亚制造业发展的层面考虑烟台市制造业未来的发展。将烟台市置于更大的区域背景下考虑烟台市制造业的发展，探讨烟台市市域内部和外部制造业的区域分工与合作，考虑跨行政区域的产业引导和协调发展、生态环境保护与产业的协调发展、基础设施共享与产业的协调发展、大区域产业配套体系的合作和建设与产业的协调发展等问题。

（二）利用山东省发展制造业基地重大机遇，积极承接日韩产业转移

利用山东省发展制造业基地的重大机遇，壮大烟台市优势产业，并寻找与日韩产业转移相结合的、新的制造业增长点，建设良好的创业环境和创新氛围，积极展开招商引资，主动融入胶东半岛制造业基地建设和对接日韩产业转移。

（三）立足未来，以可持续发展和循环经济的产业发展观指导烟台市制造业

面向未来20年，依据可持续发展和循环经济的发展理论，选择、指导和壮大烟台市制造业主导产业体系。

（四）以优势产业发展推动区域、企业、政府、产业、市场联动发展

以优势产业为发展主线贯穿烟台市整个区域发展，以政府和市场为主导，推动区域一体化、产业国际化、资源共享化，引导企业相互之间的联动发展。

二、制造业发展的总体战略

根据烟台市产业发展的区域竞争力、产业竞争力、存在问题诊断、烟台市产业发展环境分析、选择核心制造业的理念以及胶东半岛制造业基地建设发展战略的实施和我国产业发展态势分析，在未来

的10年，直至2020年，以“产业集群－产业链－产业基地－产业带”的产业发展创新理念为指导，烟台市制造业按照“五大主导产业，五大产业链，八大产业集群”的“五五八产业战略”，发展机械制造、电子信息、食品加工、黄金、重化工业五大主导产业，培育和提升五大主导产业衍生出来的机械制造产业链、电子通信产业链、农产品深加工产业链、以黄金加工为核心的黄金产业链、依托港口发展的重化工业产业链五大产业链，在这些产业链的重要结点上重点培育和发展具有强大竞争力的汽车及零部件产业集群、船舶及配套产业集群、电子信息产业集群、葡萄酒产业集群、果蔬产业集群、纺织服装产业集群、新材料产业集群、生物工程及制药产业集群八个产业集群（图21-6）。

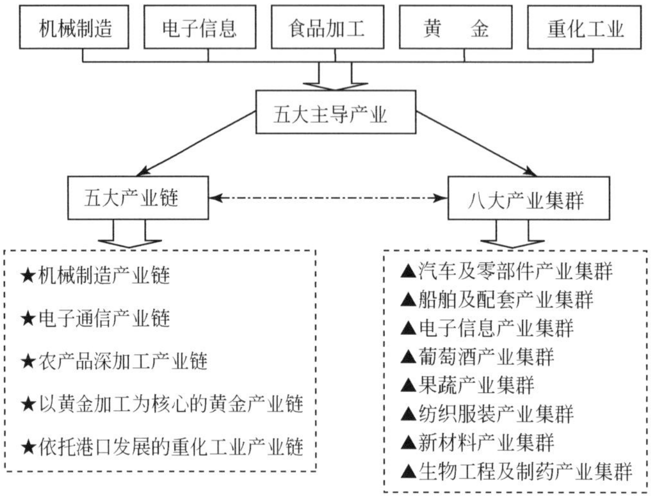

图21-6　烟台市制造业基地产业发展战略体系

加强烟台市制造业组织功能与空间引导，形成“一中心两带三板块”的产业空间格局。积极发展外向型产业，建设和完善外向型产业体系，主动参与日韩产业转移与合作，积极融入国际产业生产网络，提高烟台国际产业地位，勇于开拓国内市场，加强区域合作，提升烟台市区域产业价值，塑造烟台市制造业核心竞争力，把烟台市建设或积极面向日韩产业转移的农产品加工中心、现代制造业基地和融入国际产业链分工的重要结点城市。

三、主要制造业的发展方向

（一）机械制造业发展战略

1. 发展战略定位

机械制造业的发展目标是成为烟台市第一主导产业，中国北方重要的汽车制造基地和船舶制造基地之一，是全球汽车和船舶采购网络重要的结点，承接日韩产业转移的先导产业。

2. 未来发展战略重点

未来发展战略重点见图21-7。

（1）重点发展汽车产业，突破船舶制造业发展，扶持其他机械制造业发展。

重点发展烟台市汽车产业，建设以烟台开发区和福山开发区为核心的烟台市汽车产业基地，整合汽车零部件，协调用地和做好配套服务，引导烟台市汽车产业链和汽车产业集群发展。

突破烟台市船舶制造业发展。烟台市具有优越的深水海岸优势，借助我国大力发展船舶制造业的产业政策，日韩船舶制造业产业转移和渤海油气田开发提供广阔市场空间的重大机遇，重点加强船舶

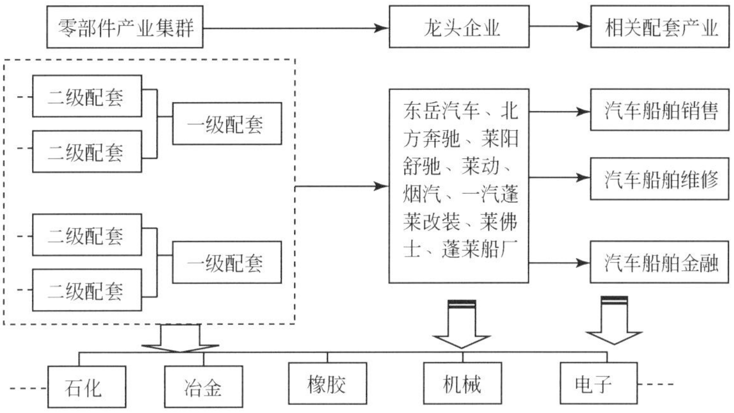

图 21-7　烟台市以汽车、船舶制造为核心的机械制造产业链发展战略

制造业招商引资，吸引国内外较大型船舶制造企业前来投资。

初期以莱佛士、蓬莱船厂为龙头发展，初步形成具有较强竞争力的船舶制造业基地，加强与青岛的合作，利用青岛发展北方航运中心的机遇，与青岛强强联合，合理分工发展船舶制造业。未来拉长船舶制造业产业链，做大做强烟台市船舶制造业。

扶持其他机械制造业发展，重点抓龙头企业和大项目，鼓励民营企业发展机械制造业。

其他机械制造业依托大宇重工、方圆集团等骨干企业，重点在开发区、莱阳和海阳发展工程挖掘机、多功能型塔机、大型混凝土搅拌机等产品，着力提高技术水平、产品档次和规模实力。以冰轮集团等企业为重点，积极发展制冷设备、数控机床等通用机械产品，扩大生产能力，提高市场占有率。

（2）重点抓龙头和大项目，构建和延长以汽车、船舶制造为核心的机械制造产业链。

机械制造业的核心是打造以汽车、船舶制造业为核心的机械制造业产业链，重点抓龙头和大项目，紧紧围绕通用东岳汽车、北方奔驰、莱阳舒驰、一汽山东改装厂、莱佛士、蓬莱船厂发展整车整船制造业，以整车整船制造业为龙头引领机械制造业产业链发展（图 21-7）。

加大对日韩汽车和船舶产业的招商力度和国内较大规模汽车船舶企业的引资建厂，以引进大项目为契机，壮大和延长机械制造产业链。

船舶企业以发展船舶及配套产业集群为契机，在开发区、蓬莱、龙口、莱州等地优选规划造船工业基地，并搞好水深、基岩、风向等数据测评和调研报告工作，加快配套设施建设，大力发展海洋工程船舶、豪华游艇等整船产品，带动船舶动力装置、船舶仪器等配套产品和修理业快速发展，壮大和延长机械制造产业链。

（3）整合汽车零配件企业，构建汽车零配件产业集群（图 21-8）。

目前烟台市汽车零配件企业处于产业集群的发展初期（图 21-9），是零部件企业单打独斗和相互竞争的发展局面。零部件企业主要分为两种类型：①围绕东岳汽车等整车企业做配套的零部件企业，围绕整车企业进行布局，主要分布在烟台开发区和福山高新区，但这些企业之间缺乏相互联系和相互协调；②直接面向以零配件或单一产品的生产装配为主的出口企业，这些企业往往技术含量低，处于国际产业链的最底端，这些零配件企业以竞争为主，缺乏联系与合作。

跟随国际发展趋势，构建汽车零部件“同步开发、全球采购、模块化、准时供货”发展框架。

建设产业集群创新网络，以优质的创新环境吸引更多的汽车零配件企业落户。

扶持较有实力的零配件企业发展，引导其整合其他汽车配件企业，建立联盟、并购、重组等战略伙伴关系。

建立整体企业与零部件企业间的战略伙伴关系，整车企业要吸收零部件企业介入新车型开发，及时了解新车型对零部件性能质量的要求。整车企业在实行全球采购时，同等质量、价格条件下应多给

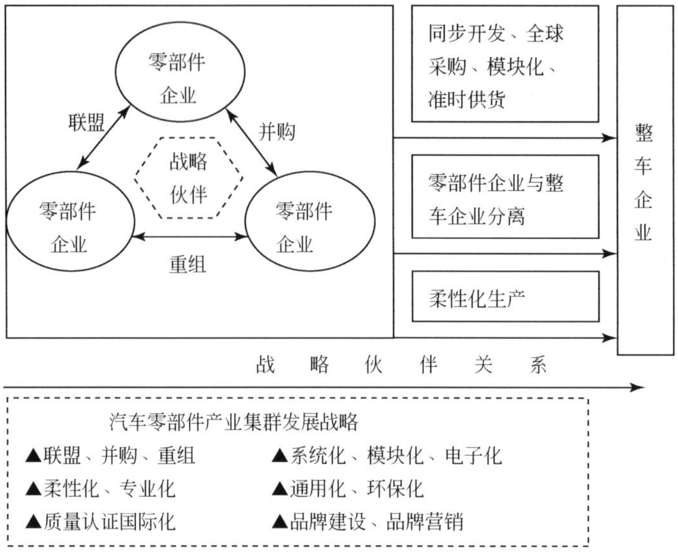

图 21-8 烟台市零部件产业集群发展战略

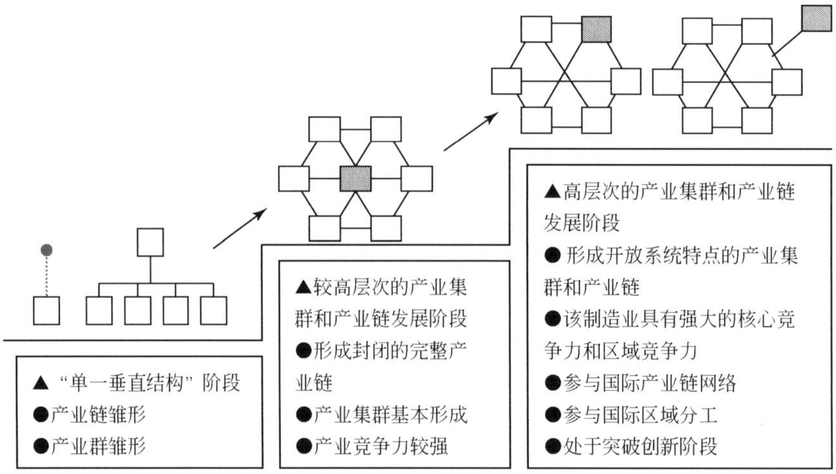

图 21-9 烟台市汽车产业发展战略

零部件企业机会，以培育零部件企业的国际竞争力。

提高汽车零部件产品开发、系统配套和模块化供货能力以及整车零部件配套本土化率；引导汽车零部件企业建立合作加工、转包等合作网络关系；促进汽车零配件企业实施柔性化、专业化生产；引导企业实施质量认证国际化战略，提升国际竞争力；加强品牌建设，实施品牌营销战略，构建零部件营销服务体系；重视研发投入，引导零配件企业加强产品开发，实施产品通用化、环保化战略；逐步打破区域分割的格局，加强半岛汽车零部件企业的合作。

（4）加强区域产业协作，实施战略联盟、并购、控股等现代企业合作战略。加强区域之间的协调、区域联合与产业协作，逐步打破区域分割的格局。

依托市场导向和政府协调的力量，引导企业实施战略联盟、并购、控股等现代企业合作战略。

依托烟台东岳汽车、青岛一汽、重汽等龙头企业，实现跨区域合作。

依托青岛、威海、烟台等大中型船舶制造业公司，改组、联合中小专业船厂，重点在工程船舶、远洋船舶和海上石油开发配套设备上实现突破。

3. 产业发展的实施阶段

未来以构建汽车产业集群和产业链为目标的烟台市汽车产业发展战略将经历两个升级阶段（图21-9）：

（1）具有较高层次的产业集群和产业链发展阶段。烟台通用东岳汽车公司的龙头地位更加显著，在全国具有较强的竞争力。众多汽车零配件企业相互协作，形成了以东岳汽车公司为核心的产业集群和为东岳汽车公司服务的封闭的完整产业链系统。烟台汽车产业已经具备较强的竞争力。

（2）高层次的产业集群和产业链发展阶段。烟台汽车产业形成了具有开放系统特点的产业集群和产业链，参与国际产业链网络和国际区域分工，具备了强大的核心竞争力和区域竞争力。东岳汽车公司等多个整车龙头企业可能扮演两种重要的产业角色：①整车龙头企业融入烟台市汽车产业集群中，成为产业集群协作中重要的一环，为整车龙头企业服务的产业链条也融入汽车产业集群中，串联起整个产业集群。包括整车龙头企业的烟台市产业集群积极参与国内国外汽车产业链和区域分工，形成一个开放的产业集群和产业链系统。②东岳汽车公司等多个整车龙头企业独立出烟台市汽车产业集群，整车龙头企业与烟台市汽车零部件企业集群构成完整的产业链条，而烟台市汽车零部件企业集群不仅服务于烟台市整车企业，还服务于烟台市外、国内外的汽车产业网络，成为全球汽车产业采购网中重要的结点和重要的汽车产业基地。

从区域分工和产业链发展角度考虑烟台市产业发展，烟台市汽车产业的总部可以布局在上海和国外大城市以及发展区域性总部经济的烟台芝罘区；研究开发布局在上海、北京等国内外大城市，以图借助它们的汽车研究成果，也可以布局在烟台开发区和莱山高新区；生产制造重点布局在烟台开发区、福山区、蓬莱市开发区、龙口市开发区、莱州市开发区、招远市开发区以及它们的港口。市场营销主要依赖于国内和国外两个市场，布局可以是烟台、青岛和济南等山东半岛城市、北京、上海和广州等我国著名大城市和欧美发达国家等全球网络。

从烟台市汽车零配件产业集群升级战略发展来看（表21-4），可知：

（1）2008～2010年，汽车船舶产业集群发展以自主设计和加工为重点；

（2）2010～2015年，汽车船舶产业集群以发展自主品牌生产为重点；

（3）2016～2020年，汽车船舶产业集群将处于突破创新阶段。

表21-4　烟台市汽车零配件产业集群升级战略

产业集群	直接出口阶段	委托加工阶段	自主设计及加工阶段	自主品牌生产阶段	突破创新阶段
汽车零配件产业集群	⟶ ◎●	⟶ ◎●	☆2008～2010年 ◎●	☆2015年 ◎●▲	☆2020年 ●▲★

注：①⟶表示目前产业集群所处的发展阶段；采取的产业升级战略：◎表示生产创新战略；●表示产品创新战略；▲表示功能创新战略；★表示产业链间创新战略。

② 生产创新：提高投入产出效率，比产业链中和产业链以外的对手更具有竞争力；产品创新：以更好的质量、更低的价格、更个性的款式，以及更快、更新的速度进行竞争；功能创新：培育在全球价值链中更为主动的方式，包括更多地参与设计、营销，以及物流整合等；产业链间创新：向新的获利、更高的环节攀升。

（二）电子信息制造业发展战略

1. 发展战略定位

烟台市电子信息发展战略定位是：发展电子信息产业集群和产业链，成为烟台市第二大主导产业，是承接日韩和欧美产业转移的重点产业，中国重要的移动通信终端设备生产基地、计算机及技术应用产品生产基地和新型电子元器件生产基地。

2. 发展战略重点

以建设 IT 产业园、烟台软件园和信息产业城“两园一城”为发展平台，积极发展“三高两新一软”电子信息产品（图 21-10）。

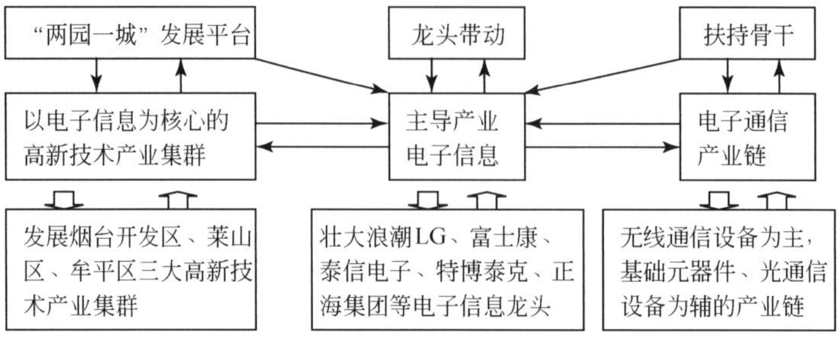

图 21-10　烟台市电子信息产业发展战略

加大龙头扶持力度，以龙头带动电子信息产业发展，壮大浪潮 LG、富士康、泰信电子、特博泰克、正海集团、金宝电子等电子信息龙头，积极吸引日韩台和珠三角、长三角等地区的手机零部件企业落户烟台。

电子信息产业集群重点发展烟台开发区、莱山区、牟平区三大板块，以正海网板、青湖电子等骨干企业为主，重点发展光电子器件、平板显示器件、集成电路等，建成国内新型电子元器件生产基地。以东方电子、鸿富泰精密电子等企业为龙头，以“两园一城”为载体，大力发展高性能计算机整机、计算机主机板、显卡、计算机软件等产品，把烟台建设成为中国北方重要的计算机及技术应用产品生产基地。

扶持骨干企业发展、加大新产品开发、固定资产投资力度，不断提高规模实力和市场竞争力。建设电子信息产业集群和电子通信产业链。

电子通信产业链重点发展以无线通信设备为主，基础元器件、光通信设备为辅的产业链。以浪潮 LG 和泰信电子等手机生产企业为龙头，拉长手机产业链条，完善配套体系，建设国内重要的移动通信终端设备生产基地。

3. 产业发展的实施阶段

产业发展的实施阶段具体见表 21-5。

表 21-5　烟台市电子通信产业集群升级战略

产业集群	直接出口阶段	委托加工阶段	自主设计及加工阶段	自主品牌生产阶段	突破创新阶段
电子通信产业集群	——→ ◎●	——→ ◎●	☆2010～2015 年 ◎●▲	☆2020 年 ◎●▲★	

注：符号意义同表 21-4。

2010～2015 年，以电子信息为核心的高新技术产业集群以自主设计和加工为重点；

2015～2020 年，以电子信息为核心的高新技术产业集群以发展自主品牌生产为重点。

（三）食品加工制造业发展战略

1. 发展战略定位

充分挖掘和发挥烟台市农业的优势资源潜力，加快农业产业化步伐，以食品深加工发展带动整个农业产业链条，在重点发展在全国层面上具有强大竞争力的葡萄酒产业集群和果蔬产业集群的基础上，培育和壮大其他四大食品加工产业集群，形成六大食品加工产业集群，做好以食品加工为主的农业产业链每个环节的工作，把烟台市食品加工业建设成为面向国内和面向日韩的食品生产和加工制造业基地。

2. 发展战略重点

图 21-11 显示了烟台市食品加工制造业发展战略。

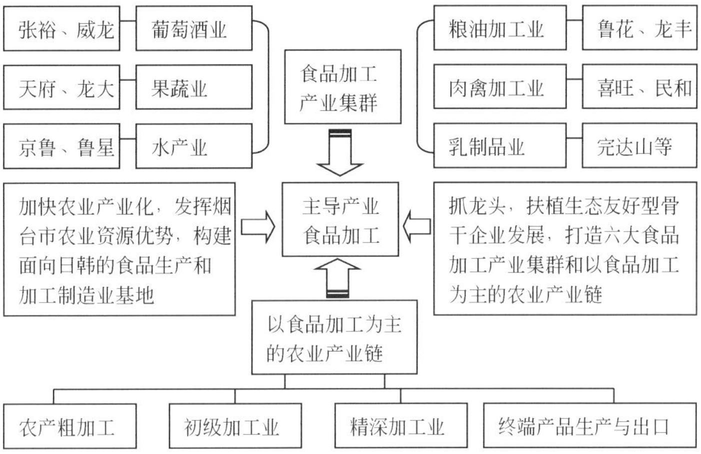

图 21-11　烟台市食品加工制造业发展战略

抓好主导产业食品加工业，鼓励民营企业和外来资本投资食品加工业，重点发展六大食品产业集群和以食品加工为主的农业产业链。抓龙头，扶植生态友好型骨干企业发展，加快农业产业化。

葡萄酒业，依托百年张裕、威龙、王朝、中粮、南山庄园等企业，重点发展高档葡萄酒，同时加强烟台葡萄种植基地建设，建设“国际葡萄 · 葡萄酒城”品牌。

果蔬业，依托龙大、九发、安得力、山村果园、金海果汁、天府、源通等龙头企业，发展果蔬生产加工和果蔬汁深加工产品，重点培育“山村果园”等品牌。

水产业，依托京鲁渔业、东方海洋、鲁星食品、烟台海洋渔业等龙头，发展外向型水产加工，重点发展优质鱼、虾、贝和海珍品精深加工，发展名优高效养殖，建设一批优势水产品养殖基地。

粮油加工业，依托鲁花、龙丰、新烟、台华、新龙、金城粉丝等龙头企业，发展花生油、专用粉、植物蛋白、方便食品等深加工产品。壮大龙口粉丝集群规模并加强其品牌竞争力。

肉禽加工业，依托莱阳春雪、烟台喜旺、民和牧业、大家乐食品等骨干企业，培育“喜旺”、“民和”、“大家乐”等品牌，发展以高档冷却肉等为代表的生肉食品和以高温灌肠系列产品为代表的熟肉制品。

乳制品业，依托完达山（牟平）乳业、力源、三乐、长生食品等发展各类型的奶粉制品。

3. 产业发展的实施阶段

表 21-6 显示了烟台市食品加工产业集群升级战略情况。

表 21-6　烟台市食品加工产业集群升级战略

产业集群	直接出口 阶段	委托加工 阶段	自主设计及加工 阶段	自主品牌生产 阶段	突破创新 阶段
食品加工 产业集群	——→ ◎●▲	——→ ◎●▲	——→ ◎●▲	☆2004～2010 年 ◎●▲★	☆2015 年 ◎●▲★

注：表内符号代表意义同表 21-4。

2004～2010 年，食品加工产业集群发展以自主生产为重点。

2010～2015 年，食品加工产业集群将处于突破创新阶段。

（四）黄金产业链发展战略

1. 发展战略定位

以重点骨干为依托，重点建设集生产、加工和交易于一体的黄金产业链，打造中国黄金强市，大力发展黄金深加工，建设成为国内最大的黄金产业基地和中国北方黄金饰品加工交易中心。

2. 发展战略重点

图 21-12 显示了烟台市黄金产业链发展战略。

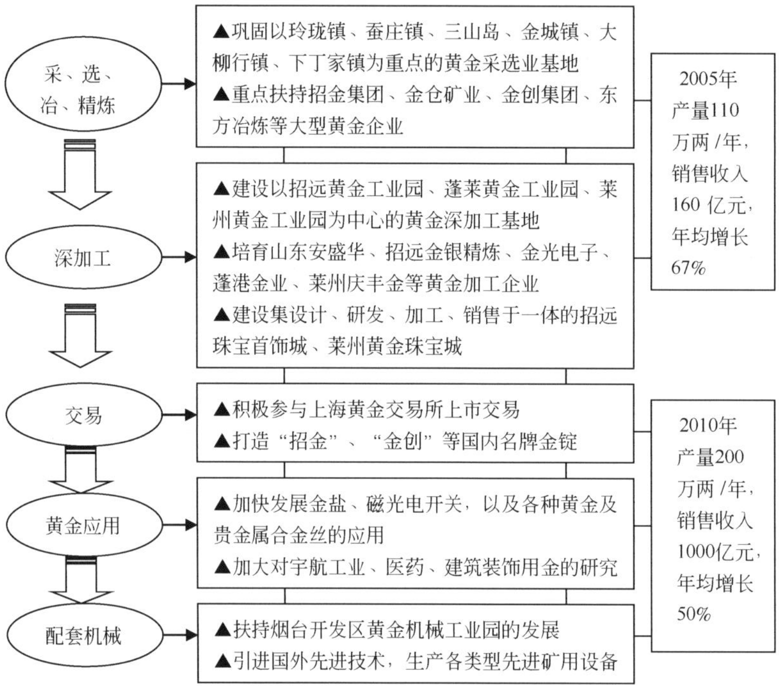

图 21-12　烟台市黄金产业链发展战略

逐步形成一条从黄金采、选、冶、精炼到深加工、交易、黄金应用以及黄金机械设备制造的黄金产业链，建设我国最大的黄金产业基地。

巩固以玲珑镇、蚕庄镇、三山岛、金城镇、大柳行镇、下丁家镇为重点的黄金采选业基地。

重点扶持招金集团、金仓矿业、金创集团、东方冶炼等大型黄金企业。

建设以招远黄金工业园、蓬莱黄金工业园、莱州黄金工业园为中心的黄金深加工基地。

培育山东安盛华、招远金银精炼、金光电子、蓬港金业、莱州庆丰金等黄金加工企业。

建设集设计、研发、加工、销售于一体的招远珠宝首饰城、莱州黄金珠宝城。

积极参与上海黄金交易所上市交易，打造“招金”、“金创”等国内名牌金锭。

加快发展金盐、磁光电开关，以及各种黄金及贵金属合金丝的应用，加大对宇航工业、医药、建筑装饰用金的研究与开发。

扶持烟台开发区黄金机械工业园的发展，引进国外先进技术，生产各类型先进矿用设备。

（五）重化工产业发展战略

1. 重化工产业作为主导产业的发展思路

把临港型重化工制造业作为烟台市未来制造业的四大主导产业之一，主要是基于以下考虑：

经济宏观背景决定。港口开发成为东部沿海又一轮的开发热潮。建设港口和发展临港重化工业是沿海城市提出未来发展的战略重点，其他13个沿海开放城市都已经把港口开发和临港工业作为未来产业发展的核心。

烟台具有发展重化工产业的港口和区位先天优势。烟台港区、八角港区、蓬莱港区、龙口港区、莱州港区等港口具有优越的区位优势和发展基础。重化工产业有条件在烟台做大做强。

以重化工为核心的临港型产业拉动力强，未来可以引领烟台市制造业发展。临港型工业集聚效应强、关联性大，可以带动造船、钢铁、电子、石化、粮油、大宗物流业的发展，由此拉动其他三大主导产业发展。临港型工业涉及区域大，可以带动烟台市3个市区、5个县级市的发展。

“港口兴市，产业强市”，将是烟台市对接日韩产业转移的核心战略之一，也是烟台市提升制造业核心竞争力的重点。

2. 发展战略定位

以山东省建设北方国际航运中心、迎接日韩产业转移和建设面向日韩的制造业基地为契机，利用烟台市北部沿海港口群的有利优势，立足于即将建设的八角新港区、蓬莱新港区与栾家口港区、龙口港区、莱州三山岛港区等港口的有利条件，把烟台市建设成为区域合理分工、港口组群式的临港型重化工产业链。

3. 发展战略重点（图21-13）

图21-13显示了烟台市重化工产业发展战略。

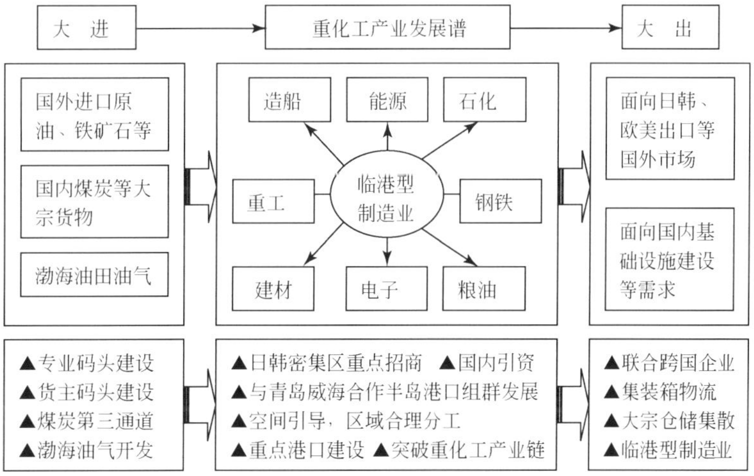

图21-13　烟台市重化工产业发展战略

加强政府引导，利用政府协调和管理的力量，抓住煤炭第三通道和渤海油气开发的机遇，与多方合作，加强专业码头、货主码头等码头建设，依据临港型制造业产业发展谱，做大做强临港型制造业。

针对日韩密集区重点招商，以吸引大项目大企业为主。通过大项目大企业的吸引，共同开发港口码头，发展临港型制造业。

加强国内引资，引进国内知名的规模较大的企业，发展临港型制造业。

依据临港型制造业产业发展谱，烟台市临港型制造业未来重点发展造船、能源、石化、电子、重工制造业，有选择地发展建材、粮油、钢铁。

依据港口优势和现有的产业发展基础，未来临港型制造业以突破煤炭、电、石化等重化工产业链为主。

重点建设烟台港区、八角港区、蓬莱港区、龙口港区、莱州港区，加强空间引导，区域合理分工。重点港区定位及未来发展见表21-7。

表21-7　烟台市港口定位与重化工产业发展方向

港口	定位	发展重点
烟台港区	环渤海地区重要客运中心、集装箱运输物流中心和东北亚地区国际物流配送中心	发展客运滚装、集装箱运输、现代物流
八角港区	大型临港工业基地，集装箱物流中心，大宗散货仓储、转运、集散中心	钢铁、石油加工、能源、造船等大型临港工业
蓬莱港区	临港型加工制造业基地、船舶工业基地	造船、石油化工、建材、海洋重工等大进大出临港型工业
龙口港区	包含临港型制造业、大宗散杂货、集装箱运输的综合性物流中心，煤炭第三通道、海洋石化作业基地	煤炭、电力、冶金、建材和大宗散货、杂货与集装箱运输物流产业
莱州港区	面向华北、东北地区重要大宗货物集散地和全国性石材出口基地	海洋化工、电力、建材和物流等临港产业

4. 产业发展的实施阶段

2010年，烟台重化工产业基地基本建成，煤炭、造船和能源石化基地成为烟台临港型制造业的发展龙头。烟台港口组群与各个开发区形成良好的互动，所形成的产业集聚区域成为日韩产业协作区的核心区。

2020年，烟台市港口组群基本形成沟通东北、华北和华东，贯通日韩两国的重要枢纽港口和北方航运中心的核心组成部分。烟台重化工产业发展成为中国重要的能源基地、物流基地和制造业基地。

（六）其他重要产业发展战略

烟台纺织服装产业集群以开发区、龙口、福山等县市区为重点，以氨纶集团、南山集团、招远针织集团、栖霞服装集团等企业为龙头，加快发展氨纶、锦纶、芳纶、精纺毛料等纺织产品，积极向上下游产品延伸，发展高档服装、针织内外衣、毛衫、袜业等最终产品，实现全行业优化升级。针对毛衫产业等纺织服装集群发展，需要加强政府和行业协会有效的引导能力，引导纺织产业集群发展，打造统一的品牌，集中力量提升品牌价值，同时加强区域合作，融入半岛纺织服装产业体系。

新材料产业集群以金宝电子、金丝、正海磁性材料等骨干企业为主，重点发展柔性及多层板材料、高档铜箔、环保型覆铜板等，建成新型电子信息材料生产基地。以烟台万华、科亿达、佳隆电子等企业为龙头，扩大聚氨酯化工基础原料、环保透湿材料、纳米材料等新型材料生产规模，积极开发新的应用领域和增值空间。发挥渤海天然气资源优势，大力开发以天然气为原料的化工新材料。

生物工程及制药产业集群以荣昌、绿叶等企业为龙头，以市区和莱阳、蓬莱等为重点，加大YH-16抗肿瘤药物、抗流感药剂、海洋药物等新药研制开发力度，加速产业化进程，建设植化药物、海洋药物、抗生素、生化药物等生产基地。

第四节　烟台市制造业空间组织与引导

产业空间组织是城市空间发展的主要支撑，产业核心区和产业轴线的发展对实施城市空间发展战略具有重要作用。

针对烟台市产业发展的优势和劣势，重点培育产业核心区，强化核心区的集聚能力和辐射能力，实施三大板块区域产业分工，推进两大产业带发展，同时在中心区与其他区域的结合部，强化“两带”中各发展区段的产业职能和作用，形成“一中心两带三板块”的产业空间格局（图21-14）。

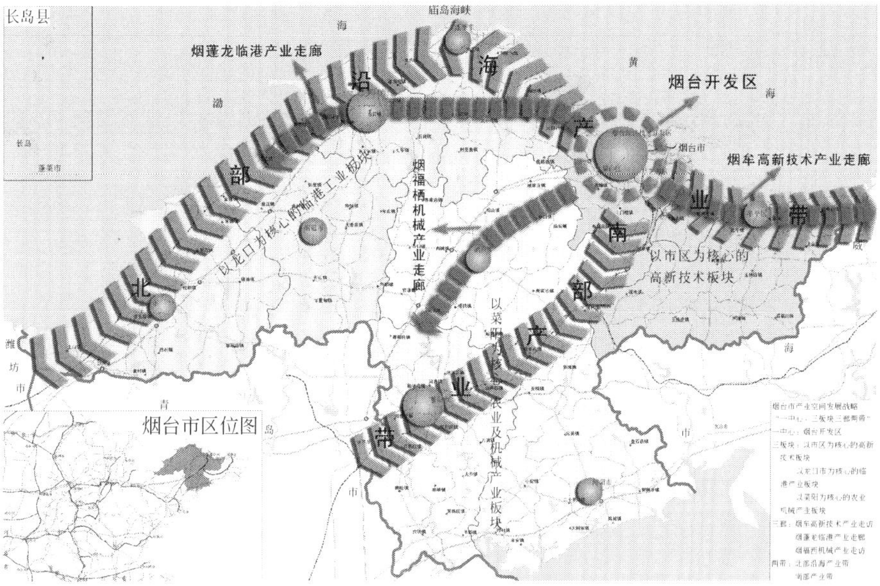

图21-14　烟台产业空间组织与引导战略

一、强化中心城区

强化烟台开发区作为半岛制造业基地核心区的引导作用。发挥区位优势和产业优势，重点发展运输机械、电子信息、软件IT以及区域性的总部经济，提升核心区的产业集聚能力和辐射能力。通过产业集聚和辐射能力的增强，构筑烟台市最大的产业集聚区和产业协作区，使其成为胶东半岛制造业基地的核心之一。

二、积极发展两带

“两带”就是北部沿海产业带和南北产业带，形成“T”形产业发展空间结构，是与城市发展轴线相呼应的重要支撑轴线。

（一）北部沿海产业带

北部沿海产业带重点打造高新技术产业带、机械制造产业带和临港型制造业产业带，加快发展电子信息、新材料、生物工程与新医药等高新技术，改造提升纺织、服装、食品、黄金加工等传统产业，加快建设集临港型制造业、港口物流、港口建设为一体的现代化临港产业，优化和延长产业链条、培育和引导龙头带动型的产业集群。

依托芝罘区、烟台开发区、蓬莱市、龙口市、招远市、莱州市，发挥各个开发区和港口的优势，建设现代制造业基地和临港工业便捷通道，发展汽车及其零部件制造、造船、电子信息、能源、石化、海洋重工产业和港铁联运、港路联运的现代物流业，成为烟台主要产业的集聚区。

依托莱山区和牟平区，发挥烟台大学城、烟台高新区、牟平开发区的发展潜力，对接威海高新区，发展高新技术研发、软件业、数控机电、电子加工产业。

（二）南北产业带

南北产业带重点发展食品深加工和机械产业带、生态环保型产业和物流业。食品深加工产业向莱阳集聚，物流业向福山区和莱山区集聚。要依托烟台市区、福山区和莱阳市，重点扶持民营企业，发展生态友好型产业，重点发展粮油加工、果蔬加工等农业产业化发展走廊，扶持和壮大汽车零配件、挖掘机、数控机床、制冷及工程机械制造等机械产业。

三、建设三大特色板块

就是按照各地区产业发展基础和发展潜力，将烟台市域划分为以高新技术为核心的板块（以市区为核心）、以临港产业为主的板块（以龙口市为核心）和以农产品加工为核心的板块（以莱阳为核心）。通过实施产业的分工与合作战略，增强烟台市域内外的产业协作，提升产业区域竞争力。以产业为核心，推动胶东半岛一体化进程，把烟台市建设成为面向日韩的重要现代化制造业基地。

（一）高新技术板块

以市区为核心的高新技术板块主要依托开发区、牟平、福山区，发展高新技术研发、电子元器件、机电一体化、生物工程与新医药、IT 业、电子通信、新材料等高新技术产业。

（二）临港产业板块

以龙口为核心的临港产业板块主要依托龙口、蓬莱、莱州等港口，加快建设专业码头、货主码头，发展造船、能源、石化、电子、重工制造业和港口现代物流业。

（三）农产品深加工板块

以莱阳为核心的农产品加工产业板块主要是发挥莱阳、海阳、栖霞的农业资源优势，依托龙头企业，发展果蔬生产加工、果蔬深加工、粮油制品、肉禽加工等产业。

第六篇　产业发展与规划的政策

产业政策是一个国家的中央或地方政府为了经济社会的全局利益和产业的长远发展而主动干预产业活动的各种政策的总和。产业政策通常包括产业组织政策、产业结构政策、产业布局政策、产业技术政策和产业保护政策等。

我国社会主义市场经济体制不断完善，市场机制已逐渐成为调控产业活动的主要手段。但是，市场机制往往作用于企业、生产商和消费者等微观层面，而对产业的宏观调控和引导作用不强，难以促成各产业的有序发展以及在地域空间上的合理配置。另外，市场失灵往往导致产业内部的恶性竞争，造成环境污染、社会福利降低等负外部效应。此外，资本、技术、信息以及集聚效应等因素相互叠加，促使产业的高度集聚，导致各区域的产业发展差距不断加大。因此，有必要通过产业政策在宏观层面上对产业发展和布局进行合理引导，以促进各产业的持续优化发展，引导产业结构的调整和升级，并推动产业在不同地域空间形成合理配置。

第二十二章　产业发展政策

第一节　产业结构调整和升级的相关政策

产业结构调整是国民经济不断发展的必然结果，产业结构升级是经济社会发展质量不断提高的重要标志，同时也是支撑和促进国民经济持续优化发展的主要动力。通过产业结构的调整和升级，有助于提高国民经济发展质量，增强产业对经济社会持续发展的支撑力。因此，政府有必要制定产业发展政策，通过财政、税收、金融等手段以及立法、投资等措施，引导和推动产业结构的调整和升级。

一、产业结构与产业结构政策

（一）产业结构的内涵

产业结构，是指在社会再生产过程中，国民经济各产业之间的生产、技术、经济联系和数量比例关系（刘家顺等，2006a）。随着经济社会的持续发展以及现代化、城市化进程的不断深化，产业结构也会按照一定的规律实现调整和升级。根据配第 - 克拉克、库兹涅茨等学者的理论，随着工业化的发展，三次产业的比重会不断演化，第一产业的比重不断降低，第二、三产业的比重不断上升，产业结构呈现出高级化的发展趋势。

（二）产业结构政策的概念

产业结构政策是指政府依据本国的产业结构演变趋势，为推进产业结构优化升级而制定的政策。其实质在于通过产业结构的合理演化，实现经济增长和资源配置效率的改善（刘家顺等，2006b）。

产业结构政策的实施目的是引导产业结构的调整和升级，促进产业的持续优化发展，增强产业发展对经济社会发展的支撑力。产业结构政策的制定和实施应当立足于间接干预，并与市场经济体制相协调，共同推动产业结构的调整和升级。

二、产业结构调整和升级的具体措施

（一）利用间接手段引导产业结构的升级

政府推动产业结构的调整和升级，应当借助法律法规、产业标准以及财政、税收、金融等手段进行间接干预。

首先，中央和各级地方政府应当完善相关法律法规体系，健全市场管理体制，保证市场经济体制的正常运行，以充分发挥市场机制对生产资源的配置作用以及对产业结构升级的促进作用。

其次，借助财政、税收、金融等手段，使产业政策选择性地向主导产业和潜力产业倾斜，扶持这些产业的优化发展，加快优势产业的替代步伐，进而带动产业结构的升级。

最后，利用环境评估等手段实施一票否决制，加快淘汰生产技术落后、环境污染严重、发展效益差的企业，从而有效地整顿市场秩序，优化市场结构，并提高全行业的整体实力。

（二）推动产业转移，形成合理配置

中央与地方政府应当借助产业政策和区域政策的倾斜，大力推动产业转移。针对沿海地区和长江沿岸的人口和产业集聚区，产业政策应当向现代制造业和高新技术产业倾斜，利用财政、税收、金融等手段扶持其发展，提高这些产业在产业结构中的比重，从而有效促进这些地区产业结构的升级，推动沿海地区和长江沿岸构建现代制造业和高新技术产业的主要集聚区；而针对内陆地区，产业政策的实施应当充分发挥其劳动力和资源优势，大力扶持基础性产业的发展，推动其工业化进程的深化发展。通过在不同区域实行不同的产业结构政策，促成区域性产业分工协作体系的建立，引导产业在国土空间上形成合理的配置，进而促进各区域产业结构的调整和升级。

（三）广开融资渠道，加强技术支持

产业结构的升级伴随着主导产业的演化，资本、技术密集型产业在产业结构中的比重不断提高，对国民经济的发展具有重要的支撑作用。因此，资本、技术等经济社会要素的影响对产业结构的升级具有重要的推动作用。

为了有力地促进产业结构的升级，一方面，中央和各级地方政府应当加大财政投入力度，支持高技术性、高成长力、高产出率的产业优化发展；另一方面，应广开融资渠道，广泛吸引社会资本，借助民间资本加强对产业发展的资金注入力度。

同时，应加大产业政策对技术创新的支撑力度，利用财政、税收、金融等手段鼓励企业进行技术研发和创新；政府应充分调动科研机构、高校与企业的互动和技术交流，有效提高技术研发向生产力的转化效率，增强科学技术对产业结构调整和升级的推动力。

（四）大力发展中小企业

中小企业具有经营灵活、适应性强等优势，并能与大型企业形成分工与互补，能够活跃市场、加强竞争，对于产业的创新与升级有重要的推动作用。同时，中小企业也存在着融资困难、技术落后等劣势。因此，各级政府应当大力支持中小企业的发展。一方面，完善中小企业信贷担保体系，增强对中小企业的资本注入力度，并在信息咨询、人才培养、市场拓展等方面给予扶持；另一方面，利用财政、税收、环评等措施推动中小企业进行技术升级和设备改造，提高中小企业的整体实力。同时，应当积极推进中小企业和大型企业的合作，努力构建大、中、小企业的专业化分工协作体系。

（五）积极开拓第三产业

按照产业结构升级的规律，在工业化后期，第三产业将逐渐取代制造业的主导地位，成为推动产业持续优化发展的主要力量。同时，第三产业还具有劳动力吸纳能力强、产业关联度高等优势，有助于城市化进程的深化以及第二产业的升级。因此，开拓第三产业是产业结构调整和升级的必要环节（王洛林，魏后凯，2003）。一方面，各级政府应当加强对第三产业发展的支持力度，大力发展餐饮、商贸、文化、旅游等服务业，引导农村剩余劳动力向服务业转移，并充分满足人民日益提高的消费需要；另一方面，应大力推动金融、保险、咨询、物流等生产性服务业和现代服务业的发展，提高第三产业对产业结构升级的带动作用，同时增强服务业对于农业和制造业的支撑力度。

第二节　钢铁工业的产业政策

对于一些具有自然垄断特性或战略重要性的产业，如钢铁工业、石化工业等，国家或地方政府应当制定相应的政策，协同市场机制对其进行调控和引导，以充分利用生产资源，发挥规模效益，促进这些产业的持续优化发展与合理布局，增强其对经济社会发展的支撑能力以及在国际市场上的竞争力。

钢铁工业是国家的基础性工业，对经济社会的持续发展具有重要的支撑作用；同时，汽车、造船、机械等以钢铁为主要原材料的下游产业对钢铁工业有极大的依赖性。因此，在国内资源日益紧缺、经济全球化进程不断深化的背景下，钢铁工业能否持续发展并合理布局，不仅关系到我国的钢铁工业在全球市场的竞争力，还会对我国经济社会的持续优化发展产生重要的影响。

此外，我国的钢铁工业存在着诸多问题，如产业集中度低、大型企业竞争力弱、产业的空间布局不尽合理、资源利用率低、环境污染重等。因此，有必要制定相应的政策，对钢铁工业的产业组织、空间布局以及生产技术等方面进行宏观调控。

一、钢铁工业的产业组织政策

（一）政策目标

制定产业组织政策，即通过相应政策合理引导企业的整合重组，对产业组织和企业结构进行合理化的调控。提高产业集中度，扩大具有比较优势的大型集团和中型骨干企业的规模，实现钢铁工业的规模经济，增强钢铁工业的整体竞争力。

（二）具体措施

1. 推动企业进行重组整合

根据钢铁工业的自然垄断特性，应大力促进钢铁企业通过强强联合、兼并重组、互相持股等方式进行战略重组，减少企业数量，推动钢铁企业向集团化方向发展，增强大型集团的国际竞争力以及对市场的控制能力。

在经济全球化背景下，单个企业的生产规模大小决定了该企业的实力和竞争力，也决定了该企业对全球市场和原材料供应的控制能力。在国内资源不断减少、市场日益饱和的背景下，我国的钢铁企业有必要加入全球竞争。按照国家发展和改革委员会制定的《钢铁产业发展政策》，支持和鼓励大型企业集团进行跨地区的联合重组，构筑具有全球竞争力的大型钢铁集团。力争到2010年形成两个3000万吨级，若干个千万吨级的特大型企业集团，从而在不增加国内产能的情况下提高单个企业的生产规模，并增强其全球竞争力。

2. 严格控制产能继续扩张

2006年，我国的钢产量突破了4亿吨，占全球总产量的比重超过了1/3。过剩的产能加大了资源和环境压力，干扰了国内和国际市场的秩序。低水平的产能重复建设也妨碍了钢铁工业整体实力的提高。因此，应当制定并严格执行产能调控政策，控制产能的继续扩张，原则上不再进行新的钢铁工业点建设，并逐步淘汰一批技术落后、环境污染严重的企业。

3. 扶助企业进行体制改革

推动大型钢铁企业引入现代企业制度，进行股份制改造并公开上市，鼓励包括民营资本在内的各类社会资本通过参股、兼并等方式重组现有钢铁企业，推进企业的资本结构调整和机制创新。同时，对重组整合的大型集团在主辅分离、资产清理、人员分流、社会保障等方面给予政策支持，以消除其发展中的社会束缚，增强企业活力和竞争力。

二、钢铁工业的布局政策

（一）政策目标

在国内资源不断衰减，国内市场逐渐饱和以及经济全球化的背景下，我国的钢铁工业对国外原材料和市场的依赖程度不断加强。此外，沿海地区以及中西部的工业化重点发展地区对钢铁产品的市场需求仍在持续快速增加。因此，国家应通过产业布局政策对钢铁工业的空间布局进行调控，即推动钢铁工业由以往的原料指向型向临港指向型和市场指向型转移，从而实现钢铁工业的原料供给、生产以及市场销售等环节在地域空间上的合理配置，以增强钢铁工业对经济社会发展的支撑能力。

（二）具体措施

1. 推动钢铁企业在沿海和长江中下游地区布局

从铁矿石进口、能源、资源、运输条件和国内外市场等因素考虑，应推动大型钢铁企业在沿海和长江中下游地区布局，从而促进我国钢铁工业的生产重心向沿海转移，引导钢铁工业在国土空间上的合理配置。分布在内陆地区的现有钢铁企业应结合本地区的市场需求以及铁矿石等原材料的开发现状和持续开发潜力，以矿定产，按需生产，控制生产规模的进一步扩大。

2. 针对不同区域实施不同的钢铁工业发展政策

结合不同区域钢铁工业及制造业的开发历史和发展现状，并根据国家发展和改革委员会制定的《钢铁产业发展政策》，在不同区域实施不同的政策，以促进当地钢铁工业的持续优化发展。

东北的鞍山和本溪地区有比较丰富的铁矿资源和煤炭资源，水资源条件较好，有能力支撑钢铁工业的进一步发展。鞍本集团通过整合，提升了竞争力，根据振兴东北老工业基地的发展战略，应扶植和推动鞍本集团建设成为具有国际竞争力的大型集团。同时，按照建设精品基地的要求对该区域内现有钢铁企业进行整合，淘汰落后生产能力，革新生产技术，提高钢铁产品的技术含量。此外，应大力推动钢铁企业向具有优良港口条件和下游产业集聚的沿海地区布局。

华北地区水资源短缺，企业数量多，产能低水平过剩，应根据环保生态要求，重点搞好结构调整和重组整合，淘汰一批生产技术落后的小企业，并严格控制生产能力的继续扩张。以首钢搬迁为契机，大力推动河北省钢铁企业的重组，形成1～2家具有国际竞争力的大型集团，提升该地区钢铁工业的整体实力。同时，结合水资源紧缺、铁矿石大量进口等因素，推动钢铁企业向沿海地区转移，并通过技术创新和设备改造等途径大力发展现代化和高端化的钢铁工业生产。

华东地区有巨大的钢材市场，交通运输设施、关联产业、科技研发等因素对钢铁工业有极强的拉动作用，适于钢铁工业的进一步发展和集聚。应推动具有比较优势的大型骨干企业整合重组，并进行技术革新和产品结构的优化升级，提高产品的技术含量和经济附加值，形成2～3家具有国际竞争力的大型集团，探索大型集团和中小企业的合作分工模式。此外，鉴于该区域日益紧迫的资源束缚和环境压力，应通过技术改造提高资源的利用效率，并减少环境污染物排放。

中南部长江中下游地区水资源丰富，交通运输便利；南部沿海地区具备港口优良、市场广阔等优势，有利于大型钢铁企业的发展和布局。应充分利用深水良港条件，结合关联产业的需求和现有钢铁企业的转移，在沿海地区建设大型企业，增强该区域的钢铁工业竞争力。

西南地区有丰富的水资源和煤炭资源，特别是攀枝花周边的铁矿和煤炭资源储量较大，钢铁工业具有一定的发展基础。但由于该地区交通不便、原材料运输较困难，钢铁工业今后的发展应以供给本地市场为主，并以本地铁矿石的供应能力确定产量，控制产能的进一步扩张。现有的骨干企业要加快设备改造，提高技术水平，调整产品结构，发展高附加值产品。

西北地区的铁矿石和水资源均十分短缺，且生态环境脆弱，现有骨干企业应当以满足本地经济社会发展需求为主，控制生产规模的进一步扩大。同时应推动企业进行技术改造，实现资源节约型和环境友好型的钢铁工业发展模式。

三、钢铁工业的技术政策

（一）政策目标

通过实施技术政策，并结合财政、税收等扶助政策，推动钢铁企业进行技术升级和设备改造，从而提高产品的技术含量和经济附加值，减少资源消耗和环境污染，实现钢铁企业的资源节约型和环境友好型生产，增强钢铁工业的整体竞争力。

（二）具体措施

1. 促进企业进行技术改革，提高产品科技含量

衡量钢铁工业生产技术的指标包括板管比和连铸比等。目前，我国钢铁工业的板管比约为50%，低于发达国家60%～70%的平均水平。此外，我国钢铁工业的巨大产能主要集中在一些较为低端的产品上，具有较大市场需求的不锈钢、冷轧板等高技术含量、高经济附加值的钢产品仍需大量进口。应鼓励企业进行技术革新和设备改造，引进和研发现代化的生产技术和生产设备，提高产品的技术含量和经济附加值，增强企业和产品的国际竞争力。同时，应推动钢铁企业与下游现代制造业相衔接，大力发展市场需求量大的板材、轴承钢、模具钢等优钢和特钢产品。

另外，针对部分中小企业发展潜力大、创新性强但却融资困难的特点，应通过财政拨款、税收减免以及信贷支持等措施引导这些企业向高新技术化、产品专业化的生产模式发展。

2. 降低钢铁工业的资源消耗

通过设备改造，减少钢铁工业的资源消耗。大力推动钢铁企业降低吨钢耗标煤量、吨钢耗新水量等指标，实现资源节约型生产；同时，应当严格土地管理，在钢铁企业建设或扩建过程中要节约和集约使用土地资源。提高钢铁企业对废气、废水、废物的综合利用和循环使用水平，力争实现“零排放”。大力推动钢铁企业发展余热、余能回收发电，促进500万吨以上生产规模的钢铁企业实现电力自给，并能向其他企业供电。

3. 减少钢铁工业的环境污染

按照可持续发展和环境友好型生产的理念，大力推动钢铁企业进行技术和设备改造，减少钢铁工业的废物排放和环境污染。利用环境评估实行一票否决制，淘汰一批生产规模小、资源利用效率低、环境污染严重的企业。对于有条件进行技术升级和设备改造的企业，应在财政、信贷、税收等方面予以政策支持，促进其向环境友好型企业转型。

第三节　石化工业的产业政策

石油化工产业是中国工业的支柱之一，处于国民经济产业链的最前端，产品的市场需求量巨大，在国家经济社会发展中具有十分重要的作用和地位。由于我国石油化工产业长期以来受到国家政策的庇护，面临一系列问题的困扰，如企业经济效益欠佳、后备资源不足和环境污染严重等；与此同时，中国加入WTO之后，国内石油化工市场日趋国际化，国有石油化工企业还将面临激烈的国际竞争。如何既保证经济社会发展对石油化工需求，又保证国内石油化工行业在国际竞争中稳住阵脚，已经成为石化工业发展战略和政策选择的迫切任务。

一、石化工业的产业组织政策

（一）政策目标

通过产业组织政策推动石化工业市场结构的完善以及石化企业的淘汰与整合，合理引导石化企业的市场行为，实现石化工业的规模效益，提高石化企业的市场绩效，增强国内企业的全球竞争力以及对国民经济发展的支撑力。

（二）具体措施

1. 调整石化企业的市场行为

政府应减少对石化工业的直接干预，通过法律法规等间接干预措施有效地调控企业行为，维护市场秩序。为防止低水平重复建设和无序竞争，应通过经济规模、加工能力和环境评估等措施对石化企业实行准入制度。鼓励和引导企业进行重组与整合，提高重点企业的生产规模，实现规模经济。协调各企业间的合作与竞争关系，推动石化工业持续优化发展，增强我国石化工业的整体实力。

2. 加快石化企业的制度创新

国内的石化企业缺乏全球竞争力，其主要原因是国内的企业在组织和制度方面缺乏创新，导致企业发展仅仅表现为生产规模的扩大，而竞争力却难以得到同步提高。因此，应鼓励国内企业进行制度创新，推动企业向规模化、集约化方向发展，力促大型企业向炼油化工一体化方向发展，提高企业生产组织效率和资源产出效益，增强企业的全球竞争力。

3. 促进石化产业结构调整和优化升级

针对我国石化工业面临的低技术含量产能相对过剩，高技术、高附加值产品紧缺的问题，应大力推动企业进行技术改革和设备改造，加速石化工业生产技术和产品的升级，从而实现产业结构优化和升级，促进石化工业的持续优化发展。同时，通过环境评估等措施解决石化工业重复建设的问题，关停并转小型和低效炼油装置，淘汰生产技术落后、规模效益不足、环境污染严重的小企业。

4. 引导石化产品的消费结构的调整

通过相关的国家能源利用和环境保护政策，调整石化产品的消费结构，明确石化产品集中用于交通运输、化工原料生产和暂时难以替代的用油领域。根据国家发展和改革委员会制定的《炼油工业中长期发展专项规划》，利用财政、税收等杠杆，逐步提高天然气在一次能源消费构成中的比重，稳步实施油改煤、气代油、煤制合成油等石化产品替代措施。优化轻油产品结构，合理提高柴汽比，缓解国内汽油过剩，柴油和化工轻油供应不足的结构性矛盾。

二、石化工业的产业布局政策

（一）政策目标

结合产业组织政策对石化工业的空间布局进行科学引导和合理调整，确定不同地区的发展重点，制定石化企业空间集聚与扩散战略，推动石化工业在国土空间上合理配置。

（二）具体措施

1. 构建合理的石化产业空间格局

我国石化产业已经形成东北、华北、西北和沿海布局的空间格局。今后，要促进各地区在发展重点上突出比较优势，形成相对合理的分工体系，并形成若干千万吨级的原油加工基地。保持东部地区稳定发展，加快西部地区的战略接替并加强油气资源的勘探开发；对东北和西北等原油加工能力过剩、成品油大量外运的区域，原则上不扩大原油一次加工能力，严控新点布局；对于西南等成品油供需缺口大的地区，大力推动现有生产设备的改造和扩建，并适当考虑新布点。

2. 推动石化产业临港布局

随着经济全球化进程的不断深入，各国之间的经济联系和交流越来越频繁，边境城市、港口城市由于其对外联系的便利性，成为全球生产要素和产业的集聚地。为获得稳定的原料供应，并有效利用沿海地区的市场、资本、科技等优势，应大力推动石化工业在沿海临港地区布局，力争在华东、华南等沿海地区的重点城市形成若干个具有全球竞争力的石化企业。

三、石化工业的产业技术政策

（一）政策目标

应用高新技术和现代生产理念改造石化工业，通过引进、消化、吸收和技术创新，快速形成具备自主知识产权的石化工业核心技术，实现石化工业的高新技术化。通过节能降耗和集约化经营，使能耗、物耗显著降低，构建生态与环境友好型石化工业，提升石化工业的综合竞争力。

（二）具体措施

1. 提高资源的开采和利用效率

在资源开采方面，提高石油天然气工业的地质勘探技术和生产技术水平，解决老油井开发后期石油采收问题，提高石油资源开采率。在资源利用方面，推广节能、节水技术和装备的开发和利用，积极研发和引进循环经济技术，改造生产设备，改革生产工艺，提高资源转换和能量利用的效率。同时进一步推进资源综合利用，拓宽废弃物资源化、减量化和无害化途径，提高资源综合利用水平。

2. 增加石化产品附加价值

目前我国石化工业的精细化率仅有40%，且存在着石化产品总量不足、品种少、质量差等问题。因此，应鼓励石化企业大力推进生物技术、纳米技术等现代技术在生产流程中的应用，促进石化工业向精细化、系列化、专业化和功能化的方向发展，提高产品附加价值。

3. 降低石化工业环境负效应

研制开发、推广使用低成本的清洁燃料生产等新工艺和新技术，建立专业化的安全处理系统和废弃物回收体系，减少石油开发和加工过程中对生态环境造成的污染。强化废弃物减量化、资源化和安全处置。加快高含酸、高含硫等特质原油加工技术的引进、消化、吸收和再创新进程，有效降低石化工业发展对生态环境带来的负外部效应。

参 考 文 献

国家发展和改革委员会 . 2005. 钢铁产业发展政策 . 2
国家发展和改革委员会 . 2006. 炼油工业中长期发展专项规划 . 6
刘家顺，杨洁，孙玉娟 . 2006a. 产业经济学 . 北京：中国社会科学出版社 . 176
刘家顺，杨洁，孙玉娟 . 2006b. 产业经济学 . 北京：中国社会科学出版社 . 310
王洛林，魏后凯 . 2003. 中国西部大开发政策 . 北京：经济管理出版社 . 188

第二十三章　区域产业政策

在我国工业化、城市化进程不断发展的背景下，城市之间的经济社会联系日益紧密。生产要素的加速流动与产业分工的不断深化促使城市群或城镇体系等区域性的国土空间成为最基本的地域开发单元。同时，随着经济全球化对我国经济社会发展的影响力度持续加强，区域性的国土空间逐渐成为参与全球竞争的基本单元。

以区域为单元制定产业政策，对区域内的产业发展和布局进行调控和引导，有助于促进区域内各级城市的产业合作与分工，推动生产要素的有效配置和高效利用，引导产业在国土空间上形成合理配置，提升产业竞争力和区域的整体实力。

第一节　产业政策的实施重点

我国社会主义市场经济体制不断成熟和完善，市场机制逐渐成为调控产业发展的主导力量。劳动力、资本、技术、资源等生产要素均受到市场机制的引导，这些生产要素的流动和集聚决定了产业的发展途径和空间布局。因此，为避免干扰市场机制的主导作用，不宜采用政策对产业活动进行直接干预。在制定和实施区域性的产业政策时，应将重点放在有利于提高正外部性效应的领域，通过间接引导，改善产业的发展环境，促进产业持续优化发展与合理布局。

一、推动各级城市深化合作

为增强产业竞争力，提高区域的整体实力，应大力推动区域内各级城市深化经济社会等领域的合作与联系。一方面，通过建立政策平台，形成城市间的合作机制，推动各级城市在基础设施建设、劳动力培训、技术传播、信息共享等方面的合作，为区域内的产业发展构建完善的发展环境。另一方面，通过制定区域性的金融、财税等方面的政策，构筑统一的资本市场、供给市场和销售市场，促进劳动力、资本、原料和产品等要素的无障碍流通，推动产业持续发展。

二、引导产业分工与合理布局

由于市场的迟滞性和自发性，产业可能会出现过度发展和重复建设，并在同一个空间过度集聚，产业政策的实施重点就是要弥补这一市场缺陷，对产业的适度发展进行调控，并引导产业在地域空间上进行合理配置。

一方面，产业政策应当综合考虑经济社会发展基础、市场需求、环境容量、资源承载力等方面的因素，通过产业发展规模、产业组织、资源利用率、污染排放等指标推动产业的有序发展和优化升级，提高产业发展质量，增强产业竞争力。

另一方面，产业政策应当推动产业分工，引导产业合理布局。通过政策倾斜，推动产业转移，在不同发展条件的地区集聚不同的产业，形成层次分明的产业分工格局，优化产业的空间布局。

三、促进技术创新与科技研发

科学技术的创新与研发已成为推动产业持续优化发展、引导产业集聚的重要因素。因此，应通过财政、税收等政策，支持和鼓励各企业进行技术创新和科技研发，并促进各企业之间以及各产业之间进行广泛的科研合作与技术交流。同时，应大力推动高校、科研院所等社会机构与企业研发机构的合作，加快科学技术向生产力转化的步伐，提高产业发展的科技含量，增强产业的整体竞争力。

四、加强对产业组织和市场秩序的引导

产业组织和市场秩序包括产业集中度、市场结构以及企业竞争等方面。由于市场失灵等原因，常会出现产业组织不合理、市场无序竞争以及市场管理混乱等缺陷，因此需要制定产业政策进行宏观调控。

针对具有自然垄断性的产业，相关政策应当对企业的整合重组进行合理的引导，优化产业组织与市场结构；针对竞争性的产业，相关政策应当加强对企业竞争和市场秩序的管理，控制低水平产能的重复建设，防止恶性竞争。同时，通过法律、法规等措施加强对市场秩序的管理，重视对知识产权的保护，为产业持续发展构建良好的外部环境。

五、保护生态环境，提高资源利用效率

环境容量和资源承载力决定了产业的发展规模和质量。为实现产业的可持续发展，增强产业对经济社会的支撑能力，产业政策应当重视环境的保护和资源的节约利用，在产业发展过程中引入严格的环境污染评估制度，并通过实行一票否决制等措施促进企业进行技术革新和设备改造，减少污染排放，提高资源利用效率，实现产业活动向环境友好型和资源节约型的生产模式转型。

第二节　重点区域的产业政策

目前，我国已经形成了东部地区率先发展、西部大开发、振兴东北地区等老工业基地和促进中部地区崛起等各具特色的区域发展格局和政策实施框架。不过，将我国的国土空间划分为四大板块显得过于笼统，虽然板块间的分异很明显，但板块内部各个大区域的特点和问题却被掩盖。因此，有必要对四大板块进行进一步细分，将其划分为不同的大区域，制定和实施相应的产业政策。

一、东部沿海发达地区的产业政策

东部沿海地区是最先受到改革开放政策影响的地区，也是我国融入经济全球化最深入的地区。该地区集聚有大量现代制造业和高新技术产业，具有优良的产业发展基础和持续发展的巨大潜力。该地区具有较好的环境承载力，经济社会发展条件较好，适于产业的优化发展和进一步集聚。产业政策应当侧重于推动地区实现产业分工，引导产业转移，并形成合理的空间布局；同时，应当加大对科技创新的支持力度，提高产业的科技含量，对产业活动进行优化和升级，以提高地区的整体实力。

（一）京津冀地区的产业政策

京津冀地区已经进入工业化中期的发展阶段，且北京和天津两大中心城市已进入工业化后期或后工业化的发展阶段。目前，地区的经济增长速度不断提升，城市化进程加快，市场经济体制的主导地位得以强化，产业结构开始升级，经济社会发展得以不断优化。未来重点是，加快产业结构升级，提高科技实力和创新能力，进一步发展外向型经济，积极参与全球的高层次竞争。

1. 加强城市间合作

作为产业政策的制定者和实施主体，京津冀地区的各级政府应当加强交流，构建城市合作与产业分工的交流机制与互动平台，促进区内经济要素的有效整合与高效利用，为产业持续优化发展创造良好的外部环境。各级政府要积极推动区内基础设施的共建共享，联合开发港口、铁路、通信、水利、能源等领域的重大项目；加快在金融信贷、信息咨询、人才培养、环境保护等领域的合作步伐，培育

各种生产要素的区域性市场，为产业发展提供资本、劳动力、科技、信息等生产要素支撑。

2. 推动各城市的产业分工

京津冀地区的各级政府应当大力推动各城市间的产业分工与协作。作为两大中心，北京定位于现代服务业和高新技术产业中心，天津则是现代制造业的集聚地，而轻工业、原材料工业等基础性产业则向河北省的次级中心城市转移。通过产业的转移与重组，构筑明晰、合理、优化的产业等级结构，形成合理的产业空间配置，减少地区内各城市的相互竞争，促进区域竞合和优势互补，提升京津冀地区的整体实力。

3. 促进产业的升级和空间布局的优化

随着经济的快速增长，京津冀地区的生态环境质量总体上在下降，同时，水资源、土地资源以及能源的供给缺口也在不断加大。生态环境的污染以及资源瓶颈的束缚不利于产业的持续发展和优化升级。因此，要严格控制高资源消耗和高污染排放工业的无序扩张，大力发展高新技术产业，并对已有工业进行技术改造和设备更新，推动产业结构的升级。

同时，应积极促进产业在地域空间上的优化布局，推动高新技术产业向京津两市集聚，将其打造为引领地区产业实力提升的增长极；推动现代制造业以及原材料工业向天津滨海新区和唐山曹妃甸港区集聚，形成京津冀地区的现代制造业、重化工产业和港口物流产业的核心。

4. 产业发展的资金配套政策

发挥政府投资引导放大作用，完善公共财政体制及转移支付制度，加大对经济基础相对薄弱的张承生态产业发展区、重点产业增长极如天津滨海新区和曹妃甸工业区的投资力度，使公共投资计划向生态产业区和两大增长极转移。完善投融资体系，搭建项目储备平台和融资平台，多渠道筹集发展和建设资金，实现投资主体和融资渠道多元化，推动重点区域开发和重大基础原材料产业的发展。

针对高新技术产业的发展，建议设立技术创新和高新技术产业化扶持基金。鼓励技术合作和技术转让，促进高新技术产业化进程。重点发展技术密集、知识密集、附加值高和能耗少、水耗少、排污少、运量少、占地少的产业。积极承接国际产业特别是高新技术产业向中国的转移，参与国际高端产业链分工。

发挥政府的投资引导作用，加大对经济基础相对薄弱的生态产业发展区的资金扶植力度，增强对重点产业增长极如天津滨海新区和曹妃甸工业区的投资力度。政府应当引导公共投资和社会资本向生态产业区和两大增长极转移，为其产业发展提供资金保障。同时，给予中小民营企业相同的金融服务和资金支持，促进产业内各规模企业的有序发展和错位竞争。

（二）珠三角地区的产业政策

珠三角地区长期以来是引领我国经济发展的核心区域，其出口导向型的制造业推动了该区域经济社会的持续快速发展。目前，该地区存在着资源紧缺、环境污染、产业升级速度缓慢等问题。因此，该区域的产业政策导向的核心是通过构建粤港澳经济的一体化，促进区域产业结构升级，控制资源密集型、环境污染型和劳动密集型的低水平加工业的发展，重点要鼓励自主创新，发展高新技术和先进制造业，促进产业结构的升级和整体经济竞争力的提升。

1. 进一步深化与香港地区的合作关系

珠三角地区的发展离不开中国香港地区。随着《内地与香港建立更紧密经贸关系的安排》（简称CEPA）的实施和各种措施的深化以及中国－东盟10+1自由贸易区的建立，中国香港地区会焕发新的活力，成为珠三角地区经济社会发展的增长极。因此，应加强该地区与香港地区的合作，彻底改变以往“前店后厂”的旧模式，着眼于从更高层次上利用香港地区各方面的优势带动该地区产业的升级和优化；深化该地区与港澳的合作与互动。

2. 加强城市合作与产业分工

珠三角地区包括广州、深圳、东莞等城市，虽然同属一省，但这些城市的合作与交流并不紧密，城市间的竞争颇为激烈，产业同构现象突出，机场、港口等基础设施重复建设较为严重。该地区的城市等级结构较为明显，具备城市分工与合作的基础，因此，要加快建设城市合作的协商机制，推动城市间在基础设施建设、信息共享、环境保护等领域的合作与交流。

同时，应促进各城市的产业分工，推动产业在城市间的转移、重构以及空间布局的优化。广州、深圳两市重点发展现代服务业和高新技术产业，周边城市应以出口型加工工业为支柱产业，形成优势互补的产业体系。“穗－莞－深”经济走廊应当加强对外的辐射和影响，将珠江三角洲的西岸地区纳入到珠三角地区的一体化进程中，促进区域整体实力的提升。

3. 促进内生型经济发展

受经济发展阶段和增长方式的影响，珠三角地区工业化的主要动力是外向型经济和高投入、高产出的粗放型经济增长模式。这种增长方式导致该地区的产业发展呈现出一大特点，即以外向型的现代制造业和劳动密集的加工型产业为主导，而经济的内生性和本地根植性不强。这种“短、平、快”的经济发展方式造就了经济发展的高速度，却导致产业结构较低，产业发展缺乏后劲。因此，应当加快经济增长方式的转变，实现从外生外向型经济向内生外向型经济的转变，提高产业竞争力和经济发展质量。

4. 加快产业自主创新的步伐

目前，珠三角地区的竞争优势主要体现在基础设施以及劳动力等一般生产要素上，而在企业组织、人才与创新等软环境方面还存在着不足。未来，珠三角地区应当以自主创新为核心，通过在重点领域、重点项目上形成具有自主产权和自主品牌的产品和技术，带动地区内产业的发展和升级。各个城市应当加强合作，充分调动企业、高校以及科研机构的创新积极性，构筑产、学、研相结合的创新体系。同时，依靠紧邻港澳的区位优势，促进两地的科技合作与信息交流，在创新层面上实现优势互补，大力促进“创新枢纽城市”的建设。通过自主创新，促进珠三角地区由“世界加工厂”向世界级的创新中心转变。

二、东北老工业基地的产业政策

东北老工业基地的产业政策应当以体制和机制创新为先导，推动企业改革，解决遗留债务、下岗职工等社会包袱，提高企业活力和自身发展能力；同时，应加快调整产业结构，着力推动技术革新，扶持和促进装备制造业以及基础原材料工业的发展。

（一）设立老工业基地发展基金

国家对东北老工业基地应采取有限扶持的政策。政府应拨出专款用于解决东北国有企业的历史包袱、支付改革成本。这样可以使职工的身份得到转变，社会保障体系能够有效运转，企业能够甩开社会包袱，从而为企业改制创造条件。对于企业改制后进一步发展所需要的资金，应通过引进社会投资及拓展其他融资渠道来解决。可以考虑建立由中央、省、市和大企业共同负担的“发展基金”，作为老工业基地调整改造的财政资金来源。发展基金可以由省级财政负责运作，主要用于老工业基地的经济结构调整，特别是资源枯竭城市衰退产业的退出援助以及发展接续产业，支持有市场前景、有效益的重点企业和高科技开发企业的技术改造和技术创新。

（二）改革经济体制，推动国企改制

东北地区的市场经济体制并不成熟，政府对经济运行和产业活动的干预过多。今后，政府要逐渐放松对经济的管制，将主导权交给市场和企业，对产业的调控主要通过间接性的产业政策加以引导。

同时，对于国企改制，要引入市场经济的调节机制，利用现代企业制度并辅以产业政策对国企进行改革。通过结构调整和制度改革，解除遗留债务、下岗职工等束缚企业发展的桎梏，促进国有企业的发展。积极支持民营企业的发展，在税收、融资等领域对民营企业给予便利，以改革现有的经济结构，增强经济发展活力。

（三）调整产业结构，大力发展第三产业

东北地区突出的产业问题是工业所占比重过大，第三产业发展滞后，而且重工业的比重大大超过轻工业，产业结构不尽合理。因此，要向科技创新和高新技术产业倾斜，积极引导产业结构的调整和升级。支持民营企业的发展，并引导其进入轻工业和服务业领域，调整区域的产业结构。

（四）促进农业稳步发展，推动农村产业化

东北地区是我国重要的商品粮基地，应对农业发展有所倾斜，促进农业稳步发展。依托区域的农业优势和丰富的农产品资源，加快农业与加工业、农业企业与加工企业和商贸企业的融合步伐，推动农业产业化进程。加大对农村地区工业化的扶植力度，通过财政、税收等途径鼓励企业投资农村地区，发展农产品加工业、商贸业及农村旅游业，促进农村地区非农产业的发展。

（五）产业发展的人才保障体系

完善产业发展的人才市场建设，实现人才合理配置。加快人才市场建设和体制机制改革，实现人才合理流动，充分发挥产业就业指导功能，引导和促进劳动力由第一、二产业向第三产业转移，解决劳动力配给的结构性矛盾。

构建优良环境，加大人才引进。有计划地吸纳劳动力和引进各层次人才，建立多层次的人才引进和培育体系，营造吸引国内外各类人才的良好氛围。加强产业职业培训，建立结构合理、形式多样、灵活开放、特色鲜明的现代劳动力就业培训体系和培训基地；加强对各类从业人员和外来务工人员的专项技能培训：再就业培训、高级技能人才培养，完善人才终身教育体系。

三、西部欠发达地区的产业政策

我国西部地区幅员辽阔，包括内蒙古、青海、云南、贵州等12个省级行政区。各区域的经济社会发展现状不同，产业发展基础和演化阶段也不一样，并且各区域的环境容量和资源承载力具有巨大差异。因此，针对西部地区的产业政策必须根据各区域的发展条件和环境质量有所区别和侧重。

（一）呼包鄂地区的产业政策

呼包鄂地区是我国西部地区典型的资源富集区，其产业结构具有以原材料工业和重化工业为主导的特点。近年来，该地区的经济发展迅猛，但也面临着资源和环境压力增大的问题，因此，产业政策的导向是强调资源的集约利用和生态环境的保护与恢复，推动产业结构的升级和经济增长方式的转型，增强该地区产业的可持续发展能力。

1. 走资源节约、环境友好的发展道路

该地区拥有丰富的煤、铁、天然气等自然资源，以此为依托，原材料工业和重化工业近年来得以飞速发展。但是，该区域的产业发展采取的是粗放式增长模式，对资源的利用效率并不高，对生态环

境的破坏也较大，产业发展实际上是用高投入、高能耗、高污染和低质量、低效益换来的。因此，应当利用产业政策对产业的发展途径进行调控，严格控制低水平生产能力的重复建设以及高耗能、高污染产能的继续扩张；促进产业发展模式的转变，提高产业的发展质量和可持续发展能力，走资源节约、环境友好的发展道路。

2. 推动工业的结构调整和升级

通过法律法规控制钢铁、电解铝、化工等高耗能、高污染行业的发展速度，逐步淘汰规模小、技术落后的生产企业；同时，利用财税政策的倾斜，加快技术创新和设备改造的步伐，推动产业的精深加工化，提高产品的技术含量，促进现代制造业和高新技术产业的发展，有序推动工业的结构调整和升级；大力发展循环经济，加大对循环经济的政策支持力度，建立有效的激励机制，鼓励企业循环式生产，推动产业循环式组合。

3. 加强对牧业的扶持力度

该地区传统的牧业生产方式对脆弱的草原生态环境会造成一定的破坏，不利于草场和植被的自我恢复。因此，应当制定相应的政策，鼓励和促进牧民由放牧向圈养的生产方式转变；同时，鼓励牧业生产的集中和集聚，集约利用牧业生产资源，提高牧业的规模效益，引导牧业的剩余劳动力向工业和服务业转移，有效减少牧业对草原的干扰，促进生态环境的自我恢复。

（二）成渝地区的产业政策

成渝地区的经济社会发展基础、生态环境和自然资源能够支撑产业的持续发展和进一步集聚，进而形成重要的产业集聚区和引领西部大开发的增长极。在建设全国统筹城乡综合配套改革试验区的背景下，应同时促进产业结构的升级，推动各级城市间的产业分工，并对农业产业化以及农村的非农产业发展提供政策支持。

1. 加强城市合作

促进区域内各级城市的合作，消除市场分割和壁垒，共建基础设施，加强人才培训，促进资本、技术、信息的流通；帮扶贫困地区，加强环境保护特别是水土治理和退耕还林还草工程，增强政府对经济社会发展的引导作用和服务职能，促进该区域在经济、社会、环境等领域的全面合作与交流。

2. 促进科技创新，提升产业结构

基于历史原因，该区域内有大量的国有企业，由于设备落后和人员负担等社会历史包袱，国有企业发展步伐滞后。因此，应促进国有企业的改制和改革，消除其发展桎梏，提高自发展能力和经济效益。同时，通过财税、融资等途径鼓励民营经济的发展，以活跃经济体制，优化经济结构。

另外，应加大科技创新的投资力度，更新技术设备，提高传统工业的科技含量和生产率；大力推动现代制造业和高新技术产业的发展，引导装备制造、汽车、软件等产业的集聚，提高区域的产业竞争力和经济辐射能力。

3. 推动产业分工，引导产业合理布局

作为中心城市，重庆主城区和成都市区应当逐渐退出传统产业，大力发展现代制造业、高新技术产业和现代服务业。通过政策倾斜，改善次级中心城市的产业发展环境，承接中心城市的轻工业和重化工业转移，构建合理的产业分工体系。通过产业在地域空间上的重组和配置，引导产业合理布局和集聚。

4. 统筹城乡，扶助农村产业发展

作为全国统筹城乡综合配套改革试验区，且农村地区有大量的剩余劳动力，该区域应当加大对农村地区的政策倾斜和扶植力度。一方面，加快户籍制度、土地流转制度等政策的改革步伐，鼓励和引导剩余劳动力向第二产业和服务业转移；另一方面，在财税、信贷等方面对农村地区进行扶持，鼓励农村中小企业以及第二、三产业的发展，推动农业产业化以及农村地区的非农业化。